DROIT DU TRAVAIL

Sébastien TOURNAUX

Professeur à l'Université
des Antilles et de la Guyane

Bréal

ISBN : 978-2-7495-3084-0

www.editions-breal.fr 27-29, avenue de Saint-Mandé, 75012 Paris

AVANT-PROPOS

Idéaux pour approfondir le cours et préparer les travaux dirigés, les manuels de la collection GRAND AMPHI Droit sont des ouvrages « tout en un » (cours, lexique et exercices corrigés), conçus principalement à destination des étudiants des premier et deuxième cycles (Droit, AES, IEP) ainsi qu'aux préparationnaires des concours comportant des épreuves juridiques (ENM, CRFPA, ENG, ENSP, etc.).

Leur présentation claire et structurée en fait des outils précieux pour les étudiants désireux à la fois de consolider leurs connaissances et de s'entraîner efficacement aux épreuves qui les attendent :

– Le cours couvre l'ensemble de la matière et fait état des débats doctrinaux. Parfaitement actualisé, il intègre les dernières réformes et jurisprudences, ce qui dispense le lecteur de fastidieuses recherches. Cependant, d'abondantes références bibliographiques orientent l'utilisateur qui souhaite approfondir sa connaissance des points abordés.

– Les termes clés sont signalés dans le cours par un astérisque et définis dans la rubrique « Lexique » de chaque chapitre.

– Les nombreux exercices corrigés permettent de se familiariser avec les différents types d'épreuves qui peuvent être posés le jour de l'examen (dissertation, commentaire de décision, cas pratique). Aux sujets très classiques, pour ne pas dire incontournables, ont été ajoutés des sujets d'actualité pour tenir compte des nouvelles problématiques.

– Les conseils méthodologiques facilitent l'assimilation et la maîtrise des exigences spécifiques de chaque épreuve.

– Situé en fin d'ouvrage, le QCM de révision générale regroupe diverses questions portant sur l'ensemble de la matière.

– Enfin, un index alphabétique et une table des matières favorisent une consultation rapide sur un point précis.

Cédric Tahri
Directeur de Collection

SOMMAIRE

Table des principales abréviations

Adde. : Ajouter
AJDA : Actualités juridiques de droit administratif
Al. : Alinéa
AP. : Assemblée plénière
Art. : Article
Bull. civ. : Bulletin des chambres civiles de la Cour de cassation
Bull. crim. : Bulletin de la chambre criminelle de la Cour de cassation
CA : Cour d'appel
CAA : Cour administrative d'appel
Cass. : Cour de cassation
CE : Conseil d'État
Cf. : Confer
Chr. : Chronique
CESDH : Convention européenne de sauvegarde des Droits de l'homme
CHSCT : Comité d'hygiène, de sécurité et des conditions de travail
CIL : Correspondant Informatique et Liberté
Circ. : Circulaire
Civ. : Chambre civile
Comp. : Comparez
Concl. : Conclusions
Contra : En sens contraire
CNIL : Commission nationale informatique et liberté
CPH : Conseil de prud'hommes
Crim. : Chambre criminelle
CSB : Cahiers sociaux du barreau de Paris
D. : Recueil Dalloz
D. act. : Dalloz Actualités
Dactyl. : Dactylographié
DGT : Direction Générale du Travail
Dir. : Direction
DIRECCTE : Direction régionale des entreprises, de la concurrence, de la consommation, du travail et de l'emploi
Dr. ouvrier : Droit ouvrier
Dr. soc. : Droit social
Dr. trav. : Revue de droit du travail et de la sécurité sociale
Éd. : Édition, éditeur
Gaz. Pal. : Gazette du Palais
HALDE : Haute Autorité de lutte contre les discriminations et pour l'égalité
Ibid. : Au même endroit
Infra : Ci-dessous
J.- Cl. trav. : Jurisclasseur droit du travail
JCP éd. E : La semaine juridique, édition entreprise
JCP éd. S : La semaine juridique, édition sociale
JCP éd. G : La semaine juridique, édition générale
JO : Journal officiel de la République Française
JSL : Jurisprudence sociale Lamy
Juris. : Jurisprudence
Lexbase hebdo, éd. soc. : Revue Lexbase hebdomadaire, édition sociale
Mix. : Chambre mixte
N° : Numéro
Not. : Notamment
p. ; pp. : page ; pages
PME : Petites et Moyennes Entreprises
Préc. : Précité dans le même paragraphe
Rapp. : Rapport
OIT : Organisation Internationale du travail

QPC : Question prioritaire de constitutionnalité
RDC : Revue des contrats
RDP : Revue de droit public
RDSS : Revue de droit sanitaire et social
RDT : Revue de droit du travail
Réf. : Références
Rep. trav. : Répertoire de droit du travail Dalloz
RFAS : Revue française des affaires sociales
RFDA : Revue française de droit administratif
RIDC : Revue internationale de droit comparé
RJS : Revue de jurisprudence sociale
RPDS : Revue pratique de droit social
RRJ : Revue de la recherche juridique – Droit prospectif
RTD civ. : Revue trimestrielle de droit civil
s. : suivants
Soc. : Chambre sociale
Spéc. : Spécialement
SSL : Semaine sociale Lamy
Supra : Ci-dessus
T. : Tome
TA : Tribunal administratif
TASS : Tribunal des affaires de sécurité sociale
TPS : Revue travail et protection sociale
Trib. corr. : Tribunal correctionnel
Trip. pol. : Tribunal de police
UES : Unité économique et sociale
V. ; V°. : Voir ; Voyons
VRP : Voyageur Représentant Placier

INTRODUCTION

Après avoir défini le droit du travail (§1), cette introduction devra présenter le contexte historique, social et économique dans lequel cette branche du droit privé s'est érigée (§2) et, enfin, identifier quelques traits caractéristiques de la discipline (§3).

1 DÉFINITION DU DROIT DU TRAVAIL

Le droit du travail peut être défini comme le droit des relations de travail subordonné de droit privé. Cette définition doit cependant être précisée. La définition du droit du travail exige au préalable que soit mieux cernée la notion de travail (A). Une opération de distinction sera ensuite nécessaire afin d'identifier le droit du travail au sein des branches du droit (B).

A. Définition du travail

La définition du travail ne peut s'opérer sans une analyse étymologique du mot « travail » (1) qui sera prolongée par une distinction entre travail dépendant et travail indépendant (2).

1. ÉTYMOLOGIE DU TRAVAIL

Le mot travail provient du latin *tripalium* qui était, dans la Rome Antique, un instrument de torture puis, au Moyen Âge, un outil de contention destiné à immobiliser des chevaux rétifs au ferrage, au marquage au fer rouge ou à d'autres interventions vétérinaires douloureuses. Le mot travail n'a pas perdu cette connotation de souffrance, ainsi parle-t-on encore aujourd'hui du « travail » de la parturiente. Les synonymes du travail, tels que le labeur, la besogne, comportent eux aussi ce préjugé : le travail serait douloureux ou, du moins, pénible[1].

Le dictionnaire Larousse définit pourtant le travail sans référence à cette pénibilité : le travail, « *c'est l'activité de l'homme appliquée à la production, à la création, à l'entretien de quelque chose* ». Il manque à cette définition le rapport entre cette activité et les gains qu'elle procure : le travail, c'est avant-tout un gagne-pain. Le bénévolat n'est pas régi par le droit du travail[2]. Le droit du travail serait donc le droit de l'activité rémunérée de l'homme. Cette définition est encore insuffisamment précise car seul le travail subordonné fait l'objet du droit du travail.

2. DROIT DU TRAVAIL DÉPENDANT

Malgré sa dénomination, le droit du travail ne s'intéresse pas à toutes les formes de travail. S'il exclut le travail bénévole, il ne concerne pas non plus le travail indépendant. À n'en point douter, un commerçant, un artisan ou un professionnel libéral travaille. Mais son activité ne s'inscrit pas dans un lien de subordination à l'égard d'un employeur : le droit du travail n'intéresse que le travail subordonné, celui qui est effectué pour le compte d'un employeur sous la subordination duquel le travailleur est placé[3].

Cependant, le droit du travail a un champ bien plus large que les simples relations individuelles entre le salarié et l'employeur. Ainsi, font également partie du droit du travail le droit des relations collectives, c'est-à-dire les relations entre, d'une part, les représentants du personnel ou les syndicats et, d'autre part, l'employeur ou des groupements d'employeur[4]. De la même manière, le droit de l'emploi[5] et le droit de la formation professionnelle[6] sont intégrés au droit du travail. Aux confins du droit du travail figure encore le droit de certains inactifs qui cherchent à revenir sur le marché

---

1. C'est encore parfois, implicitement, ce que soutiennent les auteurs opposés à l'élargissement de la qualification de contrat de travail à des participants de jeux de télé-réalité, v. P.- Y. Verkindt, « Debout les damnés de la Terre », *JCP* éd. S, 2009, 305.

2. A. Rouast, « La prestation gratuite de travail », *Études de droit civil à la mémoire de Henri Capitant*, Dalloz, 1939, p. 695 ; V.-D. Asquinazi-Bailleux, « La difficile distinction du contrat de bénévolat et du contrat de travail », *RJS* 2002, p. 983 et s.

3. Sur la relation de pouvoir qui innerve la relation de travail, v. récemment les thèses de P. Lokiec, *Contrat et pouvoir – Essais sur les transformations du droit privé des rapports contractuels*, LGDJ, 2004 ; A. Fabre, *Le régime du pouvoir de l'employeur*, LGDJ, 2010.
Sur le travail indépendant, v. G. Lyon-Caen, *Le droit du travail non salarié*, Sirey, 1990.

4. Certains ouvrages ont pour objet d'études les seules relations collectives de travail. V. not. B. Teyssié, *Droit du travail – Relations collectives*, Litec, 6e éd., 2009 ; G. Couturier, *Traité de droit du travail, 2/ Les relations collectives de travail*, PUF, 2001.

5. J. Pélissier, *Droit de l'emploi*, Dalloz, 2e éd., 1998.

6. F. Favennec-Héry, « Travail et formation : une frontière qui s'estompe », *in Le travail en perspectives*, ouv. coll. sous la dir. d'A. Supiot, LGDJ, 1998, p. 475.

du travail[7] même si, ici, la limite avec le droit de la protection sociale est probablement atteinte[8].

Les frontières entre travail dépendant et travail indépendant sont parfois évanescentes[9]. Le Professeur G. Virassamy a très bien décrit l'existence de contrats encadrant le travail indépendant et qui, pourtant, sont finalement très proches du salariat. Il s'agit des contrats de dépendance que l'on trouve dans de nombreux domaines de l'activité économique[10]. Ainsi en va-t-il, par exemple, des sous-traitants dont le client unique est une société qui, finalement, lui dicte ses conditions comme l'employeur impose son autorité au salarié. Tel est encore le cas de certains franchisés auxquels l'enseigne impose une grande partie des conditions de fonctionnement de l'entreprise. Tous ces travailleurs sont juridiquement indépendants, ils ne sont pas soumis à un lien de subordination. Dans la réalité, ils sont pourtant économiquement dépendants de leur donneur d'ordre. Cependant, le droit du travail ayant retenu une conception juridique plutôt qu'économique de la subordination, ces pseudo-indépendants restent exclus du droit du travail[11].

Pour affiner encore la définition du droit du travail, il faut comparer le droit du travail avec d'autres branches du droit afin d'identifier ce qu'il n'est pas.

B. Identification du droit du travail

Doit, d'abord, s'opérer une distinction entre le droit du travail et le droit social (1), ensuite entre le droit du travail et le droit de la fonction publique (2) et, enfin, entre le droit du travail et d'autres branches du droit (3).

1. DROIT DU TRAVAIL ET DROIT SOCIAL

Le droit du travail doit tout d'abord être distingué du droit social dont il ne constitue qu'une partie. Le droit social est essentiellement composé du « *vieux couple* » formé par le droit du travail et le droit de la sécurité sociale[12], auxquels est généralement adjoint le droit de l'aide sociale[13].

---

7. J.- P. Domergue, « Le droit du chômage et du non-emploi », *Dr soc.* 1997, p. 463.

8. Les règles de l'indemnisation du chômage figurent cependant dans le Code du travail.

9. A. Supiot, « Les nouveaux visages de la subordination », *Dr soc.* 2000, p. 131.

10. G. Virassamy, *Les contrats de dépendance – Essai sur les activités professionnelles exercées dans une dépendance économique*, Bibl. de droit privé, LGDJ, 1986.

11. Sur le lien de subordination et ses fondements, cf. *infra* p. 270.

12. A. Supiot, « L'avenir d'un vieux couple : travail et Sécurité sociale », *Dr soc.* 1995, p. 823 ; J. Barthélémy, « Peut-on dissocier le droit du travail et le droit de la Sécurité sociale ? Contribution à la théorie des vases communicants », *Dr soc.* 2007, p. 894.

13. Le droit de la protection sociale recouvre, quant à lui, plusieurs disciplines : le droit de la sécurité sociale, le droit de l'aide et de l'action sociale, le droit de l'indemnisation du chômage (quoique son appartenance au droit du travail puisse être discutée) et le droit de la protection sociale complémentaire.

Le droit de la sécurité sociale a longtemps constitué un appendice du droit du travail, une « *île derrière une île* »[14]. A ses origines, il ne bénéficiait qu'aux travailleurs dépendants et ce n'est qu'à la fin des années 1940 qu'il a pris son autonomie de la matrice travailliste *via* une généralisation de la Sécurité sociale[15].

Quant au droit de l'aide sociale, il s'agit précisément d'un droit d'assistance aux personnes placées dans une situation de besoin[16]. Il intéresse les minimas sociaux, c'est-à-dire les allocations versées à des personnes dans l'incapacité de travailler. C'est le cas, par exemple, de l'allocation pour adulte handicapé ou du minimum vieillesse servi aux personnes âgées n'ayant aucun droit à la retraite. Le revenu minimum d'insertion a longtemps été l'emblème de l'aide sociale. Il a désormais été remplacé par le revenu de solidarité active[17], dispositif à cheval sur le droit de l'aide sociale et le droit du travail puisqu'il permet désormais d'assurer un complément de revenu aux salariés dont les rémunérations sont les plus basses[18].

Si le droit du travail ne s'apparente donc pas au droit social, il convient également de le distinguer du droit de la fonction publique.

2. DROIT DU TRAVAIL ET DROIT DE LA FONCTION PUBLIQUE

Le droit du travail n'intéresse, en principe du moins, que les seules relations de travail de droit privé[19]. Les travailleurs du secteur public sont eux aussi des travailleurs subordonnés, mais ils sont subordonnés à l'État ou à une autre personne de droit public, si bien qu'ils ne relèvent pas du Code du travail mais des statuts de la fonction publique[20]. Il existe trois fonctions publiques en France : la fonction publique d'État, la fonction publique territoriale et la fonction publique hospitalière[21]. Dans ces trois fonctions publiques travaillent bien sûr les fonctionnaires, mais également des contractuels engagés par contrats de droit public. L'ensemble de ces personnels de l'administration n'est pas soumis au droit du travail.

La distinction entre droit du travail et droit de la fonction publique n'est pourtant pas toujours très claire, cela pour deux raisons. D'abord, parce que le Code du travail comporte de nombreuses dispositions qui s'appliquent aux agents des établissements

14. J.- P. Laborde, *Droit de la sécurité sociale*, PUF, 2005, p. 2.
15. *Ibid*, pp. 54 et s.
16. M. Borgetto, R. Lafore, *Droit de l'aide et de l'action sociale*, Montchrestien, 7e éd., 2009.
17. Le RSA a également remplacé l'allocation parent isolé.
18. Loi n° 2008-1249 du 1er déc. 2008 généralisant le revenu de solidarité active et réformant les politiques d'insertion. V. P. Morvan, « La loi généralisant le RSA », *Dr soc.* 2009, p. 185 ; D. Roman, « RSA : 20 ans après le RMI, une réforme a minima », *JCP* éd. S, 2008, 1657.
19. En réalité, certaines règles du Code du travail s'appliquent aux travailleurs du secteur public, l'exemple le plus emblématique étant probablement constitué des règles encadrant le droit de grève des fonctionnaires.
20. J.- L. Bodiguel, Ch.- A. Garbar, A. Supiot, *Servir l'intérêt général*, PUF, 2000.
21. On ajoute, parfois, à ce triptyque la fonction publique militaire qui, il est vrai, connaît quelques notables particularités.

publics industriels et commerciaux et, plus rarement il est vrai, aux agents des établissements publics administratifs. Ensuite, parce que la jurisprudence administrative a souvent érigé au rang de principe généraux du droit des règles directement tirées du droit du travail[22] : interdiction de révoquer un agent public enceinte[23], obligation de rémunérer un agent public au minimum au niveau du SMIC[24] ou, plus récemment, obligation de reclassement de l'agent non titulaire déclaré médicalement inapte à son emploi[25].

Le droit du travail doit, enfin, être distingué d'autres branches du droit privé avec lesquelles il comporte néanmoins quelques points de contact.

3. DROIT DU TRAVAIL ET AUTRES BRANCHES DU DROIT

On trouve de nombreuses connexions entre droit du travail et autres branches du droit. Du côté du droit public, d'abord, il existe des règles constitutionnelles applicables au droit du travail[26] mais également des règles de droit administratif applicables en droit du travail[27].

Il existe surtout de nombreux ponts jetés entre droit du travail et autres branches du droit privé. Le droit pénal du travail est très développé, il existe de très nombreuses infractions en droit du travail[28]. On trouve également de nombreuses dispositions de droit du travail dans le droit des procédures collectives, en particulier s'agissant des protections singulières accordées au salarié créancier de l'entreprise en difficulté[29]. On peut encore trouver du droit du travail dans des codes particuliers tels que le code rural pour certains travailleurs du monde agricole (ex. : contrats de vendanges) ou encore dans le code de l'action sociale et des familles (ex. : statut des assistantes maternelles).

Tel est le droit du travail aujourd'hui : le droit des relations de travail subordonné, rémunéré et de droit privé. Cette conception est l'héritage d'un contexte historique, sociologique et économique qu'il est indispensable d'esquisser.

---

22. J. Mekhantar, « Les principes généraux du droit du travail dans les fonctions publiques », *AJFP* 2000, n° 6, p. 21.
23. CE, ass., 8 juin 1973, *Peynet, Rec. CE* 1973, p. 406, concl. Grévisse.
24. CE, sect., 23 avr. 1982, *Ville Toulouse*, *Rec. CE* 1982, p. 151.
25. CE, 2 oct. 2002, *CCI Meurthe-et-Moselle*, *AJDA* 2002, p. 997 et p. 1294, concl. D. Piveteau, note M.-Ch. de Montecler.
26. Cf. *infra* p. 167.
27. Cela concerne, en particulier, l'organisation et les missions de l'Administration du travail.
28. A. Cœret, E. Fortis, *Droit pénal du travail*, Litec, 4e éd., 2008.
29. A. Jacquemont, *Droit des entreprises en difficulté*, Litec, 6e éd., 2009, pp. 557 et s.

2 LE CONTEXTE DU DROIT DU TRAVAIL

Comme toute branche du droit, le droit du travail est entouré d'éléments métajuridiques qui permettent de mieux comprendre ses techniques et les problématiques qu'il véhicule. Les éléments contextuels les plus intéressants doivent être tirés d'autres sciences sociales que sont l'histoire (A), l'économie (B) et la sociologie (C)[30].

A. Histoire du droit du travail[31]

De manière très schématique et nécessairement chronologique, l'histoire du droit du travail peut se scinder en quatre périodes : l'avant révolution industrielle (1), la révolution industrielle (2), le progrès social de la IIIe République (3) et l'époque contemporaine (4).

1. AVANT LA RÉVOLUTION INDUSTRIELLE : INEXISTENCE DU TRAVAIL SALARIÉ

– De l'Antiquité à la Révolution française

L'Antiquité ne connaît pas le travail salarié. Les hommes libres ne travaillent pas ou s'ils travaillent, le font pour leur propre compte et sont indépendants. Le travail subordonné est assuré par les esclaves qui ne sont pas considérés comme des personnes mais comme des biens qui peuvent être vendus, prêtés, essayés, etc[32]. La France médiévale fonctionne dans un système proche. Le travail dans le système politique de la féodalité est assuré par le servage. Les serfs sont asservis au seigneur mais, à la différence des esclaves de la Rome antique, bénéficient de la personnalité juridique. L'économie essentiellement rurale du pays est assise autour de ces castes.

Le développement du commerce à partir du XIIIe siècle modifie quelque peu la situation des travailleurs dans notre pays. Le servage continue d'être la règle dans les campagnes, mais dans les villes, il se forme peu à peu ce que l'on appellera plus tard le tissu corporatif. Progressivement, les métiers se structurent en corporations.

Ces corporations étaient des communautés qui reposaient sur le principe d'une association obligatoire et relevaient du droit public. Elles étaient dotées de la personnalité juridique, d'une réglementation sociale et technique et d'un véritable pouvoir discipli-

30. Une place pourrait être faite au droit comparé du travail. V. la publication semestrielle du COMPTRASEC, la revue de droit comparé du travail et de la sécurité sociale.

31. G. Aubin, J. Bouveresse, *Introduction historique au droit du travail*, PUF, 1995 ; J. Le Goff, *Du silence à la parole : une histoire du droit du travail : des années 1830 à nos jours*, PU Rennes, 2004.

32. J. Gaudemet, *Droit privé romain*, Montchrestien, 2e éd., 2000, p. 13 et pp 101 ; J.- F. Brégi, *Droit romain : les obligations*, Ellipse, 2006, p. 20.

naire. C'est en leur sein qu'apparaissent les origines du droit du travail puisque les corporations ont un pouvoir de réglementation du travail (conditions de l'apprentissage, de l'engagement, salaires, etc..), de la production (normes de qualités, règles de l'art) et de la commercialisation (poids et mesures, conditions de paiement, bourses).

Dans chaque corporation, il existe trois grades distincts : le maître, le compagnon et l'apprenti. Le maître a le droit de vendre au public et est rémunéré par le prix de vente ; le compagnon n'est pas payé pour sa production mais en fonction de son temps de travail ; les apprentis sont placés par leurs parents auprès d'un maître.

– La Révolution française

Ces systèmes de la féodalité pour la campagne et de la corporation pour les villes disparaissent, pour le premier en 1779 et pour le second en 1789. La loi Le chapelier du 14 juin 1791 et le Décret d'Allarde des 2 et 17 mars 1791 interdisent les corporations et proclament la liberté du commerce et de l'industrie. Ces textes anéantissent l'organisation féodale du travail et laisseront des séquelles pendant de très nombreuses années. Ainsi, par exemple, l'interdiction des corporations perdurera jusqu'à la loi Waldeck-Rousseau de 1884 qui rétablira la faculté pour les travailleurs de fonder des syndicats.

Sans trop entrer dans le détail, l'organisation du travail à la suite de la Révolution française repose sur deux fondements : la liberté du travail et l'égalité des citoyens. Ces postulats sont matérialisés dans le Code civil de 1804 par trois articles ! L'article 1779 est un simple texte d'annonce. L'article 1780 dispose qu'on ne peut engager ses services qu'à temps ou pour une entreprise déterminée et que le contrat de louage de service fait sans limitation de durée peut toujours être rompu par la volonté d'une des parties. Enfin, l'article 1781 montre toutes les limites de la prétendue égalité des citoyens puisqu'il dispose que « *le maître est cru sur son affirmation, pour la quotité des gages, pour le paiement du salaire de l'année échue et pour les acomptes donnés sur l'année courante* »[33].

Cette méfiance à l'égard de l'ouvrier trouvera d'autres manifestations. Il y a bien sûr l'interdiction des coalitions qui rend la grève illicite[34]. Il y a surtout, à partir de 1803, l'apparition du livret ouvrier, délivré par les autorités de police à tout ouvrier travaillant en qualité de compagnon et visé par ce's mêmes autorités en cas de voyage de l'ouvrier[35]. On trouvait, encore, des règlements d'atelier, sortes d'ancêtres des règlements intérieurs d'aujourd'hui et qui encadraient en détail le fonctionnement du travail dans les usines et les manufactures. Une lueur d'espoir avait jailli avec la création, dès 1806, des premiers conseils de prud'hommes chargés de juger les litiges du travail. Mais leur composition, reposant exclusivement sur des gens de métiers et exclusive de toute

33. L'article 1781 du Code civil fut abrogé en 1868.

34. La coalition était définie comme le regroupement de travailleurs ou de patrons en vue de faire pression sur les salaires.

35. A défaut de visa, l'ouvrier pouvait être condamné pour délit de vagabondage. Sur le livret ouvrier, v. J.- P. Le Crom, « Le livret ouvrier au XIXe siècle, entre assujettissement et reconnaissance de soi », *in Études offertes à Ph.- J. Hesse*, PU Rennes, 2003, p. 91.

présence ouvrière, en feront longtemps une juridiction à sens unique et dont l'objectif était seulement d'assurer l'ordre social.

Bon an, mal an, ce système va perdurer jusqu'à la révolution industrielle, bien plus tardive en France qu'au Royaume-Uni, et qui commencera à produire ses effets à la moitié du XIXe siècle.

2. LA RÉVOLUTION INDUSTRIELLE : NAISSANCE DU DROIT DU TRAVAIL

Jusqu'à la révolution industrielle, le droit du travail n'existe pas véritablement. A l'exception de la loi Le chapelier, du décret d'Allarde et de trois articles du Code civil, les relations de travail sont totalement régies par la liberté contractuelle.

Cela n'empêche pas la France de s'industrialiser. Les mines, la métallurgie, les grandes usines font leur apparition, entraînant avec elles un fort exode rural. Les paysans se déplacent et vont habiter dans les faubourgs pour travailler dans ces nouvelles industries. Mais ils ne sont pas instruits et ignorent tout des nouvelles technologies industrielles. L'alcool est un vrai fléau et ces ouvriers ne sont pas toujours d'une grande lucidité au travail. Quant aux machines, elles sont loin d'être inoffensives et les accidents sont quotidiens. A ce contexte s'ajoutent les nombreuses guerres napoléoniennes, puis celles qui accompagnent la Restauration.

En 1840 est publié un rapport rédigé par un médecin, le docteur Villermé, et qui s'intitule « Tableau de l'état physique et moral des ouvriers employés dans les manufactures de laine, de coton et de soie ». Le constat est tout à fait dramatique. Les enfants travaillent à partir de six ans dans des conditions effroyables, jusqu'à seize heures par jour. Les ouvriers vivent dans des caves, des paillasses faisant office de lits sur lesquels reposent des individus de tous âges et de tous sexes[36]. Ce rapport, à lui seul, n'aurait probablement pas suffi à faire se mobiliser les pouvoirs publics qui avaient déjà conscience de la condition ouvrière. En revanche, un autre élément va peser lourdement dans la décision politique : les responsables publics constatent que le taux de mortalité des ouvriers est tel que la conscription est menacée. Il faut soigner les ouvriers au risque de ne bientôt plus pouvoir lever d'armée...

C'est ainsi que naissent les premières lois ouvrières. Ces lois montrent dès le départ toute l'ambivalence du droit du travail naissant : d'un côté elles ont pour objet de prendre soin des ouvriers, de leur santé, de leur développement. Mais d'un autre côté, elles ont pour but de maintenir les effectifs nécessaires à la guerre et à l'expansion du capitalisme[37].

---

36. Relire *L'assommoir* (1877) et *Germinal* (1885) d'E. Zola est probablement l'un des moyens les plus efficaces de percevoir la condition ouvrière de cette époque.

37. Cette prise en compte nullement philanthropique de la question sociale n'est pas l'apanage des français, bien au contraire. Ainsi, notamment, la politique de Bismarck en Allemagne, quelques années plus tard, répondra aux mêmes considérations militaires et, surtout, politiques, v. J.- P. Laborde, *Droit de la sécurité sociale*, *préc.*, p. 37.

On considère généralement que la première loi ouvrière est celle du 22 mars 1841 sur le travail des enfants. Cette loi interdisait le travail des enfants de moins de huit ans, limitait la durée de travail des enfants de huit à seize ans, prohibait le travail de nuit avant treize ans et le travail dominical avant seize ans. Cependant, les effets de cette loi furent limités puisqu'elle ne concernait que le secteur de l'industrie et les seules manufactures de plus de vingt ouvriers. Dès cette « première loi » ouvrière apparaissent deux caractéristiques majeures du droit du travail, lesquelles subsistent encore aujourd'hui, et que sont l'ambivalence du droit du travail et l'importance des seuils d'effectif, l'intensité du droit du travail variant toujours en fonction de la taille de l'entreprise.

Avec la Révolution de 1848 et l'avènement de la IIe République, des mesures sérieusement plus protectrices des ouvriers sont adoptées : limitation de la durée du travail à onze heures par jour, électorat et éligibilité des ouvriers dans les conseils de prud'hommes, retour fugace du droit de coalition, mise en place des Ateliers nationaux… Ces mesures éphémères disparurent avec le Second Empire qui porta, tout de même, l'abolition du délit de coalition (1864) et de l'article 1781 du Code civil (1868).

Après la guerre de 1870-71 contre la Prusse est instituée la IIIe République.

3. LE PROGRÈS SOCIAL DE LA IIIe RÉPUBLIQUE

Lors de l'avènement de la IIIe République, les relations de travail reposent essentiellement sur le paternalisme patronal[38]. Le patron adopte une posture quasi paternelle avec ses ouvriers, il les récompense, les punit, les encadre. Le paternalisme entretient des liens étroits avec la doctrine sociale de l'Église qui, tout en avalisant le capitalisme industriel de la fin du XIXe siècle, exige une forme de justice sociale et la préservation d'une certaine dignité du prolétariat[39]. Les relations entre le patronat et le prolétariat demeurent pour l'essentiel privées, les rapports sont toujours principalement régis par le contrat.

C'est sous la IIIe République que se modèle véritablement le droit du travail moderne. De nombreuses lois sociales sont adoptées entre 1875 et 1940. Cette construction est très désordonnée et parfois très laborieuse, certaines lois étant discutées pendant de nombreuses années[40]. Quelques dates ponctuent cette période.

Le 21 mars 1884 est adoptée la loi Waldeck-Rousseau reconnaissant la licéité des syndicats et mettant fin à près de cent ans d'interdiction, loi qui permettra un développement intense du syndicalisme français[41]. En 1898, répondant à l'inadaptation du droit

---

38. G. Noirel, « Du "patronage" au "paternalisme" : la restructuration des formes de domination de la main d'œuvre ouvrière dans l'industrie métallurgique française », *Le Mouvement social*, n° 144, 1988, p. 17.
39. J.- L. Chabot, *La doctrine sociale de l'église*, PUF, Que-sais-je, 1992.
40. Par ex., 18 années de débats parlementaires pour la loi *Nadaud* du 9 avr. 1898 sur les accidents du travail, 19 années de débat avant l'adoption de la loi 27 déc. 1890 sur le congédiement.
41. H. Landier, D. Labbé, *Les organisations syndicales en France des origines aux évolutions actuelles*, éd. Liaisons, 2e éd., 2004.

de la responsabilité civile extra-contractuelle est adoptée la loi Nadaud sur les accidents du travail qui met en place une réparation automatique mais forfaitaire des dommages subis du fait de ces accidents[42]. L'adoption de la loi du 9 avril 1898 sur les accidents du travail est tout à fait symptomatique des problématiques de l'époque. Le libéralisme du Code civil, le postulat de la liberté contractuelle et de l'égalité des parties s'effrite totalement. Le machinisme fait de gros dégâts, de nombreux accidents se produisent. Pour obtenir réparation de leur préjudice, les ouvriers ne disposent que du recours à la responsabilité extra-contractuelle. Cependant, la responsabilité du fait des choses n'étant pas encore développée, il faut donc démontrer l'existence d'une faute du patron.

Or la démonstration de cette faute est le plus souvent impossible. Si elle existe, pour la démontrer, il faudrait pouvoir obtenir le témoignage d'autres ouvriers, ce qui s'avère très compliqué car ces derniers sont très réticents par crainte de perdre leur emploi. A cela s'ajoute que, dans de nombreux cas, il existe aussi une faute de la victime, une faute de l'ouvrier : inattention, alcool, non-respect des consignes de sécurité données, etc. Or, la faute de la victime réduit, voire anéantit la responsabilité. Enfin, et c'est là le plus grave, parfois, aucune faute n'a été commise : c'est la fatalité du machinisme, les machines sont dangereuses, s'enrayent, se détraquent et tuent.

Face à ces différentes embûches, la responsabilité civile est proprement inadaptée et ne tient absolument pas son rôle réparateur. Les pouvoirs publics entendent réagir et mettre en place un nouveau système qui s'affranchisse des principes de la responsabilité. Comme cela a déjà été fait en Allemagne à cette période, on souhaite une réparation automatique de tout accident survenu en raison du travail. L'idée est que le patron indemnise tout accident survenu dans son usine et soit obligatoirement assuré pour faire face aux dépenses que cela peut engendrer.

Mais les pressions du patronat français sont immenses et les arguments nombreux. L'économie française ne résisterait pas à des cotisations d'assurance versées par les employeurs. La concurrence serait faussée avec nos voisins européens. Les débats à l'Assemblée nationale s'éternisent et le projet de loi Nadaud se mue peu à peu en un véritable serpent de mer. Dix-huit années de débat seront finalement nécessaires avant l'adoption de la loi qui constituera l'un des plus célèbres exemples de compromis, celui que l'on appelle encore en droit de la sécurité sociale le « compromis historique ». En échange de la réparation automatique, les promoteurs de la loi font une concession de poids : la réparation sera forfaitaire. La rupture avec les principes civilistes est manifeste : on ne répare plus l'intégralité du préjudice, mais on répare le préjudice sans qu'aucune faute n'ait à être démontrée.

---

42. V. *Colloque du Centenaire de la loi du 9 avril 1898*, Université Montesquieu-Bordeaux IV, 1998, *Dr soc.*, n° spéc., juill.-août 1998, pp. 631 et s.

Cette séparation du droit du travail de ses origines civilistes, par l'interventionnisme étatique et par la remise en cause de grandes règles du droit civil, montre une autre caractéristique essentielle du droit du travail. Le droit du travail qui se construit progressivement a des velléités d'indépendance : ce sera un droit autonome ou, du moins, empreint de particularisme.

En deux temps, par une loi du 27 décembre 1890 et par celle du 19 juillet 1928[43], le congédiement est progressivement encadré par l'abus de droit et l'exigence du respect d'un délai-congé. En 1906, la loi Sarrien généralise le principe du repos dominical. En 1910 est adopté le premier Code du travail, qui ne comporte qu'un livre unique et qui est nettement moins ambitieux que les projets initiaux[44]. En 1919, la durée de travail quotidienne est limitée à huit heures alors que, dans le même temps, est reconnue la faculté pour les organisations syndicales de conclure des conventions collectives de travail[45].

Avec l'arrivée au pouvoir du Front populaire, de nouvelles mesures emblématiques sont adoptées : création des congés payés, limitation de la semaine de travail à 40 heures, création des délégués du personnel dans l'entreprise, etc. Le droit du travail n'a cependant pas encore atteint son apogée.

4. L'APRÈS DEUXIÈME GUERRE MONDIALE : LA PÉRIODE CONTEMPORAINE

A la libération, un phénomène massif doit être pris en considération en France : les communistes et la CGT ont tenu une place fondamentale dans la résistance à l'occupant. Les gouvernements de la IVe République sont tenus de prendre en considération le poids de ces mouvements. Il s'ensuit un nouveau bond en avant du droit du travail français.

Cela se matérialise dès le Préambule de la Constitution de 1946 qui consacre de nombreux droits sociaux : la liberté syndicale, le droit de grève, le droit à la protection de la santé, etc. Rapidement, plusieurs grandes lois sont intervenues, principalement dans le champ des relations collectives. Une ordonnance du 22 février 1945 créa les comités d'entreprise avec pour mission de représenter les salariés et d'assurer des missions économiques et sociales dans les entreprises. Le 11 février 1950 est adoptée une loi en matière de grève : désormais, la grève ne rompt plus le contrat de travail : elle devient licite. En 1950 est créé le SMIG (salaire minimum interprofessionnel garanti) qui sera remplacé par le SMIC (salaire minimum interprofessionnel de croissance) en 1970.

En 1968, à la suite des événements de mai, les syndicats firent leur entrée dans l'entreprise. On peut désormais y désigner des délégués syndicaux et conclure des conven-

43. E.- H. Perreau, « De la résiliation du contrat de travail d'après la loi du 19 juillet 1928 », *RTD civ.* 1930, p. 277.
44. A. Jeammaud, « La codification en droit du travail », *Droits*, 1998, n° 27, p. 161.
45. Loi du 25 mars 1919.

tions collectives d'entreprise. Il ne s'agit pas alors d'une sorte de décentralisation de la négociation collective telle qu'elle se développe aujourd'hui mais bien de l'ajout d'un niveau supplémentaire au syndicalisme français.

A partir du début des années 1970, avec la succession des crises pétrolières, l'économie française subit de profonds bouleversements qu'elle n'avait plus connus depuis les années 30. La France redécouvre le chômage avec des taux qui seront portés jusqu'à presque 12 % de la population active en 1993. Apparaît alors le droit de l'emploi, un ensemble de mesures globalement destinées à lutter contre le chômage. Cela se traduit notamment par la mise en place d'exonérations de charges sociales pour certaines catégories d'emploi et par l'apparition des contrats aidés. En parallèle, le droit de la rupture du contrat de travail est sensiblement modifié, le congédiement devient le licenciement par le jeu des lois du 13 juillet 1973 et du 3 janvier 1975[46].

En 1982, les importantes réformes Auroux modifient encore le paysage du droit du travail : passage à la semaine de 39 h, ajout d'une cinquième semaine de congés payés. Ces réformes encadrent très sérieusement les possibilités de recourir aux contrats à durée déterminée et à l'intérim pour juguler le recours au travail précaire qui s'étend avec la crise économique. Elles instituent également les comités d'hygiène, de sécurité et des conditions de travail qui veilleront sur l'hygiène et la sécurité des salariés dans l'entreprise.

A partir de la fin des années 80, la création législative en matière de droit du travail s'accélère. Les lois se succèdent, avec parfois une demi-douzaine de lois différentes par an et des changements au gré des alternances politiques[47]. Une véritable inflation législative se fait ressentir et des voix s'élèvent pour dénoncer « l'obésité du droit du travail ». Les grandes tendances sont les suivantes : développement de la négociation collective avec la volonté des pouvoirs publics de donner un rôle de plus en plus important aux partenaires sociaux[48] ; flexibilisation du travail avec l'extension des contrats aidés et, dans certains domaines, l'accroissement du pouvoir de direction de l'employeur, en particulier en matière d'organisation du temps de travail ; diminution du temps de travail avec principalement les lois Robien en 1996 et Aubry I et II en 1998 et 2000 ; montée en puissance des libertés, libertés du salarié telles que la liberté d'expression, la liberté du travail mais aussi de l'employeur avec la liberté d'entreprise, la liberté de choisir ses collaborateurs, etc.

Cette période est également marquée, de manière paradoxale, par un très fort recul du syndicalisme français. Aujourd'hui, moins de 8 % des travailleurs sont syndiqués, et

46. J. Pélissier, *Le nouveau droit du licenciement*, Sirey, 2e éd., 1981.
47. Point d'étape important, les lois Auroux adoptées en 1982, v. J. Auroux, *Les droits nouveaux des travailleurs, Rapport remis au Président de la République et au Premier ministre*, La doc. française, 1982.
48. M.- A. Souriac, G. Borenfreund, « La négociation collective entre désillusion et illusions », *Mélanges J.- M. Verdier*, Dalloz, 2001, p. 181.

le gros des troupes figure dans le secteur public. Il y a une véritable crise du syndicalisme que de nombreuses réformes ont tenté d'endiguer sans pour le moment parvenir aux résultats escomptés. La loi du 20 août 2008 en constitue la dernière tentative en date[49].

Crise du syndicalisme, crise économique, crise législative, le droit du travail est en pleine mutation et cette évolution n'est probablement pas terminée, notamment en raison des liens entre droit du travail et économie.

B. Droit du travail et économie

Il existe par nature une contradiction entre économie et social. L'économie capitaliste moderne, fondée sur la libre concurrence, exige une recherche permanente de diminution des prix, des coûts de production ainsi qu'une augmentation des profits. Or, dans un tel système, les coûts sociaux viennent interférer avec l'économique.

Ainsi, chaque réforme de droit du travail est montrée du doigt par le patronat français comme constituant une entrave au bon fonctionnement de l'économie française. Chaque nouvelle mesure serait la cause de l'augmentation du chômage, de la délocalisation d'entreprises incapables de subir une concurrence de pays émergents dont les coûts de main d'œuvre sont bien inférieurs. Face au droit du travail est alors réclamé plus de flexibilité.

Il ne s'agit pas d'une pure dérégulation, par une diminution de la qualité ou de la quantité des règles de droit social mais d'une faculté laissé au contrat (aux conventions collectives, aux contrats de travail) d'aménager les règles en fonction des situations.

Pour autant, les intérêts sont parfois contradictoires. En effet, s'il est certainement de l'intérêt des travailleurs que le droit du travail soit développé et protecteur, il leur est également indispensable que leur entreprise se développe, qu'elle ne licencie pas, qu'elle embauche, qu'elle gagne de l'argent. De l'autre côté, si le patronat est naturellement enclin à résister aux revendications salariales, il n'ignore pas qu'un salarié accepte plus facilement ses conditions de travail s'il est bien payé. L'amélioration générale du pouvoir d'achat de l'ensemble des travailleurs français, même si elle constitue un coût certain pour les entreprises, représente également un gain par la stimulation de la consommation et l'instauration d'une paix sociale.

Il y a finalement trois lectures qui peuvent être retenues du droit du travail face à l'économie.

49. Loi n° 2008-789 du 20 août 2008 portant rénovation de la démocratie sociale et réforme du temps de travail.

Dans une première approche, le droit du travail serait un droit protecteur et progressiste destiné à protéger les salariés des excès du capitalisme. Selon cette conception, le droit du travail serait unilatéral, fondamentalement favorable aux salariés et toujours tourné vers de nouveaux progrès. Cette représentation a longtemps dominé. Elle n'est plus vraiment aujourd'hui d'actualité, d'abord parce que l'étude des réformes récentes démontre clairement que les lois ne sont plus toujours tournées vers le progrès social (ex. travail le dimanche, heures supplémentaires,...), ensuite parce que ce modèle idéaliste et un peu naïf est voué à l'échec : le progrès toujours, mais jusqu'où ?

Dans une deuxième approche, parfaitement décrite par Gérard Lyon-Caen[50], le droit du travail serait un droit ambivalent parfaitement adéquat au capitalisme. Bien sûr, le droit du travail aurait pour finalité la protection des travailleurs et le progrès social. Mais il aurait également pour souci de préserver l'essentiel du capitalisme en légitimant l'exploitation du travail par le capital. Il s'agit là de ce qu'il reste de l'approche marxiste du droit du travail. Le droit du travail, comme tout droit d'ailleurs pour les marxistes, aurait été élaboré par la classe dirigeante, par la bourgeoisie, pour perpétuer l'exploitation de l'homme par l'homme.

Enfin, selon une troisième approche, le droit du travail serait désormais un mode d'organisation de l'entreprise et ne serait plus destiné par nature à seulement permettre le progrès social ou à légitimer le capitalisme, mais à structurer les rapports de travail en entreprise. Cette conception alternative et intermédiaire trouve, notamment, quelques illustrations dans l'émergence du concept de flexicurité, association délicate entre flexibilité du travail et sécurité du travailleur[51].

D'autres visions du droit du travail pourraient bien émerger dans le contexte économique actuel. La crise économique et financière du début du XIXe siècle implique une augmentation du chômage comme la France n'en a plus connu depuis les années 1970. En parallèle, la mondialisation a continué de produire ses effets. La libre concurrence, la chute de nombreuses frontières douanières, la rapidité des communications et des transports ont étendu l'ensemble des marchés : les entreprises ne sont plus en concurrence avec celles de leur région ou même de leur pays, mais avec celles du monde entier. Or, le droit du travail est extrêmement différent d'une région du monde à une autre. Comment espérer être concurrentiel quand le salaire d'un ouvrier est dix fois supérieur en France par rapport à d'autres régions du globe ? Il fera certainement partie des défis à venir du droit du travail de répondre à ces questions[52].

---

50. G. Lyon-Caen, *Le droit du travail. Une technique réversible*, Dalloz, 1995.
51. J. Gautié, « Les économistes contre la protection de l'emploi : de la dérégulation à la flexicurité », *Dr. soc.* 2005, p. 1.
52. M.- A. Moreau, *Normes sociales, droit du travail et mondialisation, Confrontations et mutations*, Dalloz 2006 ; *Mondialisation, Travail et Droits fondamentaux*, ouv. coll. sous la dir. d'I. Daugareilh, LGDJ, 2005.

C. Sociologie et droit du travail

Le droit du travail au XXIe siècle en France présente des caractères sociologiques qui peuvent être décrits. Il y a une oscillation entre régulation et dérégulation (1), un recul du syndicalisme (2) et une forte ineffectivité du droit du travail (3).

1. RÉGULATION ET DÉRÉGULATION[53]

Le droit du travail, depuis sa naissance jusqu'à la fin du XXe siècle a essentiellement été un droit étatique. La loi et le règlement fixaient les règles applicables et encadraient le monde du travail. Ce développement exponentiel des règles de droit du travail a donné lieu à de nombreuses critiques : on a mis en lumière l'inflation du droit du travail et la doctrine est allée jusqu'à se demander s'il ne fallait pas « brûler le code du travail »[54].

Aujourd'hui, cet interventionnisme étatique est en partie en recul, ou du moins en apparent recul. Plusieurs réformes récentes telles que la loi du 4 mai 2004 ont eu pour objectif de donner plus d'autonomie aux partenaires sociaux, de favoriser la négociation collective pour que les règles de droit du travail ne soient plus désormais édictées seulement par l'État, mais aussi par les premiers concernés, c'est-à-dire les employeurs et les salariés[55].

Cette évolution pourrait cependant n'être qu'apparente[56]. Pour s'en rendre compte, il suffit de jeter un œil rapide au nombre de réformes relatives au droit du travail intervenues depuis l'élection présidentielle de 2007 : loi sur le travail et le pouvoir d'achat, loi de modernisation du marché du travail, loi sur la représentativité syndicale et le temps de travail, loi sur le travail dominical, etc. Visiblement, le législateur n'a pas véritablement abandonné le domaine.

Autre manifestation du maintien de l'influence étatique sur le droit du travail, la recodification du Code du travail intervenue en mai 2008[57]. Le nouveau code est relativement différent du précédent, mais seulement sur la forme. Normalement, aucune modification n'a été apportée sur le fond puisque la recodification devait s'opérer à « droit constant ». On dénonce de tous bords l'obésité du code du travail, mais au lieu de reprendre le fond des règles pour essayer de les réorganiser, de les rationaliser, on a préféré un simple toilettage...

---

53. A. Supiot, *Critique du droit du travail*, PUF, 2e éd., 2002 et, en particulier, la préface.

54. *Faut-il brûler le Code du travail*, Colloque Montpellier, *Dr. soc.* 1986, pp. 559 et s.

55. *La contractualisation du droit social*, ouv. coll. sous la dir. de Ph. Auvergnon, Comptrasec, Bordeaux, 2003.

56. Ch. Radé, « La loi négociée : simple marketing politique ou véritable produit de la démocratie sociale », *Dr ouvrier* 2010, p. 319.

57. Sur les objectifs de la recodification, v. J.- D. Combrexelle, H. Lanouzière, « Les enjeux de la recodification du Code du travail », *Dr soc.* 2007, p. 517 ; Ch. Radé, « Recodifier le Code du travail », *Dr. soc.* 2006, p. 783.

L'évolution du droit du travail est également marquée par un fort recul du syndicalisme.

2. RECUL DU SYNDICALISME

L'un des moteurs de l'évolution du droit du travail à la fin du XIXe siècle et, surtout, dans les deux premiers tiers du XXe, reposait sur le développement du syndicalisme français. Le syndicalisme français, et principalement la CGT, a été extrêmement puissant. Les grèves majeures et longues à l'instigation des syndicats effrayaient les dirigeants de notre pays. Cela est de moins en moins le cas aujourd'hui.

Le syndicalisme français a tellement reculé que l'on peut quasiment aujourd'hui se demander s'il n'est pas en train de disparaître. Les taux de syndicalisation sont un premier indice de ce déclin puisqu'il ne reste plus aujourd'hui que 8 % des travailleurs français qui soient syndiqués, et encore, pour la majeure partie dans la fonction publique. Un deuxième indice de cette déliquescence tient à ce que les syndicats français vivent aujourd'hui sous perfusion étatique, ce qui explique que des règles de transparence financière et comptable leurs soient désormais imposées[58]. Un troisième indice est plus frappant encore : qui côtoie le milieu syndical peut en attester, il existe un vieillissement important des militants syndicaux qui peinent à trouver une relève.

Ce recul du syndicalisme repose certainement sur des raisons variées. Il y a d'abord un sentiment plus ou moins généralisé chez les salariés que les syndicats ne sont pas aptes à défendre convenablement leurs intérêts. Une autre explication, peut-être plus philosophique, tiendrait à l'individualisme de la fin du XXe siècle : chacun voit midi à sa porte, son propre intérêt, mais l'intérêt collectif du monde du travail est une notion de plus en plus abstraite. Dans ces conditions, pourquoi se syndiquer ? Il y a une autre raison, un peu plus insidieuse, qui empêche les nouvelles générations de s'investir dans le syndicalisme aujourd'hui : la peur des représailles. Malgré un arsenal législatif que nous aurons l'occasion de décrire, les salariés syndiqués ou assumant des fonctions syndicales sont encore trop souvent victimes de discriminations, de harcèlement, de licenciements ou encore d'autres mesures prises seulement en raison de leur appartenance syndicale. Il est possible de comparer cette situation à celles vécues par les femmes au travail : dans ces deux champs, le législateur met en place des gardes fous afin que ces salariés soient mieux traités, mais le dispositif législatif demeure bien trop peu effectif.

3. INEFFECTIVITÉ DU DROIT DU TRAVAIL[59]

Le droit du travail est un droit sujet à l'ineffectivité, nombre de règles sont peu ou pas appliquées. A quoi cela tient-il ?

---

58. C. trav., art. L. 2135-1 et s.

59. *L'effectivité du droit du travail. A quelles conditions ?*, ouv. coll. sous la dir. de Ph. Auvergnon, PUB, 2007. Y. Leroy, « Effectivité du droit au travers d'un questionnement en droit du travail », LGDJ, 2011, à paraître.

Cela s'explique, d'abord, par sa complexité, par une accumulation de lois sociales mais aussi une superposition des règles[60]. Le droit du travail est un droit complexe et technique. Cela convient aux grandes entreprises qui disposent de juristes spécialement formés pour l'application du droit du travail. En revanche, cela ne peut convenir aux petites entreprises dans lesquelles l'employeur n'a le plus souvent aucune connaissance juridique. Cela peut également s'expliquer par la faiblesse des sanctions dans certains domaines du droit du travail. Ainsi, les nombreuses infractions pénales en droit du travail sont rarement sanctionnées, le droit pénal du travail étant particulièrement ineffectif[61]. Les poursuites pénales sont le plus souvent classées sans suite par le parquet, par manque de moyens mais, aussi, par hiérarchisation des poursuites.

Des propositions, plus ou moins accompagnées d'arrières pensées, ont été avancées afin de remédier à l'ineffectivité et à l'inefficacité du droit du travail[62]. Elles mènent souvent à souhaiter une simplification du droit du travail dont on devine qu'elle servirait davantage certains lobbys économiques que l'effectivité de la norme elle-même... L'ineffectivité du droit du travail est véritable. Elle n'est probablement pas plus intense que dans les autres branches du droit et tient particulièrement à l'inflation législative et à la piètre qualité des textes aujourd'hui adoptés par le Parlement ou décrétés par le Gouvernement...

Pour clore cette introduction, il reste à décrire les principaux caractères du droit du travail.

3 LES CARACTÈRES DU DROIT DU TRAVAIL

Le droit du travail repose sur deux caractéristiques principales que sont d'abord son ambivalence et ensuite son autonomie.

Son ambivalence a déjà été évoquée : le droit du travail ne parvient jamais véritablement à trouver sa place. Il s'agit probablement d'un droit de classe, mais de laquelle ? Pour certains, droit de classe du prolétariat qui s'est émancipé grâce au droit du travail ; pour d'autres, droit de classe du capitalisme qui s'est servi du droit du travail pour encadrer et réguler la subordination. La quasi-totalité des règles de droit du

60. T. Grumbach, « Le simple et le complexe dans le droit du travail », *Dr soc.*, 2003, p. 48.

61. L'article est ancien, mais toujours d'actualité. V. J.- Cl. Javillier, « Ambivalence, effectivité et adéquation du droit pénal du travail », *Dr soc.* 1975, p. 375.

62. Parmi les plus emblématiques, v. le rapport de M. de Virville, *Pour un code du travail plus efficace*, La documentation française, 2004. V. plus récemment le rapport *Refondation du droit social* sous la plume de J. Barthélémy et G. Cette ; *JCP* éd. S 2010, act. 150, note Y. Leroy.

travail doit être regardée par le prisme de ces deux visions. Chaque règle est tantôt favorable au salarié, tantôt favorable à l'employeur. En tous les cas, les règles de droit du travail ne sont que très rarement neutres. Cette ambivalence explique, d'ailleurs, que l'analyse du droit du travail soit nécessairement influencée par l'idéologie politique. Il faut en avoir conscience, mais ne surtout pas oublier qu'avant tout, le droit du travail reste une branche du droit et non une composante de la politique sociale.

L'autonomie du droit du travail mérite davantage de précisions. Le droit du travail a acquis son autonomie en ce qu'il s'est peu à peu détaché de la matrice civiliste. A l'origine, la relation de travail était régie par le Code civil, par la liberté contractuelle, par l'autonomie de la volonté. Le droit du travail s'est pourtant construit en parallèle du droit civil, dont il s'est progressivement écarté, ce qui pourrait caractériser son autonomie (A). Pourtant, le droit du travail ne s'est jamais totalement détaché de la matrice civiliste (B).

A. L'autonomie du droit du travail ?[63]

Le mot « autonomie » provient du grec *autonomos* qui caractérise la capacité de générer ses propres lois, d'être régi par ses propres règles[64]. Le droit du travail, en s'écartant du droit civil, a réussi à faire émerger des règles, des principes, des institutions qui lui sont propres. Cela est en particulier le cas de la dimension collective du droit du travail (1), des institutions spécifiques à la discipline (2) ou, enfin, de l'émergence de principes propres à cette branche du droit (3).

1. LA DIMENSION COLLECTIVE DU DROIT DU TRAVAIL

Le travail repose depuis le Code civil de 1804 sur une relation interpersonnelle : le salarié et l'employeur sont liés par un contrat, autrefois contrat de louage de service, aujourd'hui contrat de travail, lequel est un contrat *intuitu personae*, c'est-à-dire conclu en considération de la personne.

Mais cette relation interpersonnelle comporte une idée de dépendance économique et juridique. D'un point de vue économique, le salarié est sous la dépendance de l'employeur car le revenu de son travail est son moyen de subsistance. D'un point de vue juridique, le salarié est sous la subordination de l'employeur puisque c'est là l'objet même du contrat de travail. Contre un salaire, le salarié se place sous l'autorité et la direction de l'employeur qui lui donne des ordres et des directives, en contrôle l'application et, éventuellement, en sanctionne la mauvaise exécution.

63. La thèse qui fédère la plus grande partie de la doctrine est celle du particularisme du droit du travail soutenue par P. Durand, « Le particularisme du droit du travail », *Dr soc.* 1945, p. 298.

64. On retrouve encore aujourd'hui cette dialectique dans le droit constitutionnel comparé, par exemple au travers de Communautés autonomes espagnoles.

Du fait de la superposition de cette dépendance économique et de cette subordination juridique, les salariés sont engagés dans une relation contractuelle particulièrement déséquilibrée. Seuls, ils n'ont que de faibles chances de résister à un éventuel abus de pouvoir patronal. C'est pour cette raison que sont apparus les groupements de salariés à la fin du XIXe siècle qui constitueront plus tard les syndicats tels que nous les connaissons aujourd'hui.

Mais le syndicalisme est loin d'être le seul élément du droit du travail démontrant l'importance du collectif en droit du travail. C'est également le cas de la grève qui est un mouvement collectif d'arrêt de travail au soutien de revendications communes. Les grèves ont toujours existé, même du temps où elles étaient interdites. L'idée était là encore que si chaque travailleur seul ne peut faire le poids contre un employeur qui abuse de son pouvoir, la grève porte atteinte au capital en ce qu'elle l'empêche de se reproduire.

Le collectif se retrouve encore dans l'existence d'institutions représentatives du personnel dans l'entreprise : délégués du personnel, comité d'entreprise, délégués syndicaux, comité d'hygiène et de sécurité, etc. Ces représentants ont pour objet de représenter le collectif des salariés et donnent eux aussi une forte dimension collective au droit du travail[65].

Enfin, et c'est sûrement l'une des manifestations les plus fortes du caractère collectif du droit du travail, il faut relever qu'il est l'une des seules disciplines juridiques dans lesquelles sont conclues des conventions collectives, c'est-à-dire des contrats conclus par des représentants des employeurs et des salariés qui auront vocation à s'appliquer à l'ensemble des salariés. La rupture avec le principe de l'effet relatif des conventions est patente et aucune autre branche du droit ne connaît d'application aussi éclatante du contrat collectif rayonnant au-delà de ses parties.

Il doit être remarqué que la dimension collective du droit du travail tend aujourd'hui à s'affaiblir. Les conflits collectifs sont moins nombreux qu'autrefois[66] alors que, dans le même temps, le taux de syndicalisation est de plus en plus bas[67]. La représentation du personnel est soumise à rude épreuve, victime de discriminations et autres harcèlements. La négociation collective tend à se décentraliser, les pouvoirs publics ayant favorisé la négociation collective d'entreprise, voire d'établissement, lesquelles n'offrent clairement pas les mêmes garanties que la négociation de branche ou la négociation interprofessionnelle, principalement en raison de la faiblesse des acteurs locaux[68]. Au contraire, le contrat de travail, dont on avait prédit la disparition, a repris une

65. G. Borenfreund, « La représentation des salariés et l'idée de représentation », *Dr soc.* 1991, p. 685.
66. « Les conflits du travail en 2004 », *PIPS*, Dares, nov. 2005, n° 45.1.
67. T. Amossé, M.- T. Pignoni, « La transformation du paysage syndical depuis 1945 », *in Données sociales, La société française*, INSEE, 2006, p. 405 ; « Le paradoxe du syndicalisme français », *PIPS*, Dares, avr. 2008, n° 16.1.
68. Sur cette décentralisation, cf. *infra* p. 220.

grande vigueur et illustre, au plan du droit du travail, l'individualisme de notre société.

Le droit du travail a également construit son autonomie par l'utilisation d'instruments qui lui sont spécifiques.

2. LES INSTRUMENTS SPÉCIFIQUES AU DROIT DU TRAVAIL

Parmi les institutions spécifiques au droit du travail, on trouve évidemment les institutions représentatives du personnel qui viennent d'être évoquées.

Il existe également une administration du travail spécifique et structurée. Sous l'autorité du ministère du travail sont placées les directions régionales de l'entreprise, de la concurrence, de la consommation, du travail et de l'emploi (DIRECCTE). Au sein de ces directions, on trouve des services d'inspection du travail composés d'inspecteurs du travail et de contrôleurs du travail chargés de veiller à la bonne application du droit du travail au sein des entreprises[69]. Le droit du travail s'est aussi doté d'une juridiction propre qu'est le conseil de prud'hommes. Il s'agit d'une juridiction paritaire et élective composée pour moitié de conseillers prud'hommes employeurs et de conseillers prud'hommes salariés.

Au-delà de ces institutions publiques, il existe également des instruments juridiques tout à fait spécifiques au droit du travail. Tel est le cas, par exemple, de la théorie de la modification du contrat de travail, apparue à partir de 1996 sous l'égide de la Cour de cassation[70]. Cette technique, qui se distingue de celle de la novation utilisée en droit civil, n'implique ni changement de débiteur, ni extinction d'une obligation. Le même contrat est conservé, mais certains de ses éléments essentiels tels que la rémunération, la zone géographique de travail, le volume horaire de travail ou les fonctions du salarié peuvent être modifiés par accord des deux parties. Cette technique tend, aujourd'hui, à diffuser au-delà du droit du travail[71].

Une autre illustration peut être tirée de l'émergence, en droit du travail plus qu'ailleurs, des engagements unilatéraux[72]. Le Code civil ne fait aucune place à la théorie des engagements unilatéraux et ce n'est qu'à de rares occasions que la jurisprudence s'y intéresse[73]. Tel n'est pas le cas du droit du travail qui fournit un véritable terreau au développement des engagements unilatéraux au travers de ce que l'on appelle les

---

69. Cf. *infra* p. 41.

70. Ph. Waquet, « La modification du contrat de travail et le changement des conditions de travail », *RJS* 1996, p. 791.

71. J. Flour, J.- L. Aubert, E. Savaux, *Les obligations. 3. Le rapport d'obligation*, Sirey, 6e éd., 2009, p. 379.

72. E. Dockès, « L'engagement unilatéral de l'employeur », *Dr soc.* 1994, p. 227.

73. V. par ex. sur l'engagement unilatéral d'exécuter une obligation naturelle qui « transforme » celle-ci en obligation civile, Cass. civ. 1re, 4 janv. 2005, *D.* 2005, p. 1393, note G. Loiseau.

engagements unilatéraux de l'employeur, actes de volonté claire et non équivoque d'accorder tel ou tel avantage aux salariés[74].

Et l'on pourrait parler, encore, de la suspension du contrat de travail[75], de la prise d'acte de la rupture du contrat de travail[76], de l'unicité de l'instance prud'homale[77], etc. Le droit du travail ne s'est pas arrêté à la construction de techniques qui lui sont spécifiques, il a construit ses propres principes juridiques.

3. LES PRINCIPES DU DROIT DU TRAVAIL[78]

C'est certainement ici que se manifeste avec le plus de vigueur l'autonomie du droit du travail. Quelques grands principes tout à fait spécifiques à cette branche du droit en ont émergé.

Le plus connu d'entre eux est certainement le principe de faveur[79]. Ce principe implique qu'en cas de conflit de norme entre l'une des nombreuses sources du droit du travail, c'est la norme dont l'application sera la plus favorable au salarié qui devra être appliquée. Ainsi, par exemple, le code du travail prévoit que le salarié accumule deux journées et demie de congés payés pour un mois de travail. Si une convention collective, telle que la convention collective nationale de branche des hôtels, cafés, restaurant prévoit que les salariés accumulent trois jours de congés payés par mois travaillé, la convention primera la loi parce que ses dispositions sont plus favorables que le Code du travail. Ce principe est considéré par la jurisprudence comme constituant un « *principe fondamental du droit du travail* »[80].

De nombreux autres principes ont été construits par la jurisprudence en droit du travail. Il en va ainsi du principe « à travail égal, salaire égal » qui implique que deux salariés placés dans une même situation dans l'entreprise ne doivent pas subir de différences de traitement sur le plan de leur rémunération[81]. Cela est également le cas du principe selon lequel la responsabilité du salarié n'est engagée envers son employeur qu'en cas de faute lourde[82], du principe de la liberté de la preuve en matière prud'homale[83], etc.

---

74. Cf. *infra* p. 179.
75. Cf. *infra* p. 306.
76. Cf. *infra* p. 394.
77. Cf. *infra* p. 49.
78. G. Lyon-Caen, « Les princpes généraux du droit du travail », *Études offertes à G.- H. Camerlynck*, Daloz, 1978, p. 35 ; A. Jeammaud, « Les principes dans le droit français du travail », *Dr soc.* 1982, p. 618.
79. A. Jeammaud, « Le principe de faveur. Enquête sur une règle émergente », *Dr. soc.* 1999, p. 116. V. également, plus nuancé, J. Pélissier, « Existe-t-il un principe de faveur en droit du travail ? », *in Mélanges dédiés au Président Michel DESPAX*, PU Toulouse, 2002, p. 389.
80. Cons. constit., 29 avr. 2004, décision n° 2004-494 DC ; Cass. soc., 7 mai 2003, n° 01-41.311.
81. Cf. *infra* P2T2C1§2A2.
82. Cass. soc., 23 sept. 1992, n° 89-43.035 ; Cass. soc., 30 mars 2011, n° 09-70.988.
83. Cass. soc., 2 mars 2011, n° 09-41.622.

Malgré l'ensemble de ces marques d'autonomie, le droit du travail maintient de véritables attaches avec la matrice civiliste.

B. Le maintien de liens avec la matrice civiliste

Les liens sont maintenus de façon formelle, visible, mais aussi de manière plus insidieuse.

Sur la face visible, on trouve pour l'essentiel le texte de l'article L. 1221-1 du Code du travail qui dispose que « *le contrat de travail est soumis aux règles du droit commun* ». Si le renvoi au droit commun des contrats est explicite, bien d'autres dispositions du Code civil sont appliquées en droit du travail, notamment l'article 1315 en matière de preuve ou l'article 9 en matière de respect de la vie privée[84].

De manière plus insidieuse, c'est par l'interprétation judiciaire que réapparait l'influence de la matrice civiliste. Lorsqu'aucune règle n'a été prévue par le droit du travail, le juge a naturellement tendance à revenir aux principes du droit civil. Ainsi, par exemple, le Code du travail a longtemps limité la rupture du contrat de travail aux ruptures à l'initiative du salarié ou à l'initiative de l'employeur[85]. Si une conception pleinement autonomiste du droit du travail avait prévalu, les modes de rupture du droit commun tels que le *mutuus dissensus* ou la résiliation judiciaire auraient dû être écartés. La jurisprudence a cependant toujours accepté la résiliation judiciaire du contrat de travail sur le fondement de l'article 1184 du Code civil, mais aussi la rupture amiable tirée de l'article 1134 alinéa 2 du même code.

Malgré tout, au nom de l'autonomie du droit du travail, de nombreuses limites ont été posées à ces techniques. Ainsi, par exemple, la jurisprudence a interdit à l'employeur d'y recourir dans certaines situations particulières parce que l'usage de ces techniques aurait entravé l'application de règles fondamentales du droit du travail. L'exemple le plus topique demeure l'exclusion de la résiliation judiciaire et de la rupture amiable pour les salariés protégés par les fameux arrêts *Perrier*[86].

Il y a donc là une forme d'autonomie intermédiaire. Le droit du travail ne fournit pas toujours ses propres concepts et se réfère alors à la matrice civiliste pour régler les problèmes qui apparaissent. Cependant, cette autonomie reste présente car le juge

---

84. Même s'il est vrai que la chambre sociale a adapté le concept de vie privée pour lui préférer celui de vie personnelle du salarié, v. Ph. Waquet, « Vie privée, vie professionnelle et vie personnelle, *Dr. soc.* 2010, p. 14.
85. V. la rédaction de l'article L. 1231-1 du Code du travail antérieure à la loi du 25 juin 2008 portant modernisation du marché du travail. Le texte ajoute aujourd'hui la rupture d'un « *commun accord* » par référence à la nouvelle rupture conventionnelle du contrat de travail.
86. Cass. mix., 21 juin 1974, *Les grands arrêts du droit du travail*, Dalloz, 2008, 4e éd., n° 151.

tentera toujours de ménager les effets de l'application du droit commun afin que les règles du droit du travail ne soient pas perturbées[87].

Le droit du travail est donc un droit au particularisme prononcé, qui n'a pas intégralement pris son autonomie et reste attaché à des valeurs véhiculées par l'ensemble du droit privé. Pour l'étudier, plusieurs distinctions sont envisageables. L'une des plus courantes consiste à distinguer le droit des relations collectives de travail du droit des relations individuelles de travail. Aussi pédagogique soit-elle, cette conception présente l'immense inconvénient d'être d'un maniement très délicat. En effet, lorsque l'on analyse le droit du travail, on s'aperçoit que rien n'est jamais tout à fait individuel ni tout à fait collectif. Quoiqu'il s'y apparente, c'est donc un autre découpage qui sera choisi.

Peuvent d'abord être étudiées les relations sociales (Première partie) qui intéressent, *lato sensu*, l'ensemble des sources du droit du travail et les acteurs qui initient, créent ou manipulent ces règles de droit. Sera ensuite analysée la relation de travail interpersonnelle (Deuxième partie), à la fois par son contenant que constitue l'emploi et par son contenu que caractérise le travail.

---

87. Pour une reprise de cette théorie, v. Ch. Radé, « L'autonomie du droit du licenciement (brefs propos sur les accords de rupture amiable du contrat de travail et les transactions) », *Dr soc.* 2000, p. 178.

LES RELATIONS SOCIALES

Les relations sociales françaises modernes peuvent être envisagées à la manière d'un gigantesque jeu qui se déroulerait à tous les niveaux socio-économiques de notre société. Il s'agirait de discussions, de négociations, de dialogues entre les divers acteurs relevant tant des pouvoirs publics, des représentants des salariés et des représentants des entreprises, aboutissant à de permanents compromis entre l'objectif de progrès social attendu des travailleurs et les finalités économiques recherchées par les entreprises[1].

Comme tout jeu, il est nécessaire que des joueurs y participent et que des règles soient établies. La métaphore ludique s'arrête cependant à l'occasion de l'analyse des enjeux des relations sociales. Il n'y a, à proprement parler, rien à gagner ou à perdre. L'objectif des relations sociales est de permettre aux différents acteurs du droit du travail de façonner et de structurer ce droit autonome, ce droit qui a la particularité de générer lui-même ses propres règles[2].

Pour bien comprendre ce que sont les relations sociales en droit du travail, il est par conséquent indispensable d'identifier qui sont les acteurs de ces relations sociales et quelles sont les règles, les sources qui les gouvernent, qu'elles aient pour objet de les encadrer ou, au contraire, qu'elles résultent de ces relations.

Il convient donc d'étudier, d'abord, les acteurs des relations sociales (titre I) avant d'envisager les sources des relations sociales (titre II).

---

1. Sur cette approche, menée au niveau de l'entreprise, v. D. Labbé, H. Landier, *Les relations sociales dans l'entreprise*, éd. Liaisons, 1999, p. 18.
2. Cf. *supra* p. 29.

I. LES ACTEURS DES RELATIONS SOCIALES

Le droit du travail est le droit de la relation de travail entre un employeur et un salarié. Il en découle logiquement que ces deux personnes en constituent les deux acteurs principaux. Cependant, de nombreux autres acteurs gravitent autour de ces deux pôles de la relation de travail.

Il y a d'abord de nombreux acteurs qui prennent place dans l'entourage de chacune des parties au contrat de travail : ce sont les partenaires sociaux.

Autour de l'employeur, figurent un certain nombre de groupements, principalement les organisations patronales (les trois principales étant le MEDEF[3], l'UPA[4] et la CGPME[5]). Les employeurs sont également en contact avec des groupements d'employeurs, sortes d'associations de plusieurs employeurs qui, regroupés, sont titulaires de droits spécifiques.

Autour du salarié, on trouve aussi de multiples institutions qui représentent les salariés ou, plus généralement, les intérêts des différentes professions. Parmi ces institutions, les syndicats tiennent, bien entendu, une place de choix dans l'entreprise, mais également hors de l'entreprise. A côté des organisations syndicales ont encore été mises en place toutes les institutions représentatives du personnel à tous les niveaux de la vie socio-économique.

Si les partenaires sociaux sont donc les acteurs principaux des relations sociales, l'autonomie du droit du travail ne leur a jamais été entièrement abandonnée. Par tradition colbertiste, le droit du travail est un droit qui, par essence, fait la part belle à

3. Mouvement des entreprises de France.
4. Union professionnelle artisanale.
5. Confédération générale du patronat des PME.

l'intervention de l'État, au point qu'il « *a pu paraître pendant longtemps comme la forme la plus achevée de l'interventionnisme étatique* »[6]. Les pouvoirs publics ont toujours pris part, de façon variable selon les époques, aux relations sociales, au point d'en constituer eux aussi des acteurs à part entière.

C'est ainsi que l'on trouve, à côté des partenaires sociaux, d'autres acteurs qui interviennent dans le droit du travail de manière plus neutre : ce sont les acteurs publics. Parmi eux figurent au premier chef l'administration du travail et le juge prud'homal, véritables institutions spécialisées dans les relations sociales, mais d'autres institutions telles que le défenseur des droits ou la CNIL prennent aujourd'hui une place de plus en plus importante.

L'étude des acteurs du droit du travail implique de s'intéresser de très près à l'ensemble de ces institutions. Plus précisément, seront abordés d'abord les acteurs publics (chapitre I) puis les partenaires sociaux (chapitre II).

---

6. F. Favennec-Héry, P.-Y. Verkindt, *Droit du travail*, LGDJ, 2e éd., 2009, p. 120.

1

LES ACTEURS PUBLICS

Si l'on fait exception des pouvoirs constituant, législatif ou règlementaire qui ont naturellement vocation à intervenir directement en droit du travail, il existe deux grands types d'institutions publiques prenant part aux relations sociales.

On trouve d'abord celles qui ont une vocation générale à s'intéresser à l'ensemble du monde du travail. Ces acteurs titulaires d'une mission générale en droit du travail (I) n'interviennent que dans le champ des relations sociales mais y assurent des missions d'ordre général.

On trouve ensuite un certain nombre d'acteurs plus spécialisés (II) pour lesquels les relations sociales ne sont pas l'unique champ d'intervention, qui ne s'intéressent qu'à des domaines très spécifiques et font partie du paysage des entreprises françaises d'aujourd'hui.

1 LES ACTEURS TITULAIRES D'UNE MISSION GÉNÉRALE

Les acteurs publics titulaires d'une mission générale dans les relations sociales sont l'administration du travail (A) et les juridictions du travail (B).

A. L'administration du travail

L'État a toujours tenu une place essentielle dans le droit du travail. Même si celle-ci tend à se réduire, principalement en raison de la montée en puissance de la négociation collective, elle n'en demeure pas moins importante, notamment par l'intermédiaire de l'administration du travail.

Afin d'envisager le rôle de l'administration du travail en France, il convient dans un premier temps de détailler son organisation (1) avant de développer les différents rôles qu'elle assume (2).

1. L'ORGANISATION DE L'ADMINISTRATION DU TRAVAIL

L'administration du travail française est organisée de manière pyramidale et décentralisée. Elle est essentiellement composée de trois niveaux : le ministère du travail (a), les directions déconcentrées du travail (b) et les services d'inspection du travail (c).

a. Le ministère du travail

Le premier ministère du travail fut créé en 1906 par Clémenceau. Cette institution a, depuis, fréquemment changé de dénomination[1]. Au mois d'avril 2011, le ministre du travail français est X. Bertrand. La fonction est cependant très instable puisqu'il s'agit du quatrième ministre ayant assuré ces fonctions depuis l'élection de N. Sarkozy à la présidence de la République.

Le ministère du travail tient sous son autorité de très nombreuses directions générales, sortes d'organismes ministériels spécialisés dans différents domaines. La principale, en matière de travail, est la direction générale du travail (DGT). Elle est chargée de l'élaboration et de l'application des textes législatifs et réglementaires et assure le développement des actions concernant les relations de travail, l'accompagnement et le suivi de la négociation collective, les conditions de travail et la protection de la santé et de la sécurité en milieu de travail. La DGT a pris une importance non négligeable à travers l'émission régulière d'instructions et de circulaires. Elle s'est ainsi fait remarquer au travers des diverses circulaires d'interprétation de la loi du 25 juin 2008, en particulier au sujet de la rupture conventionnelle du contrat de travail[2].

1. Sa dénomination actuelle est « Ministère du travail, de l'emploi et de la santé ».
2. Circulaire DGT n° 2008-11 du 22 juill. 2008 relative à l'examen de la demande d'homologation d'une

A côté de la DGT prennent place de nombreuses autres directions ministérielles telles que la direction générale à l'emploi et à la formation professionnelle (DGEFP) ou encore la direction de l'animation de la recherche, des études et des statistiques (DARES) qui constitue un outil très précieux d'analyse statistique de notre monde du travail[3].

b. Les directions déconcentrées du travail

Jusqu'à une époque récente, il existait deux services de directions déconcentrées du travail, sous l'autorité du ministère du travail et des différentes directions générales : la direction régionale du travail, de l'emploi et de la formation professionnelle (DRTEFP) et la direction départementale du travail, de l'emploi et de la formation professionnelle (DDTEFP).

Ces deux entités ont disparu depuis le 1er juillet 2010[4]. En effet, une décision du Conseil de modernisation des politiques publiques dans le cadre de la Révision générale des politiques publiques en date du 4 avril 2008 a arrêté la fusion des DDTEFP et des DRTEFP ainsi que d'autres directions décentralisées telles que les directions régionales de la concurrence (DRCCRF), du tourisme (DRT) ou du commerce et artisanat. Après une période d'expérimentation menée dans cinq régions pilotes, elles ont été remplacées par de nouvelles structures dénommées directions régionales de l'entreprise, de la concurrence, de la consommation, du travail et de l'emploi (DIRECCTE).

Les fonctions autrefois assurées par les DRTEFP seront assurées par les DIRECCTE elles-mêmes, lesquelles comprennent des « unités territoriales »[5] qui reprennent les missions des anciennes DDTEFP. Les services d'inspection du travail y sont désormais directement rattachés.

c. Les inspections du travail[6]

Les premières expériences de création d'une inspection du travail remontent aussi loin que le droit du travail lui-même. La loi du 22 mars 1841 qui interdisait le travail des

rupture conventionnelle d'un contrat à durée indéterminée ; Circulaire DGT n° 2009-04 du 17 mars 2009 relative à la rupture conventionnelle d'un contrat à durée indéterminée ; Instruction DGT n° 2009-25 du 8 déc. 2009 relative au régime indemnitaire de la rupture conventionnelle d'un contrat à durée indéterminée ; Instruction DGT n° 02 du 23 mars 2010 relative à l'incidence d'un contexte économique difficile sur la rupture conventionnelle d'un contrat de travail à durée indéterminée, *RDT* 2010, p. 369, note A. Fabre.

3. La majeure partie des études statistiques réalisées par la DARES sont consultables sur le site internet du ministère du travail : http://travail-solidarite.gouv.fr.
4. V. l'article 7 du Décret n° 2009-1377 du 10 nov. 2009 relatif à l'organisation et aux missions des directions régionales des entreprises, de la concurrence, de la consommation, du travail et de l'emploi.
5. *Ibid.*, art. 3.
6. T. Kapp, P. Ramacker's, J.-P. Terrier, *Le système d'inspection du travail en France*, éd. Liaisons, 2009 ; J. Bessière, *L'inspection du travail*, Rapport au ministre délégué aux relations de travail, La documentation française, 2005. V. encore, toujours d'actualité, G. Butaud, F. Perin, M. Thery, « Les funambules du travail : pratiques de l'inspection du travail », *Dr. soc.* 1985, p. 271.

enfants de moins de huit ans avait institué un service d'inspection destiné à vérifier l'application de cette loi dans les fabriques. Il fut totalement inutile, principalement parce qu'il n'était pas constitué d'agents de l'État mais de notables trop complaisants avec les contrevenants à la loi.

L'inspection du travail fut créée par la loi du 19 mai 1874. Elle devait être financée par les conseils généraux dont ce ne fut pas véritablement la priorité. C'est finalement la loi du 2 novembre 1892 qui créa un véritable corps d'inspecteurs du travail, fonctionnaires de l'État. L'inspection du travail fut rattachée au ministère du travail dès sa création en 1906. L'existence d'une inspection du travail est imposée par la convention n° 81 de l'OIT à laquelle la France a adhéré en 1950[7].

Avant 2008, l'inspection du travail était en réalité divisée en trois corps différents, l'un dépendant du ministère du travail et dont le rôle était le contrôle du travail salarié, un deuxième dépendant du ministère de l'agriculture pour le secteur agricole et un troisième dépendant du ministère du transport pour les entreprises de transport. Ces trois inspections du travail ont fusionné depuis un décret du 30 décembre 2008[8]. Il n'y a plus désormais qu'un seul corps d'inspection généraliste, ce qui pose parfois de vifs problèmes de compétence pour les inspecteurs et contrôleurs du travail spécialisés depuis de nombreuses années dans l'un ou l'autre des anciens secteurs.

Chaque département est divisé en sections d'inspection du travail. Les périmètres des sections sont, en principe, déterminés en fonction des effectifs salariés. Cela peut être réduit à une section unique comme dans la Creuse, ou aller jusqu'à plusieurs dizaines de sections pour Paris.

L'inspecteur du travail est responsable d'une section d'inspection territorialement définie. Il anime une équipe composée d'un secrétariat, de deux ou trois contrôleurs du travail, placés sous son autorité et disposant des mêmes pouvoirs de contrôle et de constatation des infractions, mais pas de l'ensemble des pouvoirs de décision administrative. En général, les contrôleurs du travail s'occupent des petites structures quand l'inspecteur prend en charge les entreprises de plus de cinquante salariés.

L'ensemble de ces services étatiques ou déconcentrés du travail va avoir pour mission essentielle de s'assurer de l'application du droit du travail dans les entreprises françaises.

2. LES MISSIONS DE L'ADMINISTRATION DU TRAVAIL

S'il faut dire quelques mots rapides des missions du ministère du travail et de la DIRECCTE, c'est essentiellement l'inspection du travail qui assure les missions de l'administration du travail.

---

7. J.- M. Servais, *Normes internationales du travail*, LGDJ, 2004, n°s 530 et s.
8. Décret n° 2008-1510 du 30 déc. 2008 relatif à la fusion des services d'inspection du travail.

Le ministère du travail a pour rôle essentiel d'insuffler les politiques de l'emploi et de la formation professionnelle. Aux termes de l'article 1er du Décret du 1er avril 2010, le ministre du travail « *prépare et met en œuvre la politique du Gouvernement dans les domaines du travail, des relations sociales, de la prévention des accidents du travail et des maladies professionnelles, des droits des femmes, de la parité et de l'égalité professionnelle, de la politique de la ville et de la fonction publique* »[9].

Subsidiairement, il lui arrive d'intervenir directement dans les relations de travail. C'est ainsi que le ministre du travail est l'autorité qui traite des recours hiérarchiques intentés contre les décisions de l'inspecteur du travail ou du DIRECCTE. Si, par exemple, l'inspecteur du travail autorise le licenciement d'un salarié protégé[10], cette décision administrative peut faire l'objet d'un recours devant le juge administratif. Cependant, par application de l'article R. 2422-1 du Code du travail, le recours peut aussi être introduit auprès du ministre du travail, lequel aura la possibilité de rejeter le recours ou, au contraire, d'annuler la décision de l'inspecteur.

Les DIRECCTE ont pour mission de veiller à la cohérence de la mise en application des règles décidées au niveau ministériel et à la régulation du marché de la formation professionnelle. Elles ont surtout un rôle au contact direct des salariés et des employeurs, puisqu'elles assurent l'information et le conseil de ceux-ci. Ce sera encore à leur niveau que seront organisées les sections d'inspection du travail[11]. Parmi les missions dévolues à la DIRECCTE figure enfin la charge d'assurer l'homologation des ruptures conventionnelles du contrat de travail, mode de rupture du contrat créé par la loi du 25 juin 2008 portant modernisation du marché du travail[12].

Le rouage essentiel de l'administration du travail demeure l'inspection du travail. Elle a d'abord une mission générale d'information et de conseil des salariés comme des employeurs. Elle joue parfois un rôle d'arbitre, par exemple en matière de congé de formation. Elle intervient dans les conflits collectifs de travail à travers un rôle informel qui n'a cessé de se développer[13].

Mais le rôle essentiel de l'inspection du travail demeure le contrôle de l'application du droit du travail. Pour cela, les inspections disposent de deux moyens d'action différents.

---

9. Décret n° 2010-352 du 1er avr. 2010 relatif aux attributions du ministre du travail, de la solidarité et de la fonction publique.

10. Sur le licenciement des salariés protégés, cf. *infra* p. 109.

11. Sur la répartition des compétences, v. « DIRECCTE : quelles prérogatives pour les unités territoriales ? », *SSL* 2010, n° 1445, act., p. 2.

12. X. Prétot, « L'homologation de la rupture conventionnelle par l'autorité administrative », *Dr. soc.* 2008, p. 317 ; F. Lebeau, « Le contrôle administratif de la rupture conventionnelle négociée en Gironde en 2009 », *Dr. ouvrier* 2010, p. 316.

13. Ph. Auvergnon, « L'intervention médiatrice de l'administration du travail dans les conflits collectifs », *Dr. ouvrier* 2003, p. 501.

Le premier est constitué par un important panel de décisions administratives que seuls les agents de l'inspection du travail peuvent prendre : autorisation de licenciement des salariés titulaires d'un mandat de représentation du personnel, vérification de la conformité du règlement intérieur, répartition des sièges entre les collèges électoraux lorsque les parties ne parviennent pas à se mettre d'accord, etc.

Le second tient au pouvoir de l'inspection du travail de constater les infractions à la réglementation du travail. Elle se transforme alors en une véritable police du travail. Afin de pouvoir constater ces infractions, les articles L. 8113-1 et suivants du Code du travail mettent à la disposition des inspecteurs de larges pouvoirs. En effet, à l'occasion de ces contrôles, les agents peuvent visiter les établissements librement, sans même avoir à en avertir l'employeur, de jour comme de nuit et pour tous les locaux de l'entreprise. Ils peuvent entendre des témoins et se faire communiquer tous les documents, livres et autres registres dont la tenue est rendue obligatoire par le Code du travail.

A l'issue du contrôle, l'inspection du travail dispose là encore d'un large choix dans la mesure qu'il lui semble utile de prendre. Il peut se contenter de simples observations ou d'un rappel à la loi. Il peut également dresser un procès verbal en vue de transmission au parquet. L'inspection du travail a enfin la possibilité, en cas d'atteinte aux règles d'hygiène et de sécurité dans l'entreprise, de saisir le juge des référés afin que celui-ci ordonne toutes mesures propres à faire cesser le risque[14] et dans certains cas prévus par la loi, de faire interrompre des travaux générateurs de danger.

Les procès verbaux dressés par l'inspection du travail ne donnent que rarement lieu à poursuites pénales en raison du pouvoir du parquet de décider de l'opportunité des poursuites. Nombre d'affaires sont classées sans suite, principalement en raison d'un manque de moyens matériels du ministère public. Seules les affaires les plus graves vont jusqu'au bout du chemin judiciaire pour mener à des condamnations pénales, principalement en matière d'hygiène et de sécurité. C'est en partie pour cela que le rôle de conciliation, de conseil et d'avertissement s'est beaucoup développé.

Il convient enfin de relever que l'inspecteur du travail est tenu à différentes obligations dans l'exercice de son contrôle. Les agents de l'inspection du travail sont d'abord tenus au secret professionnel afin de protéger les secrets industriels auxquels ils pourraient avoir accès à l'occasion de leurs contrôles. Ils sont également tenus au principe d'impartialité : l'inspection du travail n'a pas pour finalité de défendre les salariés mais de défendre la bonne application du droit du travail. Dans ces conditions, aucune prise de parti ne peut être tolérée. Enfin, l'inspection du travail bénéficie d'une certaine indépendance puisque, contrairement à de nombreux agents administratifs décentralisés,

14. Par application de l'article L. 4732-1 du CT.

elle n'est pas placée sous l'autorité du Préfet mais de la DIRECCTE et du ministère du travail[15].

A côté de l'administration du travail, un deuxième acteur public intervient de manière générale dans les relations sociales : les juridictions du travail.

B. Les juridictions du travail[16]

Le conseil de prud'hommes est la seule juridiction de l'ordre judiciaire dont le champ de compétence est quasi exclusivement limité au droit du travail. Malgré cela, il ne constitue pas, loin de là, la seule juridiction à intervenir dans le champ des relations sociales. Nous aborderons donc d'abord le conseil de prud'hommes (1) avant de nous intéresser aux autres juridictions connaissant de litiges de droit du travail (2).

1. LE CONSEIL DE PRUD'HOMMES

Le premier conseil de prud'hommes fut créé à Lyon en 1806, mais ce n'est qu'en 1907 que les conseils de prud'hommes seront généralisés sur tout le territoire. En 2008, il existait 271 conseils de prud'hommes, avant que n'intervienne la réforme de la carte judiciaire qui en a supprimé 63[17].

L'étude des conseils de prud'hommes exige d'envisager d'abord leur composition (a) et leur fonctionnement (b) avant de se pencher, ensuite, sur les règles de compétence de cette juridiction (c). Enfin, il faudra dire quelques mots de la question de l'impartialité du conseil de prud'hommes (d).

a. La composition du conseil de prud'hommes

Chaque conseil de prud'hommes est constitué de cinq sections différentes auxquelles vient s'ajouter une formation des référés. Les cinq sections sont les suivantes : agriculture, commerce et services, industrie, encadrement et activités diverses. A l'exception de la section encadrement qui traite des litiges concernant les cadres, quel que soit leur employeur, les autres sections sont compétentes en fonction du secteur d'activité principale de l'entreprise concernée par le litige. Chaque section comporte nécessairement un bureau de conciliation et un bureau de jugement.

Chaque conseil de prud'hommes, chaque section, chaque bureau comporte un président et un vice-président, l'un appartenant au collège employeur, l'autre au collège salarié. Ils sont élus pour un an et il y a alternance tous les ans entre chaque collège.

---

15. L'indépendance de l'inspection du travail constitue un principe fondamental du droit du travail au sens de l'article 34 de la Constitution. V. Cons. constit, 17 janv. 2008, n° 2007-561 DC, §14.
16. Pour un panorama, v. *Procès du travail, travail du procès*, ouv. coll. sous la dir. de M. Keller, LGDJ, 2008.
17. Sur l'évolution de la prud'homie française, v. L. Willmez, H. Michel, *Les prud'hommes, actualité d'une justice bicentenaire*, éd. du Croquant, 2008.

La juridiction prud'homale est très particulière puisqu'il s'agit d'une juridiction paritaire et élective.

Paritaire, cela signifie que le conseil de prud'hommes est composé, par parts égales, de magistrats élus par des employeurs d'un côté et de magistrats élus par des salariés de l'autre. Ce paritarisme permet de garantir l'impartialité de la juridiction[18].

Élective, cela signifie que les conseillers prud'hommes, d'un côté comme de l'autre, sont élus. Il se tient des élections prud'homales tous les cinq ans pour élire les magistrats des conseils de prud'hommes (scrutin de liste à la proportionnelle à un seul tour). Un récent rapport adressé au Gouvernement explore des pistes de rénovation de la désignation des conseillers prud'hommes et préconise, notamment, la possibilité de faire élire les conseillers prud'hommes par un collège d'électeurs restreint composé des délégués du personnel des entreprises françaises et de délégués représentant les très petites entreprises[19].

Pour être éligibles, les candidats doivent réunir les conditions pour être électeur au conseil de prud'hommes, être de nationalité française, avoir au moins vingt-et-un ans, ne pas être frappé d'une incapacité judiciaire à exercer les fonctions de conseiller prud'hommes ni d'une interdiction, déchéance ou incapacité à exercer ses droits civiques[20].

Pour l'exercice de leur mission, les conseillers prud'hommes disposent de moyens particuliers.

D'abord, tous les conseillers, qu'ils soient employeurs ou salariés, sont indemnisés pour l'exercice de leurs fonctions. Un décret du 16 juin 2008 a profondément remanié le système d'indemnisation par le biais d'une forfaitisation de chaque tâche[21]. La préparation du dossier, le délibéré, l'instruction, le temps de rédaction des décisions, chaque tâche ne sera indemnisée que sur la base d'un temps précis. Les intérêts de ce système sont évidents : il permet un gain de temps en accélérant le traitement des dossiers et des économies pour l'État qui paie moins d'indemnités. Cependant, les conseillers prud'hommes semblent avoir beaucoup de difficultés à fonctionner avec ce nouveau

---

18. Le conseil de prud'hommes n'est pas une juridiction échevine. En effet, l'échevinage implique que la juridiction soit composée de magistrats non-professionnels et de magistrats professionnel (panachage), ce qui n'est pas le cas du conseil de prud'hommes sauf en cas de départage.
19. J. Richard, A. Pascal, *Pour le renforcement de la légitimité de l'institution prud'homale : quelle forme de désignation des conseillers prud'hommes ?*, Rapport remis au ministre du travail au mois d'avril 2010. Lire l'entretien avec J. Richard, « Préserver l'élection et lui garantir un taux élevé de participation », *SSL* 2010, n° 1449.
20. C. trav., art. L. 1441-1 et s et art. L. 1441-16 et s.
21. Décret n° 2008-560 du 16 juin 2008 relatif à l'indemnisation des conseillers prud'hommes. E. Serverin, T. Grumbach, « Le temps de l'action prud'homale révisé par le décret n° 2008-560 du 16 juin 2008 », *RDT* 2008, p. 545.

système, les dossiers qui leurs sont soumis sont souvent de taille imposante si bien qu'ils manquent finalement de temps. D'un point de vue philosophique également, on peut se demander si une justice aussi rapide ne risque pas de devenir une justice expéditive.

Ensuite, les conseillers salariés bénéficient du statut de salariés protégés[22]. Cela signifie que leur employeur doit respecter une obligation particulière pour pouvoir les licencier, il doit obtenir l'autorisation de l'inspection du travail[23]. Cette protection bénéficie aux conseillers en fonction, mais aussi aux candidats aux élections prud'homales et aux conseillers qui ont quitté leurs fonctions depuis moins de six mois[24].

Enfin, les conseillers salariés disposent du temps nécessaire pour exercer leurs fonctions et suivre des formations financées par l'État et délivrées par les instituts du travail.

b. Le fonctionnement du conseil de prud'hommes

Il existe en réalité quatre formations possibles dans le conseil de prud'hommes : le bureau de conciliation, le bureau de jugement, le départage et le référé.

– La conciliation

Le conseil de prud'hommes a une vocation conciliatrice. Tout est donc fait pour qu'une conciliation puisse avoir lieu. Ainsi, par exemple, a-t-on institué le principe de la comparution personnelle obligatoire devant le conseil de prud'hommes[25]. Contrairement à ce qui se produit devant d'autres juridictions, les litigants doivent impérativement se présenter devant le juge prud'homal et ne peuvent pas, en principe, se faire représenter par un avocat. Mais la mesure la plus stricte, destinée à mettre tous les moyens en œuvre pour qu'une conciliation intervienne, tient à ce que l'article L. 1411-1 du Code du travail rend obligatoire la phase de conciliation préalablement à tout jugement[26].

---

22. Protection accordée par les articles L. 2411-22 et L. 2421-2, 4° du Code du travail. V. également C. trav., art. L. 2421-1.
23. Sur le statut de salarié protégé, cf. *infra* p. 109.
24. Lorsque le conseiller démissionne de ses fonctions prud'homales, le licenciement ne peut être prononcé avant que la démission n'ait acquis un caractère définitif au sens de l'article D. 1442-17 du Code du travail, soit un mois après l'expédition de la lettre du salarié informant les autorités judiciaires de sa décision. Cass. crim, 5 mai 2008, *Bull. crim.* n° 106 ; *RSC* 2009, p. 391, note A. Cerf-Hollender. Si la fin du mandat intervient en raison de l'annulation des élections prud'homales, le point de départ du délai de six mois correspond à la décision d'annulation : Cass. soc., 16 mars 2010, n° 08-44.094, *JSL* 2010 n° 276-6.
25. C. trav., art. R. 1453-1: *« les parties sont tenues de comparaître en personne »*.
26. A titre exceptionnel, le Code du travail prévoit parfois la saisine directe du bureau de jugement, notamment en matière de requalification du contrat de travail à durée déterminée ou du contrat de mission en contrat de travail à durée indéterminée (C. trav., art. L. 1245-2 et L. 1251-41) ou en cas de refus d'octroi par l'employeur de certains congés spéciaux (C. trav., art. L. 3142-13, L. 3142-34, L. 3142-54, L. 3142-97).

La Cour de cassation a eu l'occasion d'affirmer que le procès-verbal de conciliation ou de non-conciliation ne peut être valable que si le bureau de conciliation a rempli son office en vérifiant, notamment, que les parties étaient informées de leurs droits respectifs ; à défaut, le procès-verbal de conciliation est nul[27]. Les conseillers doivent donc jouer un rôle actif dans la conciliation, ce qui dans un sens les rapproche plus de la médiation que de la conciliation.

Le bureau de conciliation a des pouvoirs qui vont au-delà de la simple conciliation. Il peut ordonner des mesures provisoires[28] et des mesures d'instruction[29]. Le bureau de conciliation peut ordonner toutes les mesures nécessaires à ce que l'affaire soit mise en état d'être jugée : désignation de conseillers rapporteurs qui assureront l'instruction du dossier, audition de témoins, visite des locaux de l'entreprise, expertises diverses, etc.

A l'issue de la phase de conciliation, trois possibilités s'offrent au bureau de conciliation. Soit le bureau de conciliation parvient à concilier les parties, un accord est trouvé. Dans ce cas, les juges dressent un procès verbal de conciliation qui mentionne la teneur de l'accord. Cette situation reste relativement rare puisque seules 10 % des affaires sont réglées au stade de la conciliation. Soit le bureau de conciliation ne parvient pas à concilier les parties sur l'ensemble de l'affaire mais seulement sur une partie du litige. Dans ce cas, l'affaire est renvoyée devant le bureau de jugement de la section, mais seulement pour les points de litiges qui subsistent. Soit, enfin, c'est un échec total et le bureau de conciliation ne parvient pas à mettre les parties d'accord sur quelque point que ce soit. Dans ce cas, il est dressé procès-verbal de non-conciliation et les parties sont renvoyées devant le bureau de jugement.

La phase de conciliation préalable obligatoire est de plus en plus décriée principalement parce qu'elle allonge substantiellement la durée du procès pour des résultats qui, convenons-en, ne sont pas à la hauteur de ce qu'ils devraient être. Cependant, sa suppression n'est pour le moment pas à l'ordre du jour, ce qui n'est pas étonnant puisque les pouvoirs publics ont développé la médiation et la conciliation judiciaires devant la quasi-totalité des autres juridictions de l'ordre judiciaire. Le mouvement semble donc plutôt aller dans le sens d'un développement des modes alternatifs de règlement des conflits plutôt que d'une disparition de la conciliation. Il ne faut, en outre, pas oublier que le bureau de conciliation a en principe la charge de mettre l'affaire en état d'être jugée. Si cette mission est encore aujourd'hui peu assumée, son développement permettrait de redonner au bureau de conciliation une utilité qu'il a aujourd'hui en partie perdue.

---

27. Cass. soc., 28 mars 2000, *Durafroid*, *Bull. civ.* V, n° 135 ; *Les grands arrêts du droit du travail*, Dalloz, 4e éd., n° 30 ; *D.* 2000, p. 537, note J. Savatier ; *Dr. soc.* 2000, p. 661, obs. M. Keller.
28. L'article R. 1454-14 du Code du travail fournit une liste limitative des mesures provisoires que peut ordonner le bureau de conciliation, parmi lesquelles le versement de provisions au salarié, dans la limite de six mois de salaire au maximum.
29. C. trav., art. R. 1454-1 et s.

– Le jugement

Les audiences devant le bureau de jugement sont publiques. Le ministère d'avocat n'est pas obligatoire, si bien que les parties peuvent s'y présenter seules. En tous les cas, en vertu du principe de comparution personnelle, les parties doivent impérativement se présenter devant le bureau de jugement, sauf motif légitime d'absence comme le prévoient les articles R. 1454-12 et R. 1454-13 du Code du travail.

Si les parties ne peuvent pas se faire représenter, elles peuvent cependant se faire assister par différentes personnes : un avocat bien entendu, mais aussi un salarié ou un employeur appartenant à la même branche d'activité, un délégué d'une organisation patronale ou syndicale et, enfin, le conjoint, le partenaire pacsé ou le concubin.

Une autre règle particulière gouverne la procédure prud'homale, celle dite de l'unicité de l'instance. Ce principe implique que toutes les demandes dérivant du même contrat de travail, entre les mêmes parties, doivent faire l'objet d'une seule et unique instance sous peine d'irrecevabilité. Concrètement, si un employeur et un salarié sont en procès au sujet d'un licenciement, les parties doivent soigneusement réfléchir à tous les griefs qu'ils pourraient avoir à formuler contre leur adversaire car, s'ils en oublient un, une fois que l'instance est terminée, ils ne pourront plus jamais effectuer de demande sur ce point devant un conseil de prud'hommes[30].

Cette règle très stricte est heureusement compensée par plusieurs autres mesures. D'abord, les parties peuvent présenter des demandes nouvelles à tout moment de la procédure, tant que l'instance est en cours, y compris au stade de l'appel. Ensuite, le Code du travail ménage la possibilité d'ouvrir une nouvelle instance prud'homale dérivant du même contrat de travail si les faits donnant lieu au nouveau litige se sont révélés postérieurement à la première instance. Enfin, la chambre sociale de la Cour de cassation a posé plusieurs exceptions à la règle de l'unicité de l'instance. Ainsi, « *lorsque l'employeur a licencié un salarié puis a saisi la juridiction prud'homme, ni son désistement ni la règle de l'unicité de l'instance ne peuvent faire obstacle au droit du salarié de contester en justice son licenciement* »[31]. En outre, et surtout, la chambre sociale juge désormais que la règle de l'unicité de l'instance n'est applicable que lorsque la première instance s'est achevée par un jugement sur le fond, cela afin d'éviter tout déni de justice[32].

Une autre règle d'importance gouverne le procès prud'homal, celle de l'oralité de la procédure[33]. Chaque partie a la faculté de présenter ses prétentions à l'oral, à condition toutefois que le principe du contradictoire soit respecté, c'est-à-dire que l'autre partie

30. C. trav., art. R. 1452-6.

31. Cass. soc., 7 juin 2006, *RDT* 2006, p. 194, obs. F. Guiomard.

32. Cass. soc., 16 nov. 2010, *RDT* 2010, p. 50, obs. Nicod ; *JSL* 2010, n° 289.290-4, obs. Petit ; *JCP* éd. S 2010, 1517, obs. Pétel-Teyssié.

33. L'oralité de la procédure prud'homale n'a pas été substantiellement modifiée par le décret n° 2010-1165 du 1er oct. 2010 relatif à la conciliation et à la procédure orale en matière civile, commerciale et

ait été en mesure d'examiner et de critiquer les éléments nouveaux qui seraient apportés à l'oral.

Enfin, devant le conseil de prud'hommes, comme devant toute autre juridiction, doit être respecté le principe du contradictoire : nul ne peut être jugé à partir d'éléments sans avoir été mis en mesure de les examiner et de les critiquer.

Le conseil de prud'hommes étant paritaire, les sections sont composées en nombre égal d'employeurs et de salariés et le président de la section ou de la chambre ne dispose pas d'une voix prépondérante. Le bureau de jugement est composé de quatre magistrats. Que se passe-t-il si, au moment du délibéré, les juges ne parviennent pas à faire pencher la balance d'un côté ou d'un autre ? On dit alors qu'il y a partage des voix et le jugement doit être mis en départage.

– Le départage

Le départage est une formation particulière du bureau de jugement du conseil de prud'hommes qui se réunit lorsque le bureau normalement constitué n'est pas parvenu à trancher, lorsqu'il existe une égalité de voix. Dans ce cas de figure, l'affaire est renvoyée à une date ultérieure. La nouvelle audience sera cette fois présidée par un magistrat professionnel issu du tribunal d'instance que l'on appelle le juge départiteur. Un nouveau délibéré aura alors lieu avec les quatre magistrats qui étaient restés en départage, mais il ne peut plus y avoir cette fois partage des voix puisque le nombre de magistrats est désormais impair.

– La formation des référés

Chaque conseil de prud'hommes comprend une formation des référés qui, en cas d'urgence, peut ordonner toutes les mesures qui ne se heurtent à aucune contestation sérieuse ou que justifie l'existence d'un différend. Même s'il y a contestation sérieuse sur le fond, elle peut ordonner ces mesures s'il existe un trouble manifestement illicite ou pour prévenir un dommage imminent.

Le conseil de prud'hommes répond à des règles de compétence qui lui sont spécifiques.

c. La compétence du conseil de prud'hommes

Les conseils de prud'hommes sont soumis à des règles de compétence matérielle et de compétence territoriale.

---

sociale. V. tout de même T. Grumbach, E. Serverin, « La réforme de la procédure orale en perspective prud'homale », *RDT* 2011, p. 193.

– La compétence matérielle

Par application des articles L. 1411-1 et suivants du Code du travail, le conseil de prud'hommes est compétent pour tous les différends individuels nés du contrat de travail, quelle que soit la profession du salarié, quel que soit le montant de la demande.

Cette définition exclut *a priori* les litiges de nature collective. Ainsi, les litiges relatifs à l'interprétation ou à l'application d'une convention collective ne relèvent normalement pas du conseil de prud'hommes. De la même manière, les conflits liés à la grève ne devraient pas non plus relever du conseil de prud'hommes. Cependant, lorsque la question relative aux relations collectives de travail est accessoire à une demande principale portant sur un litige né du contrat de travail, le conseil de prud'hommes est alors compétent sur cette question accessoire[34].

L'existence d'un contrat de travail est le premier critère de la compétence du conseil de prud'hommes. On dit que le conseil de prud'hommes est compétent pour tout litige s'élevant à l'occasion d'un contrat de travail. Le champ est dès lors très vaste, il peut s'agir de difficultés préalables à la conclusion d'un contrat[35], sur la qualification du contrat lui-même[36], sur l'exécution de ce contrat[37], sur la rupture du contrat[38] voire même sur des éléments postérieurs à la rupture du contrat[39].

En revanche, si le litige ne trouve pas sa source dans le contrat de travail, le conseil de prud'hommes est en principe incompétent. C'est le cas par exemple s'agissant de l'intéressement[40] ou de la participation aux bénéfices[41], des litiges relatifs à l'exploitation d'une invention du salarié[42], d'une convention de stage[43], du travail pénitentiaire[44], etc.

34. Sur l'interprétation d'une convention collective de travail, V. Cass. soc., 10 mars 1965, *Bull. civ.* IV, n° 214 ; *Les grands arrêts du droit du travail*, Dalloz, 4e éd., n° 31 ; *RTD civ.* 1965, p. 867, note P. Hébraud.

35. Par exemple, en matière de promesse d'embauche : v. Cass. soc., 5 avr. 2005, *Bull. civ.* V, n° 123 ; *RJS* 2005, p. 466, n° 656 ; ou en matière de discrimination à l'embauche : v. Cass. soc., 20 déc. 2006, *RJS* 2006, p. 286, n° 397.

36. Par exemple, en vue de faire reconnaître l'existence d'un contrat de travail, v. Cass. soc., 7 déc. 2005, *JCP* S 2006, 1128.

37. Tous les aspects sont ici concernés : temps de travail, rémunération, hygiène et sécurité, etc.

38. Y compris à propos de la validité d'une transaction conclue à l'occasion de la rupture du contrat de travail, Cass. soc., 9 févr. 1989, *Bull. civ.* V, n° 118.

39. Le conseil de prud'hommes est compétent pour connaître de l'application d'une clause de non-concurrence : Cass. soc., 15 mai 1974, *Les grands arrêts du droit du travail, préc.*, n° 19.

40. Cass. soc., 20 oct. 1977, *Bull. civ.* 1977, V, n° 558.

41. C. trav., art. R. 3326-1.

42. Cass. soc., 18 févr. 1988, *Bull. civ.* V, n° 126.

43. Cass. soc., 8 nov. 1989, *Bull. civ.* 1989, V, n° 651.

44. Cass. soc., 17 déc. 1996, *Dr. soc.* 1997, p. 344, note G. Giudicelli-Delage.

– La compétence territoriale

En procédure civile, le tribunal territorialement compétent est habituellement celui dans le ressort duquel le défendeur est domicilié. Cette règle de principe ne s'applique pourtant pas en matière prud'homale[45].

Le conseil de prud'hommes compétent est celui dans le ressort duquel est situé l'établissement où travaille le salarié. Si le lieu de travail n'est pas fixe, par exemple pour un VRP, le conseil compétent est celui dans le ressort duquel se situe le domicile du salarié. Dans l'un comme dans l'autre cas, le salarié dispose cependant d'une option puisque l'article R. 1412-1 du Code du travail lui permet de choisir le conseil du lieu dans lequel il a conclu son contrat de travail ou du lieu où l'employeur est établi.

d. L'impartialité du conseil de prud'hommes

L'article 6§1 de la CESDH dispose que « *toute personne a droit à ce que sa cause soit entendue équitablement, publiquement et dans un délai raisonnable, par un tribunal indépendant et impartial* ». Il s'agit là d'une exigence à laquelle veillent aussi bien la Cour européenne des droits de l'homme que la Cour de cassation qui vise régulièrement cet article 6§1 pour censurer des décisions qui n'auraient pas été respectueuses de ces principes et, notamment du principe d'impartialité.

Le problème se pose cependant de manière particulière en matière prud'homale. En effet, les magistrats non professionnels ont été élus par les employeurs et par les salariés. Bien souvent, ils ont du mal à se percevoir comme des magistrats agissant au nom du peuple français et sont au contraire persuadés de jouer un rôle de défense des intérêts des personnes qui les ont élues.

Pis encore, un salarié syndiqué auprès d'une organisation syndicale ou un employeur adhérent d'une organisation patronale peut être en procès et se retrouver devant un bureau de jugement dont deux conseillers sont issus de son organisation. Les magistrats, là encore, pourraient être tentés de faire passer des intérêts catégoriels avant l'intérêt général. Cet éventuel parti pris des juges pourrait paraître comme étant en parfaite contradiction avec l'exigence d'impartialité posée par le texte européen.

La Cour de cassation a pourtant, à maintes reprises, confirmé que le conseil de prud'hommes, tel qu'il est constitué en France, est bel et bien respectueux du principe d'impartialité. Dans un arrêt rendu le 19 décembre 2003, la chambre sociale de la Cour de cassation considère que l'impartialité du conseil de prud'hommes est garanti par le

45. Selon les statistiques, le salarié est demandeur devant le conseil de prud'hommes dans près de 90 % des cas. Ce serait donc presque toujours le siège de l'employeur qui permettrait de déterminer la compétence territoriale du conseil de prud'hommes. Compte tenu des structures de plus en plus complexes des entreprises et des effets de la mondialisation, la règle de droit commun issue de la procédure civile serait souvent délicate à appliquer.

paritarisme, par le principe de prohibition du mandat impératif, par l'existence du juge départiteur et par la garantie d'un double degré de juridiction[46].

Malgré tout, certaines restrictions ont dû être imposées pour des situations dans lesquelles le conflit d'intérêt ne serait pas évitable. Ainsi, par exemple, un conseiller prud'homal en fonction lors de l'introduction de l'instance ne peut pas représenter ou assister une partie devant le conseil de prud'hommes auquel il appartient[47].

Si le conseil de prud'hommes est la juridiction principale intervenant dans les relations de travail, de très nombreuses autres juridictions peuvent être saisies lorsque le litige ne concerne pas spécifiquement le contrat de travail et les relations individuelles entre employeur et salarié.

2. LES AUTRES JURIDICTIONS

De nombreuses juridictions sont amenées à régler des litiges du travail, que ce soit dans l'ordre administratif (a) ou dans l'ordre judiciaire (b).

a. Ordre administratif

Le droit du travail donne une forte place à l'intervention étatique, notamment par le biais de l'administration du travail. Pour autant, les décisions de l'administration du travail sont justiciables et peuvent faire naître un contentieux administratif. L'ensemble de l'ordre administratif peut donc intervenir sur les questions de droit du travail.

Le domaine principal d'intervention des juridictions administratives concerne le contentieux de l'annulation des actes administratifs pris par l'administration du travail. Il existe également, de façon marginale, un contentieux de la responsabilité de l'État en droit du travail, qu'il s'agisse d'une responsabilité pour faute ou sans faute. L'un des exemples les plus fréquents est celui du recours à la force publique pour l'évacuation d'un piquet de grève.

Si au cours d'une grève, des salariés obstruent les entrées de l'entreprise ou occupent les locaux et empêchent ainsi les salariés non grévistes de venir travailler, s'ils séquestrent des dirigeants de l'entreprise, ce type de manifestation est en principe illicite et porte atteinte à la liberté du travail[48]. L'employeur peut obtenir des juridictions judiciaires qu'elles ordonnent l'expulsion des grévistes et, dans ce cas, l'autorité administrative est tenue de prêter le concours de la force publique pour assurer l'exécution de

46. Cass. soc., 19 déc. 2003, *D.* 2004, p. 1688.
47. Cass. soc., 6 sept. 2008, *RJS* 2008, p. 921, n° 1118 ; *JCP* éd. S 2009, 1024, obs. B. Boubli.
48. Piquet de grève illicite : Cass. soc., 8 déc. 1983, *Bull. civ.* V, n° 598. Occupation des locaux : Cass. soc., 23 juin 2004, *Bull. civ.* V, n° 180. Séquestration : Bordeaux, ch. soc., sect. B, 14 janv. 2008, *Juris-data* n° 2008-356508.

la décision d'expulsion. Si l'autorité administrative refuse de prêter ce concours[49], l'employeur pourra engager la responsabilité de cette autorité devant les juridictions administratives[50].

b. Ordre judiciaire

Au moins quatre juridictions de l'ordre judiciaire peuvent intervenir dans le contentieux de droit du travail : le tribunal d'instance, le tribunal de grande instance, le tribunal de commerce et les juridictions pénales.

– Le tribunal d'instance a d'abord une compétence générale pour les actions personnelles ou mobilières. A ce titre, il connaît de quelques litiges échappant au conseil de prud'hommes comme par exemple les litiges relatifs à la participation financière dans l'entreprise, les litiges relatifs aux formes de travail sans contrat de travail tels que les stages en entreprise, à la condition toutefois que le montant de la demande n'excède pas son taux de compétence[51].
Il a surtout une compétence spéciale en matière de droit du travail puisque le juge d'instance est compétent pour tout le contentieux électoral en droit du travail, qu'il s'agisse des élections des représentants du personnel ou des élections des conseillers prud'hommes. Le juge d'instance est également compétent s'agissant du contentieux de la désignation des délégués syndicaux et des représentants syndicaux aux comités d'entreprise. A noter, dans ce domaine, une décision importante de la chambre sociale de la Cour de cassation rendue en 2009[52] par laquelle la Haute juridiction a enfin permis qu'un pourvoi en cassation soit dirigé contre une décision du juge d'instance, rendue en dernier ressort, relative à la contestation du protocole d'accord préélectoral[53].

– Le tribunal de grande instance est la juridiction de droit commun en matière civile, ce qui signifie que sont placés dans son champ de compétence tous les litiges qui ne sont pas expressément placés dans celui d'une autre juridiction. Le juge de grande instance est ainsi compétent en matière d'intéressement et de participation aux bénéfices, au-delà de 10 000 euros. Il est également compétent s'agissant des litiges concernant les inventions du salarié.

Le tribunal de grande instance est surtout compétent en matière de relations collectives. Il doit ainsi connaître des demandes d'application ou d'interprétation d'une

---

49. L'autorité administrative a la possibilité de refuser ce concours quand elle estime qu'il y a un danger pour l'ordre et la sécurité. La responsabilité sans faute de l'État pourra néanmoins être engagée.

50. CE, 6 mai 1991, *D.* 1992, Somm., p. 144 ; *Dr. soc.* 1991, p. 940, concl. M. Denis-Linton.

51. D'un montant de 10 000 euros, COJ, art. L. 221-4.

52. Cass. soc., 23 sept. 2009, *Lexbase hebdo*, éd. soc., n° 366, note G. Auzero ; *JCP* éd. S 2009, 1467, note J.- Y. Kerbourc'h ; *Dr. soc.* 2010, p. 161, note F. Petit.

53. Avant cette décision, la chambre sociale estimait que les contestations qui subsistaient, à propos du protocole d'accord, après jugement du TI, devaient être soumises à l'examen du juge après le scrutin, nouvelle contestation qui, cette fois, était susceptible de recours. V. Cass. soc., 7 mai 2002, *Bull. civ.* V, n° 145 ; *Dr. soc.*, 2002, p. 625, avis P. Lyon-Caen.

convention collective, des actions en annulation d'un accord ou d'une convention collective, du contentieux de l'opposition à l'entrée en vigueur d'une convention collective, de l'action du comité d'entreprise contre l'employeur s'agissant, par exemple, de la subvention de fonctionnement, des actions en annulation d'un règlement intérieur introduite par un comité d'entreprise ou par un syndicat, etc.

– Le tribunal de commerce est parfois compétent pour statuer sur des questions de droit du travail lorsque celles-ci interviennent dans le cadre d'une procédure collective : procédure de sauvegarde, redressement judiciaire, liquidation judiciaire.

– Enfin, il existe en droit du travail de très nombreuses infractions pénales constitutives de contraventions ou de délits. Ce sont alors les juridictions pénales habituelles qui seront saisies par le ministère public ou par voie de plainte avec constitution de partie civile.

Les règles habituelles en matière d'autorité du criminel sur le civil jouent ici à plein. Il y a bien entendu le principe de l'autorité sur le civil de la chose jugée au criminel qui implique que si un juge pénal s'est prononcé sur les faits, le juge civil saisi ultérieurement de l'action civile ne peut méconnaître ce qui a été décidé par le juge pénal sur l'existence des faits, sur leur qualification et sur la culpabilité de son auteur.

Il y a ensuite la règle selon laquelle le criminel tient le civil en l'état. Pendant longtemps, cette règle impliquait que le juge civil, saisi concomitamment au juge pénal, devait surseoir à statuer en attendant la décision prise par le juge pénal. Cette règle a été supprimée (loi du 5 mars 2007) puisque l'article 4 alinéa 3 du Code de procédure pénale dispose désormais que « *la mise en mouvement de l'action publique n'impose pas la suspension du jugement des autres actions exercées devant la juridiction civile, de quelque nature qu'elles soient, même si la décision à intervenir au pénal est susceptible d'exercer, directement ou indirectement, une influence sur la solution du procès civil* ».

L'intervention des juridictions pénales dans le contentieux du travail a une importance particulière en ce que le juge criminel a, par le passé, souvent adopté des positions différentes de celles du juge civil. C'est ainsi, par exemple, que la chambre criminelle de la Cour de cassation a été la première à reconnaître l'existence d'une unité économique et sociale avant même la chambre sociale[54]. De la même manière, il existe une différence d'interprétation entre la chambre criminelle et la chambre sociale s'agissant des critères devant être retenus pour que soit reconnu le délit de travail dissimulé. Il s'agit d'une infraction intentionnelle, si bien qu'en principe, il devrait être nécessaire de démontrer que l'employeur a eu l'intention de commettre l'infraction. Pour l'action civile, la chambre sociale exige des juges du fond qu'ils recherchent la preuve que cette intention existait véritablement[55]. Au contraire, la chambre criminelle juge que la

54. Cass. crim., 23 avr. 1970, *Herriau*, *D.* 1970, p. 444 ; *JCP* 1972, II, 17046.
55. Cass. soc., 4 mars 2003, Bull. civ. V, n° 80.

simple violation, en connaissance de cause, des dispositions pénales relatives au travail dissimulé suffisent à démontrer l'intention de commettre l'infraction[56].

L'administration du travail et les juges du travail ne sont pas les seules institutions publiques à intervenir en droit du travail. D'autres acteurs, dont la vocation est cependant plus spécialisée, interviennent périodiquement dans les relations sociales.

2 LES ACTEURS TITULAIRES D'UNE MISSION SPÉCIALISÉE

De nombreux organismes interviennent ponctuellement en droit du travail. C'est ainsi par exemple que le comité économique, social et environnemental est fréquemment consulté par les pouvoirs publics sur les questions relatives aux relations sociales.

Parmi les différents acteurs institutionnels intervenant ponctuellement, deux d'entre eux ont connu ces dernières années une vigoureuse montée en puissance. Il s'agit de la CNIL (A) et du défenseur des droits qui s'est récemment substitué à la HALDE (B).

A. La commission nationale informatique et liberté (CNIL)

La CNIL a pour objet la protection contre le traitement automatisé des données personnelles de l'ensemble des citoyens et donc des salariés (1), mission qu'elle exerce grâce à divers moyens de contrôle mis à sa disposition (2) mais également grâce à la mise en place, depuis 2004, du correspondant informatique et liberté (3).

1. LA PROTECTION CONTRE LE TRAITEMENT AUTOMATISÉ DES DONNÉES PERSONNELLES DES SALARIÉS

La CNIL a été créée par la loi n° 78-17 du 6 janvier 1978. C'est une autorité administrative indépendante qui est chargée de veiller à la protection des données à caractère personnel et de la vie privée. Elle est composée de dix-sept commissaires provenant d'horizons divers et nommés par les pouvoirs politiques.

D'une manière générale, l'article L. 1222-4 du Code du travail prévoit qu'aucune information concernant personnellement un salarié ne peut être collectée par un dispositif qui n'a pas été préalablement porté à sa connaissance : ainsi en va-t-il par exemple

56. Cass. crim., 19 mars 2002, *Dr. pén.* 2002, comm. 87, note J.-H. Robert ; *RJS* 6/02, n° 705.

des systèmes de pointage ou de badgeage[57], de la vidéosurveillance[58], de l'écoute et enregistrement des conversations téléphoniques[59], de la géolocalisation des salariés[60], de la surveillance des courriers électroniques ou du matériel informatique mis à la disposition du salarié[61], etc[62].

Mais lorsque la mesure ou le dispositif réalise ou permet un traitement de données à caractère personnel, c'est-à-dire concrètement qu'il permet la constitution de fichiers sur les salariés contenant des données personnelles, la loi du 6 janvier 1978 impose une procédure de déclaration auprès de la CNIL.

La CNIL a établi des fiches permettant aux employeurs d'identifier les systèmes qui doivent faire l'objet d'une déclaration. Il y existe, à ce jour, douze fiches qui concernent les domaines suivants : les opérations de recrutement ; les annuaires du personnel ; l'accès au dossier professionnel ; la gestion des œuvres sociales et culturelles ; les transferts internationaux de données ; le contrôle de l'utilisation d'internet et de la messagerie ; les administrateurs réseaux ; la vidéosurveillance sur le lieu de travail ; la gestion de la téléphonie ; les systèmes de géolocalisation ; l'utilisation de badges sur le lieu de travail ; enfin, la biométrie sur le lieu de travail.

2. LE CONTRÔLE OPÉRÉ PAR LA CNIL

Pour que la CNIL autorise la mise en place de ces systèmes de traitement automatique des données, les systèmes en question doivent respecter les principes posés par le chapitre 2 de la loi de 1978. Ces critères sont les suivants :

– Finalité : les données à caractère personnel ne peuvent être recueillies et traitées que pour un usage déterminé et légitime. Par exemple, la mise en place d'un système de géolocalisation par GPS ne peut pas avoir pour objectif de surveiller les déplacements des représentants du personnel ; en revanche, il peut être justifié dans une entreprise de taxis pour retrouver les véhicules volés, pour organiser la répartition des taxis sur une ville.

---

57. Système de badgeage biométrique, v. TGI Paris, 19 avr. 2005, *Petites affiches*, 3 oct. 2006, n° 197, p. 9.
58. Cass. soc., 20 nov. 1991, *Néocel*, *Bull. civ.* V, n° 519 ; *Dr. soc.* 1992, p. 28, rapp. Ph. Waquet ; *D.* 1992, p. 73, concl. Y. Chauvy ; Cass. soc., 7 juin 2006, *JCP* S 2006, 1614, note D. Corrignan-Carsin ; *Petites affiches*, 29 avr. 2008, n° 86, p. 11.
59. Toutefois, l'information n'est pas requise lorsqu'il s'agit de vérifier la durée, le coût et les numéros des appels téléphoniques à l'aide d'un auto-commutateur téléphonique : Cass. soc., 29 janv. 2008, *RDT* 2008, p. 242, obs. C. Sachs-Durand et R. de Quenaudon.
60. Bordeaux, ch. soc., sect. A, 25 nov. 2008, *Juris-data* n° 2008-004877.
61. V. les célébrissimes arrêts *Nikon* et *Cathnet-sciences* : Cass. soc., 2 oct. 2001, *Nikon*, *D.*, 2001, Jur., p. 3148, note P.-Y. Gautier ; *RJS*, 2001, p. 940, chron. F. Favennec-Héry. Cass. soc., 17 mai 2005, *Cathnet-sciences*, *Lexbase hebdo*, éd. soc., n° 169, note Ch. Radé ; *Dr. soc.*, 2005, p. 789, note J.-E. Ray ; *Petites affiches*, 23 avr. 2007, n° 81, p. 6 et la note.
62. D'une manière générale, v. D. Jourdan, « Les procédés de surveillance de l'activité des salariés », *TPS* 2001, chron. 21.

– Proportionnalité : seules doivent être traitées les informations pertinentes et nécessaires au regard des objectifs poursuivis. Par exemple, le recueil d'informations sur l'entourage familial ou l'état de santé d'un candidat à un recrutement n'est pas pertinent. L'enregistrement de la situation familiale précise d'un salarié ne peut se justifier que pour l'attribution d'avantages sociaux particuliers au salarié ou à sa famille.

– Durée limitée de conservation des données : une durée de conservation précise doit être déterminée en fonction de la finalité de chaque fichier. Par exemple, cinq ans pour un fichier de paie, deux ans après le dernier contact avec le candidat à un emploi pour un fichier de recrutement, un mois pour des enregistrements de vidéosurveillance.

– Sécurité et confidentialité des données : l'employeur, en tant que responsable du traitement, est astreint à une obligation de sécurité. Il doit prendre les mesures nécessaires pour garantir la confidentialité des données et éviter leur divulgation à des tiers non autorisés.

– Respect du droit des personnes : lors de l'informatisation de leurs données, les salariés concernés ou les candidats à un emploi doivent être clairement informés des objectifs poursuivis, du caractère obligatoire ou facultatif de leurs réponses, des destinataires des données. Toute personne peut demander au détenteur d'un fichier de lui communiquer toutes les informations la concernant contenues dans ce fichier.

Outre ce système d'autorisation de mise en place de système de traitement des données, la CNIL dispose d'un certain nombre de pouvoirs de sanction à l'encontre d'employeurs qui n'auraient pas respecté ces formalités. A ce titre, la CNIL peut notamment adresser des avertissements et des mises en demeure de faire cesser un manquement à la loi, prononcer une injonction de cesser le traitement ou un retrait de l'autorisation et, en cas d'urgence, décider l'interruption du traitement ou le verrouillage des données. Elle peut aller jusqu'à prononcer des sanctions pécuniaires dont le montant peut s'élever jusqu'à 300 000 € en cas de réitération. Enfin, elle peut dénoncer au parquet les infractions dont elle a connaissance.

Bien que cela n'entre pas dans sa mission de contrôle à proprement parler, on peut relever que la CNIL dresse tous les ans un rapport annuel qui contient souvent de précieuses indications, notamment sur l'apparition de nouvelles technologies et de la façon dont elle entend les contrôler. Elle émet également des guides à destination des particuliers comme par exemple le « Guide pratique pour les employeurs » édité en octobre 2005 et qui permet en quelques pages à tout employeur d'être informé sur les obligations de déclaration qu'il doit respecter. Le rapport pour l'année 2009 revient sur l'actualité du *whistle-blowing*[63] et a mis au programme de son activité pour l'année 2010 la question, de plus en plus importante, du recrutement de salariés en ligne[64].

---

63. Rapport d'activité pour l'année 2009, CNIL, p. 73 et s. (http://www.cnil.fr/fileadmin/documents/La_CNIL/ publications/CNIL-30erapport_2009.pdf).
64. *Ibid.*, p. 85 et s.

3. LE CORRESPONDANT INFORMATIQUE ET LIBERTÉ (CIL)

Une loi du 6 août 2004, modifiant la loi de 1978, a mis en place un nouvel acteur dans les relations entre les entreprises et la CNIL : le correspondant à la protection des données ou correspondant informatique et libertés (CIL). Ce correspondant peut être un correspondant interne ou externe.

Le correspondant interne est un salarié de l'entreprise qui met en place le système de traitement automatisé des données, ce qui est un avantage puisqu'*a priori*, il connaît ainsi mieux le fonctionnement de l'entreprise. Le correspondant externe est un intervenant extérieur qui n'appartient pas à l'entreprise concernée. Qu'il s'agisse d'un correspondant interne ou externe, sa désignation s'opère très simplement puisqu'il suffit de remplir un questionnaire auprès de la CNIL à cet effet. Le CIL recevra ensuite une formation spécifique et gratuite auprès de la CNIL.

L'intérêt de désigner un CIL dans une entreprise repose d'abord sur l'idée d'un contrôle au plus près de l'entreprise et donc plus facile à mener que celui de la CNIL. Cette désignation n'est cependant pas non plus dénuée de tout intérêt pour l'employeur. En effet, une telle désignation l'exonère de la plupart des déclarations de système de traitement obligatoires. Dans ces conditions, les entreprises qui utilisent un grand nombre de systèmes de collecte de données personnelles peuvent être intéressées par le CIL.

Le CIL joue un rôle de conseil, de recommandation, de sensibilisation, de médiation et bien sûr d'alerte en cas de dysfonctionnement. Il sera en contact avec la CNIL par le biais d'un service spécifique de l'autorité administrative apte à apporter au CIL les réponses juridiques et les éclairages nécessaires à l'exercice de ses fonctions.

Un autre acteur prend une place croissante aujourd'hui dans le monde du travail, il s'agit de la HALDE, récemment remplacée par le défenseur des droits.

B. Le défenseur des droits[65]

Le défenseur des droits est une « *autorité constitutionnelle indépendante* »[66] qui a absorbé la HALDE le 1er mai 2011[67]. Parmi ses différentes missions, il dispose de celle de lutter contre les discriminations, laquelle a une véritable influence sur le monde du travail[68]. Le défenseur des droits est secondé par un « collège » qui l'assiste dans l'exercice de ses prérogatives en matière de lutte contre les discriminations et

---

65. Pour un panorama des activités de la HALDE que devrait reprendre le défenseur des droits, v. *HALDE : Actions, limites et enjeux*, La documentation française, ouv. coll. sous la dir. de D. Borrillo, 2007.

66. LO. n° 2011-333, 29 mars 2011 ; L. n° 2011-334, 29 mars 2011 ; Cons. const., 29 mars 2011, n° 2011-626 DC.

67. La HALDE avait été créée par une loi n° 2004-1486 du 30 décembre 2004 portant création de la Haute Autorité de lutte contre les discriminations et pour l'égalité aujourd'hui abrogée.

68. Le défenseur des droits est chargé de « *lutter contre les discriminations, directes ou indirectes,*

de promotion de l'égalité[69]. Son rôle est plus précisément d'identifier les pratiques discriminatoires, de les combattre et de résoudre concrètement les problèmes qu'elles posent.

La HALDE avait défini la discrimination comme le fait d'« *interdire ou limiter l'accès d'une personne à un emploi, un logement, à des biens et des services ou à une formation pour des raisons interdites par les lois françaises* »[70]. Ces raisons ont été précisément listées par la Haute autorité : âge, sexe, origine, situation de famille, orientation sexuelle, mœurs, caractéristiques génétiques, appartenance vraie ou supposée à une ethnie, une race, une nation, apparence physique, état de santé, patronyme, opinions politiques, convictions religieuses, activités syndicales. La discrimination peut être directe lorsqu'elle est délibérée ou indirecte lorsque des mesures apparemment neutres écartent une personne ou un groupe de l'accès à un service ou à un droit.

Le défenseur peut être saisi par « *toute personne qui s'estime victime d'une discrimination, directe ou indirecte, prohibée par la loi ou par un engagement international régulièrement ratifié ou approuvé par la France, ou par toute association régulièrement déclarée depuis au moins cinq ans à la date des faits se proposant par ses statuts de combattre les discriminations ou d'assister les victimes de discriminations, conjointement avec la personne s'estimant victime de discrimination ou avec son accord* »[71]. Il peut également se saisir d'office[72]. Sur les cinq dernières années, les saisines de la HALDE concernant une discrimination au travail représentaient entre 45 et 50 % des demandes[73]. Les principaux critères de discrimination faisant l'objet d'une saisine de la haute autorité sont l'origine (une réclamation sur 3) et la santé (une réclamation sur 6).

Le défenseur des droits dispose de pouvoirs d'enquête pour établir la preuve de la discrimination. Il peut faire procéder à des auditions[74] et des vérifications sur place[75]. Dans ce cadre, les agents de cette autorité disposent d'ailleurs du droit de dresser procès-verbal lorsqu'ils constatent l'existence d'une discrimination qui constitue une

---

prohibées par la loi ou par un engagement international régulièrement ratifié ou approuvé par la France ainsi que de promouvoir l'égalité », art. 4, 3° de la LO du 29 mars 2011.

69. LO 29 mars 2011, art. 11 et art. 15 sur la composition du collège. On peut imaginer que ce collège exercera concrètement la majorité des prérogatives jusqu'alors dévolues à la HALDE.

70. *La HALDE, dossier de présentation*, 2007, p. 4, consultable à l'adresse suivante : http://www.halde.fr/IMG/pdf/ Dossier_de_ presentation_de_la_HALDE-2.pdf.

71. LO du 29 mars 2011, art. 5, 3°. La saisine est gratuite mais doit être précédée de démarches préalables auprès de la personne mise en cause.

72. Le défenseur peut également être saisi par un parlementaire, v. LO 29 mars 2011, art. 7.

73. Rapport annuel de la HALDE, 2009, p. 16, consultable à l'adresse suivante : http://www.halde.fr/IMG/ pdf/rapport_annuel_2009.pdf.

74. LO 29 mars 2011, art. 18 et s.

75. *Ibid*, art. 22.

infraction pénale[76]. Les personnes mises en cause ou sollicitées sont tenues de répondre à ses demandes. En cas de refus, le défenseur des droits peut saisir le juge des référés pour les y contraindre.

Le défenseur des droits peut exiger de l'auteur d'une discrimination d'y mettre fin et rendre publique son intervention. Lorsqu'une solution peut être obtenue sans procès, il peut proposer une médiation ou une transaction aux parties[77]. En cas de procès, la personne est informée des procédures et des recours possibles et peut demander l'intervention du défenseur des droits devant toutes les juridictions, y compris le conseil de prud'hommes, afin qu'elle donne son avis.

Le défenseur des droits présente ses observations à la demande du juge, mais il est également prévu qu'il puisse lui-même demander à être entendu par ces juridictions et que, dans ce cas, cette audition soit de droit. Ce pouvoir tout à fait particulier a fait l'objet de débats intenses[78] et d'un arrêt récent de la chambre sociale de la Cour de cassation[79], dont la solution devrait pouvoir être transposée au nouveau défenseur des droits[80]. Dans cette affaire, un employeur avait été condamné par les juges du fond à réintégrer un salarié licencié, la nullité du licenciement résultant d'une discrimination syndicale. Au cours de la procédure, la HALDE était intervenue par application de l'article 13 de la loi du 30 décembre 2004, lequel prévoyait que la HALDE avait la faculté de présenter des observations portées à la connaissance des parties. L'employeur contestait cette intervention au regard de l'article 6§1 de la CESDH. Pour la chambre sociale cependant, ces dispositions « *ne méconnaissent pas en elles-mêmes les exigences du procès équitable et de l'égalité des armes dès lors que les parties sont en mesure de répliquer par écrit et oralement à ces observations et que le juge apprécie la valeur probante des pièces qui lui sont fournies et qui ont été soumises au débat contradictoire* ». Cependant, la HALDE ne peut pas à proprement parler intervenir au procès. Comme le précise la chambre sociale, « *en donnant à la HALDE le droit de présenter des observations par elle-même ou par un représentant dont rien n'interdit qu'il soit un avocat, la loi ne lui a pas conféré la qualité de partie* ». Le rôle de la HALDE est donc strictement limité à la présentation d'observations. En somme, la HALDE voit ici « *l'exercice de ses prérogatives conforté dans l'assistance qu'elle prête aux salariés pour régler les différends les opposant à l'employeur lorsqu'est soulevée une question de discrimination* »[81].

---

76. *Ibid.*, art. 37.
77. *Ibid.*, art. 26.
78. S. Petit, C. Cohen, « La Halde a-t-elle sa place devant les juridictions ? », *D.*, 2008, p. 1519 ; L. Peru-Pirotte, « La lutte contre les discriminations : loi n° 2008-496 du 27 mai 2008 », *JCP* S 2008, 1314.
79. Cass. soc., 2 juin 2010, n° 08-40.628, P+B, *Lexbase hebdo*, éd. soc., n° 400, note Ch. Willmann ; *JCP* S 2010, 1241, obs. G. Loiseau.
80. LO 29 mars 2011, art. 33.
81. G. Loiseau, *préc.*

Enfin, la HALDE rendait parfois des recommandations qui, si elles n'avaient pas d'effet normatif car ne comportant pas d'effet obligatoire, pouvaient avoir une grande influence sur les acteurs du droit du travail[82]. Ainsi, par exemple, la HALDE a rendu en 2008 une recommandation inspirée par une affaire relative à la discrimination d'un transsexuel sur le lieu de travail[83]. La cour d'appel de Montpellier, suivant cette recommandation, a reconnu l'existence de la discrimination[84]. Les recommandations de la HALDE sont consultables sur son site internet.

On le voit, il y a donc de nombreux acteurs publics qui interviennent dans le monde du travail. Cependant, ce ne sont là que des acteurs satellites, des seconds rôles. Les premiers rôles sont évidemment tenus par les partenaires sociaux, c'est-à-dire les salariés, les employeurs et l'ensemble de leurs représentants.

82. Ce pouvoir est lui aussi transposé au défenseur des droits, v. LO 29 mars 2011, art. 25.

83. Délibération relative au licenciement d'une salariée en raison de son transsexualisme n° 2008-29 du 18/02/2008.

84. CA Montpellier, 4e ch., 3 juin 2009, n° 08/06324, *Lexbase*, n° A4908EIM.

LEXIQUE

Échevinage : Composition spécifique à certaines juridictions (ex. : tribunal paritaire des baux ruraux, tribunal des affaires de sécurité sociale, etc.) alliant des magistrats professionnels et des magistrats non professionnels choisis, le plus souvent, pour leur appartenance à une catégorie socio-professionnelle. Le conseil de prud'hommes, composé de magistrats non professionnels, n'est pas une juridiction échevine, sauf lorsqu'il statue en formation de départage.

Juge départiteur : Magistrat professionnel issu du tribunal d'instance qui intervient auprès du conseil de prud'hommes lorsqu'une affaire est mise en départage, c'est-à-dire qu'aucune majorité ne se dessine à la suite d'un délibéré d'une formation du conseil de prud'hommes.

Paritarisme : Terme désignant la situation dans laquelle une institution ou une juridiction est composée, par parts égales, de personnes appartenant à des catégories socio-professionnelles différentes. En droit du travail, le paritarisme apparaît chaque fois que des représentants des employeurs et des représentants des salariés se retrouvent, en nombre égal, au sein d'une institution.

Unicité de l'instance : Règle spécifique à la procédure prud'homale en vertu de laquelle il ne peut être introduit qu'une instance unique, regroupant l'ensemble des demandes liées à un contrat de travail. Quand bien même elle n'aurait pas le même objet, une nouvelle demande ne pourra pas être présentée au conseil de prud'hommes ayant déjà jugé sur le fond un autre litige relatif au même contrat de travail.

Whistleblowing : Le *whistleblowing* est une pratique née outre-Atlantique (loi « Sarbanes Oxley ») et consiste à mettre en place, dans les entreprises, des systèmes institutionnalisés permettant aux salariés de dénoncer les comportements illégaux ou déloyaux de leurs collègues ou de leur direction. Le *whistleblowing* trouve une résonance toute particulière en France à travers la mise en place de « chartes éthiques » et de « codes de bonne conduite » qui restent cependant sous l'étroite surveillance de la CNIL et de la Cour de cassation.

EXERCICES

Sujet 1 DISSERTATION : LA RÉFORME DU CONSEIL DE PRUD'HOMMES

Introduction

Apparu pour la première fois en 1806 à Lyon, le conseil de prud'hommes est aujourd'hui l'une des plus vieilles institutions juridictionnelles du premier degré de l'ordre judiciaire français. Malgré la réforme profonde qu'elle subit en 1979 à l'occasion de la loi Boulin, cette juridiction a bien vieilli tant et si bien qu'il est parfaitement légitime de se demander s'il n'est pas devenu nécessaire de la réformer.

La réforme est un terme protéiforme et ambigu qui sous-tend l'idée de changement, d'amélioration par la voie législative d'un système ou d'une institution déjà en place. Est-il donc nécessaire que le législateur intervienne pour modifier l'institution prud'homale ? Le conseil de prud'hommes est une juridiction française atypique. Pleinement intégrée dans l'ordre judiciaire français, elle ne comporte pourtant, en principe, aucun magistrat professionnel. En effet, le conseil de prud'hommes est une juridiction élective et paritaire. Ses membres, les conseillers prud'hommes, représentent les deux pôles qui gravitent autour de la relation de travail. Pour moitié, les conseillers prud'hommes sont élus par des employeurs, pour moitié par des salariés. Quoiqu'il ne soit pas la seule juridiction à intervenir en droit du travail français, le conseil de prud'hommes en constitue tout de même une pièce maîtresse puisqu'il a vocation à juger de l'ensemble des litiges s'élevant à l'occasion d'un contrat de travail.

Dès sa création, le conseil de prud'hommes se vit conférer une mission de conciliation. La mise en place de « gens de métiers » dans les conseils avait pour vocation le règlement des litiges de manière aussi pacifique que possible. Or, si la fin du XIXe siècle voyait 90 % des litiges présentés devant le conseil de prud'hommes réglés par la voie de la conciliation, ce taux s'est aujourd'hui effondré à hauteur de 10 % seulement des cas présentés devant lui. A cette faible efficacité est souvent ajouté un reproche lié à la durée de la procédure prud'homale. En effet, si la France fait figure de mauvais élève devant la Cour européenne des droits de l'homme en matière de délais de procédure, la prud'homie française coiffe certainement le bonnet d'âne *(CEDH 14 nov. 2000, Delgado c. France, D. 2001, p. 2787, note J.-P. Marguénaud et J. Mouly).*

La procédure prud'homale connaît, de son côté, une grande originalité. Les principes d'unicité d'instance, de comparution personnelle obligatoire ou d'oralité des débats en font une procédure tout à fait singulière qui ne se retrouve devant aucune autre juridiction française. Cependant, ces principes spécifiques sont eux aussi souvent contestés, soit en raison de leur complexité soit, pire encore, de leur ineffectivité.

Quoique le débat paraisse aujourd'hui apaisé, c'est également l'impartialité du conseil de prud'hommes qui a longtemps suscité la polémique. Des juges élus, représentant des employeurs et des salariés, peuvent-ils véritablement juger de manière impartiale ? A l'évidence, le « conflit de logique » du droit du travail transparaît dans les prétoires et il fallut des trésors d'imagination à la Cour de cassation pour sauvegarder le conseil de prud'hommes des exigences d'impartialité imposées par l'article 6§1 de la CESDH.

Si l'on ajoute, enfin, que la qualité du travail effectué par les conseils de prud'hommes est souvent décriée, le tableau dressé est finalement bien sombre. Dans ces conditions, la question de la réforme du conseil de prud'hommes se pose avec une grande acuité. Il n'est alors guère étonnant que de nombreux projets aient été proposés, tous sans succès jusqu'à ce jour, pour remettre de l'ordre dans la prud'homie française. Le rapport remis par J. Richard au ministre du travail au mois de mai 2010 propose à son tour de revoir de fond en comble le mode de désignation des conseillers prud'hommes afin de « conforter la légitimité de l'institution prud'homale et de ses juges ».

Indéniablement, la réforme des conseils de prud'hommes paraît chaque jour un peu plus indispensable. Les conseils doivent retrouver l'efficacité et la légitimité qui était la leur lorsqu'ils ont été généralisés sur le territoire français au début du XXe siècle. Néanmoins, la question des moyens qu'il convient d'employer pour mener à bien cette réforme est extrêmement complexe. En effet, si des mesures sont bien évidemment envisageables, de nombreux obstacles se dressent néanmoins sur le chemin de la réforme.

Dans ces conditions, il convient de constater qu'il existe une véritable nécessité de réformer la juridiction prud'homale (I) quand bien même cette réforme s'annonce comme particulièrement délicate (II).

I. La réforme nécessaire de la juridiction prud'homale

Parmi les grands symptômes de l'institution prud'homale moderne, c'est d'abord l'inadaptation de la procédure applicable devant cette juridiction qui suscite la volonté de réforme. La question de la fiabilité du paritarisme ressurgit elle aussi régulièrement. Il convient, par conséquent, de s'intéresser à l'inadaptation de la procédure prud'homale (A) avant d'exposer les écueils du paritarisme (B).

A. L'inadaptation de la procédure prud'homale

Le plus grand échec de la procédure prud'homale du XXIe siècle tient probablement à la quasi-disparition de sa vocation conciliatrice (1). A cela s'ajoute que les grands principes de la procédure prud'homale paraissent de plus en plus mal adaptés (2).

1. L'échec de la conciliation prud'homale

L'article L. 1411-1 du Code du travail, premier texte du code relatif aux conseils de prud'hommes, dispose, encore aujourd'hui, que « le conseil de prud'hommes règle par voie de conciliation les différends qui peuvent s'élever à l'occasion de tout contrat de travail ». La conciliation reste donc la vocation première du conseil de prud'hommes ce qui permet généralement de considérer que cette juridiction a une vocation conciliatrice. Ainsi, chaque litige est soumis à une phase obligatoire de conciliation devant le bureau de conciliation du conseil de prud'hommes et ce n'est qu'en cas d'échec que le conseil jugera les affaires qui lui sont présentées. Malgré cette pétition de principe, la conciliation pose des difficultés de plus en plus inextricables.

Il est régulièrement relevé que le taux de conciliation du conseil de prud'hommes est dramatiquement bas. Selon les statistiques du ministère de la justice *(L. de maillard Taillefer, O. Timbart, « Les affaires prud'homales en 2007 », Infostat justice, n° 105, févr. 2009)*, 10,12 % des affaires seulement seraient réglées à l'issue de la conciliation. Les causes de ce recul de la conciliation sont variées, mais il faut certainement incriminer en premier lieu la faible effectivité de la règle de la comparution personnelle obligatoire devant le conseil de prud'hommes. En théorie, l'article R. 1453-1 du Code du travail impose, sauf motif légitime d'absence, que les parties comparaissent en personne. Or, si les salariés demandeurs se présentent le plus souvent à l'audience de conciliation *(faute de quoi, la citation est caduque, C. trav., art. R. 1454-12)*, il en va autrement des employeurs défendeurs qui délaissent fréquemment la conciliation préalable, ceci ayant pour effet, par application de l'article R. 1454-17 du Code du travail, un renvoi automatique de l'affaire devant le bureau de jugement et, *de facto*, un échec de la conciliation.

Outre son taux d'échec particulièrement élevé, la conciliation est devenue une phase extrêmement complexe de la procédure prud'homale. A la suite de l'arrêt Durafroid rendu le 28 mars 2000 *(Cass. soc., 28 mars 2000, Bull. civ. V, n° 135 ; Les grands arrêts de la jurisprudence en droit du travail, Dalloz, 4e éd., n° 30 ; Dr. soc. 2000, p. 661, obs. M. Keller)*, le rôle des conseillers prud'hommes en matière de conciliation est, en effet, devenu bien plus délicat. Le bureau de conciliation doit désormais vérifier que les parties ont bien été informées de leurs droits respectifs avant d'accepter une conciliation, à défaut de quoi le procès-verbal de conciliation pourra être annulé. Outre que ce travail exigé des bureaux de conciliation implique nécessairement un allongement de la procédure de conciliation, il a probablement l'effet pervers de faire renoncer un certains nombre de litigants à une conciliation lorsqu'ils découvrent quelle pourrait être la décision du bureau de jugement au regard des droits dont ils viennent d'être informés.

Enfin, le législateur tend à étendre le nombre des exceptions au caractère obligatoire de la saisine préalable du bureau de conciliation. Ainsi, les litiges relatifs à la requalification du contrat de travail à durée déterminée et du contrat de mission sont dispensés de cette phase préalable *(C. trav., art. L. 1245-2 et L. 1251-41)*, tout comme les litiges relatifs à certains congés spéciaux *(C. trav., art. L. 3142-13, L. 3142-34, L. 3142-54, L. 3142-97)* ou, encore, l'exercice du référé au fond en cas d'atteinte aux libertés du salarié *(C. trav., art. L. 2313-2, al. 3)*.

L'ensemble de ces éléments traduit l'échec de la vocation conciliatrice du conseil de prud'hommes. Les autres règles particulières de la procédure prud'homale ne sont pas exemptes de toute critique.

2. La spécificité de la procédure prud'homale

La procédure prud'homale repose sur trois grands principes qui lui sont spécifiques : l'oralité des débats, l'unicité de l'instance et la comparution personnelle obligatoire.

Comme l'établit l'article R. 1453-3 du Code du travail, « la procédure prud'homale est orale ». Cette affirmation ne signifie pas que l'écrit soit exclu des litiges prud'homaux, mais seulement que les parties ont la faculté – et non l'obligation – de présenter tout ou partie de leurs arguments à l'oral. Cette mesure avait été instituée en vue de simplifier la procédure prud'homale et de dispenser les parties, en particulier lorsqu'elles se présentent seules, de la rédaction des très formelles conclusions écrites. Cependant, la majorité des affaires donne aujourd'hui lieu à la rédaction de conclusions écrites. En outre, certains fins plaideurs manient à merveille la combinaison de l'écrit et de l'oral, ajoutant à la barre des arguments qui n'avaient pas été soulevés à l'écrit. Cette pratique, parfaitement licite, a néanmoins l'immense inconvénient de faire courir le risque d'une violation du principe du contradictoire.

L'unicité de l'instance est, quant à elle, un principe de la procédure prud'homale qui a été vivement critiqué *(P. Bailly, « Vertus et périls de l'unicité de l'instance prud'homale » RJS 5/05, p. 327 ; P. Lyon-Caen, « Le principe de l'unicité de l'instance doit-il être maintenu ? », Dr. soc. 2004, p. 100)*. Elle découle de l'article R. 1452-6 qui dispose que « toutes les demandes liées au contrat de travail entre les mêmes parties font, qu'elles émanent du demandeur ou du défendeur, l'objet d'une seule instance ». Malgré les atténuations apportées à ce principe *(v. not. C. trav., art. R. 1452-6 et, surtout, Cass. soc., 7 juin 2006, RDT 2006, p. 194, obs. F. Guiomard et surtout Cass. soc., 16 nov. 2010, RDT 2010, p. 50, obs. Nicod ; JSL 2010, n° 289.290-4, obs. Petit ; JCP éd. S 2010, 1517, obs. Pétel-Teyssié)*, elle demeure une arme redoutable contre les plaideurs imprudents ou mal informés.

La comparution personnelle, nous l'avons vu, n'est guère une règle effective. C'est surtout son corollaire résidant dans l'absence de caractère obligatoire du ministère d'avocat qui créée parfois un lourd déséquilibre entre les armes des parties au procès. En effet, cette règle place souvent ceux qui se dispensent de toute assistance dans une position délicate lorsqu'ils se trouvent opposés à un avocat chevronné.

La procédure prud'homale pose donc de graves difficultés qui discréditent souvent l'action des conseils de prud'hommes. A ces difficultés s'ajoutent des troubles relatifs au paritarisme de la juridiction.

B. Les écueils du paritarisme

Si l'on a pu longtemps douter de la véritable impartialité du conseil de prud'hommes, au sens de l'article 6§1 de la CESDH (1), ce sont plus particulièrement les qualités insuffisantes des conseillers prud'hommes qui ternissent l'image des conseils de prud'hommes (2).

1. L'impartialité incertaine des conseils de prud'hommes

Le conseil de prud'hommes est l'une des rares juridictions françaises élective et paritaire *(avec le tribunal de commerce)*. Les conseillers sont élus par leurs pairs et représentent, pour une moitié les employeurs et, pour l'autre moitié, les salariés.

Or, bien que les conseils de prud'hommes rendent leurs jugements « au nom du Peuple français », il est parfois bien difficile pour les conseillers de s'extraire de la logique du conflit, de faire la part entre leurs convictions syndicales et leur rôle de magistrat de l'État. Pire, il est fréquent que les conseillers prud'hommes assument simultanément des fonctions de défenseur syndical, c'est-à-dire de représentant de leur organisation habilité à assister un salarié ou un employeur devant un conseil de prud'hommes. Il arriva, parfois, qu'un conseiller défende une partie devant son propre conseil de prud'hommes...

L'impartialité du conseil de prud'hommes a, par conséquent, souvent fait l'objet de doutes et il fallut que la Cour de cassation se prononce très solennellement pour affirmer l'impartialité du conseil de prud'hommes *(Cass. soc., 19 déc. 2003, D. 2004, p. 1688)*. L'impartialité est garantie, pour la Haute juridiction, par le paritarisme, par la faculté de recourir à un juge départiteur en cas de partage des voix, par la faculté pour les parties d'exercer des voies de recours et, enfin, par la prohibition de tout mandat impératif. Des doutes subsistent néanmoins quant au rôle du juge départiteur, les conseillers, employeurs comme salariés, tentant au maximum d'éviter son intervention. Quant à l'argument tenant à la prohibition du mandat impératif, il laisse plus ou moins dubitatif face au discours interne de certains responsables patronaux ou syndicaux qui incitent, de manière à peine voilée, les conseillers à la partialité.

Si la question de l'impartialité des conseillers prud'hommes peut cependant être considérée comme réglée, il n'est pas pour autant certain que les conseillers prud'hommes disposent de toutes les qualités nécessaires à l'exercice de leur fonction.

2. Les qualités insuffisantes des conseillers prud'hommes

La première cause d'insuffisance des qualités des conseillers prud'hommes n'est pas à mettre à la charge des syndicats ou des conseillers eux-mêmes, mais à la charge de l'État. En effet, malgré les dispositions des articles D. 1442-1 et suivants du Code du travail permettant le financement de la formation prud'homale, les crédits accordés à la formation juridique des conseillers prud'hommes sont régulièrement jugés insuffisants. Pire, le droit du travail confère aux conseillers prud'hommes un droit à la formation dont les modalités prêtent à sourire. Pour un mandat de cinq années, le conseiller prud'hommes pourra obtenir six semaines de congé de formation, sachant que la durée du congé ne peut excéder deux semaines par an *(C. trav., art. D. 1442-7)*. Lorsque l'on connaît la complexité et la technicité du droit du travail, on imagine le désarroi de conseillers fraîchement installés après leur élection ayant, au mieux, subi deux semaines d'études de droit…

Il découle évidemment de ce déficit de formation des solutions prud'homales parfois surprenantes, dont la rédaction laisse trop souvent à désirer, comme en témoignent les taux de départage et d'appel *(près d'une affaire sur cinq exige le recours au juge départiteur ; 60 % des jugements prud'homaux font l'objet d'un appel. V. L. de maillard Taillefer, O. Timbart, « Les affaires prud'homales en 2007 », préc.)*. S'il ne faut certes pas généraliser ce constat *(certains conseillers prud'hommes chevronnés, ayant assumé plusieurs mandats consécutifs, sont de fins juristes du travail)*, la formation des conseillers prud'hommes n'a toutefois aucune mesure avec celle des magistrats professionnels.

Malgré tout, le plus grave handicap des conseillers prud'hommes aujourd'hui en place demeure leur cruel manque de légitimité. Faible légitimité, d'abord, parce qu'ils émanent d'organisations syndicales et patronales dont la légitimité est elle-même affaiblie. Si la loi du 20 août 2008 portant rénovation de la démocratie sociale tente bien de remédier à cette crise de légitimité des syndicats, elle ne déploiera tous ses effets qu'à compter de 2013. Faible légitimité, ensuite, parce que les conseillers prud'hommes sont élus par une minorité d'employeurs et de salariés. Lors des dernières élections prud'homales intervenues en 2008, le taux d'abstention, tous collèges confondus, approchait les 75 % *(J. Richard, Pour le renforcement de la légitimité de l'institution prud'homale : quelle forme de désignation des conseillers prud'hommes ?, Rapport remis au ministre du travail, mai 2010, p. 22)*.

Le constat est finalement sans appel. La juridiction prud'homale va mal si bien qu'il devient urgent de la réformer. Malheureusement, la réforme de cette vieille dame ne peut intervenir sans heurts si bien qu'il faut craindre que les changements nécessaires soient particulièrement délicats à amener.

II. La réforme délicate de la juridiction prud'homale

Si la réforme du conseil de prud'hommes est nécessaire, elle est très certainement envisageable au travers de quelques mesures qui permettraient de redonner son éclat à ce symbole du droit du travail français (A). Malgré tout, il faut bien constater que de nombreux obstacles entravent une telle réforme (B).

A. Les mesures envisageables

Parmi les mesures qui pourraient être envisagées, la modification de la composition de la juridiction constitue une piste à étudier (1), tout comme l'aménagement de certaines règles de procédure (2).

1. La modification de la composition du conseil de prud'hommes

Des pistes peuvent être envisagées afin de remédier à la trop faible légitimité des conseillers prud'hommes et à leur déficit de formation juridique.

S'agissant de la légitimité, une partie du chemin devrait être parcourue lorsque les organisations syndicales auront retrouvé une plus grande légitimité grâce à la réforme de leur représentativité. Quoique l'on puisse penser de cette réforme et de ses imperfections, elle aura très certainement d'importants effets sur le paysage syndical français et devrait, du moins peut-on l'espérer, redorer le blason des syndicats et, par effet de ricochet, des conseillers prud'hommes qui en sont issus. Une autre partie du chemin demeure cependant à accomplir. En effet, la loi du 20 août 2008 a soigneusement laissé de côté la question de la représentativité des organisations patronales. Moins placée sous les feux de l'actualité que la représentativité des syndicats, celle-ci pose néanmoins difficulté *(L. Dauxerre, « Réflexions sur la question de la représentativité des organisations patronales », JCP S 2006, 1609 ; L. Flament, « Quelques questions actuelles sur la représentativité des organisations patronales », RDT 2010, p. 273)*. La commission des affaires sociales du Sénat, saisie du projet de loi portant rénovation de la démocratie sociale, avait pourtant estimé au mois de juillet 2008 qu'il était « difficile de ne pas aborder sérieusement cette question dans les années qui viennent, au risque de fragiliser la démocratie sociale » *(Rapport de la commission des affaires sociales du Sénat, § I-D-1, consultable à l'adresse suivante : http://www.senat.fr/rap/l07-470/l07-4700.html)*. Le rapport Richard proposait, quant à lui, une réforme du mode d'élection des conseillers prud'hommes, principalement des conseillers salariés, par la mise en place d'un scrutin au suffrage indirect dont le corps électoral serait constitué de délégués du personnel et de délégués des salariés des petites entreprises. La loi du 15 octobre 2010 est restée très en-deça de cet objectif en créant un scrutin régional quadriennal destiné à mesurer l'audience électorale dans les très petites entreprises, mais seulement en vue d'apprécier la représentativité des syndicats (*L. n° 2010-1215 du 15 oct. 2010 complétant les dispositions relatives à la démocratie sociale*).

S'agissant du déficit de formation juridique des conseillers prud'hommes, revient régulièrement, tel un serpent de mer, la proposition d'instituer l'échevinage au sein des conseils de prud'hommes, à l'image des tribunaux des affaires de sécurité sociale ou du tribunal paritaire des baux ruraux. La formation de départage, par nature exceptionnelle dans la configuration actuelle des conseils de prud'hommes, deviendrait permanente. La présence d'un juge professionnel aurait l'avantage d'apporter de la consistance juridique aux délibérés des conseils de prud'hommes et, par définition, de faire disparaître toute hypothèse de partage des voix.

D'autres mesures pourraient être prises pour améliorer le fonctionnement de la procédure prud'homale.

2. L'aménagement de la procédure devant le conseil de prud'hommes

Faut-il à tout prix conserver le caractère obligatoire de la conciliation préalable devant le conseil de prud'hommes ? Si la suppression de ce caractère obligatoire parachèverait la sortie du conseil de prud'hommes de sa vocation conciliatrice, il n'est pas certain que cela constituerait un si grand inconvénient. La conciliation pourrait demeurer de manière facultative, comme cela existe devant la quasi-totalité des juridictions judiciaires qui doivent tenter de concilier les parties. En outre, de nombreux autres modes alternatifs de règlements des conflits se sont développés en droit du travail. On pense, bien sûr, à la transaction des articles 2044 et suivants du Code civil qui a pris un essor considérable dans les relations de travail. Mais d'autres modes de règlements alternatifs font progressivement leur apparition, comme en témoigne par exemple un arrêt de la Cour d'appel de Rennes ayant accepté la validité d'une clause de conciliation extra-judiciaire instituée par contrat de travail *(Rennes, 15 sept. 2005, Dr. soc. 2007, p. 445, note J.- Ph. Tricoit ; plus incertain, l'arrêt de la chambre sociale rendu sur cette affaire, Cass. soc., 7 mars 2007, JCP éd. E, 2008, 1052, et la note critique de D. Boulmier).* D'autres voies, telles que la médiation, demeurent encore à explorer.

L'oralité des débats ne constitue plus qu'un avantage très relatif pour les parties puisque l'immense majorité d'entre elles préfère se faire assister par l'une des personnes mentionnées à l'article R. 1453-2 du Code du travail. La spécificité du contentieux prud'homal ne justifie plus vraiment que ce principe soit préservé. Sa suppression pourrait être envisagée. Une réforme générale des procédures orales, intervenue en octobre 2010, a laissé en grande partie inchangées les règles de l'oralité de la procédure prud'homale (*décret n° 2010-1165 du 1er oct. 2010 relatif à la conciliation et à la procédure orale en matière civile, commerciale et sociale, v. T. Grumbach, E. Serverin, « La réforme de la procédure orale en perspective prud'homale », RDT 2011, p. 193*).

Faudrait-il rendre l'assistance obligatoire devant le conseil de prud'hommes, sans aller jusqu'à imposer le ministère d'avocat ? Selon certaines sources, 90 % des plaideurs, employeurs comme salariés, se feraient assister devant le conseil de prud'hommes. Ce qui constituait un gage d'accès simplifié à la justice prud'homale se mue alors en véritable injustice pour celui qui n'est pas assisté. Le contentieux devant les autres juridictions judiciaires démontre que l'aide juridictionnelle pourrait parfaitement prendre le relais et permettre aux plaideurs les plus démunis d'être assisté. La survivance d'un système de défense syndicale complèterait utilement un tel dispositif.

L'unicité de l'instance semble être le seul principe qui puisse être conservé dans son état actuel puisque la chambre sociale a limité les hypothèses dans lesquelles les plaideurs pouvaient être artificiellement privés de la possibilité de faire valoir ses droits, droit pourtant protégé par l'article 6§1 de la CESDH (*Cass. soc., 16 nov. 2010, préc.*).

Incontestablement, il existe donc un certain nombre de pistes de réforme du conseil de prud'hommes. Malgré tout, ces pistes sont éminemment compliquées à concrétiser.

B. Les obstacles entravant la réforme

Un certain nombre d'obstacles se dresse sur la voie d'une éventuelle réforme du conseil de prud'hommes. Parmi eux, figurent évidemment les intérêts subsistant du conseil de prud'hommes dans son état actuel (1) mais également la frilosité des acteurs du droit du travail en la matière (2).

1. L'intérêt des spécificités prud'homales

Instituer un ministère d'avocat obligatoire ou supprimer l'oralité des débats n'aurait pas que des avantages. L'oralité de la procédure prud'homale est un gage de simplicité et d'efficacité mais aussi un gage d'égalité de traitement entre les deux parties qui permet un accès facile à la justice en créant un lien direct entre le juge et le justiciable. Au-delà, le ministère d'avocat obligatoire accroîtrait sensiblement le coût d'accès à la justice prud'homale.

La suppression de la conciliation obligatoire serait, en outre, en contradiction totale avec le développement voulu par les pouvoirs publics des modes alternatifs de règlement des conflits dans l'ensemble de notre système juridictionnel, comme en témoignent les articles 131-1 et suivants du Code de procédure civile. Cela sans compter que la conciliation prud'homale est plus qu'une simple phase procédurale, elle constitue un véritable symbole de la juridiction des prud'hommes. Cela demeure une étape importante qui permet aux juges d'entendre les parties, de les informer de façon contradictoire sur l'étendue de leurs droits respectifs et de tenter de les concilier, avant de mettre une affaire en état d'être jugée. Ce dernier aspect ne doit d'ailleurs pas être négligé : le bureau de conciliation dispose d'un rôle de plus en plus important en matière de prononcé de mesures provisoires *(C. trav., art. R. 1454-14)* et de mise en état *(C. trav., art. R. 1454-1 et s.).*

Enfin, comme cela a déjà été évoqué, la modification du mode de désignation des conseillers prud'hommes exige au préalable que soit réglée la question de la représentation du personnel dans les petites entreprises, question elle aussi extrêmement complexe. Si le projet de réforme tendant à instituer une telle représentation devait aboutir, le risque d'ineffectivité des mesures qu'il comportera sera majeur.

Outre ces obstacles liés aux avantages de la juridiction prud'homale dans son état actuel, on dénote surtout un certain nombre de blocages chez les acteurs du droit du travail eux-mêmes.

2. Le blocage des acteurs du droit du travail

Si l'État semble favorable à la réforme du mode de désignation des conseillers prud'hommes, voire à l'aménagement de certains aspects de la procédure prud'homale, il est en revanche beaucoup plus réservé sur toute idée d'insuffler l'échevinage au sein des conseils de prud'hommes. Cela s'explique, assez simplement, par les exigences financières que représente l'installation des centaines de magistrats professionnels que nécessiterait une telle réforme. A l'heure de la révision générale des politiques publiques, il est peu probable qu'une telle proposition puisse aboutir à court terme.

Les syndicats et les organisations patronales sont, quant à eux, plus que réservés sur les réformes du mode de désignation et, surtout, de l'aménagement de la procédure.

La modification du mode de désignation rencontrera, en effet, les mêmes opposants que ceux qui se sont dressés contre la réforme de la représentativité. Représentativité et légitimité électorale étant désormais intimement liées, seules les organisations syndicales les plus représentatives tireront leur épingle du jeu d'un tel nouveau mode de désignation. A l'évidence, les syndicats en position de faiblesse suite à cette réforme s'y opposeront vigoureusement.

Quant à l'aménagement de la procédure, l'opposition semble unanime, tant côté patronal que syndical. L'explication demeure principalement culturelle et historique. Le conseil de prud'hommes est une juridiction de gens de métiers, régie par des règles qui, au moins à l'origine, étaient adaptées au monde du travail. Les partenaires sociaux sont logiquement unis quand ils estiment qu'une telle réforme pourrait défigurer cette véritable institution du monde du travail.

Sujet 2 COMMENTAIRE D'ARRÊT : CASS. SOC., 2 JUIN 2010, N° 08-40.628

LA COUR DE CASSATION, CHAMBRE SOCIALE, a rendu l'arrêt suivant :
Statuant sur le pourvoi formé par la société Y & S, société à responsabilité limitée (…) contre l'arrêt rendu le 12 décembre 2007 par la cour d'appel de Paris (21e chambre A), dans le litige l'opposant : 1°/ à M. Jean-Michel D., (...)
2°/ à la Haute autorité de lutte contre les discriminations et pour l'égalité (HALDE), dont le siège est 11 rue Saint-Georges, 75009 Paris, défendeurs à la cassation ;

(...)
Attendu, selon l'arrêt attaqué, que M. X... a été engagé le 8 janvier 2001 en qualité d'employé de service de groupage aérien par la société Yusen air & Sea service ; qu'il a été désigné délégué syndical le 19 avril 2005 ; que ce mandat lui a été retiré le 12 avril 2006 ; qu'il a été licencié le 3 mai 2006 ; qu'ayant entre-temps saisi la juridiction prud'homale d'une demande de paiement d'heures supplémentaires et de dommages-intérêts pour perte de droits à repos compensateur, il a présenté en appel de nouvelles demandes tendant à ce que son licenciement soit déclaré nul en raison d'une discrimination syndicale, à ce que sa réintégration soit ordonnée et à ce que la société Yusen air & Sea service soit condamnée à lui verser les salaires qu'il aurait perçus s'il n'avait pas été licencié et des dommages-intérêts en réparation du préjudice résultant des mesures discriminatoires dont il avait fait l'objet pendant l'exécution de son contrat de travail et à l'occasion de sa rupture ; que la HALDE a, en vertu d'une délibération prise le 2 juillet 2007 en application de l'article 9 du décret n° 2005-215 du 4 mars 2005, présenté des observations ;
Sur le premier moyen, pris en ses première et troisième branches et le deuxième moyen du pourvoi principal sauf en ce qu'il vise le chef de l'arrêt relatif à la la régularité de l'intervention volontaire de la HALDE :
Attendu que la société Yusen air & Sea service fait grief à l'arrêt de dire la procédure régulière, d'annuler le licenciement, d'ordonner la réintégration de M. X... et de la condamner à lui payer des dommages-intérêts, alors, selon le moyen :
1°/ que la directive 2000/43/CE du 29 juin 2000 distingue « les instances compétentes » pour instruire et apprécier les faits de discrimination en vertu des considérants 15 et 22 et du § 5 de l'article 8, « les associations ou les personnes morales » habilitées à engager les procédures pour le compte ou à l'appui d'une victime en vertu du considérant 19 et des articles 7 et 8, et « les organismes » visés à l'article 13 qui, sans préjudice des droits des associations susvisées, sont chargés d'apporter aux personnes victimes d'une discrimination une aide indépendante pour engager une procédure ; qu'en constatant que la HALDE avait procédé à l'instruction du dossier de M. X... en recourant à des procédures exorbitantes du droit commun, qu'elle avait apprécié l'existence d'une discrimination au terme d'une délibération du 2 juillet 2007, qu'elle avait aussi fourni assistance à M. X... en l'aidant à constituer son dossier et enfin qu'elle avait formulé une demande d'intervention volontaire devant le juge judiciaire, la cour d'appel a autorisé la Haute autorité administrative à pratiquer un cumul de fonctions incompatibles entre elles, en violation des dispositions de la directive susvisée et du principe de l'égalité des armes posé par l'article 6 de la Convention européenne de sauvegarde des droits de l'homme ;
2°/ que le cumul du dispositif aménageant la preuve au détriment de la partie défenderesse tel que le prévoit l'article 19 de la loi du 30 décembre 2004 et de l'action d'une Haute autorité administrative délibérant sur l'existence des faits de discrimination, assistant le demandeur dans la constitution de son dossier et intervenant à ses côtés dans le procès porte une atteinte manifestement disproportionnée aux principes conventionnels de l'égalité des armes, du procès équitable et de la présomption

d'innocence, en violation de l'article 6 de la Convention européenne de sauvegarde des droits de l'homme ;
3°/ qu'il ne résulte d'aucun document de la cause et notamment des productions faites par la HALDE que la société Yusen air & Sea service ait eu connaissance d'un « rapport » émanant de cette Haute autorité, de sorte qu'en énonçant que le contradictoire concernant cette pièce aurait été parachevé par les écritures des parties, sans vérifier qu'un tel document ait été lui-même communiqué, la cour d'appel a privé sa décision de base légale au regard des article 16 du code de procédure civile et 6 de la Convention européenne de sauvegarde des droits de l'hommes ;
4°/ que si, sous le vocable de « rapport » la cour d'appel a entendu se référer à la délibération de la HALDE, exigée en vertu de l'article 9 du décret du 4 mars 2005 pour l'introduction de toute action en justice, aucune des conclusions postérieures à la saisine qui résultait de cet acte ne pouvait venir compenser l'irrégularité de ce délibéré ; qu'en statuant comme elle l'a fait, la cour d'appel a violé, ensemble, le texte susvisé et l'article 66 du code de procédure civile ;
5°/ que la Haute autorité de lutte contre les discriminations, chargée, notamment, en vertu de l'article 5 de la loi du 30 décembre 2004 de « recueillir toute information sur les faits portés à sa connaissance », est une « instance d'instruction » au sens de la directive 2000/43/CE (considérants 15 et 22, article 5.5) de sorte qu'en s'abstenant de rechercher si ladite « instance » avait respecté les principes d'impartialité et d'équité en passant totalement sous silence les pièces produites et par la défenderesse et par le syndicat du délégué, la cour d'appel a violé par refus d'application les textes susvisés ainsi que l'article 6 de la Convention européenne de sauvegarde des droits de l'homme ;
6°/ que tout en affirmant que le caractère équitable du procès aurait, nonobstant la mise à l'écart par la HALDE des pièces favorables à la défense, été rétabli par les conclusions des parties, viole l'article 455 du code de procédure civile, la cour d'appel qui, elle-même, ne fait pas état des explications de la défense et s'abstient d'analyser ou même de mentionner les pièces invoquées par l'employeur notamment celles émanant du syndicat du salarié et se contente de se référer uniquement à la délibération litigieuse de la HALDE ;

Mais attendu, d'abord, que la procédure applicable devant les juridictions statuant en matière prud'homale étant orale, les pièces sont présumées, sauf preuve contraire, non rapportée en l'espèce, avoir été communiquées et débattues contradictoirement ;
Attendu, ensuite, que la cour d'appel qui a exposé succinctement les prétentions et les moyens de la société Yusen air & Sea service, n'était pas tenue de mentionner les pièces qu'elle écartait ;
Attendu, enfin, que les dispositions de l'article 13 de la loi du 30 décembre 2004, modifiées par la loi du 31 mars 2006, qui, sans être contraires à l'article 13 de la directive n° 2000/43/CE du Conseil du 29 juin 2000, prévoient que la HALDE a la faculté de présenter des observations portées à la connaissance des parties, ne méconnaissent pas en elles-mêmes les exigences du procès équitable et de l'égalité des armes dès lors que les parties sont en mesure de répliquer par écrit et oralement à ces observations et

que le juge apprécie la valeur probante des pièces qui lui sont fournies et qui ont été soumises au débat contradictoire ;
D'où il suit que le moyen n'est pas fondé ;
(...)

Mais sur le premier moyen (...)

Vu les articles 31, 66, 330 du code de procédure civile et 13 de la loi du 30 décembre 2004, modifiée par la loi du 31 mars 2006 ;
Attendu, aux termes du dernier de ces textes, que les juridictions civiles, pénales ou administratives peuvent, lorsqu'elles sont saisies de faits relatifs à des discriminations, d'office ou à la demande des parties, inviter la haute autorité ou son représentant à présenter des observations ; que la haute autorité peut elle-même demander à être entendue par les juridictions civiles ; que, dans ce cas, cette audition est de droit ; qu'en donnant à la HALDE le droit de présenter des observations par elle-même ou par un représentant dont rien n'interdit qu'il soit un avocat, la loi ne lui a pas conféré la qualité de partie ;
Que la cour d'appel qui, alors qu'elle devait se borner à entendre la HALDE en ses observations, a déclaré son intervention recevable, a violé les textes susvisés ;
Et attendu qu'en application de l'article 627, alinéa 2, du code de procédure civile, la Cour de cassation est en mesure, en statuant sans renvoi de ce chef, de mettre fin au litige par application de la règle de droit appropriée ;

(...)

PAR CES MOTIFS :
CASSE ET ANNULE

Introduction

Nouvel acteur apparu en 2004 dans le champ, notamment, des relations de travail, la HALDE *(Haute autorité de lutte contre les discriminations et pour l'égalité créée par la loi n° 2004-1486 du 30 déc. 2004)* a progressivement déployé ses ailes et a utilisé de plus en plus fréquemment ses pouvoirs comme en témoigne un important arrêt rendu par la chambre sociale de la Cour de cassation le 2 juin 2010 *(Cass. soc., 2 juin 2010, n° 08-40.628, P+B, Lexbase hebdo, éd. soc., n° 400, note Ch. Willmann ; RDT 2010, p. 457, note E. Serverin et T. Grumbach ; JCP S 2010, 1241, obs. G. Loiseau).* Cette décision, rendue avant l'adoption de la loi organique du 29 mars 2011 instituant le défenseur des droits, sera transposable aux pouvoirs de la nouvelle « autorité constitutionnelle indépendante » qui reprend les missions jusqu'alors confiées à la HALDE.

Dans cette affaire, un salarié d'une société de groupage aérien avait été désigné délégué syndical en 2005 avant que ce mandat ne lui soit retiré en avril 2006. Moins d'un mois plus tard, il était licencié par son employeur. Le salarié saisit la juridiction d'appel d'une demande en nullité de son licenciement en raison d'une discrimination syndicale et des effets qui accompagnent une telle sanction (*réintégration, versement des salaires qui auraient dû être perçus si le salarié n'avait pas été évincé de l'entreprise, dommages et intérêts en raison du préjudice subi du fait de la discrimination*). En vertu de délibérations adoptées en 2007 et 2008, la HALDE avait présenté ses observations aux juges du fond.

La 21e chambre de la cour d'appel de Paris, saisie de l'affaire, dut se prononcer sur plusieurs points, notamment sur des aspects procéduraux liés à l'intervention de la HALDE mais, également, sur le fond quant à l'existence de la discrimination et la nullité du licenciement. Les juges d'appel estimèrent que la procédure était régulière et que la HALDE avait bien la faculté d'intervenir au procès. Sur le fond, ils jugèrent que la nullité du licenciement devait être prononcée, les faits de discrimination étant avérés.

L'employeur forma un pourvoi en cassation, tant sur le plan procédural que sur le fond. Si la question relative à l'existence de la discrimination ne présente en espèce qu'un intérêt juridique modéré, il n'en va pas de même de l'argumentation relative aux pouvoirs d'intervention de la HALDE dans une instance prud'homale.

Par un premier moyen, l'employeur reprochait à la cour d'appel d'avoir jugé la procédure régulière, cela pour plusieurs raisons. Il estimait, d'abord, que le cumul du pouvoir d'instruction de l'affaire de la HALDE n'était pas compatible, au regard du principe d'égalité des armes et du droit à un procès équitable tirés de l'article 6§1 de la CESDH, avec la faculté d'apporter une aide aux personnes victimes en vue d'engager une procédure. Il invoquait, ensuite, l'absence de transmission de la délibération de la HALDE portant sur cette affaire, absence constitutive d'un manquement au principe du contradictoire. Enfin, l'employeur soutenait que la production de conclusions reprenant la substance de la délibération de la HALDE ne pouvait se substituer à la production de la délibération elle-même comme l'avaient soutenu les juges d'appel.

Par un second moyen, l'employeur contestait la forme d'intervention de la HALDE dans le procès prud'homal. En effet, en déclarant recevable l'intervention de la HALDE au procès, la cour d'appel avait fait de celle-ci une véritable partie au litige.

Les questions soulevées par le pourvoi étaient donc centrées sur l'étendue des pouvoirs de la HALDE. La HALDE bénéficie-t-elle d'un simple droit de présenter des observations ou peut-elle devenir partie au procès ? La présentation par la HALDE de ses observations ne contrevient-elle pas aux règles du procès équitable tirées de l'article 6§1 de la CESDH ?

Le premier moyen est rejeté par la chambre sociale qui juge que « *la procédure applicable devant les juridictions statuant en matière prud'homale étant orale, les pièces sont présumées, sauf preuve contraire (...), avoir été communiquées et débattues contradictoirement* ». Elle ajoute « *que la HALDE a la faculté de présenter des observations portées à la connaissance des parties* », ce qui ne méconnaît pas « *les exigences du procès équitable et de l'égalité des armes dès lors que les parties sont en mesure de répliquer par écrit et oralement à ces observations et que le juge apprécie la valeur probante des pièces qui lui sont fournies* ».

Sur le second moyen, en revanche, la cassation est prononcée au visa des articles 31, 66, 330 du code de procédure civile et 13 de la loi du 30 décembre 2004. Par un chapeau de tête interprétant la loi du 30 décembre 2004, la Cour juge « *qu'en donnant à la HALDE le droit de présenter des observations par elle-même ou par un représentant dont rien n'interdit qu'il soit un avocat, la loi ne lui a pas conféré la qualité de partie* ».

Par ce très important arrêt, la chambre sociale prend une position relativement souple à l'égard des pouvoirs de la HALDE de présenter des observations devant le juge prud'homal. Son droit d'intervention est confirmé et légitimé (I) même si la chambre sociale pose des limites à cette intervention, limites somme toute raisonnables et respectueuses des textes (II).

I. La confirmation du droit d'intervention de la HALDE au procès prud'homal

Parmi le panel des pouvoirs conférés par le législateur à la HALDE, le droit de présenter des observations au procès prud'homal apparait comme l'un des plus importants (A). Bien que cette faculté constitue une arme particulièrement puissante, elle n'en reste pas moins conforme aux exigences du procès équitable (B).

A. La présentation d'observations, un pouvoir essentiel dans la lutte contre les discriminations

La lutte contre les discriminations est un combat mené de longue date, tant sur le plan interne qu'au niveau de l'Union européenne. Elle n'en demeure pas moins une bataille fort délicate tant les discriminations sont, souvent, très difficiles à déceler. Les problèmes de preuve, surtout, font fréquemment obstacle à toute action judiciaire à l'encontre de comportements discriminatoires.

Le droit du travail français a tenté de réagir face aux discriminations dans le monde du travail. Pour l'essentiel, les règles relatives au principe de non-discrimination sont établies par les articles L. 1132-1 et suivants du Code du travail. Ces règles ont plusieurs fois été modifiées, souvent sous l'influence du droit communautaire. Plusieurs directives communautaires affirment en effet la nécessité pour les États membres de faciliter en la matière l'accès à la justice, y compris par voie de conciliation, ou à des procédures administratives *(Dir. 2006/54 CE du 5 juill. 2006, art. 17, 1° ; Dir. 2000/43 CE du 29 juin 2000, art. 7, 1° ; Dir. 2000/78 CE du 27 nov. 2000, art. 9, 1°)*.

Sur le plan procédural, diverses mesures ont été adoptées pour garantir cet accès à la justice : protection du salarié qui exerce une action contre l'employeur *(C. trav., art. L. 1134-4)*, action du syndicat *(C. trav., art. L. 1134-2)* ou d'une association de lutte contre les discriminations *(C. trav., art. L. 1134-3)* en substitution du salarié et, surtout, aménagement des règles de preuve en la matière *(C. trav., art. L. 1134-1)*.

Un ensemble de mesures supplémentaires fut adopté à l'occasion de la loi du 30 décembre 2004 qui institua la HALDE. Cette autorité administrative indépendante est habilitée à assister les personnes victimes de discrimination pour la constitution de leur dossier et pour la détermination des procédures utilisables, elle peut proposer une médiation ou des transactions sur l'action publique, voire citer les auteurs soupçonnés en cas de refus de transaction. De manière plus spécifique encore, la HALDE peut être entendue dans toute procédure civile, pénale ou administrative, comme le prévoit l'article 13 de la loi, que cela soit à sa demande ou à la demande de la juridiction saisie. Lors de cette audition, précise le texte, la HALDE ou son représentant sont habilités à présenter des observations.

C'est ce pouvoir de présenter des observations dont la HALDE avait usé en l'espèce, après il est vrai, avoir adopté deux délibérations spécifiques à cette affaire *(n° 2007-188 du 2 juill. 2007 et n° 2008-201 du 29 sept. 2008)*. Allié au pouvoir d'instruction que lui confère la loi, cette présence au procès peut évidemment avoir une influence majeure sur les juges du travail. En effet, le temps et les moyens dont dispose la HALDE sont autrement plus importants que ceux que peut consacrer un conseil de prud'hommes à la recherche d'une discrimination dont, rappelons-le, la preuve demeure trop souvent fuyante.

Des doutes pouvaient cependant subsister quant au respect des principes tirés de l'article 6§1 de la CESDH et, notamment du principe d'égalité des armes, du principe du contradictoire et du droit à un procès équitable. Ces doutes sont balayés d'un revers de main par la chambre sociale.

B. La présentation d'observations, un pouvoir conforme aux exigences du procès équitable

En apportant son aide à la victime, notamment pour la constitution de son dossier et sur le plan procédural, la HALDE pouvait-elle encore être entendue sans exercer une influence trop importante sur les juges ? Ce pouvoir d'instruction faisait en effet craindre une confusion des rôles de juge *(dans son rôle d'instruction)* et de partie *(dans son rôle d'assistance à la victime)*. En outre, le principe du contradictoire pouvait, peut-être, souffrir de la présence de la HALDE si les résultats de son instruction n'étaient pas transmis au défendeur. « Toute la démonstration du pourvoi consist[ait] donc à affirmer que la solution a[vait] été dictée par la HALDE, sur des pièces qui n'[avaient] pas été débattues » *(E. Serverin, T. Grumbach, RDT 2010, p. 459)*.

Sur le plan du contradictoire, l'employeur reprochait à la cour d'appel de ne pas avoir jugé que celui-ci avait été violé alors que la HALDE n'avait pas transmis son rapport au défendeur, rapport qui, en réalité, reprenait le contenu des délibérations de la Haute autorité. La chambre sociale n'accède pas à cette demande, ce pour trois raisons.

D'abord, comme cela est habituellement jugé, le respect du principe du contradictoire est présumé devant le conseil de prud'hommes (*v. par ex. : Cass. soc., 30 oct. 1996, n° 94-40.248*). A moins qu'il ne soit contesté et démontré que des éléments n'ont pas été portés à la connaissance de l'autre partie, le principe est par conséquent respecté. Cette règle est relativement sévère puisqu'elle impose à l'autre partie la preuve d'un fait négatif qui est toujours délicate à rapporter. Elle s'explique cependant par l'oralité de la procédure devant le juge prud'homal qui permet aux parties d'apporter de nouveaux éléments sans nécessairement produire d'écrit.

Ensuite, comme l'invoquait la HALDE, l'employeur ne pouvait soutenir qu'il n'avait pas été mis en mesure de prendre connaissance de ces rapports alors qu'ils avaient été repris dans les conclusions présentées par l'autorité administrative. Il peut en être conclu que la HALDE peut retranscrire ses délibérations dans des conclusions sans qu'il soit nécessaire qu'elle les transmette *in extenso*. Un argument supplémentaire justifiant la position de la Cour de cassation tient à la publicité apportée par la HALDE à ses rapports qui sont, notamment, publiés sur son site internet.

Enfin, il conviendra de remarquer que la HALDE, dans le processus préalable à son audition devant une juridiction, est astreinte à une procédure précise au cours de laquelle le principe du contradictoire est scrupuleusement respecté à toutes les étapes *(sur ce point, E. Serverin, T. Grumbach, préc, pp. 460-461)*.

Sur le plan de l'égalité des armes, la chambre sociale réfute toute confusion entre instruction et assistance du salarié et, surtout, juge les dispositions légales conformes à l'article 6§1 de la CESDH en la matière. L'égalité des armes « commande qu'une partie ait la possibilité raisonnable d'exposer sa cause dans des conditions qui ne la placent pas dans une situation de net désavantage par rapport à son adversaire » *(V. G. Loiseau, JCP S 2010, 1241. V. également CEDH, 11 mai 2010, n° 11898/05, Antoine Versini c/ France, pt 62)*.

Ce n'est pas la première fois que la Cour de cassation considère que l'audition d'une autorité administrative indépendante ayant eu la faculté d'instruire un dossier ne porte pas atteinte au principe d'égalité des armes *(au sujet de la COB, v. Cass. com., 9 avr. 1996, Bull. civ. 1996, IV, n° 115 ; du Conseil de la concurrence, v. Cass. com., 27 janv.*

1998, Bull. civ. 1998, IV, n° 42). La HALDE est, par conséquent, regardée comme un simple conseil ou assistant de la victime sans que soit prise en considération sa force de conviction sur le juge prud'homal.

Deux limites sont cependant imposées par la chambre sociale à cette présence de la HALDE.

II. La limitation du droit d'intervention de la HALDE au procès prud'homal

Si la présence de la HALDE ne porte pas atteinte au principe du contradictoire et à celui d'égalité des armes, c'est à la condition que la HALDE n'intervienne pas au procès en qualité de partie (A), ce qui paraît répondre aux règles relatives à l'intérêt à agir en justice (B).

A. L'affirmation de l'absence de la qualité de partie au procès

Selon la chambre sociale, la HALDE dispose du « droit de présenter des observations par elle-même ou par un représentant dont rien n'interdit qu'il soit un avocat ». Cependant, « la loi ne lui a pas conféré la qualité de partie ».

La délimitation du rôle de la HALDE est donc clairement posée. Si celle-ci peut être entendue au procès, audition qui est de droit si l'autorité l'exige *(art. 13 de la loi du 30 déc. 2004)*, ce rôle ne peut être assimilé à celui d'une partie appelée par intervention forcée ou intervention volontaire. La chambre sociale appuie son raisonnement sur différents textes du code de procédure civile, lesquels délimitent précisément les concepts d'action, d'intervention ou d'intervention à titre accessoire devant une juridiction judiciaire. La cohérence de la solution semble donc assurée.

Il demeure cependant surprenant que la chambre sociale accepte que la HALDE puisse être entendue par représentation d'un avocat. En effet, si la loi du 30 décembre 2004 prévoit sans discussion que la HALDE « ou son représentant » peut présenter des observations, il n'est pas courant qu'une institution ou une personne entendue au procès soit représentée par un avocat, le ministère d'avocat étant habituellement réservé aux parties à ce procès. La faculté de représentation par un avocat renforce encore la position de la HALDE dans le procès qui bénéficie, par ce ministère, d'un porte-voix qui rend sa parole encore plus audible.

Il est probable qu'il ne faille pas se plaindre de ce renforcement recherché du rôle de la HALDE tant la lutte contre les discriminations constitue un véritable cheval de bataille du droit du travail français. Cependant, quels éléments reste-t-il pour distinguer le rôle de partie au procès, refusé à la HALDE et celui de simple institution auditionnée ? C'est, probablement, du côté de l'intérêt à agir qu'il convient de rechercher la réponse à cette question.

B. La justification de l'absence de qualité de partie au procès

Pour agir en justice et, par conséquent, être partie à un litige, devant le conseil de prud'hommes comme devant toute juridiction, il faut soit disposer d'un intérêt à agir si l'on est demandeur devant le juge, soit être attrait devant la juridiction par un réclamant.

La HALDE n'a pas été appelée à la cause devant le conseil de prud'hommes par le salarié. Avait-elle pour autant un intérêt à agir qui lui permettrait d'acquérir la qualité de partie au procès ? L'intérêt à agir peut se définir comme « l'utilité ou l'avantage que l'action est susceptible de procurer au plaideur » *(L. Cadiet, E. Jeuland, Droit judiciaire privé, Litec, 5e éd., p. 218).*

Or, à n'en pas douter, la HALDE ne tire aucun avantage personnel du procès auquel elle est entendue. C'est l'intérêt de la victime qu'elle sert, si bien que seule la victime peut être partie. La HALDE défend, peut-être, l'intérêt général par son rôle de promotion du principe de non-discrimination *(en ce sens, E. Serverin, T. Grumbach, préc., p. 460)*, mais cet intérêt n'a rien de personnel. La HALDE ne défend pas non plus un intérêt collectif comme peuvent le faire les syndicats exerçant une action dans l'intérêt de la défense des droits collectifs des salariés, ou une association de consommateur exerçant tous les droits de la partie civile.

La rationalité de la décision rendue tient donc davantage à des conditions procédurales *(distinction entre intervenants et parties au procès)* qu'à des questions de droit du travail. Cela n'empêche cependant pas la HALDE, comme l'illustrait bien cette affaire, de prendre une place croissante et essentielle dans les contentieux relatifs aux discriminations en droit du travail.

2

LES PARTENAIRES SOCIAUX

Les termes « partenaires sociaux » désignent une catégorie générique d'acteurs du droit du travail constituée de groupements d'employeurs ou de salariés habilités à participer au débat social. Les partenaires sociaux sont présents à tous les niveaux des relations socio-économiques : au niveau de l'entreprise bien sûr, mais également des territoires, de l'État et, même, de l'Union européenne ou de l'Organisation Internationale du Travail. Ils sont représentés dans de nombreuses instances et participent à de nombreux processus d'élaboration de la norme en droit social. Ainsi, par exemple, les partenaires sociaux sont représentés au comité économique, social et environnemental[1], sont reçus et écoutés par les pouvoirs publics[2] ou, encore, sont habilités à négocier et conclure des conventions et accords collectifs.

Suivant une présentation somme toute fort classique, il convient d'étudier d'abord les employeurs et leurs représentants (I) avant de développer les questions relatives aux représentants des salariés (II).

---

1. Lequel a remplacé l'ancien Conseil économique et social à l'occasion de la loi constitutionnelle n° 2008-724 du 23 juill. 2008.
2. Les partenaires sociaux participent, par exemple, à l'Agenda social par lequel le ministère du travail détermine chaque année les grandes orientations du dialogue social au niveau national.

1 LES EMPLOYEURS ET LEURS REPRÉSENTANTS

Côté patronal, ce sont essentiellement les deux millions d'entreprises établies en France et employant des salariés qui jouent les premiers rôles parmi les partenaires sociaux[3]. Il n'est cependant pas toujours facile d'identifier ces entreprises, notamment en raison de la complexité contemporaine de leur structure qui contraste avec la simplicité des fabriques et des exploitations agricoles de la première partie du XXe siècle.

Si ce sont donc ces entreprises qui constituent les maillons essentiels des relations sociales, la vedette leur est souvent volée par les organisations d'employeurs qui parviennent plus efficacement à occuper le devant de la scène, notamment sur le plan médiatique.

Il est par conséquent fondamental de comprendre la structure des entreprises (A) et de dire quelques mots des organisations d'employeur (B).

A. La structure des entreprises

L'employeur peut être une personne physique (commerçant, artisan, travailleur indépendant) ou une personne morale (société, association, fondation, etc.). Cette distinction tirée du droit des personnes n'a finalement qu'assez peu d'intérêt en droit du travail. En effet, le droit du travail a inventé ses propres concepts qui s'articulent autour de celui d'entreprise. Si l'entreprise constitue la matérialisation la plus classique de l'employeur (1), il faut également prendre en considération que l'entreprise peut parfois être décomposée en diverses entités (2) ou, au contraire, se grouper avec d'autres entreprises (3).

1. L'ENTREPRISE

Après une tentative de définition de l'entreprise (a), il faudra s'arrêter sur l'élément fondamental que constitue son effectif (b).

a. Définition de l'entreprise

Qu'est-ce qu'une entreprise[4] ? La réponse à cette question peut sembler, à première vue, frappée du sceau de l'évidence. Elle est pourtant le siège d'un des grands para-

3. Statistiques INSEE au 1er janv. 2008. V. http://www.insee.fr/fr/themes/tableau.asp ?reg_id=0&id=219.
4. P. Durand, « Rapport sur la notion juridique d'entreprise », *Travaux de l'assoc. H. Capitant 1947*, Dalloz, 1948, p. 45 ; N. Catala, *L'entreprise*, Traité de droit du travail, t. 4, sous la dir. de G.- H. Camerlynck, Dalloz, 2e éd., 1980 ; M. Despax, « L'évolution du droit de l'entreprise », *in Écrits en l'honneur de Jean Savatier*, PUF, 1992, p. 177 ; A. Supiot, « Groupes de sociétés et paradigme de l'entreprise », *RTD com.* 1985, p. 621.

doxes du droit du travail et, peut-être, de l'un des problèmes les plus anciens et les plus complexes.

L'entreprise est une notion juridique, une catégorie juridique que l'on retrouve partout : en droit du travail bien sûr où elle est très présente, mais aussi en droit des sociétés[5], en droit commercial[6] et même en droit civil[7]. On retrouve également la notion d'entreprise dans le droit de l'Union européenne, tant dans le texte des traités que dans de nombreuses directives[8]. Malgré cette omniprésence, aucune définition simple, claire et qui fasse un tant soit peu unanimité, ne semble avoir franchement émergé.

Pour l'essentiel, deux grandes théories ont été proposées au cours du XXe siècle : celle de Despax et celle de Durand.

Despax tentait de rapprocher l'entreprise d'un sujet de droit, de démontrer que l'entreprise pouvait avoir une personnalité juridique[9]. Pour cela, il soutenait que le droit semblait donner des droits et imposer des obligations à l'entreprise. Or, qui peut disposer de droit ou se voir imposer des obligations si ce n'est une personne juridique ?

Cette théorie peut évidemment être discutée car l'entreprise n'a pas et n'a jamais eu la personnalité juridique. L'entreprise doit être distinguée de la personne juridique qu'est l'employeur. Une société, une association, un commerçant sont des personnes morales ou physiques qui, par conséquent, peuvent conclure un contrat de travail et donc être employeurs. Au contraire, l'entreprise n'a pas la personnalité juridique, si bien qu'elle ne peut pas être employeur. Les droits et les obligations relevés par Despax sont mis au profit ou à la charge de l'employeur – et non de l'entreprise – en raison de sa personnalité juridique.

Durand avait lui une approche très différente de l'entreprise qui fut baptisée « théorie institutionnelle de l'entreprise »[10]. L'entreprise serait une institution, une sorte de réalité sociale s'imposant comme un fait essentiel de la société, au même titre que la famille ou l'école. Les salariés seraient des citoyens de cette institution, laquelle fonctionnerait comme une communauté que tous auraient intérêt à voir prospérer, employeur comme salariés : tous travailleraient pour le bien commun, dans « l'intérêt de l'entreprise ».

---

5. J. Paillusseau, « Entreprise, société, actionnaires, salariés, quels rapports ? », *D.* 1999, chr. 157.
6. Par ex., v. les art. L. 110-1 et L. 110-2 du code de commerce. V. également B. Mercadal, « La notion d'entreprise », *in Mélanges offerts à Jean Derrupé*, Litec, 1991, p. 9 ; P. Didier, « Une définition de l'entreprise », *Études offertes à Pierre Catala*, Litec, 2001, p. 849.
7. V. par ex. l'article 1780, al. 1er : « *On ne peut engager ses services qu'à temps, ou pour une entreprise déterminée* ».
8. S. Hennion-Moreau, « La notion d'entreprise en droit social communautaire », *Dr. soc.* 2001, p. 957.
9. M. Despax, « L'évolution du droit de l'entreprise », *préc.*
10. P. Durand, « Aux frontières du contrat et de l'institution. La relation de travail », *JCP* 1944, I, 387.

Cette vision idéaliste de l'entreprise n'a en réalité jamais rencontré un succès total même si nombreux sont ceux qui y ont vu des avantages[11]. Pourquoi cet échec ? Principalement parce que la proposition semble utopique. Le droit du travail ne permet pas de considérer que les salariés soient des « citoyens » de l'entreprise. Les salariés précaires n'y seraient que des citoyens de seconde zone. La faiblesse des salaires de nombre de salariés ne les incitent pas vraiment à se sentir citoyens d'une telle communauté. La banalisation des licenciements boursiers et de l'externalisation, opérations dont le but avoué est de réduire au maximum la masse salariale de l'entreprise, ne semblent pas non plus bien s'accorder avec l'idée d'une communauté d'intérêt entre l'employeur et les salariés.

À ce jour, l'entreprise ne peut être envisagée qu'à travers une approche fonctionnelle : l'entreprise est le cadre d'exercice de droits et d'existence d'obligations. C'est en regardant où s'exercent certains droits, où s'exécutent certaines obligations, que l'on en déduit que ces lieux sont des entreprises. Dans un certain sens, il s'agit davantage d'une notion économique et sociale que d'une notion juridique. L'entreprise est un lieu de travail dans lequel prennent place un employeur et des salariés, lesquels ont pour objectif commun – l'un pour faire du profit, l'autre pour percevoir une rémunération – d'effectuer une activité particulière qui est l'activité de l'entreprise.

Les entreprises publiques, les établissements publics administratifs et les établissements publics industriels et commerciaux ne sont normalement pas soumis au droit du travail parce que les travailleurs de ces entreprises publiques sont des agents, titulaires ou non, de la fonction publique. En revanche, toute entreprise du secteur privé est normalement astreinte au droit du travail. Ces entreprises prennent des formes multiples, celles de sociétés civiles ou commerciales, d'associations, de fondations, de travailleurs indépendants, de commerçants, d'artisans ou d'agriculteurs[12].

Malgré cette délimitation entre entreprises publiques et entreprises privées, le droit du travail reste parfois applicable aux entreprises publiques ou aux établissements publics à caractère industriel et commercial[13]. Ainsi, ce sont des règles des articles L. 2512-1 et suivants du Code du travail qui réglementent le droit de grève dans la fonction publique. De la même manière, les dispositions relatives au règlement intérieur, au droit disciplinaire et à la durée du travail s'appliquent aux entreprises publiques et aux établissements publics industriels et commerciaux[14].

---

11. Par ex., N. Catala, *L'entreprise*, *préc.*, n° 140 et s.

12. Les particuliers ne sont, en revanche, pas considérés comme des entreprises lorsqu'ils emploient du personnel de maison. V. Cass. soc., 18 févr. 1998, *Bull. civ.* V, n° 94.

13. Et même, exceptionnellement, aux travailleurs indépendants, comme en témoignent les dispositions du Code du travail relatives au travail dissimulé par dissimulation d'activité. V. C. trav., art. L. 8221-3 et s.

14. La délimitation de l'application du droit du travail aux entreprises publiques fait parfois grosse difficulté. V. par ex. Cass. soc., 23 janv. 2007, *JCP* S 2008, 1082, note T. Lahalle ; *Dr. ouvrier* 2007, p. 381, note F. Saramito ; *Lexbase Hebdo*, éd. soc., n° 247 et la note.

L'un des éléments déterminants pour l'application du droit du travail à une entreprise est son effectif salarié.

b. Effectif de l'entreprise

Il s'agit là d'une règle quasi consubstantielle au droit du travail. Dès la première loi sociale en 1841, un seuil d'effectif avait été mis en place, si bien que la loi ne s'appliquait qu'aux manufactures comprenant plus de vingt salariés. Ce découpage de l'application du droit du travail en fonction de l'effectif de l'entreprise est toujours d'actualité. Il n'est d'ailleurs pas anodin de constater que le Code du travail s'ouvre sur les règles de calcul des seuils d'effectif[15].

L'effectif de l'entreprise peut se définir comme le nombre de salariés que compte une entreprise. Derrière cette définition très simple se cache une réalité bien plus complexe. En effet, comment comptabiliser un salarié à temps partiel ou un salarié en contrat à durée déterminée de trois mois ? Face à l'importance des questions liées à l'effectif de l'entreprise, le premier titre du livre un de la première partie du Code du travail a été consacré au calcul des seuils d'effectif. L'article L. 1111-2 du Code du travail prévoit que les effectifs de l'entreprise sont calculés de la manière suivante.

Les salariés en contrat de travail à durée indéterminée à temps complet et les travailleurs à domicile sont intégralement pris en compte dans le calcul de l'effectif et comptent chacun pour une unité. Les salariés en contrat à durée déterminée, en contrat de travail intermittent, les salariés temporaires sont comptabilisés en fonction de leur temps de présence pendant les douze derniers mois[16]. Cependant, ces salariés sont exclus du calcul de l'effectif lorsqu'ils remplacent un salarié absent ou dont le contrat de travail est suspendu. Les salariés à temps partiel sont pris en compte *prorata temporis* de leur temps de travail.

La prise en compte dans l'effectif des salariés d'une entreprise extérieure mis à disposition[17] a connu une évolution[18]. A l'origine, la chambre sociale de la Cour de cassation considérait que devaient être inclus dans l'effectif de l'entreprise d'accueil les salariés placés « *dans un état de subordination de fait en ce qui concerne l'organisation et les conditions de travail* »[19]. Par la suite, abandonnant le critère du lien de subordination, la Cour de cassation jugea que seuls pouvaient entrer dans le calcul de l'effectif de la

---

15. C. trav., art. L. 1111-2 et s.
16. Les salariés intérimaires connaissent d'ailleurs la particularité d'être concomitamment comptabilisés dans les effectifs de l'entreprise utilisatrice et de l'entreprise de travail temporaire, C. trav., art. L. 1251-54.
17. Ce sont, par exemple, les démonstratrices de supermarché ou les salariés des sous-traitants travaillant directement dans l'usine du donneur d'ordre.
18. Pour une synthèse, v. Y. Pagnerre, G. Saincaize, « L'intégration des salariés mis à disposition : nouvelles conditions, nouveaux effets », *JCP* S 2009, 1368.
19. Cass. soc., 13 mars 1985, *Bull. civ.* V, n° 172, p. 125.

société utilisatrice les salariés détachés qui « *participent au processus de travail de l'entreprise qui les occupe* »[20].

Une importante décision du Conseil constitutionnel, en date du 28 décembre 2006, allait conduire à une nouvelle évolution de la jurisprudence[21]. Pour censurer une disposition législative qui avait pour effet d'exclure du calcul des effectifs d'une entreprise les salariés qui y travaillent en exécution d'un contrat de sous-traitance ou de prestation de service, le conseil a considéré que « *le droit de participer par l'intermédiaire de leurs délégués à la détermination collective des conditions de travail, ainsi qu'à la gestion des entreprises a pour bénéficiaire, sinon la totalité des travailleurs employés à un moment donné dans une entreprise, du moins tous ceux qui sont intégrés de façon étroite et permanente à la communauté de travail qu'elle constitue, même s'ils n'en sont pas les salariés* ». La Cour de cassation allait faire sien ce critère de l'« *intégration étroite et permanente à la communauté de travail* » dans deux arrêts rendus les 28 février 2007 et 1er avril 2008[22].

Malgré ces deux coups d'arrêt, le législateur ne s'avoua pas pour autant vaincu. Par un amendement discret et estival de la loi du 20 août 2008 portant rénovation de la démocratie sociale et réforme du temps de travail, le législateur a introduit deux conditions spécifiques pour que ces salariés puissent entrer dans le calcul de l'effectif. Il convient désormais que le salarié soit présent dans les locaux de l'entreprise et y travaille depuis au moins un an.

Deux remarques peuvent être faites à propos de ce délai d'un an. La première tient à ce qu'il s'agit d'un délai objectif et fixe, bien plus facile à manier que les critères flous que la jurisprudence avait établi[23]. La seconde, moins réjouissante, est que cette durée d'un an est relativement longue, si bien que de nombreux salariés mis à disposition ne seront pas comptés dans les effectifs. On aboutit alors à une diminution de l'effectif dans l'entreprise, ce qui peut avoir des conséquences importantes puisque plus l'effectif est bas, moins les obligations sociales à la charge de l'employeur sont importantes.

Si l'ensemble de ces salariés sont donc comptabilisés dans l'effectif de l'entreprise, d'autres en sont formellement exclus par le biais de l'article L. 1111-3 du Code du travail. Il en va ainsi des apprentis et des titulaires de certains contrats aidés comme le contrat initiative-emploi ou le contrat de professionnalisation.

---

20. Cass. soc., 27 nov. 2001, *Bull. civ.* V, n° 364. V. surtout les arrêts *Renault*, Cass. soc., 25 mai 2004, *TPS* 2004, comm. 26.

21. Cons. constit., 28 déc. 2005, n° 2006-545 DC, *RDT* 2007, p. 84, note A. Lyon-Caen.

22. Cass. soc., 28 févr. 2007, *SSL* n° 1298, p. 12 ; *JCP* S 2007, 1272, note P. Morvan. Cass. soc., 1er avr. 2008, *RJS* 2008, n° 694.

23. L'intégration étroite et permanente impliquait nécessairement une idée de durée de présence dont l'appréciation demeurait intégralement dans les mains du juge.

Il existe de nombreux seuils permettant l'application de règles variées de droit du travail. La présence d'un premier salarié emporte l'application du droit du travail dans les relations individuelles de travail. A compter de onze salariés, s'ajoutent notamment l'obligation d'organiser des élections des délégués du personnel[24] et de nouvelles obligations en matière d'indemnités de licenciement[25]. A compter de vingt salariés, l'employeur doit mettre en place un règlement intérieur[26] et doit mettre en œuvre les mesures en faveur de l'emploi des personnes handicapées[27]. Le seuil de vingt salariés fut également utilisé par les lois Aubry pour distinguer le moment du passage au 35 heures des petites et des grandes entreprises.

Le seuil de cinquante salariés est certainement l'un des tournants les plus importants dans la croissance d'une entreprise. A ce stade, l'employeur doit organiser des élections pour mettre en place un comité d'entreprise[28], doit accepter la désignation de délégués syndicaux par les organisations syndicales représentatives[29], doit instituer un comité d'hygiène, de sécurité et des conditions de travail[30]. C'est, encore, à compter de cinquante salariés que l'employeur devra mettre en place un système de participation aux bénéfices[31] ou, enfin, devra élaborer un plan de sauvegarde de l'emploi en cas de grand licenciement pour motif économique dans l'entreprise[32].

Ce schéma d'une entreprise dont on compte aisément l'effectif était ultra-dominant jusqu'à la moitié du XXe siècle. Aujourd'hui, les entreprises se sont faites plus complexes et sont fréquemment démembrées.

2. LES DÉMEMBREMENTS DE L'ENTREPRISE[33]

L'entreprise constitue parfois une unité trop vaste pour que puissent convenablement s'exercer les droits de représentation des salariés[34]. Prenons l'exemple d'une entreprise comportant plusieurs milliers de salariés. Imaginons qu'il existe une unité de production à Agen, mais qu'une dizaine d'autres unités soient réparties sur l'ensemble du territoire français, le siège social étant situé en Bretagne. S'il n'y a des délégués du personnel, un comité d'entreprise et des délégués syndicaux qu'au siège de

24. C. trav., art. L. 2312-1.
25. C. trav., art. L. 1235-5.
26. C. trav., art. L. 1311-2.
27. C. trav., art. L. 5212-2.
28. C. trav., art. L. 2322-1.
29. C. trav., art. L. 2143-3.
30. C. trav., art. L. 4611-1.
31. C. trav., art. L. 3322-2.
32. C. trav., art. L. 1233-61.
33. I. Desbarats, *L'entreprise à établissements multiples en droit du travail*, LGDJ, 1996 ; J. Savatier, « Établissement ou entreprise : quel cadre pour les relations de travail ? », *in Mélanges dédiés à M. Despax*, p. 61.
34. Y. Chalaron, « À propos de l'établissement », *in Études offertes à Jean Pélissier*, Dalloz, 2004, p. 153.

l'entreprise, comment les salariés d'Agen peuvent facilement entrer en contact avec eux, exposer leurs demandes ou leurs problèmes ?

Pour remédier à ces difficultés, le Code du travail prévoit que les délégués du personnel doivent être mis en place au niveau de l'établissement[35]. De la même manière, l'article L. 2327-1 du même code dispose que lorsqu'une entreprise comporte plusieurs établissements et que ces établissements réunissent plus de cinquante salariés, seront mis en place des comités d'établissements en parallèle du comité d'entreprise que l'on appellera alors le comité central d'entreprise. Il en va de même de la délégation syndicale qui pourra être désignée au sein de chaque établissement distinct[36].

L'existence d'un établissement distinct n'est pas automatique comme celle d'une entreprise. Il se peut parfaitement qu'une entreprise soit constituée de deux sites de production sans pour autant que chacun constitue un établissement distinct. La méthode usuelle de reconnaissance de l'existence d'établissements distincts dans une entreprise est celle de la négociation entre l'employeur et les syndicats d'un accord collectif d'entreprise, voire d'un protocole d'accord préélectoral[37], qui détermine le nombre d'établissements distincts. Plus il y aura d'établissements, plus les salariés auront de représentants à différents niveaux.

Si les syndicats et l'employeur ne parviennent pas à se mettre d'accord sur le nombre d'établissements distincts qu'il convient de reconnaître, c'est l'autorité administrative ou le juge d'instance qui aura la charge de déterminer si les critères de l'établissement distinct sont remplis. Lorsque le conflit portant sur la reconnaissance d'un établissement distinct s'élève au moment de la mise en place des élections du comité d'entreprise ou des délégués du personnel, c'est le DIRECCTE qui est compétent. En revanche, lorsque le conflit apparaît au moment de la désignation d'un délégué syndical, c'est le juge d'instance qui est compétent[38]. Il n'est pas toujours simple de répartir la compétence entre ces deux autorités, sans compter que cela peut mener à des solutions disparates.

Comment ces autorités peuvent-elles affirmer qu'existe un ou plusieurs établissements distincts dans l'entreprise ? Cette reconnaissance est délicate, notamment parce que la

35. C. trav., art. L. 2312-1.

36. C. trav., art R. 2143-3. S'agissant du représentant de la section syndicale créé par la loi du 20 août 2008, v. C. trav., art. L. 2142-1.

37. C. trav., art. L. 2327-7 : « *Dans chaque entreprise le nombre d'établissements distincts et la répartition des sièges entre les différents établissements et les différentes catégories font l'objet d'un accord entre l'employeur et les organisations syndicales intéressées (...). Lorsque cet accord ne peut être obtenu, l'autorité administrative dans le ressort duquel se trouve le siège de l'entreprise décide de ce nombre et de cette répartition* ».

38. Cette répartition des compétences a été modifiée par une ordonnance du 1er déc. 2005. En effet, avant l'adoption de ce texte, seuls les conflits relatifs à la reconnaissance d'un établissement distinct pour la mise en place d'un comité d'établissement relevaient de l'autorité administrative.

Cour de cassation a longtemps adopté une définition fonctionnelle de l'établissement distinct, si bien que la notion variait selon qu'il s'agissait de mettre en place un comité d'établissement, des délégués du personnel ou des délégués syndicaux.

Ainsi, caractérisait l'existence d'un établissement distinct, pour la désignation d'un délégué syndical, le regroupement de cinquante salariés constituant une communauté de travail ayant des intérêts propres, susceptible de générer des revendications communes et spécifiques et travaillant sous la direction d'un représentant de l'employeur, quels que soient les pouvoirs qui lui sont délégués[39].

Caractérisait l'existence d'un établissement distinct, pour l'élection de délégués du personnel, le regroupement de onze salariés constituant une communauté de travail ayant des intérêts propres, susceptible de générer des réclamations communes et spécifiques et travaillant sous la direction d'un représentant de l'employeur, quels que soient les pouvoirs qui lui sont délégués[40].

Pour le comité d'entreprise, le Conseil d'État n'a pas construit une définition aussi claire de l'établissement distinct. Il semble qu'il soit nécessaire qu'existe une implantation géographique distincte, un caractère de stabilité et un degré d'autonomie minimum quant à la gestion du personnel et à l'organisation du travail[41].

Le caractère fonctionnel de la définition de l'établissement distinct semble cependant avoir été insidieusement remis en cause par la loi du 20 août 2008. En effet, cette loi a sensiblement renforcé les liens qui existaient déjà entre désignation des représentants syndicaux et élection des représentants du personnel. La désignation ne peut intervenir qu'à la condition que le syndicat et son adhérent aient obtenu une audience suffisante aux élections des membres du comité d'entreprise[42]. Cette confluence sous-tendait la remise en cause du caractère fonctionnel de la définition de l'établissement distinct, si bien que la chambre sociale de la Cour de cassation a jugé que « *la reconnaissance d'un établissement distinct pour la mise en place d'un comité d'établissement permet nécessairement la désignation d'un délégué syndical dans ce même périmètre* »[43]. Il est probable qu'il faille voir là l'extinction du caractère fonctionnel et relatif de la définition de l'établissement distinct.

Si les entreprises sont donc parfois démembrées en établissements distincts, il arrive également qu'elles se regroupent selon des formes variables.

---

39. Cass. soc., 24 avr. 2003, *Dr. soc.* 2003, p. 780.
40. Cass. soc., 29 janv. 2003, *Dr. soc.* 2003, p. 453.
41. V. CE 27 mars 1996, *Dr. soc.* 1996, p. 938, concl. Ch. Maugüé.
42. Cf. *infra* p. 130 et p. 139.
43. Cass. soc., 10 nov. 2010, *JCP* éd. S 2010, 1555, note E. Jeansen ; *RDT* 2011 p. 24, note G. Borenfreund.

3. LES REGROUPEMENTS D'ENTREPRISES

Pour différentes raisons liées à une proximité géographique, capitalistique ou économique, il arrive parfois que le droit du travail prenne en considération des structures plus vastes que l'entreprise, structures qui auront vocation, notamment, à accueillir des institutions représentatives du personnel communes aux différentes entreprises composant cet ensemble. Au titre des regroupements d'entreprise on trouve, principalement, le site (a), l'unité économique et sociale (b), le groupe (c) et l'entreprise de dimension communautaire (d).

a. Le site

L'article L. 2312-5 du Code du travail prévoit que dans les établissements employant habituellement moins de onze salariés et dont l'activité s'exerce sur un même site où sont employés durablement cinquante salariés et plus, l'autorité administrative peut, de sa propre initiative ou à la demande des organisations syndicales de salariés, imposer l'élection de délégués du personnel lorsque la nature et l'importance des problèmes communs aux entreprises du site le justifient.

Les exemples typiques d'existence d'un site sont la galerie marchande, la rue piétonne commerçante et les zones industrielles ou artisanales. Imaginons la galerie marchande d'un hypermarché dans laquelle prennent place une trentaine de boutiques comportant chacune trois, quatre ou cinq salariés. Le seuil de onze salariés n'est jamais franchi dans chacune d'entre elles, si bien qu'il ne peut y avoir de délégués du personnel dans ces commerces. Dans ce cas, le DIRECCTE peut organiser l'élection de délégués de site pour l'ensemble des entreprises.

Deux conditions doivent être respectées. D'abord, il faut que l'effectif de l'ensemble des salariés du site dépasse le seuil de cinquante salariés, ce qui exclut les petits sites. Ensuite, il faut que ces cinquante salariés travaillent durablement sur le site.

Les précisions du Code du travail s'arrêtent là. Il faudra relever que seuls des délégués du personnel peuvent être institués dans ce cadre, toute autre institution étant exclue. Ces délégués de site devraient avoir les mêmes missions que des délégués du personnel. Ce procédé peut cependant poser d'épineuses questions et, particulièrement, celle de savoir qui sera l'interlocuteur de ces délégués, sachant qu'il peut avoir compétence pour dialoguer avec de nombreux employeurs.

b. L'unité économique et sociale[44]

L'unité économique et sociale ne répond plus à une proximité géographique d'entreprise comme c'est le cas du site, mais à une proximité de gestion économique et sociale entre plusieurs entités. L'unité économique et sociale est le regroupement de sociétés

44. I. Desbarats, « La notion d'unité économique et sociale en droit du travail », *in Mélanges dédiés à M. Despax*, p. 75 ; B. Boubli, « L'unité économique et sociale… État des lieux et souhaits de réforme », *SSL*, n° 1156, 16 janv. 2004.

juridiquement distinctes qui se caractérise par l'existence d'une unité économique et d'une unité sociale.

Historiquement, ce concept d'unité économique et sociale avait pour objectif de lutter contre l'attitude de certains employeurs qui tentaient de scinder artificiellement leur société afin d'éviter de franchir les seuils d'effectif et, ainsi, d'éviter la mise en place de nouvelles institutions représentatives du personnel. La chambre criminelle, sur le fondement de la fraude, décida que dans une telle hypothèse de scission artificielle, il y avait lieu de reconnaître l'existence d'une unité économique et sociale entre les différentes sociétés[45]. Au sein de cette unité économique et sociale devaient alors être mises en place les différentes institutions représentatives du personnel. La notion fut rapidement reprise par la chambre sociale de la Cour de cassation[46], qui évinça le critère de la fraude[47], avant d'être accueillie par le Code du travail dans de nombreux domaines : comités d'entreprise[48], droit de la participation aux bénéfices[49], appréciation de la validité du plan de sauvegarde de l'emploi au regard des moyens de l'unité économique et sociale[50], etc.

Il existe deux manières de reconnaître l'existence d'une unité économique et sociale. La première, la plus ancienne, passe par l'intervention du juge judiciaire, soit en cas de fraude de l'employeur – ce qui est de plus en plus rare, soit parce qu'il existe un désaccord entre l'employeur et les syndicats quant à l'existence de cette unité économique et sociale. La deuxième voie consiste, comme pour les établissements distincts, à conclure un accord collectif entre les employeurs des différentes sociétés et les organisations syndicales, accord dont l'objet sera expressément la reconnaissance de cette unité économique et sociale. Cette nouvelle forme de reconnaissance de l'unité économique et sociale est en plein développement, cette structure se présentant de plus en plus souvent comme un mode d'organisation sociale de l'entreprise à part entière souhaitée aussi bien par les employeurs que par les syndicats[51]. Des auteurs s'interrogent régulièrement sur le fait de savoir si l'unité économique et sociale ne serait pas la forme moderne et la plus aboutie de l'entreprise en elle-même[52].

---

45. Cass. crim., 23 avr. 1970, *Grands arrêts du droit du travail*, Dalloz, 4e éd., 2008, n° 131.
46. Cass. soc., 8 juin 1972, *JCP* 1973, II, 17316.
47. Cass. soc., 19 déc. 1972, *Dr. soc.* 1973, p. 381, note M. Despax.
48. C. trav., art. L. 2322-4.
49. C. trav., art. L. 3322-2.
50. C. trav., art. L. 1235-10.
51. J. Savatier, « Le dynamisme de l'UES », *Dr. soc.* 2004, p. 944 ; A. Cœuret, « L'avenir de l'UES conventionnelle », *SSL*, n° 1120, 20 juin 2005.
52. V. par ex. A. Cœuret, B. Gauriau, M. Miné, *Droit du travail*, Sirey, 2e éd., 2009, p. 57 ; B. Blanc-Jouvan, « L'unité économique et sociale et la notion d'entreprise », *Dr. soc.* 2005, p. 68. Cette théorie semble cependant avoir été repoussée par la Cour de cassation, v. Cass. soc., 16 déc. 2008, *Dr. soc.* 2009, p. 500, obs. J. Savatier ; *Dr. ouvrier* 2009, p. 117, rapp. M.- L. Morin ; *Lexbase hebdo*, éd. soc., n° 333 et la note.

Quels sont les critères pour qu'une unité économique et sociale puisse être reconnue ? Il faut d'abord que soient regroupées des personnes juridiques distinctes prises dans leur ensemble, c'est-à-dire avec tous leurs établissements. Le plus souvent, il s'agira de personnes morales, donc de sociétés. La Cour de cassation refuse de voir la constitution d'une unité économique et sociale entre une société et une partie des établissements d'une autre société[53].

Ensuite, il faut qu'existe une unité économique entre ces différentes personnes juridiques. L'existence de cette unité économique s'identifie à l'aide d'indices. Ces indices sont : une unité de direction (dirigeants communs, administrateurs communs, commissaires aux comptes communs) ; une communauté de moyens (comptabilité, informatique, locaux communs) ; une communauté d'intérêts (absence de concurrence, participations financières, échanges techniques) ; une communauté ou une complémentarité des activités (activités identiques ou servant le même intérêt, par exemple lorsqu'une société produit et que l'autre distribue).

Enfin, il faut que soit caractérisée une unité sociale entre ces différentes personnes, unité sociale qui, elle aussi, s'identifie à l'aide d'indices : une identité de statut collectif (accord d'entreprise, règlement intérieur, etc.) ; des conditions de travail similaires ; une gestion du personnel unifiée ; une permutabilité du personnel entre les différentes entités.

S'il est constitué une unité économique et sociale, il pourra y être mis en place un comité d'entreprise, un CHSCT et des délégués syndicaux. Cependant, les sociétés distinctes qui composent l'unité économique et sociale peuvent devenir, pour la jurisprudence, des établissements distincts de l'unité économique et sociale, si bien que, si les effectifs le permettent, il y a aura alors une superposition entre des représentants d'établissement (comité d'établissement, délégués syndicaux, délégués du personnel) et des représentants de l'unité économique et sociale (comité central d'entreprise, délégués syndicaux centraux). L'unité économique et sociale est incompatible avec le groupe d'entreprise : l'existence d'une unité économique et sociale pour la constitution d'un comité d'entreprise ne peut être reconnue à un niveau où existe déjà un comité de groupe[54].

On se demande parfois si l'unité économique et sociale ne pourrait pas avoir désormais une finalité qui aille au-delà de ce pour quoi elle a été initialement conçue. En effet, si au départ elle n'avait d'utilité que pour la représentation du personnel, il se pourrait qu'aujourd'hui, comme une entreprise, l'unité économique et sociale puisse jouer le rôle d'employeur, conclure des contrats de travail avec les salariés et organiser les relations de travail. Dans un important arrêt du 16 décembre 2008, la Cour de cassation a cependant décidé que l'unité économique et sociale ne se substitue pas aux

53. Cass. soc., 13 janv. 1999, *RJS* 2/99, n° 230.
54. Cass. soc., 20 oct. 1999, *D.* 2000, somm, p. 385, obs. A. Arseguel.

entités juridiques qui la composent, de sorte qu'elle n'a pas la personnalité morale. Elle ne peut donc pas, en théorie, être employeur puisque, sans personnalité morale, elle ne peut conclure de contrats de travail. L'arrêt conclut que « *si un accord collectif reconnaissant une unité économique et sociale peut étendre ses effets au-delà des institutions représentatives du personnel et créer des obligations pour les différentes entités juridiques composant l'unité économique et sociale, il ne peut faire d'une unité économique et sociale l'employeur des salariés* »[55]. L'unité économique et sociale peut donc avoir une autre vocation que la seule représentation du personnel, la limite étant qu'elle ne peut être employeur. Ceci étant dit, on remarquera qu'aucune autre des formes d'organisations sociales en droit du travail ne peut être employeur. L'entreprise elle-même n'est pas employeur puisqu'elle ne dispose pas de la personnalité morale : c'est la société ou la personne physique qui est employeur[56]. Cela n'empêche pas l'entreprise d'être une entité utile à bien d'autres égards que la seule représentation du personnel.

c. Le groupe[57]

Le groupe est une unité de représentation différente de l'unité économique et sociale. Comme elle, le groupe est constitué de plusieurs sociétés réunies dans un ensemble commun, mais, à la différence de l'unité économique et sociale, le groupe caractérise un rapprochement de nature capitalistique entre plusieurs entités. En outre, le groupe ne sert en principe qu'à la mise en place d'une seule institution du personnel : le comité de groupe.

C'est l'article L. 2331-1 du Code du travail qui donne un semblant de définition de ce qu'est le groupe de sociétés en droit du travail. Ce texte dispose d'abord qu'un comité de groupe doit être constitué au sein du groupe formé d'une entreprise dominante et des entreprises qu'elle contrôle dans les conditions définies par les articles L. 233-1, L. 233-3 et L. 233-16 du Code de commerce.

Caractérise l'existence d'un groupe la situation dans laquelle l'entreprise dominante détient plus de la moitié du capital des autres sociétés ; l'entreprise dominante dispose de plus de la moitié des droits de vote dans les autres sociétés, soit seule, soit par l'intermédiaire de ses filiales (domination par cascade) ; l'entreprise dominante dispose d'un contrôle exclusif sur les autres sociétés, par exemple si c'est elle qui a le pouvoir de désigner les membres des organes d'administration.

L'article L. 2331-1 du Code du travail ajoute à ces situations prévues par le Code de commerce celle dans laquelle l'entreprise dominante exerce une influence dominante

---

55. Cass. soc., 16 déc. 2008, *préc.*
56. Cf. *supra*, p. 85.
57. V. le numéro spécial de la revue Droit social des mois de juill.-août 2010. *Adde* A. Mazeaud, « Le groupe », *in Les lieux du droit du travail,* ouvr. coll. sous la dir. de Ph. Waquet, Lamy, 2003, p. 60 ; C. Hillig-Poudevigne, G. Louvel, « La notion de groupe à l'épreuve du droit social », *JCP* éd. E 2005, 1393.

sur une autre société dont elle détient au moins 10 % du capital, lorsque la permanence et l'importance des relations de ces entreprises établissent l'appartenance de l'une et de l'autre à un même ensemble économique. L'influence dominante est caractérisée lorsque l'entreprise dominante peut désigner plus de la moitié des organes d'administration ou de direction, qu'elle dispose de la majorité des voix attachées aux parts émises par une autre entreprise ou qu'elle détient la majorité du capital souscrit d'une autre entreprise.

D'autres dispositions du Code du travail prévoient des droits et obligations au niveau du groupe, mais sans le définir, si bien que la jurisprudence adapte en réalité la définition du groupe en fonction du corps de règles applicable. Ainsi, la définition du groupe pourra être différente lorsqu'il sera question de conclure un accord collectif de groupe[58] ou d'envisager le reclassement des salariés à la suite d'un licenciement pour motif économique au niveau du groupe[59].

Des entreprises peuvent, enfin, être regroupées au sein d'une entreprise de dimension communautaire.

d. L'entreprise de dimension communautaire

L'entreprise de dimension communautaire est une création de l'Union européenne. Elle a été instituée par la directive 94/45 du 22 septembre 1994, laquelle a été transposée en droit interne par la loi du 12 novembre 1996. Cette directive sera abrogée le 6 juin 2011 et remplacée par la directive 2009/38/CE du Parlement européen et du Conseil du 6 mai 2009 concernant l'institution d'un comité d'entreprise européen ou d'une procédure dans les entreprises de dimension communautaire et les groupes d'entreprises de dimension communautaire en vue d'informer et de consulter les travailleurs[60].

En droit interne, l'article L. 2341-1 du Code du travail dispose que l'entreprise de dimension communautaire est l'entreprise ou l'organisme qui emploie mille salariés et plus dans les États membres de l'Union et qui comporte au moins un établissement employant cent cinquante salariés et plus dans au moins deux États. Ces dispositions sont applicables aux entreprises disposant de leur siège social en France. Si le siège se situe dans un État tiers, ces dispositions ne sont applicables que si un représentant a été désigné en France ou si l'établissement ou l'entreprise comportant le plus grand nombre de salariés est situé en France.

L'entreprise de dimension communautaire permet la mise en place d'un comité d'entreprise européen ou d'une procédure destinée à informer et consulter les salariés de

58. Sur cette question, cf. *infra* p. 217.

59. Not., C. trav., art. L. 1233-4 et L. 1235-10.

60. J.- Ph. Lhernould, « La nouvelle directive CE européen : une victoire française, quelle victoire ? », *RJS* 2009, p. 101 .

l'ensemble des établissements de l'entreprise placés sur le territoire de différents États.

Pour conclure, il faut dire que l'ensemble de ces descriptions et des réflexions des auteurs sur l'entreprise, ses démembrements, ses regroupements ne donnent pas toujours une image conforme à la réalité. Il est extrêmement compliqué pour les salariés, et même parfois pour les employeurs, de distinguer les concepts d'entreprise et d'unité économique et sociale, d'unité économique et sociale et de groupe, d'identifier ce qu'est un établissement distinct. Ces concepts sont surtout en réalité des outils mis à la disposition des partenaires sociaux, c'est-à-dire des syndicats et des employeurs. *« L'entreprise est une réalité mouvante, aux contours variables et à la configuration différente suivant les intérêts en cause »*[61].

Si les entreprises françaises constituent l'essentiel des forces vives du patronat français, les employeurs se sont également regroupés et organisés à travers différents mouvements.

B. Les organisations d'employeurs

Comme les salariés qui se regroupent en syndicats, les employeurs français se regroupent en organisations patronales. L'organisation patronale est un groupement volontaire et privé d'entrepreneurs, appartenant en général au même secteur d'activité, dont le but est la défense des intérêts de ses membres. Ces organisations interviennent dans les domaines du droit du travail, expriment leur avis sur des choix de société et de politique économique et participent aux négociations salariales.

Les trois principales organisations patronales sont le MEDEF (Mouvement des entreprises de France créé en 1998 en remplacement du CNPF), la CGPME (Confédération générale des petites et moyennes entreprises) créée en 1944 et l'UPA (Union professionnelle de l'artisanat). Contrairement aux syndicats de salariés, il n'existe pas de notion bien établie de représentativité des organisations patronales[62].

Outre leurs prises de position dans le débat public, le rôle principal de ces organisations patronales est de conclure des conventions collectives qui s'appliqueront à l'ensemble des membres adhérents à l'organisation. Ce sont ainsi les organisations patronales qui sont signataires des accords nationaux interprofessionnels et des conventions et accords collectifs de branche, que ce soit au niveau national ou au

61. F. Favennec-Héry, P.- Y. Verkindt, *Droit du travail*, LGDJ, 2e éd., 2009, p. 219 et s.

62. Si une telle représentativité existe, elle est tout du moins d'une nature différente de celle des organisations syndicales. V. J. Bunel, « Représentation patronale et représentativité des organisations patronales », *Travail et emploi*, n° 70, 1997, p. 3 ; L. Flament, « La représentativité des organisations patronales », *Dr. soc.* 2009, p. 436 ; B. Teyssié, J.- F. Cesaro, A. Martinon, « La représentativité des organisations professionnelles d'employeurs », *JCP* éd. S, 2011, 1102.

niveau local. Contrairement aux syndicats de salariés, les organisations patronales peuvent s'organiser sous forme de syndicat ou sous forme associative, comme cela est notamment le cas du MEDEF[63].

Les employeurs peuvent également se regrouper sous une autre bannière que celle d'une organisation patronale, celle des groupements d'employeurs[64]. Alors que l'organisation patronale constitue une forme d'organisation syndicale destinée à défendre les intérêts de ses membres, les groupements d'employeurs ont une autre fonction, principalement de permettre la mise à disposition de main d'œuvre à but non lucratif.

Le groupement d'employeurs, dispositif créé en 1985, a vocation à réunir des entreprises dans un cadre associatif, association créée après déclaration auprès de l'administration du travail. Leur objet, établi par l'article L. 1253-1 du Code du travail, consiste à mettre à la disposition de leurs membres des salariés du groupement, sans que le prêt de main d'œuvre opéré tombe sous le coup du délit de marchandage. Le groupement peut également apporter à ses membres des conseils en matière d'emploi et de gestion des ressources humaines.

Les entreprises et leurs groupements caractérisent une partie seulement de l'ensemble constitué par les partenaires sociaux, l'autre partie étant formée par la représentation du personnel au sens large.

2 LES REPRÉSENTANTS DES SALARIÉS

Le besoin de représentation collective des salariés est apparu pour compenser leur faiblesse dans leur relation avec l'employeur. Sous sa dépendance juridique et économique, les salariés étaient souvent placés dans une situation d'infériorité. Le dogme civiliste du contrat et de la maxime « qui dit contractuel dit juste » ne pouvait s'appliquer et il était nécessaire de trouver des correctifs. Les salariés commencèrent donc à se regrouper, malgré l'interdiction des coalitions qui perdura jusqu'à la loi Waldeck-Rousseau de 1884.

Il y a en réalité deux types de représentation des salariés. La première, qui est d'ailleurs la seule représentation du personnel *stricto sensu*, est la représentation élue dans les entreprises. Les délégués du personnel ont fait leur apparition en 1936, le comité d'en-

63. C. trav., art. L. 2231-1.
64. J. Dalichoux, P. Fadeuilhe, *Les groupements d'employeurs*, Éd. Liaisons, 2008.

treprise en 1945 et le comité d'hygiène et de sécurité en 1982[65]. De ce système électif émergent de véritables mandats de représentation donnés aux représentants, ce qui n'est pas le cas de la représentation syndicale.

En effet, les représentants syndicaux, qui constituent la deuxième composante de la représentation du personnel, sont désignés par les syndicats et ne sont pas élus, même si le facteur électif, ce que l'on appelle l'audience électorale, a nettement été introduit au fil des réformes. Dans les textes du Code du travail, les représentants syndicaux ne sont pas censés représenter les salariés auprès de l'employeur mais représenter leurs syndicats. L'article L. 2143-3 du Code du travail dispose ainsi que c'est l'organisation syndicale qui désigne les délégués syndicaux dans l'entreprise « *pour la représenter auprès de l'employeur* ». Les syndicats sont pourtant le plus souvent assimilés à des représentants des salariés[66].

Schématiquement, il y a donc deux grands types de représentation des salariés, la représentation élue (A) et la représentation syndicale (B).

A. La représentation élue du personnel

La représentation élue du personnel repose, comme son nom l'indique, sur le principe de l'élection. Les représentants issus de ce système électif vont disposer d'un statut leur permettant d'assumer convenablement les fonctions auxquelles ils ont été portés. Une fois les modes d'élection (1) et le statut (2) de ces représentants étudiés, il restera nécessaire de présenter les différentes institutions élues du personnel dans les entreprises (3).

1. LES ÉLECTIONS PROFESSIONNELLES

Les institutions représentatives du personnel élues dans l'entreprise sont les délégués du personnel, les représentants élus au comité d'établissement, au comité d'entreprise et au comité central d'entreprise, les membres du CHSCT et, enfin, les représentants des salariés dans les organes de la société anonyme. Selon le type de représentant qu'il est question d'élire, les élections se déroulent au suffrage direct (a) ou au suffrage indirect (b). Il faudra enfin dire un mot du cas atypique dans lequel un salarié élu sera ultérieurement désigné par un syndicat pour figurer dans une instance représentative (c).

65. Sur la notion d'institution représentative du personnel et ses composantes, v. J. Pélissier, E. Dockès, G. Auzero, *Droit du travail*, Dalloz, 25e éd., 2010, p. 1009 et s.

66. On distingue parfois la représentation directe (les élus) de la représentation indirecte (les représentants syndicaux) du personnel. V. B. Teyssié, *Droit du travail – Relations collectives*, Litec, 6e éd., 2009, p. 63 et s.

a. Les élections au suffrage direct

Les élections au suffrage direct dans l'entreprise concernent la délégation du personnel et les membres élus du comité d'établissement ou du comité d'entreprise.

Depuis la loi du 2 août 2005, les élections ont lieu tous les quatre ans dans l'entreprise, une convention collective de branche pouvant cependant abaisser cette fréquence jusqu'à deux ans[67]. Par application des articles L. 2314-2 et suivants du Code du travail, c'est l'employeur qui doit prendre l'initiative des opérations électorales[68]. La carence de l'employeur est constitutive du délit d'entrave puni par l'article L. 2328-1 d'une peine d'un an de prison et de 3 750 euros d'amende. Outre cette sanction pénale, l'employeur qui néglige d'organiser ces élections sera sanctionné lorsqu'il ne pourra respecter les fréquentes obligations d'information et de consultation de ces représentants[69]. En revanche, si l'employeur organise les élections et qu'aucune liste de candidats n'est présentée, il dresse alors un procès verbal de carence qui lui permettra d'apporter la démonstration du respect de ses obligations.

Dans le cadre de la préparation des élections, les organisations syndicales jouent un rôle fondamental puisqu'elles vont négocier et conclure avec l'employeur un protocole d'accord préélectoral[70]. Pour la négociation de ce protocole, l'article L. 2314-3 du Code du travail impose à l'employeur d'inviter, par voie d'affichage, l'ensemble des organisations syndicales qui satisfont aux critères de respect des valeurs républicaines et d'indépendance, qui sont légalement constituées depuis au moins deux ans et dont le champ professionnel et géographique couvre l'entreprise concernée. Il doit, en outre, inviter par courrier les organisations reconnues représentatives dans l'entreprise, celles qui ont constitué une section syndicale dans l'entreprise et, enfin, les syndicats affiliés à une organisation syndicale représentative au niveau national ou interprofessionnel. A défaut de ces formalités, les élections pourront être annulées[71]. Le protocole doit être signé par la majorité des organisations syndicales ayant participé à la négociation, parmi lesquelles doit figurer au moins la moitié des organisations syndicales représentatives ayant recueilli la majorité des suffrages exprimés lors des dernières élections[72]. L'exigence d'une signature unanime prévue avant la réforme du 20 août 2008 a donc été supprimée, à l'exception de toute modification du nombre ou de la composition des collèges électoraux qui requiert toujours cette modalité[73].

---

67. C. trav., art. L. 2314-27 et L. 2324-25.
68. Même si c'est à l'employeur d'organiser les élections, les salariés et les syndicats peuvent réclamer la mise en place du suffrage, mais ils ne sont pas autorisés à les organiser eux-mêmes. Ils peuvent saisir le juge des référés qui contraindra l'employeur sous astreinte à organiser les élections.
69. Par ex., en matière de consultation des délégués du personnel au sujet du reclassement d'un salarié médicalement inapte, v. Cass. soc., 2 avr. 2003, n° 01-41.782.
70. Le protocole d'accord préélectoral constitue une variété particulière d'accord collectif d'entreprise. V. G. Borenfreund, « Négociation préélectorale et droit commun de la négociation collective », *in Études offertes à J. Pélissier*, Dalloz, 2004, p. 93.
71. Cass. soc., 15 mars 2006, n° 05-60.165.
72. C. trav., art. L. 2314-3-1.
73. C. trav., art. L. 2314-10 et L. 2324-12.

L'accord préélectoral doit comporter de nombreuses dispositions : la division de l'entreprise en établissements distincts ; la répartition et la composition des collèges électoraux ; les modalités d'organisation et de déroulement des élections (date, heure, lieu, vote électronique, vote à distance, impression des bulletins, etc). Si les parties ne parviennent pas à conclure l'accord préélectoral, c'est à l'autorité administrative que reviendra la charge de fixer la répartition des collèges et de décider de l'éventuelle existence d'établissements distincts. En revanche, si le désaccord porte sur les modalités d'organisation de l'élection, ce n'est plus l'autorité administrative mais le juge d'instance qui est compétent. Une fois encore, la répartition des compétences entre juge judiciaire et autorité administrative semble être facteur de complication.

Les mêmes syndicats disposent, en outre, du monopole de présentation de candidats au premier tour des élections[74]. Seuls peuvent se présenter des candidats qui figurent sur la liste d'une de ces organisations. Avant la loi du 20 août 2008, seuls les syndicats représentatifs bénéficiaient de cette faveur. Cependant, compte tenu des finalités de cette réforme et, principalement, de la règle selon laquelle un syndicat n'acquiert la représentativité qu'en obtenant une audience spécifique mesurée au premier tour des élections, il était indispensable d'ouvrir ce monopole aux autres syndicats légalement constitués, sous peine que ceux-ci ne puissent jamais devenir représentatifs.

Le scrutin est un suffrage de liste avec élection à la représentation proportionnelle à deux tours[75]. Le second tour n'est organisé que si le quorum n'est pas atteint, quorum fixé à la moitié des électeurs inscrits. Cela permet, en théorie au moins, aux salariés de refuser des listes syndicales pour élire, au second tour, des salariés non syndiqués. L'élection a lieu à bulletin secret sous enveloppe ou par vote électronique. Les bulletins sans enveloppe, les bulletins comportant des noms de plusieurs listes différentes (panachage) sont nuls. En revanche, s'agissant d'un scrutin de liste, il est possible de rayer certains noms de la liste. L'attribution des sièges se fait à la proportionnelle avec attribution des restes à la plus forte moyenne.

Les électeurs sont répartis en collèges électoraux dans l'entreprise. Il existe en général deux collèges dans l'entreprise : le collège des ouvriers et employés ; le collège des ingénieurs, chefs de service, techniciens, agents de maîtrise et assimilés. Cependant, si l'effectif de l'entreprise ou de l'établissement est inférieur à vingt-cinq salariés, il n'y a qu'un collège unique pour tous les salariés. Au contraire, si l'effectif des cadres dépasse les vingt-cinq salariés, le collège des cadres et des ingénieurs est séparé si bien qu'il y a alors trois collèges : ouvriers et employés ; agents de maîtrise et techniciens ; cadres et ingénieurs. Pour chaque collège doivent être établies deux listes, une liste de titulaires et une liste de suppléants. Les listes peuvent être incomplètes, mais

74. C. trav., art. L. 2314-24 et L. 2324-22.

75. Sur les caractères généraux des élections professionnelles dans l'entreprise, v. F. Petit, « L'influence du droit électoral politique sur les élections professionnelles dans l'entreprise », *Dr. soc.* 2000, p. 603 ; « Les principes généraux du droit électoral dans la jurisprudence de la chambre sociale de la Cour de cassation », *D.* 2005, chr., p. 1815.

elles ne doivent pas comporter un nombre de candidats supérieur au nombre de sièges à pourvoir[76].

Qui est électeur dans l'entreprise ? La qualité d'électeur est attachée à celle de salarié de l'entreprise, peu importent la nationalité du travailleur, mais à condition d'être âgé de seize ans. Une ancienneté de trois mois dans l'entreprise est exigée. Même s'ils sont salariés, les cadres et le chef d'établissement, lorsqu'ils représentent l'employeur, ne peuvent pas être électeurs. Pour en être privé, un cadre doit pouvoir être assimilé au chef d'entreprise en raison des pouvoirs qu'il détient[77]. Comme pour la comptabilisation de l'effectif de l'entreprise, la situation des salariés mis à disposition fait difficulté. Contrairement à ce qui se produit pour les autres salariés exclus de l'effectif (remplaçants d'un salarié absent[78], contrats aidés[79]), il était jusqu'à récemment considéré que les salariés mis à disposition ne pouvaient être électeurs que s'ils remplissaient les conditions posées pour être comptabilisés dans l'effectif[80]. Mais depuis la loi du 20 août 2008, les règles relatives à l'électorat et à l'appartenance à l'entreprise ont été distinguées dans deux textes différents alors même que, sur le fond, elles demeurent identiques. Cependant, si un salarié est comptabilisé dans l'effectif de l'entreprise d'accueil, l'article L. 2314-18-1 du Code du travail lui impose de choisir entre voter dans son entreprise d'origine ou voter dans l'entreprise dans laquelle il est mis à disposition[81]. La Cour de cassation a tiré toutes les conséquences de cette dissociation en jugeant que l'intégration des salariés mis à disposition dans l'effectif doit être maintenue et produire toutes conséquences alors même que le salarié mis à disposition a fait le choix de voter dans son entreprise d'origine[82]. La dissociation entre appartenance à la collectivité de l'entreprise et la qualité d'électeur est désormais pleinement assumée.

Qui est éligible ? Pour être éligible, il faut d'abord être électeur. A cela s'ajoute qu'il faut avoir travaillé dans l'entreprise depuis au moins un an, avoir dix-huit ans et ne pas appartenir à la famille du chef d'entreprise. Contrairement à la plupart des élections politiques, les salariés de nationalité étrangère peuvent être élus délégués du personnel ou membre du comité d'entreprise. Les salariés mis à disposition dans l'entreprise peuvent également être élus délégués du personnel, mais la loi du 20 août 2008 pose

---

76. Cass. soc., 27 oct. 1999, *RJS* 1999, n° 1477.

77. Cass. soc., 29 oct. 2003, n° 02-60.774 : « *seuls les cadres détenant sur un service, un département, ou un établissement de l'entreprise une délégation particulière d'autorité établie par écrit permettant de les assimiler à un chef d'entreprise (...) sont exclus de l'électorat et de l'éligibilité aux fonctions de représentants du personnel pour la durée de l'exercice de cette délégation particulière* ».

78. Cass. soc., 17 mai 1994, *RJS* 1994, n° 1020.

79. Cass. soc., 8 avr. 1992, *Bull. civ.* V, n° 263.

80. Cass. soc., 28 févr. 2007, *JCP* éd. S 2007, 1272, note P. Morvan ; *RDT* 2007, p. 229 note M.- L. Morin.

81. Cette option doit être levée au moment de l'organisation des élections dans l'entreprise utilisatrice. V. Cass. soc., 26 mai 2010, *Dr. soc.* 2010, p. 826, note F. Petit.

82. Cass. soc., 19 janv. 2011, *Lexbase hebdo*, éd. soc., n° 426, 3 févr. 2011 et la note.

un délai encore plus drastique puisqu'il faut pour cela que le salarié soit présent dans l'entreprise depuis au moins deux années continues[83].

Le contentieux électoral relève du tribunal d'instance, sachant que les délais de contestation sont très courts. Le délai est de trois jours suivant la publication de la liste électorale pour toute contestation relative à l'électorat et de quinze jours suivant la proclamation des résultats pour une contestation de sa régularité. Le tribunal doit statuer dans un délai de dix jours en dernier ressort, seul un pourvoi en cassation peut être formé, lui aussi dans un délai de dix jours[84].

b. Les élections au suffrage indirect

Le suffrage indirect concerne au moins trois types d'institutions représentatives du personnel : le comité central d'entreprise, le CHSCT, et, enfin, les représentants des salariés dans les organes de la société anonyme.

Le comité central d'entreprise est mis en place dans les entreprises qui comportent au moins deux établissements distincts dont l'effectif est supérieur à cinquante salariés, si bien que dans chacun de ces établissements est mis en place un comité d'établissement. L'article L. 2327-3 du Code du travail prévoit que ce sont les comités d'établissement qui élisent leurs représentants au comité central d'entreprise à raison d'un ou deux délégués par comité d'établissement sans que le chiffre total puisse être supérieur à vingt titulaires et vingt suppléants. Les membres du comité central d'entreprise doivent être élus parmi les membres des comités d'établissement pour quatre ans[85]. Seuls les membres titulaires des comités d'établissement peuvent participer au scrutin.

Le CHSCT comporte de trois à neuf membres, selon l'effectif de l'entreprise. Ces représentants sont élus par un collège spécial composé des membres élus du comité d'entreprise et des délégués du personnel. Les textes ne donnent aucune autre précision sur les conditions de cette élection. Ils n'indiquent notamment pas qui peut être élu, si bien que la Cour de cassation a jugé que tout salarié pouvait être élu à partir du moment où il travaille dans l'entreprise[86]. Même si le texte ne le prévoit pas, ce sont seuls les membres élus titulaires du comité d'entreprise et les délégués du personnel

---

83. C. trav., art. L. 2314-18-1.
84. La chambre sociale de la Cour de cassation a opéré un revirement de jurisprudence s'agissant de ce type de contentieux. Autrefois, aucun recours n'était ouvert contre la décision du tribunal d'instance statuant en premier et dernier ressort. Les demandeurs ne pouvaient interjeter appel ni former pourvoi en cassation. La Cour de cassation juge désormais que la « *décision du tribunal d'instance statuant en matière de contestation préélectorale rendue en dernier ressort est susceptible de pourvoi* », Cass. soc., 23 sept. 2009, Bull. civ. V, n° 195 ; JCP 2009, 386, note J.- Y. Kerbourc'h ; *Dr. soc.* 2010, p. 161, note F. Petit ; *SSL* 2009, n° 1415, p. 7, note J. Duplat.
85. Cass. soc., 7 mai 2002, *Dr. soc.* 2002, p. 788, obs. J. Savatier.
86. Cass. soc., 10 oct. 1989, *Bull. civ.* V, n° 579.

titulaires qui participent au vote. Comme pour toutes les élections, les contestations relèvent de la compétence du tribunal d'instance.

La représentation des salariés dans les organes de la société anonyme était autrefois envisagée sous le seul aspect de la participation de représentants des salariés aux conseils d'administration ou de surveillance. La loi du 15 mai 2001 ajoute que les salariés pourront être représentés au sein des assemblées générales.

L'article L. 2323-62 du Code du travail prévoit que dans les sociétés, deux membres du comité d'entreprise, délégués par le comité, assistent avec voix consultative à toutes les séances du conseil d'administration ou du conseil de surveillance. Ce nombre est porté à quatre représentants s'il y a trois collèges électoraux dans l'entreprise. Les représentants désignés par le comité d'entreprise ne peuvent être que des représentants élus et en aucun cas des représentants syndicaux.

L'article L. 2323-67 du Code du travail s'intéresse pour sa part à la représentation du comité d'entreprise aux assemblées générales de la société. En effet, l'article dispose que deux membres du comité d'entreprise, désignés par le comité, peuvent assister aux assemblées générales. Ils sont entendus, à leur demande, lors de toutes les délibérations requérant l'unanimité des associés. Là encore, ce sont des élus du comité d'entreprise qui sont désignés par le comité d'entreprise lui-même.

C'est, enfin, par un système mixte mêlant élection et désignation que sont institués certains représentants.

c. La désignation d'un salarié préalablement élu

Ce cas de figure se présente lors de la mise en place des représentants au comité de groupe et des représentants au comité d'entreprise européen.

S'agissant du comité de groupe, ses membres sont désignés par les syndicats parmi les représentants du personnel des entreprises et établissements composant le groupe[87]. Chaque organisation syndicale désigne un nombre de représentants au comité de groupe proportionnel au nombre d'élus qu'elle a obtenu dans les différentes entreprises composant le groupe. Ne peuvent être désignés que des élus dans les entreprises ou établissements appartenant à la même étiquette syndicale que l'organisation qui les désigne[88].

S'agissant du comité d'entreprise européen, sa composition est normalement régie par un accord collectif entre le chef de l'entreprise dominante du groupe d'entreprise à dimension communautaire et un groupe spécial de négociation composé de représentants des salariés. À défaut d'accord, l'article L. 2343-1 prévoit que les représentants

87. S. Béal, « Mise en place d'un comité de groupe », *JCP* éd. S 2008, 1163.
88. C. trav., art. L. 2333-2 et L. 2333-4, al. 1er.

français au comité d'entreprise européen sont désignés par les organisations syndicales parmi leurs élus aux comités d'établissement. Les représentants issus des établissements dans d'autres pays sont désignés selon les règles propres à chaque législation[89].

Une fois élus, les représentants du personnel vont disposer d'un certain nombre de prérogatives et de protections destinées à leur permettre d'assumer au mieux leurs fonctions.

2. LE STATUT DES REPRÉSENTANTS

Chaque institution, qu'il s'agisse de la délégation du personnel ou du comité d'entreprise par exemple, dispose d'un ensemble de moyens globalisés. Cependant, les salariés élus dans ces institutions disposent, à titre personnel, d'heures de délégation leur permettant d'assurer leurs fonctions (a), d'une protection contre les discriminations (b) et, enfin, d'une protection contre la rupture de leur contrat de travail (c). Notons que l'ensemble des dispositions développées au sujet du statut des élus sera intégralement transposable aux représentants désignés par les syndicats.

a. Le bénéfice d'heures de délégation

Afin que l'élu du personnel dispose de suffisamment de temps pour exercer les fonctions auxquelles il a été porté, sans que cela n'ampute trop son temps personnel, le droit du travail a institué un système dit d'heures de délégation. Chaque salarié élu disposera d'un certain nombre d'heures, décomptées sur son temps de travail, afin d'exercer son mandat. Les heures de délégation sont considérées comme du temps de travail effectif : le salarié doit être rémunéré[90], a droit à l'ensemble des avantages tels que l'acquisition de congés payés ou de l'ancienneté. Un accident survenant durant les heures de délégation doit être pris en charge par la sécurité sociale comme un accident du travail.

Les heures de délégation attribuées à chaque représentant se comptabilisent sur le mois civil et ne peuvent être reportées d'un mois sur l'autre en l'absence d'utilisation. Les heures attribuées sont personnelles, c'est-à-dire qu'un représentant ne peut pas renoncer à utiliser ses heures au profit d'un autre représentant[91]. Cette règle connaît tout de même une exception pour les syndicats lorsque les effectifs dans l'entreprise sont suffisants pour qu'un syndicat dispose de plusieurs délégués syndicaux. Dans ce cas de figure, le crédit d'heures est en réalité global pour le syndicat qui répartit les heures comme il le souhaite entre ses différents délégués syndicaux[92]. Le cumul des mandats n'étant pas prohibé en droit du travail, certains représentants qui cumulent de

89. Sur ces questions, v. B. Teyssié, *Droit du travail – Relations collectives*, Litec, 6e éd., 2009, p. 296 et s.

90. Cass. soc., 21 nov. 2000, *RJS* 2001, n° 309.

91. Cass. soc., 10 déc. 1996, *RJS* 1997, n° 52 : il est ainsi interdit de transférer les heures de délégation d'un titulaire vers son suppléant, fut-ce par voie d'usage.

92. C. trav., art. L. 2143-13.

nombreux mandats dans de grandes entreprises peuvent finalement passer la quasi-totalité de leur temps à l'exercice de ces fonctions.

Toutes les missions des représentants ne s'imputent pas sur leurs crédits d'heures. Cela est notamment le cas du temps passé en réunion avec l'employeur qui, rémunéré comme du temps de travail, n'est pas décompté du contingent d'heures de délégation. L'employeur qui s'opposerait à l'utilisation par les représentants de leur crédit d'heures ou qui ne les rémunéreraient pas comme du temps de travail se rendrait coupable d'un délit d'entrave.

Il arrive parfois que les représentants puissent disposer d'un nombre d'heures de délégation plus important que celui prévu par la loi[93]. Cela est notamment le cas lorsqu'une convention collective le prévoit. Ces heures conventionnelles supplémentaires sont alors traitées exactement comme s'il s'agissait d'heures légales. Cela peut également se produire lorsque surviennent dans l'entreprise des circonstances exceptionnelles. Ainsi, en cas de mouvement collectif de grève dans l'entreprise, de menace de licenciement collectif, de projet important de restructuration, les représentants pourront dépasser leur quota d'heures. Ces heures pour circonstances exceptionnelles ne sont pas traitées comme les heures de délégation normales. En effet, l'employeur n'est pas tenu de les rémunérer comme du temps de travail normal tant que le représentant n'a pas apporté la preuve qu'il existait véritablement des circonstances exceptionnelles justifiant le dépassement.

Le temps octroyé aux représentants dans le cadre des heures de délégation doit bien entendu être utilisé pour l'exercice de leurs fonctions. Cependant les représentants bénéficient d'un système de preuve favorable puisque le législateur pose une présomption de bonne utilisation des heures de délégation. L'employeur ne peut pas contrôler *a priori* l'utilisation qui va être faite des heures, l'utilisation des heures n'est pas soumise à son autorisation. Il convient cependant que l'employeur soit informé par le représentant de l'utilisation des crédits d'heures. En pratique, on utilise ce que l'on appelle des bons de délégation que le représentant remet à l'employeur à chaque fois qu'il utilise des heures de délégation[94].

Lorsque l'employeur estime, *a posteriori*, que le représentant n'a pas fait bon usage des heures de délégation, il doit demander au représentant pour quelles activités les heures ont été utilisées[95]. Si le représentant refuse d'indiquer les activités en question,

93. Pour les principaux volumes d'heures de délégation en fonction des représentants concernés et, le plus souvent, de la taille de l'entreprise, v. C. trav., art. L. 2325-6, L. 4614-3, L. 2143-13 et s.

94. Les bons de délégation semblent, pour les juges du fond, pouvoir être assortis d'un délai de prévenance raisonnable. V. Bordeaux, ch. soc., sect. B, 7 mai 2009, *Cah. juris. Aquitaine et Midi-Pyrénées* 2009-3, p. 552. Rappelons tout de même que le système des bons de délégation, émergé de la pratique, ne doit pas se transformer en un système d'autorisation préalable. V. Cass. soc., 10 mai 2006, *JCP* éd. S 2006, 1499, note B. Gauriau.

95. J. Frossard, « La contestation par l'employeur de l'usage des heures de délégation », *RJS* 1991, p. 155.

l'employeur peut exiger cette information en référé[96]. Si les activités mentionnées par le salarié sont fausses ou qu'elles ne correspondent pas à la mission du représentant, l'employeur peut saisir le conseil de prud'hommes afin que lui soient remboursés les salaires versés au titre de ces heures de délégation.

Le statut des représentants du personnel est complété par une protection contre les discriminations.

b. La protection contre les discriminations

Cela est indéniable, la représentation du personnel, toute indispensable qu'elle soit, coûte du temps et de l'argent à l'entreprise. Les représentants, occupés à leurs missions, sont nécessairement moins productifs que des salariés exempts de tout mandat de représentation. L'employeur peut parfois être tenté de traiter les représentants du personnel différemment des autres salariés de l'entreprise. C'est pour lutter contre ce type de comportements que le Code du travail a cherché à protéger ces représentants contre toute forme de discrimination[97]. En effet, parmi les motifs considérés comme discriminatoires figure le fait de prendre une mesure en tenant compte des activités syndicales d'un salarié. De la sorte, sont protégés contre les discriminations syndicales, par les articles L. 1132-1 et L. 2141-5 du Code du travail, tous les salariés adhérents à un syndicat et, *a fortiori*, tous les salariés exerçant un mandat syndical.

Malgré tout, les représentants du personnel ne sont pas tous des émanations syndicales. Les élus, notamment ceux qui sont élus au deuxième tour, peuvent être dépourvus de toute attache syndicale. Or, la liste des motifs discriminatoires dressée par l'article L. 1132-1 du Code du travail ne mentionne pas la prise en compte d'un mandat de représentant élu et paraît limitative. Depuis sa création en 1982, la liste de ces motifs interdits a été régulièrement allongée par le législateur au fur et à mesure que l'on prenait conscience que telle ou telle motivation pouvait être considérée comme discriminatoire. Si le législateur ajoute au cas par cas des hypothèses nouvelles, c'est qu'il n'entend pas laisser au juge la possibilité d'ajouter lui-même des hypothèses à la liste, ni d'envisager l'existence d'un principe général de non-discrimination.

Certains textes internationaux plaident pourtant en faveur d'une extension de la liste de l'article L. 1132-1 à d'autres motifs discriminatoires. C'est le cas notamment de l'article 26 du Pacte international relatif aux droits civils et politiques de 1966 qui institue une liste de critères discriminatoires non limitative. C'est le cas également de l'article 21 de la Charte des droits fondamentaux de l'Union européenne du 7 décembre 2000, qui, elle aussi, dresse une liste non limitative de ces motifs. Si la Cour de cassation ne fait que rarement application du Pacte international relatif aux droits civils et

---

96. Cass. soc., 25 mai 1993, *Dr. soc.* 1993, p. 681.

97. Comme cela fut rappelé récemment, il demeure cependant des interstices dans ce filet de protection. V. J.- M. Verdier, « Vulnérabilité des représentants de salariés : des protections spéciales évincées en jurisprudence », *Dr. soc.* 2010, p. 832.

politiques[98], l'adoption du Traité de Lisbonne dont l'article 6 renvoie directement à la Charte pourrait ouvrir de nouvelles perspectives en la matière[99].

Toujours est-il que la Cour de cassation a adopté une conception extensive des activités syndicales afin de protéger les élus contre des comportements discriminatoires. Ainsi, les représentants élus, qui n'exercent pas à proprement parler d'activités syndicales, sont protégés contre les discriminations lorsqu'ils sont adhérents d'un syndicat[100]. La chambre sociale a même accepté, au moins une fois, d'appliquer les règles de non-discrimination à un salarié qui n'exerçait visiblement aucune activité syndicale[101]. Cette solution paraît raisonnable, notamment en ce qu'elle donne tout son sens à l'alinéa 6 du Préambule de la Constitution de 1946 aux termes duquel « *tout travailleur participe, par l'intermédiaire de ses délégués, à la détermination collective des conditions de travail ainsi qu'à la gestion des entreprises* ». Sans une telle protection, ce droit de représentation serait sérieusement affaibli.

La liste des mesures prohibées en considération des activités syndicales est elle aussi établie par l'article L. 1132-1 du Code du travail. Il est notamment interdit d'écarter un candidat à l'embauche, de refuser le bénéfice d'un stage ou d'une formation, de prononcer une sanction ou un licenciement, de faire subir une différence de traitement sur le plan de la rémunération, de l'intéressement, de la distribution d'actions, de l'affectation du salarié dans l'entreprise, de sa qualification, de sa classification, de sa promotion professionnelle, de sa mutation ou du renouvellement de son contrat de travail en raison de l'activité syndicale.

L'article L. 1132-4 du Code du travail dispose que toute mesure prise en violation du principe de non-discrimination est nulle, la rétroactivité attachée à cette sanction demeurant plus facilement praticable pour certaines mesures (le licenciement) que pour d'autres (le refus d'embauche).

Enfin, il convient de noter que le législateur a institué des règles de preuve totalement dérogatoires au droit commun en la matière. Contrairement à la règle de principe selon laquelle la charge de la preuve incombe à celui qui intente l'action, l'article L. 1134-1 du Code du travail répartit cette charge entre les parties[102]. Le salarié doit prouver l'exis-

98. V. tout de même Cass. soc., 29 nov. 2007, n° 06-44.748, rendu qui plus est en matière de discrimination.

99. Opposés au caractère limitatif de la liste des motifs discriminatoires, v. J. Pélissier, G. Auzero, E. Dockès, Droit du travail, Dalloz, 25e éd., 2010, p. 173 ; en faveur du caractère limitatif, v. F. Favennec-Héry, P.- Y Verkindt, *Droit du travail*, LGDJ, 2e éd., 2009, p. 257 et s.

100. Cass. soc., 26 mai 1999, *Bull civ.* V, n° 238, p. 173 s'agissant d'une discrimination reconnue à l'encontre d'un délégué du personnel adhérent d'une organisation syndicale. Cass. soc., 27 nov. 2007, n° 05-45.719 s'agissant d'une discrimination à l'encontre d'un membre du CHSCT adhérent lui aussi à un syndicat.

101. Cass. soc., 29 sept. 2004, n° 02-40.647. L'arrêt n'ayant pas été publié, il convient cependant de l'analyser avec prudence.

102. Pour une application, v. Cass. soc., 10 avr. 2008, n° 06-44.453 : « *il appartient au salarié concerné de présenter des éléments de fait laissant supposer l'existence d'une discrimination directe ou indirecte et*

tence de faits laissant supposer l'existence d'une discrimination, preuve face à laquelle l'employeur doit se défendre en démontrant que les mesures prétendument discriminatoires ont été adoptées pour des raisons objectives. Parachevant cette construction de l'administration de la preuve, la Cour de cassation semble juger qu'en revanche, le risque de la preuve repose sur les épaules de l'employeur[103].

Les représentants disposent enfin d'une protection contre la rupture de leur contrat de travail.

c. La protection contre la rupture du contrat de travail[104]

Cela est de l'essence de leurs fonctions : les représentants du personnel sont prompts à réclamer, revendiquer, à tenter de contrôler les actions de l'entreprise. Ces salariés peuvent être perçus par l'employeur comme des importuns. Sous le prétexte de l'exercice de son pouvoir de direction, l'employeur aurait les moyens de faire pression sur les représentants du personnel afin que ceux-ci cessent d'interférer dans sa gestion de l'entreprise, notamment par l'épée de Damoclès que constituerait une menace de rupture du contrat de travail. C'est pour s'assurer que le contre-pouvoir des représentants du personnel ne soit pas affaibli du fait d'une crainte pour leur emploi que le Code du travail, comme de nombreuses dispositions internationales[105], protège ces salariés contre la rupture de leur contrat[106].

Quels salariés sont protégés contre la rupture de leur contrat[107] ? L'ensemble des représentants en place bénéficie évidemment de cette protection, y compris d'ailleurs s'il s'agit de représentants dits « conventionnels », c'est-à-dire dont l'existence est imposée par une convention collective et non par le Code du travail lui-même[108]. Seront également protégés contre la rupture les candidats aux élections[109], les salariés ayant demandé

à la partie adverse de prouver que sa décision est justifiée par des éléments objectifs étrangers à toute discrimination ».

103. Cass. crim., 3 avr. 2007, *Bull. crim.*, n° 105.

104. J.-Y. Kerbourc'h, *Le statut protecteur des représentants du personnel*, Litec, 2003 ; H. Rose, Y. Struillou, *Droit du licenciement des salariés protégés*, Économica, 2e éd., 2007.

105. Sur le plan international, v. les conventions n° 135 et n° 158 de l'Organisation internationale du travail. V. également l'article 28 de la charte sociale européenne du Conseil de l'Europe.

106. Ces salariés sont également protégés contre le transfert de leur contrat de travail en cas de changement dans la situation juridique de l'employeur (C. trav., art. L. 2414-1 et s.) et même contre le changement de leurs conditions de travail (que le salarié a le droit de refuser même si ce refus constituera un motif légitime de licenciement, v. Cass. soc., 21 nov. 2006, n° 04-47.068).

107. La liste exhaustive des salariés dits « protégés » est dressée par l'article L. 2411-1 du Code du travail.

108. Tout dépend s'ils relèvent d'une catégorie existante dans la loi ou non. S'il s'agit de représentants d'une catégorie prévue par la loi, alors ces représentants « conventionnels » bénéficient de la même protection que les représentants légaux (C. trav., art. L. 2411-2). Si en revanche il s'agit de représentants qui n'existent pas dans le Code du travail, tels que, par exemple, des représentants syndicaux au CHSCT, alors ils ne bénéficient pas de la protection (Cass. soc., 29 janv. 2003, *Bull. civ.* V, n° 34 p. 30).

109. Ces salariés sont protégés pendant les six mois qui suivent l'envoi à l'employeur, par LRAR, des listes

l'organisation des élections[110] et, pendant une durée variable, les salariés dont le mandat vient de s'achever[111].

Contre quelles mesures le salarié est-il protégé ? Avant la loi du 25 juin 2008, l'employeur ne disposait que d'une seule possibilité pour rompre le contrat de travail d'un salarié protégé, celle de le licencier[112]. Les autres modes de rupture du contrat de travail étaient proscrits. Ainsi, par exemple, il lui était interdit de conclure avec le salarié un accord de rupture amiable[113]. Tout était fait pour que l'employeur ne puisse faire autrement que de respecter la procédure spéciale de licenciement des salariés protégés[114]. La loi du 25 juin 2008 portant modernisation du marché du travail a cependant introduit une brèche dans ce système par le jeu de la rupture conventionnelle du contrat de travail. L'article L. 1237-15 du Code du travail prévoit expressément que le salarié protégé peut conclure une rupture conventionnelle avec son employeur, à condition toutefois que l'inspecteur du travail donne son accord à une telle rupture[115].

C'est surtout contre le licenciement que le salarié va être protégé[116]. Cette protection tient à l'obligation pour l'employeur de respecter une procédure spéciale lui imposant d'obtenir l'autorisation de l'inspection du travail pour procéder au licenciement[117]. Au préalable, lorsque le licenciement concerne un délégué du personnel ou un membre du comité d'entreprise, l'employeur doit consulter le comité d'entreprise au sujet du licenciement. En revanche, s'il s'agit d'un autre représentant, y compris un délégué syndical, le comité d'entreprise n'a pas à être consulté.

L'autorisation administrative de licenciement doit être demandée à l'inspection du travail quel que soit le motif de licenciement. Même s'il ne s'agit pas à proprement

---

de candidatures établies par les syndicats au premier tour, par un salarié tête de liste au second tour. La protection peut être antérieure encore à l'envoi de la liste des candidats à l'employeur lorsque le salarié victime d'un licenciement parvient à prouver que l'employeur avait connaissance de l'imminence de sa candidature (C. trav., art. L. 2411-7).

110. C. trav., art. L. 2411-6.

111. Six mois pour les anciens délégués du personnel, membres du comité d'entreprise ou du CHSCT ; un an pour le délégué syndical, à condition que le mandat ait duré au moins un an.

112. La mise à la retraite était tout de même admise, sous réserve de l'obtention de l'autorisation de l'inspection du travail dans les mêmes conditions qu'un licenciement, v. Cass. soc., 6 avr. 2005, n° 03-43.629.

113. Cass. mix., 21 juin 1974, *D.*, 1974, p. 593, concl. A. Touffait. V., également, *Les grands arrêts de droit du travail*, Dalloz, 4e éd., n° 151.

114. À titre exceptionnel, la rupture amiable était acceptée dans le cadre d'un licenciement pour motif économique collectif, v. Cass. soc., 27 mars 2007, *Lexbase hebdo*, éd. soc., n° 256, note G. Auzero ; *Dr. ouvrier*, 2007, p. 436, note L. Milet.

115. A. Louvet, « La rupture conventionnelle du contrat à durée indéterminée d'un salarié protégé », *JCP* éd. S 2008, 1645.

116. L'employeur ne peut en outre imposer au salarié protégé un changement de ses conditions de travail ni, *a fortiori*, une modification du contrat de travail. V. P.-Y. Verkindt, « La modification du contrat de travail du salarié protégé », *in Mélanges H. Sinay*, Peter Lang, 1994, p. 281.

117. Procédure décrite aux articles R. 2411-1 et suivants du Code du travail.

parler d'un licenciement, la Cour de cassation a également précisé que l'autorisation était nécessaire lorsqu'il s'agissait pour l'employeur de rompre la période d'essai d'un salarié protégé[118].

La demande d'autorisation doit être adressée au plus tard dans les quinze jours qui suivent la consultation du comité d'entreprise, par lettre recommandée avec accusé de réception, à l'inspecteur du travail dont dépend l'établissement où est employé l'intéressé. L'inspecteur du travail procède à une enquête contradictoire et doit auditionner l'employeur comme le salarié. Le rôle de l'inspecteur du travail est de rechercher si le licenciement n'est pas prononcé pour des motifs liés à l'exercice du mandat de représentation. S'il s'agit d'un licenciement disciplinaire, celui-ci doit reposer sur des faits d'une gravité suffisante sans lien avec le mandat. Si le licenciement est envisagé pour motif économique, la réalité et le sérieux du motif économique doivent être avérés. Quand bien même le licenciement serait justifiable, l'inspecteur du travail peut toujours refuser son autorisation pour des motifs d'intérêt général, à condition toutefois qu'il ne soit porté aucune atteinte excessive à l'intérêt de l'employeur[119].

L'inspecteur du travail doit prendre sa décision rapidement, dans un délai de quinze jours maximum, lequel peut cependant être prorogé pour les nécessités de l'enquête. Sa décision doit être motivée et notifiée à l'employeur, au salarié et éventuellement à l'organisation syndicale qui l'avait désigné. Si l'inspecteur ne répond pas dans ce délai, son silence vaudra décision implicite de refus d'autorisation. Un recours gracieux (devant l'inspecteur du travail lui-même ou devant le ministre du travail) et/ou un recours contentieux (devant le juge administratif) peuvent être formés contre cette décision.

Si le licenciement est prononcé sans demande d'autorisation, au mépris d'une décision de refus ou dans le cas où l'autorisation a été annulée sur recours postérieurement au licenciement, le licenciement est nul. Comme pour tout licenciement nul, le salarié pourra obtenir sa réintégration dans son emploi[120].

Après avoir décrit la mise en place de la représentation élue par voie d'élection et le statut des représentants du personnel, il reste à développer les différents types de représentation élue.

3. LES DIFFÉRENTS TYPES DE REPRÉSENTATION ÉLUE

Il existe trois grands types de représentation élue du personnel dans les entreprises : la délégation du personnel (a), les comités (b) et le comité d'hygiène, de sécurité et des conditions de travail (c).

---

118. Cass. soc., 26 oct. 2005, *SSL*, 7 nov. 2005, n° 1235, p. 6, concl. J. Duplat ; *D.* 2006, p. 115, obs. J. Mouly.
119. Pour un vieil exemple, v. CE 15 janv. 1985, *Dr. ouvrier* 1985, p. 331.
120. Sur la nullité du licenciement, cf. *infra* p. 384.

a. La délégation du personnel

Les délégués du personnel ont été créés par les accords de Matignon en 1936. Ils doivent obligatoirement être mis en place, par élection, dans tous les établissements comptant au moins onze salariés. Leur nombre, déterminé par l'article R. 2314-1 du Code du travail, varie en fonction de l'effectif du personnel. La délégation du personnel assume différents rôles dans l'entreprise[121].

– Les réclamations

L'article L. 2313-1 du Code du travail confie aux délégués du personnel la mission de présenter à l'employeur ou au chef d'établissement toutes les réclamations individuelles et collectives relatives aux salaires, à l'application du Code du travail et des autres dispositions légales concernant la protection sociale, la santé et la sécurité, ainsi que des conventions collectives applicables dans l'entreprise. Pour l'essentiel, les délégués du personnel ont donc un rôle de réclamation : ils réclament la bonne application des règles de droit du travail, qu'elles soient issues de la loi ou des conventions collectives. Cependant, il est généralement admis que les délégués du personnel puissent présenter des revendications en matière salariale.

Le fait que le délégué du personnel puisse présenter à l'employeur ou au chef d'établissement des réclamations individuelles ne prive pas le salarié du droit de présenter lui-même ses propres réclamations : le salarié a le choix de la méthode d'intervention, soit d'aller seul présenter sa demande à l'employeur, soit de demander au délégué du personnel de prendre en charge cette demande.

Les réclamations sont habituellement présentées lors d'une réunion qui se tient obligatoirement tous les mois[122]. Les délégués sont reçus collectivement par l'employeur. Ils peuvent se faire accompagner de leurs suppléants, à la condition que ceux-ci gardent le silence, voire d'un représentant d'une organisation syndicale[123]. Les réclamations doivent être présentées par écrit au moins deux jours avant la date de la réunion, sauf circonstances exceptionnelles. Si la demande n'a pas été présentée par écrit, l'employeur n'a pas l'obligation d'aborder la question lors de la réunion. Les réponses de l'employeur seront consignées par écrit dans un registre tenu à la disposition des salariés de l'établissement.

– La défense des droits et des libertés[124]

Le délégué du personnel joue un rôle particulier dans la protection des droits et libertés individuels dans l'entreprise. En effet, si un délégué constate une atteinte illicite aux droits des personnes, à leur santé physique ou mentale ou aux libertés individuelles, l'article L. 2313-2 du Code du travail lui permet d'en saisir l'employeur qui doit alors procéder avec lui à une enquête et remédier à cette situation. En cas de désaccord entre

121. J. Savatier, « Les attributions des délégués du personnel », *Dr. soc.* 1993, p. 746.
122. C. trav., art. L. 2315-8.
123. C. trav., art. L. 2315-10.
124. A. Ronzier-Joly, « La seconde vie de l'article L. 422-1-1 du Code du travail », *JCP* éd. S 2006, 1664.

l'employeur et le salarié ou si l'employeur ne réagit pas à l'alerte donnée par le délégué du personnel, le délégué peut se substituer au salarié victime de l'atteinte pour saisir le bureau de jugement du conseil de prud'hommes. Pour que le délégué puisse se substituer au salarié, il faut tout de même que celui-ci, dûment informé, ne s'oppose pas à cette substitution[125].

Le bureau de jugement statuera selon la forme des référés et pourra ordonner toute mesure propre à mettre fin à l'illégalité constatée. Si le texte ne vise que la possibilité d'ordonner des mesures pour mettre fin à l'illégalité, la Cour de cassation a étendu ce rôle puisque les délégués du personnel peuvent demander au juge de se prononcer sur la réalité de l'atteinte, le cas échéant en ordonnant toute mesure d'enquête nécessaire[126]. En revanche, le juge ne peut aller jusqu'à ordonner la rupture du contrat de travail d'un salarié qui se serait rendu coupable de harcèlement dans une entreprise[127].

– **Le rôle de remplacement**

L'article L. 2143-6 du Code du travail prévoit que le délégué du personnel d'une entreprise de moins de cinquante salariés peut être désigné comme délégué syndical par un syndicat représentatif sur la liste duquel il a été élu[128]. Le délégué du personnel fait alors fonction de délégué syndical. Alors que les délégués syndicaux classiques ont longtemps disposé d'un mandat de représentation à durée indéterminée[129], le délégué du personnel faisant fonction de délégué syndical est depuis toujours désigné seulement pour la durée de son mandat électif[130]. Lorsqu'il fait fonction de délégué syndical, le délégué du personnel exerce l'ensemble des missions du délégué syndical. En revanche, il ne dispose pas d'heures de délégation supplémentaires pour l'exercice de ces fonctions additionnelles[131].

Sans faire fonction de délégués syndicaux, les délégués du personnel peuvent parfois être amenés à négocier des conventions ou accords collectifs de travail dans l'entreprise. La loi du 4 mai 2004 sur le dialogue social avait sensiblement étendu la faculté d'avoir recours au délégué du personnel pour conclure un accord collectif, mais cette possibilité a encore été aménagée par la loi du 20 août 2008. Désormais, la négociation d'un accord par le délégué du personnel constitue ce que l'on appelle une hypothèse de « négociation dérogatoire ». Le nouvel article L. 2232-21 du Code du travail dispose

125. Cass. soc., 28 mars 2006, *RJS* 2006, n° 690.

126. Cass. soc., 17 juin 2009, *JCP* éd. S 2009, 1362, note E. Jeansen ; *RDT* 2009 p. 591, note L. Marino ; *Lexbase hebdo*, éd. soc., n° 357 et la note.

127. Cass. soc., 1er juill. 2009, *RDT* 2009, p. 589, note P. Adam ; *Lexbase hebdo*, éd. soc., n° 359 et la note.

128. Le délégué peut également avoir été élu au second tour, sans figurer sur une liste syndicale : Cass. soc., 14 mars 2000, *RJS* 2000, n° 553.

129. Depuis la loi du 20 août 2008 qui lie étroitement représentativité, désignation du délégué syndical et audience électorale, il pourrait être désormais considéré que le mandat de délégué syndical soit conclu sous condition résolutoire, v. C. trav., art. L. 2143-11.

130. Cass. soc., 12 oct. 2004, *RJS* 2005, n° 57.

131. Cass. soc., 24 sept. 2008, *RJS* 2008, n° 1209.

que dans les entreprises de moins de deux cents salariés, s'il n'y a pas de délégué syndical ni de comité d'entreprise, les délégués du personnel peuvent négocier et conclure des accords collectifs de travail sur des mesures dont la mise en œuvre est subordonnée par la loi à un accord collectif. C'est essentiellement dans le domaine du temps de travail que de tels accords sont sollicités par le législateur.

Enfin, la délégation du personnel peut jouer un rôle de remplacement du comité d'entreprise ou du CHSCT. Elle peut le faire, d'abord, lorsque l'employeur décide d'instituer dans l'entreprise une délégation unique du personnel[132]. Dans cette hypothèse, les élections professionnelles dans l'entreprise ou l'établissement ne mènent pas à l'élection de délégués du personnel et de membres élus au comité d'entreprise mais, seulement, d'une délégation unique du personnel qui assumera tant les missions de la délégation du personnel que celles des représentants élus au comité d'entreprise. La délégation unique du personnel vise à simplifier l'organisation des institutions du personnel dans les petites et moyennes entreprises[133]. Même sans délégation unique du personnel, les délégués du personnel peuvent être amenés à suppléer le comité d'entreprise en cas de procès verbal de carence. Les délégués du personnel assumeront alors certaines des missions économiques du comité d'entreprise. Ils peuvent enfin se voir confier certaines missions du CHSCT lorsque celui-ci n'existe pas[134].

Outre les délégués du personnel, les différents comités tiennent eux aussi une place essentielle.

b. Les comités[135]

Dire que le comité d'entreprise ou d'établissement est une institution élue n'est pas tout à fait exact. En réalité, c'est une institution mixte résultant d'une composition tripartite. Le comité d'entreprise est composé de représentants élus, de représentants syndicaux et, enfin, de l'employeur lui-même. Cette remarque est moins pertinente pour les comités de groupe ou pour le comité d'entreprise européen qui ne disposent pas, en principe, de représentation syndicale.

Le comité d'entreprise est un rouage essentiel de l'entreprise. Il n'existe pas qu'en France, on le retrouve dans la législation de nombreux autres pays, notamment en Allemagne où il dispose de pouvoirs encore plus importants, de nombreuses décisions ne pouvant être prises par l'employeur allemand sans l'assentiment du conseil d'entreprise. En Allemagne, on dit qu'il a un véritable pouvoir de « cogestion »[136].

---

132. C. trav., art. L. 2326-1 et s.
133. C. trav., art. L. 2326-1. La délégation unique du personnel est réservée aux entreprises de moins de deux cents salariés.
134. C. trav., art. L. 2313-16.
135. M. Cohen, *Le droit des comités d'entreprise et des comités de groupe*, LGDJ, 9e éd., 2009.
136. M. Weiss, « La représentation collective en droit du travail allemand », *in La représentation collective en droit social*, Séminaire international de droit comparé du travail, Comptrasec, Bordeaux, 2004, p. 95.

Cela est loin d'être le cas en France, quoique cela aurait pu l'être. En effet, l'alinéa 8 du Préambule de la Constitution de 1946 dispose que « *tout travailleur participe, par l'intermédiaire de ses délégués, à la détermination collective des conditions de travail ainsi qu'à la gestion des entreprises* ». Ce texte aurait pu servir de base à une véritable cogestion à la française[137].

Les comités d'entreprise ont été créés en 1945. Ils ne sont mis en place que dans les entreprises ou les établissements de plus de cinquante salariés. Le comité de groupe et le comité d'entreprise européen disposent de fonctions relativement proches de celles du comité d'entreprise, la différence se jouant quant au niveau d'exercice de ces compétences.

– Les différents comités

Lorsque l'entreprise est composée de plusieurs établissements distincts dont l'un au moins comporte plus de cinquante salariés, deux types de comités se superposent dans l'entreprise : un comité d'établissement dans chaque établissement dont l'effectif est supérieur à cinquante salariés, un comité central d'entreprise au niveau de l'entreprise.

La répartition des compétences entre les comités d'établissement et le comité d'entreprise est déterminée par l'article L. 2327-15 du Code du travail. Si à l'origine leurs compétences sont identiques, elles vont en réalité varier en fonction du pouvoir du représentant de l'établissement[138]. D'une manière un peu schématique, on peut considérer que la quasi-totalité des attributions économiques du comité relève du comité central d'entreprise : les décisions de restructurer une entreprise ou de procéder à des licenciements pour motif économique, par exemple, sont prises non pas par le chef d'établissement mais par l'employeur lui-même. En revanche, les questions relatives aux activités sociales et culturelles sont principalement du ressort des comités d'établissement. Seules les activités sociales et culturelles communes à l'ensemble des salariés des différents établissements relèvent du champ de compétence du comité central d'entreprise.

Si plusieurs entreprises appartiennent à un même groupe, il peut être mis en place un comité de groupe. Celui-ci dispose cependant de prérogatives nettement moins développées que celles accordées aux comités d'établissement ou aux comités d'entreprise. Pour l'essentiel, le comité de groupe est simplement destinataire d'informations relatives aux décisions économiques prises au niveau de la société dominante. Il n'a que

137. La seule hypothèse dans laquelle le comité d'entreprise possède un véritable pouvoir de décision tient à la volonté de l'employeur d'instituer des horaires individualisés dans l'entreprise, cf. *infra* p. 463.
138. La Cour de cassation affirme en effet que « *les comités d'établissement ont les mêmes attributions que les comités d'entreprise dans la limite des pouvoirs confiés au chef d'établissement* ». *JCP* éd. S 2010, 1060, note J.- Y. Kerbourc'h ; *RDT* 2010, p. 180, note F. Signoretto.

de très faibles moyens de fonctionnement et n'est jamais consulté pour avis par les instances dirigeantes du groupe[139].

Les règles encadrant le fonctionnement et les pouvoirs du comité d'entreprise européen sont très particulières car elles ne sont pour l'essentiel pas déterminées par la loi. En effet, dans ce type d'entreprise, il doit être constitué un groupe spécial de négociation qui sera composé de membres élus et de représentants syndicaux des différentes entités constituant l'entreprise européenne. Ce groupe de négociation aura la charge de conclure un accord avec les instances dirigeantes du groupe, accord qui déterminera le mode de fonctionnement et les attributions du comité d'entreprise européen[140].

– Les moyens des comités

Personnalité juridique. L'ordonnance de 1945 qui créa les comités d'entreprise leur conféra la personnalité morale, disposition aujourd'hui reprise à l'article L. 2325-1 du Code du travail. Le comité d'entreprise bénéficie donc de l'ensemble des prérogatives attachées à la personnalité juridique. Il est apte à ester en justice, à conclure des contrats, à disposer d'un patrimoine, à être responsable du fait de ses préposés, etc.

Si cette personnalité juridique a été reconnue d'emblée aux comités d'entreprise, la loi n'a pas en revanche prévu que les autres comités bénéficient de la personnalité juridique. C'est la jurisprudence qui s'est chargée de cette extension. Le comité d'établissement dispose de la personnalité juridique depuis un arrêt célèbre du 28 janvier 1954[141]. Il en va de même pour le comité de groupe depuis un arrêt du 23 janvier 1990[142]. Le CHSCT dispose lui aussi de la personnalité juridique[143]. Seul le comité d'entreprise européen ne s'est pas encore vu formellement reconnaître la personnalité juridique, la question ne s'étant probablement jamais encore posée devant la Cour de cassation.

Au sein du comité d'entreprise est constitué un bureau, qui ressemble un peu au bureau d'une association. Ce bureau est composé du président (l'employeur ou son représentant) et d'un secrétaire élu par le comité parmi les représentants élus au comité[144]. Il s'y ajoute fréquemment un trésorier même si sa présence n'est pas imposée par le Code du travail.

Réunions. Le comité doit se réunir au minimum une fois par mois si l'effectif de l'entreprise est supérieur à cent cinquante salariés, une fois tous les deux mois dans le cas

139. Le comité de groupe dispose néanmoins de la faculté de se faire assister par un expert-comptable, v. Cass. soc., 6 déc. 1994, *RJS* 1995, p. 7, concl. Y. Chauvy.

140. B. Teyssié, « Le comité d'entreprise européen », *JCP* éd. E 1995, p. 416 ; P. Rodière, « Le comité d'entreprise à l'heure européenne », *Dr. ouvrier* 1995, p. 61.

141. Cass. civ., 28 janv. 1954, *Dr. soc.* 1954, p. 161, obs. P. Durand.

142. Cass. soc., 23 janv. 1990, *Dr. ouvrier* 1990, p. 216, concl. G. Picca, note M. Cohen.

143. Cass. soc., 17 avr. 1991, *Dr. soc.* 1991, p. 516 ; *JCP* éd. E 1991, II, 229, note H. Blaise.

144. C. trav., art. L. 2325-1.

contraire[145]. Les règles sont différentes pour le comité central d'entreprise qui se réunit au moins une fois par semestre[146] et pour le comité de groupe qui se réunit au moins une fois par an[147]. La majorité des membres du comité peut décider la tenue d'une réunion supplémentaire exceptionnelle. La réunion a lieu sur le temps de travail.

L'ordre du jour est établi conjointement par l'employeur et le secrétaire. Cependant, si la question qui doit être portée à l'ordre du jour est imposée par la loi, elle est mise d'office à l'ordre du jour sans que l'employeur ou le salarié ne puisse s'y opposer. L'établissement conjoint de l'ordre du jour fait parfois difficulté, l'un ou l'autre des protagonistes pouvant être tenté de faire obstruction à sa détermination. Dans un tel cas, le juge des référés pourra être saisi afin d'arrêter l'ordre du jour[148].

Lorsque le comité d'entreprise doit prendre une décision ou émettre un avis, celle-ci doit intervenir par un vote à la majorité des membres présents. Par principe, le président ne prend pas partie au vote, notamment à chaque fois que le Code du travail exige de l'employeur qu'il consulte le comité d'entreprise. En revanche, lorsqu'il s'agit d'une question relative au fonctionnement interne du comité (établissement du règlement intérieur, élection du secrétaire, etc.), le président retrouve sa voix délibérative[149]. A l'issue de chaque réunion le secrétaire dresse obligatoirement procès-verbal lequel peut être diffusé et affiché dans l'entreprise, y compris par voie électronique[150].

Droit d'alerte. L'article L. 2323-78 du Code du travail dispose que le comité d'entreprise bénéficie d'un droit d'alerte lorsqu'il a connaissance de faits de nature à affecter de manière préoccupante la situation économique de l'entreprise[151].

S'il met en œuvre son droit d'alerte, il demandera d'abord des explications à l'employeur qui aura l'obligation de répondre lors de la prochaine réunion du comité d'entreprise. Si l'employeur ne répond pas ou que les craintes du comité se confirment, le comité établit un rapport qu'il communique aux commissaires aux comptes de l'entreprise. S'il s'agit d'une société, il peut saisir les dirigeants de la société afin que la question soit mise à l'ordre du jour du prochain conseil d'administration afin qu'une réponse motivée lui soit apportée dans un délai d'un mois.

Local aménagé. L'article L. 2325-12 du Code du travail prévoit que l'employeur met à disposition du comité d'entreprise un local aménagé et le matériel nécessaire à

145. C. trav., art. L. 2325-14.
146. C. trav., art. L. 2327-13.
147. C. trav., art. L. 2334-2.
148. Cass. soc., 28 mai 2008, *JCP* éd. S 2008, 1425, note L. Drai.
149. À propos de l'élection du secrétaire, v. Cass. soc., 21 nov. 2000, *Dr. soc.* 2001, p. 32, concl. P. Lyon-Caen.
150. C. trav., art. R. 2325-3 et L. 2325-21.
151. M. Morand, « Les représentants du personnel et le déroulement de la procédure d'alerte interne », *JCP* éd. E 1988, II, 15357.

l'exercice de ses fonctions. Le comité d'entreprise peut engager des salariés, ce qui est très fréquent dans les très grandes entreprises. Dans ce cas, les salaires de ces salariés seront payés grâce à la subvention de fonctionnement que verse l'employeur au comité.

Subventions du comité. L'employeur verse au comité d'entreprise une subvention de fonctionnement d'un montant annuel égal à 0,2 % de la masse salariale brute[152]. Cette subvention permet de financer le fonctionnement administratif du comité et les activités autres que sociales et culturelles. L'employeur a également l'obligation, selon des modalités assez complexes, d'allouer au comité une subvention pour les activités sociales et culturelles[153]. Les budgets « fonctionnement » et « activités sociales et culturelles » doivent être gérés de manière distincte.

Le recours aux experts[154]. Le comité d'entreprise peut se faire assister par un expert comptable de son choix en vue de l'examen annuel des comptes dans la limite de deux fois par exercice comptable. Il peut également avoir recours à un expert comptable en cas de projet de licenciement pour motif économique concernant plus de dix personnes ou lorsqu'il exerce son droit d'alerte. La mission de l'expert comptable porte sur les éléments d'ordre économique, financier et social nécessaires à la compréhension des comptes[155]. Il joue un rôle d'explication, d'aide à la compréhension des comptes qui peuvent souvent paraître obscurs aux membres du comité. Dans toutes ces hypothèses, les honoraires de l'expert-comptable sont mis à la charge de l'employeur[156].

Outre l'expert-comptable, le comité d'entreprise peut parfois avoir recours à un expert en technologies[157]. Le comité n'est pas aussi libre s'agissant de cet expert puisqu'il lui faut l'accord de l'employeur pour pouvoir y recourir. Il peut demander à recourir à un expert en technologies dans les entreprises de plus de trois cents salariés pour tout projet important d'introduction de nouvelles technologies dans l'entreprise. La rémunération de l'expert sera à la charge de l'employeur.

---

152. C. trav., art. L. 2324-43.

153. Sur cette question, M. Cohen, « Le financement des activités sociales et culturelles du comité d'entreprise », *Dr. soc.*, 2000, p. 490.

154. M. Cohen, « Les experts du comité d'entreprise », *Dr. soc.* 1984, p. 281 ; B. Teyssié, « L'expert-comptable du comité d'entreprise », *JCP* éd. E 2003, 1745 et 1789 ; A. Supiot, « Le progrès des lumières dans l'entreprise, *in Les transformations du droit du travail, Études offertes à Gérard Lyon-Caen*, Dalloz, 1989, p. 463.

155. Sur la mission de l'expert-comptable, v. Cass. soc., 18 déc. 2007, *Lexbase hebdo*, éd. soc., n° 288, note G. Auzero. Le comité d'établissement est lui aussi habilité à recourir à ces expertises, v. par ex. à propos de l'analyse des comptes de l'établissement, Cass. soc., 18 nov. 2009, *RDT* 2010, p. 180, obs. F. Signoretto ; *Lexbase hebdo*, éd. soc., n° 374 et la note.

156. Le comité a cependant la possibilité, en dehors des hypothèses énumérées, de recourir à ce que l'on appelle un expert libre dont les honoraires seront, cette fois, réglés sur le compte du budget de fonctionnement du comité.

157. C. trav., art. L. 2325-38.

Si les comités disposent d'autant de moyens, c'est qu'ils assument des missions importantes et variées.

– Le rôle des comités

Les comités d'entreprise ou d'établissement ont pour l'essentiel deux types de missions : des attributions économiques d'abord, des attributions sociales et culturelles ensuite.

Attributions économiques. Les attributions dites économiques constituent le rôle primordial des comités d'entreprise. Le comité d'entreprise a pour mission d'assurer une « *expression collective des salariés et de permettre la prise en compte permanente de leurs intérêts dans les décisions relatives à la gestion et à l'évolution économique et financière de l'entreprise, à l'organisation du travail, à la formation professionnelle et aux techniques de production* »[158]. Pourquoi cette mission est-elle plus importante que les autres ? Parce que c'est grâce à elle que les salariés vont pouvoir anticiper les décisions qui vont être prises dans l'entreprise sur leurs emplois. La difficulté étant cependant que le comité d'entreprise finit par être noyé sous les informations qu'il n'a parfois pas les compétences de comprendre.

De manière générale, l'article L. 2323-6 du CT dispose que « *le comité d'entreprise est informé et consulté sur les questions intéressant l'organisation, la gestion et la marche générale de l'entreprise et, notamment, sur les mesures de nature à affecter le volume ou la structure des effectifs, la durée du travail, les conditions d'emploi, de travail et de formation professionnelle* ». En pratique, le comité va recevoir foule d'informations et être consulté sur de nombreuses questions dans l'entreprise[159].

En matière économique, il doit être consulté sur les questions relatives à la marche générale de l'entreprise[160], à la politique de recherche et d'introduction des nouvelles technologies[161], sur tout projet de restructuration et de compression d'effectif[162], sur le recours au travail temporaire et aux CDD[163], sur l'intéressement et la participation[164], sur les modifications de l'organisation de l'entreprise[165] ou en cas d'OPA[166]. L'avis du comité d'entreprise sera spécialement requis lorsque l'entreprise sera en difficulté, c'est-à-dire lorsqu'une procédure de sauvegarde, de redressement ou de liquidation judiciaire sera engagée contre l'employeur[167].

158. C. trav., art. L. 2323-1.
159. Sur ces questions, v. bien sûr l'ouvrage de M. Cohen, *Le droit des comités d'entreprise et des comités de groupe, préc.*
160. C. trav., art. L. 2323-6 et s.
161. C. trav., art. L. 2323-12 et s.
162. C. trav., art. L. 2323-15 et s.
163. C. trav., art. L. 2323-17.
164. C. trav., art. L. 2323-18.
165. C. trav., art. L. 2323-19 et s.
166. C. trav., art. L. 2323-21 et s.
167. C. trav., art. L. 2323-44 et s.

En matière de conditions de travail, il est consulté sur « *les problèmes généraux intéressant les conditions de travail résultant de l'organisation du travail, de la technologie, des conditions d'emploi, de l'organisation du temps de travail, des qualifications et des modes de rémunération* »[168]. Il sera, en outre, consulté sur les questions relatives à la formation professionnelle et à l'apprentissage[169].

Afin de pouvoir donner un avis éclairé, le comité doit toujours être convenablement informé avant d'être réuni et consulté. Il doit disposer d'informations précises et écrites de la part de l'employeur. C'est principalement ici que la faculté de recourir à des experts prend toute sa dimension.

Outre ces informations et consultations ponctuelles, le comité reçoit des informations périodiques sur la santé économique et sociale de l'entreprise. Ainsi, dans un délai d'un mois suivant les élections, l'employeur doit remettre aux membres du comité une documentation économique et financière sur la situation de l'entreprise ainsi que sur les perspectives économiques telles qu'elles peuvent être envisagées.

Le comité est encore destinataire d'informations trimestrielles sur de nombreux points : évolution des commandes, situation financière, retards éventuels de paiement des cotisations de sécurité sociale. Il reçoit un rapport trimestriel sur l'évolution de l'emploi dans l'entreprise, analysée mois par mois en fonction de l'évolution des effectifs des salariés. Cette information comprend des données sur le recours aux contrats à durée déterminée, à l'intérim, au temps partiel, au travail en alternance, etc[170].

Le comité est surtout destinataire d'informations annuelles dont la teneur varie selon que l'entreprise comporte plus ou moins de trois cents salariés[171].

Dans les entreprises de moins de trois cents salariés, l'employeur fournit annuellement au comité un rapport sur l'activité économique de l'entreprise. Ce rapport porte sur de très nombreux points tels que la situation financière de l'entreprise, le bilan du travail à temps partiel, l'évolution de l'emploi, l'évolution des qualifications, l'évolution de la formation, l'évolution des salaires, les actions en faveur de l'égalité homme/femme dans l'entreprise, les actions en faveur de l'emploi des travailleurs handicapés dans l'entreprise, etc.

Dans les entreprises de plus de trois cents salariés, c'est un rapport d'ensemble sur la situation économique et les perspectives de l'entreprise pour l'année à venir qui doit être remis au comité. Il comprend les mêmes informations que celui remis dans les entreprises de moins de trois cents salariés, mais de manière plus détaillée encore. La liste – pléthorique – de ces informations est établie aux articles L. 2323-55 et suivants

168. C. trav., art. L. 2323-27.
169. C. trav., art. L. 2323-33 et s.
170. C. trav., art. L. 2323-46 et L. 2323-50 et s.
171. C. trav., art. L. 2323-47 et s. et L. 2323-55 et s.

du Code du travail. Ces grandes entreprises auront également la charge annuelle d'adresser à leur comité d'entreprise un bilan social qui « *récapitule en un document unique les principales données chiffrées permettant d'apprécier la situation de l'entreprise dans le domaine social* »[172]. La liste de ces données, redoutablement longue, est établie par l'article R. 2323-17 du Code du travail.

À ce stade de la présentation, les raisons pour lesquelles le seuil de cinquante salariés, qui impose la mise en place d'un comité, constitue un changement fondamental dans l'application du droit du travail dans l'entreprise apparaissent plus clairement. S'il est à peu près certain que le poids de ces obligations peut rebuter un employeur à franchir ce seuil, leur exécution n'en demeure pas moins fondamentale parce que les salariés doivent accéder à ces informations, ne serait-ce que pour mesurer l'éventuelle pérennité de leur relation contractuelle. Sur un plan collectif, ces informations et consultations ouvrent aux institutions représentatives du personnel la faculté d'aménager leur « politique » au niveau de l'entreprise, politique de soutien à l'entreprise en cas de difficultés[173], politique de revendication lorsque la situation est florissante.

Activités sociales et culturelles. S'agissant des activités sociales et culturelles, elles constituent la deuxième facette des missions du comité d'entreprise et bien souvent la partie émergée de l'iceberg, celle que les salariés distinguent du rôle du comité. Le comité d'entreprise « *assure, contrôle ou participe à la gestion de toutes les activités sociales et culturelles établies dans l'entreprise prioritairement au bénéfice des salariés ou de leurs familles* »[174]. La Cour de cassation définit une activité sociale et culturelle comme une activité non obligatoire légalement, quelle que soit sa dénomination, la date de sa création et son mode de financement, et qui est exercée principalement au bénéfice du personnel de l'entreprise, en vue d'améliorer les conditions collectives d'emploi, de travail et de vie du personnel au sein de l'entreprise[175].

Il ne faut pas qu'il s'agisse d'une obligation légale, par exemple d'actions en matière de sécurité, mais de prestations facultatives de nature sociale. Il s'agit d'un avantage qui est conféré au salarié mais sans rapport avec la contrepartie donnée au travail : les avantages des activités sociales et culturelles ne sont pas des rémunérations[176]. Il ne peut pas s'agir d'activités syndicales ou politiques. Par exemple, le comité d'entreprise ne peut financer au titre de ses activités sociales et culturelles le voyage des salariés

---

172. C. trav., art. L. 2323-70.
173. On pensera, par exemple, aux accords d'entreprise par lesquels des syndicats acceptent, parfois, des allongements de la durée du travail ou des diminutions de rémunération lorsque la santé de l'entreprise est mise en péril. Ces accords peuvent bien entendu apparaître par la suite comme des marchés de dupe. V. de manière symptomatique l'affaire *Sogerma*, Bordeaux, ch. soc. A, 11 déc. 2007, *RDT* 2008, p. 184, note F. Canut.
174. C. trav., art. L. 2323-83.
175. Pour des précisions sur la définition des activités sociales et culturelles, v. J. Pélissier, A. Lyon-Caen, A. Jeammaud, E. Dockès, *Les grands arrêts du droit du travail*, Dalloz, 4e éd., 2008, n° 146.
176. Cass. soc., 2 déc. 2008, *JCP* éd. S 2009, 1071, note J.- Y. Kerbourc'h.

pour aller participer à une manifestation[177]. De la même manière, l'argent du comité ne peut être utilisé pour verser des subsides aux grévistes qui ne perçoivent pas leur salaire pendant la grève[178].

Les activités les plus fréquemment organisées par les comités d'entreprise sont la tenue d'un arbre de Noël avec remise de cadeaux aux enfants du personnel, le financement de chèques-restaurant ou de chèques-vacances, le bénéfice de réduction chez différents commerçants, l'accès à des tarifs préférentiels pour des manifestations culturelles (cinéma, théâtre, concerts) ; pour les comités les plus riches, la mise en place d'un complexe sportif à la disposition des salariés, la mise à disposition d'appartements ou de maison pour des locations de vacances, etc.

Les activités doivent bénéficier à tous les salariés sans discrimination. Ainsi, peu importe le niveau hiérarchique ou le niveau de rémunération des salariés concernés. De la même manière, l'ensemble des salariés en bénéficient, y compris les salariés engagés pour une durée déterminée ou les intérimaires de passage[179].

Enfin, le comité d'entreprise assure un dernier rôle qui semble monter en puissance ces dernières années : il intervient de plus en plus souvent dans la négociation d'accord ou de conventions collectives d'entreprise au titre de la négociation dérogatoire[180].

Une dernière institution représentative du personnel élue doit être étudiée : le comité d'hygiène, de sécurité et des conditions de travail.

c. Le comité d'hygiène, de sécurité et des conditions de travail (CHSCT)

Le CHSCT a été créé en 1982 par une loi Auroux. L'article L. 4611-1 du Code du travail impose qu'un CHSCT soit obligatoirement institué dans les entreprises ou les établissements de cinquante salariés ou plus. Il a la charge de protéger, améliorer et veiller à la santé au travail. Les CHSCT jouent un rôle de plus en plus important dans les entreprises notamment en raison de l'émergence dans le débat public des questions liées aux « souffrances au travail »[181]. Ces questions ont été particulièrement médiatisées dans certains secteurs, notamment par le biais des suicides de salariés chez Orange. Plus loin des projecteurs, ce sont également les questions liées au harcèlement moral,

---

177. Cass. soc., 7 mai 1980, *Bull. civ.* V, n° 387.
178. Cass. soc., 11 juin 1996, n° 94-14.988 : le comité peut attribuer des subsides aux salariés nécessiteux à la condition que ces sommes ne soient pas systématiquement réservées aux salariés grévistes.
179. Est discriminatoire la prise en compte de l'appartenance du salarié à tel ou tel syndicat pour le calcul de remboursement de frais de formation servi par le comité d'entreprise, v. Cass. soc., 16 avr. 2008, *RDT* 2008, p. 467, obs. F. Signoretto ; *Lexbase hebdo*, éd. soc., n° 304, note G. Auzero.
180. Sur cette question, cf. *infra* p. 206.
181. De manière tout à fait évocatrice, les dispositions légales relatives au CHSCT ne figurent pas dans la partie du Code du travail traitant des institutions représentatives du personnel mais dans celles afférentes à la sécurité au travail. L'institution est donc envisagée par sa finalité plus que par sa nature, ce qui démontre l'importance conférée à ses objectifs.

au stress au travail, à la détérioration de la santé des travailleurs en raison de mouvements répétés (troubles musculo-squelettiques) qui font de plus en plus l'actualité des CHSCT.

Le CHSCT est présidé par le chef d'entreprise ou le chef d'établissement. Il est composé de représentants élus du personnel, mais ne comporte pas de représentants syndicaux, sauf si un accord collectif de travail le prévoit[182]. Le médecin du travail participe à tous les travaux du CHSCT. Le nombre de représentants élus au CHSCT varie de deux à neuf selon la taille de l'entreprise et ces représentants bénéficient d'heures de délégation dont le nombre varie lui aussi en fonction de l'effectif de l'entreprise[183].

Le CHSCT se réunit au moins une fois par trimestre, plus si cela s'avère nécessaire. Comme le comité d'entreprise, il peut recourir à des experts agréés dans deux situations prévues par l'article L. 4614-12 du Code du travail : lorsqu'un risque grave est constaté dans l'établissement ; en cas de projet important modifiant les conditions de santé, de sécurité ou de travail des salariés de l'entreprise. Les frais de l'expertise sont mis à la charge de l'employeur[184]. Les membres du comité bénéficient de formations à l'hygiène et à la sécurité, formations elles aussi financées par l'employeur[185].

Les missions du CHSCT sont précisément décrites par les articles L. 4612-1 du Code du travail. Il contribue à la protection de la santé physique et mentale et de la sécurité des travailleurs. Il contribue également à l'amélioration des conditions de travail, notamment en vue de faciliter l'accès des femmes à tous les emplois et de répondre aux problèmes liés à la maternité. Enfin, il veille à l'application des règles légales en matière d'hygiène et de sécurité.

Concrètement, le CHSCT peut procéder à une analyse des risques professionnels auxquels peuvent être exposés les salariés dans l'entreprise. Par exemple, dans une clinique, le CHSCT évaluera si les salariés sont bien protégés contre le risque de contamination par des maladies infectieuses dont les patients seraient porteurs, si les règles d'ergonomie sont suffisamment diffusées pour que les personnels soignants ne se blessent pas, si des temps de repos suffisants sont prévus pour que les salariés de nuit bénéficient d'un rythme de travail acceptable, etc. Pour assumer ces missions, le CHSCT dispose de la faculté d'effectuer des inspections de l'entreprise à intervalle de temps régulier et de réaliser des enquêtes en matière de risques professionnels.

Comme le comité d'entreprise, le CHSCT doit être consulté sur un certain nombre de points[186]. Il est par exemple consulté avant toute décision d'aménagement important

---

182. Sur la composition du CHSCT, cf. *supra* p. 103.
183. C. trav., art. L. 4614-3.
184. C. trav., art. L. 4614-13.
185. C. trav., art. L. 4614-14 et s.
186. C. trav., art. L. 4612-8 et s.

modifiant les conditions de santé et de sécurité ou les conditions de travail. Il est consulté sur toute transformation importante des postes de travail découlant de la modification de l'outillage, d'un changement de produit ou d'une modification des cadences de travail. Il est consulté lors de l'introduction de nouvelles technologies dans l'entreprise.

Après ce tour d'horizon des institutions représentatives élues du personnel, il reste à étudier le fonctionnement du syndicalisme français.

B. Les syndicats[187]

Les organisations syndicales constituent l'une des principales composantes des partenaires sociaux. Après une brève description des organisations syndicales françaises (1), il conviendra d'analyser les règles relatives à la représentativité syndicale (2), les missions des syndicats (3) et, enfin, la présence syndicale dans les entreprises (4).

1. LES ORGANISATIONS SYNDICALES

Les organisations syndicales françaises ont émergé d'une histoire mouvementée dont il est essentiel de brosser les traits principaux (a) avant de présenter le statut des syndicats en France (b).

a. Historique[188]

Les syndicats ont longtemps été interdits en France à la suite de la loi Le Chapelier du 14 juin 1791 qui interdisait les corporations. Le syndicalisme ne fut admis qu'à l'occasion de la loi Waldeck-Rousseau du 21 mars 1884 qui leva définitivement l'interdiction et affirma la liberté de constitution des syndicats. Les syndicats acquirent la personnalité juridique, mais avaient l'obligation de se déclarer aux autorités.

C'est en 1895 qu'est créée la CGT (Confédération générale du travail) qui restera le syndicat principal pendant vingt-cinq ans. Les militants syndicaux se réunissent dans les bourses du travail où ils reçoivent les travailleurs et tentent d'organiser des luttes syndicales. Au cours des premières années du XXe siècle, deux courants vont progressivement devenir dominants dans la CGT : les révolutionnaires et les réformistes. Les premiers tiennent une position anarcho-syndicaliste, s'opposent vivement à l'État et se revendiquent de l'internationale socialiste. Les seconds, plus modérés, acceptent le dialogue avec l'État et prônent un progrès social sans renversement de l'ordre établi[189].

---

187. J.- M. Verdier, *Syndicats et droit syndical*, Traité de droit du travail, Dalloz, t. 5, 2e éd., 2 vol. (1984 et 1987) ; *Le syndicalisme salarié*, ouvr. coll. sous la dir. de B. Lardy-Pélissier et J. Pélissier, Dalloz, 2002.

188. H. Landier, D. Labbé, *Les organisations syndicales en France des origines aux évolutions actuelles*, éd. Liaisons, 2e éd., 2004.

189. Sur les évolutions de la CGT depuis sa création, v. M. Dreyfus, *Histoire de la CGT : cent ans de syndicalisme en France, éd. Complexe*, 1994 ; P. Bance, *Les fondateurs de la CGT à l'épreuve du droit*, éd. La pensée sauvage, 1978.

En 1919 est créé un nouveau syndicat ayant vocation à regrouper des militants plus modérés, à tendance réformiste et qui a la particularité d'être confessionnel : la CFTC (Confédération Française des Travailleurs Chrétiens). C'est le début du pluralisme syndical en France.

En 1944 nait une nouvelle organisation syndicale : la CFE-CGC (Confédération Française de l'Encadrement – Confédération Générale des Cadres). Ce syndicat apparaît du fait de l'insuffisante attention portée par la CGT et la CFTC aux ingénieurs et aux cadres, ceux que l'on appelle les « cols blancs » par opposition aux « cols bleus » que sont les ouvriers[190].

C'est véritablement avec le préambule de la Constitution de 1946 que les syndicats voient leur rôle affirmé et garanti. La liberté syndicale est proclamée par l'alinéa 6 qui dispose que « *tout homme peut défendre ses droits et ses intérêts par l'action syndicale et adhérer au syndicat de son choix* »[191]. Avec la guerre froide qui s'installe en Europe, l'opposition au sein de la CGT entre ceux qui soutiennent Moscou et ceux qui jugent l'attitude communiste indéfendable devient intenable. C'est la première scission syndicale de l'histoire : la CGT est scindée en deux, d'un côté la CGT qui demeure et qui conserve la frange dure et révolutionnaire, de l'autre la CGT-FO (Confédération Générale du Travail – Force Ouvrière) qui regroupe les réformistes.

En parallèle, au sein de la CFTC, une minorité de militants laïcs commence à montrer des velléités d'indépendance à l'égard du clergé. Peu à peu, cette frange laïque de la CFTC prend le dessus et devient majoritaire en 1961. La CFTC est dissoute en 1964 et remplacée par la CFDT (Confédération Française Démocratique du Travail)[192]. La CFTC est aussitôt recréée par une minorité des militants attachés à l'esprit confessionnel d'origine.

A partir des années 1970, l'unité syndicale d'origine s'est totalement désagrégée. Il existe au total cinq grandes confédérations nationales dont les tendances divergent, qui ne parviennent que rarement à s'entendre.

À partir d'un conglomérat d'une dizaine de syndicats, apparaît au début des années 1980 un nouveau syndicat à tendance révolutionnaire : l'USS (Union Syndicale Solidaire). C'est aujourd'hui un syndicat qui a pris une importance considérable dans certains secteurs et dont les principales composantes se font désormais appeler SUD (Solidaires Unitaires Démocratiques) ou Solidaires dans chaque profession : Sud-Rail, Sud-éducation, Sud-Trésor, etc. Ce syndicat n'avait jusqu'à présent que peu de pouvoir,

190. J. Ducros, « La CGC », *Dr. soc.* 1945, p. 321.
191. La liberté syndicale est également garantie par l'article 11 de la CESDH. V. J.- M. Béraud, « Aspects de la liberté syndicale au sens de la Convention européenne des droits de l'homme », *Dr. soc.* 1986, p. 384. Les conventions n° 87 et 98 de l'OIT ont également pour objet la protection de cette liberté, v. J.- M. Servais, *Normes internationales du travail*, LGDJ, 2004, n° 237 et s.
192. J.- D. Raynaud, « De la CFTC à la CFDT », *Dr. soc.* 1965, p. 199.

malgré le nombre grandissant de ses adhérents, principalement parce qu'il ne pouvait que difficilement bénéficier de la représentativité syndicale. Avec la loi du 20 août 2008 ayant réformé en profondeur le système de la représentativité, il se pourrait que Solidaires prenne une place plus importante dans le paysage syndical.

Les lois Auroux de 1982 constituent un véritable tournant dans l'histoire du syndicalisme français. En permettant aux syndicats de conclure des conventions ou accords collectifs dont le contenu n'est pas nécessairement plus favorable aux salariés, tout en laissant à de très faibles organisations syndicales telles que la CFTC la possibilité de conclure seules de tels accords « dérogatoires », les lois amorcent bien involontairement le lent déclin du syndicalisme français[193].

Cette crise du syndicalisme continue à impliquer l'apparition de nouveaux syndicats. Ainsi, le dernier gros syndicat créé en France est l'UNSA (Union Nationale des Syndicats Autonomes). Cette union a été créée en 1993 par la réunion de plusieurs petits syndicats catégoriels. Ses secteurs de prédilection sont les transports, la police et la fonction publique d'une manière générale. Comme Solidaires, elle n'a longtemps bénéficié que de très peu de pouvoirs en raison des règles restrictives de la représentativité. En revanche, contrairement à Solidaires, c'est un syndicat réformiste et non révolutionnaire[194].

Le syndicalisme français a perdu la majeure partie de ses adhérents. Il n'y a plus que 2 millions de salariés syndiqués, soit un taux de syndicalisation d'un peu moins de 6 % dans le secteur privé[195]. Cela a pour conséquence que les syndicats perçoivent de moins en moins de cotisations et qu'ils vivent sous perfusion grâce, principalement, à des subventions de l'État.

La loi du 20 août 2008 a vocation à redorer le blason des syndicats français en modifiant les règles de la représentativité[196]. La réforme va permettre à Solidaires et à l'UNSA d'acquérir de véritables pouvoirs dans l'entreprise. En revanche, d'autres syndicats comme la CFTC, la CGC et même, peut-être FO, devraient perdre des pouvoirs. Il faudra attendre de voir les résultats des élections professionnelles dans les entreprises pour savoir si le paysage syndical va être redessiné. Cependant, modifier le

---

193. Pour un état des lieux du syndicalisme français, v. *Les syndicats en France*, sous la dir. de D. Andolfatto, La documentation française, 2004 ; *Mythes et réalités de la syndicalisation en France*, rapport de la Dares, oct. 2004.

194. Sur ces syndicats plus récents, lire J.- M. Denis, « Le syndicalisme autonome face à la construction européenne : quelles menaces ? Quelles perspectives ? », *Dr. soc.* 2001, p. 526.

195. T. Amossé, M.- T. Pignoni, « La transformation du paysage syndical depuis 1945 », *in Données sociales, La société française*, INSEE, 2006, p. 405 ; « Le paradoxe du syndicalisme français », *PIPS*, Dares, avr. 2008, n° 16.1.

196. V. B. Gauriau, « La rénovation de la démocratie sociale », *JCP* éd. S 2008, 1448 ; C. Nicod, « La réforme du droit de la négociation collective par la loi du 20 août 2008 », *Dr. ouvrier* 2009, p. 219 ; L. Pécaut-Rivolier, « La représentation du personnel dans l'entreprise après la loi du 20 août 2008 », *RDT* 2009, p. 490.

paysage syndical ne suffira probablement pas à rapprocher les salariés français de leurs syndicats. D'autres mesures entraveront ce rapprochement et, en particulier, le fait que des accords dérogatoires puissent toujours être conclus. Certes, ils ne peuvent l'être que si une majorité syndicale se dessine en faveur de la conclusion de tels accords. Pour autant, les syndicats pourront toujours être perçus comme ceux qui ont baissé les bras et ont laissé se dégrader les conditions de travail dans l'entreprise.

Quoiqu'il en soit, les syndicats disposent aujourd'hui d'un véritable statut qui s'articule autour de leur personnalité juridique.

b. Le statut des syndicats

Par application de l'article L. 2132-1 du Code du travail, le syndicat dispose de la personnalité morale. Le syndicat est une forme particulière d'association qui n'est pas régie par la loi du 1er juillet 1901. Pour acquérir cette personnalité juridique, il doit respecter certaines conditions lors de sa création. Les fondateurs du syndicat doivent rédiger des statuts qui seront proposés au vote de la première assemblée générale. Ces statuts indiquent l'objet du syndicat, son siège, le montant des cotisations, le nom des premiers administrateurs et les conditions d'adhésion au syndicat.

Pour pouvoir fonder un syndicat ou adhérer à un syndicat existant, il faut exercer une profession similaire à celle qui fait l'objet du syndicat. En effet, les syndicats sont des groupements professionnels, qui défendent les intérêts d'une profession. Ils doivent donc être constitués autour d'un métier : syndicat d'ouvriers boulangers, syndicats de cuisiniers, syndicats d'interprètes, etc. La loi autorise cependant que des professions connexes constituent un syndicat unique. Cette définition du syndicat défendant les intérêts d'une profession est parfois masquée par la faculté pour les syndicats de se regrouper.

Les syndicats peuvent en effet se regrouper, soit sur un plan géographique, soit sur un plan professionnel. Les regroupements sur un plan géographique s'appellent des unions. On trouve des unions locales (dans une même ville), des unions départementales et des unions régionales. Il s'agit de réunir des syndicats concernés par des activités professionnelles différentes. Ces unions ont également la personnalité juridique. Les regroupements sur le plan professionnel s'appellent des fédérations. Les fédérations sont le regroupement de tous les syndicats d'un même métier, le plus souvent au niveau national.

La confédération est le regroupement de toutes les fédérations d'un syndicat. Ainsi, la confédération nationale CGT recouvre toutes les fédérations (habillement, transport, boulangerie, métallurgie, etc.) au niveau national. C'est à la tête des confédérations que prennent place les secrétaires généraux des organisations syndicales tels que, parmi les plus médiatiques, Bernard Thibault pour la CGT ou François Chérèque pour la CFDT.

Si l'est aujourd'hui un point essentiel du fonctionnement des syndicats français, c'est bien celui de leur représentativité qui doit à présent être étudiée.

2. LA REPRÉSENTATIVITÉ SYNDICALE[197]

La représentativité est une qualité accordée à un syndicat, c'est une sorte de label. Les syndicats représentatifs ont quelque chose de plus que les syndicats non représentatifs. Contrairement à la notion de représentation du droit civil où une personne agit au nom et pour le compte d'une autre personne, la représentativité peut se définir comme l'aptitude à incarner les intérêts d'une collectivité et à l'engager sur un plan juridique.

La représentativité est un élément crucial pour les syndicats pour essentiellement deux raisons. D'abord, seuls les syndicats représentatifs peuvent négocier des accords et des conventions collectifs de travail[198]. Ensuite, seuls les syndicats représentatifs peuvent désigner un délégué syndical dans les entreprises[199]. Au plan national, seuls les syndicats représentatifs participent à la gestion des caisses de sécurité sociale, siègent au conseil économique, social et environnemental, participent à la gestion de l'UNEDIC. Au plan international, enfin, les syndicats représentatifs représentent les intérêts des salariés auprès du Bureau international du travail (BIT) et, dans le cadre de l'Union européenne, auprès du Comité économique et social de l'Union européenne.

Avant la loi du 20 août 2008, la représentativité syndicale constituait un système quasiment verrouillé[200]. Les cinq grands syndicats historiques (CGT, CGT-FO, CFE-CGC, CFTC, CFDT) bénéficiaient de la représentativité à tous les niveaux, de manière présumée, la présomption étant irréfragable. Pour les autres syndicats, il était nécessaire de faire la preuve de leur représentativité notamment en démontrant leur indépendance et leur influence dans le monde du travail[201].

La réforme a bouleversé la notion comme le régime de la représentativité des syndicats, les fondements des modifications apportées reposant sur la volonté de raffermir

197. A. Arseguel, « Réflexions sur la théorie de la représentation syndicale », *in Mélanges dédiés à M. Despax*, Toulouse, 2002, p. 401 ; G. Borenfreund, « Le nouveau régime de la représentativité syndicale », *RDT* 2008, p. 712.

198. C. trav., art. L. 2231-1, sous réserve tout de même des règles relatives à la négociation dérogatoire tirée de l'article L. 2232-21 du même code.

199. C. trav., art. L. 2143-3.

200. De nombreuses études avaient démontré les dérives du système aristocratique antérieur. Sur le plan doctrinal, v. notamment A. Arseguel, « Réflexions sur la théorie de la représentation syndicale », *préc.* ; G. Borenfreund, « Propos sur la représentativité syndicale », *Dr. soc.* 1988, p. 476. Sur le plan institutionnel, v. par ex. le rapport Chertier de 2006 (*RDT* 2006, 216), le rapport « Pour un dialogue social efficace et légitime : représentativité et financement des organisations professionnelles et syndicales » lui aussi remis au gouvernement en 2006 (*RDT* 2006, p. 284) ou, encore, un avis du comité économique et social intitulé « Consolider le dialogue social », lui aussi datant de l'année 2006, *Lexbase hebdo*, éd. soc., n° 241 et la note.

201. Cass. soc., 3 déc. 2002, *Dr. soc.* 2003, p. 298, note J.- M. Verdier ; *JCP* éd. S 2006, 1007, note J.- M. Olivier.

la légitimé des organisations syndicales. À cette fin, deux voies principales ont été empruntées : l'exigence de la preuve de la représentativité pour tous et à tous les niveaux ; l'introduction d'une dose de légitimité électorale dans l'appréciation de la représentativité syndicale.

Le premier changement fondamental de la loi du 20 août 2008 tient donc à la suppression de la présomption de représentativité pour les cinq grands syndicats. Désormais, tous les syndicats devront faire la preuve de leur représentativité. La preuve devra être rapportée à tous les niveaux (établissement, entreprise, département, région, national) auxquels le syndicat souhaitera exercer les missions réservées aux syndicats représentatifs[202]. C'est ce que l'on appelle le principe de concordance[203].

La représentativité n'est pas seulement relative dans l'espace, elle l'est également dans le temps. La représentativité doit en théorie être prouvée à chaque fois qu'un syndicat souhaite exercer une de ses prérogatives : désigner un délégué syndical, négocier un accord collectif de branche, etc. En réalité, il est probable que la représentativité soit acquise pour un certain temps correspondant aux échéances électorales qui, comme nous le verrons, jouent désormais un rôle majeur en matière de représentativité.

Le législateur a modifié la liste des critères de la représentativité. Il faut d'abord relever que, contrairement à l'ancienne liste, la nouvelle liste de sept critères est limitative et cumulative : tous les critères doivent être réunis et le juge ne pourra pas ajouter de nouveaux critères comme il l'avait fait avec l'audience électorale[204]. Quels sont ces critères ?

1- **Respect des valeurs républicaines**[205]. Il remplace l'ancien critère de l'attitude patriotique pendant l'occupation et devrait permettre de repousser des syndicats qui ne respecteraient pas les valeurs essentielles de la République. Ce critère fait écho aux décisions de la Cour de cassation qui avaient refusé la représentativité à des syndicats FN à la fin des années 1990 en raison de l'illicéité de leur objet[206]. Les premières décisions de la Cour de cassation relatives au respect des valeurs républicaines jugent que ce respect sera en quelque sorte présumé[207].

---

202. À la vérité, des présomptions de représentativité subsistent de manière transitoire jusqu'à ce que des mesures d'audience aient pu être effectuées à tous les niveaux.
203. Ph. Masson, « Entreprise et établissements : quelle mesure de la représentativité ? », *SSL* 2010, n° 1455, p. 7.
204. C. trav., art. L. 2121-1.
205. Y. Pagnerre, « Le respect des valeurs républicaines ou l'éthique syndicale », *JCP* éd. S 2009, 1050.
206. Cass. mix., 10 avr. 1998, *Dr. soc.* 1998, p. 569, rapp. J. Merlin ; D. 1998, p. 389, note A. Jeammaud.
207. Cass. soc., 8 juill. 2009, *JCP* éd. S 2009, 1364, obs. Y. Pagnerre ; *Dr. soc.* 2009, p. 950, rapp. L. Pécaut-Rivolier.

2- **Indépendance**[208]. La loi n'apporte aucune précision sur ce qu'il convient d'entendre par « indépendance ». Cela incite les auteurs à considérer que l'indépendance sera appréciée comme elle l'était sous l'empire de la loi ancienne[209]. L'indépendance s'apprécie à l'égard de l'employeur. L'absence d'indépendance peut par exemple découler du fait que les adhérents du syndicat appartiennent tous au service du chef du personnel ou que le syndicat est subventionné par l'employeur.

3- **La transparence financière**. Il s'agit d'un nouveau critère qui s'appuie sur l'introduction de nouvelles obligations comptables imposées aux syndicats, d'une certaine moralisation financière des organisations syndicales[210]. Ce critère permettra également, de manière indirecte, de démontrer l'indépendance financière du syndicat vis-à-vis de l'employeur.

4- **L'ancienneté**. Ce critère existait déjà dans l'ancien système, il a été repris et affiné par la loi du 20 août 2008. Le texte exige en effet une ancienneté minimale de deux ans dans le champ professionnel et géographique dans lequel la représentativité doit être démontrée. Cette ancienneté s'apprécie à compter de la date de dépôt légal des statuts.

5- **L'influence**. Il s'agit de la reprise d'un critère qui avait été dégagé par la Cour de cassation en 2002[211]. Selon l'article L. 2121-1 du Code du travail, l'influence du syndicat devra prioritairement être démontrée par le biais de son activité et de son expérience. Ce critère devrait laisser une certaine marge d'appréciation aux juges du fond.

6- **Les effectifs d'adhérents et les cotisations**. Là encore, il s'agit de la réunion de deux critères qui existaient déjà dans l'ancien système. Si l'on s'en tient au régime applicable avant la réforme, la charge de la preuve de ce critère reposera sur les épaules de l'organisation qui tentera de démontrer sa représentativité. Le syndicat devra fournir des éléments chiffrés précis. S'agissant des effectifs, le nombre d'adhérent est apprécié de manière relative. Il ne sera pas exigé d'un syndicat qu'il ait un nombre très important d'adhérents si, au niveau où il cherche à prouver sa représentativité, il y a très peu de salariés syndiqués. À l'inverse, si le syndicat se trouve dans un secteur à forte syndicalisation (ex. transports), il devra alors compter de plus nombreux adhérents.

7- **L'audience**. C'est le critère qui constitue le bouleversement le plus profond de la notion de représentativité en droit français. L'audience électorale avait déjà été invoquée par la jurisprudence comme indice de la représentativité dans l'ancien système. Cela en est désormais la pierre angulaire, dont la constitutionnalité a été récemment

---

208. S. Michel, « Le critère de l'indépendance au sein de l'article L. 133-2 du Code du travail », *Dr. ouvrier* 2003, p. 133.
209. B. Teyssié, *Droit du travail – Relations collectives*, Litec, 6e éd., 2009, p. 37 ; J. Pélissier, G. Auzero, E. Dockès, *Droit du travail*, Dalloz, 25e éd., 2010, p. 985.
210. C. trav., art. L. 2135-1 et L. 2135-6.
211. Cass. soc., 3 déc. 2002, *préc.*

confirmée[212]. L'audience électorale du syndicat sera appréciée de manière différente selon le niveau auquel le syndicat cherchera à démontrer sa représentativité.

A l'issue de la période transitoire[213], dès que les premières élections auront lieu dans l'entreprise, le nouveau système pourra s'appliquer[214]. Seuls rempliront le critère de l'audience les syndicats qui auront obtenu au moins 10 % des suffrages exprimés au premier tour des élections du comité d'entreprise (voix comptées parmi les listes des titulaires) ou[215], à défaut, de la délégation unique du personnel ou, subsidiairement, des élections des délégués du personnel[216]. Même si le quorum de 50 % nécessaire à la validité des résultats de l'élection n'est pas atteint, les suffrages devront tout de même être dépouillés pour permettre de connaître les syndicats qui atteignent les 10 % exigés. Un syndicat qui n'aura pas présenté de liste au premier tour ne pourra donc pas acquérir la représentativité.

Au niveau du groupe, l'audience s'appréciera par addition des résultats obtenus par les syndicats dans l'ensemble des entreprises du groupe[217].

Au niveau de la branche d'activité, un système transitoire a lui aussi été mis en place[218]. Cependant, dans les cinq ans suivant l'entrée en vigueur de la loi, toutes les entreprises

---

212. Cass. QPC, 18 juin 2010, *Lexbase hebdo*, éd. soc., n° 403, note Ch. Radé ; *SSL* 2010, 1453, p. 7, note J.- F. Akandji-Kombé.

213. Au niveau des établissements et des entreprises, un système transitoire a été institué par la loi en attendant les prochaines élections du personnel. Sont pour le moment considérés comme représentatifs les syndicats affiliés à un syndicat représentatif au niveau national et interprofessionnel au moment de la publication de la loi, les syndicats qui étaient déjà représentatifs dans l'entreprise au moment de la publication de la loi et, enfin, tous les regroupements de plusieurs syndicats dont l'un au moins était affilié à un syndicat représentatif au niveau national et interprofessionnel au moment de la publication de la loi.

214. Durant la période transitoire, la présomption de représentativité des syndicats antérieurement représentatifs ne peut être contestée : Cass. soc., 10 mars 2010, *Lexbase hebdo*, éd. soc., n° 388, note G. Auzero ; *RDT* 2010, p. 308, note G. Borenfreund. Les syndicats ne bénéficiant pas de la présomption peuvent malgré tout tenter de prouver cette représentativité, l'employeur conservant la possibilité de la contester. V. Cass. soc., 31 mars 2010, *Lexbase hebdo*, éd. soc., n° 391, note G. Auzero ; *CSBP* 2010, n° 220, p. 162, note S. Nouredine.

215. Le nombre de voix recueillies par les organisations syndicales à prendre en considération est le nombre de suffrages exprimés au profit de chaque liste, sans qu'il y ait lieu, s'agissant de la mesure de la représentativité de ces organisations, de tenir compte d'éventuelles ratures de nom de candidats, v. Cass. soc., 6 janv. 2011, *RJS* 2011, n° 247.

216. C. trav., art. L. 2122-1. La priorité donnée aux élections des membres du comité d'entreprise a été confirmée par la chambre sociale de la Cour de cassation. V. Cass. soc., 13 juill. 2010, n° 10-60.148 ; *Lexbase hebdo*, éd. soc., n° 405, note G. Auzero. La référence prioritaire aux élections du comité d'entreprise s'impose au niveau des établissements distincts qui ne disposent pas d'un comité d'établissement, ce qui paraît éminemment contestable au regard du principe de concordance, v. Cass. soc., 10 nov. 2010, *Lexbase hebdo*, éd. soc., n° 418, 25 nov. 2010, note G. Auzero.

217. C. trav., art. L. 2122-4.

218. Sont représentatifs les syndicats affiliés à l'une des cinq confédérations qui étaient jusque là présumées représentatives, ainsi que les syndicats qui étaient parvenus à prouver leur représentativité au niveau de la branche à la date de la publication de la loi.

de la branche auront organisé des élections professionnelles (sauf si elles comptent moins de 11 salariés). À ce moment, une mesure sera effectuée par addition des voix obtenues aux élections dans toutes les entreprises de la branche. Il faudra alors que le syndicat ait, au total, obtenu plus de 8 % des voix dans la branche pour y être représentatif[219]. Ce système peut poser difficulté dans les branches dans lesquelles la majorité des entreprises comporte moins de onze salariés. C'est le cas par exemple de nombreuses branches du petit commerce : la boucherie de détail, la boulangerie, etc. La loi prévoit que, si plus de la moitié des entreprises de la branche compte moins de onze salariés, seront alors considérés comme représentatifs dans la branche les syndicats affiliés à une confédération reconnue représentative au niveau national et interprofessionnel[220]. Une loi, adoptée en octobre 2010, a créé un nouveau scrutin régional à destination des salariés des très petites entreprises dépourvues de représentation du personnel et qui permettra de mesurer l'audience des syndicats dans ces entreprises[221].

Enfin, au niveau national et interprofessionnel, comme au niveau des branches, une mesure de l'audience des syndicats sera opérée au plus tard cinq ans après la mise en place de la loi[222]. Les syndicats devront recueillir dans quelques branches représentatives des trois secteurs économiques (industrie, construction, commerces et services) un taux de 8 % aux élections professionnelles de ces branches. En attendant, sont représentatifs tous les syndicats qui bénéficiaient de la représentativité à ce niveau au moment de la publication de la loi.

Il faut dire un mot des syndicats catégoriels dont le principal est la CFE-CGC. Leur audience, à tous les niveaux, ne sera appréciée que parmi les votes exprimés dans les collèges cadres, ce qui est logique car sans cette mesure, ces syndicats ne pourraient que rarement atteindre 10 % des voix[223].

Quelles sont les missions des syndicats français ?

3. LES MISSIONS DES SYNDICATS

Les missions syndicales se répartissent autour de la défense des intérêts collectifs de leur profession (a), de la revendication (b) et de la négociation collective (c).

a. La défense des intérêts collectifs de la profession

Cette activité syndicale pourrait être considérée comme la principale. En effet, l'objet même des syndicats étant la défense des intérêts de la profession visée par leurs statuts, on peut imaginer que leurs actes et tous ceux de leurs membres soient tournés vers cet

219. C. trav., art. L. 2122-5.
220. C. trav., art. L. 2122-6.
221. L. n° 2010-1215 du 15 oct. 2010 complétant les dispositions relatives à la démocratie sociale.
222. C. trav., art. L. 2122-9.
223. Sur les difficultés majeures pouvant néanmoins s'élever de ce régime spécial, v. Ch. Radé, « Les syndicats catégoriels et la réforme de la démocratie sociale », *Dr. soc.* 2010, p. 821.

objectif[224]. Cependant, cette terminologie vise généralement une activité précise du syndicat : celle qui lui permet d'agir en justice pour contester des actes ou des décisions qui portent atteinte aux intérêts généraux de la profession[225]. Cette action ne doit pas être confondue avec la faculté parfois ouverte aux syndicats de se substituer aux salariés pour exercer une action en justice en leur nom[226].

Les syndicats peuvent exercer, devant toutes les juridictions, tous les droits réservés à la partie civile concernant les faits portant un préjudice direct ou indirect à l'intérêt collectif de la profession qu'ils représentent.

La Cour de cassation accepte de manière assez large les actions des syndicats en vue de défendre l'intérêt de leur profession. Cette action peut évidemment intervenir en cas d'atteinte aux règles relatives aux institutions élues du personnel. De manière plus surprenante, la Cour de cassation a accepté l'action d'un syndicat en vue du respect d'une convention collective alors que le syndicat en question n'était pas signataire de la convention[227]. Elle a également accepté l'action contestant les conditions de la restructuration d'un site accompagnée de licenciements économiques[228]. Si, en revanche, l'intérêt à défendre est clairement individuel, comme cela est le cas en matière de requalification du contrat de travail, l'action en défense des intérêts collectifs ne peut prospérer[229].

Outre cette mission générale de défense des intérêts collectifs de la profession, les syndicats disposent d'une mission importante de revendication en faveur des salariés de la profession.

b. La revendication

Les revendications peuvent se définir comme les demandes formulées en vue d'obtenir une amélioration des conditions de travail. Les revendications portent sur ce qui n'existe pas : le droit de revendiquer, c'est le droit de demander plus. Entrent dans cette mission générale de revendication les questions touchant notamment aux salaires, aux congés, ou encore à l'hygiène et à la sécurité, etc.

La revendication est en particulier l'un des rôles essentiels du délégué syndical. On la retrouve également en matière de grève : faire grève, c'est cesser le travail en vue

224. C. trav., art. L. 2131-1.
225. C. trav., art. L. 2132-3. V. E. Wagner, « Le rôle des syndicats et des associations dans la défense des droits et l'accès à la justice des salariés », *Dr. ouvrier* 1990, 291.
226. F. Petit, « L'action en substitution, un cadeau promis à un avenir meilleur », *Dr. soc.* 2004, p. 262.
227. Cass. soc., 12 juin 2001, *Dr. soc.* 2001, p. 1019, obs. P.- H. Antonmattéi.
228. Cass. soc., 21 janv. 2004, *Bull. civ.* V, n° 26. V. J.- M. Verdier, « La recevabilité de l'action syndicale exercée dans l'intérêt collectif de la profession après les arrêts *Aventis Pharma* et *Michelin* », *Dr. soc.* 2004, p. 845.
229. Cass. soc., 23 janv. 2008, *JCP* éd. S 2008, 1277, note J.- Y. Kerbourc'h ; *Lexbase hebdo*, éd. soc., n° 291 et la note.

d'obtenir la satisfaction de revendications professionnelles. Cette corrélation avec le droit de grève n'est cependant pas parfaite puisque le droit de grève n'est pas un droit réservé aux syndicats dans le secteur privé. Finalement, tout salarié peut revendiquer, comme un syndicat, à l'occasion de la grève.

Le droit de présenter des revendications pour les syndicats pose un problème quasi philosophique en droit du travail : jusqu'où peut-on aller dans le progrès ? L'évolution du droit du travail a longtemps rimé avec progrès social, c'est-à-dire avec l'amélioration des droits des salariés. Aujourd'hui, ce n'est plus tout à fait le cas puisque les lois intervenant en droit du travail ne sont plus toujours favorables aux salariés et que la négociation peut mener à des accords donnant-donnant ou des accords dérogatoires[230]. Cela n'a pas pour autant changé la nature des revendications des syndicats. Il n'y a pas de limites aux rêves, les syndicats peuvent revendiquer tout ce qu'ils veulent, même si cela est irréaliste.

La revendication syndicale répond à des codes qui ressortent plus de la pratique que du droit. Il s'agit d'une négociation informelle avec l'employeur, pouvant parfois s'apparenter à une forme de marchandage[231]. Les syndicats ont souvent pour habitude de revendiquer bien plus que ce qu'ils souhaitent réellement obtenir, un peu à la manière du vendeur d'un bien immobilier qui demande un prix supérieur au prix minimal auquel il est prêt à laisser partir le bien.

La troisième mission importante des syndicats est la négociation de conventions ou accords collectifs de travail.

c. La négociation collective

Pendant longtemps, les syndicats ont disposé d'un monopole de la négociation collective : seuls les syndicats pouvaient conclure des conventions et accords collectifs de travail. Depuis une décision du Conseil constitutionnel en date du 6 novembre 1996[232], il a été reconnu que ce monopole n'avait pas valeur constitutionnelle : le législateur peut instituer d'autres acteurs de la négociation, ce qu'il a fait dans les entreprises[233]. Au niveau des branches ou au niveau interprofessionnel, les syndicats demeurent néanmoins les seuls négociateurs.

Si les syndicats ne disposent plus d'un monopole de négociation, ils n'en demeurent pas moins les acteurs privilégiés puisque les autres acteurs ne peuvent intervenir que

230. Sur les accords dérogatoires, cf. *infra* p. 215.

231. Sauf lorsqu'il s'agit d'un domaine dans lequel la négociation est obligatoire, par ex. dans l'entreprise cf. *infra* p. 207.

232. Cons. const., 6 nov. 1996, n° 96-383 DC, *Dr. soc.*, 1996, p. 833, note M.- L. Morin.

233. Sur la négociation dérogatoire, cf. *infra* p. 206.

de façon subsidiaire[234]. Le rôle de négociateur est réservé aux organisations syndicales représentatives. Il comporte deux facettes.

D'abord, c'est le syndicat qui négocie l'accord collectif avec l'employeur ou avec les organisations patronales. Concrètement, il est formé une délégation syndicale qui a pour mission de négocier. Dans l'entreprise, la délégation est composée des délégués syndicaux. Le délégué syndical est alors le destinataire des informations que l'employeur doit remettre à l'occasion de la négociation. La délégation peut être complétée par des salariés de l'entreprise. Quand la négociation se déroule au niveau interprofessionnel ou au niveau d'une branche, ce sont des confédéraux ou des fédéraux qui participent à la négociation. Les confédéraux sont des syndicalistes désignés pour assumer des fonctions d'administrateurs dans les confédérations, les fédéraux pour assumer ces fonctions dans les fédérations. Ensuite, le syndicat conclut les accords après les avoir négocié.

Si les syndicats disposent aujourd'hui d'un pouvoir important, c'est aussi parce qu'ils ont pu entrer dans l'entreprise et se tenir au plus près des salariés qu'ils défendent.

4. LA PRÉSENCE SYNDICALE DANS L'ENTREPRISE

La présence syndicale dans l'entreprise est relativement récente puisqu'elle n'est apparue qu'en 1968. Avant cette date, l'activité des syndicats s'effectuait presque exclusivement dans les Bourses du travail. Depuis 1968, la place des syndicats dans l'entreprise n'a cessé de croître. Les syndicats peuvent créer une section syndicale (a), désigner un délégué syndical (b) et disposent d'un certain nombre d'autres représentants syndicaux dans l'entreprise (c).

a. La section syndicale[235]

Avant la loi du 20 août 2008, seuls les syndicats représentatifs bénéficiaient de la faculté de former une section syndicale dans l'entreprise. Désormais, tous les syndicats peuvent constituer une section syndicale à condition de disposer de plusieurs adhérents dans l'entreprise. Cependant, pour créer une section syndicale, les syndicats non représentatifs doivent soit être affiliés à un syndicat représentatif au niveau national, soit respecter quelques critères minimaux : ils doivent être indépendants de l'employeur, respecter les valeurs républicaines et, surtout, avoir une ancienneté d'au moins deux ans[236].

La Cour de cassation a apporté des précisions s'agissant de l'exigence d'une pluralité d'adhérents au syndicat dans un arrêt rendu par la chambre sociale le 8 juillet 2009[237].

234. Le Conseil constitutionnel juge que le droit français confère aux syndicats une « *vocation naturelle* » à la négociation collective. *Cf.* note 55, p. 170.

235. G. Couturier, « Que reste-t-il de la section syndicale d'entreprise ? », *in Mélanges en l'honneur de J.- M. Verdier*, Dalloz, 2001, p. 25.

236. C. trav., art. L. 2142-1.

237. Cette condition d'une pluralité d'adhérents a fait difficulté avant la loi du 20 août 2008 (J.-M. Verdier,

En cas de litige, la preuve de cette pluralité pose la question importante de la communication du nom des adhérents au juge et, *via* le principe du contradictoire, à l'employeur. La Cour de cassation n'impose pas au syndicat de fournir le nom de ses adhérents, sauf s'ils ont donné leur accord. Quelle sera la conséquence si le nom des adhérents ne peut pas être fourni ? La preuve de l'existence de deux adhérents, condition nécessaire à la constitution de la section syndicale, devient alors difficile. La Cour de cassation a jugé que le syndicat doit apporter les éléments de preuve utiles à établir la présence d'au moins deux adhérents dans l'entreprise, dans le respect du contradictoire, à l'exclusion des éléments susceptibles de permettre l'identification des adhérents du syndicat, dont seul le juge peut prendre connaissance.

La section syndicale n'a pas la personnalité juridique. L'article L. 2142-1 du Code du travail dispose seulement que la section syndicale « *assure la représentation des intérêts matériels et moraux* » des membres d'un syndicat. C'est une sorte d'entité un peu abstraite dans l'entreprise qui sert simplement à centraliser les moyens d'un syndicat dans l'entreprise : elle est, en quelque sorte, le regroupement de plusieurs salariés adhérents à un même syndicat. Le caractère factuel de ce regroupement s'accommode cependant assez mal avec les nombreuses prérogatives que le Code du travail lui confère. Quelles sont ces prérogatives ?

C'est d'abord la section syndicale qui a le pouvoir de procéder à des affichages dans l'entreprise, comme le dispose l'article L. 2142-3 du Code du travail. L'employeur doit mettre à disposition un panneau d'affichage pour les syndicats, panneau distinct de celui mis en place pour les délégués du personnel. Le syndicat est libre d'y afficher ce qu'il veut, à condition toutefois que les affiches comportent des éléments de nature syndicale et qui ne peuvent, par exemple, pas être de nature politique[238]. Si ces affiches comportent des informations sans rapport avec l'activité syndicale de l'organisation, l'employeur n'a pas le droit de se faire justice lui-même, il ne peut procéder à l'arrachage des affiches. Il doit saisir le juge des référés qui pourra ordonner le retrait des affiches[239].

C'est ensuite la section syndicale qui dispose du droit de distribuer des tracts et des publications syndicales. Ces tracts revêtent les mêmes caractéristiques que les affichages si bien que les propos développés doivent avoir une nature syndicale. La distribution de tracts n'est possible qu'aux heures d'entrée et de sortie de l'entreprise.

« Secret et principe du contradictoire : la liberté syndicale en question », *Dr. soc.* 1993, p. 866 ; A. Arseguel, « La représentation sans section syndicale », *JCP* éd. G 1997, II, 22899) mais avait été réglée, la Cour de cassation acceptant l'existence d'une section lorsqu'était désigné un délégué syndical (Cass. soc. 27 mai 1997, *D.* 1997. 416, note J.-M. Verdier ; *Les grands arrêts du droit du travail*, Dalloz, 4e éd., 2008, p. 619). La question est reparue avec la loi nouvelle et a été règlée par l'arrêt *Okaïdi :* Cass. soc., 8 juill. 2009, *Lexbase hebdo*, éd. soc., n° 360, note Ch. Radé ; *SSL* 2009, n° 1412, p. 6, note G. Borenfreund ; *D.* 2010, p. 282, note J. Mouly.

238. Cass. soc., 6 nov. 1974, *Dr. soc.* 1975, p. 124, obs. J. Savatier.

239. Cass. crim., 19 févr. 1979, *Bull. crim*, n° 73.

Depuis la loi du 4 mai 2004, la distribution de tracts par courrier électronique est possible, à la condition toutefois qu'un accord collectif d'entreprise prévoie une telle possibilité[240]. La loi impose à l'accord de prévoir expressément les conditions dans lesquelles les salariés peuvent refuser de recevoir les tracts dans leurs boîtes de courriel : en effet, comme un salarié peut refuser un tract à la sortie de l'entreprise, il doit être en mesure de refuser un tract électronique.

C'est encore la section syndicale qui a la possibilité d'organiser des réunions syndicales dans l'entreprise par application de l'article L. 2142-10 du Code du travail. Il ne peut pas y avoir plus d'une réunion par mois, elles doivent se tenir en dehors des lieux de travail et en dehors des temps de travail (par exemple au réfectoire entre midi et deux). La section syndicale peut inviter des personnes extérieures à l'entreprise à participer à la réunion. La section syndicale collecte librement les cotisations syndicales dans l'entreprise. Ce droit est important car le droit français interdit les systèmes de précompte des cotisations syndicales sur les salaires.

La section syndicale dispose d'un local syndical prévu à l'article L. 2142-8 du Code du travail. La mise à disposition d'un local syndical n'est obligatoire que dans les entreprises de plus de deux cents salariés. Si l'entreprise comporte entre deux cents et mille salariés, le local est commun à l'ensemble des sections syndicales de l'entreprise. Au-delà, chaque section syndicale représentative dispose d'un local. Le local doit être aménagé (téléphone, ordinateur, fax, bureau, chaises, etc.) et la Cour de cassation protège ce droit syndical au nom de la liberté syndicale[241].

Enfin, la loi du 20 août 2008 a créé un nouveau droit pour la section syndicale : le représentant de la section syndicale[242]. Cette terminologie générique est bien imprécise car, en réalité, la section syndicale ne peut bénéficier d'un représentant que lorsque le syndicat ayant constitué la section n'est pas représentatif. Si le syndicat est représentatif, il dispose d'un délégué syndical et non d'un représentant de la section syndicale.

Le représentant de la section syndicale a été créé pour permettre aux syndicats non représentatifs dans l'entreprise d'avoir un représentant. Cette création est déterminante pour que les syndicats puissent acquérir la représentativité. En effet, pour devenir représentatif, il est désormais nécessaire d'obtenir 10 % des suffrages

240. C. trav., art. L. 2142-6.

241. Le déménagement des locaux syndicaux, imposé par l'employeur et induisant, pour accéder aux nouveaux locaux, l'obligation de passer un portique électronique, de présenter un badge, voire de subir une fouille, sans que cela soit rendu nécessaire par des impératifs de sécurité, ni ne soit proportionné au but recherché, constitue une atteinte à la liberté syndicale, v. Cass. soc., 26 sept. 2007, *JCP* éd. S 2008, 1069, note B. Gauriau ; *Lexbase hebdo*, éd. soc., n° 276 et la note.

242. F. Duquesne, « Un délégué syndical en devenir : le nouveau représentant de la section syndicale », *Dr. soc.*, 2009, p. 1084 ; B. Gauriau, « Les représentants des syndicats dans l'entreprise », *Dr. soc.*, 2009, p. 641 ; Y. Pagnerre, « Le représentant de la section syndicale », *JCP* éd. S, 2009, n° 15, p 14.

exprimés au premier tour des élections au comité d'entreprise. Pour obtenir cette audience, le syndicat doit pouvoir faire campagne, avoir une interface, un représentant du syndicat qui va à la rencontre des salariés pour leur présenter les batailles que livrerait le syndicat s'il devenait représentatif.

La désignation d'un représentant de la section syndicale est réservée aux entreprises de plus de cinquante salariés[243], sauf à désigner un délégué du personnel dans les entreprises de moins de cinquante salariés[244]. Le Code du travail renvoie expressément aux dispositions relatives à la désignation du délégué syndical pour la désignation du représentant de la section syndicale[245].

Le représentant de la section syndicale dispose de l'ensemble des pouvoirs du délégué syndical, à l'exception notable de la faculté de conclure des conventions ou accords collectifs de travail[246]. C'est un représentant du personnel éphémère. Si, lors des prochaines élections du personnel dans l'entreprise, le syndicat qui a désigné le représentant n'acquiert pas la représentativité, son mandat prend fin par application de l'article L. 2142-1-1, al. 3 du Code du travail. Le salarié qui perd ce mandat ne peut plus être désigné comme représentant syndical au titre d'une section jusqu'aux six mois précédant la date des élections suivantes. Le texte visant le « *salarié* », il est permis de penser que le syndicat non représentatif peut désigner, dès les élections passées, un nouveau représentant à condition que la fonction soit assumée par un autre salarié. Le représentant de la section syndicale dispose d'un crédit d'heures de quatre heures par mois au minimum[247].

Les syndicats représentatifs disposent, comme les non représentatifs, d'une section syndicale, mais ne peuvent désigner de représentant de la section syndicale. Leur représentant est le délégué syndical.

b. Le délégué syndical

Le délégué syndical est désigné par une organisation syndicale représentative au niveau de l'établissement ou de l'entreprise qui comporte au moins cinquante salariés. Si l'entreprise est composée de plusieurs établissements de plus de cinquante salariés, l'un des délégués joue également le rôle de délégué syndical central au niveau de l'entreprise, sauf si l'effectif total de l'entreprise dépasse les deux mille salariés, auquel

243. Il ne peut être désigné qu'un seul représentant par organisation syndicale, quel que soit l'effectif de l'établissement ou de l'entreprise, v. Cass. soc., 14 déc. 2010, n° 10-60.263.
244. C. trav., art. L. 2142-1-4.
245. Pour autant, les dispositions conventionnelles relatives au droit syndical demeurant d'interprétation stricte, la dérogation à la condition d'effectif pour la désignation d'un délégué syndical n'est pas transposable à la désignation du représentant de la section syndicale. V. Cass. soc., 26 mai 2010, n° 09-60.243, *Lexbase hebdo*, éd. soc., n° 398, note G. Auzero.
246. Sur la possibilité très subsidiaire d'une négociation collective menée par le représentant de la section syndicale, cf. *infra* p. 207.
247. C. trav., art. L. 2142-1-3.

cas ce n'est pas un délégué syndical d'un établissement, mais un délégué distinct qui est désigné comme délégué syndical central[248].

Dans les entreprises de moins de cinquante salariés, il ne peut en principe pas y avoir de délégué syndical. Cependant, l'article L. 2143-6 du Code du travail aménage une exception pour les entreprises de onze à cinquante salariés. Dans ces entreprises, une organisation syndicale peut désigner un délégué du personnel titulaire comme délégué syndical. Il reste en outre toujours possible d'abaisser le seuil d'effectif par voie conventionnelle.

Pour qu'un syndicat puisse désigner un délégué syndical, il faut tout d'abord qu'il soit représentatif et qu'existe une section syndicale dans l'entreprise ou l'établissement[249]. Le salarié désigné doit remplir les mêmes conditions que pour être éligible : avoir dix-huit ans, être salarié de l'entreprise depuis plus d'un an, ne pas subir de condamnation pénale interdisant d'être candidat. Il ne doit pas détenir des pouvoirs dans l'entreprise ou l'établissement permettant de l'assimiler au chef d'entreprise[250].

La loi du 20 août 2008 a ajouté des conditions à la désignation du délégué syndical : en effet, ne peut être désigné délégué syndical qu'un ancien candidat aux élections professionnelles ayant recueilli au moins 10 % des suffrages exprimés au premier tour des élections du comité d'entreprise ou, à défaut de la délégation unique du personnel ou, subsidiairement, des délégués du personnel[251].

Cette règle apporte une nouvelle dimension au délégué syndical qui n'a plus seulement une légitimité syndicale, mais dispose désormais d'une légitimité électorale. Pour le dire autrement, il faudra que les salariés prennent conscience que, lorsqu'ils votent pour un candidat aux élections, ils peuvent en même temps lui offrir ou lui refuser la possibilité d'assurer ensuite un mandat syndical. Cette condition d'audience a été contestée par certaines organisations syndicales, les juges du fond ayant parfois paru souhaiter remettre en cause cette exigence au nom de la liberté syndicale[252]. Cette question est aujourd'hui réglée puisque la Cour de cassation a jugé que cette mesure ne portait pas atteinte à la liberté syndicale protégée par les textes internationaux[253] et que le Conseil constitutionnel n'y a pas vu, lui non plus, d'atteinte à cette liberté protégée par la Constitution[254].

---

248. C. trav., art. L. 2143-3.
249. Cass. soc., 23 juin 2010, n° 09-60.438, *Lexbase hebdo*, éd. soc., n° 402, note G. Auzero.
250. S'agissant du délégataire de pouvoir du chef d'entreprise, v. Cass. soc., 29 juin 2005, n° 04-60.093, La délégation d'autorité doit en principe être écrite, Cass. soc., 21 mai 2003, *Dr. soc.* 2003, p. 784, note F. Duquesne.
251. C. trav., art. L. 2143-3.
252. TI Brest, 27 oct. 2009, n° 11-09-000634, *RDT* 2010, p. 117, note H. Tissandier ; *SSL* n° 1421, p. 10, chron. J.-F. Akandji-Kombé.
253. Cass. soc., 14 avr. 2010, n° 09-60.426, *Lexbase hebdo*, éd. soc., n° 393, note G. Auzero ; *JCP* S 2010, 1259, note B. Gauriau ; *RDT* 2010, p. 374, note J.- F. Akandji-Kombé.
254. La Cour de cassation avait, dans un premier temps, refusé de transmettre la question prioritaire de

Concrètement, la désignation se déroule de la manière suivante : le syndicat indique à l'employeur les nom et prénom du salarié désigné au chef d'établissement ou au chef d'entreprise par lettre recommandée avec accusé de réception ou par lettre remise en main propre contre décharge. La date de la désignation constitue le point de départ de la protection particulière des représentants du personnel, la date à laquelle doit être appréciée la représentativité du syndicat mandant et le point de départ du délai de contestation de la désignation devant le tribunal d'instance. Enfin, la désignation du délégué doit faire l'objet d'un affichage dans l'entreprise ou dans l'établissement. Le mandat peut être révoqué à tout moment par le syndicat.

L'article L. 2143-3 du Code du travail se contente de disposer que le délégué est désigné pour représenter le syndicat auprès de l'employeur. Son rôle est de porter des revendications auprès de l'employeur. Il dispose de l'ensemble des moyens de la section syndicale dont il est le représentant naturel lorsque le syndicat est représentatif. Sa fonction essentielle est de négocier avec l'employeur et éventuellement de conclure des conventions ou accords collectifs d'entreprise au nom du syndicat qu'il représente. La jurisprudence lui confère un rôle de modérateur et de pondérateur pendant les conflits collectifs.

L'article L. 2143-20 lui confère des prérogatives supplémentaires : il peut s'absenter de son poste de travail, se déplacer librement dans l'entreprise pendant les heures de délégation ou en dehors de ses heures de travail, avec la possibilité de prendre tout contact avec les salariés de l'entreprise et de s'entretenir avec eux, à condition de ne pas apporter une gêne trop importante à l'exécution de leur travail. Il peut enfin quitter l'entreprise pendant les heures de délégation.

Avant la loi du 20 août 2008, le mandat de délégué syndical était considéré comme un mandat à durée indéterminée. Il pouvait donc prendre fin soit sur révocation du mandant – le syndicat, sur renonciation du mandataire ou, par une forme de caducité, lorsque le contrat de travail du délégué syndical prenait fin. Tirant toutes les conséquences de l'introduction du critère d'audience électorale dans les règles de la représentativité et de la désignation du délégué syndical, la loi pose désormais que le mandat « *prend fin lorsque l'ensemble des conditions prévues au premier alinéa de l'article L. 2143-3 et à l'article L. 2143-6 cessent d'être réunies* »[255]. Le mandat de délégué syndical semble demeurer un mandat à durée indéterminée, mais il est désormais assorti d'une sorte de condition résolutoire, le mandat s'achevant si, à l'occasion des prochaines élections, le syndicat perd sa représentativité ou si le délégué syndical n'obtient pas 10 % des suffrages exprimés. La solution est moins radicale que celle

---

constitutionnalité au Conseil constitutionnel (Cass. QPC, 18 juin 2010, n° 10-40.005). Elle s'y résolu au sujet des syndicats catégoriels et le Conseil constitutionnel, statuant par *obiter dictum*, étendit son raisonnement à l'ensemble de la question de la conformité de la mesure de l'audience électorale au principe de liberté syndicale. V. Cons. const. n° 2010-42 QPC du 7 oct. 2010 et Cons. const. n° 2010-63/64/65 QPC du 12 nov. 2010, *Constitutions* 2011 p. 89.

255. C. trav., art. L. 2143-11.

adoptée pour le représentant syndical au comité d'entreprise pour lequel la Cour de cassation a expressément jugé que son mandat prenait fin à l'échéance des prochaines élections[256].

Il existe une dernière catégorie de représentants syndicaux dans l'entreprise : les représentants syndicaux au comité d'entreprise.

c. Les représentants syndicaux au comité d'entreprise

Dans les entreprises de moins de trois cents salariés, c'est automatiquement le délégué syndical qui assumera les fonctions de représentant syndical au comité d'entreprise, comme le prévoit l'article L. 2143-22 du Code du travail.

En revanche, dans les entreprises de plus de trois cents salariés, les syndicats ayant obtenu « des élus » au comité d'entreprise peuvent également désigner un représentant syndical au comité parmi les salariés de l'entreprise, lequel doit remplir les conditions d'éligibilité au comité d'entreprise. La condition tenant à la pluralité d'élus, sous-entendue par le texte de l'article L. 2324-2 du Code du travail, a été confirmée par la Cour de cassation : « *une organisation syndicale ne peut désigner un représentant au comité d'entreprise ou d'établissement que si elle a au moins deux élus au sein de ce comité* »[257]. De manière assez logique, la Cour en a déduit que le mandat de représentant au comité prenait fin au moment du renouvellement des membres de l'institution[258].

Le rôle de ces représentants désignés est exactement le même que celui des représentants élus. Ils prennent part aux votes du comité d'entreprise, sont dépositaires des mêmes informations que les membres élus, sont consultés comme les membres élus. Ils disposent de l'ensemble des moyens accordés au comité d'entreprise.

---

256. Cass. soc., 10 mars 2010, *JCP* éd. S 2010, 1205, note J.- Y. Kerbourc'h.

257. Cass. soc., 4 nov. 2009, *JCP* éd. S 2010, 1059, note J.- Y. Kerbourc'h ; *Lexbase hebdo*, éd. soc., n° 372 et la note. Cette condition n'est, aux yeux de la Cour de cassation, contraire à aucun principe à valeur constitutionnelle, v. Cass. QPC, 18 juin 2010, 10-14.749.

258. Cass. soc., 10 mars 2010, *préc.*

LEXIQUE

Représentativité : Label accordé à certaines organisations syndicales de salariés caractérisant leur aptitude à incarner les intérêts d'une collectivité de travailleurs et à l'engager sur un plan juridique. La représentativité doit être prouvée à chaque fois qu'il est fait usage d'un pouvoir réservé aux organisations représentatives. Les pouvoirs principaux des organisations représentatives sont la faculté de désigner des délégués syndicaux dans les entreprises et de négocier et conclure des conventions ou accords collectifs de travail.

Pluralisme syndical : Caractéristique du système syndical français permettant, par le jeu de la liberté de constitution d'un syndicat, la coexistence de nombreuses organisations syndicales, variées tant quant à leur champ d'action qu'à leurs courants idéologiques.

Liberté syndicale : Liberté garantie par l'alinéa 6 du Préambule de la Constitution de 1946 et l'article 11 de la CESDH. Sur le plan individuel, cette liberté implique qu'un salarié soit libre de se syndiquer ou de ne pas se syndiquer et d'adhérer au syndicat de son choix. Sur le plan collectif, cette liberté impose le respect de la liberté de constitution des syndicats et, partant, le pluralisme syndical.

Critère majoritaire : Caractéristique émergente du système syndical français visant à introduire une exigence d'audience électorale aux différents niveaux de l'activité syndicale, qu'il s'agisse de la faculté de désigner certains représentants syndicaux ou de conclure des conventions collectives de travail.

▷ EXERCICES

Sujet 1 DISSERTATION : LES REPRÉSENTANTS DU PERSONNEL DANS L'ENTREPRISE

Introduction

Aux termes de l'alinéa 8 du Préambule de la Constitution de 1946, « tout travailleur participe, par l'intermédiaire de ses délégués, à la détermination collective des conditions de travail ainsi qu'à la gestion des entreprises ». Ce texte fonde le droit à la représentation des salariés, lequel démontre sa vivacité dans les entreprises à travers la diversité des représentants du personnel qui y figurent.

L'entreprise est un concept délicat à définir, correspondant davantage à une réalité socio-économique qu'à une notion juridique clairement identifiée. Malgré cela, c'est bien l'entreprise qui est visée par le droit du travail comme constituant la base de l'organisation sociale du travail entre un employeur et des salariés. C'est elle, surtout, qui sert de siège principal aux différentes institutions représentatives du personnel. On trouve, dans l'entreprise, de nombreux représentants du personnel. A partir de onze salariés, apparaissent ainsi les délégués du personnel dont la vocation première est la réclamation de l'application du droit du travail. A compter de cinquante salariés, ce sont les comités d'entreprise, les CHSCT, les délégués syndicaux et les représentants de la section syndicale qui font leur entrée dans l'entreprise.

La catégorie des représentants du personnel semble donc composée d'éléments variés sous son apparence d'unité. Il a de tous temps été considéré qu'il existait, en réalité, deux catégories distinctes de représentations du personnel dans l'entreprise. La première, historiquement la plus ancienne, est la représentation élue. Les ouvriers élisaient, à la fin du XIXe siècle, des délégués ouvriers qui ont été institutionnalisés en 1936 pour devenir les délégués du personnel. Comme ces délégués, les membres élus du comité d'entreprise et les membres du comité d'hygiène et de sécurité sont mis en place par voie électorale. C'est donc un véritable mandat électif qui lie ces représentants aux salariés de l'entreprise. La seconde, apparue bien plus tardivement, est la représentation désignée. Les syndicats peuvent, depuis 1968, désigner des délégués syndicaux dans les entreprises, placer des représentants syndicaux dans les comités d'entreprise et, depuis peu, désigner des représentants de la section syndicale quand bien même ils ne seraient pas représentatifs. À proprement parler, ces représentants syndicaux sont censés représenter le syndicat auprès de l'employeur et non particulièrement les salariés de l'entreprise (C. trav., art. L. 2143-3). Ils sont pourtant considérés, eux aussi, comme des représentants du personnel, ce qui s'explique amplement par la pratique de leurs mandats qui les place comme des intermédiaires privilégiés entre l'employeur et les salariés.

La représentation du personnel dans l'entreprise est-elle donc unitaire ou duale ?

En schématisant, il serait possible de considérer que la représentation du personnel est duale, qu'elle est composée d'une représentation élue et d'une représentation désignée. Ce schéma très classique paraît pourtant s'obscurcir avec le temps et les différentes réformes de la représentation du personnel dans l'entreprise. Peu à peu, les bases de l'élection et les fondements de la désignation syndicales se sont altérés si bien que ces techniques sont aujourd'hui très étroitement imbriquées. Surtout, l'étude des fonctions et missions des différents représentants du personnel démontre une confusion chaque jour accrue de leurs rôles, confusion qui permet de craindre qu'il ne soit bientôt plus possible ou opportun de conserver cette diversité de représentation.

C'est pour illustrer cette dualité et sa tendance à se déliter qu'il sera étudié, d'abord, la dualité des représentants du personnel dans l'entreprise (I) avant de démontrer le rapprochement des représentants du personnel dans l'entreprise (II).

I. La dualité des représentants du personnel dans l'entreprise

La présentation est on ne peut plus classique, à tel point d'ailleurs que l'on hésiterait presque à la remettre en question : les représentants du personnel dans l'entreprise sont de deux types, les représentants élus par les salariés de l'entreprise d'une part, les représentants désignés par les syndicats de l'autre. Cette distinction entre deux types de représentations s'appuie aussi bien sur les méthodes mises en œuvre pour permettre à ces salariés d'accéder à des fonctions de représentation (A) que sur les rôles et missions différentes assumées par chacun des deux types de représentation (B).

A. Les méthodes distinctes de mise en place des représentants du personnel

Alors que la délégation du personnel, les élus du comité d'entreprise ou les membres du CHSCT sont issus d'un processus électoral (1), les délégués syndicaux, les représentants syndicaux au comité d'entreprise et les représentants de la section syndicale sont désignés par les syndicats (2).

1. L'élection

– Idée globale : il existe un mode tout à fait spécifique de mise en place des représentants élus.
– Liste des différents élus du personnel :
• délégués du personnel à compter de onze salariés ;
• membres élus du comité d'entreprise à compter de cinquante salariés ;
• membres du comité d'hygiène, de sécurité et des conditions de travail.
– Différents types d'élection :
• suffrage direct pour les DP, le CE ;
• suffrage indirect pour le CHSCT, le comité central d'entreprise.

– Mandat électif et ses particularités :
- mandat de représentation du « peuple de l'entreprise ». Idée de citoyenneté de l'entreprise, qui rappelle la théorie institutionnelle de Durand ;
- mandat à durée déterminée, élections qui interviennent tous les quatre ans (sauf accord collectif plus favorable) ;
- idée de légitimité électorale : c'est l'élection qui donne à ces représentants leur légitimité et non une étiquette syndicale.

2. La désignation

– Idée globale : il existe un mode tout à fait spécifique de mise en place des représentants désignés.

– Liste des différents désignés du personnel :
- délégués syndicaux pour les syndicats représentatifs dans les entreprises ou établissements de plus de cinquante salariés ;
- représentants au comité d'entreprise ;
- représentants de la section syndicale pour les syndicats non représentatifs ;
- membres du comité de groupe et du comité d'entreprise européen, même s'il s'agit d'un système hybride puisque les salariés sont désignés parmi des élus.

– Procédure de désignation : liberté du syndicat qui choisit un salarié dans l'effectif. Lettre recommandée avec accusé de réception adressée à l'employeur.

– Mandat de représentant désigné et ses spécificités :
- mandat à durée indéterminée : seul le salarié ou le syndicat peuvent révoquer le mandat, sauf pour le représentant de la section syndicale ;
- mandat s'apparentant à un mandat de droit civil, avec les mêmes types d'obligations de rendre compte, les mêmes facultés de révocation ;
- légitimité issue non pas de l'élection, mais de l'étiquette syndicale. Légitimité renforcée lorsque le syndicat qui désigne est représentatif.

Non seulement les méthodes utilisées pour mettre en place ces différents représentants sont différentes, mais leurs missions sont également distinctes.

B. Les missions différentes des représentants du personnel

L'article L. 2143-3 du Code du travail dispose que les représentants syndicaux dans l'entreprise ont pour mission de représenter leur syndicat auprès de l'employeur. Cette formule s'oppose assez nettement au rôle des représentants élus qui ont pour mission de représenter les salariés eux-mêmes auprès de l'employeur. Il découle de cette distinction des missions différentes selon que l'on étudie les représentants ayant pour mission première la représentation des salariés (1) ou les représentants ayant pour mission première la représentation du syndicat (2).

1. La représentation des salariés de l'entreprise

– Idée globale : représentants qui ont pour mission de défendre les intérêts des salariés de l'entreprise.

– Délégués du personnel :
- ils portent des réclamations, c'est-à-dire qu'ils exigent la bonne application du droit du travail et des conventions collectives pour les salariés de l'entreprise ;
- ils ont un droit d'alerte établi par l'article L. 2313-2 du Code du travail, droit d'alerte destiné à leur permettre de défendre les droits et libertés individuels dans l'entreprise, si nécessaire en saisissant le bureau de jugement du conseil de prud'hommes en la forme des référés.

– Comité d'établissement ou d'entreprise :
- par ses attributions économiques, il a la charge de surveiller la santé économique et sociale de l'entreprise. Il est pour ce faire destinataire de nombreuses informations et est régulièrement consulté par l'employeur sur de différents points ;
- les attributions économiques du comité d'entreprise lui permettent d'anticiper les évolutions de l'emploi dans l'entreprise, ce qui est évidemment essentiel pour les salariés de l'entreprise. Il constitue également un relais précieux pour les salariés quant au bon fonctionnement de l'entreprise ;
- par ses attributions sociales et culturelles, il apporte du bien-être aux travailleurs de l'entreprise, permettant d'accéder à des services culturels ou à des aides qui ne sont pas considérés comme de la rémunération mais peuvent constituer de substantiels avantages.

– Comité d'hygiène, de sécurité et des conditions de travail :
- le CHSCT a la charge de s'assurer de l'innocuité des procédures mises en œuvre dans l'entreprise ;
- Il s'intéresse à toutes les questions relatives à la santé et à la sécurité des salariés.

L'ensemble des élus du personnel assure donc très directement un rôle de représentation des salariés, de défense de leurs intérêts auprès de l'employeur. Le rôle des syndicats est plus orienté vers la défense des intérêts de la profession.

2. La représentation de l'organisation syndicale

– Idée globale : les syndicats ont pour mission principale de défendre les intérêts de leur profession. Cette défense peut parfois se recouper avec la défense des intérêts des salariés de l'entreprise, mais cela n'est pas systématiquement le cas.

– Délégués syndicaux :
- Mission première : la revendication. Si les revendications aboutissent, elles profitent à l'évidence aux salariés de l'entreprise. Pour autant, les salariés ne sont pas toujours à l'origine de ces demandes et le syndicat peut poursuivre des revendications sans lien avec une quelconque demande des salariés.
- Négociation des conventions et accords collectifs dans l'entreprise. Là encore, il pourrait être avancé que les conventions collectives d'entreprise vont s'appliquer aux seuls salariés de l'entreprise, si bien que le rôle des syndicats sert ici l'intérêt des salariés. Néanmoins, l'émergence des accords dits « dérogatoires », c'est-à-dire potentiellement moins favorables que la loi, voire moins favorables que les conventions collectives de branche, permettent avec certitude de conclure que

les délégués syndicaux concluent parfois des accords qui, au moins de prime abord, ne paraissent pas véritablement adoptés dans l'intérêt des salariés.
- Actions en justice pour la défense des intérêts collectifs de la profession. Si les salariés de l'entreprise sont le plus souvent concernés par ces actions, ils ne le sont qu'indirectement du fait de leur appartenance à la profession en cause. Le syndicat agit là encore pour représenter la profession plus que pour représenter le personnel de l'entreprise.

– Le représentant syndical au comité d'entreprise :
- C'est probablement le représentant syndical qui assume des fonctions les plus proches de celles des représentants élus, cela découlant du caractère tripartite de la composition du comité d'entreprise.

– Le représentant de la section syndicale :
- Théoriquement, le représentant de la section syndicale a les mêmes pouvoirs que ceux alloués au délégué syndical. Il devrait donc être, comme le délégué syndical, plus tourné vers la défense des intérêts de la profession et la représentation de son syndicat.
- En réalité, le représentant de la section syndicale est encore plus détaché que le délégué syndical de l'idée de représentation du personnel. Sa mission implicite et réelle est de permettre au syndicat d'acquérir la représentativité. En effet, c'est par le prosélytisme et la propagande d'entreprise qu'il parviendra à ce que les salariés de l'entreprise votent pour sa liste syndicale aux prochaines élections et que celle-ci parvienne à obtenir l'audience électorale nécessaire.

Cependant, ce dernier exemple montre toute l'ambiguïté du système de représentation dans l'entreprise, les pouvoirs des syndicats étant désormais en partie fondés sur leur audience électorale. Il s'opère donc progressivement un mélange des genres entre représentation élue et représentation syndicale, mélange qui débouche naturellement sur un rapprochement entre ces différentes catégories de représentation.

II. Le rapprochement des représentants du personnel dans l'entreprise

Le rapprochement des représentants élus et des représentants désignés dans l'entreprise se manifeste tant au niveau de la mise en place des institutions (A) qu'au niveau des pouvoirs de chaque institution représentative, pouvoirs qui tendent progressivement à se confondre (B).

A. L'altération des modes de mise en place originels

Les modes de mise en place des représentants du personnel se sont progressivement altérés si bien que les syndicats ont acquis une certaine influence sur l'élection (1) et, surtout, que l'audience électorale a fait une entrée remarquée dans les critères nécessaires à la désignation de représentants syndicaux (2).

1. L'influence des syndicats sur l'élection

– Idée globale : influence syndicale à de nombreuses occasions sur l'élection dans l'entreprise.

– Protocole d'accord préélectoral :

- lors des élections, l'employeur doit négocier avec toutes les organisations syndicales, y compris les organisations non représentatives ;
- ce sont donc les syndicats, avec l'employeur, qui établissent les conditions de l'élection.

– Monopole de présentation des listes au premier tour :

- Listes du premier tour réservées aux syndicats. Avant la loi du 20 août 2008, le monopole de présentation des candidats était réservé aux syndicats représentatifs.
- Étant donné que l'audience électorale permettant d'acquérir la représentativité est calculée à partir des résultats électoraux du premier tour, la possibilité de présenter des listes a désormais été ouverte aux syndicats non représentatifs.
- On arrive parfois à un résultat très surprenant : les élections ne servent parfois qu'aux syndicats ! Cela est notamment le cas lorsque le quorum n'est pas atteint au premier tour des élections si bien qu'un deuxième tour est nécessaire. Avant la loi du 20 août 2008, le premier tour était laissé de côté, les votes n'étaient même pas dépouillés. Aujourd'hui, le dépouillement est devenu indispensable puisque c'est grâce à ces résultats que l'on saura quels syndicats franchissent la barre des 10 % nécessaires à la preuve de leur représentativité. Dans ce cas de figure, l'élection est totalement détournée de son objectif premier, elle ne sert plus du tout à élire des représentants.

Si les syndicats exercent donc une influence non négligeable sur le scrutin, la désignation des représentants syndicaux a elle aussi été peu à peu teintée de légitimité électorale.

2. L'influence de l'audience électorale sur la désignation

– Idée globale : La désignation des représentants syndicaux est toujours connectée, de près ou de loin, aux résultats électoraux du syndicat qui effectue une désignation.

– Désignation du délégué syndical :

- Il y a là une triple légitimité électorale qui est exigée.
- D'abord, seuls les syndicats représentatifs peuvent désigner un délégué syndical. Or, pour être représentatif, le syndicat doit avoir obtenu au moins 10 % des suffrages exprimés au premier tour des élections au comité d'entreprise, de la délégation unique du personnel, ou subsidiairement des délégués du personnel.
- Ensuite, seul un salarié qui s'était présenté aux élections pourra être désigné en qualité de délégué syndical. Non seulement le salarié devra s'être présenté aux élections, mais il devra en plus avoir recueilli sur sa tête au moins 10 % des suffrages exprimés au premier tour.
- Enfin, le mandat de délégué syndical devrait désormais être octroyé sous condi-

tion résolutoire : si le salarié n'obtient pas les 10 % des suffrages exprimés au prochaines élections, il perdra son mandat (*V. C. trav., art. L. 2143-11*).

– Désignation du représentant au comité d'entreprise :

• L'article L. 2324-2 du Code du travail a évincé l'exigence de représentativité pour que le syndicat puisse désigner un représentant au comité. Donc, pas de condition d'audience.

• Cependant, la légitimité électorale est bien présente puisque le même texte exige du syndicat, pour qu'il puisse désigner un représentant au comité, qu'il ait obtenu au moins deux élus au comité d'entreprise.

• En outre, le mandat prend fin avec le renouvellement du comité, c'est-à-dire lors des élections.

– Désignation d'un représentant de la section syndicale

• A première vue, c'est le représentant le moins concerné par l'influence de la légitimité électorale puisque, par définition, le syndicat qui l'a désigné ne disposait pas de la représentativité et, donc, de l'audience suffisante.

• Cependant, on trouve à nouveau des traces de l'influence de l'audience électorale à travers la durée du mandat de représentant de la section syndicale. En effet, le mandat de représentant de la section syndicale prend fin en même temps qu'ont lieu les élections professionnelles. En outre, il n'est pas possible de désigner à nouveau un salarié comme représentant de la section syndicale jusqu'à six mois avant la date des prochaines élections.

– Mesure de l'audience électorale dans les entreprises de moins de onze salariés

• Dans le même ordre d'idée, il existe désormais un scrutin pour la mesure de l'audience syndicale auprès des salariés des très petites entreprises, scrutin qui ne permet la mise en place d'aucun représentant du personnel (*L. n° 2010-1215 du 15 oct. 2010 complétant les dispositions relatives à la démocratie sociale*).

Si un rapprochement s'opère donc s'agissant des moyens mis en œuvre pour mettre en place les représentants, c'est un véritable risque de confusion qui plane sur les missions des différents représentants.

B. La confusion des rôles des différents représentants

A titre préalable, rappelons qu'il n'existe pas, par principe, d'interdiction de cumul des mandats dans les entreprises, si bien qu'il est extrêmement fréquent qu'un même salarié soit à la fois délégué du personnel, délégué syndical, membre d'un ou plusieurs comités. Au-delà, on constate des interférences entre les missions des différents représentants (1) et, surtout, l'intervention croissante des élus dans la négociation collective (2).

1. Les interférences entre les missions des différents représentants

– Idée globale : de nombreuses missions autrefois attribuées de manière exclusive à tel ou tel représentant sont de plus en plus fréquemment partagées avec d'autres représentants.

– Les délégués du personnel :

- Depuis toujours, les délégués du personnel assument, en plus de leurs fonctions habituelles, un rôle de revendication auprès de l'employeur en matière de salaire alors même que la revendication est un domaine habituellement réservé aux syndicats.
- En plus de leurs fonctions, il leur arrive d'assumer les fonctions du comité d'entreprise, soit en cas de mise en place par l'employeur d'une délégation unique du personnel, soit en cas de carence aux élections du comité d'entreprise.
- En plus de leurs fonctions, il leur arrive d'assumer les fonctions de délégué syndical parce que l'entreprise compte moins de cinquante salariés et qu'un syndicat décide de désigner le délégué du personnel comme délégué syndical, voire comme représentant de la section syndicale.
- En plus de leurs fonctions, ils assument celles du CHSCT en cas de carence de ce dernier.

– Les délégués syndicaux :

- Malgré la limitation de leur rôle à la revendication, les délégués syndicaux portent fréquemment des réclamations devant l'employeur. Qui peut le plus peut le moins !
- Les délégués syndicaux assument parfois de pures missions de représentation du personnel et non plus de leur profession. Tel est notamment le cas lorsqu'ils exercent l'action en substitution qui permet, si le salarié ne s'y oppose pas, d'agir en justice au nom et pour le compte d'un salarié lésé.

La confusion est à son paroxysme en matière de négociation collective.

2. L'intervention croissante des élus dans la négociation collective

– Idée globale : avant 1996, les syndicats disposaient d'un monopole de négociation des accords collectifs d'entreprise. Aujourd'hui, ils ne bénéficient plus que d'une vocation naturelle. S'ils sont demeurés les acteurs principaux de la négociation, de nombreuses autres institutions interviennent dans la négociation.

– Comité d'entreprise :

- le comité d'entreprise peut négocier un accord à titre subsidiaire, c'est-à-dire lorsqu'il n'y a pas de délégués syndicaux dans l'entreprise ;
- le comité d'entreprise est apte à conclure certains accords sans effet de subsidiarité. Il en va notamment ainsi s'agissant des accords d'intéressement et de participation ;
- le comité d'entreprise doit, en outre, être consulté par l'employeur qui entend conclure un accord collectif avec les syndicats ou qui entend dénoncer une convention collective.

– Délégués du personnel :

- A défaut de délégués syndicaux ou de comité d'entreprise, la délégation du personnel est habilitée à négocier des accords collectifs d'entreprise ;
- Le délégué du personnel peut faire fonction de délégué syndical dans les entreprises de moins de cinquante salariés.

Sujet 2 CAS PRATIQUE :

L'entreprise DECOURANT comporte un établissement unique situé à Metz. Son activité principale est le conditionnement de fromages et de produits laitiers confectionnés dans la région. Elle comporte un effectif de 112 salariés. Le 4 mai 2010 se sont déroulées dans l'entreprise les élections au comité d'entreprise. CGT, FO, Solidaires et CFDT ont présenté chacun une liste. L'UNSA et la CFTC ont constitué une liste mixte commune. Le quorum étant atteint, un seul tour a suffi et l'ensemble des postes a été pourvu. Les résultats obtenus sont les suivants :

Listes	CFDT	FO	UNSA / CFTC	Solidaires	CGT
Résultat de la liste	32,00 %	8,00 %	12,00 %	19,00 %	29,00 %
Nombre d'élus	2 titulaires, 2 suppléants	aucun	1 titulaire, 1 suppléant	1 titulaire, 1 suppléant	1 titulaire, 1 suppléant

Dès le lendemain du dépouillement, tous les syndicats ayant présenté une liste aux élections procèdent à la désignation d'un délégué syndical et d'un représentant syndical au comité d'entreprise.

Monsieur DECOURANT qui essaye de se tenir au courant de l'actualité juridique est très surpris de la désignation d'un délégué syndical et d'un représentant syndical au comité d'entreprise par FO. Il lui semblait avoir compris que les syndicats devaient recueillir 10 % des suffrages pour pouvoir désigner ces représentants. De la même manière, il estime que l'UNSA et la CFTC ne disposaient pas de la possibilité de désigner des représentants puisque, mathématiquement, ils n'ont obtenu que 6 % des voix chacun. Il entend donc contester ces désignations et vous explique que, pour lui, ces syndicats n'ont absolument aucun droit dans l'entreprise. Qu'en pensez-vous ?

I. Le délégué syndical FO

Par application de l'article L. 2143-3 du Code du travail, un syndicat représentatif dans l'entreprise ou l'établissement comptant cinquante salariés ou plus et qui constitue une section syndicale peut désigner un délégué syndical parmi les candidats aux élections au comité d'entreprise ou, à défaut, des délégués du personnel qui ont obtenu 10 % des suffrages exprimés au premier tour.

a) L'entreprise comporte bien un effectif de plus de cinquante salariés.

b) Existe-t-il une section syndicale dans l'entreprise (*exigence confirmée par Cass. soc., 23 juin 2010, n° 09-60.438, Lexbase hebdo, éd. soc., n° 402, note G. Auzero*) ?

La réponse à cette question est délicate à apporter au vu des éléments fournis par le cas. Les conditions d'existence d'une section syndicale sont établies par l'article L. 2142-1 du Code du travail. Dès lors qu'ils ont plusieurs adhérents dans l'entreprise ou dans l'établissement, chaque syndicat représentatif, chaque syndicat affilié à une organisation syndicale représentative au niveau national et interprofessionnel ou chaque organisation syndicale qui satisfait aux critères de respect des valeurs républicaines, d'indépendance et qui est constitué depuis deux ans peut constituer une section syndicale.

FO est bien un syndicat affilié, durant la période transitoire déterminée par la loi du 20 août 2008, à une organisation syndicale représentative au niveau national. Cependant, dispose-t-elle de plusieurs adhérents dans l'entreprise ?

Par application de l'arrêt Okaïdi, rendu le 8 juillet 2009 par la chambre sociale de la Cour de cassation (*Cass. soc., 8 juill. 2009, n° 09-60.011, Société Okaidi, FS-P+B+R+I*), la constitution d'une section syndicale exige la présence d'au moins deux adhérents dans l'entreprise. En cas de contestation sur l'existence de la section syndicale, le syndicat doit apporter les éléments de preuve utiles à établir la présence d'au moins deux adhérents dans l'entreprise, dans le respect du contradictoire à l'exclusion des éléments susceptibles de permettre l'identification des adhérents du syndicat, dont seul le juge peut prendre connaissance.

c) Un candidat présenté par FO aux élections professionnelles a-t-il recueilli au moins 10 % des suffrages exprimés au premier tour ? La liste FO ayant réuni 8 % des suffrages exprimés, cela ne signifie pas qu'un candidat n'ait pas réussi à atteindre, au gré des ratures des autres noms de la liste, le seuil des 10 %. En effet, les élections professionnelles reposent sur un scrutin de liste avec possibilité de barrer des noms.

Demeure la question de la représentativité syndicale : FO est-elle représentative ?
Par application de l'article L. 2121-1 du Code du travail, le syndicat pour être représentatif doit réunir, cumulativement, les sept critères suivants :

- Respect des valeurs républicaines
- Indépendance
- Transparence financière
- Ancienneté de 2 ans
- Audience (L. 2122-1)
- Influence : activité et expérience
- Effectifs et cotisations

Les critères de respect des valeurs républicaines et d'indépendance devraient être présumés, comme ils l'étaient sous l'empire de la loi ancienne (*indépendance : Cass. soc., 22 juil 1981 ; valeurs républicaines, Cass. soc., 8 juill. 2009*). Aucun élément dans le cas ne permet de dire si les critères de l'ancienneté, de la transparence financière, de l'influence, des effectifs et des cotisations sont remplis. Cependant, s'agissant du syndicat FO, la preuve de l'ancienneté, de la transparence financière, des cotisations et de l'influence ne devrait pas être trop délicate. Il faudra encore déterminer si ce syndicat dispose d'effectifs suffisants dans l'entreprise pour bénéficier de la représentativité.

Reste enfin le critère de l'audience électorale. Par application de l'article L. 2122-1 du Code du travail, dans l'entreprise, sont représentatives les organisations syndicales qui satisfont aux critères de l'article L. 2121-1 du Code du travail et qui ont recueilli au moins 10 % des suffrages exprimés au premier tour des dernières élections des titulaires au comité d'entreprise. Or, FO n'a obtenu que 8 % des suffrages. Par conséquent, FO n'est pas représentatif et ne pouvait pas désigner un DS.

L'employeur pourra donc contester la désignation opérée par FO. Par application de l'article L. 2143-8 du Code du travail, cette contestation devra être présentée devant le juge d'instance dans un délai de 15 jours suivant les formalités de désignation effectuées par le syndicat. Si l'employeur dépasse ce délai, la désignation sera purgée de tout vice.

II. Le représentant syndical au comité d'entreprise de FO

Par application de l'article L. 2324-2 du Code du travail, chaque organisation syndicale ayant des élus au comité d'entreprise peut y nommer un représentant.

Ces conditions de désignation ont été sensiblement modifiées par la loi du 20 août 2008. Avant la loi du 20 août 2008, il fallait être représentatif pour pouvoir désigner un représentant syndical au comité d'entreprise. Aujourd'hui, cette condition n'est plus nécessaire, la Cour de cassation ayant confirmé qu'il suffisait d'avoir obtenu « des élus au comité d'entreprise », (*Cass. soc., 8 juill. 2009, arrêt Solidaires*).

FO n'ayant obtenu aucun élu au comité d'entreprise, il ne pouvait pas désigner de représentant syndical. Comme pour la désignation du délégué syndical, c'est le tribunal d'instance qui doit être saisi en vue de la contestation de la désignation (*C. trav., art. L. 2324-23*). Même si le texte ne le dit pas, le recours doit lui aussi être introduit dans un délai de 15 jours (*Cass. soc., 29 mars 1994*).

III. Les délégués syndicaux UNSA et CFTC

Par application de l'article L. 2143-3 du Code du travail, chaque syndicat représentatif, qui constitue une section syndicale dans l'entreprise ou l'établissement comptant plus de cinquante salariés, peut désigner un délégué syndical parmi les candidats aux élections du comité d'entreprise ayant recueilli au moins 10 % des suffrages exprimés au premier tour. Nous présumerons que l'UNSA et la CFTC ont valablement constitué une section syndicale pour nous intéresser à la question de leur représentativité et des suffrages recueillis par les candidats désignés. La particularité du cas tient, bien entendu, au fait qu'UNSA et CFTC ont choisi de faire liste commune. Comment dès lors savoir quel pourcentage de voix peut revendiquer chaque syndicat ?

Par application de l'article L. 2122-3 du Code du travail, lorsqu'une liste commune a été établie par des organisations syndicales, la répartition des suffrages exprimés entre elles s'opère sur la base indiquée par ces organisations syndicales lors du dépôt de leur liste. A défaut d'indication, la répartition des suffrages se fait à parts égales entre les organisations concernées.

Dans ces conditions, soit CFTC et UNSA ont déterminé le mode de répartition. Il faudrait tout de même une répartition 5/6e contre 1/6e pour que l'un des syndicats obtienne les 10 %. Soit ils n'ont rien prévu, chaque syndicat obtient alors 6 % et, dans ce cas, aucun des deux n'est représentatif.

A défaut d'accord permettant à l'un ou l'autre de revendiquer un total de 10 % des suffrages exprimés, les désignations de délégués syndicaux opérées par ces syndicats peuvent être contestées par l'employeur selon la procédure déjà décrite. Si un accord permettant à l'un des deux syndicats d'obtenir 10 % avait été conclu, la désignation du délégué opérée par ce syndicat sera valable.

IV. Les représentants au comité d'entreprise UNSA et CFTC

Par application de l'article L. 2324-2 du Code du travail, chaque organisation syndicale ayant des élus au comité d'entreprise peut y nommer un représentant. Il n'est donc pas nécessaire, comme nous l'avons vu, que le syndicat soit représentatif. Il sera dès lors inutile de déterminer quel pourcentage chacun des deux syndicats a obtenu.

En revanche, le texte exige du syndicat qui souhaite désigner un représentant d'avoir obtenu plusieurs élus au comité d'entreprise. Dans ce cas, UNSA et CFTC ont obtenu deux élus (un titulaire et un remplaçant). Comment faire ?

Aucun texte du Code du travail ne règle la question. La chambre sociale a opéré un raisonnement par analogie avec la détermination de la représentativité. Dans un arrêt rendu le 4 novembre 2009, elle a jugé que : « lorsqu'une liste commune a été établie par des organisations syndicales, la répartition entre elles des suffrages exprimés se fait sur la base indiquée par les organisations syndicales concernées lors du dépôt de leur liste. A défaut d'indication, la répartition des suffrages se fait à part égale entre les organisations concernées »

Si les organisations syndicales ont prévu une répartition qui permette de dire que les deux élus sont pour l'un ou pour l'autre des syndicats, alors il y a possibilité de désigner un représentant syndical au comité d'entreprise. En revanche, s'ils n'ont rien prévu, la désignation n'est pas valable et pourra être contestée, selon la procédure précédemment décrite.

V. Droits des syndicats non représentatifs

Monsieur Decourant se trompe, les syndicats non représentatifs disposent d'un certain nombre de prérogatives dans l'entreprise.

Les syndicats qui n'ont pas obtenu l'audience suffisante pour être représentatifs peuvent-ils constituer une section syndicale ? Par application de l'article L. 2142-1 du Code du travail, dès lors qu'ils ont plusieurs adhérents dans l'entreprise ou dans l'établissement, chaque syndicat qui y est représentatif, chaque syndicat affilié à une organisation syndicale représentative au niveau national et interprofessionnel ou chaque syndicat qui satisfait aux critères de respect des valeurs républicaines, d'indépendance, et qui est constitué depuis deux ans peut constituer une section syndicale.

Au vu des éléments, il est toujours aussi délicat d'affirmer que chacun des syndicats non représentatifs dispose de plusieurs adhérents. Supposons néanmoins que tel est bien le cas.

CFTC est affilié à une organisation syndicale représentative au niveau national. Pourquoi ?

- La loi 20 août 2008 a supprimé la présomption de représentativité dont bénéficiait la CFTC.
- Désormais, au niveau national et interprofessionnel, CFTC devra faire la preuve de sa représentativité, par application des critères cumulatifs définis à l'article L. 2121-1 du Code du travail.
- Au niveau national, la mesure de l'audience aura lieu au plus tard en 2013 quand les élections auront eu lieu dans toutes les entreprises. Les syndicats devront recueillir 8 % au niveau national pour être représentatifs.
- En attendant ? L'article 11-II de la loi du 20 août 2008 a prévu des dispositions transitoires. Jusqu'à la première détermination des organisations syndicales de salariés reconnues représentatives au niveau national et interprofessionnel, sont présumées représentatives à ce niveau les organisations syndicales de salariés présumées représentatives au niveau national et interprofessionnel à la date de publication de la loi, ainsi que toute organisation syndicale de salariés dont la représentativité est fondée sur les critères mentionnés à l'article L. 2121-1 du Code du travail dans sa rédaction antérieure à la présente loi. CFTC était présumée représentative, elle demeure représentative au niveau national. La présomption est irréfragable (*Cass. soc., 10 mars 2010*). Donc le syndicat de l'entreprise est bien affilié à un syndicat représentatif au plan national.

En revanche, UNSA ne faisait pas partie des syndicats présumés représentatifs. Il faut donc que le syndicat local remplisse les critères d'indépendance, de respect des valeurs républicaines (*présumé*) et ait une ancienneté de deux ans pour pouvoir créer une section syndicale.

Si ces deux syndicats peuvent créer une section syndicale, quels droits cela va-t-il leur conférer ?

- C. trav., art. L. 2142-2 : droit de collecter les cotisations syndicales sur le lieu de travail ;
- C. trav., art. L. 2142-3 : pouvoir de procéder à des affichages dans l'entreprise, sur panneaux d'affichage spécialement mis en place par l'employeur (*distinct de celui des délégués du personnel*). Chaque section syndicale a droit à son propre panneau ;
- C. trav., art. L. 2142-4 : droit de distribuer des tracts aux heures d'entrée et de sortie de l'entreprise ou par voie électronique si un accord collectif prévoit cette possibilité (*L. 2142-6*) ;
- C. trav., art. L. 2142-8 et s. : droit de bénéficier d'un local syndical... mais attention, ce droit est réservé aux sections syndicales pour les établissements de plus de 200 salariés. Ici, l'effectif est de 112 salariés, les syndicats ne bénéficieront donc pas nécessairement d'un local syndical ;
- C. trav., art. L. 2142-10 : possibilité d'organiser des réunions syndicales dans l'entreprise, mais en dehors des locaux de travail (*ex. cantine*) une fois par mois, avec possibilité d'inviter des personnalités syndicales extérieures si l'employeur donne son accord ;
- C. trav., art. L. 2314-3 : les syndicats non représentatifs doivent être convoqués et participent à la négociation du protocole d'accord préélectoral ;
- C. trav., art. L. 2314-24, al. 2 : les syndicats non représentatifs bénéficient du monopole de présentation de candidats au premier tour des élections professionnelles.

Enfin, et surtout, les syndicats non représentatifs ayant constitué une section syndicale bénéficient de la faculté de désigner un représentant de la section syndicale.

- C. trav., art. L. 2141-1-1 : désignation dans l'entreprise du représentant de la section syndicale à condition de ne pas être représentatif. Ce représentant dispose des mêmes prérogatives que le délégué syndical à l'exception de la possibilité de négocier des conventions et accords collectifs de travail. Son mandat prend fin aux prochaines élections : soit le syndicat devient représentatif, soit le mandat est caduc, le syndicat étant alors dans l'impossibilité de désigner le même salarié jusqu'à six mois avant la prochaine élection ;
- C. trav., art. L. 2141-1-2 : mêmes conditions de désignation et de protection que le délégué syndical ;
- C. trav., art. L. 2141-1-3 : le représentant de la section syndicale bénéficie de quatre heures de délégation par mois, considérées comme temps de travail effectif et rémunérées comme telles.

II. LES SOURCES DES RELATIONS SOCIALES

Quelques illustres auteurs du XXe siècle ont soutenu que le droit du travail était un droit autonome[1]. Ils tentaient de démontrer que les règles de droit du travail étaient spécifiques et distinctes des autres disciplines juridiques[2]. Seule la législation professionnelle et les normes spécifiques au monde du travail (conventions collectives, contrat de travail, usages professionnels, etc.) auraient vocation à régir le droit du travail. Le droit du travail aurait construit ses propres principes de fonctionnement et d'interprétation, divergents de ceux du droit civil[3].

Cette observation est en partie vraie. En effet, par certains aspects, le droit du travail est un droit autonome. Cependant autonomie ne rime pas avec autarcie. Le droit du travail reste ouvert sur d'autres branches du droit : le droit communautaire, le droit international, le droit des contrats et de la responsabilité, etc. Finalement, il est peut être préférable de retenir le particularisme des sources du droit du travail, et cela pour deux raisons.

La première raison de ce particularisme tient à la multiplicité, à la diversité des sources du droit du travail. Il n'existe que peu de branches du droit qui font appel à tant de sources différentes : Traités internationaux, règles communautaires, Constitution, lois, règlements, conventions collectives de travail, usages, engagement unilatéraux, règlement intérieur d'entreprise, contrat de travail, etc. La deuxième raison tient à ce que le droit du travail n'a pas refoulé le droit civil comme cela a parfois été avancé, il l'a plutôt adapté aux situations particulières du monde du travail parce que le droit civil des

---

1. Cf. *supra* p. 29.
2. P. Durand, « Le particularisme du droit du travail », *Dr. soc.* 1945, p. 298 ; G.- H. Camerlynck, « L'autonomie du droit du travail », *D.* 1956, chr., 23 ; G. Lyon-Caen, « Les principes généraux du droit du travail », *in Études offertes à G.- H. Camerlynck*, Dalloz 1978, p. 35.
3. A. Jeammaud, « Les principes dans le droit du travail français », *Dr. soc.* 1982, p. 618.

contrats était parfois mal adapté à la subordination juridique, aux relations collectives, au fait qu'une personne soit l'objet du contrat de travail[4].

Finalement, le droit du travail est un droit hétéronome[5]. Les sources du droit du travail sont multiples et s'organisent autour de deux grandes catégories. On trouve, d'abord, comme dans l'ensemble des branches du droit, un nombre important de sources non négociées, imposées aux contractants voire, parfois, imposées par une des parties à son cocontractant. À côté de ces sources non négociées, ensuite, on trouve les sources négociées, les sources contractuelles que sont le contrat de travail et la convention collective d'entreprise.

Nous verrons donc dans un premier temps les sources non négociées (chapitre I) puis dans un second temps les sources négociées (chapitre II).

4. Si un droit civil parfois adapté est toujours appliqué en droit du travail, le droit du travail a parfois influencé lui aussi l'évolution du droit civil : J. Mestre, « L'influence des relations de travail sur le droit commun des contrats », *Dr. soc.* 1988, p. 405.

5. *Hetero nomos* : qui trouve ses sources dans de multiples inspirations.

1

LES SOURCES NON NÉGOCIÉES

Les sources non négociées se composent de l'ensemble des sources imposées aux parties au contrat de travail comme aux partenaires sociaux. Il n'y a pas si longtemps encore, les sources non négociées se limitaient pour l'essentiel à la loi et au règlement.

Mais deux phénomènes du dernier quart du XXe siècle ont profondément modifié le paysage des sources non négociées en droit du travail. Si la loi et le règlement conservent une place de choix, des règles supra législatives de deux natures différentes ont pris une importance chaque jour croissante. D'abord, sous l'influence d'un mouvement général de constitutionnalisation du droit, le droit du travail a subi l'influence du droit constitutionnel, de ses principes, de sa jurisprudence[1]. Ensuite, sous l'influence d'une ouverture de notre système juridique au pluralisme juridique, les sources internationales et européennes ont pris une place déterminante dans le droit du travail français[2].

Pour présenter ce nouveau paysage des sources en droit du travail, il demeure cependant pertinent de conserver une distinction très classique entre sources supranationales d'une part (I) et sources nationales d'autre part (II).

1. X. Prétot, « Les bases constitutionnelles du droit social », *Dr. soc.* 1991, p. 187 ; A. Jeammaud, « Le droit constitutionnel dans les relations de travail », *AJDA* 1991, p. 612.
2. La littérature est, sur cette question, tout bonnement pléthorique. V. quelques ouvrages essentiels : J.- M. Servais, *Normes internationales du travail*, LGDJ, 2004 ; B. Teyssié, *Droit européen du travail*, Litec, 3e éd., 2006 ; P. Rodière, *Droit social de l'Union européenne*, LGDJ, 2008.

1 LES SOURCES SUPRANATIONALES

Les traités et conventions internationaux trouvent à s'appliquer en droit interne par l'effet de l'article 55 de la Constitution qui dispose que « *les traités ou accords internationaux régulièrement ratifiés ou approuvés ont, dès leur publication, une autorité supérieure à celle des lois* ». Grâce à ce texte, la Cour de cassation utilise parfois les sources internationales pour écarter l'application des lois internes : c'est le contrôle de conventionnalité inventé par la Cour de cassation dans l'arrêt Jacques Vabre de 1975[3]. Il existe deux grandes catégories de sources supranationales du droit du travail français : les sources internationales d'une part (A) et les sources européennes d'autre part (B).

A. Les sources internationales

Le plus gros contingent de sources internationales est tiré des normes élaborées par l'Organisation internationale du travail (OIT) (1) auxquelles s'ajoutent quelques autres sources internationales (2).

1. L'ORGANISATION INTERNATIONALE DU TRAVAIL

La plus grande partie des sources internationales du travail provient des nombreuses conventions de l'OIT. En effet, ces conventions constituent de véritables traités au sens du droit international public. L'OIT a été créée par le Traité de Versailles en 1919. Elle adopte régulièrement des conventions sur proposition du bureau international du travail de Genève (BIT). On compte à ce jour cent quatre-vingt huit conventions dont la grande majorité a été ratifiée par la France et peut donc être applicable en droit français[4].

Les conventions de l'OIT couvrent la quasi totalité du droit du travail : libertés fondamentales du travailleur, emploi et chômage, conditions de travail, ou encore sécurité sociale. Une convention a grandement suscité l'attention ces dernières années, il s'agit de la convention n° 158 sur le licenciement[5].

---

3. Cass. mix., 24 mai 1975, *Bull. civ.*, n° 4. Le contrôle de conventionnalité est également utilisé pour faire application des règles tirées de la Convention européenne de sauvegarde des droits de l'homme qui n'est, finalement, qu'une convention internationale. Cf. *infra* p. 166.
4. Sur l'applicabilité des conventions de l'OIT et, en particulier, de la convention n° 158, v. Cass. soc., 29 mars 2006, *Dr. soc.* 2006, p. 636, avis J. Duplat ; *JCP* éd. S 2006, p. 1427, note R. Vatinet ; *D.* 2006, p. 2228, note L. Perrin.
5. La convention n° 158 est aujourd'hui considérée comme directement et intégralement applicable en droit interne, v. Cass. soc., 4 juin 2009, *JCP* éd. S 2009, 1335, note J. Mouly ; *Dr. ouvrier* 2009, p. 607, note N. Bizot ; *RDT* 2009, p. 579 et les obs.

En effet, par une ordonnance du 2 août 2005, le législateur français avait ajouté au droit du travail un nouveau contrat de travail : le contrat « nouvelles embauches »[6]. La particularité de ce contrat tenait à ce que, pendant les deux premières années, l'employeur pouvait se séparer d'un salarié sans avoir à respecter les règles du licenciement. Une procédure spécifique avait été mise en place mais il n'y avait aucune obligation de motiver la rupture : l'employeur pouvait rompre le contrat sans aucune raison apparente.

Or, l'obligation de motiver un licenciement est une exigence imposée par la convention n° 158 de l'OIT qui ne permet que cette règle soit écartée que pour un délai raisonnable, correspondant le plus souvent à la durée d'une période d'essai[7]. La durée de deux ans est-elle une durée raisonnable[8] ? Dans un arrêt rendu par la chambre sociale de la Cour de cassation le 1er juillet 2008, l'ordonnance du 2 août 2005 fut jugée contraire à la convention n° 158 si bien que son application fut écartée par la Cour[9].

La France reste malgré tout peu sensible aux conventions de l'OIT. Cela s'explique principalement par le fait que les règles contenues par ces conventions trouvent pour l'essentiel leur origine dans les droits du travail des pays les plus développés. Les conventions de l'OIT ont beaucoup plus de poids dans des pays où le droit du travail est faiblement élaboré.

D'autres textes internationaux peuvent influer sur le droit du travail français.

2. LES AUTRES SOURCES INTERNATIONALES

D'autres conventions internationales sont parfois invoquées devant les juridictions internes en droit du travail.

Tel est par exemple le cas du Pacte international relatif aux droits économiques, sociaux et culturels du 16 décembre 1966 qui fut invoqué à plusieurs reprises ces dernières années. Ainsi, la Cour de cassation a-t-elle jugé que n'était pas compatible avec l'article 6.1 de ce texte le fait « *qu'un salarié tenu au respect d'une obligation de non-concurrence soit privé de toute contrepartie financière au motif qu'il a été*

6. Ordonnance n° 2005-893 du 2 août 2005 relative au contrat de travail « nouvelles embauches ». V. notamment T. Aubert-Monpeyssen, « Contrat « nouvelles embauches » et droit du travail : quelques interrogations techniques », *JCP* éd. E 2005, n° 1495, p. 1701 ; Cl. Roy-Loustaunau, « Le contrat nouvelles embauches : la flexi-sécurité à la française », *Dr. soc.* 2005, p. 1103.

7. L. Milet, « La non-conventionnalité du contrat «nouvelles embauches» : du contrôle raisonnable au contrôle de la proportionnalité », *Dr. ouvrier* 2007, p. 504.

8. Avant même que les institutions judiciaires françaises ne prennent position sur cette question, le conseil d'administration de l'OIT avait jugé la mesure contraire à la convention n° 158. Sur cette question, v. L. Perrin, S. Tournaux, « Organisation internationale du travail », *Bull. de droit comparé du travail et de la sécurité sociale* 2007, p. 309.

9. Cass. soc., 1er juil. 2008, *RDT* 2008, p. 504, avis J. Duplat ; *RJS* 2008, p. 775, rapp. J.-M. Béraud. Le dispositif fut définitivement abrogé par l'article 9 de la loi du 25 juin 2008 portant modernisation du marché du travail.

licencié pour faute grave »[10]. De la même manière, ce texte a été invoqué par un requérant qui contestait le caractère facultatif de la réintégration du salarié lorsque le licenciement est jugé dépourvu de cause réelle et sérieuse[11]. L'applicabilité directe reconnue à ce texte par le juge français pourrait permettre de faire avancer la question des discriminations des représentants du personnel élus[12].

Une autre catégorie de sources internationales, plus diffuse peut-être, semble émerger en droit du travail, même si, à l'instar des règles de l'OIT, elle trouve davantage à s'appliquer dans les pays émergents qu'en France : il s'agit de la responsabilité sociale de l'entreprise[13].

La responsabilité sociale de l'entreprise peut être définie comme un ensemble de mesures volontaires, adoptées spontanément par l'entreprise en vue de promouvoir un comportement socialement responsable, les engagements qui en découlent portant pour l'essentiel sur des préoccupations sociales et environnementales. Bien que de nombreux doutes demeurent permis quant à la coercition de normes élaborées dans le cadre de la responsabilité sociale de l'entreprise[14], l'intérêt de cet instrument tient malgré tout à l'importance qu'il attache souvent aux droits fondamentaux de l'homme au travail[15].

Si l'influence sur le droit français des sources internationales à vocation universelle demeure modérée, il en va bien différemment des sources internationales dont le champ géographique est limité aux territoires européens.

B. Les sources européennes

Le droit français, comme l'ensemble des droits des États européens, s'est trouvé progressivement imprégné par deux grandes catégories de règles internationales dont le champ se limite aux territoires européens : il s'agit du droit de l'Union européenne (1) et du droit tiré de la Convention européenne de sauvegarde des droits de l'homme et des libertés fondamentales (CESDH) (2).

---

10. Cass. soc., 16 déc. 2008, *Dr. soc.* 2009, p. 236, obs. J. Mouly ; *RDT* 2009, p. 239, obs. R. de Quenaudon.
11. Cass. soc., 14 avr. 2010, *JCP* éd. S 2010, act. 248, L. Dauxerre.
12. Sur cette question, cf. *supra* p. 107.
13. C. Neau-Leduc, « La responsabilité sociale de l'entreprise », *Dr. soc.* 2006, p. 953 ; P.-H. Antonmattéi, P. Vivien, « Charte d'éthique, alerte professionnelle et droit du travail français : état des lieux et perspectives », *Dr. soc.* 2007, p. 522. Sur un plan comparatiste, v. *Quelle responsabilité sociale pour l'entreprise – Approches juridiques nationales et comparatives*, Séminaire international de droit comparé du travail, des relations professionnelles et de la sécurité sociale, COMPTRASEC, 2005.
14. M.- A. Moreau et a., *La dimension pluridisciplinaire de la responsabilité sociale de l'entreprise*, PUAM, 2007.
15. I. Daugareilh, « La responsabilité sociale des entreprises transnationales et les droits fondamentaux de l'homme au travail : le contre exemple des accords internationaux », *in Mondialisation, travail et droits fondamentaux*, ouv. coll. sous la dir. d'I. Daugareilh, Bruylant, 2005, p. 349.

1. LE DROIT DE L'UNION EUROPÉENNE

Le droit social de l'Union européenne s'est construit pas à pas depuis la création des communautés européennes en 1957[16].

La mise en place de la Communauté économique européenne, en 1957, avait pour objet de mettre en place une zone de libre-échange entre les pays composant la communauté. Le premier objectif était donc d'obtenir une zone de libre concurrence et le droit de l'Union demeure pour l'essentiel un droit économique. Rapidement, on s'est aperçu qu'il était impossible de réglementer l'économie sans égard pour le volet social. C'est ainsi qu'est progressivement apparu un véritable droit social de l'Union européenne.

D'une manière générale, le juge français doit écarter toute disposition législative ou réglementaire contraire au droit issu des Traités ou au droit dérivé[17]. C'est ainsi par exemple qu'avait été jugée contraire au droit communautaire une disposition du Code du travail qui, avant 2001, interdisait le travail nocturne des femmes[18]. La Cour de justice de l'Union peut également intervenir, à la suite d'une question préjudicielle ou d'un recours en manquement d'État.

Le droit social de l'Union s'est donc construit autour des Traités (a), du droit dérivé (b) et de la jurisprudence de la Cour de justice (c).

a. Le droit des Traités

Les Traités de la Communauté européenne, puis de l'Union européenne, ont toujours fait une place au droit social, mais cette place, fort limitée au départ, tend aujourd'hui à se développer et prend une dimension plus importante encore avec l'adoption du traité de Lisbonne.

Dès l'origine, des dispositions des Traités de la Communauté européenne prévoyaient des règles relatives à la libre circulation des travailleurs dans la Communauté, mais aussi aux discriminations salariales en raison du sexe[19]. Le rôle du droit de l'Union en matière de discrimination s'est progressivement amplifié. C'est ainsi par interprétation du Traité de Rome que la CJCE a introduit le concept de discrimination indirecte par un arrêt du 31 mars 1981[20].

---

16. On parlait autrefois de « droit social communautaire ». Il n'est pas certain que l'expression soit toujours pertinente, le traité de Lisbonne ayant marqué la substitution du concept d'« union » à celui de « communauté ».
17. D'une manière plus générale, sur l'influence du droit social de l'Union en droit français, v. S. Hennion, « L'influence du droit social communautaire sur le droit interne », *Dr. soc.* 1992, p. 736 ; « La force normative du droit social européen », *JCP* éd. S 2009, 1091.
18. CJCE, 25 juill. 1991, aff. 362/89, Stoeckel : *D.* 1991, juris., p. 443, note Huglo ; CJCE, 5e ch., 13 mars 1997, aff. C-197/96 : *JCP* E 1997, pan. 381 ; *RJS* 1997, n° 493. Le législateur français a modifié le Code du travail afin d'assurer la conformité à cette jurisprudence par la loi n° 2001-397 du 9 mai 2001.
19. V. par ex. l'art. 141 du Traité de Rome de 1957.
20. CJCE, 31 mars 1981, aff. 96/80, *Rec. CJCE* 1981, p. 911

Si les dispositions des Traités demeuraient parcellaires en matière de droit social, le droit social de l'Union a fait un grand bond en avant avec la ratification unanime du Traité de Lisbonne. En effet, le Traité de Lisbonne accorde enfin force obligatoire à la Charte des droits fondamentaux de l'Union européenne adoptée le 7 décembre 2000[21]. Or cette charte comporte de nombreuses dispositions applicables en droit du travail.

Certaines des dispositions de la Charte ne devraient pas trouver trop fréquemment à s'appliquer en France, la législation française y étant conforme. Tel est le cas, notamment, de l'interdiction du travail des enfants et de la protection des jeunes au travail[22] ou de l'interdiction du travail forcé[23]. En revanche, la proclamation d'autres droits et libertés porte en germe de futures requêtes devant la Cour de justice et l'invocation des règles de la Charte devant les juridictions internes. Il en va notamment ainsi de la liberté pour tout citoyen de l'Union de chercher un travail et de travailler dans un autre État membre[24], du droit pour toute personne d'accéder à un service gratuit de placement[25], du droit pour tout travailleur à des conditions de travail qui respectent sa santé, sa sécurité et sa dignité[26], du droit à la limitation à une durée maximale de travail, à des repos journaliers et hebdomadaires, aux congés payés, au congé maternité et au congé parental[27], de la protection contre tout licenciement injustifié[28], de la liberté syndicale[29], du droit des salariés à être informés et consultés sur l'évolution de l'entreprise[30], du droit de négocier et conclure des conventions collectives et de recourir à l'action collective[31].

Avant l'intégration de la Charte au Traité de Lisbonne, c'est surtout le droit dérivé qui avait été utilisé pour légiférer en matière de droit social de l'Union.

b. Le droit dérivé

À côté des Traités, de nombreuses directives ont été adoptées au fil des années en matière de droit du travail. Parmi les plus importantes directives applicables en droit du travail, on trouve la directive du 12 juin 1989 sur l'amélioration de la santé et de la sécurité au travail, la directive du 14 octobre 1991 relative à l'information des travailleurs sur le contenu de leur contrat de travail, la directive du 27 novembre 2000 sur l'égalité de traitement en matière d'emploi et de travail, la directive du 12 mars

21. G. Braibant, « La charte des droits fondamentaux », *Dr. soc.* 2001, p. 69.
22. CDFUE, art. 32
23. CDFUE, art. 5.
24. CDFUE, art. 15.2.
25. CDFUE, art. 29.
26. CDFUE, art. 31.1.
27. CDFUE, art. 31.2.
28. CDFUE, art. 30.
29. CDFUE, art. 12.
30. CDFUE, art. 27.
31. CDFUE, art. 28.

2001 sur le maintien des droits des travailleurs en cas de transfert d'entreprise ou, encore, la directive du 4 novembre 2003 sur le temps de travail.

En principe, les directives de l'Union doivent être transposées dans la législation des États membres et portent ainsi leur influence sur le droit interne. Cependant, face à l'inertie des pouvoirs publics français, il est souvent arrivé que la Cour de cassation fasse une application indirecte de directives non transposées. La technique utilisée par le juge français pour faire application de ces directives est celle dite de « l'interprétation à la lumière de la directive communautaire ». Ce procédé fonctionne de la manière suivante. Imaginons un domaine réglementé à la fois en droit interne et en droit de l'Union, tel que par exemple celui du transfert d'entreprise. Les dispositions du droit interne (art. L. 1224-1 du Code du travail et la jurisprudence de la chambre sociale) et les dispositions du droit de l'Union (directive du 14 février 1977 modifiée par la directive du 12 mars 2001) adoptent des définitions qui varient légèrement ou des conséquences juridiques qui ne sont pas tout à fait identiques. Dans ce cas de figure, la Cour de cassation interprète le droit français à la lumière des directives, c'est-à-dire qu'elle adapte la définition nationale pour qu'elle soit conforme à la définition du droit communautaire[32].

Il faut encore relever qu'il existe des syndicats de salariés[33] et des organisations patronales[34] au niveau de l'Union européenne qui concluent de plus en plus fréquemment des accords collectifs au niveau européen[35]. Pour l'essentiel, ces accords sont ensuite transformés en directives par la Commission et le Parlement avant d'être finalement transposés par les États membres. Ainsi, par exemple, la directive du 28 juin 1999 sur le travail à durée déterminée a repris un accord-cadre conclu par les partenaires sociaux européens en la matière[36].

c. La jurisprudence de la Cour de justice de l'Union européenne (CJUE)

Les décisions de la CJUE ont, par application des règles institutionnelles du droit de l'Union, force exécutoire et grande autorité sur les juges nationaux[37]. Quelques décisions du juge européen ont sérieusement marqué le droit du travail français. Ont déjà été évoquées les décisions relatives aux discriminations hommes/femmes. On pourrait encore parler des arrêts Laval et Viking qui constituent d'excellents révélateurs de

32. Sur l'exemple du transfert d'entreprise, v. Cass. soc., 18 déc. 2000, *Dr. soc.* 2001, p. 326, obs. J. Savatier ; encore très récemment, v. Cass. soc., 12 juill. 2010, n° 09-41.403.
33. Le principal syndicat européen étant la CES : Confédération européenne des syndicats.
34. La principale organisation patronale est BusinessEurope.
35. P.- H. Antonmattéi, « Normes sociales européennes conventionnelles, les accords collectifs de niveau communautaire », *in Les normes sociales européennes*, éd. Panthéon-Assas, 2000, p. 23 ; B. Teyssié, « L'accord collectif de niveau communautaire », *in Mélanges A. Decocq*, Litec, 2004, p. 567.
36. Accord-cadre du 18 mars 1999 sur le travail à durée déterminée mis en œuvre par la directive n° 1999/70/CE du 28 juin 1999. V. C. Vigneau, « L'accord-cadre européen sur le travail à durée déterminée », *Dr. soc.* 1999, p. 928.
37. B. Teyssié, *Droit européen du travail*, Litec, 3e éd., 2006, p. 43 et s.

l'importance que peut revêtir la jurisprudence unioniste[38]. Ces arrêts reconnaissent au droit de grève le statut de droit fondamental de l'Union tout en le mettant en balance avec la liberté d'établissement et la liberté de prestation de service.

Outre le droit de l'Union, c'est également le droit tiré de la Convention européenne des droits de l'homme de 1950 qui a pris récemment de l'ampleur dans le droit du travail français.

2. LA CONVENTION EUROPÉENNE DE SAUVEGARDE DES DROITS DE L'HOMME ET DES LIBERTÉS FONDAMENTALES (CESDH)

La CESDH n'avait, normalement, pas vocation à trouver application en droit du travail. En effet, la plupart des droits et libertés garantis par ce texte n'ont pas directement de vocation sociale mais sont plutôt des droits fondamentaux individuels tels que la liberté d'aller et de venir, la liberté d'expression, le droit à un tribunal équitable, etc. Malgré tout, il est souvent fait application des règles issues de la CESDH en matière sociale, soit directement par la Cour de cassation[39], soit par la Cour européenne des droits de l'homme (Cour EDH) elle-même.

Parmi les principales dispositions de la CESDH invoquées en droit du travail figure l'article 6§1 sur le droit à un tribunal impartial : c'est à partir de ce texte qu'a été construite l'argumentation sur l'impartialité du conseil de prud'hommes[40]. L'article 11 qui proclame la liberté syndicale, c'est-à-dire le droit de se syndiquer et de choisir librement son syndicat, est lui aussi parfois invoqué. La Cour EDH a déduit de cet article un droit européen à l'action collective[41] et la Cour de cassation a jugé la réforme de la négociation collective du 20 août 2008 conforme à ce texte[42]. L'article 8 de la convention, relatif au respect de la vie privée, est parfois utilisé en droit du travail, par exemple pour que soit garanti le secret des correspondances, y compris sous forme électronique[43], ou le principe de libre choix du domicile[44].

---

38. CJCE, 11 déc. 2007, *Viking*, aff. C-438/05 ; CJCE, 18 déc. 2007, *Laval*, aff. C-341/05 ; *JCP* S 2008, 1086 et 1087, note J. Cavallini ; *Dr. soc.* 2008, p. 210, note P. Chaumette ; *RDT* 2008, p. 80, note S. Robin-Olivier.
39. J. Mouly, J.- P. Marguénaud, « La chambre sociale de la Cour de cassation, pionnière de la diffusion de la Convention EDH en France », *JCP* éd. S 2009, 1001.
40. Cass. soc., 19 déc. 2003, *D.* 2004, p. 1688, note M. Keller.
41. Cour EDH, 17 juill. 2007, n° 74611/01, *Satilmis c/ Turquie*, *JCP* éd. S 2007, 1702, note J. Cavallini ; *Lexbase hebdo*, éd. soc., n° 272 et la note.
42. Cass. soc., 14 avr. 2010, *Lexbase hebdo*, éd. soc., n° 393, note G. Auzero ; *JCP* éd. S 2010, 1259, note B. Gauriau.
43. Cass. soc., 2 oct. 2001, *Nikon*, *D.* 2001, p. 3148, note P.- Y. Gautier ; *D.* 2002, p. 2296, note Ch. Caron.
44. Cass. soc., 12 janv. 1999, *Spileers*, *Dr. soc.* 1999, p. 287, note J.-E. Ray ; *RTD civ.* 1999, p. 358, obs. J. Hauser et p. 395, obs J. Mestre ; *D.* 1999, p. 645, note J.-P. Marguénaud et J. Mouly.

Même si les sources internationales ont pris une place plus importante en droit du travail français, la majorité des règles non négociées demeure d'origine nationale.

2 LES SOURCES NATIONALES

Les sources nationales sont, comme leur nom l'indique, établies par des producteurs de normes français. Quoique le droit du travail soit un droit interventionniste, il serait cependant trompeur de croire que seul l'État génère des règles de droit du travail. En effet, à côté des sources étatiques somme toute relativement classiques (A), on trouve en droit du travail une catégorie de normes beaucoup plus spécifiques que l'on peut qualifier de sources propres à l'entreprise (B).

A. Les sources étatiques

Il existe de nombreuses strates de sources étatiques du droit du travail en France. Bien entendu, au sommet de l'édifice, figurent les règles de valeur constitutionnelle qui ont pris, en droit du travail comme partout ailleurs, une place désormais considérable (1). À l'évidence, la loi tient également une place importante en droit du travail, comme en témoigne la fréquence avec laquelle le législateur intervient dans la matière et les efforts effectués pour rendre la législation du travail plus lisible (2). La place du pouvoir réglementaire devrait être majeure compte tenu de la répartition constitutionnelle des compétences entre législatif et exécutif, elle reste pourtant relativement modeste (3). Enfin, la jurisprudence joue un rôle clé en droit du travail si bien que cette branche du droit est en partie aujourd'hui un droit jurisprudentiel (4).

1. LA CONSTITUTION[45]

Le droit du travail subit l'influence du droit constitutionnel issu des textes du bloc de constitutionnalité (a) mais également de la jurisprudence constitutionnelle (b).

a. Les textes constitutionnels

Des règles relatives au droit du travail peuvent être identifiées dans le texte même de la Constitution, dans les Principes particulièrement nécessaires à notre temps du Préambule de la Constitution de 1946 et, dans une moindre mesure, dans la Déclaration des droits de l'homme et du citoyen de 1789.

45. V. Ogier-Bernaud, *Les droits constitutionnels des travailleurs*, PUAM, 2003 ; X. Prétot, « Les bases constitutionnelles du droit social », *Dr. soc.* 1991, p. 187.

L'ensemble des grands principes constitutionnels compris dans la Constitution du 4 octobre 1958 trouve évidemment à s'appliquer au droit du travail. C'est ainsi, par exemple, que le principe d'égalité ou le principe de liberté proclamés par ce texte sont appliqués par les juridictions du travail[46]. Ce sont certainement les articles 34 et 37, répartissant les compétences entre le législateur et le pouvoir exécutif en matière notamment de droit du travail, qui intéressent de plus près la matière. En effet, l'article 34 de la Constitution dispose que le législateur est compétent pour déterminer les « *principes fondamentaux du droit du travail, du droit syndical et de la sécurité sociale* ». *A contrario*, tout ce qui ne ressort pas des principes fondamentaux du droit du travail relève du pouvoir réglementaire, comme le confirme l'article 37 qui dispose que « *les matières autres que celles qui sont du domaine de la loi ont un caractère réglementaire* ».

La répartition des compétences constitutionnellement déterminées n'est pas très bien respectée par le législateur qui légifère très fréquemment sur des points de détails qui ne relèvent à l'évidence pas des principes fondamentaux. Des efforts ont tout de même été réalisés lors de la recodification du Code du travail survenue en mai 2008 pour procéder à une meilleure répartition des compétences[47]. Il convient de relever que, malgré les demandes récurrentes des partenaires sociaux en la matière, il ne leur a toujours pas été reconnu de compétence constitutionnelle[48].

L'intégration du Préambule de la Constitution de 1958 au bloc de constitutionnalité a eu pour effet majeur, en droit du travail, de permettre l'invocation, devant le Conseil constitutionnel comme devant les juridictions judiciaires ou administratives, des « principes particulièrement nécessaires à notre temps » issus du Préambule de la Constitution de 1946.

Ce texte vise un certain nombre de droits économiques et sociaux. Ainsi, « *chacun a le devoir de travailler et le droit d'obtenir un emploi. Nul ne peut être lésé, dans son travail ou son emploi, en raison de ses origines, de ses opinions ou de ses croyances* » (al. 5). Ce texte consacre le devoir de travailler et le droit à l'emploi. Cette disposition fonde l'existence d'un service public de placement permettant de faire tout ce qui est possible pour que chacun ait un emploi. Il s'agit d'un « droit à » dont on sait cependant qu'ils ont une faible positivité. Figure également en germe de ce texte l'interdiction des discriminations. De la même manière, « *tout homme peut défendre ses droits et ses intérêts par l'action syndicale et adhérer au syndicat de son choix* » (al. 6). Ce texte reconnaît la valeur constitutionnelle de la liberté syndicale, si longtemps

46. Sur la liberté du travail, v. par ex. Cass. soc., 19 nov. 1996, *Dr. soc.* 1997, p. 95, note G. Couturier ; sur l'égalité, v. notamment Cass. soc.,29 mai 2001, *Dr. soc.* 2001, p. 821, note G. Borenfreund.

47. Un certain nombre d'articles législatifs ont été « déclassés » dans la partie réglementaire du code.

48. V. notamment la Position commune des partenaires sociaux signées par le MEDEF, la CGPME, l'UPA, la CFDT, la CFTC, FO et la CGC le 16 juill. 2001, *Dr. soc.* 2003, p. 92. *Adde.* A. Mazeaud, « Sur l'autonomie des partenaires sociaux depuis la position commune du 15 juill. 2001 », *Dr. soc.* 2003, p. 361.

proscrite en France. Il y a donc liberté de se syndiquer, mais aussi liberté de ne pas se syndiquer. Il y a également la reconnaissance implicite du pluralisme syndical puisque le travailleur a le choix du syndicat auquel il souhaite adhérer[49]. Est encore fréquemment évoqué l'alinéa 7 du texte qui dispose que « *le droit de grève s'exerce dans le cadre des lois qui le réglementent* », ce qui constitue une véritable reconnaissance constitutionnelle du droit de grève, mais également une limitation de celui-ci. « *Tout travailleur participe, par l'intermédiaire de ses délégués, à la détermination collective des conditions de travail ainsi qu'à la gestion des entreprises* » (al. 8). Ce texte procède à la reconnaissance d'un droit des salariés à la participation, c'est-à-dire de l'existence d'une représentation du personnel dans l'entreprise. La dernière partie du texte, relative à la gestion des entreprises, reste très largement fictive en France où il n'existe pas, comme en Allemagne, de système de cogestion. Enfin, l'alinéa 13, d'une moindre importance en droit du travail, dispose que « *la Nation garantit l'égal accès de l'enfant et de l'adulte à l'instruction, à la formation professionnelle et à la culture* ». Ce texte fonde l'existence d'une formation professionnelle développée en France. Si elle a toujours existé, la formation continue a connu un regain d'intérêt avec la loi du 4 mai 2004 sur le développement de la formation professionnelle tout au long de la vie[50].

La Déclaration des droits de l'homme et du citoyen est elle aussi entrée dans le bloc de constitutionnalité grâce au Conseil constitutionnel. Elle est cependant plus pauvre en principes intéressant le droit du travail. Il peut tout de même être relevé qu'à partir du principe de liberté énoncé par l'article 4 de la Déclaration ont été déduits deux autres principes constitutionnels relatifs au droit du travail. D'abord le principe de la liberté contractuelle des partenaires sociaux, la loi ne pouvant porter aux conventions collectives une atteinte qui ne soit pas justifiée par un motif d'intérêt général suffisant[51]. Ensuite, la liberté d'entreprendre[52] et son corollaire, la liberté de choix de ses collaborateurs[53], liberté reconnue à l'employeur qui lui permet de choisir qui il souhaite engager ou non, même si cette liberté est enserrée dans des limites puisque la liberté de choix ne doit pas dégénérer en discrimination.

Outre les textes constitutionnels, c'est encore la jurisprudence constitutionnelle qui a porté de nombreux principes du droit du travail au rang de principes à valeur constitutionnelle. Il y a assez peu de principes fondamentaux reconnus par les lois de la République en droit du travail. Il y eut cependant un vif débat au sujet de la valeur juridique du principe de faveur.

---

49. Cf. *supra* p. 124 et s.
50. V. la loi fondatrice n° 2004-391 du 4 mai 2004, relative à la formation professionnelle tout au long de la vie et au dialogue social, ainsi que la plus récente loi n° 2009-1437 du 24 nov. 2009, relative à l'orientation et la formation professionnelle tout au long de la vie.
51. Cons. const. 13 janv. 2000, n° 99-423 DC, *Dr. soc.* 2000, p. 257, chr. X. Prétot.
52. Cons. const., 7 déc. 2000, n° 2000-436 DC, *D.* 2001, somm. 1840, obs. L. Favoreu.
53. Cons. const., 20 juill. 1988, n° 88-244 DC, *Dr. soc.* 1988, p. 755, note X. Prétot ; Cons. const., 30 mars 2006, n° 2006-535 DC, *Dr. soc.* 2006, p. 494, note X. Prétot.

Le principe de faveur est la règle de conflit selon laquelle, lorsque deux dispositions en droit du travail portent sur le même objet, c'est la disposition la plus favorable au salarié qui doit trouver à s'appliquer[54]. À l'occasion de lois qui introduisaient des exceptions à ce principe de faveur en permettant la conclusion d'accords collectifs dérogatoires, c'est-à-dire potentiellement défavorables aux salariés, il a été plusieurs fois demandé au Conseil constitutionnel de reconnaître le principe de faveur comme constituant un principe fondamental reconnu par les lois de la République, ce à quoi il s'est toujours refusé[55].

b. La jurisprudence constitutionnelle

À l'occasion de chaque loi nouvelle, les commentateurs scrutent les décisions du Conseil constitutionnel à la recherche de l'édiction d'un nouveau principe, de l'émission d'une réserve d'interprétation[56]. Parmi les décisions fondamentales de ces vingt dernières années peuvent être soulignées quelques unes d'entre elles.

Tel est le cas de la décision du 6 novembre 1996. La loi examinée permettait pour la première fois, dans certaines circonstances, à des représentants élus du personnel de conclure des conventions collectives. Les requérants invoquaient devant le Conseil un monopole syndical à la négociation collective. Le Conseil constitutionnel juge que les syndicats ne jouissent pas d'un monopole de la représentation des salariés en matière de négociation collective, si bien que des salariés élus peuvent participer à la négociation dès lors que leur intervention n'a ni pour objet ni pour effet de faire obstacle à celle des syndicats[57].

Tel est encore le cas de la décision du 10 juin 1998 sur la loi Aubry I. Le Conseil reconnaît la liberté d'entreprendre comme principe à valeur constitutionnelle, mais auquel il peut être apporté des restrictions, notamment en cas de conciliation avec un autre principe à valeur constitutionnelle, comme le droit à l'emploi[58]. On peut relever, encore, la décision du 12 janvier 2002 qui réitère le principe de la liberté d'entreprendre pour censurer une loi qui limitait les possibilités de licenciement pour motif économique aux entreprises dont la pérennité était en jeu[59].

---

54. Cf. *infra* p. 214.
55. Les requérants s'appuyaient sur la loi du 24 juin 1936 qui disposait que les conventions collectives ne pouvaient prévoir de dispositions moins favorables que la loi pour les salariés. Le Conseil constitutionnel refusa la reconnaissance du principe au motif qu'il s'agissait du seul texte antérieur à 1946 utilisant les ressorts du principe de faveur. V., Cons. const. 6 nov. 1996, *Dr. ouvrier* 1996, p. 479, note G. Lyon-Caen ; *Dr. soc.* 1997, p. 25, note M.- L. Morin ; Cons. const. 13 janv. 2003, n° 2002-465 DC, *Dr. soc.* 2003, p. 260, note X. Prétot ; *Les grands arrêts du droit du travail*, 4e éd., Dalloz, 2008, n° 175.
56. Sur l'importance de la jurisprudence constitutionnelle en droit du travail, v. G. Lyon-Caen, « La jurisprudence du Conseil constitutionnel intéressant le droit du travail », *D.* 1989, chr., p. 289.
57. Cons. const., 6 nov. 1996, n° 96-383 DC, *préc.*
58. Cons. const., 10 juin 1998, *RJS* 1998, n° 939.
59. Cons. const. 12 janv. 2002, n° 2001-455 DC, *Dr. soc.* 2002, p. 244, note X. Prétot.

Si le Conseil constitutionnel joue donc un rôle important en droit du travail depuis une quarantaine d'année, il est hautement probable que ses interventions prennent une toute autre dimension sur le plan quantitatif, grâce l'avènement de la question prioritaire de constitutionnalité[60]. Les décisions rendues en matière de droit social sont encore peu nombreuses[61]. En droit du travail, une première question de constitutionnalité lui a été transmise par la Cour de cassation en matière de représentativité des syndicats catégoriels[62]. Le Conseil constitutionnel, élargissant la question aux nouvelles règles de la représentativité syndicale confrontées à la liberté syndicale, a jugé ces dispositions conformes à la Constitution[63].

Plus classiquement, la loi est évidemment une source essentielle du droit du travail français.

2. LA LOI

Il n'est guère de disciplines où la formule de Lacordaire trouve plus grand retentissement : « *entre le fort et le faible, entre le riche et le pauvre, entre le maître et le serviteur, c'est la liberté qui opprime et la loi qui affranchit* ». Le droit du travail est un droit interventionniste, l'intervention de l'État n'étant pas dénuée de toute ambiguïté, jouant sans cesse sur deux tableaux, celui de la protection des salariés et celui de la régulation de l'économie.

Si la majorité des dispositions législatives intéressant le droit du travail figure dans le Code du travail (a), d'autres législations professionnelles sont éparpillées dans différents autres codes ou lois spéciales (b). On relèvera enfin que la négociation collective tient une place de plus en plus prépondérante dans la préparation des lois : c'est ce que l'on appelle les lois négociées (c).

---

60. V. Ch. Radé, « La question prioritaire de constitutionnalité et le droit du travail : a-t-on ouvert la boîte de Pandore ? », *Dr. soc.* 2010, p. 873 ; V. Bernaud, « Question prioritaire de constitutionnalité et contentieux du travail », *RJS* 2010, p. 339.

61. En droit de la sécurité sociale, v. à propos de la cristallisation des pensions de retraite des ressortissants algériens, Décision n° 2010-1 QPC du 28 mai 2010, *Lexbase hebdo*, éd. soc., n° 397, note Ch. Willmann. S'agissant de la faute inexcusable en matière d'accidents du travail et maladies professionnelles, v. Décision n° 2010-8 QPC du 18 juin 2010, *Lexbase hebdo*, éd. soc., n° 401, note Ch. Radé.

62. Cass. QPC, 8 juill. 2010, n° 10-60.189, *Lexbase hebdo*, éd. soc., n° 404, note Ch. Radé ; *RCA* 2010, ét. 8, note H. Groutel. La Cour de cassation a cependant refusé de transmettre au Conseil constitutionnel cinq autres questions qui lui avaient été posées s'agissant de la loi du 20 août 2008 : le seuil d'audience nécessaire à la représentativité n'est pas contraire à la liberté syndicale et au principe de participation des salariés à la détermination collective de leurs conditions de travail (Cass. QPC, 18 juin 2010, n° 10-40.005) ; l'exigence de présence de plusieurs élus au comité d'entreprise pour y désigner un représentant syndical n'est contraire à aucun principe constitutionnel (Cass. QPC, 18 juin 2010, 10-14.749) ; la prescription quinquennale des salaires ne constitue pas une question suffisamment sérieuse pour être transmise au Conseil constitutionnel (Cass. QPC, 18 juin 2010, 10-40.009).

63. Cons. const. n° 2010-42 QPC du 7 oct. 2010 et Cons. const. n° 2010-63/64/65 QPC du 12 nov. 2010, *Constitutions* 2011 p. 89.

a. Le Code du travail

Le premier Code du travail fut promulgué en 1910. Alors que le projet d'origine était extrêmement ambitieux, il n'aboutit finalement qu'à un résultat très insatisfaisant. Le Code, qui devait être composé de dix livres, n'en comportait qu'un seul. La législation du travail demeurait éparpillée dans de nombreuses lois particulières que l'on appelait alors la législation industrielle[64].

Une première recodification intervint en 1973. Son objectif était d'accueillir de manière exhaustive toutes les lois sociales dans un même code. Malheureusement, le Code du travail fut rapidement atteint d'obésité, à tel point que des auteurs s'interrogèrent dans un colloque au milieu des années 1980 sur la question suivante : « Faut-il brûler le Code du travail ? »[65]. Plus que d'autres branches du droit encore, le droit du travail subissait l'inflation législative. Les lois s'empilaient, les unes après les autres, avec de nombreuses incohérences, un allongement démesuré des articles, une numérotation à tiroir parfois totalement ubuesque. Pour tenter de mettre de l'ordre dans cette codification, une loi du 9 décembre 2004 autorisa le gouvernement à procéder à sa recodification par voie d'ordonnance[66]. Le nouveau Code du travail entra en vigueur au mois de mai 2008.

Il s'agit d'une recodification à droit constant, si bien que les principales modifications apportées tiennent plus à la forme qu'au fond. Les articles du code ont été découpés selon le principe « un article, une idée », le plan a été totalement refondu, des parties entières ayant été déplacées. Un effort particulier a été porté sur les terminologies employées par le code. Ainsi, les termes abscons ou désuets ont été remplacés. De la même manière, un certain nombre de termes ont été harmonisés. Le nouveau Code du travail ne fait plus référence au « chef d'entreprise » mais systématiquement à l'« employeur ». Autre exemple, le « délai de prévenance » et le « délai-congé » ont été tous remplacés par le terme commun de « délai de préavis ». Une nouvelle numérotation a été adoptée avec des nombres à quatre chiffres, correspondant au plan du code. Enfin, des lois non codifiées ont été intégrées au Code du travail alors que d'autres textes en ont été extraits pour intégrer d'autres codes[67].

Certains auteurs ont reproché à la recodification de ne pas s'être en réalité déroulée à droit constant[68]. Il est vrai que certains textes ont intégré des interprétations jurispru-

64. Les premiers ouvrages de droit du travail étaient des manuels ou des traités de « législation industrielle ». V. notamment P. Pic, *Traité élémentaire de législation industrielle*, éd. Rousseau, 1894 ; G. Bry, *Cours élémentaire de législation industrielle*, Larose, 1895.

65. « Faut-il brûler le Code du travail ? », colloque organisé à Montpellier le 25 avril 1986 et dont les communications furent reproduites à la revue Droit social, v. *Dr. soc.*, 1986, pp. 559-604.

66. Ch. Radé, « Recodifier le Code du travail », *Dr. soc.* 2006, p. 483 ; J.-. D. Combrexelle, H. Lanouzière, « Les enjeux de la recodification du Code du travail », *Dr. soc.* 2007, p. 517.

67. Par ex. dans le code rural pour le droit du travail applicable au domaine agricole ou dans le code de l'action sociale et des familles s'agissant du statut des assistants maternels.

68. Les critiques les plus virulentes provinrent probablement du Professeur E. Dockès (E. Dockès, « La

dentielles. Ainsi, par exemple, l'ancien Code du travail ne prévoyait pas explicitement que le licenciement pour motif économique devait reposer sur une cause réelle et sérieuse. Le nouveau code a intégré cette règle prétorienne[69]. De la même manière, des définitions ont été apportées alors qu'elles n'existaient pas dans l'ancien code. C'est ainsi, par exemple, que les recodificateurs ont introduit une définition du travail temporaire qui n'existait pas auparavant[70]. Les apports sur le fond restent cependant mineurs et relèvent davantage de l'incorporation des interprétations les plus évidentes du Code du travail.

On s'est parfois interrogé sur la modification du plan du Code du travail et sur la possibilité qu'elle entraîne des changements d'interprétation de la part du juge. En effet, parmi les différents modes d'interprétation que le juge judiciaire utilise, il en est un que l'on appelle l'interprétation *a rubrica*. Lorsqu'un texte est obscur ou incomplet et que le juge a besoin de l'interpréter, il peut rechercher dans quelle partie, livre, titre, chapitre, section du code se trouve l'article pour tenter de l'interpréter de la façon la plus logique par rapport à son emplacement. Par la force des choses, l'interprétation peut alors changer avec les modifications apportées au plan du code. Malgré tout, ces inquiétudes ont été tempérées par la Cour de cassation qui s'est affirmée de manière très ferme comme garante de l'interprétation à droit constant[71].

Il n'est pas tout à fait certain que la recodification ait emporté la simplification du droit du travail espérée par ses promoteurs. S'habituer à la nouvelle numérotation exige une gymnastique quasi quotidienne. La division d'articles autrefois très longs a considérablement augmenté le nombre total d'articles et impose parfois de faire référence à nombre d'entre eux pour illustrer telle ou telle question. Finalement, le bilan demeure contrasté.

b. Les autres législations professionnelles

A la suite de la recodification, il ne subsiste quasiment plus de lois portant sur le droit du travail qui n'aient pas été intégrées au Code du travail. Tout au plus peut-on parler de l'article 6 de la loi du 25 juin 2008 relatif au contrat de travail à durée déterminée conclu pour un objet défini[72] ou des dispositions transitoires de la loi du 20 août 2008[73], mais leur exclusion du code repose davantage sur leur caractère temporaire que sur une négligence du législateur.

---

décodification du droit du travail », *Dr. soc.* 2007, p. 388), critiques auxquelles il fut répondu par l'un des membres de la commission de recodification (Ch. Radé, « Le nouveau Code du travail et la doctrine : l'art et la manière », *Dr. soc.* 2007, p. 513).

69. C. trav., art. L. 1233-2, al. 2.
70. C. trav., L. 1251-1.
71. En germe, v. Cass. soc., 29 avr. 2009, *Bull. civ.* V, n° 115 ; plus nettement, v. Cass. soc., 27 janv. 2010, *Lexbase hebdo,* éd. soc., n° 382, note Ch. Radé ; *JCP* éd. S 2010, 1234, note A. Martinon.
72. Ce dispositif a été mis en place à titre expérimental. Cf. *infra* p. 276.
73. Cf. *supra* p. 131.

D'autres codes intègrent cependant des dispositions de droit du travail. Cela est par exemple le cas du code de l'action sociale et des familles dont les articles L. 421-1 et suivants comportent la législation professionnelle applicable aux assistants maternels. Cela est encore le cas du code rural et de la pêche maritime qui comporte des dispositions de droit du travail aux articles L. 718-3 et suivants. Les règles relatives aux inventions des salariés prennent place dans le code de la propriété intellectuelle aux articles R. 611-1 et suivants, celles applicables aux sportifs professionnels aux articles L. 222-1 et suivants du Code du sport. Les exemples pourraient être multipliés.

Enfin, rappelons que le droit commun des contrats a pleinement vocation à s'appliquer en droit du travail, sous réserve de l'adage *Specialia generalibus derogant*, par l'effet du renvoi opéré par l'article L. 1221-1 du Code du travail. De la même manière, de nombreuses dispositions pénales s'appliquent au droit du travail, lesquelles sont parfois tirées du Code pénal et non seulement du Code du travail[74].

Un dernier phénomène, spécifique au droit du travail, modifie le processus d'élaboration de la loi dans cette matière : la pratique de la « loi négociée ».

c. La loi négociée

Le rôle du législateur est de plus en plus partagé avec les partenaires sociaux. Cela se manifeste à travers deux tendances[75].

La première tendance est issue de trois articles qui ont été intégrés dans un chapitre préliminaire du Code du travail et qui tentent d'institutionnaliser une place aux partenaires sociaux dans le processus législatif[76].

L'article L. 1 du Code du travail dispose que tout projet de réforme envisagé par le Gouvernement qui porte sur les relations individuelles et collectives du travail, l'emploi et la formation professionnelle fait l'objet d'une concertation préalable avec les syndicats et les organisations patronales. Le but de cette concertation est de permettre une négociation collective portant sur le thème à propos duquel le Gouvernement entend intervenir. Cette procédure est cependant exclue en cas d'urgence. Les projets de loi ou de règlements élaborés par le Gouvernement dans le cadre de l'article L. 1 doivent être soumis à une commission paritaire nationale. Enfin, chaque année, les

74. D'une manière générale, v. A. Cœuret, E. Fortis, *Droit pénal du travail*, Litec, 2008.

75. J.- M. Verdier, Ph. Langlois, « Aux confins de la théorie des sources du droit : une relation nouvelle entre la loi et l'accord collectif », *D.* 1972, p. 268 ; G. Lyon-Caen, « Pour une réforme enfin claire et imaginative du droit de la négociation collective », *Dr. soc.* 1998, p. 419 ; A. Supiot, « Un faux dilemme : la loi ou le contrat », *Dr. soc.* 2003, p. 59 ; Ch. Radé, « La loi négociée : simple marketing politique ou véritable produit de la démocratie sociale », *Dr. ouvrier* 2010, p. 319.

76. Pour le moment réservée aux projets de loi, cette procédure aurait pu être étendue aux propositions parlementaires. V. Proposition de loi visant à étendre la modernisation du dialogue social aux propositions de loi, n° 2499. La proposition, adoptée en première lecture à l'Assemblée nationale en juin 2010, n'a toujours pas été débattue devant le Sénat…

orientations de la politique du Gouvernement dans les domaines du droit du travail, ainsi que le calendrier envisagé pour leur mise en œuvre sont présentés pour l'année à venir devant la Commission nationale de la négociation collective. L'ensemble de ces mesures a concrètement abouti à mettre en place ce que l'on appelle l'Agenda social. Les partenaires sociaux sont appelés à se concerter et, éventuellement, à négocier sur tel ou tel thème proposé par le Gouvernement pour l'année à venir.

La seconde tendance est celle que l'on appelle la négociation légiférante. Il s'agit d'une pratique déjà ancienne puisque elle a été utilisée dès les années 1970. Les partenaires sociaux décident, au niveau national, de conclure un Accord national interprofessionnel (ANI) comme ce fut par exemple le cas en 1978 avec l'ANI sur la mensualisation de la rémunération[77], en 1996 avec l'ANI sur le temps de travail[78] ou en 2008 avec l'ANI sur la modernisation du marché du travail[79]. Une fois le texte élaboré et adopté par les partenaires sociaux, le législateur s'en saisit et le transforme en loi qu'il intègre au Code du travail.

Le législateur n'est plus alors qu'un messager, le travail d'élaboration étant effectué par les partenaires sociaux. Néanmoins, il faut reconnaître que le législateur n'a jamais repris exactement les dispositions des ANI. Certains éléments sont parfois modifiés par le législateur, d'autres ajoutés et d'autres encore supprimés. Pour autant, on perçoit bien que le législateur n'est plus seul à bord dans l'élaboration des lois, parce qu'il doit consulter les partenaires sociaux et parce qu'il reprend parfois purement et simplement leur travail.

Très classiquement là encore, le droit du travail comporte une partie réglementaire non négligeable.

3. LE RÈGLEMENT

Il est rare que ne soit pas reproché au droit du travail d'être un droit technique et « réglementaire ». À dire vrai, le droit du travail aurait dû être dominé par le règlement administratif compte tenu de la répartition opérée par les articles 34 et 37 de la Constitution. En effet, le législateur ne devrait s'intéresser qu'aux principes fondamentaux du droit du travail, ce qui aurait dû laisser au pouvoir exécutif une très large marge de manœuvre.

77. ANI sur la mensualisation du 10 déc. 1977, légalisé par la loi n° 78-49 du 19 janv. 1978, relative à la mensualisation et à la procédure conventionnelle, laquelle a été intégrée au Code du travail lors de la recodification de 2008.
78. ANI du 31 oct. 1995 relatif aux négociations collectives légalisé par la loi n° 96-985 du 12 nov. 1996 relative à l'information et à la consultation des salariés dans les entreprises et les groupes d'entreprises de dimension communautaire, ainsi qu'au développement de la négociation collective.
79. ANI du 11 janv. 2008 sur la modernisation du marché du travail, légalisé par la loi n° 2008-596 du 25 juin 2008, portant modernisation du marché du travail.

S'il n'en a jamais véritablement été ainsi, la partie réglementaire du Code du travail s'est tout de même étoffée à l'occasion de la recodification. Un certain nombre de dispositions législatives ont été « déclassées » lorsqu'elles ne portaient pas sur des principes fondamentaux du droit du travail. Ce procédé, qui n'est pas critiquable en soi, pose tout de même une difficulté. En effet, il sera à l'avenir beaucoup plus simple de modifier ou d'abroger une disposition réglementaire que d'abroger ou modifier une disposition légale. Dans ces conditions, certains éléments déclassés pourront être plus facilement modifiés alors qu'en vertu de la règle du parallélisme des formes, elles auraient normalement du être difficiles à remettre en cause.

La jurisprudence prend place comme dernier acteur étatique essentiel dans les sources du droit du travail.

4. LA JURISPRUDENCE

S'il n'est pas question de revenir ici sur les sempiternels débats faisant ou non de la jurisprudence une source du droit, il faut bien constater qu'elle tient un rôle tout à fait essentiel en droit du travail[80]. Il est rigoureusement impossible d'appréhender convenablement le droit du travail sans connaître la jurisprudence de la chambre sociale de la Cour de cassation qui, à titre d'exemple, a jugé plus de 4500 affaires en 2009[81].

La chambre sociale de la Cour de cassation a créé de véritables règles dans de nombreux domaines. C'est elle par exemple qui a permis au comité d'établissement d'obtenir la personnalité juridique[82], a créé le régime juridique des usages et des engagements unilatéraux de l'employeur[83] ou a élaboré la distinction entre modification du contrat de travail et changement des conditions de travail[84].

S'il est impossible de dresser une liste exhaustive des règles de droit du travail établies par le juge, il est tout de même un domaine qui, à lui seul, symbolise toute l'importance de son rôle : celui des clauses de non-concurrence. La clause de non-concurrence, négociée dans le contrat de travail, permet d'interdire au salarié, après la rupture du contrat, de créer une activité concurrente ou de s'engager auprès d'un employeur concurrent. Par un arrêt rendu le 10 juillet 2002, la Cour de cassation a ajouté une

---

80. En témoignent les ouvrages dont l'objet est de collecter les grands arrêts du droit du travail. V. notamment J. Pélissier, A. Lyon-Caen, A. Jeammaud, E. Dockès, *Les grands arrêts de droit du travail*, 4ᵉ éd., Dalloz, 2008 ; C. Lavanchy, A. Roset, L. Tholy, *Dictionnaire de jurisprudence sociale. Droit du travail*, rev. fiduciaire, 10ᵉ éd., 2007 ; A. Brun, *La jurisprudence en droit du travail*, Sirey, Paris, 1967.
V. également Ph. Waquet, « Les arrêts de la chambre sociale de la Cour de cassation », *Dr. soc.* 1998, p. 52 ; J.- Y. Frouin, « Manifestations et instruments de la construction prétorienne du droit du travail », *JCP* éd. S 2009, 1501.
81. *Rapport annuel de la Cour de cassation*, 2009, p. 496.
82. Cf. *supra* p. 116.
83. Cf. *infra* p. 177 et s.
84. Cf. *infra* p. 323.

nouvelle condition de validité aux clauses de non-concurrence : pour être valables, ces clauses doivent prévoir une contrepartie pécuniaire pour les salariés[85].

Le fait que cette règle nouvelle soit posée par la jurisprudence a eu un effet dévastateur. Si la règle avait été posée par la loi, elle n'aurait eu qu'un effet limité à l'avenir. En effet, par principe, le législateur ne peut adopter de lois rétroactives[86]. Dans ces conditions, les clauses déjà conclues sans contrepartie auraient continué d'être valables et seules les nouvelles clauses conclues après la loi auraient dû respecter la condition nouvelle. En revanche les règles d'application de la loi dans le temps ne s'imposent pas au juge. La Cour de cassation a donc jugé à plusieurs reprises que les clauses conclues sans contrepartie, à une époque où les employeurs ne pouvaient pas imaginer avoir l'obligation de prévoir une contrepartie pécuniaire, étaient nulles puisqu'une condition de validité leur faisait défaut[87]. Des justiciables ont tenté d'invoquer le principe de confiance légitime, le principe de sécurité juridique. La chambre sociale leur a fermement répondu que nul ne bénéficie d'un « *droit acquis à une jurisprudence immuable* »[88]. Les clauses de non concurrence de milliers de salariés étaient nulles alors même que les parties avaient respecté les conditions de validité applicables au moment de l'accord. Cette affaire, parmi d'autres, a incité les pouvoirs publics à commander un rapport sur les effets de la rétroactivité des revirements de jurisprudence[89].

À côté des sources étatiques coexiste une autre catégorie de sources nationales, pour l'essentiel élaborées au sein même des entreprises.

B. Les sources propres à l'entreprise

Ces sources propres à l'entreprise sont de deux natures. La première catégorie de source est coutumière ou, du moins, se forme-t-elle sans grand formalisme : il s'agit des usages et des engagements unilatéraux de l'employeur (1). La seconde catégorie, nettement plus formaliste et encadrée, est constituée par le règlement intérieur de l'entreprise qui matérialise le pouvoir de discipline de l'employeur (2).

1. LES USAGES ET ENGAGEMENTS UNILATÉRAUX DE L'EMPLOYEUR

Les usages sont des règles coutumières nées d'une pratique générale et continue. L'engagement unilatéral s'éloigne un peu de cette notion de coutume en ce qu'il émane d'une volonté unilatérale de l'employeur de créer une règle applicable à l'entreprise.

---

85. Cass. soc., 10 juill. 2002, *Les grands arrêts du droit du travail, préc.*, n° 46. Sur les clauses de non-concurrence, cf. *infra* p. 262 et s.
86. C. civ., art. 2.
87. Par ex., Cass. soc., 17 déc. 2004, *Bull. civ.* V, n° 346.
88. Cass. soc., 7 janv. 2003, n° 00-46.476. Formule reprise dans d'autres domaines que celui de la clause de non-concurrence, v. par ex. Cass. soc., 25 juin 2003, *D.* 2004, p. 1761, note M. Julien.
89. *Les revirements de jurisprudence. Rapport remis à Monsieur le Premier Président Guy Canivet*, 2004, sous la dir. de N. Molfessis, Economica, 2004.

Malgré cette différence, ces deux procédés ne peuvent que difficilement être distingués tant leur régime juridique est extrêmement proche[90]. Ainsi, il convient d'étudier l'apparition des usages et engagements unilatéraux (a), leur régime juridique (b) et, enfin, la manière dont ils peuvent disparaître (c).

a. Naissance de l'usage et de l'engagement unilatéral

Il demeure indispensable de distinguer l'apparition de l'usage de celle de l'engagement unilatéral.

– Les usages

Il convient de distinguer les usages locaux ou professionnels des usages d'entreprise. Les usages locaux ou professionnels sont les plus anciens et existent parfois depuis plusieurs siècles. Ce sont des sortes de coutumes locales ou professionnelles. Ils sont cependant en voie de disparition, peu à peu remplacés par des conventions collectives de travail[91].

Les usages d'entreprise sont des pratiques apparues dans une entreprise particulière. Ces pratiques, à force de se perpétuer, finissent par devenir obligatoires pour l'employeur. L'usage est le plus souvent un avantage accordé aux salariés de l'entreprise[92]. Le législateur fait parfois référence aux usages, comme par exemple en matière de délai de préavis de démission ou de licenciement qui peut être prévu par usage. Pour que l'existence d'un usage soit caractérisée, on considère généralement que doivent être réunis un élément objectif et un élément subjectif.

L'élément objectif est établi lorsque l'usage présente les caractères de fixité, de généralité et de constance[93]. La généralité implique qu'il bénéficie à l'ensemble des salariés de l'entreprise ou, au moins, à l'ensemble d'une catégorie de salariés (tous les vendeurs, tous les cadres, etc.). La fixité impose que les conditions pour bénéficier de l'avantage tiré de l'usage n'aient pas varié, que le mode de calcul de l'avantage n'ait pas évolué. À titre d'exemple, une prime de Noël versée tous les ans aux salariés, dont le montant n'a jamais diminué d'une année sur l'autre et qui a toujours été réservée aux salariés ayant plus de six mois d'ancienneté a bien le caractère de fixité nécessaire. L'usage doit, encore être constant : c'est l'élément temporel de l'usage. Il faut que l'avantage ait été octroyé un certain nombre de fois et de manière continue aux salariés. Il n'existe pas

---

90. Pour des développements plus poussés sur ces usages et engagements unilatéraux, v. J. Pélissier, A. Lyon-Caen, A. Jeammaud, E. Dockès, *Les grands arrêts du droit du travail*, Dalloz, 4e éd., 2008, p. 803 et s.
91. V. l'un des rares arrêts récents sur la question par lequel la chambre sociale impose à l'accord collectif d'être conclu dans le champ géographique ou dans un champ plus large que l'usage local pour le remettre en cause, Cass. soc., 8 avr. 2010, *JCP* éd. S 2010, 1274, obs. F. Dumont.
92. S'il existait autrefois des sujétions nées par voie d'usage, elles ont progressivement disparu, à l'image des usages qui imposaient une période d'essai aux salariés, v. Cass. soc. 14 janv. 2004, n° 01-46.436.
93. Cass. soc., 11 déc. 2002, n° 01-41.094 ; Cass. soc., 4 avr. 2007, n° 05-44.104, *RDT* 2007, p. 595, note G. Pignarre.

de durée minimale, les tribunaux apprécient cette durée au cas par cas. La Cour de cassation a par exemple jugé que le versement d'une prime de fin d'année pendant trois ans d'affilée suffisait à constituer le caractère de constance nécessaire à l'existence d'un usage[94].

L'élément subjectif de l'usage est établi lorsque la pratique a été mise en place de manière volontaire par l'employeur, l'employeur doit avoir eu conscience d'accorder un avantage à ses salariés. Ce sera bien entendu le cas si cet avantage a été accordé par l'employeur lui-même en toute connaissance de cause. Cela pourra également être le cas si l'employeur a laissé faire une pratique sans en prendre véritablement l'initiative. En revanche, la tolérance de certains comportements fautifs des salariés ne devrait jamais pouvoir constituer un usage. Assez logiquement, il découle de cet élément subjectif que « *l'erreur exclut l'usage* »[95]. Si un avantage a été accordé par l'employeur par erreur, sans le vouloir, l'élément subjectif ne peut pas être caractérisé, l'employeur n'avait pas la conscience d'octroyer un avantage[96].

L'apparition d'un engagement unilatéral de l'employeur répond à une logique différente.

– Les engagements unilatéraux[97]

L'engagement unilatéral de l'employeur n'est pas une simple pratique comme l'usage, il est l'expression d'une véritable volonté de l'employeur d'accorder tel ou tel avantage aux salariés de l'entreprise.

Il existe de nombreuses façons de créer un engagement unilatéral. Cela peut être par exemple par une note de service diffusée dans l'entreprise[98]. Cela peut encore être un engagement pris par l'employeur devant le comité d'entreprise et qui a été inscrit au procès-verbal d'une réunion[99]. Les engagements unilatéraux sont souvent identifiés également dans ce que l'on appelle des accords atypiques. Les accords atypiques sont des accords conclus entre l'employeur et des représentants du personnel lorsqu'ils n'ont pas la capacité de conclure un accord collectif de travail[100].

b. Régime de l'usage et de l'engagement unilatéral

L'usage comme l'engagement unilatéral de l'employeur sont obligatoires, ce qui implique que l'employeur n'est pas totalement libre de les remettre en cause. Les salariés pourront obtenir le bénéfice des droits issus de ces normes devant le juge. La révision des usages et engagements unilatéraux répond à une procédure identique à celle

94. Cass. soc., 20 juin 1984, *Bull. civ.* V, n° 257.
95. J. Pélissier, G. Auzero, E. Dockès, *Droit du travail*, Dalloz, 25e éd., 2010, p. 92.
96. Cass. soc., 10 mai 1979, *Bull. civ.* V, n° 408.
97. E. Dockès, « L'engagement unilatéral de l'employeur », *Dr. soc.* 1994, p. 227.
98. Cass. soc., 7 nov. 2001, n° 99-45.537.
99. Cass. soc., 19 nov. 1997, *Dr. soc.* 1998, p. 89, obs. G. Couturier.
100. Cass. soc., 4 févr. 2003, *Dr. soc.* 2003, p. 532, obs. Ch. Radé.

de leur dénonciation, l'employeur devant respecter les différentes obligations d'information ainsi qu'un délai de préavis. En réalité, il convient de distinguer selon qu'il s'agit d'une révision *in favorem* ou *in pejus*. En effet, si l'employeur entend améliorer les avantages de l'usage, aucune formalité ne lui est imposée, les critères de l'usage retrouvant cependant leur emprise[101]. En revanche, si la modification intervient *in pejus*, la Cour de cassation a clairement affirmé le principe selon lequel la révision devait répondre aux conditions de la dénonciation[102].

Une situation particulière se présente en cas de changement dans la situation juridique de l'employeur. Imaginons que M. A, propriétaire d'un garage automobile dans lequel il emploie huit salariés, accorde depuis des années à ses salariés une prime spéciale à chaque fois que le garage vend plus de cent véhicules dans une année. Le versement de cette prime réunit tous les critères de l'usage, elle est donc devenue obligatoire pour M. A. M. A décide un jour de vendre son garage à M. B. M. B doit-il respecter l'usage instauré par M. A ? La réponse est affirmative. Le nouvel employeur sera tenu par l'usage instauré par l'employeur précédent. Cependant, dans un important arrêt du 7 décembre 2005, la Cour de cassation a limité l'application de cet usage aux salariés qui étaient déjà dans l'entreprise au moment du transfert. Autrement dit, si M. B. engage de nouveaux salariés, il ne sera pas obligé de verser la prime à ces nouveaux salariés[103].

Cette solution est contestable pour au moins deux raisons. D'abord, parce qu'elle donne l'impression que le caractère obligatoire de l'usage est lié au contrat de travail : si le contrat de travail existait avant le transfert, l'usage est obligatoire, si le contrat de travail n'existait pas au moment du transfert, l'usage n'est pas obligatoire. Or, l'usage n'est clairement pas un élément du contrat de travail, la jurisprudence ayant depuis longtemps abandonné ce caractère contractuel[104]. En effet, si l'usage avait un caractère contractuel, alors l'employeur ne pourrait pas le supprimer sans l'accord du salarié.

Cette solution est encore contestable parce qu'il existe en droit du travail une règle prétorienne appelée le principe « à travail égal, salaire égal ». Or, la Cour de cassation a jugé qu'un employeur est en droit d'instituer, par usage, des avantages particuliers au profit de ses salariés à condition que ces avantages bénéficient à tous les salariés placés

101. Il faudra que la modification soit instituée de manière constante, fixe et générale. Cependant, la modification même plus favorable de l'usage peut faire difficulté avec le caractère de fixité. Si les modifications sont trop fréquentes, ce caractère de fixité pourrait devenir évanescent. Malgré tout, si les variations sont toujours plus favorables aux salariés, il est envisageable que les carences du caractère de fixité puissent être en partie occultées, sous réserve des difficultés d'appréciation de la valeur exacte de l'avantage qui en découleraient.

102. Cass. soc., 25 févr. 2009, *Lexbase hebdo*, éd. soc., n° 342, note Ch. Radé ; *JCP* éd. S 2009, 1178, note I. Beyneix.

103. Cass. soc., 7 déc. 2005, *Dr. soc.* 2006, p. 232, obs. J. Savatier.

104. Cass. soc., 3 déc. 1996, *Dr. soc.* 1997, p. 102, obs. Ph. Waquet ; Cass. soc., 12 févr. 2003, *RJS* 2003, n° 548.

dans une situation identique[105]. À moins de considérer que la date de conclusion du contrat de travail justifie une altérité de situation[106], la règle appliquée en cas de modification dans la situation juridique de l'employeur est difficilement compatible. Le versement d'une prime constitue un élément de salaire et il paraît dès lors surprenant que deux mécaniciens soient traités différemment selon la date à laquelle ils ont été embauchés.

L'engagement unilatéral de l'employeur et l'usage répondent, enfin, à des règles de dénonciation similaires.

c. Disparition de l'usage et de l'engagement unilatéral

Les règles applicables à la dénonciation de l'usage ou de l'engagement unilatéral ont été relativement bien délimitées par la chambre sociale de la Cour de cassation[107].

L'employeur peut souhaiter mettre fin à la pratique qui s'est instituée spontanément ou par sa volonté dans l'entreprise. La Cour de cassation l'accepte, mais à condition de respecter une procédure particulière. Pour dénoncer l'usage, l'employeur devra d'abord informer chaque salarié individuellement de son intention de supprimer l'avantage[108]. Ensuite, il devra notifier aux représentants du personnel de l'entreprise son intention de le dénoncer[109]. Enfin, il devra respecter un délai de préavis suffisant dont le but est de permettre aux syndicats de l'entreprise de négocier un accord collectif de travail qui viendrait se substituer à l'usage[110].

L'usage peut encore prendre fin par voie de substitution. En effet, si l'employeur négocie avec les syndicats une convention ou un accord collectif dont l'une des dispositions comporte une identité d'objet avec l'avantage, l'usage ou l'engagement unilatéral se trouvera automatiquement dénoncé[111], quand bien même l'accord collectif nouveau serait moins favorable aux salariés[112].

Outre ces sources coutumières de droit du travail dans l'entreprise, il existe une autre source unilatérale de création du droit, bien mieux institutionnalisée et qui tire son existence du pouvoir de direction de l'employeur : il s'agit du règlement intérieur et,

---

105. Cass. soc., 22 févr. 2006, n° 04-43.542.

106. Ce qui ne semble pas être la tendance actuelle de la chambre sociale : « *au regard du respect du principe « à travail égal, salaire égal », l'ancienneté ne saurait, à elle seule, justifier une différence de rémunération, dès lors qu'elle donne lieu à l'allocation d'une prime distincte* », Cass. soc., 21 janv. 2009, n° 07-40.609, arrêt de cassation rendu au visa du « principe à travail égal, salaire égal ».

107. La Cour de cassation vise « *les règles régissant la dénonciation des usages et des engagements unilatéraux* », par ex. Cass. soc., 7 juill. 1998, *Bull. civ.* V, n° 364.

108. Cass. soc., 13 févr. 1996, *Bull. civ.* V, n° 53.

109. Cass. soc., 27 mars 2008, n° 07-40.437.

110. Cass. soc., 12 févr. 1997, *Dr. soc.* 1997, p. 430, obs. J. Savatier.

111. Cass. soc., 25 janv. 1995, *D.* 1995, p. 593, note P. Pochet ; *Dr. soc.* 1995, p. 274, note G. Borenfreund.

112. Cass. soc., 9 juill. 1996, *Dr. soc.* 1996, p. 983, obs. J. Savatier.

d'une manière plus générale, des mesures découlant du pouvoir de discipline de l'employeur.

2. LE RÈGLEMENT INTÉRIEUR ET LE POUVOIR DE DISCIPLINE[113]

Par l'effet du lien de subordination inhérent au contrat de travail, le salarié se soumet au pouvoir de direction de l'employeur, lequel comporte une composante disciplinaire : le pouvoir disciplinaire de l'employeur.

Ce pouvoir disciplinaire est encadré par le Code du travail, l'employeur ne peut pas tout faire. Le législateur lui impose de mettre en place un règlement intérieur (a) qui sera le siège, notamment, des mesures disciplinaires applicables dans l'entreprise (b). Avec ou sans ces outils, il demeurera toujours loisible à l'employeur de mettre en œuvre son pouvoir disciplinaire par des mesures pleinement unilatérales (c).

a. La mise en place du règlement intérieur

Le règlement intérieur d'entreprise a pour ainsi dire toujours existé. Règlement d'atelier au XIXe siècle, il se transforme en règlement intérieur au cours du XXe siècle et intègre le Code du travail à l'occasion de la loi du 4 août 1982.

L'effectif de l'entreprise joue un rôle important dans la mise en place du règlement intérieur puisque l'article L. 1311-2 du Code du travail n'impose sa mise en place que dans les entreprises comportant au moins vingt salariés, ce qui ne signifie pas, bien entendu, qu'il soit interdit de l'instituer dans les entreprises de taille plus modeste.

Le règlement intérieur prend la forme d'un document écrit, rédigé en français, comportant des dispositions relatives à la discipline, à l'hygiène et à la sécurité dans l'entreprise. L'article L. 1321-5 du Code du travail adopte une conception extensive du règlement intérieur en permettant à l'employeur d'y intégrer ultérieurement des éléments qui ne figurent pas dans le document initial. Tel est notamment le cas des notes de services, des circulaires ou des directives mises en place par l'employeur et qui portent sur le champ dans lequel intervient normalement le règlement intérieur[114]. C'est probablement au règlement intérieur que peuvent également être rattachés les codes de bonne conduite et autres chartes d'entreprise[115]. Ces codes privés concernent très souvent des questions liées à l'usage de nouvelles technologies de l'information et de la communication et aux « alertes éthiques » également appelées *whistle-blowing*[116].

113. M. Véricel, « Sur le pouvoir normateur de l'employeur », *Dr. soc.* 1991, p. 120 ; A. Supiot, « La réglementation patronale de l'entreprise », *Dr. soc.* 1992, p. 215.

114. Par ex., s'agissant d'une note de service, Cass. crim., 25 juin 1990, *RJS* 1990, p. 458.

115. Les dispositions de ces chartes peuvent cependant ne pas avoir de rapport avec les questions relevant du règlement intérieur, comme le relève l'administration du travail. V. Circulaire DGT n° 2008/22 du 19 nov. 2008, *spéc.* p. 10.

116. P. Adam, « Le retour des sycophantes ? (À propos du whistleblowing) », *Dr. ouvrier* 2006, p. 281 ; A. Coeuret et N. de Sevin, « Les dispositifs d'alerte et le droit du travail français : chronique d'une greffe », *RJS* n° 2006, p. 75 ; *Chartes d'éthique et alerte professionnelle*, rapport Antonmatéi-Vivien, janv. 2007.

Aux termes de l'article L. 1321-4 du Code du travail, le règlement intérieur ne peut être introduit dans une entreprise sans avoir été soumis à l'avis du comité d'entreprise ou, en son absence, des délégués du personnel. Avant d'être mis en place, le règlement doit être soumis à l'inspection du travail qui va effectuer un contrôle de légalité du règlement[117]. La mission de l'inspection du travail va consister à s'assurer que l'employeur a bien respecté les règles de mise en place du règlement et à en contrôler le contenu pour vérifier que celui-ci ne comporte pas de clauses interdites et qu'y figurent toutes les clauses obligatoires.

Malgré le rôle joué par l'administration du travail dans le contrôle de la légalité du règlement intérieur, la Cour de cassation juge que le conseil de prud'hommes ne viole pas le principe de séparation des pouvoirs s'il décide d'écarter une disposition du règlement intérieur qu'il juge illégale[118]. Ce raisonnement est logique puisque le règlement intérieur n'est pas un acte administratif, il constitue plutôt une sorte de règlement de droit privé, si bien que les juridictions judiciaires demeurent compétentes pour en apprécier la validité[119]. Cependant, le contrôle du juge judiciaire trouve des limites puisque celui-ci ne peut pas se prononcer au sujet de dispositions qui auraient fait l'objet de modification à l'initiative de l'inspection du travail[120].

Le règlement intérieur doit être affiché dans l'entreprise et doit être communiqué au conseil de prud'hommes dans le ressort duquel se situe l'entreprise. Quel est son contenu ?

b. Le contenu du règlement intérieur

Certaines dispositions doivent obligatoirement figurer dans le règlement intérieur. Il s'agit pour l'essentiel de mesures relatives, d'une part, à l'hygiène et à la sécurité et, d'autre part, à la discipline dans l'entreprise[121].

Sur le plan de l'hygiène et de la sécurité, le règlement doit prévoir les règles s'imposant aux salariés en la matière, car il incombe à chaque salarié de prendre soin, en fonction de sa formation et de ses possibilités, de sa santé et de sa sécurité ainsi que de celles des autres personnes concernées par ses actes. Il s'agira, par exemple, de dispositions relatives à l'utilisation d'équipements de protection (obligation de porter un casque sur un chantier, des blouses dans des laboratoires, des gants de protection, etc.), à la manière d'utiliser tel ou tel équipement (interdiction d'être plusieurs salariés près de telle machine dangereuse, interdiction de fumer à l'extérieur des bâtiments près d'une cuve de produits inflammables, etc.).

---

117. C. trav., art. L. 1322-1 et s.
118. Cass. soc., 16 déc. 1992, *D.* 1993, p. 334, note X. Prétot ; *Dr. soc.* 1993, p. 267, note A. Jeammaud.
119. Sur la nature réglementaire du règlement, v. Cass. soc., 25 sept. 1991, *Dr. soc.* 1992, p. 25, note J. Savatier.
120. Cass. soc., 16 déc. 1992, *préc.*
121. C. trav., art. L. 1321-1.

Sur le plan disciplinaire, le règlement doit notamment établir l'échelle des sanctions applicables dans l'entreprise : avertissement, mise à pied, rétrogradation, mutation, licenciement sont les mesures les plus communes. En aucun cas le règlement ne peut prévoir de sanctions pécuniaires qui sont prohibées par principe[122].

Le règlement intérieur est également un moyen de communiquer certaines informations aux salariés de l'entreprise. Il leur communique ainsi la procédure disciplinaire applicable dans l'entreprise. Au minimum, le règlement doit rappeler les règles de l'article L. 1332-1 du Code du travail[123] : en cas de sanction, il faut convoquer le salarié à un entretien préalable, lui notifier la sanction selon certaines formes, lui permettre de se faire assister, etc. Il doit également rappeler les règles de la convention collective en matière disciplinaire, telles que, par exemple, l'exigence de saisine d'une commission de discipline prévue par certaines conventions collectives. Enfin, le règlement intérieur doit rappeler aux salariés les règles applicables en matière de harcèlement moral et de harcèlement sexuel prévues par le Code du travail[124].

Bien que le contenu du règlement intérieur soit établi par la loi de manière limitative, la Cour de cassation accepte qu'y figurent des dispositions qui ne sont pas prévues par le Code du travail, à la condition que ces dispositions soient favorables aux salariés. Cependant, on peut se demander si de telles dispositions constituent bien des éléments du règlement intérieur, notamment au regard de la jurisprudence de la chambre sociale en matière d'engagements unilatéraux de l'employeur[125]. Plutôt qu'un critère formel, c'est probablement un critère matériel qui devrait permettre de déterminer si tel ou tel élément ressort ou non du règlement intérieur de l'entreprise.

Si les dispositions du règlement intérieur ajoutées au contenu obligatoire sont défavorables aux salariés, elles sont dépourvues de validité et ne s'imposent nullement à eux. Le règlement ne peut non plus comporter de dispositions « *apportant aux droits des personnes et aux libertés individuelles et collectives des restrictions qui ne seraient pas justifiées par la nature de la tâche à accomplir ni proportionnées au but recherché* »[126]. Cette règle est destinée à limiter les clauses des règlements intérieur qui permettraient une atteinte aux libertés des salariés : fouille des salariés[127], autorisation de tests d'alcoolémie[128], restriction de la tenue vestimentaire[129], etc. De telles clauses peuvent être valables, mais à condition d'être justifiées et proportionnées. Enfin, et à

122. Par ex., Cass. soc., 9 juin 1993, *Bull. civ.* V, n° 161.
123. C. trav., art. L. 1321-2, 1°.
124. C. trav., art. L. 1321-2, 2°.
125. Cf. *supra* p. 179.
126. C. trav., art. L. 1321-3.
127. V. CE, 11 juill. 1990, *RJS* 1990, p. 523. D'une manière plus générale sur les fouilles de salariés, v. Cass. soc., 11 févr. 2009, *Lexbase hebdo*, éd. soc., n° 339 et la note.
128. Cass. soc., 22 mai 2002, *RJS* 2002, p. 921.
129. Cass. soc., 18 févr. 1998, *Dr. soc.* 1998, p. 506, obs. A. Jeammaud.

l'évidence, le règlement intérieur ne peut logiquement pas comporter de dispositions discriminatoires[130].

Le règlement intérieur sert en réalité de support au pouvoir disciplinaire de l'employeur.

c. La mise en œuvre du pouvoir de discipline

Lorsque le salarié commet une faute dans l'exécution de son contrat de travail, il est susceptible d'être sanctionné par l'employeur[131]. L'article L. 1331-1 dispose que « *constitue une sanction toute mesure, autre que les observations verbales, prise par l'employeur à la suite d'un agissement du salarié considéré par l'employeur comme fautif, que cette mesure soit de nature à affecter immédiatement ou non la présence du salarié dans l'entreprise, sa fonction, sa carrière ou sa rémunération* ». La sanction émane de la volonté unilatérale de l'employeur[132]. Elle produit des effets juridiques, soit qu'elle modifie la relation de travail de manière temporaire – mise à pied – ou définitive – mutation, rétrogradation –, soit qu'elle mette fin à la relation de travail – licenciement pour faute. Acte de volonté produisant des effets de droit, la sanction prononcée par l'employeur et, par extension, son pouvoir disciplinaire, peut donc être considéré comme une source unilatérale du droit du travail.

La discipline dans l'entreprise est en partie encadrée par le règlement intérieur. Cependant, ces dispositions ne se suffisent pas à elles-mêmes. Les mesures pouvant être adoptées par l'employeur sont potentiellement arbitraires et ont des conséquences graves sur le salarié dont l'emploi est le moyen de subsistance. C'est probablement pour ces raisons que le Code du travail comporte un titre entier consacré à l'encadrement du droit disciplinaire dans l'entreprise[133].

Le Code du travail institue d'abord de fortes garanties procédurales au profit du salarié. Outre les garanties conventionnelles qui peuvent avoir été mises en place par les partenaires sociaux, l'employeur qui envisage de sanctionner le salarié par une mesure plus lourde qu'un simple avertissement doit convoquer le salarié à un entretien au cours duquel le salarié peut se faire assister. La sanction ne peut intervenir moins d'un jour franc, ni plus d'un mois après le jour de l'entretien. Elle doit être motivée et notifiée par écrit au salarié[134].

La Cour de cassation a récemment apporté une nouvelle garantie procédurale au salarié en matière de mise à pied disciplinaire[135]. D'une manière générale, d'abord, la

---

130. C. trav., art. L. 1321-3 3°.

131. Sur la notion de faute, cf. *infra* p. 366.

132. L'employeur est « *juge de l'opportunité de déclencher une sanction* », A. Mazeaud, *Droit du travail*, Montchrestien, 6e éd., 2008, p. 100.

133. C. trav., art. L. 1331-1 et s.

134. C. trav., art. L. 1332-2 et s.

135. Cass. soc., 26 oct. 2010, *Lexbase hebdo*, éd. soc., n° 416, 11 nov. 2010 et les obs.

Cour énonce que « *dès lors que le règlement intérieur fixe les règles générales et permanentes relatives à la discipline, notamment la nature et l'échelle des sanctions que peut prendre l'employeur, une sanction ne peut être prononcée contre un salarié que si elle est prévue par ce règlement intérieur* ». Il n'est plus dès lors possible de considérer, comme cela était autrefois le cas, que le pouvoir de l'employeur de prononcer une mise à pied disciplinaire relève naturellement de son pouvoir de discipline : la sanction doit avoir été prévue par le règlement intérieur s'il en existe un. De manière plus spécifique à la mise à pied disciplinaire, la chambre sociale ajoute que la clause du règlement intérieur relative à la mise à pied disciplinaire n'est licite qu'à la condition que « *ce règlement précise sa durée maximale* ». A l'image de l'idée sous-tendue par l'article 7 de la Déclaration des droits de l'Homme et du citoyen, nul salarié ne peut être sanctionné sans avoir su, au moment de la commission de la faute, la peine qu'il encourait. Outre ces garanties procédurales, de nombreuses garanties de fond ont également été instituées.

D'abord, mesure volontairement favorable au salarié, le délai de prescription des faits fautifs susceptibles d'être sanctionnés est de deux mois, ce qui constitue une durée extrêmement courte[136]. Ensuite, de nombreuses mesures sont tout simplement interdites à l'employeur. Ainsi, l'article L. 1331-2 du Code du travail lui interdit toute sanction pécuniaire ou amende. De la même manière, l'article L. 1132-1 du code prohibe toute sanction prononcée pour un motif discriminatoire. La Cour de cassation interdit également qu'un fait fautif soit sanctionné deux fois[137], faisant ici une application adaptée au droit du travail de l'adage du droit pénal *Non bis in idem crimen*[138]. Enfin, et c'est là une garantie finalement ambigüe, la Cour de cassation protège le salarié contre toute sanction qui impliquerait une modification de son contrat de travail. Ainsi, lorsque l'employeur entend prononcer une sanction qui modifie un élément du contrat de travail – par exemple une mutation géographique –, le salarié conserve le droit de refuser la sanction, l'employeur disposant alors de la faculté de prononcer une sanction alternative, y compris un licenciement[139]. La solution, d'apparence protectrice puisqu'elle permet au salarié d'éviter une première sanction, risque cependant fort de se retourner contre le salarié qui, finalement, subira souvent un licenciement en cas de refus.

---

136. C. trav., art. L. 1332-4.

137. Cass. soc., 27 juin 2001, *Les grands arrêts du droit du travail*, Dalloz, 4e éd., 2008, n° 68.

138. La règle a été poussée très loin par la Cour de cassation qui juge ainsi qu'épuise son pouvoir disciplinaire l'employeur qui décide de sanctionner un salarié pour certains faits en choisissant de ne pas sanctionner des faits antérieurs. Sans égard à la prescription, les faits antérieurs ne pourront plus être sanctionnés si l'employeur en avait connaissance. V. Cass. soc., 16 mars 2010, *RDT* 2010, p. 443, note Y. Leroy ; *Lexbase hebdo*, éd. soc., n° 389, et la note.

139. Cass. soc., 16 juin 1998, *Les grands arrêts du droit du travail, préc.*, n° 67 ; Cass. soc., 7 juill. 2004, *Bull. civ.* V, n° 193.

LEXIQUE

Liberté d'entreprendre : Liberté fondamentale de valeur constitutionnelle, puisant ses origines dans le Décret d'Allarde du 17 mars 1791 et qui implique le libre accès à toute profession, la liberté d'établissement d'une entreprise et, par corollaire, la liberté de choix de ses collaborateurs. La liberté d'entreprendre souffre quelques exceptions visant à assurer le droit à chacun d'obtenir un emploi et à permettre aux salariés de participer à la détermination collective de leurs conditions de travail.

Liberté du travail : Liberté fondamentale qui implique la liberté de travailler ou de ne pas travailler et qui permet de proscrire le travail forcé et l'esclavagisme. Elle a également pour conséquence que nul ne peut porter atteinte à cette liberté du travail, notamment par la voie de l'action collective.

Principes fondamentaux du droit du travail : Ensemble de principes à valeur législative dont la détermination est dévolue par l'article 34 de la Constitution au législateur. Figurent au rang de principes fondamentaux du droit du travail, par exemple, la liberté du travail ou le principe de faveur.

Règlement intérieur : Acte réglementaire de droit privé, ayant remplacé les anciens règlements d'atelier, par lequel l'employeur établit unilatéralement dans l'entreprise les règles devant être respectées en matière d'hygiène, de sécurité et de discipline.

Whistle-blowing : (littéralement : coup de sifflet). Également dénommée « alerte éthique », il s'agit d'une pratique importée des États-Unis d'Amérique consistant à faciliter dans l'entreprise la dénonciation de comportements déviants des dirigeants ou d'autres salariés.
De telles pratiques, développées à la suite du scandale de la compagnie Enron, ont fait leur apparition en France à travers l'établissement de codes de bonne conduite et de chartes éthiques.

▷ EXERCICES

Sujet 1 DISSERTATION : L'INTERNATIONALISATION DES SOURCES DU DROIT DU TRAVAIL

Introduction

« Le droit positif est aujourd'hui un océan parcouru de courants multiples. Le législateur français n'est plus le seul maître » (*Ph. Malaurie, P. Morvan, Introduction générale, Defrénois, 3e éd., 2009, p. 185*). Incontestablement, cette tendance à l'internationalisation du droit français ne s'est pas arrêtée aux rivages du droit du travail qui subit, comme ailleurs, l'influence des sources internationales du droit du travail.

L'internationalisation peut se définir comme un mouvement, une tendance menant à faire une place croissante aux sources de droit internationales dans l'application quotidienne du droit du travail aux relations de travail en France. Il ne s'agit pas ici d'entendre les sources au sens matériel. S'il est en effet certain que la mondialisation des échanges et des moyens de communication influence considérablement les évolutions juridiques (*v. par ex. la loi n° 2010-499 du 18 mai 2010, visant à garantir de justes conditions de rémunération aux salariés concernés par une procédure de reclassement, notamment lorsque le reclassement intervient à l'étranger*), c'est ici l'aspect formel des sources du droit qui nous intéressera : en quoi les Traités, conventions, recommandations, chartes et autres textes internationaux influencent-ils les relations de travail en France ?

L'Histoire montre que la question est bien plus ancienne qu'il n'y paraît. Les travailleurs européens ne tentaient-ils pas, à la fin du XIXe siècle, de former une Internationale socialiste ? Si ce projet plus politique que juridique n'aboutit jamais, un grand nombre de nations se retrouvèrent néanmoins pour conclure en 1919 le Traité de Versailles constitutif de l'Organisation internationale du travail (OIT) qui demeure, encore aujourd'hui, l'un des fleurons du droit international du travail. Sur le plan quantitatif, l'importance des sources internationales du droit du travail s'intensifia au cours des cinquante dernières années. Nombre de textes intéressants le droit social ont depuis lors été adoptés : Charte sociale européenne du Conseil de l'Europe adoptée le 18 octobre 1961, Traités de l'Union européenne et les nombreuses directives les accompagnant en matière sociale, Charte des droits fondamentaux de l'Union du 7 décembre 2000, etc.

Le phénomène d'internationalisation du droit du travail français s'intensifia, sur un autre plan, avec l'adoption de la Constitution de la Ve République dont le titre VI institutionnalisa la force obligatoire des Traités internationaux. Il ne fallut guère longtemps pour que l'article 55 de la Constitution du 4 octobre 1958 produise tous ses effets, le texte disposant que « les traités ou accords régulièrement ratifiés ou approuvés ont, dès leur publication, une autorité supérieure à celle des lois, sous réserve, pour chaque accord ou traité, de son application par l'autre partie ». Le système juridique français était désormais prêt à accueillir les sources internationales. La jurisprudence ajouta sa pierre à l'édifice par l'invention du contrôle de conventionnalité (*Cass. mix., 24 mai 1975, Jacques Vabre, Bull. civ. I, n° 4 ; CE, ass., 20 oct. 1989, Nicolo, Rec. CE 1989, p. 190*) qui lui permit d'écarter l'application de la loi française contraire aux engagements internationaux de la Nation.

Peut-être est-il aujourd'hui temps de dresser un bilan de ces années d'internationalisation du droit : où en est-on ? Les sources internationales du droit du travail continuent de se multiplier comme en témoigne l'adoption régulière de nouvelles conventions de l'OIT ou la prise en compte de nouveaux outils tels que la responsabilité sociale des entreprises. En outre, ces sources sont loin d'être restées sans effet puisque la réception du droit international n'a cessé de se développer. Ainsi, si perdure la multiplication des sources internationales en droit du travail (I), cette production n'est pas stérile au vu de la réception des sources internationales en droit du travail (II).

I. La multiplication des sources internationales du droit du travail

Les sources internationales du droit du travail n'ont cessé de se multiplier. Outre les sources les plus classiques telles que l'OIT ou les règles de l'Union européenne dont l'extension s'est confirmée (A), des sources nouvelles tendent à faire régulièrement leur apparition (B).

A. Le maintien des sources internationales classiques

Deux types de sources classiques n'ont cessé de développer leur champ d'intervention en droit du travail au cours des dernières années : les règles de l'OIT (1) et celles de l'Union européenne (2).

1. Les règles de l'Organisation internationale du travail

- Idée générale : il existe depuis longtemps des textes internationaux ayant vocation à intervenir en droit du travail, ceux tirés de l'OIT. Cependant, le nombre de textes obligatoires n'a cessé de croître ; en outre, l'OIT s'est dotée d'outils variés afin de diffuser le droit international du travail
- Les conventions : adoption régulière de nouvelles conventions. Ex. Convention n° 188 sur le travail dans la pêche, 2007.
- Autres textes de l'OIT : de nombreux autres textes sont adoptés par les organes de l'OIT telles que, par exemple, les recommandations de la Conférence internationale du travail. Ex. Recommandation sur le VIH, 2010.
- Les organes de contrôle de l'OIT : l'OIT s'est dotée de nombreux organes de contrôle qui s'assurent du respect par les États membres du droit international du

travail. Contrairement à ce que l'on pourrait croire, la France est parfois concernée par les contrôles de ces organes. Ex. Rapport du Comité chargé d'examiner la réclamation de la CGT-FO à l'encontre de l'ordonnance relative au contrat « nouvelles embauches » (*Bull. de droit comparé du travail et de la sécurité sociale, 2007, p. 309*).

2. Les règles du droit de l'Union européenne

- Idée générale : au départ, le droit de l'Union européenne n'a pas vocation à intervenir dans le domaine social mais plutôt dans le domaine économique. Pourtant, peu à peu, les textes en matière sociale se sont multipliés.
- Les traités : ex. art. 48 à 51 du Traité de Rome relatifs à la libre circulation des travailleurs ; art. 119 du Traité de Rome sur le principe d'égalité de rémunération des hommes et des femmes ; art. 136 du Traité de Lisbonne sur la compétence des partenaires sociaux européens.
- Le droit dérivé : ex. directive 75/129/CEE du 17 février 1975 concernant les licenciements collectifs ; Directive (CE) 97/81 du 15 décembre 1997 sur le travail à temps partiel ; Directive (CE) 94/45 du 22 septembre 1994 sur le comité d'entreprise européen, etc.
- La jurisprudence : ex. découverte du concept de discrimination indirecte, intervention dans le domaine du droit de grève (*arrêts Laval et Viking des 6 et 18 déc. 2007*), etc.

Si les sources internationales les plus classiques demeurent donc très actives en droit du travail, on voit également poindre l'influence de sources nouvelles.

B. L'apparition de sources internationales nouvelles

L'influence nouvelle portée par certains textes ou outils internationaux n'est pas toujours de même nature. Parfois, il s'agit de mobiliser des textes relativement anciens qui n'avaient, à l'origine, pas vocation à s'intéresser aux relations de travail (1). Parfois, au contraire, apparaissent de véritables sources nouvelles entièrement tournées ou presque vers le droit du travail (2).

1. L'usage renouvelé de sources internationales anciennes

- Idée générale : Il s'agit de textes internationaux, relativement anciens, mais qui n'avaient pas à l'origine vocation à s'intéresser au droit du travail. Ils ont pourtant été interprétés de manière à pouvoir avoir des répercussions en matière sociale.
- Pacte international relatif aux droits économiques, sociaux et culturels qui comporte de nombreuses dispositions applicables en droit du travail : art. 7, droit à des conditions de travail justes et favorables ; art. 8, droit de grève et liberté syndicale ; art. 2, protection contre les discriminations, etc.
- CESDH : seul l'article 11 relatif à la liberté syndicale semblait directement intéresser le droit du travail. Pourtant deux autres articles de la Convention ont été mobilisés, notamment l'article 6§1 qui a permis de caractériser l'impartialité du

conseil de prud'hommes et l'article 8 qui intervient chaque fois qu'il convient de protéger les éléments de la vie privée du salarié.

2. Les nouveaux outils

- Idée générale : des textes internationaux plus récents ont été adoptés et pourront potentiellement intervenir en droit du travail interne.
- Charte des droits fondamentaux de l'Union européenne, adoptée en 2000, elle n'avait pas vraiment de force normative avant le Traité de Lisbonne. Désormais, l'article 6 du Traité de Lisbonne lui donne pleine valeur si bien que l'ensemble des droits protégés par le texte pourrait à l'avenir être mobilisé.
- Comité des droits sociaux du Conseil de l'Europe : Comité en charge de l'application des droits sociaux dans les États membres du Conseil de l'Europe. Le Comité rend parfois des décisions concernant la France (*v. par ex. Résolution du comité des droits sociaux concernant la situation des roms en France, Bull. de droit comparé du travail et de la sécurité sociale, 2010, Actualité, Conseil de l'Europe*).
- RSE : Responsabilité sociale des entreprises, outil en plein développement et tendant à voir les grandes entreprises transnationales adopter des comportements socialement et écologiquement responsables. Si la force obligatoire des engagements pris est encore douteux, il s'agit néanmoins d'une forme nouvelle de norme au plan international.

Cela ne fait aucun doute, le droit international du travail n'a cessé de croître, tant quantitativement que qualitativement. Ce développement n'aurait cependant qu'un intérêt fort limité si le droit français ne s'était pas ouvert à cette profusion de sources.

II. La réception des sources internationales en droit du travail

Les sources internationales n'ont que rarement un effet horizontal, c'est-à-dire qu'elles ne peuvent qu'assez rarement s'appliquer directement aux citoyens français sans passer par le prisme étatique. C'est donc essentiellement sur les pouvoirs publics que les sources internationales ont étendu leur emprise, influençant à la fois le législateur français (A) et la jurisprudence interne (B).

A. L'influence des sources internationales sur le législateur français

C'est certainement par le droit de l'Union européenne que le législateur a été le plus influencé (1) même s'il convient de ne pas négliger les évolutions trouvant leur origine dans d'autres sources internationales (2).

1. L'influence du droit de l'Union européenne

- Idée générale : le droit social de l'Union européenne a très souvent imposé au

législateur français de modifier le droit interne, notamment par le jeu des directives de l'Union qui impliquent nécessairement une conformité du droit interne.
- Ex. discrimination : la preuve des discriminations a été aménagée en droit français par la loi n° 2001-1066 du 16 novembre 2001, relative à la lutte contre les discriminations, adoptée dans le sillage d'une directive CE 97/80 du 15 décembre 1997.
- Ex. travail de nuit : abandon de l'interdiction du travail de nuit des femmes par la loi n° 2001-397 du 9 mai 2001 pour mettre le droit français en conformité avec la directive n°76-207 du 9 février 1976 relative à la mise en œuvre du principe d'égalité.
- Apparition du comité de la société européenne (*loi n° 2005-842 du 26 juill. 2005 transposant la directive n° 2001/86/CE sur le comité de la société européenne*) ou du comité d'entreprise européen (*loi n° 96-985 transposant la directive n° 94/45/CE du 22 sept. 1994 concernant l'institution d'un comité d'entreprise européen*).

2. L'influence des autres sources internationales
- Idée générale : La conformité à certains textes internationaux a pu ou pourrait inciter le législateur à modifier le droit du travail.
- Ex. : abrogation du contrat « nouvelles embauches » par la l'article 9 de la loi n° 2008-596 de modernisation du marché du travail du 25 juin 2008 en raison de son incompatibilité avec la Convention n° 158 de l'OIT.
- Ex. libéralisation des entreprises de placement : Convention n° 96 de l'OIT qui semble interdire les bureaux de placement privés. Suite à une évolution de l'OIT sur cette question, la libéralisation des bureaux de placement a été possible et fut mise en œuvre en France par la loi n° 2005-32 de cohésion sociale du 18 janvier 2005.

Si le législateur français a donc pris en considération les sources internationales pour faire évoluer le droit du travail interne, la jurisprudence n'est pas demeurée en marge de cette évolution.

B. L'influence des sources internationales sur le juge français

Là encore, l'influence la plus manifeste provient du droit de l'Union européenne (1), les autres sources internationales influençant elles aussi le juge interne (2).

1. L'influence du droit de l'Union européenne
- Idée générale : le législateur n'est pas seul à être influencé par le droit de l'Union, tel est également le cas du juge français.
- Ex. transfert d'entreprise : la Cour de cassation interprète le droit français « à la lumière » des directives communautaires. Tel est notamment le cas en matière de transfert d'entreprise (*Cass. soc., 18 déc. 2000,* Bull. civ. *2000, V, n° 433 ; Cass. soc., 12 juill. 2010, n° 09-41.403*).

– Ex. directive information des salariés : directive (CE) 91/533 du Conseil du 14 octobre 1991 relative à l'obligation de l'employeur d'informer le travailleur des conditions applicables au contrat ou à la relation de travail qui n'a jamais été transposée (*le Gouvernement français jugeait le droit interne conforme aux prescriptions de la directive*). Là encore, la Cour de cassation interprète le droit français à la lumière de cette directive, par exemple en matière d'information du salarié sur le statut collectif applicable dans l'entreprise (*Cass. soc., 15 nov. 2007, n° 06-43.383*).

2. L'influence des autres textes internationaux

– Enfin, dans la grande tradition du contrôle de conventionnalité inventé dans les années 1970, le juge français est nécessairement influencé par le droit international, en particulier par la CESDH et par les conventions de l'OIT
– La CESDH et la Cour de cassation : la chambre sociale est une pionnière dans l'application des textes de la CESDH, allant parfois plus loin que les prescriptions de la Convention elle-même (*pour un tour d'horizon sur cette question, v. J. Mouly, J.- P. Marguénaud, « La chambre sociale de la Cour de cassation, pionnière de la diffusion de la Convention EDH en France », JCP éd. S 2009, 1001*).
– La Convention n° 158 de l'OIT : en plusieurs étapes, le juge français a reconnu l'applicabilité directe d'une partie de la convention (*Cass. soc., 29 mars 2006, Dr. soc. 2006, p. 636, avis J. Duplat ; JCP éd. S 2006, p. 1427, note R. Vatinet ; D. 2006, p. 2228, note L. Perrin*), a écarté l'application de l'ordonnance du 2 août 2005 relative au contrat « nouvelles embauches » sur le fondement de la convention (*Cass. soc., 1er juill. 2008, Bull. civ. V, n° 146*), a accepté l'applicabilité directe de l'ensemble de la convention (*Cass. soc., 4 juin 2009, JCP éd. S 2009, 1335, note J. Mouly ; RDT 2009, p. 579, et les obs.*).

Sujet 2 COMMENTAIRE D'ARRÊT : CASS. QPC, 18 JUIN 2010, N° 10-40.005

LA COUR DE CASSATION a rendu l'arrêt suivant :
Vu le jugement du tribunal d'instance du Raincy en date du 2 avril 2010 transmettant à la Cour de cassation la question prioritaire de constitutionnalité, reçue le 3 mai 2010 ;

(...)

Attendu qu'aux termes de l'article 23-4 de l'ordonnance du 7 novembre 1958 portant loi organique, le Conseil constitutionnel est saisi du moyen tiré de ce qu'une disposition législative porte atteinte aux droits et libertés garantis par la Constitution si cette disposition est applicable au litige ou à la procédure, n'a pas déjà été déclarée conforme à la Constitution dans les motifs et le dispositif d'une décision du Conseil constitutionnel, sauf changement des circonstances, et si la question est nouvelle ou sérieuse ;

Attendu que la juridiction transmet la question suivante : « les articles 1, 2 et 5 de la loi n° 2008-789 du 20 août 2008 modifiant les articles L. 2121-1, L. 2122-1, L. 2122-2, L. 2122-3 , L. 2122-4, L. 2143-3, L. 2143-4, L. 2143-5 et L. 2143-6 du Code du travail portent-ils atteinte aux droits et libertés garantis par l'al. 6 du Préambule de la Constitution de 1946 disposant que « tout homme peut défendre ses droits et ses intérêts par l'action syndicale et adhérer au syndicat de son choix » et à l'al. 8 de ce même préambule disposant que « tout travailleur participe, par l'intermédiaire de ses délégués, à la détermination collective des conditions de travail ainsi qu'à la gestion des entreprises », et au principe constitutionnel de sécurité juridique pris dans l'obligation qu'il emporte de clarté et d'intelligibilité de la loi ?» ;

Attendu, d'abord, que le litige dont est saisi le tribunal d'instance ayant pour seul objet le droit du syndicat CFTC emploi de désigner un délégué syndical, faute d'avoir obtenu une audience électorale d'au moins 10 % des suffrages exprimés au premier tour des élections des titulaires du comité d'établissement, la question n'est recevable qu'en ce qu'elle porte sur l'article L. 2122-1 du Code du travail tel qu'issu de la loi du 20 août 2008 ;

Attendu, ensuite, qu'ainsi limitée, la question qui n'est pas nouvelle, n'apparaît pas sérieuse dans la mesure où l'exigence d'un seuil raisonnable d'audience subordonnant la représentativité d'une organisation syndicale ne constitue pas une atteinte au principe de la liberté syndicale et où la représentation légitimée par le vote, loin de violer le principe de participation des salariés à la détermination collective de leurs conditions de travail par l'intermédiaire des syndicats, en assure au contraire l'effectivité ;

Qu'il s'ensuit qu'il n'y a pas lieu de renvoyer la question au Conseil constitutionnel ;

PAR CES MOTIFS :
DIT QUE LA QUESTION N'EST RECEVABLE qu'en ce qu'elle vise l'article L. 2122-1 du Code du travail ;

Introduction

L'introduction en droit français du contrôle de constitutionnalité *a posteriori* par le jeu de la question prioritaire de constitutionnalité devrait avoir des effets importants sur le mouvement de constitutionnalisation du droit, y compris en droit du travail. Voilà ce dont témoigne l'arrêt rendu en matière de QPC par la Cour de cassation le 18 juin 2010.
Dans cette affaire, le tribunal d'instance de Raincy avait transmis, le 2 avril 2010, une question prioritaire de constitutionnalité à la Cour de cassation. La question portait sur la conformité à la Constitution de différentes mesures tirées de la loi n° 2008-789

du 20 août 2008 ayant toutes pour particularité de faire référence directe ou indirecte au critère d'audience électorale désormais requis en matière de représentativité (*sur cette question, cf. supra p. 130 et s.*). En effet, ce texte avait été contesté par la CFTC Emploi devant les juges d'instance au regard de l'al. 6 du Préambule de la Constitution de 1946 relatif au droit des salariés à la participation à la détermination collective de leurs relations de travail, ainsi qu'au principe de clarté et d'intelligibilité de la loi (*principe à valeur constitutionnelle applicable au législateur en matière de droit du travail. V. notamment Cons. const., 12 janv. 2002, n° 2001-455 DC ; Cons. const., 29 avr. 2004, n° 2004-494 DC*).

La Cour de cassation juge la question irrecevable, cela pour deux motifs.

En premier lieu, elle estime que le syndicat CFTC ayant contesté la constitutionnalité de la loi du 20 août 2008 après n'avoir pas été en mesure de désigner un délégué syndical en raison du défaut d'audience suffisante de 10 % des suffrages exprimés au premier tour des élections au comité d'entreprise, seules les règles tirées de l'article L. 2122-1 du Code du travail, relatives à la représentativité syndicale au niveau de l'entreprise, pouvaient faire l'objet d'une question prioritaire de constitutionnalité.

Après avoir délimité le champ de la question, la Cour juge que la question n'est ni nouvelle ni sérieuse « dans la mesure où l'exigence d'un seuil raisonnable d'audience subordonnant la représentativité d'une organisation syndicale ne constitue pas une atteinte au principe de la liberté syndicale et où la représentation légitimée par le vote, loin de violer le principe de participation des salariés à la détermination collective de leurs conditions de travail par l'intermédiaire des syndicats, en assure au contraire l'effectivité ». Elle en conclut qu'aucun renvoi devant le Conseil constitutionnel n'est justifié sur cette question.

L'avènement de la question prioritaire de constitutionnalité, véritable contrôle de constitutionnalité *a posteriori*, pourrait amplifier le rôle joué par les sources constitutionnelles en droit du travail comme ailleurs. La procédure n'a cependant pas été ouverte largement, si bien qu'avant que le Conseil constitutionnel puisse se prononcer sur des mesures législatives parfois en vigueur depuis longtemps, il faudra que soit au préalable franchi le filtre que constitue la Cour de cassation. Par conséquent, la question prioritaire de constitutionnalité, comme l'illustre parfaitement cette espèce, devrait modifier l'application du droit constitutionnel en droit du travail mais devrait également faire évoluer le rôle de la jurisprudence dans la hiérarchie des sources du droit du travail.

Ainsi, il convient d'analyser, d'abord, la mise en cause constitutionnelle de l'audience électorale issue de la loi du 20 août 2008 (I) avant d'envisager l'accroissement de l'emprise du juge judiciaire sur le contrôle de l'audience électorale issue de la loi du 20 août 2008 (II).

I. La mise en cause constitutionnelle de l'audience électorale issue de la loi du 20 août 2008

La loi du 20 août 2008 a été vivement contestée, notamment dans les sphères syndicales. Si le texte a, de ce fait, déjà été soumis à de nombreux contrôles (A), c'était pourtant la première fois que la question de l'audience électorale pouvait être présentée au juge constitutionnel (B).

A. Un texte déjà soumis à de nombreux contrôles

- Idée générale : il s'agit d'un texte novateur qui instille la notion de légitimité électorale dans la représentativité syndicale. Ce texte pouvant potentiellement bouleverser le paysage syndical, il a subi de nombreuses attaques depuis sa préparation
- Rappel des grands traits de la réforme du 20 août 2008 et notamment de la règle de l'audience électorale (*cf. supra p. 130 et s.*).
- Contrôle de constitutionnalité *a priori :* conformément aux règles classiques de fonctionnement du Conseil constitutionnel, la réforme du 20 août 2008 a été soumise au contrôle *a priori* du Conseil constitutionnel (*Cons. const., 7 août 2008, n° 2008-568 DC, Lexbase hebdo, éd. soc., n° 317, note Ch. Radé*).
- Si la loi avait donc été soumise à l'examen du Conseil constitutionnel, ce n'était pas sur la question de la légitimité électorale mais sur celle des salariés mis à disposition dans l'entreprise. Rien n'empêchait donc qu'une question prioritaire de constitutionnalité soit posée sur ce thème.
- Contrôle du texte au regard du droit international : décision du tribunal d'instance de Brest qui a fait grand bruit : le critère d'audience électorale serait contraire la liberté syndicale telle qu'exprimée par l'article 11 de la CESDH (*TI Brest, 27 oct. 2009, n° 11-09-000634, RDT 2010, p. 117, note H. Tissandier ; SSL n° 1421, p. 10, chron. J.-F. Akandji-Kombé*). La Cour de cassation a cependant jugé le texte conforme à la convention internationale (*Cass. soc., 14 avr. 2010, n° 09-60.426, Lexbase hebdo, éd. soc., n° 393, note G. Auzero ; JCP éd. S 2010, 1259, note B. Gauriau ; RDT 2010, p. 374, note J.- F. Akandji-Kombé*).

B. Un texte confronté aux principes à valeur constitutionnelle

- Idée générale : Malgré le contrôle *a priori* effectué sur la loi, il demeurait possible d'introduire une question prioritaire de constitutionnalité, ce que fit la CFTC, invoquant plusieurs principes à valeur constitutionnelle, mais cela sans succès.
- L'article 1er de la loi organique du 10 décembre 2009, relative à l'application de l'article 61-1 de la Constitution, impose que la question présentée n'ait pas déjà été jugée conforme à la Constitution, ce qui sous-entend qu'à partir du moment où aucun contrôle *a priori* n'a été introduit contre un texte, il peut être soumis à la question prioritaire de constitutionnalité.
- Le recours introduit par la CFTC concernait le principe de clarté et d'intelligibi-

lité de la loi et le droit de participation des salariés à la détermination collective de leurs conditions de travail.
- Le raisonnement implicite de la CFTC est le suivant : par l'effet du critère d'audience électorale, certains syndicats vont être privés de représentation collective et, ainsi, leurs adhérents ne participeront pas à la détermination collective des conditions de travail.
- La question n'a jamais été soumise de cette manière au Conseil constitutionnel.

Une autre mesure de la loi organique du 10 décembre 2009 devrait bouleverser l'ordonnancement des sources en droit du travail, il s'agit du rôle de filtre confié au Conseil d'État et à la Cour de cassation.

II. L'accroissement de l'emprise du juge judiciaire sur l'audience électorale issue de la loi du 20 août 2008

L'arrêt sous examen démontre la place prise par la Cour de cassation en matière de question prioritaire de constitutionnalité, spécialement en droit du travail, mais, ce rôle accru (A) est-il bien légitime (B) ?

A. Le rôle accru du juge judiciaire

- Idée générale : La Cour de cassation s'est toujours auto-censurée, refusant d'effectuer un contrôle de constitutionnalité des lois et préférant rester sur le plan du contrôle de conventionnalité (*Jacques Vabre, 1975*). Aujourd'hui pourtant, le Constituant lui a donné, de fait, un pouvoir s'approchant de celui d'un juge constitutionnel.
- Rôle de filtre avec trois critères : question applicable au litige, question qui n'a pas déjà été tranchée par le Conseil constitutionnel, question sérieuse.
- • Sur le fait que la question soit applicable au litige, la Cour de cassation n'a guère de marge d'appréciation, il s'agit de savoir comme en l'espèce si les textes contestés pouvaient être utilisés afin de résoudre le litige.
- • En revanche, sur le sérieux et l'absence de jurisprudence antérieure du Conseil constitutionnel, la latitude est beaucoup plus grande.
- Retour à l'arrêt : analyse du caractère sérieux et du caractère nouveau de la question posée.
- • Caractère sérieux. La chambre sociale juge que la question n'est pas sérieuse. Pourtant, quelques semaines plus tôt, elle l'avait jugée suffisamment sérieuse pour juger la loi conforme à l'article 11 de la CESDH, à l'article 4 de la Convention n° 98 de l'OIT, à l'article 5 de la Convention n° 135 de l'OIT, aux articles 5 et 6 de la Charte sociale européenne et à l'article 28 de la Charte des droits fondamentaux de l'Union européenne (*Cass. soc., 14 avr. 2010, préc.*). Si la question n'est pas sérieuse, c'est principalement parce que le critère d'audience électorale serait de nature à renforcer le droit des salariés à la représentation collective

plutôt que lui porter atteinte. Même si l'on peut éventuellement être d'accord avec cette affirmation, voilà tout de même une argumentation un peu courte. La Cour aurait pu par exemple démontrer que les syndicats qui recueilleront les plus fortes audiences et qui, de ce fait, disposeront des plus grands pouvoirs, représenteront par définition le plus grand nombre des salariés. Cela d'autant que, par principe, le fait de poser un seuil minimal de 10 % impose nécessairement que les salariés syndiqués auprès des syndicats minoritaires verront leur droit à la représentation escamoté.

- Aucune réponse sur la contrariété au principe de clarté et d'intelligibilité de la loi.
- Caractère nouveau. La question a-t-elle véritablement déjà été posée au Conseil constitutionnel ? Non, en tous cas pas à propos de ce texte ni du seuil de 10 % d'audience exigé pour la représentativité.

B. L'illégitimité du rôle joué par le juge judiciaire

- Idée générale : en prenant du galon dans l'échelle de la hiérarchie des normes, la Cour de cassation est peut être allée un peu loin : elle n'est pas un juge constitutionnel.
- Rôle de la Cour de cassation : jouer un rôle de filtre pour éviter l'engorgement du Conseil constitutionnel. En aucun cas son rôle n'est de priver le Conseil constitutionnel de la possibilité d'apprécier une question dont la constitutionnalité posait certainement question.
- La décision de la Cour de cassation n'aura pas pour effet de mettre fin au débat. En effet, si le Conseil constitutionnel peut trancher définitivement la conformité d'un texte à la Constitution, le défaut de recevabilité prononcé par la Cour de cassation n'empêchera pas d'autres justiciables, d'autres syndicats, d'introduire à nouveau des recours de ce type, comme en témoigne d'ailleurs le recours introduit au sujet des syndicats catégoriels (*Cass. QPC, 8 juill. 2010, n° 10-60.189, Lexbase hebdo, éd. soc., n° 404, note Ch. Radé ; RCA 2010, ét. 8, note H. Groutel*).
- Certains auteurs émettent l'idée que cette décision de la Cour de cassation pourrait amener à des modifications de la procédure de la question prioritaire de constitutionnalité (*Ch. Radé, Lexbase hebdo, éd. soc., n° 403*).

2

LES SOURCES NÉGOCIÉES

Pour être parfaitement rigoureux, il conviendrait normalement envisager ici deux types de sources négociées en droit du travail : les conventions et accords collectifs de travail d'une part, le contrat de travail d'autre part. En effet, à l'instar de Kelsen qui plaçait le contrat à la base de sa pyramide des sources, le contrat de travail est une véritable source de droit en droit du travail. Il peut prévoir des mesures particulières qui vont s'imposer aux parties et qui, parfois, vont permettre d'écarter l'application de la loi ou de la convention collective. Le contrat de travail doit cependant être étudié au titre des relations de travail car, même s'il constitue une source du droit du travail, son lien avec l'emploi du salarié prédomine sur son importance dans le jeu des relations sociales.

La possibilité de conclure des conventions collectives est apparue en France en 1919. Elle caractérise, de la manière la plus éclatante qu'il soit, la faculté ouverte par l'alinéa 6 du Préambule de la Constitution de 1946 aux salariés de participer, par l'intermédiaire de leurs représentants, à la détermination de leurs conditions de travail et d'emploi. Le système de négociation collective en France a été profondément remodelé par l'effet des lois du 4 mai 2004 et du 20 août 2008, principalement s'agissant des règles de conclusion des accords et des règles d'articulation des différents niveaux de négociation.

Si le paysage conventionnel a été modifié, les conventions collectives n'ont pas été jusqu'à changer de nature. Les conventions collectives sont des contrats collectifs d'un genre un peu particulier, conclus entre des représentants des salariés (les syndicats) et des représentants des employeurs (les organisations patronales) voire des employeurs eux-mêmes.

Les conventions collectives sont une spécificité du droit du travail. On ne les retrouve quasiment pas dans les autres branches du droit, à l'exception de quelques illustrations en droit de la protection sociale[1]. Elles ont donné lieu à de nombreuses études destinées à déterminer leur nature juridique. En effet, ce contrat collectif a une singularité puisqu'il emporte des effets à l'égard de personnes qui n'y sont pas parties. Les conventions et accords collectifs de travail ont vocation à s'appliquer bien au-delà du champ de leurs signataires puisque l'ensemble des salariés et employeurs compris dans le champ d'application d'une convention collective devra la respecter.

Il peut être distingué deux phénomènes distincts s'agissant des conventions et accords collectifs de travail. Chronologiquement, il y a d'abord la phase de négociation collective. Ce sont les palabres, la préparation, les discussions préalables à la conclusion d'une convention ou d'un accord collectif de travail (I). Ensuite, il faut étudier la convention collective en elle-même. Il sera alors essentiel de s'intéresser à sa nature juridique, aux conditions de son exécution et de son extinction (II).

1 LA NÉGOCIATION COLLECTIVE

La négociation collective est la phase préalable à la conclusion d'une convention ou d'un accord collectif de travail. Elle met en jeu des acteurs et des modalités spécifiques aux différents niveaux de négociation (A) qui diffèrent de ceux qui interviennent au niveau de l'entreprise (B).

A. La négociation hors de l'entreprise

Si les acteurs de la négociation hors de l'entreprise sont toujours les mêmes (1), les modalités de la négociation varient selon qu'est en jeu la négociation d'un accord national interprofessionnel (2) ou d'un accord de branche (3).

1. LES ACTEURS DE LA NÉGOCIATION HORS DE L'ENTREPRISE - GÉNÉRALITÉS

Les acteurs de la négociation collective, dans une zone géographique donnée (locale, régionale, nationale) ou au niveau d'une branche d'activité (métallurgie, industrie pharmaceutique, commerce de détail, etc.) relèvent toujours de la même catégorie.

1. Tel est par exemple le cas des conventions UNEDIC qui mettent en application les règles du Code du travail en matière d'indemnisation du chômage, des conventions relatives aux retraites complémentaires ou, encore, des conventions nationales des médecins.

D'un côté, on trouve les organisations patronales[2]. Toute organisation patronale peut valablement conclure une convention collective à l'ensemble des niveaux, excepté celui de l'entreprise[3]. Contrairement aux syndicats de salariés, il n'est pas exigé des organisations patronales qu'elles disposent du label d'organisation représentative, concept inexistant ou, pour le moins, à l'état embryonnaire pour les organisations patronales. Toute organisation patronale peut donc conclure une convention collective à ces différents niveaux. Cependant, contrairement à ce qui se produit pour les syndicats, la convention ne sera applicable qu'aux employeurs adhérents de cette organisation, sauf hypothèse d'extension ministérielle de l'accord.

De l'autre côté, seuls les syndicats représentatifs peuvent conclure une convention collective. En effet, l'article L. 2231-1 du Code du travail dispose d'une manière générale que les conventions collectives sont conclues « *par une ou plusieurs organisations syndicales représentatives dans le champ d'application de la convention ou de l'accord* ». Ces syndicats devront démontrer leur représentativité au niveau auquel ils entendent négocier et conclure l'accord.

Le syndicat a la personnalité juridique, il s'engage donc personnellement en signant la convention. Cependant, comme pour toute personne morale, c'est un représentant du syndicat qui apposera sa signature sur le texte. En général, la personne habilitée à signer la convention collective est déterminée par les statuts du syndicat. Si la convention collective est nationale, les statuts désigneront un représentant confédéral. Si la convention collective est une convention de branche, le représentant sera issu de la fédération ou de l'union.

Si les acteurs de la négociation hors de l'entreprise sont donc toujours les mêmes, il convient en revanche de distinguer les modalités de négociation des accords nationaux interprofessionnels et des accords de branche.

2. LA NÉGOCIATION DES ACCORDS NATIONAUX INTERPROFESSIONNELS (ANI)

Les ANI sont conclus au niveau national et ont vocation à s'appliquer à l'ensemble des professions, à l'ensemble des salariés. Ils sont donc potentiellement aussi généraux que les lois[4]. De nombreux ANI ont été conclu ces dernières années : ANI sur l'emploi des séniors du 15 octobre 2005[5], ANI du 11 janvier 2005 relatif à la modernisation du

2. Cf. *supra* p. 97.
3. Entreprise entendue ici au sens large, c'est-à-dire au niveau de l'établissement, de l'entreprise, de l'unité économique et sociale ou du groupe.
4. Sous réserve qu'ils soient étendus, à défaut de quoi ils ne s'appliqueront qu'aux entreprises adhérentes aux organisations patronales signataires de l'accord.
5. ANI du 13 oct. 2005 relatif à l'emploi des seniors en vue de promouvoir leur maintien et leur retour à l'emploi.

marché du travail[6] ou encore l'ANI du 26 mars 2010 sur le harcèlement et la violence au travail[7].

Les règles de conclusion ont été modifiées par la loi du 20 août 2008, même si elles n'entreront en vigueur que lorsque l'ensemble des entreprises françaises auront procédé aux élections professionnelles et qu'il aura été possible de mesurer l'audience nationale des organisations syndicales et, par voie de conséquence, leur représentativité.

En attendant, les règles anciennes ont été conservées de manière transitoire[8]. Pour conclure un ANI, il suffit actuellement qu'au moins un syndicat représentatif au niveau national signe l'accord. Cependant, les syndicats représentatifs non signataires peuvent s'opposer à l'entrée en vigueur de l'accord, à condition d'être majoritaires en nombre. Il ne s'agit pas d'une majorité électorale mais d'une pure majorité en nombre d'organisations représentatives non signataires. Ainsi, si trois des cinq syndicats représentatifs au niveau national concluent l'ANI, les deux non signataires ne pourront s'opposer à son entrée en vigueur. Au contraire, si l'accord n'est signé que par une ou deux organisations, les non signataires pourront décider de paralyser l'entrée en vigueur de l'accord.

Lorsque les dispositions nouvelles entreront en vigueur, une double condition devra être respectée pour que l'accord soit valable. D'abord, l'accord devra être signé par un ou plusieurs syndicats qui, ensemble, auront recueilli au moins 30 % des suffrages exprimés au premier tour des élections des titulaires du comité d'entreprise dans les entreprises de France. Ensuite, l'accord ne devra pas faire l'objet d'une opposition de la part d'une ou plusieurs organisations syndicales ayant obtenu, ensemble, plus de la moitié des suffrages exprimés.

Les modalités de la négociation de branche sont légèrement différentes.

3. LES MODALITÉS DE LA NÉGOCIATION DE BRANCHE

La négociation de branche a longtemps été prédominante en France, notamment parce qu'elle permettait d'harmoniser le statut social des salariés dans une même branche d'activité et d'éviter ainsi que les employeurs se fassent concurrence en pratiquant des politiques de bas salaires ou de conditions de travail au rabais. Son importance pourrait s'amenuiser à moyen terme, notamment en raison d'une volonté du législateur de voir se développer la négociation collective d'entreprise[9]. Les acteurs de la négociation de branche (a) doivent respecter certaines obligations en la matière (b).

6. ANI du 11 janv. 2005 sur la modernisation du marché du travail.
7. ANI du 26 mars 2010 sur le harcèlement et la violence au travail.
8. Concrètement jusqu'en 2013.
9. Pour un état des lieux de la négociation de branche, v. J.- F. Poisson, *Rapport sur la négociation collective et les branches professionnelles*, Doc. fr., 2009.

a. Les acteurs de la négociation de branche

Comme au niveau interprofessionnel, la négociation de branche relève de la compétence des organisations patronales et des syndicats représentatifs au niveau de la branche.

Les règles relatives à la capacité des syndicats ont été sensiblement modifiées par la loi du 20 août 2008. Jusqu'à ce que l'on ait pu mesurer l'audience de chaque syndicat dans chaque branche, les règles anciennes issues de la loi du 4 mai 2004 demeurent applicables : les syndicats représentatifs peuvent conclure les conventions de branche selon les conditions fixées par la branche dans un précédent accord-cadre. Soit la branche a opté pour la majorité d'engagement, c'est-à-dire que seuls les syndicats ayant obtenu la majorité des suffrages aux dernières élections professionnelles peuvent signer l'accord[10]. Seule une branche (remorquage maritime) a adopté cette modalité. Soit la branche a opté pour la majorité d'opposition, c'est-à-dire que tout syndicat représentatif peut signer l'accord, mais celui-ci ne peut entrer en vigueur que si les syndicats majoritaires non signataires ne s'y opposent pas. Lorsque la branche n'a pas opéré de choix entre l'une ou l'autre de ces deux modalités du critère majoritaire, c'est la majorité d'opposition qui s'applique par l'effet de la loi du 4 mai 2004.

Avec l'entrée en application de la loi du 20 août 2008, au plus tard en 2013, l'exigence de majorité sera calquée sur le système appliqué aux ANI : l'accord de branche devra être conclu par une ou plusieurs organisations syndicales ayant recueilli plus de 30 % des suffrages au premier tour des élections des titulaires au comité d'entreprise ou, à défaut, des délégués du personnel, dans les entreprises et établissement de la branche d'activité. L'audience de chaque syndicat dans chaque branche sera arrêtée par un système de consolidation des résultats locaux envisagé à l'article L. 2122-5 du Code du travail. Conclu par cette « petite » majorité, l'accord n'entrera cependant pas nécessairement en vigueur. En effet, les syndicats majoritaires non signataires disposent de la possibilité de s'opposer à l'entrée en vigueur de l'accord. L'accord frappé d'opposition est réputé non écrit.

b. Les obligations afférentes à la négociation de branche

Les thèmes de la négociation ne sont pas toujours laissés à la discrétion des partenaires sociaux. Le législateur impose aux syndicats et aux organisations patronales des négociations obligatoires dans certains domaines. Ainsi, par exemple, chaque année doit se tenir une négociation sur les salaires et sur la suppression des écarts entre la rémunération homme/femme[11]. De la même manière, une obligation triennale de négociation porte sur l'égalité professionnelle, la formation professionnelle et les conditions de travail[12]. D'autres obligations de négociation sont quinquennales, à l'image de l'obligation de négociation sur les classifications professionnelles[13].

---

10. La mesure s'opère aux élections professionnelles des entreprises de la branche ou lors d'un vote spécial destiné à savoir quelle est l'audience de chaque syndicat dans la branche.
11. C. trav., art. L. 2241-1.
12. C. trav., art. L. 2241-3 et s.
13. C. trav., art. L. 2241-7 et s.

Si la négociation est parfois imposée, il ne s'agit que d'une obligation de moyens. Les partenaires sociaux n'ont jamais l'obligation de conclure un accord collectif, même si deux expériences récentes instituant des sanctions en cas d'absence d'accord pourraient modifier la conception classique de l'obligation de négociation[14]. En dehors de ces champs obligatoires, les partenaires sociaux disposent d'une grande marge de liberté et peuvent négocier sur tout thème qu'ils jugeraient utile, sous réserve tout de même des règles relatives à l'ordre public[15].

À l'occasion de la négociation, les organisations patronales doivent remettre aux syndicats, quinze jours avant la négociation, un rapport sur la situation économique et sociale de la branche, sur la situation de l'emploi et celle des salaires. Les participants à la négociation doivent être rémunérés pour le temps passé à la table de négociation selon des modalités que la convention de branche détermine.

Le processus de négociation des accords d'entreprise est plus complexe, tant en raison de la diversité des acteurs pouvant y participer que des règles destinées à l'encadrer.

B. La négociation au niveau de l'entreprise

La négociation collective d'entreprise ou d'établissement fait appel à des acteurs spécifiques (1) et répond à des règles particulières de pourparlers (2).

1. LES ACTEURS DE LA NÉGOCIATION COLLECTIVE D'ENTREPRISE

Côté patronal, la détermination de l'acteur à la négociation est très simple : c'est l'employeur qui est compétent pour négocier une convention collective d'entreprise, le chef d'établissement pour la convention collective d'établissement. Il est généralement accordé une délégation de pouvoir à certains cadres de l'entreprise, le plus souvent au directeur des ressources humaines pour les structures les plus développées. Si aucune disposition législative n'autorise l'employeur à se faire assister par un ou plusieurs de ses collaborateurs au cours de la négociation, la pratique s'est malgré tout développée, probablement par analogie avec les règles de l'article L. 2232-17 du Code du travail relatives à la composition de la délégation syndicale.

Côté salariés, la détermination des acteurs de la négociation a longtemps été aussi simple puisqu'elle était réservée à la délégation syndicale. Pour faire face à la déliquescence du syndicalisme en entreprise et à l'absence de délégation syndicale dans nombre de PME, d'autres acteurs ont progressivement acquis droit de cité dans la négociation d'entreprise. Ainsi, si la compétence de principe pour négocier les accords

---

14. Cf. *infra* p. 208.
15. Cf. *infra* p. 213 et s. Parmi les thèmes sur lesquels la négociation de branche est la plus dynamique figure principalement la négociation salariale. V. J.- F. Poisson, *Rapport sur la négociation collective et les branches professionnelles*, *préc.*, spéc. p. 62.

demeure dévolue au délégué syndical (a), les hypothèses de négociation dérogatoire se sont peu à peu multipliées (b).

a. La compétence de principe du délégué syndical

L'article L. 2231-1 du Code du travail dispose que les conventions collectives sont conclues « *par une ou plusieurs organisations syndicales représentatives dans le champ d'application de la convention ou de l'accord* ». Le représentant du syndicat représentatif dans l'entreprise étant le délégué syndical, c'est lui qui participera à la négociation. Le Conseil constitutionnel a d'ailleurs jugé par une décision du 6 novembre 1996 que le syndicat, et donc son représentant, avait « vocation naturelle » à négocier les conventions collectives, quoiqu'il ne bénéficie pas du « monopole » de la négociation[16].

Par application de l'article L. 2232-16 du Code du travail, l'employeur doit inviter à la négociation toutes les organisations syndicales représentatives dans l'entreprise, sous peine de commettre un délit d'entrave[17]. Chaque délégation syndicale comporte un ou deux délégués syndicaux, auxquels peuvent s'ajouter autant de membres du personnel que de délégués syndicaux[18].

La liste des personnes pouvant valablement négocier un accord collectif d'entreprise s'est cependant étendue par l'intermédiaire de ce que l'on dénomme la négociation dérogatoire.

b. La négociation dérogatoire[19]

La négociation dérogatoire ne doit pas être confondue avec les conventions ou accords dérogatoires qui sont des types d'accords particuliers en ce qu'ils peuvent éventuellement comporter des dispositions moins favorables que la loi[20]. La négociation dérogatoire se réfère pour sa part à la négociation d'accords ou de conventions collectives d'entreprise ou d'établissement menée par d'autres acteurs que les syndicats.

L'une des premières expériences de conclusion d'un accord collectif par le comité d'entreprise est apparue avec la possibilité de négocier et conclure des accords d'intéressement ou de participation dans l'entreprise[21]. C'est l'article 6 de la loi Robien du 12 novembre 1996 qui a véritablement lancé le mouvement d'ouverture de la négocia-

---

16. Cons. const. 6 nov. 1996, *Dr. ouvrier* 1996, p. 479, note G. Lyon-Caen ; *Dr. soc.* 1997, p. 25, note M.- L. Morin ; Cons. const. 13 janv. 2003, n° 2002-465 DC, *Dr. soc.* 2003, p. 260, note X. Prétot ; *Les grands arrêts du droit du travail*, 4e éd., Dalloz, 2008, n° 175.
17. Cass. crim., 28 oct. 2008, *RDT* 2009, p. 245, obs. I. Odoul-Asorey ; *Dr. soc.*, 2009, p. 594, obs. F. Duquesne.
18. C. trav., art. L. 2232-17.
19. A. Mazeaud, « La négociation des accords d'entreprise en l'absence de délégué syndical », *Dr. soc.* 2009, p. 669 ; F. Favennec-Héry, « La négociation dérogatoire en marche ? », *SSL* 2010, n° 1433, p. 5.
20. *Cf. infra* p. 215.
21. Loi n° 94-640 du 25 juill. 1994 dont les dispositions figurent aujourd'hui aux articles L. 3312-5 pour les accords d'intéressement et L. 3322-6 du Code du travail pour les accords de participation.

tion à de nouveaux acteurs. Ce texte permettait en effet, à titre expérimental, aux conventions de branche d'autoriser, sur des thèmes qu'elles pouvaient déterminer, la négociation d'accords d'entreprise par d'autres acteurs que les syndicats. Ainsi, les représentants élus pouvaient négocier de tels accords d'entreprise, à condition toutefois que l'entreprise ne comporte pas de délégation syndicale. Le texte prévoyait également la faculté pour les conventions de branche d'autoriser la négociation d'accords d'entreprise à des salariés simplement mandatés par des organisations syndicales, mandat uniquement limité à la négociation[22]. Soumise au contrôle du Conseil constitutionnel sur cette question, la loi fut jugée conforme à la Constitution, les syndicats ne disposant pas d'un « monopole de la négociation » mais d'une simple « vocation naturelle »[23]. Dit autrement, d'autres acteurs peuvent intervenir dans la négociation, à condition toutefois que cela demeure de façon subsidiaire.

L'histoire s'accéléra avec les deux lois Aubry qui reprirent cette faculté de négociation dérogatoire. En effet, l'article 3 de la loi du 13 juin 1998 et l'article 19 de la loi du 19 janvier 2000 autorisaient à nouveau la conclusion d'accords de réduction du temps de travail par des délégués du personnel, les membres élus du comité d'entreprise ou un salarié mandaté.

La loi du 4 mai 2004[24] ouvrit de manière plus générale la faculté pour les entreprises ne disposant pas de délégués syndicaux de négocier avec ces autres acteurs. Un accord dit de méthode devait être conclu pour déterminer les conditions de ces négociations dérogatoires ainsi que les thèmes sur lesquels ces acteurs subsidiaires pouvaient être amenés à négocier. Une hiérarchie entre les acteurs dérogatoires était mise en place, la négociation devant intervenir avec les élus du comité d'entreprise, à défaut desquels la délégation du personnel pouvait être sollicitée. Ce n'est qu'en cas d'absence d'élus dans l'entreprise qu'un syndicat pouvait mandater un salarié pour une telle négociation.

Le système actuel a été stabilisé par la loi du 20 août 2008. Il fonctionne sur la base de deux principes. D'abord, le principe de subsidiarité a été maintenu, si bien que chaque négociateur alternatif ne peut intervenir qu'à défaut de présence dans l'entreprise d'un autre négociateur potentiel placé plus haut que lui dans la hiérarchie que nous allons présenter. Ensuite, il demeure une forme de principe de spécialité puisque ces négociateurs alternatifs ne peuvent pas intervenir dans tous les domaines de la négociation collective mais seulement « *sur des mesures dont la mise en œuvre est subordonnée par la loi à un accord collectif* »[25]. Le domaine privilégié de ces mesures mises en œuvre par négociation collective reste celui du temps de travail[26].

---

22. On oublie parfois de rappeler que la jurisprudence avait ouvert la voie en la matière, autorisant la négociation par un salarié mandaté dans l'arrêt *Charre*, v. Cass. soc., 25 janv. 1995, *Dr. soc.* 1995, p. 274, obs. G. Borenfreund.
23. Cons. const. 6 nov. 1996, *préc.*
24. Loi du n° 2004-391 du 4 mai 2004 relative à la formation professionnelle tout au long de la vie et au dialogue social.
25. C. trav., art. L. 2232-21.
26. Le texte exclut cependant la possibilité pour ces acteurs dérogatoires de conclure des accords de

L'article L. 2232-21 du Code du travail détermine les acteurs qui peuvent intervenir dans les entreprises de moins de deux cents salariés et en l'absence de délégués syndicaux. Peuvent négocier ces accords les membres élus du comité d'entreprise ou de la délégation unique du personnel ; à défaut, peuvent être sollicités les délégués du personnel. Enfin, en cas d'absence d'élus matérialisée par l'établissement d'un procès verbal de carence, un salarié peut être mandaté par une organisation syndicale représentative au niveau de la branche pour mener la négociation.

L'article L. 2243-23 du Code du travail prévoit, enfin, une hypothèse marginale de négociation dérogatoire. En effet, dans les entreprises dépourvues de délégué syndical, un représentant de la section syndicale « *désigné par une organisation syndicale de salariés affiliée à une organisation syndicale représentative au niveau national et interprofessionnel peut disposer, sur mandatement par son organisation syndicale, du pouvoir de négocier et conclure un accord d'entreprise ou d'établissement* ». Cependant, l'article 6-III de la loi du 20 août 2008, qui n'a pas été codifié, exclut clairement l'intervention du représentant de la section syndicale lorsque les conditions sont réunies pour qu'un autre acteur, un élu ou un salarié mandaté, puisse intervenir à la négociation[27]. En pratique, l'intervention du représentant de la section syndicale dans la négociation devrait donc être rare.

La négociation collective d'entreprise répond à une procédure décrite par le Code du travail.

2. LE PROCESSUS DE NÉGOCIATION COLLECTIVE D'ENTREPRISE

Comme en matière de négociation collective de branche, il existe un certain nombre de domaines dans lesquels la négociation collective est obligatoire dans les entreprises. Les modalités de cette négociation obligatoire sont décrites par les articles L. 2242-1 et suivants du Code du travail. Cette négociation obligatoire est annuelle[28], c'est l'employeur qui doit engager la négociation chaque année sur les thèmes envisagés par le code[29]. Cependant, si l'employeur néglige d'engager cette négociation, l'article L. 2242-1, al. 2, prévoit que la négociation « *s'engage obligatoirement à la demande d'une organisation syndicale représentative* ».

---

méthode venant organiser la procédure de licenciement pour motif économique collectif et, le cas échéant, se substituer au plan de sauvegarde de l'emploi, faculté prévue par l'article L. 1233-21 du Code du travail.

27. Sur ces questions, v. G. Bélier, H.- J. Legrand, *La négociation collective en entreprise*, éd. Liaisons, 2e éd., 2010, p. 246.

28. Il existe cependant une obligation de négociation triennale en matière de gestion prévisionnelle des emplois et des compétences établie par les articles L. 2242-15 et s.

29. La négociation obligatoire porte sur l'égalité professionnelle entre les hommes et les femmes (C. trav., art. L. 2242-5 et s.), sur les salaires et la durée du travail (C. trav., art. L. 2242-8 et s.), sur le régime de prévoyance maladie (C. trav., art. L. 2252-11), sur l'intéressement et la participation (C. trav., art. L. 2242-12) et sur les travailleurs handicapés (C. trav., art. L. 2242-13).

Une première réunion entre syndicats et employeur permet d'établir le calendrier des négociations mais également de déterminer les informations que l'employeur remettra aux négociateurs sur les domaines concernés par la négociation obligatoire. La négociation doit se dérouler de manière loyale[30], point sur lequel la Cour de cassation porte une attention particulière[31].

Les négociations obligatoires d'entreprise ont pris une autre tournure depuis 2009 avec l'apparition de négociations obligatoires en matière d'emploi des séniors[32] et de prise en compte de la pénibilité dans les entreprises[33]. Dans ces deux domaines en effet, l'obligation de négocier s'est imperceptiblement transformée en une obligation de conclure un accord collectif. Les deux dispositifs prévoient ainsi que les entreprises de plus de cinquante salariés qui ne seraient ni couvertes par un accord de branche étendu sur la question de l'emploi des séniors ou de la pénibilité, ni par un accord d'entreprise ou par un plan d'action unilatéral de l'employeur en la matière, subiront une pénalité à hauteur de 1 % de la masse salariale de l'entreprise pour toute la durée pendant laquelle l'entreprise n'aura pas été couverte par un accord[34]. L'obligation de négocier s'est ici muée en obligation de couverture qui, à défaut d'accord de branche, constitue une véritable obligation de conclure...

En dehors de ces domaines obligatoires, la négociation peut intervenir sur tous les champs ouverts à la négociation collective tels qu'ils sont définis par l'article L. 2221-1 du Code du travail, à savoir les conditions d'emploi, de formation professionnelle et de travail ainsi que les garanties sociales, cela sous réserve tout de même des règles relatives à l'ordre public[35].

Dès lors que la négociation s'achève, un accord ou une convention collective de travail va être conclu.

---

30. G. Bélier, H.- J. Legrand, *La négociation collective en entreprise*, *préc.*, p. 255 et s.
31. Cass. soc., 28 nov. 2000, *Dr. soc.* 2001, p. 214, obs. Ch. Radé.
32. Décret n° 2009-560 du 20 mai 2009 et décret n° 2009-564 du 20 mai 2009 portant sur les accords et plans d'action en faveur de l'emploi des salariés âgés. V. P.-Y. Verkindt, « La négociation d'entreprise sur les seniors », *Dr. soc.* 2009, p. 921 ; Y. Leroy, « À propos de quelques accords collectifs relatifs à l'emploi des seniors... », *RDT* 2010, p. 34.
33. Article 77-I de la loi du 9 nov. 2010 portant réforme des retraites qui insère trois nouveaux articles au Code de la Sécurité sociale (CSS, art. L. 138-29 à L. 138-21) et institue une négociation d'entreprise obligatoire en matière de prise en compte de la pénibilité.
34. Ces dispositions ne seront applicables, en matière de pénibilité, qu'à compter du 1er janvier 2012.
35. Cf. *infra* p. 213 et s.

2 LES CONVENTIONS ET ACCORDS COLLECTIFS DE TRAVAIL

La convention collective ou l'accord collectif est avant toute chose un contrat collectif conclu le plus souvent entre plus de deux parties. Ce contrat doit répondre à des conditions de validité spécifiques pour être valable (A). Une fois conclue, la convention collective doit être exécutée et s'appliquer dans un champ qu'il convient de préciser (B). Enfin, il faudra voir comment une convention collective peut prendre fin (C).

A. La validité des conventions et accords collectifs de travail

La question de la validité des conventions ou accords collectifs de travail est intimement liée à la nature juridique de la convention collective. S'agit-il d'un contrat, auquel cas ce sont les règles de validité des conventions issues du Code civil qui trouveront à s'appliquer ? S'agit-il d'un acte de nature réglementaire, auquel cas les conditions de validité de l'acte se rapprocheront de celles exigées en matière d'actes administratifs. Après quelques mots de réflexion relatifs à la nature juridique des conventions collectives de travail (1), il sera possible d'apprécier plus concrètement quelles sont les conditions de validité des conventions et accords collectifs de travail (2).

1. LA NATURE JURIDIQUE DES CONVENTIONS ET ACCORDS COLLECTIFS DE TRAVAIL

De nombreuses recherches ont été menées au cours du XXe siècle sur la question de la nature juridique de la convention collective[36]. Il est aujourd'hui communément admis que la convention collective de travail présente un caractère hybride : la convention collective a, à la fois, une nature contractuelle (a) et une nature règlementaire (b).

a. La nature contractuelle des conventions et accords collectifs de travail

Les conventions et accords collectifs de travail sont d'abord des conventions. Elles nécessitent le consentement d'au moins deux parties en vue de créer des effets de droit, si bien qu'au stade de leur conclusion, elles sont traitées comme des contrats. Les parties doivent ainsi respecter les conditions de validité habituelles : un consentement valable, une capacité de conclure, un objet déterminé et une cause licite[37]. Comme un contrat, la convention collective peut avoir une durée déterminée ou une durée indéterminée[38].

---

36. C'est de la plume de Paul Durand que surgirent les positions aujourd'hui communément reconnues. P. Durand, « Le dualisme de la convention collective », *RTD civ.* 1939, p. 353.

37. Les règles de droit commun relatives au consentement et à la capacité sont nécessairement aménagées par le jeu de la représentativité et du critère majoritaire, cf. *suppra* p. 128 et *infra* p. 211.

38. C. trav., art. L. 2222-4, al. 1er.

Lors de la phase d'exécution de la convention, le caractère contractuel ressurgit encore à l'occasion. Cela est notamment le cas s'agissant des aspects de la convention collective qui ne concernent que les parties signataires et qui n'ont force obligatoire qu'à leur endroit. C'est ce qui se produit, par exemple, s'agissant de la participation à des commissions paritaires qui sera réservée aux seuls signataires de la convention.

Comme pour tout contrat, la loi nouvelle ne peut modifier la convention collective de travail. En matière de contrat comme de conventions collectives, c'est le principe de la survie de la loi ancienne qui prévaut.

En somme, c'est principalement au stade de la conclusion des conventions et accords collectifs de travail que s'exprime leur nature contractuelle. Au stade de l'application de la convention apparaît avec plus d'éclat sa nature réglementaire.

b. La nature réglementaire des conventions et accords collectifs de travail

Dans son application, la convention est traitée comme un règlement. Elle dispose d'une véritable force normative, c'est-à-dire qu'elle s'impose aux contrats de travail conclus dans son champ d'application[39]. Quelle que soit l'appartenance syndicale – ou l'absence d'appartenance syndicale – d'un salarié de l'entreprise, celui-ci bénéficiera des dispositions de la convention alors même qu'il n'en est nullement signataire si son employeur est soumis à la convention. C'est là que demeure l'élément le plus significatif du caractère réglementaire de la convention collective : la convention va s'appliquer à des salariés qui n'en sont pas signataires[40].

2. LES CONDITIONS DE VALIDITÉ DES CONVENTIONS ET ACCORDS COLLECTIFS DE TRAVAIL

Trois séries de conditions doivent être respectées dans le cadre de la conclusion d'une convention ou d'un accord collectif de travail : des conditions de forme (a), des conditions de majorité (b) et des conditions relatives à l'ordre public (c).

a. Les conditions de forme

Aux termes de l'article L. 2231-3 du Code du travail, la convention collective doit être écrite à peine de nullité. Cette exigence d'un écrit, signé par les deux parties[41], permet de distinguer clairement l'accord collectif de l'usage et de l'engagement unilatéral de l'employeur. La convention doit être rédigée en langue française, toute disposition rédigée dans une autre langue étant inopposable au salarié[42]. Si l'écrit est indispensable, c'est notamment pour que puissent être assouvies les différentes obligations de publicité liées à la conclusion d'une convention collective. La convention collective

39. C. trav., art. L. 2254-1.

40. Compte tenu du caractère au moins pour partie contractuel des conventions et accords collectifs de travail, il s'agit là d'une des exceptions les plus réputées au principe de l'effet relatif des conventions tiré de l'article 1165 du Code civil.

41. Cass. soc., 8 janv. 2002, *D.* 2002, p. 2431, note Olszak.

42. C. trav., art. L. 2231-4.

doit être portée à la connaissance des intéressés à qui elle s'applique. Quelles sont ces formalités de publicité ?

D'abord, la convention ou l'accord collectif doit être déposée en deux exemplaires auprès des services du ministre du travail (une version papier, une version électronique), voire d'autres services de l'administration du travail selon le niveau de conclusion de l'accord[43]. Ensuite, la convention doit être déposée au greffe du conseil de prud'hommes du lieu de conclusion de l'accord[44]. Ces formalités de dépôt devraient être déterminantes pour l'entrée en vigueur de l'accord puisque l'article L. 2261-1 du Code du travail fixe cette date au lendemain du dépôt. En réalité, nombreuses sont les conventions collectives qui déterminent d'elles-mêmes la date de leur entrée en vigueur.

Ensuite, l'accord doit être porté à la connaissance des salariés à qui il s'applique. Normalement, ce sont les conventions de branche qui fixent les modalités selon lesquelles cette information doit parvenir aux salariés en fonction du niveau. Cependant, si les conventions de branche ne prévoient pas cette procédure, il convient de se référer à l'article R. 2262-1 du Code du travail qui impose la remise d'une notice d'information sur la convention au salarié lors de son embauche, la communication aux représentants du personnel d'un exemplaire de chaque convention applicable, un affichage dans l'entreprise d'un avis informant les salariés du lieu où ils peuvent consulter les textes conventionnels, une mise en ligne des textes conventionnels sur l'intranet de l'entreprise.

A ces conditions de forme s'ajoutent des conditions dites de majorité

b. Les conditions de majorité[45]

L'introduction du critère majoritaire comme condition de validité d'une convention collective est relativement récente[46]. La première hypothèse d'opposition des syndicats majoritaires avait été établie en 1982 dans le cadre de la conclusion des premiers accords dérogatoires[47]. L'article L. 132-26 de l'ancien Code du travail prévoyait que les organisations syndicales qui n'avaient pas signé l'accord pouvaient s'opposer à son entrée en vigueur, à condition d'avoir recueilli les voix de plus de la moitié des électeurs inscrits lors des dernières élections au comité d'entreprise ou, à défaut, des délégués du personnel[48].

---

43. C. trav., art. D. 2231-2 et s.
44. *Ibid.*
45. G. Borenfreund, « La représentation des salariés et l'idée de représentation », *Dr. soc.* 1991, p. 685 ; J. Pélissier, « Droit des conventions collectives. Évolution ou transformation », *in Mélanges, J.- M. Verdier*, Dalloz, 2001, p. 95.
46. Elle peut même être considérée comme très récente si l'on prend en considération que les premières expériences d'introduction du critère majoritaire concernaient un droit d'opposition qui ne remettait pas en cause la validité d'une convention mais seulement son opposabilité.
47. Sur cette notion, v. *infra* p. 215.
48. V. G. Couturier, *Traité de droit du travail – 2/ Les relations collectives de travail*, PUF, 2001, p. 540 et s.

La technique de l'opposition fut à nouveau utilisée à l'occasion des lois Robien[49], Aubry II[50] et Fillon[51] alors pourtant qu'elle avait jusqu'alors très mal fonctionné. Les syndicats non signataires ne s'opposaient que très rarement à l'entrée en vigueur de l'accord, principalement parce que les accords dérogatoires n'étaient jamais entièrement défavorables aux salariés et constituaient le plus souvent ce que l'on a appelé des accords donnant-donnant, octroyant avantages et garanties sur certains points en contrepartie de dérogations *in pejus* sur d'autres points.

Avec les lois Robien et Aubry sont apparus pour la première fois la possibilité d'utiliser non plus une majorité d'opposition, mais une majorité d'engagement. Le critère majoritaire devient une véritable condition de validité, un accord ne peut être conclu que par des syndicats qui réunissent certaines conditions de majorité électorale. Pourtant, là encore, le système a très mal fonctionné, principalement parce le recours à cette majorité d'engagement n'était pas imposé par le législateur. Le principe de la majorité d'engagement devait être prévu par un accord de branche à défaut de quoi il fallait se contenter d'un droit d'opposition. Or, rares furent les accords de branche qui optèrent pour la majorité d'engagement.

La loi du 4 mai 2004 généralisa le critère du majoritaire[52]. Tout accord, qu'il soit plus ou moins favorable au salarié, devait remplir une condition de majorité : non seulement les signataires devaient être représentatifs, mais encore, ils devaient justifier d'une légitimité électorale. Malgré cette généralisation, la loi du 4 mai 2004 maintint l'option entre majorité d'engagement et majorité d'opposition. La loi du 20 août 2008 a mis fin aux difficultés de choix en simplifiant considérablement le système. Désormais, pour tous les niveaux (ANI, branche, entreprise, etc.), les syndicats doivent respecter une double modalité de majorité d'engagement et de majorité d'opposition.

La première modalité tient à l'audience des syndicats signataires : pour pouvoir signer un accord collectif, les syndicats doivent avoir recueilli au moins 30 % des voix au premier tour des dernières élections des membres du comité d'entreprise, de la délégation unique du personnel ou, à défaut, des délégués du personnel dans le champ de l'accord. La seconde modalité tient à l'audience des syndicats non signataires : l'accord ne doit pas faire l'objet d'une opposition de la part des syndicats non signataires majoritaires, c'est-à-dire ceux qui ensemble ont recueilli plus de 50 % au premier tour des dernières élections des membres titulaires du comité d'entreprise, de la délégation

---

49. Article 6-VI de la loi n° 96-985 du 12 nov. 1996 relative à l'information et à la consultation des salariés dans les entreprises et les groupes d'entreprises de dimension communautaire, ainsi qu'au développement de la négociation collective.

50. Articles 11, 12-V et 14-I de la loi n° 2000-37 du 19 janv. 2000 relative à la réduction négociée du temps de travail.

51. Article 2 de la loi n° 2003-6 du 3 janv. 2003 portant relance de la négociation collective en matière de licenciements économiques.

52. J.- E. Ray, « Les curieux accords dits « majoritaires » de la loi du 4 mai 2004 », *Dr. soc.* 2004, p. 590.

unique du personnel ou, à défaut, des délégués du personnel dans le champ de l'accord. L'une comme l'autre de ces modalités constituent désormais de véritables conditions de validité de l'accord. En effet, l'accord conclu par des syndicats ne remplissant les conditions de majorité d'engagement et l'accord auquel les syndicats majoritaires non signataires s'opposeraient subissent la même sanction : ils sont réputés non écrits[53].

Il existe une dernière hypothèse, très spécifique, d'expression du critère majoritaire dans le processus d'élaboration d'une convention ou d'un accord collectif : le referendum d'entreprise. Cette modalité est exclusivement réservée aux accords d'entreprise ou d'établissement conclus par un salarié mandaté. En effet, l'article L. 2232-27 du Code du travail dispose que « *l'accord signé par un salarié mandaté doit avoir été approuvé par les salariés à la majorité des suffrages exprimés, dans des conditions déterminées par décret* »[54]. Il s'agit peut-être de l'expression la plus pure du critère majoritaire puisque l'approbation de l'accord s'opère par suffrage direct et non par la voie d'une mesure de l'audience syndicale à l'occasion d'élection de représentants élus du personnel.

La validité des conventions collectives de travail tient, enfin, à des règles relatives à l'ordre public.

c. Les conditions relatives à l'ordre public

L'ordre public en droit du travail, lequel conditionne notamment le contenu des conventions et accords collectifs de travail, présente une consistance tout à fait particulière[55]. Alors que le principe issu de l'article 6 du Code civil consiste à l'interdiction de déroger aux lois intéressant l'ordre public et les bonnes mœurs, le droit du travail autorise par principe la dérogation à la loi, mais seulement à la condition que la dérogation intervienne en faveur du salarié. Ce principe connaît cependant quelques exceptions, soit qu'il soit totalement interdit de déroger par convention aux dispositions légales, soit qu'il soit au contraire permis de déroger aux lois, y compris de manière défavorable aux salariés. Selon ce schéma, l'ordre public en droit du travail se décompose donc en un ordre public social, un ordre public absolu et un ordre public dérogatoire.

---

53. L'écrit étant une condition de validité de la convention collective, cette sanction équivaut à la nullité de l'accord. Cf. C. trav., art. L. 2231-3.

54. Ces modalités sont décrites aux articles D. 2232-8 et suivants du Code du travail. V. également les précisions apportées par la chambre sociale de la Cour de cassation sur le referendum organisé par voie électronique : Cass. soc., 27 janv. 2010, *Lexbase hebdo*, éd. soc., n° 382, note G. Auzero ; *JCP* éd. S 2010, 1146, note F. Petit.

55. V. deux études récentes, N. Meyer, *L'ordre public en droit du travail*, LGDJ, 2006 ; F. Canut, *L'ordre public en droit du travail*, LGDJ, 2007.

– L'ordre public social

La première phrase de l'article L. 2251-1 du Code du travail dispose qu'« *une convention ou un accord peut comporter des stipulations plus favorables aux salariés que les dispositions légales en vigueur* ». Par principe, il est ainsi seulement autorisé de déroger à la loi *in melius*. *A contrario*, il s'agit donc d'une interdiction, toujours par principe, d'y déroger *in pejus*.

De cette articulation entre loi et convention collective, on déduit généralement un principe corollaire de faveur[56]. Il s'agit d'une règle de conflit aux termes de laquelle, en cas de conflit entre deux règles également applicables dans une relation de travail, c'est la règle la plus favorable au salarié qui doit trouver à s'appliquer. Le principe de l'ordre public social comme le principe de faveur constituent des principes fondamentaux du droit du travail[57] à défaut de constituer des principes à valeur constitutionnelle[58].

Le principe selon lequel la convention ou l'accord collectif de travail peut toujours déroger à la loi en faveur des salariés connaît une première exception à travers l'existence d'un champ légal d'ordre public absolu.

– L'ordre public absolu

Revenant très clairement à la règle de l'article 6 du Code civil, la seconde phrase de l'article L. 2251-1 du Code du travail dispose que les accords « *ne peuvent déroger aux dispositions qui revête un caractère d'ordre public* ». Il existe, par voie de conséquence, un domaine de la loi auquel les conventions collectives ne peuvent jamais déroger.

S'il arrive parfois que certaines stipulations soient clairement interdites par le législateur lui-même[59], le champ de l'ordre public absolu a, pour l'essentiel, été délimité par un avis du Conseil d'État rendu en 1973[60]. Sont concernées les dispositions législatives qui dépassent le strict domaine du droit du travail. Il en va notamment ainsi des dispositions pénales applicables en droit du travail, de la compétence des juridictions en matière de relations professionnelles, du domaine d'intervention de l'administration du travail, etc. Il est enfin généralement admis que les droits que le salarié tire du bloc

---

56. A. Jeammaud, « Le principe de faveur. Enquête sur une règle émergente », *Dr. soc.* 1999, p. 120 ; F. Bocquillon, « Que reste-t-il du principe de faveur ? », *Dr. soc.* 2001, p. 255.
57. Cass. soc., 17 juill. 1996, *Dr. soc.* 1996, p. 1049, concl. P. Lyon-Caen, note J. Savatier ; Cons. const., 25 juill. 1989, *Dr. soc.* 1989, p. 628. *Adde*, J. Pélissier, A. Lyon-Caen, A. Jeammaud, E. Dockès, *Les grands arrêts du droit du travail*, 4e éd., 2008, n° 157 et n° 180.
58. Cf. *supra* p. 169.
59. Cela est par exemple le cas de l'article L. 1411-4 du Code du travail qui prohibe toute clause aménageant la compétence des conseils de prud'hommes ou de l'article 2254, al. 3, du Code civil, qui proscrit tout aménagement contractuel ou conventionnel de la prescription en matière de paiement ou de répétition des salaires.
60. CE, avis, 22 mars 1973, *Dr. soc.* 1973, p. 514.

de constitutionnalité ne peuvent faire l'objet d'aménagements conventionnels. C'est l'interprétation qui découle d'un arrêt qui avait prohibé l'aménagement des modalités d'exercice du droit de grève par convention collective de travail[61]. Elle pourrait cependant être discutée puisque certains droits ou libertés constitutionnels peuvent clairement faire l'objet d'aménagement par voie conventionnelle[62].

Si l'ordre public absolu interdit toute marge de manœuvre aux partenaires sociaux dans certains domaines, l'ordre public dérogatoire permet, au contraire, d'ouvrir plus largement le champ de la négociation dans d'autres secteurs.

– L'ordre public dérogatoire

Comme l'ordre public absolu, l'ordre public dérogatoire est exceptionnel. Les négociateurs d'un accord collectif d'entreprise ne pourront considérer qu'une disposition légale relève de l'ordre public dérogatoire qu'à la condition que le texte légal le prévoie[63].

Les dispositions légales relevant de l'ordre public dérogatoire permettent à l'accord collectif d'y déroger, aussi bien *in melius* qu'*in pejus*. Quoique la terminologie ne soit guère heureuse, les accords conclus dans ce champ sont dénommés « accords dérogatoires »[64]. Les domaines du droit du travail concernés sont de plus en plus vastes, même si l'essentiel se concentre sur les questions liées au temps de travail et à la rémunération. L'ordre public dérogatoire peut se présenter dans deux formes différentes, selon que le champ de la dérogation est ou non limité[65].

Le législateur peut, d'abord, déterminer avec plus ou moins de précision les limites de la dérogation *in pejus*. Cela est par exemple le cas s'agissant de l'aménagement de l'indemnité de fin de contrat servie à l'issue d'un contrat de travail à durée déterminée. L'article L. 1243-8 du Code du travail prévoit que cette indemnité est égale à 10 % de la rémunération brute perçue par le salarié pendant la durée du contrat. Néanmoins, faisant ainsi entrer cette disposition dans le champ de l'ordre public dérogatoire,

---

61. Cass. soc., 7 juin 1995, *D.* 1996, p. 75, note B. Mathieu ; *Dr. soc.* 1996, p. 37, note Ch. Radé.

62. On pensera, notamment, aux règles relatives à la représentation du personnel dans les entreprises qui peuvent être aménagées par voie conventionnelle alors même que le droit à la participation des salariés à la détermination collective de leurs conditions de travail est garanti par l'alinéa 8 du Préambule de la Constitution de 1946. Il semble cependant qu'un récent arrêt de la chambre sociale de la Cour de cassation fassent entrer les nouvelles règles afférentes à la représentativité syndicale dans le champ de l'ordre public absolu, v. Cass. soc., 6 janv. 2011, *Lexbase hebdo*, éd. soc., n° 424, 20 janv. 2011 et les obs.

63. Le législateur conserve cette faculté puisque le Conseil constitutionnel considère que le principe de faveur ne constitue pas un principe à valeur constitutionnelle.

64. Si la terminologie n'est guère adaptée, c'est principalement parce que les accords plus favorables conclus dans le champ de l'ordre public social sont eux aussi des accords qui dérogent à la loi.

65. Ces deux formes différentes sont parfois qualifiées, pour l'une, de loi dispositive et pour l'autre de loi supplétive. V. A. Supiot, *Le droit du travail*, PUF, coll. Que sais-je ?, 2004, p. 39. D'autres auteurs distinguent entre ordre public dérogatoire et ordre public optionnel, v. Ch. Radé, *Droit du travail*, Montchrestien, 4e éd., 2009, pp. 10-11.

l'article L. 1243-9 ajoute qu'une convention ou un accord collectif de branche étendu ou d'entreprise peuvent « *également prévoir de limiter le montant de l'indemnité de fin de contrat à hauteur de 6 %* ». Le champ de la dérogation est nettement délimité.

Le législateur peut, ensuite, se dispenser de toute précision sur les limites de la dérogation et ne prévoir qu'un dispositif totalement supplétif. Cela est par exemple le cas en matière de contingent d'heures supplémentaires. L'article L. 3121-11 du Code du travail dispose ainsi que « *des heures supplémentaires peuvent être accomplies dans la limite d'un contingent annuel défini par une convention ou un accord collectif d'entreprise ou d'établissement ou, à défaut, par une convention ou un accord de branche* ». Le texte ajoute qu'« *à défaut d'accord collectif, un décret détermine ce contingent annuel* »[66].

Lorsque les accords et conventions collectifs sont valablement conclus, ils doivent être exécutés selon des modalités qu'il convient de présenter.

B. L'exécution des conventions et accords collectifs de travail

Les conventions et accords collectifs de travail ayant, pour partie, une nature réglementaire, elles vont s'appliquer bien au-delà de leurs simples signataires. Il est donc essentiel de déterminer quel est le champ d'application de ces conventions (1). A l'instar des conflits qui peuvent surgir entre lois et conventions collectives, plusieurs conventions collectives peuvent simultanément s'appliquer à une même entreprise si bien qu'il conviendra de déterminer, dans cette situation, laquelle doit s'appliquer (2). Enfin, il ne saurait être traité de l'exécution des conventions collectives sans dire quelques mots des sanctions encourues en cas de manquement aux obligations que celles-ci imposent (3).

1. LE CHAMP D'APPLICATION DES CONVENTIONS ET ACCORDS COLLECTIFS DE TRAVAIL

La détermination du champ d'application d'une convention collective ne dépend, par l'effet de son caractère réglementaire, que très indirectement de la qualité des parties signataires. Si, comme nous le verrons, les qualités de la partie patronale aura le plus souvent une incidence sur le champ d'application de l'accord, les qualités de la partie représentant les salariés n'aura strictement aucune conséquence sur ce champ d'application.

L'application de la convention collective est donc intimement liée aux caractéristiques des entreprises. Schématiquement, on peut considérer que certaines entreprises vont être directement concernées par une convention collective (a) alors que d'autres, qui n'auraient pas dû l'être, ne seront qu'indirectement concernées (b).

---

66. C. trav., art. D. 3121-14-1 : le contingent supplétif est fixé à deux cent vingt heures par salarié.

a. Les entreprises directement concernées par une convention ou un accord collectif de travail

Les entreprises directement concernées par une convention ou un accord collectif de travail sont celles qui remplissent trois conditions : un rattachement juridique à la convention, un rattachement matériel à la convention et un rattachement géographique à la convention.

– Le rattachement juridique à la convention collective de travail s'entend du lien existant entre l'employeur et la convention collective. Ce lien peut être très direct lorsque l'employeur est le signataire de la convention ou de l'accord collectif, comme c'est le cas s'agissant de tous les accords collectifs d'entreprise. Le lien s'identifie dans la volonté de l'employeur de s'engager par cette convention. La solution est la même s'agissant des accords collectifs d'établissement qui seront conclus par l'employeur ou, par délégation de pouvoir, par le chef d'établissement[67]. On retrouve un engagement personnel de l'employeur lorsque celui-ci prend la décision d'adhérer à une convention collective préexistante par application de l'article L. 2261-3 du Code du travail[68].

Le lien peut cependant être plus distendu lorsque l'accord ou la convention comporte un champ plus large que l'entreprise. S'il s'agit d'un accord de groupe ou d'unité économique et sociale, c'est l'appartenance de l'entreprise au groupe de sociétés ou à l'UES qui caractérisera le lien juridique entre l'employeur et la convention conclue à ces niveaux. Enfin, s'agissant de l'application à l'entreprise d'un accord de branche ou d'un accord national interprofessionnel, le lien entre l'employeur et l'accord se nouera autour de l'appartenance de l'employeur à une organisation patronale signataire dudit accord[69].

– Le rattachement matériel entre une convention collective et une entreprise s'apprécie en fonction du domaine d'activité visé par la convention et sa correspondance avec l'activité de l'entreprise. Ce critère matériel ne fait aucune difficulté s'agissant des conventions d'entreprise qui lui sont applicables sans égard à son activité. Il ne fait pas non plus difficulté s'agissant des ANI puisque ceux-ci ont vocation à s'appliquer à toutes les professions. Dans ces conditions, ils sont également applicables quelle que soit l'activité de l'entreprise.

Ce sont, en revanche, les conventions de branche qui font le plus difficulté. En effet, par définition, une convention de branche ne concerne qu'un seul secteur d'activité, qu'une seule activité économique. Dans une entreprise de transport de marchandises pourtant, s'il y a bien sûr des chauffeurs routiers, on trouve également des secrétaires, des comptables, des manutentionnaires, des mécaniciens, etc. Pour autant, son activité principale étant le transport de marchandises, c'est une convention collective de

---

67. B. Teyssié, *Droit du travail. Relations collectives*, Litec, 6e éd., 2009, p. 467.
68. Dans cette hypothèse, l'article L. 2261-6 impose à l'employeur d'engager une négociation avec les organisations syndicales représentatives de l'entreprise et d'obtenir leur agrément avant toute adhésion.
69. C. trav., art. L. 2262-1.

branche relative au transport routier qui s'y appliquera et non les conventions du secrétariat, des experts-comptables, de la mécanique, etc.

Pour déterminer quelle convention collective de branche s'applique à l'entreprise, il convient donc de déterminer quelle est son activité principale[70]. C'est l'activité réelle qui importe et non seulement celle visée par les statuts de la société[71] ou par le code APE attribué par l'INSEE[72]. Il existe cependant une exception à la règle de l'application de la convention relative à l'activité principale en cas d'activités multiples s'exerçant dans des centres autonomes[73].

– Le rattachement géographique implique que l'entreprise soit située dans le champ géographique couvert par la convention ou l'accord. A nouveau, les hypothèses d'accords d'entreprise ou d'accords nationaux ne posent aucune difficulté. En revanche, les accords de branche conclus dans un champ géographique plus restreint que le territoire national impliquent des interrogations sur les entreprises qui y sont assujetties. Certaines branches d'activités ont ainsi connu un fort développement de la négociation régionale, départementale ou locale, comme ce fut notamment le cas de la branche métallurgie.

La convention collective de branche locale, départementale ou régionale ne trouvera à s'appliquer que dans les entreprises dont le siège social se situe dans le champ d'application de l'accord[74]. Par exception, une convention collective d'un territoire différent peut s'appliquer aux établissements de l'entreprise à condition qu'ils soient autonomes[75].

Le lien juridique entre l'employeur et l'accord peut être nettement plus indirect, comme c'est le cas en matière d'application volontaire ou d'extension de la convention.

b. Les entreprises indirectement concernées par une convention ou un accord collectif de travail

Le premier cas de figure dans lequel existe un lien indirect entre l'entreprise et l'accord collectif est celui de l'application volontaire par un employeur de cet accord. Il s'agit, en quelque sorte, d'une forme atténuée d'adhésion à l'accord collectif, l'employeur ne devenant pas partie à l'accord mais décidant seulement de l'appliquer alors même qu'il n'avait pas à le faire. Cette technique est parfois utilisée pour faire bénéficier à certaines catégories de salariés d'une convention collective dont le champ d'application matériel diffère de l'activité principale de l'employeur.

70. C. trav., art. L. 2261-2.
71. Cass. soc., 16 nov. 1993, *Dr. soc.*, 1994, p. 52.
72. Cass. soc., 18 juill. 2000, *Bull. civ.* V, n° 297.
73. V. Cass. soc., 6 déc. 1995, *RJS* 1996, n° 48 ; *contra* Cass. soc., 23 avr. 2003, *RJS* 2003, n° 919.
74. Cass. soc., 21 mai 1997, n° 93-46.617.
75. Cass. soc., 20 nov. 1991, n° 88-43.281.

Le lien juridique entre l'employeur et l'accord se matérialise alors par l'expression d'une volonté claire et non équivoque de faire application d'un accord en principe inapplicable à l'entreprise. La caractérisation de cette volonté claire et non équivoque a souvent donné lieu à contentieux, la délimitation entre cette volonté et la simple erreur de l'employeur n'étant pas toujours évidente.

La volonté claire et non équivoque d'appliquer une convention collective est manifeste lorsqu'elle émane du contrat de travail d'un salarié[76], d'une note de service ou d'un affichage dans l'entreprise[77]. L'appréciation devient plus délicate lorsque le salarié tente de démontrer l'existence de cette volonté à partir de la mention d'une convention collective sur son bulletin de paie. Après avoir longtemps considéré qu'une telle mention valait présomption irréfragable de volonté claire et non équivoque[78], la chambre sociale de la Cour de cassation a opéré un revirement de jurisprudence en jugeant désormais que « *cette mention vaut présomption de l'applicabilité de la convention collective à son égard, l'employeur étant admis à apporter la preuve contraire* »[79]. Cette solution, qui a le mérite de prendre en compte la mention simplement erronée sur le bulletin de salaire rend la preuve de la volonté d'appliquer la convention encore plus délicate.

Si l'identification d'une volonté claire et non équivoque de l'employeur peut s'extraire d'un document dont il est l'auteur, elle devient quasi impossible lorsque le salarié tente de la démontrer à partir de comportements adoptés par l'employeur[80]. Ainsi, ne caractérise pas une volonté claire et non équivoque d'appliquer volontairement un accord collectif le fait de reprendre l'ancienneté d'une salariée comme le prévoyait un accord d'entreprise[81] ou le fait de maintenir le salaire d'une salariée durant son arrêt maladie, maintien prévu par la convention collective de l'enseignement privé inapplicable à l'entreprise[82].

Le deuxième cas de rattachement indirect à une convention collective est l'hypothèse de son extension. Les articles L. 2261-15 et suivants du Code du travail prévoient la faculté pour le ministre du travail d'adopter un arrêté d'extension qui aura pour effet de rendre obligatoire un accord ou une convention à tous les salariés et employeurs

---

76. Si cette application volontaire implique un conflit avec une convention déjà naturellement applicable à l'entreprise, seules les dispositions de la convention appliquée volontairement les plus favorables au salarié lui seront appliquées. V. Cass. soc., 18 juill. 2000, *Dr. soc.* 2000, p. 921, obs. J.-Y. Frouin. En outre, seules les dispositions transposables à l'entreprise de la convention faisant l'objet d'une application volontaire devront être appliquées. V. Cass. soc., 16 déc. 2005, n° 03-40.888.
77. Cass. soc., 7 avr. 2004, *TPS* 2004, comm. 190.
78. Cass. soc., 18 nov. 1998, *RJS* 1999, n° 74 ; *JCP* éd. G 1999, II, 10088, note J.-Ph. Lhernould.
79. Cass. soc., 15 nov. 2007, *JCP* éd. E 2007, 2598, note J.-Ph. Lhernould ; *JCP* éd. S 2007, 1945, avis D. Allix
80. A l'évidence, la volonté tacite ou silencieuse peut aisément être considérée comme équivoque ou peu claire.
81. Cass. soc., 5 mai 2010, n° 08-43.347.
82. Cass. soc., 19 janv. 2010, n° 06-42.943.

compris dans le champ d'application de l'accord. Par son extension, la convention collective deviendra applicable dans une entreprise alors même que l'employeur n'est pas adhérent à l'une des organisations patronales signataires.

De nombreuses conditions doivent être réunies pour qu'une convention puisse faire l'objet d'un arrêté d'extension. Elle doit notamment avoir été négociée dans le cadre d'une commission paritaire de branche. Elle doit également avoir été signée par des organisations patronales qui sont suffisamment représentatives des employeurs. La convention doit traiter d'un grand nombre de domaines obligatoires tant sur le plan collectif (droit syndical, représentation du personnel, etc.) qu'individuel (salaires, congés payés, conclusion et rupture du contrat, etc.).

L'extension d'un grand nombre de conventions collectives nationales de branche a permis d'uniformiser le statut des salariés dans la plupart des secteurs d'activité. Cette tendance à l'uniformisation pourrait cependant subir un véritable coup d'arrêt à la suite des lois récentes relatives à la négociation collective, lesquelles semblent favoriser l'articulation entre les normes conventionnelles en faveur d'une négociation décentralisée.

Le troisième et dernier cas de rattachement indirect intervient par le jeu d'un arrêté d'élargissement d'un accord ou d'une convention collective de travail. L'élargissement répond à une logique différente de l'extension puisqu'il ne s'agit pas de rendre applicable une convention à l'ensemble des entreprises d'un secteur d'activité mais d'accroître sa zone d'application géographique ou son champ d'application à un autre secteur d'activité. Les conditions de l'élargissement sont dressées par l'article L. 2261-17 du Code du travail.

Compte tenu des nombreux niveaux auxquels un accord collectif peut être négocié, les risques de conflit sont nombreux.

2. LES CONFLITS ENTRE CONVENTIONS ET ACCORDS COLLECTIFS DE TRAVAIL[83]

Longtemps, la question du conflit entre conventions collectives de travail concomitamment applicables à une entreprise s'est réglée par simple application du principe de faveur. La seule véritable difficulté tenait alors aux techniques de comparaison[84]. Cette vision des choses a cependant bien évolué comme en témoigne la création, lors de la recodification du Code du travail, d'un titre spécifique intitulé « Articulation des conventions et accord » encadrant les articles L. 2251-1 à L. 2254-1 du code.

83. M.- A. Souriac, « L'articulation des niveaux de négociation », *Dr. soc.*, 2004, p. 579 ; G. Auzero, « L'articulation des normes conventionnelles », *Dr. ouvrier* 2010, p. 324.

84. La comparaison ne s'opère ni avantage par avantage, ni de manière globale, mais par grands thèmes traités par les conventions. Il s'agit, en outre, d'une appréciation *in abstracto*. V. Cass. soc., 17 janv. 1996, *Dr. soc.*, 1996, note J. Barthélémy.

En effet, la loi du 4 mai 2004 a considérablement modifié les règles d'articulation entre les différents niveaux de conventions collectives. L'articulation par le jeu du principe de faveur ne constitue plus toujours la règle de principe. Par l'application de l'article L. 2253-1 du Code du travail, les conventions et accords collectifs d'entreprise dérogent aux conventions de branche, aux accords professionnels ou interprofessionnels, cela sans égard au caractère plus ou moins favorable aux salariés des stipulations de ces différents accords[85].

Si le changement était fondamental quant à son principe, la règle s'est avérée d'une portée limitée en raison des limites qui lui étaient apportées par l'article L. 2253-3 du Code du travail. Ce texte réservait en effet quatre grands domaines[86] dans lesquels le principe demeurait l'impossibilité pour les conventions d'entreprise de prévoir une telle dérogation. En outre, le second alinéa du texte prévoyait que « *dans les autres matières, la convention ou l'accord d'entreprise ou d'établissement peut comporter des stipulations dérogeant en tout ou en partie à celles qui lui sont applicables en vertu d'une convention ou d'un accord couvrant un champ territorial ou professionnel plus large, sauf si cette convention ou cet accord en dispose autrement* ». De fait, la majeure partie des conventions collectives de branche paralysa le renversement de l'articulation en prohibant la dérogation au niveau des branches.

Face à ce constat d'échec, le législateur poussa la logique un peu plus loin par l'intermédiaire de la loi du 20 août 2008 dans sa partie relative à la réforme du temps de travail[87]. Dans ces domaines, l'accord d'entreprise « supplante » l'accord ou la convention de branche qui n'est plus que supplétif[88], la conciliation entre la dérogation née de la loi de 2004 et la supplétivité issue de la loi de 2008 étant potentiellement des plus délicates[89].

Quoiqu'il en soit, un véritable changement de logique se fait jour. Ces évolutions traduisent une volonté de décentralisation, de promotion de l'accord considéré comme

85. La formule adoptée par le code est plus alambiquée, les conventions d'entreprise pouvant « *adapter les stipulations des conventions de branches ou des accords professionnels ou interprofessionnels* ». Sur l'indifférence du caractère plus ou moins favorable, v. l'analyse de P. Morvan, « L'articulation des normes sociales à travers les branches », *Dr. soc.*, 2009, p. 679.

86. Salaires minima ; classifications ; garanties collectives complémentaires ; mutualisation des fonds de la formation professionnelle.

87. Loi n° 2008-789 du 20 août 2008, portant rénovation de la démocratie sociale et réforme du temps de travail. V. S. Tournaux, « Articles 18 et 19 de la loi n° 2008-789 du 20 août 2008, portant rénovation de la démocratie sociale et réforme du temps de travail : les heures supplémentaires et les conventions de forfait », *Lexbase hebdo*, éd. soc., n° 318. *Adde* M. Grévy, « Où en est le temps de travail ? », *Dr. ouvrier* 2009, p. 192.

88. G. Auzero, « L'articulation des normes conventionnelles », *préc.*

89. L'accord de branche peut-il interdire aux accords d'entreprise de déroger à ses dispositions sur le fondement de l'article L. 2253-3 du Code du travail dans des domaines pour lesquels le législateur de 2008 a donné prévalence à la négociation d'entreprise ? Sur cette question, G. Auzero, « L'articulation des normes conventionnelles », *préc.*, spéc. p. 328 et s.

étant le plus proche de l'intérêt des salariés – mais aussi des employeurs… Il sera probablement difficile de dresser un bilan des négociations d'entreprise en la matière, la diffusion des conventions et accords d'entreprise n'étant pas soumise à une visibilité comparable à celle des niveaux supérieurs. Le rapport de force entre employeur et négociateurs salariés dans les entreprises étant bien différent de celui existant au niveau de la branche ou au niveau interprofessionnel, il y a, en outre, fort à craindre que ces négociations ne soient guère favorables aux salariés des entreprises concernées.

Une dernière question relative à la phase d'exécution des conventions et accords collectifs de travail doit être abordée, celle des sanctions de leur inexécution.

3. LA SANCTION DE L'INEXÉCUTION DES CONVENTIONS ET ACCORDS COLLECTIFS DE TRAVAIL

A nouveau, l'hybridité de la convention collective ressurgit au stade des sanctions de son inexécution.

Comme un contrat, la convention collective de travail s'impose à ses signataires qui doivent donc en respecter les obligations qu'ils se sont eux-mêmes imposées. Très classiquement, l'employeur, l'organisation patronale ou le syndicat qui ne respecterait pas ces prescriptions pourrait voir sa responsabilité contractuelle engagée sur le fondement de l'article 1147 du Code civil. Comme un règlement, la convention collective impose des obligations aux employeurs qui sont placés dans le champ d'application de la convention[90]. L'employeur doit s'y conformer et pourra être poursuivi, selon les cas, devant les juridictions de droit commun ou devant le conseil de prud'hommes.

En effet, lorsque les obligations en cause sont de nature collective, par exemple des aménagements de la représentation collective des salariés ou du droit syndical, une action pourra être introduite par les instances concernées devant le tribunal d'instance ou le tribunal de grande instance en fonction du montant des demandes[91]. En revanche, lorsque les obligations en cause sont de nature individuelle, par exemple s'agissant de règles relatives au temps de travail ou à la rémunération, les demandes relatives à l'application de la convention collective seront adossées à des actions présentées en exécution du contrat de travail devant le conseil de prud'hommes.

Un dernier point mérite quelques développements s'agissant des conventions collectives, point relatif à leur révision et à leur extinction.

---

90. Et plus rarement aux salariés, on parle alors de sujétion conventionnelle. V. X. Carsin, « La convention collective source de sujétions pour le salarié », *JCP* éd. S 2007, 1015.

91. Outre les personnes juridiques directement concernées par l'inexécution de la convention collective, la Cour de cassation admet qu'un syndicat, même non signataire de l'accord, puisse introduire une action en défense des intérêts collectifs de la profession en raison de l'inexécution d'une convention collective par l'employeur. V. Cass. soc., 12 juin 2001, *Dr. soc.* 2001, p. 1019, obs. P.- H. Antonmattéi ; *D.* 2002, chr. 503, note J.- M. Verdier ; Cass. soc., 26 mai 2004, *Dr. soc.* 2004, p. 845, obs. J.- M. Verdier.

C. La révision et l'extinction des conventions et accords collectifs de travail

Les règles relatives à la révision des conventions collectives[92] (1) comme celles encadrant leur extinction (2) n'ont guère été modifiées par la loi du 20 août 2008, quoique l'ensemble des dispositions nouvelles relatives au critère majoritaire s'y appliquera.

1. LA RÉVISION

Selon les cas de figure, les règles relatives à la révision des conventions collectives peuvent être très simples ou extrêmement complexes et indécises.

Parmi les hypothèses simples figure aujourd'hui la révision d'un accord conclu par des syndicats représentatifs et dont la représentativité n'a pas été remise en cause depuis la conclusion de l'accord. Dans ce cas, l'article L. 2222-5 du Code du travail dispose que la convention collective de travail « *prévoit les formes selon lesquelles et le délai au terme duquel il pourra être renouvelé ou révisé* ». Outre ces règles procédurales, les règles de fond ayant trait à la capacité des organisations syndicales à négocier l'accord de substitution ont été élaborées par la jurisprudence dans un premier temps, par le législateur ensuite.

A l'origine, l'arrêt *Basirico* avait exigé que l'ensemble des signataires de l'accord originel conclue l'accord de révision, à défaut de quoi le nouvel accord venait en concurrence et non en remplacement du précédent[93]. Cette règle fut remise en cause en 1992 et le principe demeure établi par l'article L. 2261-7 du Code du travail qui dispose que « *les organisations syndicales de salariés représentatives, signataires d'une convention ou d'un accord ou qui y ont adhéré (...) sont seules habilitées à signer (...) les avenants portant révision de cette convention ou de cet accord* ». Dit autrement, si l'ensemble des signataires de l'accord initial ne doit pas nécessairement être signataire de l'accord de révision, les signataires de l'accord de révision, quel que soit leur nombre, doivent avoir été signataires de l'accord initial ou y avoir adhéré.

Pour le reste, ce sont les règles classiques de la négociation qui trouvent ici à s'appliquer. L'ensemble des syndicats représentatifs doit être convié à la négociation, y compris les syndicats non signataires quand bien même ils n'auront pas la possibilité de signer l'accord de révision[94]. En outre, les règles liées au critère majoritaire telles qu'issues de la loi du 20 août 2008 seront entièrement applicables à l'accord de révision.

---

92. M.- L. Morin, « La révision des conventions et accords collectifs après la loi du 4 mai 2004 », *RJS* 2005, p. 87 ; B. Palli, « La révision des conventions collectives à l'épreuve de la réforme de la représentativité syndicale », *RDT* 2010, p. 155.
93. Cass. soc., 9 mars 1989, *Dr. soc.* 1989, p. 631, note M. Despax ; *RJS* 1989, p. 491, note J. Savatier.
94. Cass. soc., 26 mars 2002, *Dr. soc.*, 2002, p. 617, note M.- L. Morin ; *D.* 2002, p. 3231, note F. Petit.

Parmi les hypothèses plus complexes figure d'abord celle, qui ne sera probablement pas seulement théorique, de la perte de représentativité de l'ensemble des syndicats signataires de l'accord. A moins d'une adhésion d'un autre syndicat représentatif, la révision de l'accord devient impossible faute de négociateur apte à conclure l'accord de révision. Le problème se posera dans des termes identiques si les signataires, sans perdre leur représentativité, ne parviennent pas à remplir les conditions du critère majoritaire, c'est-à-dire à recueillir, ensemble, au moins 30 % des suffrages exprimés au premier tour des élections au comité d'entreprise[95].

Les questions les plus lancinantes se posent certainement à propos de la révision d'un accord collectif d'entreprise conclu à l'issue d'une négociation dérogatoire, par l'intermédiaire d'un comité d'entreprise ou de délégués du personnel ou, pire encore, d'un salarié mandaté par une organisation syndicale. L'article L. 2232-29 du Code du travail prend position en prescrivant que les accords d'entreprise ou d'établissement conclus dans le cadre d'une négociation dérogatoire « *peuvent être renouvelés, révisés ou dénoncés (...) par l'employeur signataire, les représentants élus du personnel ou un salarié mandaté à cet effet* ». Cette règle demeure-t-elle applicable si apparaît, entre-temps, un ou plusieurs syndicats représentatifs dans l'entreprise ? Par définition, aucune organisation syndicale représentative n'étant signataire de l'accord initial, l'article L. 2261-7 du Code du travail ne peut que difficilement trouver à s'appliquer. Là encore, seule l'adhésion du syndicat à l'accord permettra d'éviter la paralysie.

Les règles relatives à l'extinction d'une convention collective de travail n'ont pas été autant modifiées par la loi du 20 août 2008.

2. L'EXTINCTION

A l'exception d'une décision demeurée isolée qui prit acte de la disparition d'un accord collectif par caducité[96], les règles d'extinction des conventions et accords collectifs de travail s'articulent autour des techniques de la dénonciation et de la mise en cause. Ces modes d'extinction (a) comportent un régime juridique extrêmement proche (b).

a. Les modes d'extinction de la convention collective

– La dénonciation

Qu'elles comportent une durée déterminée ou indéterminée, les conventions collectives de travail peuvent d'abord prendre fin par dénonciation[97]. La dénonciation est une forme de résiliation unilatérale du contrat telle qu'elle existe pour tout contrat à exécution successive. Cependant, du fait du caractère collectif du contrat que constitue la

95. A propos de ces hypothèses, v. B. Palli, « La révision des conventions collectives à l'épreuve de la réforme de la représentativité syndicale », *préc.*

96. Cass. soc., 17 juin 2003, *RJS* 2003. 696, n° 1024.

97. Contrairement aux règles applicables à n'importe quel contrat, la convention collective de travail à durée déterminée ne prend pas fin par la seule échéance du terme, v. C. trav., art. L. 2222-4, al. 2.

convention collective, il convient de remarquer que la dénonciation n'emportera la disparition de la convention collective qu'à certaines conditions.

L'article L. 2261-9, al. 1er, du Code du travail dispose que « *la convention et l'accord à durée indéterminée peuvent être dénoncés par les parties signataires* ». Il est donc toujours possible pour une partie signataire d'un accord de le dénoncer. La Cour de cassation a toutefois précisé en 2005 que cette dénonciation ne pouvait porter sur une partie seulement de la convention[98]. Le syndicat, l'employeur ou l'organisation patronale qui entend dénoncer une convention collective doit respecter quelques conditions de forme[99]. L'article L. 2261-9 du Code du travail prescrit, d'abord, qu'« *en l'absence de stipulation expresse, la durée du préavis qui doit précéder la dénonciation est de trois mois* ». Parallélisme des formes oblige, la dénonciation doit, comme l'accord lui-même, être notifiée à l'ensemble des autres signataires et doit être déposée auprès des services départementaux de l'administration du travail et du greffe du conseil de prud'hommes. Enfin, dans l'hypothèse où la dénonciation est le fait de l'employeur, la chambre sociale de la Cour de cassation a jugé que celui-ci devait consulter le comité d'entreprise sur cette décision de dénonciation[100].

– La mise en cause

A côté de la dénonciation coexiste un autre mode d'extinction de la convention collective qui ne repose plus cette fois sur l'expression d'une volonté de voir disparaître l'accord mais résulte automatiquement d'une situation de fait. La mise en cause d'une convention collective découle en effet d'un changement de situation juridique de l'employeur tel que décrit par l'article L. 1224-1 du Code du travail et repris par l'article L. 2261-14.

L'idée tient à ce que le nouvel employeur qui reprend le personnel lors d'un transfert d'entreprise ne doit pas automatiquement être tenu par les engagements collectifs auxquels son prédécesseur avait souscrit. La mise en cause peut encore intervenir en cas de déménagement du siège social de l'entreprise, un accord collectif local, départemental ou régional étant dès lors mis en cause lorsque la localisation du nouveau siège n'entre pas dans le champ d'application géographique de l'accord[101]. Enfin, c'est encore la mise en cause qui interviendra lors d'un changement de l'activité principale de l'entreprise qui ne lui permettra plus d'entrer dans le champ d'application matériel

98. Cass. soc., 12 oct. 2005, *Bull. civ.* V, n° 289.
99. Outre les formalités éventuellement prévues par l'accord lui-même.
100. Cass. soc., 5 mars 2008, *RJS* 2008, p. 449. Cette solution s'explique par l'application combinée des articles L. 2323-6 du Code du travail, lequel impose à l'employeur de consulter le comité d'entreprise sur les questions intéressant l'organisation, la gestion et la marche générale de l'entreprise (en raison du risque de disparition d'une convention ou d'un accord de l'entreprise), et L. 2323-2 du Code du travail qui oblige l'employeur à consulter le comité d'entreprise avant de prendre une décision (décision de dénoncer).
101. Par ex. Cass. soc., 21 mai 1997, *Bull. civ.* V, n° 182.

d'une convention collective de branche[102]. En revanche, et cette précision n'était pas superflue, la mise en cause d'une convention collective ne pourra résulter de la perte de la représentativité de l'ensemble des organisations syndicales signataires de l'accord[103].

La mise en cause étant automatique, aucune formalité particulière ne doit être respectée pour qu'elle produise ses effets.

b. Les modalités d'extinction de la convention collective

– Dénonciation par une partie des signataires

Les effets de la dénonciation et de la mise en cause d'une convention collective sont extrêmement proches, le Code du travail ayant calqué les conséquences de la seconde sur celles de la première. Il subsiste cependant quelques différences, principalement parce que les effets de la dénonciation sont en réalité variables. Le régime juridique de la dénonciation varie très sensiblement selon qu'elle émane de tout ou partie des signataires de l'accord.

Lorsque la dénonciation n'émane ni de l'ensemble des signataires patronaux, ni de l'ensemble des signataires syndicaux, les articles L. 2261-11 et L. 2261-12 du Code du travail prévoient le maintien de la convention collective dénoncée, règle somme toute entièrement logique puisqu'il demeure au moins une organisation patronale et une organisation syndicale représentative liées à l'accord dénoncé. Si la dénonciation émane d'un syndicat de salariés, l'accord continuera à s'appliquer aux salariés placés dans son champ d'application. Après une période de survie envisagée par le deuxième alinéa de l'article L. 2261-11 du Code du travail, le syndicat qui aura dénoncé l'accord ne pourra plus invoquer ou se voir opposer les droits et les obligations contractuels des signataires.

Depuis l'adoption de la loi du 20 août 2008 il existe une nouvelle et, pour tout dire, étrange hypothèse de dénonciation de l'accord collectif par plusieurs syndicats[104]. Cette dénonciation est envisagée par l'article L. 2261-10, al. 4, du Code du travail qui dispose que « *lorsqu'une des organisations syndicales de salariés signataires de la convention ou de l'accord perd la qualité d'organisation représentative dans le champ d'application de cette convention ou de cet accord, la dénonciation de ce texte n'emporte d'effets que si elle émane d'une ou plusieurs organisations syndicales de salariés représentatives dans son champ d'application ayant recueilli la majorité des suffrages exprimés dans les conditions prévues au chapitre II du titre III* ». En somme,

102. V. not. Cass. soc., 13 nov. 2001, *Bull. civ.* V, n° 344.

103. C. trav., art. L. 2261-14-1. En revanche, la disparition des organisations syndicales signataires emporte la mise en cause de la convention, v. Cass. soc., 16 mars 1995, *Dr. soc.*, 1995, concl. R. Kessous ; *D.* 1995, comm. 369, obs. E. Dockès.

104. M. Morand, « Les tribulations juridiques d'un accord d'entreprise », *SSL* 2009, n° 1381, p. 7 et s. ; M.-A. Souriac, « Les réformes de la négociation collective », *RDT* 2009, p. 21 et s.

lorsqu'un syndicat signataire perd sa représentativité, la dénonciation doit émaner d'une ou plusieurs organisations syndicales représentatives majoritaires pour prendre effet[105].

Lorsque la dénonciation émane d'un employeur ou d'une organisation patronale, ses effets peuvent être nettement plus prononcés. En effet, sans que la convention ne disparaisse, elle peut cesser d'être applicable dans l'entreprise de l'employeur l'ayant dénoncé ou dans les entreprises des employeurs membres de l'organisation patronale ayant dénoncé l'accord. En effet, dans cette hypothèse, l'article L. 2261-11 du Code du travail prévoit que « *les dispositions de l'accord continuent de produire effet à l'égard des auteurs de la dénonciation jusqu'à l'entrée en vigueur de la convention ou de l'accord qui lui est substitué ou, à défaut, pendant une durée d'un an à compter de l'expiration du délai de préavis* ».

Si, en revanche, la dénonciation émane de l'ensemble des syndicats ou de l'ensemble des organisations patronales signataires, les effets de la dénonciation sont maximaux et vont, comme en cas de mise en cause, emporter la disparition de l'accord collectif dénoncé.

– Mise en cause ou dénonciation de l'ensemble des signataires employeurs ou syndicaux

Lorsque tous les signataires employeurs ou tous les signataires salariés usent du droit de dénonciation, la dénonciation produit ses effets maximaux. Ces effets sont en partie décrits par l'article L. 2261-10 du Code du travail. L'article L. 2261-14 reprend, presque au mot près, les termes de l'article L. 2261-10 et ceux de l'article L. 2261-13 pour les appliquer à la mise en cause de la convention collective.

Dans les trois mois qui suivent la dénonciation, une nouvelle négociation doit s'engager à la demande d'une des parties intéressées. Ce délai de trois mois ne court pas à partir de la signification de la dénonciation mais à partir de la fin du délai de préavis qui marque la date de dénonciation de l'accord. Les discussions en vue du remplacement par un nouvel accord peuvent toutefois être engagées avant toute dénonciation. Comme en matière de révision de l'accord, l'ensemble des organisations syndicales représentatives doit être convié à la négociation sous peine de nullité de l'accord qui serait conclu[106]. Il n'est pas exigé que le nouvel accord reprenne point par point chacune des dispositions de l'accord dénoncé, l'essentiel étant qu'il ait le même objet.

Si un accord de substitution est conclu, il met fin à l'accord dénoncé sans attendre l'expiration du délai maximal de douze mois prévu par l'article L. 2261-10 du Code du travail ni maintien des avantages individuels acquis. Si, en revanche, aucun

105. Pour une réflexion sur le contenu de ce texte, cf. *infra*, rubrique « Exercices ».
106. Cass. soc., 17 avr. 2008, *RDT* 2008 p. 611, note E. Peskine.

accord de substitution ne parvient à être conclu, la convention dénoncée va survivre pendant douze mois. A l'issue de ces douze mois, les salariés bénéficieront du maintien des avantages individuels acquis par l'effet de l'article L. 2261-13 du Code du travail.

Le maintien des avantages individuels acquis permet aux salariés de voir les avantages issus de la convention collective dénoncée être incorporés à leurs contrats de travail. Ces avantages ne pourront dès lors plus être supprimés sans respecter les règles de la modification du contrat de travail[107]. S'il s'agit d'un système très favorable aux salariés en place dans l'entreprise lors de la dénonciation ou de la mise en cause, c'est cependant un lourd fardeau à porter pour les organisations syndicales qui ne sont pas parvenues à conclure un accord de remplacement, principalement parce que les salariés engagés après l'expiration du délai d'un an ne bénéficieront pas de ces avantages individuels acquis[108].

Les caractères de l'avantage individuel acquis sont clairement identifiables à travers sa simple dénomination[109]. Il doit bien sûr s'agir d'un avantage, c'est-à-dire d'une disposition conventionnelle considérée comme favorable au salarié. Il doit s'agir d'un avantage individuel, c'est-à-dire qui bénéficie individuellement au salarié et non seulement à la collectivité des salariés de l'entreprise[110]. Enfin, il doit s'agir d'un avantage acquis, c'est-à-dire d'un avantage dont le salarié a déjà bénéficié du temps où la convention collective était en vigueur, un avantage qui ne constituait pas un simple droit éventuel.

---

107. Cf. *infra* p. 326.

108. La Cour de cassation refuse en effet de considérer que le maintien des avantages individuels acquis puisse porter atteinte au principe « à travail égal, salaire égal » parce que ces avantages ont « *pour objet de compenser, en l'absence de conclusion d'un accord de substitution, le préjudice que* [les salariés] *subissent du fait de la dénonciation de l'accord collectif dont ils tiraient ces avantages* ». V. en matière de dénonciation Cass. soc., 11 juill. 2007, *Dr. soc.* 2007, p. 1122, obs. Ch. Radé ; en matière de mise en cause, Cass. soc., 4 déc. 2007, *RDT* 2008, p. 115, obs. H. Tissandier.

109. La définition de l'avantage individuel acquis a été progressivement façonnée par la jurisprudence et est synthétisée par un arrêt de 2001 qui énonce que l'« *avantage individuel acquis (...) est celui qui, au jour de la dénonciation de la convention ou de l'accord collectif, procurait au salarié une rémunération ou un droit dont il bénéficiait à titre personnel et qui correspondait à un droit déjà ouvert et non simplement éventuel* ». V. par ex. Cass. soc., 13 mars 2001, n° 99-45.651.

110. Par opposition aux avantages individuels, il existe des avantages collectifs par leur nature (horaires collectifs de travail par exemple) ou par leur finalité (droit syndical, représentation du personnel, etc.).

LEXIQUE

Conventions et accords collectifs dérogatoires : Conventions ou accords collectifs de travail qui, intervenant dans le champ de l'ordre public dit dérogatoire, peuvent comporter des dispositions dérogeant aux règles légales, que ce soit dans un sens plus favorable ou moins favorable aux salariés concernés par l'accord.

Critère majoritaire : Condition de validité d'une convention collective tenant à l'audience des syndicats signataires ou non signataires. On parle de majorité d'engagement lorsqu'une audience suffisante est nécessaire pour que des syndicats puissent conclure une convention collective de travail. On parle de majorité d'opposition lorsqu'une audience suffisante est nécessaire pour que les syndicats non signataires puissent s'opposer à l'entrée en vigueur d'une convention.

Dialogue social : Au sens strict, le dialogue social est un processus de négociation entre partenaires sociaux destiné à mener à la conclusion d'une convention ou d'un accord collectif de travail. Au sens large, le dialogue social inclut toutes formes de négociation, de consultation ou simplement d'échange d'informations entre représentants du gouvernement, des employeurs et des salariés sur des questions intéressant la politique économique et sociale.

Négociation dérogatoire : Processus alternatif de négociation des conventions et accords collectifs de travail qui permet, dans les entreprises dépourvues de représentation syndicale, de négocier avec d'autres acteurs que les syndicats, en particulier avec des représentants élus du personnel ou, subsidiairement, avec un salarié spécialement mandaté par un syndicat représentatif.

▷ EXERCICES

Sujet 1 COMMENTAIRE DE TEXTE :

Article L. 2261-10, al. 4, du Code du travail :
« *Lorsqu'une des organisations syndicales de salariés signataires de la convention ou de l'accord perd la qualité d'organisation représentative dans le champ d'application de cette convention ou de cet accord, la dénonciation de ce texte n'emporte d'effets que si elle émane d'une ou plusieurs organisations syndicales de salariés représentatives dans son champ d'application ayant recueilli la majorité des suffrages exprimés dans les conditions prévues au chapitre II du titre III* ».

Introduction

L'article L. 2261-10, al. 4, du Code du travail pourrait, à lui seul, illustrer tout à la fois la complexité que revêt parfois le droit du travail et l'étiolement chaque jour grandissant du travail parlementaire. Ce texte, placé dans une sous-section 2 intitulée « Dénonciation par la totalité des signataires employeurs ou salariés », figurant elle-même dans la section 5 (*Dénonciation*) du chapitre I (*Conditions d'applicabilité des conventions et accord*) du titre VI (*Application des conventions et accords collectifs*) du livre II (*La négociation collective – Les conventions et accords collectifs de travail*) de la deuxième partie (*Les relations collectives de travail*), comporte en effet de nombreuses incohérences et incertitudes. Il constitue le quatrième alinéa d'un article consacré aux effets de la dénonciation d'un accord ou d'une convention collective à l'initiative de l'ensemble des signataires salariés ou de l'ensemble des signataires employeurs alors qu'il permet, comme nous le verrons, que la dénonciation intervienne sans que la totalité des signataires soit concernée.

L'article L. 2261-10, al. 4, du Code du travail est issu de la loi du 20 août 2008 portant rénovation de la démocratie sociale et réforme du temps de travail. Dans son volet « Démocratie sociale », cette loi apporte de nombreux bouleversements au droit des relations collectives de travail. Ainsi, par exemple, les règles de négociation des conventions et accords collectifs de travail y ont été largement repensées. De la même manière, les principes gouvernant la représentation syndicale dans les entreprises ont subi de profonds changements dont il est encore difficile aujourd'hui de percevoir tous les effets. Surtout, la loi a réformé la notion de représentativité syndicale autour de deux grands axes, supprimant d'abord la présomption irréfragable de représentativité dont bénéficiaient les cinq « grands » syndicats, exigeant ensuite que preuve soit faite de la représentativité par tout syndicat et à tous niveaux, preuve pour l'essentiel fondée sur l'exigence d'une audience électorale suffisante du syndicat. La gestation du texte transposé à l'article L. 2261-10 fut particulièrement tumultueuse (*pour un rappel, v. M.-A. Souriac, « Les réformes de la négociation collective », RDT 2009, p. 14*) et résulte, au final, d'un amendement sénatorial de dernière minute qui a pu être qualifié de « bricolage (…) accablant » (*ibid.*).

Sur le fond, la règle émise était pourtant nécessaire. Le texte vise, en effet, à prévoir les conséquences de la perte de représentativité d'une organisation syndicale signataire d'un accord collectif. La perte de la représentativité syndicale constituait une hypothèse très théorique avant l'adoption de la loi. En effet, soit les syndicats bénéficiaient d'une présomption irréfragable de représentativité, auquel cas il était impossible qu'ils perdent ce label ; soit les syndicats avaient fait la preuve de leur représentativité et il était alors particulièrement rare qu'ils ne remplissent plus, par la suite, les conditions nécessaires. Ce cas de figure devrait, au contraire, prospérer par l'application des nouvelles règles. L'exigence d'une audience électorale minimale impliquera la perte de représentativité pour des syndicats qui, peu ou prou, l'avaient toujours été. La preuve de la représentativité étant désormais relative dans le temps, chaque élection professionnelle fera courir le risque aux syndicats représentatifs de perdre le précieux sésame.

Or, le Code du travail exige, depuis 1992, que l'ensemble des signataires d'un accord dénoncent celui-ci pour que sa disparition intervienne (*l'article L. 2261-7 du Code du travail dispose aujourd'hui que « les organisations syndicales de salariés représentatives, signataires d'une convention ou d'un accord ou qui y ont adhéré (...) sont seules habilitées à signer (...) les avenants portant révision de cette convention ou de cet accord »*). Un syndicat non représentatif n'ayant pas la faculté de conclure un accord, il aurait été pour le moins surprenant de lui maintenir un tel pouvoir de dénonciation.

Si la règle était donc nécessaire, le constat de sa maladresse s'impose. En effet, la règle énoncée par l'article L. 2261-10, al. 4, du Code du travail, suscite de graves difficultés d'interprétation. D'abord, parce qu'elle bouscule l'analyse classiquement admise depuis les travaux de Durand quant au caractère hybride de la convention collective de travail et, plus particulièrement, quant à la place respective tenue par le caractère contractuel et le caractère réglementaire de ces actes juridiques si particuliers (*P. Durand, « Le dualisme de la convention collective », RTD civ. 1939, p. 353*). Ensuite, et peut-être surtout, parce qu'elle bouscule les règles classiques de la dénonciation des conventions et accords collectifs de travail, si bien que l'on peine à trouver une cohérence de la règle étudiée avec celles qui l'entourent.

Les insuffisances de l'article L. 2261-10, al. 4, du Code du travail s'identifient tant dans l'incohérence des conditions de la dénonciation en cas de perte de représentativité (I) que dans l'imprécision des effets de la dénonciation en cas de perte de représentativité (II).

I. L'incohérence des conditions de la dénonciation en cas de perte de représentativité

Les incohérences qui peuvent être identifiées s'agissant des conditions de la dénonciation en cas de perte, par un syndicat signataire, de sa représentativité sont criantes. Elles émanent, pour l'essentiel, de la condition de perte de représentativité elle-même (A) et, surtout, de la condition de dénonciation de l'accord dans une telle situation (B).

A. La perte de représentativité d'un signataire

- Idée générale : le texte pose des difficultés d'interprétation quant à la situation de perte de représentativité, si bien qu'il n'est pas simple de déterminer les cas de figure dans lesquels il trouvera à s'appliquer.
- Perte de représentativité : explication des cas de figure dans lesquels un syndicat pourra perdre sa représentativité ; rappel notamment des règles liées aux suffrages obtenus au premier tour des élections des titulaires au comité d'entreprise.
- Texte : « Lorsqu'une des organisations syndicales » : le texte semble exiger qu'une seule organisation syndicale perde la représentativité. Que se passera-t-il dans l'hypothèse tout à fait réaliste ou plusieurs organisations perdront la représentativité ? Deux interprétations possibles :
  - Soit on compare avec la fin du texte qui exige clairement qu'« une ou plusieurs organisations syndicales » dénoncent l'accord. Cette précision semble impliquer, par effet de miroir, que l'absence d'évocation de l'hypothèse ou plusieurs syndicats perdraient leur représentativité était volontaire. Avec cette interprétation, la règle de l'article L. 2261-10, al. 4, ne serait pas applicable si plusieurs syndicats perdaient la représentativité. Une question se pose alors : que fait-on dans ce cas de figure ?
  - Soit on adopte une interprétation extensive du texte : même si la situation n'est pas expressément visée, la perte de la représentativité par plusieurs syndicats aurait le même effet que si cette perte est subie par un syndicat unique. Dans ce cas, le texte serait applicable.
  - La solution devra probablement être apportée par la chambre sociale de la Cour de cassation.
- Texte : « Lorsqu'une des organisations syndicales de salariés signataires » : exigence que la perte de représentativité frappe une organisation signataire. Question : le texte est-il applicable si la perte de représentativité s'abat sur une organisation syndicale adhérente ? Réponse plus simple : l'article L. 2261-4 du Code du travail énonce que « lorsqu'une organisation syndicale de salariés ou une organisation d'employeurs représentatives dans le champ d'application de la convention ou de l'accord adhère à la totalité des clauses d'une convention de branche ou d'un accord professionnel ou interprofessionnel, cette organisation a les mêmes droits et obligations que les parties signataires ». Ce texte devrait permettre d'appliquer l'article L. 2261-10, al. 4, lorsqu'un syndicat adhérent perd sa représentativité.

Les plus graves difficultés d'interprétation n'apparaissent pas, en réalité, au regard des conditions permettant l'application du texte mais dans ses effets eux-mêmes : qui pourra dénoncer la convention collective lorsqu'un signataire sera démis de sa représentativité ?

B. La dénonciation des majoritaires

- Idée générale : les modalités de cette dénonciation dérogent fondamentalement aux règles habituelles de la dénonciation et, plus encore, à la nature au moins pour partie contractuelle d'une convention collective de travail.
- Texte : « la dénonciation de ce texte n'emporte d'effets que si elle émane d'une ou plusieurs organisations syndicales de salariés représentatives ».
  - La dénonciation semble pouvoir intervenir à l'initiative d'un ou plusieurs syndicats représentatifs. Cette règle est logique puisque seuls des syndicats représentatifs peuvent, en principe, conclure une convention collective de travail (*C. trav., art. L. 2132-2 : « Les organisations de salariés constituées en syndicats professionnels sont seules admises à négocier les conventions et accords collectifs de travail » et C. trav., art. L. 2231-1, « La convention ou l'accord est conclu entre d'une part, une ou plusieurs organisations syndicales de salariés représentatives (...) »*).
  - En revanche, la dénonciation n'émanera pas de l'ensemble des syndicats signataires. D'abord parce que l'un des signataires ayant perdu sa représentativité n'a plus le pouvoir de dénoncer. Ensuite, et surtout, parce que le texte n'exige pas que l'ensemble des signataires encore représentatifs procèdent à cette dénonciation.
  - Pire encore, la dénonciation est ouverte à tous les syndicats représentatifs. Or, en ne distinguant pas entre syndicats représentatifs signataires et syndicats représentatifs non signataires, le texte semble ouvrir la faculté de dénoncer à des syndicats qui n'auraient pas été partie à l'accord initial.
  - Cette ouverture de la dénonciation à des non signataires est contestable sur le plan du droit du travail comme du droit des contrats. Sur le plan du droit du travail, seuls les syndicats signataires sont habituellement habilités à dénoncer un accord ou une convention collective (*C. trav., art. L. 2251-9, al. 1er : « La convention et l'accord à durée indéterminée peuvent être dénoncés par les parties signataires »*). Sur le plan du droit des contrats, une convention ne peut être résiliée que par les parties ou, par l'effet de l'article 1184 du Code civil, par résiliation judiciaire.
- Autre curiosité du texte : « une ou plusieurs organisations syndicales de salariés représentatives dans son champ d'application ayant recueilli la majorité des suffrages exprimés dans les conditions prévues au chapitre II du titre III ». Seules les organisations syndicales majoritaires peuvent dénoncer l'accord collectif dans cette situation.
  - Cette conception semble, à première vue, répondre à l'objectif initial de la loi du 20 août 2008, de n'admettre le pouvoir syndical qu'à la condition qu'il soit

légitime, cette légitimité se mesurant désormais à l'aune des résultats électoraux des syndicats.

- Cependant, la condition est curieuse car l'exigence d'une majorité, c'est-à-dire d'avoir recueilli au moins 50 % des suffrages exprimés au premier tour des élections du comité d'entreprise, n'est imposée que dans le cadre du droit d'opposition à un accord collectif (*C. trav., art. L. 2232-2, art. L. 2232-6 et art. L. 2232-12*).
- Au contraire, pour conclure un accord collectif, il n'est pas nécessaire qu'une majorité soit constituée, mais seulement que les signataires ait recueilli 30 % des suffrages exprimés (*ibid.*). De la même manière, aucune condition de majorité n'est habituellement requise pour dénoncer un accord collectif.
- Le parallélisme des formes n'est donc pas respecté, il faut une majorité pour dénoncer là où il suffit d'une audience de 30 % pour conclure.

Somme toute, les conditions de dénonciation d'un accord collectif, en cas de perte de représentativité de l'un des signataires, ne sont donc guère cohérentes. A ces incohérences s'ajoutent encore les imprécisions manifestes du texte quant aux effets de cette dénonciation.

II. L'imprécision des effets de la dénonciation en cas de perte de représentativité

Alors que les articles L. 2261-10 et L. 2261-11 du Code du travail distinguent la dénonciation par l'ensemble des syndicats signataires ou par une partie seulement d'entre eux, le texte sous examen ne fait pas une telle différence. Il en ressort un risque de confusion entre l'hypothèse d'une dénonciation parée de ses effets maximaux (A) et celle de la dénonciation dépourvue de tout effet (B).

A. Les dénonciations aux effets maximaux

– Idée générale : il paraît difficile d'affirmer, avec certitude, que la dénonciation prévue par le texte produira les effets maximaux, c'est-à-dire la disparition de la convention collective ou son remplacement.

– Rappel des règles de l'article L. 2261-10 dans ses trois premiers alinéas : si la dénonciation intervient à l'initiative de tous les syndicats signataires, un délai de douze mois s'ouvre au cours duquel les syndicats signataires d'une part, les organisations patronales ou l'employeur signataires d'autre part, subissent une obligation de négociation d'un accord de substitution. Deux issues sont alors possibles :

- soit un accord de substitution est conclu avant l'écoulement du délai de douze mois, auquel cas l'accord initial disparaît et est remplacé par l'accord de substitution ;
- soit aucun accord ne parvient à être conclu, auquel cas la convention collective

disparaît à l'issue du délai de douze mois et les salariés bénéficient du maintien des avantages individuels acquis.

– Le texte commenté étant placé au quatrième alinéa de cet article L. 2261-10, il y a tout lieu de considérer que la dénonciation qu'il envisage produit ces effets maximaux. Cependant, comme nous l'avons vu, la dénonciation peut parfaitement intervenir à l'initiative de seulement quelques signataires (*à condition qu'ils soient représentatifs et majoritaires*), voire même de syndicats non signataires.
– Une autre rédaction aurait été préférable pour éviter toute ambiguïté. Il aurait pu être exigé, par exemple, que la dénonciation émane des syndicats représentatifs majoritaires au niveau de conclusion de l'accord, parmi lesquels auraient dû impérativement figurer l'ensemble des signataires encore représentatifs. A cette condition, le texte aurait été cohérent et précis. A défaut, l'interprétation du juge sera nécessaire pour déterminer si la dénonciation produit ou non ses effets maximaux.

Au contraire, il semble possible que, parfois, la dénonciation ne produise aucun effet, ce qui est là encore très surprenant et trahit l'imprécision du texte.

B. Les dénonciations dépourvues de tout effet

– Idée générale : que se produit-il si la dénonciation survient à l'initiative de syndicats représentatifs qui ne sont pas majoritaires ?
– Il faut en réalité distinguer deux situations :
• soit la dénonciation intervient à l'initiative de syndicats représentatifs non signataires et non majoritaires ;
• soit la dénonciation intervient à l'initiative de syndicats représentatifs signataires mais non majoritaires.
– Dans le premier cas de figure, le texte énonce que la dénonciation « n'emporte d'effets que si » elle émane de syndicats majoritaires. Faute de recueillir cette majorité, la dénonciation ne peut avoir d'effet. La formule ne fait pas difficulté.
– Dans le second cas, le texte devrait produire la même solution. Quand bien même la dénonciation interviendrait à l'initiative de syndicats signataires, elle ne devrait produire aucun effet.
– Pourtant, l'article L. 2261-11 du Code du travail prévoit expressément le cas de figure dans lequel la dénonciation intervient à l'initiative d'un ou plusieurs signataire, sans que l'ensemble des signataires aient procédés à cette dénonciation. Dans ce cas de figure, il s'agit d'une dénonciation *a minima* qui ne produit que des effets à l'égard du syndicat qui dénonce (*par exemple, ce syndicat ne pourra plus participer aux commissions paritaires de branche, aux commissions d'interprétation, etc.*).
– Finalement, l'article L. 2261-10, al. 4, entre donc en conflit avec l'article L. 2261-11. Faut-il alors conclure que la dénonciation par le syndicat signataire, représen-

tatif, mais non majoritaire, ne produit aucun effet comme le laisse penser le premier texte ou, au contraire, qu'il produit les effets réduits du second ?

– A nouveau pas de réponse. Il est difficile d'appliquer les règles classiques d'interprétation (*ex. : impossibilité d'appliquer l'adage specialia generalibus derogant, aucune des deux dispositions n'étant plus spéciale que l'autre*). La logique voudrait que l'obscurité du premier texte cède devant la clarté du second et que la chambre sociale de la Cour de cassation maintienne, dans cette hypothèse, l'application de l'article L. 2261-11 du Code du travail.

Sujet 2 DISSERTATION : « QUE RESTE-T-IL DU PRINCIPE DE FAVEUR ? »

Introduction :

Apparu en 1936 (*loi du 24 juin 1936 sur les conventions collectives qui prévoyait que la convention collective peut toujours comporter des dispositions plus favorables au salarié que la loi, disposition aujourd'hui présente à l'article L. 2251-1 du Code du travail*), le principe de faveur est certainement l'une des règles les plus fondamentales du droit du travail mais qui, pourtant, est aussi l'une de celles dont l'assise juridique est la plus difficile à établir.

Un principe peut être défini comme une valeur qui, par sa consécration, comporte une véritable règle juridique et dont l'autorité tient à une très large vocation à s'appliquer (*A. Jeammaud, « Le principe de faveur. Enquête sur une règle émergente », Dr. soc. 1999, p. 115*). Le principe de faveur présente *a priori* ce caractère de généralité et d'autorité puisqu'il s'agit d'une règle de conflit de norme, en droit du travail, au nom de laquelle, en cas de conflit, c'est la norme la plus favorable au salarié qu'il convient d'appliquer. En aucun cas, en revanche, il ne peut être considéré que le principe de faveur implique que le droit du travail soit toujours favorable au salarié, qu'il doive être interprété de manière favorable au salarié, que le droit du travail devrait toujours évoluer dans le sens du « progrès social » (*J. Pélissier, « Existe-t-il un principe de faveur en droit du travail ? », in Mélanges dédiés au Président Michel DESPAX, PU Toulouse, 2002, p. 389*). Le principe de faveur a été reconnu comme constituant un « principe fondamental du droit du travail » (*Cass. soc., 17 juill. 1996, Dr. soc. 1996, p. 1049, concl. P. Lyon-Caen, note J. Savatier*) à défaut de constituer un principe à valeur constitutionnelle (*Cons. const., 25 juill. 1989, Dr. soc. 1989, p. 628*). S'interroger sur les vestiges du principe de faveur, c'est donc se demander si la règle de conflit qu'il implique demeure suffisamment générale, conserve suffisamment d'autorité pour constituer une règle de principe ou si, au contraire, elle ne serait pas devenue une règle d'exception.

S'il est essentiel de se poser cette question, c'est que le droit du travail se distingue par la multiplicité de ses sources : sources internationales et nationales, sources publiques ou professionnelles, sources négociées ou imposées sont autant de distinctions qui illustrent l'hétéronomie du droit du travail (*A. Jeammaud, M. Le Friant et A. Lyon-Caen, « L'ordonnancement des relations de travail », D. 1998, chron. p. 359*). En raison de ce pluralisme juridique prononcé, les conflits sont inévitables si bien qu'il est indispensable de déterminer la manière dont il convient de les régler. Or, l'existence même du principe de faveur a fait l'objet d'un débat doctrinal intense, certain l'induisant de différentes dispositions du Code du travail imposant l'application de la règle la plus favorable (*A. Jeammaud, « Le principe de faveur. Enquête sur une règle émergente » préc.*), d'autres émettant de sérieux doutes quant à l'effectivité ou la survivance d'un tel principe (*J. Pélissier, « Existe-t-il un principe de faveur en droit du travail ? », préc. ; F. Bocquillon, « Que reste-t-il du principe de faveur », Dr. social, 2001, p. 255*).

Dans ces conditions, sans conclure à sa disparition, ni s'interroger sur son existence, on peut se demander si ce principe a encore aujourd'hui une véritable portée en droit du travail.

S'il est évident que, depuis les lois Auroux de 1982, le principe de faveur a subi des altérations successives qui l'ont sensiblement érodé, il survit néanmoins et demeure, dans de nombreux domaines, la règle permettant de trancher les conflits de normes en droit du travail. Il conviendra donc d'étudier, en premier lieu, le déclin du principe de faveur (I) avant d'envisager la survie du principe de faveur (II).

I. Le déclin du principe de faveur

Selon les domaines du droit du travail, selon les conflits de norme en cause, les atteintes portées au principe de faveur sont d'une importance variable. Alors que dans les conflits impliquant la loi, le principe de faveur ne subit qu'une simple érosion (A), il a disparu en tant que règle de principe dans les rapports entre conventions collectives de travail (B).

A. L'érosion du principe de faveur

- Idée générale : dans les rapports entre la loi et la convention collective, le principe de faveur a été sérieusement altéré.
- Historiquement : apparition en 1982 (lois Auroux) des accords dérogatoires, sorte d'accords collectifs de travail qui, potentiellement, peuvent comporter des dispositions moins favorables aux salariés que les prévisions légales. C'est l'ordre public dérogatoire.
- Fonctionnement : il y a érosion du principe de faveur car, dans les domaines de l'ordre public dérogatoire, le conflit entre la norme légale et la norme conventionnelle ne se résout pas par application du principe de faveur. La norme conventionnelle prime la norme légale, quand bien même elle serait moins favorable que la loi.

– Justification théorique : l'instauration d'un domaine légal relevant de l'ordre public dérogatoire n'était envisageable qu'à la condition que le principe de faveur ne constitue pas un principe à valeur constitutionnelle. En effet, dans le cas contraire, le législateur n'aurait pu écarter le principe dans le domaine de l'ordre public dérogatoire. Or, le Conseil constitutionnel a, à de nombreuses reprises, refusé de reconnaître valeur constitutionnelle au principe de faveur (*Cons. constit., 13 janv. 2003, décision n° 2002-465 DC : le principe de faveur n'est pas un principe fondamental reconnu par les lois de la République ; Cons. constit., 29 avr. 2004, décision n° 2004-494 DC : le principe de faveur constitue un principe fondamental du droit du travail, au sens de l'article 34 de la Constitution*).
– Aujourd'hui, nombreux domaines dans lesquels la dérogation *in pejus* est autorisée. Quelques illustrations :
• C. trav., art. L. 1243-9 : montant de l'indemnité de fin de contrat de travail à durée déterminée ;
• C. trav., art. L. 1251-33 : suppression de l'indemnité de fin de contrat de mission ;
• C. trav., art. L. 1251-14 : durée de la période d'essai du contrat de mission ;
• C. trav., art. L. 3123-22 : diminution du délai de prévenance du salarié à temps partiel en cas de modification de la répartition de sa durée de travail ;
• C. trav., art. L. 3123-31 : faculté de conclure un contrat de travail intermittent ;
• C. trav., art. L. 3121-22 : réduction de la majoration de salaire des heures supplémentaires ;
• C. trav., art. L. 3122-1 et s. : aménagement des horaires de travail ;
• C. trav., art. L. 3122-34 : dérogation à la limite maximale de huit heures de travail de nuit ;
• etc.

B. La disparition du principe de faveur

– Idée générale : dans certains domaines du droit du travail, pour certains conflits de normes, le principe de faveur a tout bonnement disparu. Il s'agit essentiellement du conflit entre certains types de conventions collectives de travail.
– Historiquement : avant la loi du 4 mai 2004, lorsqu'il survenait un conflit entre conventions collectives de travail de niveaux différents, c'était toujours la convention la plus favorable qui s'appliquait au salarié.
– Première atteinte : loi du 4 mai 2004 (*loi n° 2004-391 du 4 mai 2004 relative à la formation professionnelle tout au long de la vie et au dialogue social*). La loi évince le principe de faveur dans certains conflits pour privilégier un principe de proximité. C'est la norme collective la plus proche des salariés (*et des employeurs*) qui prime, qu'elle soit ou non plus favorable.
• C. trav., art. L. 2252-1 : un accord de branche ou un accord professionnel peut comporter des dispositions moins favorables qu'une convention d'un champ plus vaste (*en pratique, un accord national interprofessionnel*) sauf si cette convention « stipule expressément qu'on ne peut y déroger en tout ou partie » ;
• C. trav., art. L. 2253-1 : texte dont la rédaction est ambigüe, mais qui prévoit

malgré tout que les conventions ou accords collectifs d'entreprise peuvent déroger aux conventions collectives de branche, professionnelles ou interprofessionnelles. La dérogation peut être plus favorable, comme le prévoit expressément l'al. 2 du texte ou, implicitement, moins favorable. Cette interprétation est confirmée par le second alinéa de l'article L. 2253-3.

- L'article L. 2253-3 prévoit cependant une limite : les conventions ou accords de niveau supérieur peuvent interdire la dérogation *in pejus* de l'accord d'entreprise dans les domaines qu'elles déterminent. En outre, les clauses des accords d'entreprise relatives aux salaires *minima,* aux classifications, aux garanties complémentaires et à la mutualisation des fonds de la formation professionnelle ne peuvent, en aucun cas, déroger aux conventions de niveau supérieur (*sur cette question, v. J.- Y. Kerbourc'h, « Les clauses d'interdiction de déroger par accord d'entreprise à une convention plus large », Dr. soc. 2008, p. 834*).

– Deuxième atteinte : loi du 20 août 2008, dans son volet temps de travail.

- Dans certains domaines du droit de la durée du travail, les accords collectifs d'entreprise vont primer purement et simplement sur les accords de niveau supérieur.
- Il n'y a plus de conflit entre conventions collectives d'entreprise et conventions collectives d'un niveau supérieur : la loi impose que les règles soient établies par accord d'entreprise et ce n'est qu'à défaut de prévision au niveau de l'entreprise que l'accord de branche pourra s'appliquer.
- Illustration : C. trav., art. L. 3121-11 : l'accord d'entreprise fixe le contingent annuel d'heures supplémentaires ; C. trav., art. L. 3121-14 : l'accord d'entreprise peut prévoir le remplacement de tout ou partie des majorations de salaire pour heures supplémentaires par un repos compensateur équivalent ; C. trav., art. L. 3121-39 : l'accord d'entreprise prévoit la faculté de conclure des conventions de forfait annuel en jours ou en heures ; etc.

– Incertitudes : comment articuler la réforme de 2004 et celle de 2008 ? Ainsi, par exemple, l'accord d'entreprise peut-il remplacer les majorations de salaire pour heures supplémentaires par des temps de repos (*C. trav., art. L. 3121-14*) si l'accord de branche applicable à l'entreprise comporte une clause interdisant à l'accord d'entreprise de déroger à ses prévisions en matière de majoration des heures supplémentaires (*C. trav., art. L. 2253-3, al. 2, in fine*). La question n'est, à ce jour, pas résolue, même s'il semble que l'accord d'entreprise soit destiné à supplanter ici l'interdiction de déroger établie par l'accord de branche (*en ce sens, v. G. Auzero, « L'articulation des normes conventionnelles », Dr. ouvrier 2010, p. 324*).

Le tableau dressé paraît bien sombre. Il n'existerait, en réalité, plus que de très minces domaines dans lesquels la règle selon laquelle c'est la disposition la plus favorable au salarié qui doit s'appliquer en cas de conflit de normes demeurerait applicable. Ce constat est cependant très partiel tant il demeure des situations dans lesquelles le principe de faveur a conservé toute sa vigueur.

II. La survie du principe de faveur

Le principe de faveur a de beaux restes ! Quoiqu'il ait subi les nombreuses altérations qui viennent d'être présentées, il demeure applicable dans de nombreuses situations qui illustrent l'effectivité du principe (A). Outre la positivité du principe, les situations dans lesquelles le principe s'applique donne bien toujours lieu à l'application de la norme la plus favorable, cela avec une grande efficacité (B).

A. L'effectivité du principe de faveur

- Idée générale : le principe de faveur demeure un principe de droit positif trouvant encore à s'appliquer dans de nombreux conflits de normes en droit du travail.
- Conflit impliquant le contrat de travail :
- • En cas de conflit entre un contrat de travail et une convention collective de travail, quel que soit son niveau, c'est la norme la plus favorable au salarié qui s'appliquera (*C. trav., art. L. 2254-1*).
- • Il en va également ainsi en cas de conflit entre la loi et le contrat de travail (*par exemple en cas de mode de calcul de l'indemnité de congés payés contractuelle moins favorable que la loi, v. Cass. soc., 4 avr. 2006, n° 04-43.764*).
- Conflit entre une loi et un règlement : hypothèse que l'on peut retrouver en cas de conflit entre les règles applicables à une entreprise à statut ; le principe de faveur s'applique (*v. par ex., conflit entre le Code du travail et le statut national du personnel des industries électriques et gazières, Cass. soc., 7 mai 2003, n° 01-41.311*).
- Conflit entre une loi ou une convention collective de travail, d'une part, et un usage ou un engagement unilatéral de l'employeur, d'autre part : application du principe de faveur (*ex. : Cass. soc., 22 janv. 1991, RJS 1991, n° 278 ; Cass. soc., 26 oct. 1999, Dr. soc. 2000, p. 381, obs. Ch. Radé*).
- Conflit entre conventions collectives de branche et conventions collectives d'entreprise : le principe de faveur demeure la règle dans les cas de figure visés par l'article L. 2253-3 du Code du travail (*cf. supra*).

B. L'efficacité du principe de faveur

- Idée générale : Lorsque le principe de faveur est appliqué, il l'est de manière efficace, la jurisprudence lui donnant pleine portée
- Le principe de faveur est un « principe fondamental du droit du travail » (*v. Cass. soc., 7 mai 2003, préc.*), voire un principe général du droit (*Avis CE, 22 mars 1973, Dr. ouvrier 1973, p. 190*).
- Approche très pragmatique en matière de comparaison. En principe, comparaison analytique (*avantage par avantage*), même si, parfois, c'est une comparaison globale qui est préférée (*ex. Cass. soc., 19 févr. 1997, Géophysique, Dr. soc. 1997, p. 432, obs. G. Couturier*)
- Approche également pragmatique sur le mode d'appréciation :

- par principe, appréciation *in abstracto :* l'avantage doit être plus favorable aux salariés, de manière abstraite et générale (*Cass. soc., 17 janv. 1996, Dr. soc. 1996, p. 643, obs. J. Barthélémy*) ;
- par exception, appréciation *in concreto* (*Cass. soc., 26 oct. 1999, Dr. soc. 2000, p. 381, obs. Ch. Radé*).

– Interprétation extensive du champ du principe de faveur. Ainsi, par exemple, l'accord collectif dérogatoire ne peut pas être rétroactif et s'appliquer à une situation antérieure à l'accord pour laquelle la loi prévoyait des dispositions plus favorables (*Cass. soc., 11 juill. 2000, D. 2001, p. 149*).

LA RELATION DE TRAVAIL

Contrairement aux relations sociales qui intéressent potentiellement l'intégralité des forces sociales, des employeurs, des salariés, la relation de travail est interpersonnelle, individuelle. Il s'agit d'une collaboration entre un salarié – personne physique – et un employeur – personne morale ou physique – dont l'objet est la réalisation d'une prestation de travail en échange de laquelle est servie une rémunération. La relation s'initie par des palabres qui permettent d'entrer dans l'emploi et se maintient jusqu'à la perte de celui-ci. Elle repose sur l'existence d'un contrat de travail puisqu'il s'agit d'une relation contractuelle, même si le particularisme du droit du travail y imprime sa marque par l'application d'un véritable statut du salariat[1].

Analyser le concept que recouvre la relation de travail implique donc nécessairement d'étudier le contrat de travail. Alors qu'un avenir bien sombre lui avait été promis[2], le contrat de travail est demeuré le socle de cette relation[3]. Son existence conditionne le commencement et l'extinction de la relation mais également, dans une moindre mesure, son contenu, son déroulement.

Cette proximité entre relation de travail et contrat de travail peut être schématisée. La relation entre l'employeur et le salarié répond aux règles applicables au contenant qu'est le contrat de travail, mais également à son contenu. Somme toute, le contrat de travail, en tant que contenant, sert de support aux règles relatives à l'emploi (titre I) alors qu'il porte, au moins pour partie, les règles relatives au travail en tant que contenu (titre II).

---

1. P. Durand, « Aux frontières du contrat et de l'institution : la relation de travail », *JCP* éd G 1944, I, 387.
2. P. Durand, A. Vitu, *Traité de droit du travail*, t. 2, 1950, n° 348 ; A. Brun, « Le lien d'entreprise », *JCP* éd. G 1962, I, 1719 ; F. Gaudu, « Du statut de l'emploi au statut de l'actif », *Dr. soc.* 1995, p. 537.
3. A. Lyon-Caen, « Actualité du contrat de travail », *Dr. soc.* 1988, p. 540 ; S. Le Gac-Pech, « La figure contractuelle en droit du travail », D. 2005, p. 2250 ; Ph. Waquet, « Le renouveau du contrat de travail », *RJS* 1999, p. 383.

I. L'EMPLOI

La notion d'emploi a été théorisée par le Professeur François Gaudu dans les années 1980 qui mit notamment en exergue son caractère polysémique[4]. L'emploi peut, dans un premier sens, s'entendre comme un phénomène collectif auquel on rattache, généralement, le concept de marché de l'emploi. Dans un autre sens, qui nous retiendra ici, l'emploi est une situation juridique, une situation dans laquelle on entre ou de laquelle on sort lorsque l'on travaille ou que l'on cesse de travailler.

L'entrée dans l'emploi passe nécessairement par le contrat de travail. Apparu à la fin du XIXe siècle pour remplacer l'ancien contrat de louage de service de l'article 1780 du Code civil, le contrat de travail a suscité de nombreuses interrogations quant à sa nature juridique. De ces recherches ont émergé deux théories sur la nature de ce contrat.

La première théorie, dont l'instigateur principal fut Georges Scelle, reposait sur l'idée que le contrat de travail ne serait qu'un « acte-condition ». La conclusion du contrat de travail ne servirait pas véritablement à instituer une relation contractuelle entre les parties au contrat, mais plutôt de permettre au salarié et à l'employeur d'entrer, par la conclusion du contrat, dans un statut déterminé à la fois par la loi, par les conventions collectives, par les usages, etc[5]. Cette conception fait très peu de cas de l'autonomie de la volonté et de la liberté contractuelle. Le contrat de travail n'est qu'un contrat d'adhésion dont la seule utilité serait de caractériser l'entrée du salarié dans son emploi. La sortie de l'emploi correspondrait, de la même manière, à la disparition du contrat de travail.

Une autre école, plus libérale peut-être, ménage une place plus importante au contrat de travail. Certes, cette école ne nie pas l'existence d'une grande part de statut, de règles gouvernant la relation de travail qui ne seraient pas nées du contrat de travail[6]. Pour autant,

---

4. F. Gaudu, « La notion juridique d'emploi en droit privé », *Dr. soc.* 1987, p. 414.
5. G. Scelle, *Le droit ouvrier*, A. Colin, 1922, p. 6.
6. A. Jeammaud, « Les polyvalences du contrat de travail », *in Les transformations du droit du travail,*

elle continue de penser que le contrat de travail peut avoir un contenu varié, façonné grâce à la liberté contractuelle des parties. L'application du statut ne serait qu'un élément secondaire à la négociation du contrat de travail, à la matérialisation de la subordination.

Que l'on retienne l'une ou l'autre de ces deux théories, il est évident que le contrat de travail est et demeure une pièce maîtresse du droit du travail. Il a même connu un certain renouveau à la fin du XXe siècle avec le retour de théories très inspirées du droit civil dans l'encadrement de ce contrat. Comme en droit civil, la théorie de l'autonomie de la volonté a retrouvé une véritable force à travers la théorie de la modification du contrat de travail[7]. Comme en droit civil également, le juge s'est mis à découvrir des obligations accessoires nouvelles au contrat de travail : obligation de loyauté pour les deux parties, originellement fondée sur l'article 1134 al. 3 du Code civil[8] ; obligation de sécurité à la charge de l'employeur qui doit prévenir toute atteinte à l'état de santé du salarié[9] ; obligation d'adaptation du salarié à l'évolution de son emploi[10], etc. La fibre contractuelle de la relation de travail a encore été sensiblement raffermie à l'occasion de la création de la rupture conventionnelle du contrat de travail, véritable avatar travailliste du *mutuus dissensus* de l'article 1134 al. 2 du Code civil[11].

La vivacité du contrat de travail se retrouve à tous les stades de son évolution. L'entrée dans l'emploi, l'accès à l'emploi s'opère par le jeu de la conclusion d'un contrat de travail dont le contenu varie[12]. Si les conditions de travail pendant l'exécution du contrat sont moins dépendantes du contrat, celui-ci joue en revanche un rôle fondamental lorsque survient un certain nombre d'incidents au cours de la relation de travail, telle qu'une modification du contrat ou un changement dans la situation juridique de l'employeur. Grâce à la théorie de la suspension du contrat de travail, tout est fait pour que l'emploi du salarié soit maintenu alors même que le contrat ne s'exécute plus. Enfin, la sortie de l'emploi est intimement liée à la rupture du contrat de travail.

Dans ces conditions, ce sont ces trois stades successifs de l'existence du contrat de travail qui doivent être étudiées : l'entrée dans l'emploi lors de sa conclusion (chapitre I), le maintien dans l'emploi durant son exécution (chapitre II) et la fin de l'emploi lors de son extinction (chapitre III).

Études offertes à G. Lyon-Caen, 1989, Dalloz, p. 299.

7. Ph. Waquet, « La modification du contrat de travail et le changement des conditions de travail », *RJS* 1996, p. 791.

8. V. l'équivalent dans le Code du travail à l'article L. 1222-1.

9. Obligation apparue, à l'origine, en matière de droit de la sécurité sociale (Cass. soc., 28 févr. 2002, *Dr. soc.* 2002, p. 445, note A. Lyon-Caen) et intégrée aujourd'hui au Code du travail (C. trav., art. L. 4121-1).

10. Cass. soc., 25 févr. 1992, *Expovit, D.*, 1992, somm. p. 294, note A. Lyon-Caen ; *D.*, 1992. p. 390, note M. Defossez.

11. Sur les ruptures amiables en général, v. G. Couturier, « Les ruptures d'un commun accord », *Dr. soc.* 2008, p. 923.

12. G. Couturier, « La conclusion du contrat de travail : liberté contractuelle et encadrement normatif », *in La négociation du contrat de travail*, Dalloz, 2004, p. 7.

1

L'ACCÈS À L'EMPLOI

A l'instar de n'importe quel contrat, le contrat de travail émerge d'une offre et d'une acceptation c'est-à-dire, quoiqu'il constitue certainement le « *type du contrat d'adhésion* »[1], d'une négociation. Contrairement au Code civil qui n'attache quasiment aucune importance à la période précontractuelle, le Code du travail encadre certains aspects la formation du contrat de travail (I). Cette négociation mène à la conclusion d'un contrat de travail, mais cette catégorie juridique est loin d'être monolithique. Il existe, en effet, de nombreux types différents de contrats de travail (II).

1. J. Pélissier, G. Auzero, E. Dockès, *Droit du travail*, Dalloz, 25e éd., 2010, p. 353.

1 LA FORMATION DU CONTRAT DE TRAVAIL

Après avoir trouvé le candidat idéal, auquel l'entreprise convienne, lors de la phase de recrutement (A), il peut s'engager une négociation relative au contenu du contrat (B) qui mènera à l'embauche d'un salarié (C).

A. Le recrutement

La phase de recrutement est innervée par deux grandes libertés que sont la liberté du travail[2] (1) et la liberté du recrutement[3] (2), découlant toutes deux de la liberté du commerce et de l'industrie[4].

1. LA LIBERTÉ DU TRAVAIL

La liberté du travail a pour objet de protéger tout citoyen contre les entraves au travail (a). Dans une acception positive, nul ne doit être empêché de travailler. Au contraire, dans une compréhension négative, cette liberté prohibe le travail forcé si bien que nul ne doit être contraint de travailler. Comme toute liberté, la liberté du travail doit cependant être conciliée avec d'autres libertés fondamentales, si bien qu'un certain nombre d'atténuations lui est porté (b).

a. Le principe de la liberté du travail

C'est un texte révolutionnaire, le décret d'Allarde des 2 et 17 mars 1791, qui a institué la liberté du travail en France. Ce texte consacre la liberté du travail aussi bien indépendant que dépendant : « *il sera libre à toute personne d'exercer telle profession, art ou métier, qu'elle trouvera bon* ».

La liberté du travail, ou liberté professionnelle, s'est vue reconnaître une valeur constitutionnelle[5]. Elle s'oppose à toute entrave administrative à l'embauchage. Ainsi, par exemple, il n'est pas nécessaire d'obtenir une autorisation administrative de travailler[6].

---

2. Cons. const., 28 mai 1983, n° 83-156 DC.
3. Ou principe du libre choix de ses collaborateurs, Cons. const. 20 juill. 1988, *Dr. soc.* 1988, p. 762.
4. Liberté découlant pour l'essentiel de l'article 7 du Décret d'Allarde des 2 et 17 mars 1791. Cette liberté est encore qualifiée de liberté d'entreprise ou liberté d'établissement par le droit de l'Union européenne. V. Traité sur le fonctionnement de l'Union européenne, version consolidée, art. 49 et s.
5. Cons. const., 28 mai 1983, n° 83-156 DC.
6. Il n'en a pas toujours été ainsi puisque l'institution du livret ouvrier, au XIXe siècle, avait notamment pour objectif un contrôle administratif de la main d'œuvre. V. J.- P. Le Crom, « Le livret ouvrier au XIXe siècle, entre assujettissement et reconnaissance de soi », *in Études offertes à Ph.- J. Hesse*, PU Rennes, 2003, p. 91.

C'est également cette liberté dont découle la prohibition, en France, des clauses de *closed-shop*[7].

Bien entendu, le travail forcé est interdit, que cela concerne l'esclavagisme moderne ou le travail des détenus[8]. Pour ces derniers, les travaux d'intérêt généraux ne peuvent leur être imposés et ne sont confiés qu'aux détenus volontaires[9]. Il y a donc là une autre facette de la liberté du travail. Si la liberté du travail, c'est la liberté de travailler, c'est aussi la liberté de ne pas travailler. Cette deuxième facette s'oppose cependant à d'autres règles de valeur constitutionnelle, ce qui explique que de nombreuses atténuations lui soient apportées.

b. Les atténuations à la liberté du travail

Il y a, d'abord, des atténuations à la liberté de ne pas travailler, au « droit à la paresse »[10]. Ces limites découlent principalement de l'alinéa 5 du Préambule de la Constitution de 1946 qui dispose que « *chacun a le devoir de travailler et le droit d'obtenir un emploi* ».

Les manifestations de ce devoir de travailler se retrouvent parfois dans certaines politiques sociales, comme par exemple celles intervenant dans le cadre de l'indemnisation du chômage ou de l'insertion des personnes titulaires d'un revenu de solidarité active. Il s'est en effet développé, depuis quelques années, un processus d'activation des dépenses sociales dont les objectifs ne sont pas toujours clairement identifiés[11]. L'idée tient à ce qu'une prestation sociale, telle qu'une indemnité de chômage par exemple, ne doit pas être versée sans contrepartie de la part de la personne privée d'emploi, c'est-à-dire sans une « recherche effective d'emploi » accompagnée, depuis 2008, de l'impossibilité de refuser une offre raisonnable d'emploi dans certains cas[12]. L'obligation de recherche d'un emploi n'est pas du travail forcé. Celui qui refusera de

---

7. Les clauses de *closed shop* sont des stipulations conventionnelles qui interdisent à un employeur de recruter un salarié qui ne serait pas adhérent à tel ou tel syndicat. Courantes dans les pays anglo-saxons, elles sont formellement interdites par l'article L. 2134-2, al. 2, du Code du travail. Elles semblent également avoir été jugées contraires à la liberté d'association par la Cour EDH, v. Cour EDH, 11 janv. 2006, aff. 52562/99, Sorensen c/ Danemark et n° 52620/99, Rasmussen c/ Danemark, *Dr. soc.* 2006. 1022, obs. J.-P. Marguénaud et J. Mouly.

8. Le travail forcé peut donner lieu à condamnation pour délit de soumission à des conditions de travail indignes, v. Cass. crim., 13 janv. 2009, *D.* 2009, p. 1935, note B. Lavaud-Legendre.

9. G. Giudicelli-Delage et M. Massé, « Travail pénitentiaire : absence de contrat de travail », *Dr. soc.* 1997, p. 344 ; Ph. Auvergnon, C. Guillermain, *Le travail pénitentiaire en question*, La doc. fr., 2006.

10. Droit à la paresse entendu, il est vrai, dans un sens différent de celui que décrivait Paul Lafargue. La question, ici n'est pas de savoir s'il convient de démystifier la valeur travail mais d'émettre l'idée que la liberté du travail devrait, normalement, donner le droit à chacun de ne pas travailler.

11. Sur cette question, v. D. Roman, « Devoir de travailler et protection sociale : d'une problématique de la dette sociale à la question des « devoirs sociaux » », *RDSS* 2009, p. 63 ; M. Borgetto, « L'activation de la solidarité : d'hier à aujourd'hui », *Dr. soc.* 2009, p. 1043.

12. C. trav., art. L. 5411-6 et s. issus de la loi n° 2008-758 du 1er août 2008, relative aux droits et aux devoirs des demandeurs d'emploi.

se soumettre à cette obligation ne subira pas à proprement parler de sanction mais sera privé d'indemnisation. C'est en cela que la liberté de ne pas travailler se trouve en partie altérée.

Il y a, ensuite, un grand nombre d'atteintes au caractère positif de la liberté du travail. Si cette liberté était absolue, il n'y aurait aucune entrave, quiconque pourrait travailler. Or, ce n'est pas tout à fait le cas.

Il existe ainsi des limites liées à la personne du salarié, par exemple à son âge, à sa nationalité, à son aptitude physique[13]. Nombre de métiers ne peuvent être pratiqués sans l'obtention préalable d'un diplôme : infirmier, pilote d'avion, éducateur spécialisé, avocat salarié, chauffeur poids-lourd sont autant de professions qui exigent une qualification spécifique reconnue par l'État. Pour des raisons évidentes de compétence, l'autorisation administrative d'exercer un métier reparaît insidieusement. On permet, encore, des atteintes à la liberté du travail par des clauses insérées au contrat de travail et, notamment, par les clauses de non-concurrence et autres clauses d'exclusivité[14]. C'est alors, au moins en apparence, la volonté individuelle des parties au contrat qui permet de limiter la liberté du travail[15].

Le pendant de la liberté du travail, côté employeur cette fois, est le principe de libre choix de ses collaborateurs.

2. LA LIBERTÉ DE CHOIX DE SES COLLABORATEURS

Affirmée dans son principe (a), la liberté de choix de ses collaborateurs connaît elle aussi de sérieuses atténuations soit quant au choix de la personne recrutée (b), soit quant aux méthodes utilisées pour opérer ce choix (c).

a. Le principe de la liberté de choix de ses collaborateurs

Le principe de la liberté de recrutement a été reconnu aux employeurs par une décision du Conseil constitutionnel rendue le 20 juillet 1988[16]. L'existence de cette liberté découle de la liberté d'entreprendre : l'employeur, qui subit les risques liés à son entreprise, doit demeurer seul juge de l'aptitude de tel ou tel candidat à assumer l'emploi qu'il offre. Une autre explication réside peut-être dans le caractère *intuitu personæ* du contrat de travail[17]. Le contrat de travail est un contrat *intuitu personæ* car la personnalité du salarié influe sur sa conclusion : l'employeur veut conclure avec tel salarié, pas avec tel autre. A partir du moment où l'on accepte que le contrat de travail revête cette caractéristique, il est naturel de laisser l'employeur libre de choisir son cocontractant.

---

13. Cf. *infra* p. 252.
14. Cf. *infra* p. 262.
15. L'apparence ne masquant que difficilement le fait que le contrat de travail constitue la majeure partie du temps un contrat d'adhésion, « à prendre ou à laisser »...
16. Cons. const. 20 juill. 1988, *Dr. soc.* 1988, p. 762.
17. M.- A. Péano, « L'*intuitus personae* dans le contrat de travail », *Dr. soc.* 1995, p. 129.

Le principe de libre choix des collaborateurs semble avoir une portée très générale. Il connaît, en réalité, de très nombreuses altérations.

b. Les atténuations liées à la personne du collaborateur

Les atténuations liées à la personne du collaborateur sont de deux ordres, d'une intensité croissante. Certaines mesures vont simplement inciter l'employeur à choisir tel candidat plutôt que tel autre. D'autres mesures, qui caractérisent une atteinte plus intense au principe, vont lui interdire de recruter tel ou tel candidat.

– Les incitations à l'embauche

L'État a mis en place de très nombreuses incitations pour influencer les employeurs à recruter des candidats qu'ils n'auraient habituellement pas embauchés.

On trouve d'abord de très nombreuses incitations à l'embauche à travers le mécanisme très classique de l'allègement de charges sociales. Pour inciter à embaucher certaines catégories de demandeurs d'emploi, on allège les charges de l'employeur lorsque le candidat présente tel ou tel profil. Cela a très souvent été le cas s'agissant de demandeurs d'emploi par l'intermédiaire de nombreux « contrats aidés » qui se sont succédés[18]. L'employeur est incité à engager un chômeur plutôt qu'un salarié déjà employé ailleurs. Cette technique a parfois été utilisée pour les jeunes, avec l'éphémère épisode du contrat « première embauche », mais aussi avec les emplois jeunes créés en 1997, aujourd'hui abrogés et remplacés pour l'essentiel par le contrat initiative emploi. On a également créé le CIVIS (contrat d'insertion dans la vie sociale) qui vise des populations de jeunes en grande difficulté sociale et professionnelle[19].

D'une intensité légèrement plus importante, l'obligation à la charge des entreprises de plus de vingt salariés d'engager au moins 6 % de personnel handicapé pourrait être vue comme une atteinte plus sérieuse au principe de libre choix des collaborateurs. Cependant, l'employeur peut s'en détourner en versant une indemnité à un fonds spécialement destiné à financer des emplois aménagés pour les handicapés, si bien que l'on peut douter qu'il s'agisse d'une atténuation si profonde de sa liberté[20].

L'incitation ne constituant pas une obligation, l'atteinte à la liberté de choisir ses collaborateurs demeure modeste. Il en va autrement lorsque l'employeur subit une véritable interdiction d'embauche.

– Les interdictions d'embauche

Il est d'abord interdit de faire travailler un mineur soumis à l'obligation de scolarité, c'est-à-dire un mineur de moins de seize ans. Il n'existe que de rares exceptions à ce principe, tels que les travaux légers pendant les vacances scolaires à partir de quatorze ans ou les professions liées au spectacle et au mannequinat. A l'inverse, cependant, il

---

18. Cf. *infra* p. 287.
19. C. trav., art. L. 5131-4 et s.
20. C. trav., art. L. 5212-2 et s.

est totalement interdit de tenir compte de l'âge d'un candidat à l'emploi pour refuser de l'embaucher. D'autres interdictions sont, indirectement, liées au sexe. Il est est en effet interdit à un employeur d'occuper une salariée au cours des six semaines qui suivent l'accouchement[21]. Un employeur peut éventuellement embaucher une salariée durant cette période, mais l'exécution du contrat ne pourra commencer qu'à l'issue des six semaines.

Il existe encore des limitations au principe de la liberté de choisir ses collaborateurs en fonction de la nationalité de ceux-ci[22]. Des conditions particulières sont ainsi posées s'agissant de l'embauche d'un salarié étranger[23]. Un employeur n'a pas le droit d'engager un salarié étranger qui ne disposerait pas du titre unique de séjour et de travail. Ce titre peut revêtir différentes formes. Il peut s'agir d'une carte de séjour temporaire, d'une carte compétences et talents ou d'une carte de résident qui ouvre largement le droit à exercer une activité professionnelle sur le territoire français. Si le candidat ne bénéficie pas d'un de ces titres de séjour, il peut obtenir une autorisation provisoire de travail valable neuf mois pour exercer un travail chez un employeur déterminé. Il est formellement interdit à tout employeur d'engager un salarié non muni d'un permis de travail[24]. Cette interdiction s'inscrit dans la répression du travail clandestin et du trafic de main d'œuvre[25]. Enfin, le contrat de travail conclu avec un salarié en situation irrégulière est nul. Il s'agit d'une nullité particulière puisqu'elle n'est pas rétroactive. Malgré la nullité du contrat, le salarié conservera les salaires qu'il a perçu et bénéficiera même d'une indemnité de rupture du contrat qui ne pourra pas être inférieure à un mois de salaire[26].

D'autres atténuations à la liberté de choix des collaborateurs se manifestent dans l'encadrement des méthodes de recrutement.

c. Les atténuations liées aux méthodes de choix du collaborateur

Lors de la phase de recrutement, deux phénomènes inacceptables peuvent se produire. L'employeur pourrait être tenté de privilégier des critères de recrutement discriminatoires, ce que le Code du travail interdit formellement. Il pourrait, ensuite, mettre en œuvre des techniques qui porteraient une atteinte trop importante aux libertés individuelles des candidats, atteintes contre lesquelles ces salariés potentiels sont également protégés.

---

21. C. trav., art. L. 1225-29, al. 2.
22. Les règles qui suivent ne s'appliquent naturellement pas aux ressortissants de l'Union européenne qui bénéficient du principe de libre circulation des travailleurs, art. 45 du Traité sur le fonctionnement de l'Union européenne.
23. C. trav., art. L. 5221-1 et s.
24. C. trav., art. L. 8251-1.
25. L'embauchage d'un travailleur clandestin constitue une contravention prévue à l'article L. 5224-1 du Code du travail et punie de 3 000 euros d'amende par infraction. Le trafic de main d'œuvre constitue un délit puni de trois ans d'emprisonnement et de 45000 euros d'amende.
26. C. trav., art. L. 8252-2.

– Protection contre les discriminations à l'embauche
L'employeur ne peut écarter d'une procédure de recrutement un candidat pour l'un des motifs illicites énoncés par l'article L. 1132-1 du Code du travail. Les juridictions prud'homales et le défenseur des droits veillent à ce que de tels motifs ne soient pas invoqués[27]. Outre les motifs classiques tels que l'âge, le sexe, les idées politiques ou religieuses, l'appartenance à une race, la situation de famille, etc.[28], d'autres motifs interdits sont disséminés à divers emplacements du Code du travail.

Il est ainsi interdit de prendre en considération l'état de grossesse d'une candidate pour refuser de l'embaucher[29]. La candidate bénéficie, d'ailleurs, d'un régime particulier en la matière puisque l'on considère généralement qu'elle dispose d'un véritable droit de mentir sur son état de grossesse, l'article L. 1225-2 disposant que « *la femme candidate à un emploi ou salariée n'est pas tenue de révéler son état de grossesse* ». Il est également interdit, mais dans le cadre de certaines exceptions au repos dominical seulement, de refuser de recruter un salarié sous le prétexte que celui-ci refuserait de travailler le dimanche[30].

Comme pour toutes les discriminations, la difficulté majeure réside dans la preuve de l'existence d'une telle pratique. Les pouvoirs publics ont tenté de mettre en place d'autres solutions pour pallier cette difficulté[31]. Ce fut par exemple le cas de l'expérience proposée du CV anonyme par la loi du 31 mars 2006, pour l'égalité des chances. Ce dispositif a été introduit du bout des lèvres par le législateur à l'article L. 1221-7 du Code du travail. Pour les entreprises de plus de cinquante salariés, les informations que l'employeur peut demander pour apprécier la capacité du candidat et son aptitude professionnelle, communiquées par écrit par le candidat, devraient être examinées dans des conditions préservant l'anonymat du salarié[32]. Un décret d'application devait intervenir pour préciser exactement dans quelles conditions pourrait être mise en place la pratique du CV anonyme. Ce décret n'a pas encore été adopté... La mesure fait cependant l'objet d'une expérimentation dans plusieurs départements[33].

A côté de ces motifs qui ne peuvent être invoqués pour refuser de recruter un salarié, un certain nombre de techniques de recrutement ont été encadrées.

---

27. Sur le Défenseur des droits, cf. *supra* p. 60 et s.
28. V. également C. trav., art. L. 1142-1, al. 1 et 2.
29. C. trav., art. L. 1225-1.
30. C. trav., art. L. 3132-25-4 issu de la loi n° 2009-974 du 10 août 2009. À propos de cette loi, v. M. Poirier, « Le repos dominical après la loi du 10 août 2009 », *Droit ouvrier*, 2010, p. 22.
31. La HALDE procédait également à des *testing* qui permettent d'identifier les employeurs qui se livrent habituellement à de telles discriminations à l'embauche.
32. Pour une étude comparée du CV anonyme, v. *Le curriculum vitae anonyme*, Études de législation comparée n° 203, Sénat, déc. 2009.
33. Les Bouches-du-Rhône, le Bas-Rhin, la Loire-Atlantique, le Nord, le Rhône, la Seine-Saint-Denis et Paris.

– Protection contre les atteintes aux libertés individuelles lors de l'embauche
Toutes les méthodes imaginables d'évaluation des candidats à un emploi ont été testées. Les psychologues, graphologues, morpho-psychologues et autres astrologues y expriment leurs talents. C'est l'occasion de demander aux candidats de tout dire de leur petite enfance, de leur vie de famille, de leurs préférences sexuelles. C'est le temps, pour eux, de montrer ce qu'ils savent faire, lors d'un stage de survie en pleine nature ou d'un grand concours de saut à l'élastique. Et, bien sûr, c'est le temps des terribles et inévitables entretiens préalables[34].

Tout ceci fut longtemps laissé à la libre appréciation des employeurs et les abus furent monnaie courante. Suite au rapport Lyon-Caen sur les libertés publiques et l'emploi[35], le législateur a tenté de juguler certains des pires excès commis au cours du recrutement, au travers de trois textes : les articles L. 1221-6, L. 1221-8 et L. 1221-9 du Code du travail. Si les abus demeurent fréquents, cette réglementation de l'évaluation du candidat à un emploi ne doit pas être pour autant sous-estimée. Elle permet au salarié soucieux de préserver sa dignité lors de la recherche d'emploi d'être soutenu par la force du droit.

La collecte des informations doit être transparente, c'est-à-dire réalisée par un dispositif préalablement porté à la connaissance du candidat[36]. Comme pour tout examen, le salarié doit pouvoir se préparer à l'évaluation qu'il va subir. L'utilisation d'une caméra cachée dans la salle où les candidats attendent avant l'entretien préalable est ainsi strictement interdite. Pas plus n'est-il permis de faire mener une enquête par un détective privé, d'analyser l'ADN d'un candidat, etc. De même, s'il n'est pas interdit de téléphoner à des personnes qui ont pu côtoyer le salarié dans sa vie professionnelle passée, il est interdit de le faire à l'insu du salarié. Si le dispositif doit avoir été porté à la connaissance du candidat, il doit également être pertinent « *au regard des finalités poursuivies* »[37].

Par ailleurs, les informations demandées au candidat ou au salarié doivent avoir pour unique finalité « *d'apprécier sa capacité à occuper l'emploi proposé ou ses aptitudes professionnelles* »[38] et « *présenter un lien direct et nécessaire avec l'emploi proposé ou avec l'évaluation des aptitudes professionnelles* ». Cette exigence d'un lien direct et nécessaire est aussi l'exigence d'un lien avouable, c'est-à-dire licite. Des questions telles que : « avez-vous des enfants ? » peuvent avoir pour l'employeur un lien direct et nécessaire avec l'emploi proposé, mais ce lien est l'expression d'une discrimination.

---

34. Cette phase de recrutement a inspiré Marcelo Piñeyro, cinéaste hispanique, dans son film « La méthode » (*2005 - El metodo*) qui illustre jusqu'à la caricature les dangers de cette période pré-contractuelle.
35. G. Lyon-Caen, *Les libertés publiques et l'emploi*, Doc. fr., 1992.
36. C. trav., art. L. 1221-9.
37. C. trav., art. L. 1221-8, *in fine*.
38. C. trav., art. L. 1221-6.

Le législateur de 1992 n'a pas prévu de sanction spéciale accompagnant les textes relatifs à l'évaluation. Cela ne signifie pas pour autant qu'ils en soient dépourvus. Le salarié peut toujours demander des dommages-intérêts, même si l'établissement d'un préjudice (perte de chance ?) ne sera pas aisé. La principale mesure de lutte contre ces dispositifs reste, finalement, le droit accordé au salarié de mentir en cas de violation des règles sur le recrutement. La solution est clairement établie pour la salarié en état de grossesse. Pareil droit au mensonge doit être généralisé. L'article L. 1221-6 dispose que les « *informations doivent présenter un lien direct et nécessaire avec l'emploi proposé ou avec l'évaluation des aptitudes professionnelles. Le candidat à un emploi ou le salarié est tenu d'y répondre de bonne foi* ». *A contrario*, lorsque les informations demandées n'ont pas de lien direct et nécessaire, le salarié doit avoir le droit d'y répondre de mauvaise foi...

Parmi les techniques de recrutement, il semble encore que certaines méthodes autrefois utilisées pour les sténodactylos aient retrouvé de la vigueur, celles des tests professionnels et autres épreuves d'essai[39]. Quoiqu'il s'agisse probablement d'un contrat préalable au contrat de travail, la Cour de cassation leur dénie clairement la qualification de contrat de travail[40]. Cette méthode doit être encadrée strictement pour au moins deux raisons. D'abord, parce que la rémunération de ce test professionnel n'est aucunement imposée[41]. Ensuite, parce que ce test peut masquer la réalisation d'un véritable travail, auquel cas la qualification de contrat de travail doit prévaloir.

Une fois le choix du candidat opéré vient le temps de la négociation du contenu du contrat de travail.

B. La négociation

Outre les étapes classiques de la négociation passant, notamment, par une offre et une acceptation (1), c'est surtout l'objet de cette négociation qui nous retiendra en ce qu'elle implique l'émergence de clauses spécifiques dans les contrats de travail (2)

1. LES ÉTAPES DE LA NÉGOCIATION

Le contrat de travail est formé par la rencontre des volontés d'un employeur et d'un candidat à l'embauche, volontés qui s'expriment par une offre et une acceptation. Il n'existe pas de schéma directeur de ce processus, l'offre pouvant aussi bien provenir de l'employeur qui recherche un salarié que d'un candidat qui, par le jeu d'une candidature spontanée, offre ses compétences à une entreprise.

---

39. Déjà sous la plume de Sinay, v. H. Sinay, « Le travail à l'essai », *Dr. soc.* 1963, p. 150. V. également S. Tournaux, *L'essai en droit privé – Contribution à l'étude de l'influence du droit du travail sur le droit privé*, LGDJ, Bibl. droit social, t. 54, p. 78 et s.
40. Cass. soc., 26 nov. 2008, n° 07-42.673 ; Cass. soc., 16 sept. 2009, n° 07-45.485.
41. S. Tournaux, *L'essai en droit privé*, préc, p. 117.

Lorsque l'offre émane de l'employeur, elle peut être émise par l'intermédiaire d'un organisme de placement[42]. Créée en 1967, l'agence nationale pour l'emploi (ANPE) était chargée de gérer le service public du placement pour les salariés comme pour les employeurs[43]. Elle était dotée, jusqu'à la loi n° 2005-32 du 18 janvier 2005 dite de cohésion sociale, d'un monopole de principe, qu'elle pouvait partager avec quelques organismes associés comme l'association pour l'emploi des cadres (APEC)[44]. La tenue de bureaux de placement privés, dont l'activité aurait été rémunérée était, dans le même temps, prohibée et pénalement sanctionnée[45]. Ces bureaux privés sont désormais autorisés depuis la loi de 2005. Cette ouverture du « marché » du placement à la concurrence s'est opérée sous l'influence du droit de l'Union européenne qui imposait la fin du monopole[46]. Cette nouvelle posture à l'égard des agences de placement ne paraît pas contraire aux règles de l'OIT et, en particulier, à la convention n° 181 du 19 juin 1997 qui autorise, sous certaines conditions, les opérations de placement privées. L'ANPE a disparu pour fusionner avec l'ASSEDIC et l'AFPA depuis une loi du 13 février 2008, ces agences ayant été remplacées par le Pôle emploi[47].

La période de négociation peut mener à la conclusion d'une promesse d'embauche qui, si l'on suit en cela le droit commun des contrats, constitue un contrat unilatéral ou synallagmatique en vue de conclure un contrat de travail[48]. Comme toute promesse de contrat, elle doit comporter des éléments suffisamment précis sur le contrat promis, en particulier les fonctions qu'exercera le candidat à l'embauche et sa date d'entrée en fonction[49]. Là encore, comme en droit commun, des difficultés apparaissent quant à la sanction du manquement d'une des parties – le plus souvent de l'employeur – à la promesse concédée. La Cour de cassation a, à cet égard, rendu récemment une décision dont la solution est aussi vigoureuse que contestable. En effet, cherchant à endiguer des promesses trop légèrement concédées et ne donnant pas lieu à exécution, un arrêt rendu par la chambre sociale le 15 décembre 2010 a jugé que « *constitue une promesse d'embauche valant contrat de travail l'écrit qui précise l'emploi proposé et la date d'entrée en fonction* »[50]. Aucune distinction entre promesse unilatérale ou

---

42. C. trav., art. L. 5121-1 : « *L'activité de placement consiste à fournir, à titre habituel, des services visant à rapprocher les offres et les demandes d'emploi, sans que la personne assurant cette activité ne devienne partie aux relations de travail susceptibles d'en découler* ».
43. Ordonnance n° 67-578 du 13 juill. 1967 portant création d'une agence nationale pour l'emploi.
44. Il s'agit d'une association agréée en qualité de correspondant de l'ANPE qui, contrairement à cette dernière, n'a pas disparu.
45. Le placement payant demeure prohibé (C. trav., art. L. 5321-3) et pénalement sanctionné par l'article L. 5325-1 du Code du travail d'un emprisonnement de six mois et d'une amende de 3 750 euros.
46. CJCE, 6e ch., 23 avr. 1991, aff. 41/90, *Höffner*, *RJS* 1991, n° 908 ; *RTD eur.* 1993, p. 92, note E. Traversa. Sur la question, v. également D. Soldini, « Le service public de l'emploi et de la droit européen de la concurrence », *Dr. soc.* 2006, p. 589.
47. Ch. Willmann, « Fusion ANPE-Unédic et nouveaux droits/devoirs du demandeur d'emploi : deux lois (L. 13 févr. 2008 et L. 1er août 2008) pour une même logique », *JCP* éd. S 2008, 1475.
48. N. Hauser-Costa, « La promesse d'embauche », *RJS* 1997, p. 331.
49. V. par ex. Cass. soc., 21 sept. 2005, n° 03-45.312.
50. Cass. soc., 15 déc. 2010, *RDT* 2011, p. 108, obs. G. Auzero.

synallagmatique n'étant opérée par la décision, l'arrêt semble ainsi affirmer que le contrat de travail est d'ores et déjà conclu, quand bien même l'acceptation du salarié est très difficile à identifier. Tirant toutes les conséquences de l'existence d'un contrat de travail dès la conclusion de la promesse, la Cour de cassation juge que la rupture de la promesse s'analyse en un licenciement dépourvu de cause réelle et sérieuse.

Enfin, quoique les décisions de la Cour de cassation en la matière soient relativement rares, le consentement des parties ne doit pas avoir été vicié, au sens où l'entend l'article 1109 du Code civil, par une erreur, un dol ou une contrainte. Ainsi, par exemple, est nul le contrat de travail conclu sur la base de fausses informations données par le salarié sur sa formation ou ses diplômes, à condition d'avoir été déterminantes du consentement de l'employeur[51]. De la même manière, la négociation et, surtout, la conclusion du contrat de travail sont soumises aux règles de capacité contractuelle[52].

Reste à envisager les points qui peuvent être aménagés lors de la négociation.

2. L'OBJET DE LA NÉGOCIATION

L'objet de la négociation du contrat de travail porte sur les clauses que les parties peuvent aménager. Quoique le contrat de travail soit probablement le type même du contrat d'adhésion, la pratique témoigne de l'inventivité des parties au contrat si bien qu'il existe, sous réserve du respect de l'ordre public, une grande variété de clauses du contrat[53]. Il ne sera question, ici, que d'étudier les principales d'entre elles que l'on peut regrouper en quelques grandes catégories que sont les clauses d'essai (a), les clauses relatives au lieu de travail (b), les clauses relatives à la concurrence (c) et les clauses relatives à la rupture du contrat de travail (d).

a. Les clauses d'essai

Il existe, à proprement parler, deux types de clauses d'essai : la clause relative à la période d'essai et la clause relative à la période probatoire.

– La période d'essai[54]

Le contrat de travail peut comporter une clause instituant une période d'essai. La période d'essai est définie par le Code du travail comme permettant « *à l'employeur*

51. Cass. soc., 17 oct. 1995, *JCP* éd. G 1996, I, 3923.
52. Les litiges en la matière pourraient se développer en raison de l'expansion des situations de dépendance liées au grand âge et au nombre malheureusement croissant de victimes de la maladie d'Alzheimer, lesquelles imposent le recours à des services à la personne. V. par ex. Cass. civ. 1re, 3 oct. 2006, n° 04-13.198 : « *s'agissant d'un acte engageant le patrimoine, le contrat de travail conclu par un majeur sous curatelle renforcée, en qualité d'employeur, constitue un acte pour lequel l'assistance du curateur est nécessaire* ».
53. Sur les clauses du contrat de travail, v. M. Mekki, « Existe-t-il un *jus commune* applicable aux clauses du contrat de travail ? », *RDT* 2006, p. 292.
54. S. Tournaux, *L'essai en droit privé – Contribution à l'étude de l'influence du droit du travail sur le droit privé*, LGDJ, Bibl. droit social, t. 54.

d'évaluer les compétences du salarié dans son travail, notamment au regard de son expérience, et au salarié d'apprécier si les fonctions occupées lui conviennent »[55]. Par l'effet de l'article L. 1221-23 du même code, la période d'essai doit impérativement avoir été stipulée par le contrat de travail. Ce texte, institué par la loi du 25 juin 2008 portant modernisation du marché du travail, a définitivement exclu qu'une période d'essai soit imposée par la seule convention collective de travail[56].

L'apport majeur de la loi de 2008 tient à la mise en place de règles encadrant la durée maximale de la période d'essai. Avant cette loi, la durée des périodes d'essai était limitée par les clauses des conventions collectives qui déterminaient des maxima ou, à défaut, par l'exigence du juge que l'essai n'excède pas une durée raisonnable[57]. Désormais, les articles L. 1221-19 (pour la période initiale) et L. 1221-21 (pour le renouvellement de l'essai) du Code du travail imposent des limites maximales en fonction de la catégorie professionnelle du salarié concerné.

La période d'essai peut faire l'objet d'un renouvellement, quoique les conditions d'un tel renouvellement soient très strictement délimitées. Ainsi, le renouvellement ne pourra être envisagé qu'à la condition que le contrat de travail et une convention collective de branche étendue applicable à l'entreprise envisagent une telle possibilité[58]. Surtout, la Cour de cassation exige que le salarié réitère son accord au moment du renouvellement. L'acceptation du salarié doit être expresse et exige une manifestation de volonté claire et non équivoque du salarié[59]. La chambre sociale adopte sur ce point une position très radicale. Ainsi a-t-elle jugé que la signature du salarié, apposée au pied d'un document établi par l'employeur et reprenant l'accord verbal des parties pour le renouvellement de l'essai, ne permettait pas de caractériser un accord exprès du salarié au renouvellement[60]. Le caractère particulièrement sévère d'une telle appréciation illustre l'aversion de la chambre sociale à l'égard du principe même du renouvellement de la période d'essai.

La rupture du contrat de travail durant la période d'essai a longtemps été purement discrétionnaire. Il n'est pas certain que cela soit encore aujourd'hui le cas tant les atteintes à la liberté de rupture se sont aujourd'hui multipliées. Outre les hypothèses d'abus de droit de rupture d'essai liées à l'intention de nuire ou à la légèreté blâmable

---

55. C. trav., art. L. 1221-20.

56. La jurisprudence avait déjà exclu la période d'essai instituée par voie d'usage (Cass. soc., 23 nov. 1999, *Dr. soc.* 2000, p. 204, note J. Mouly). Il demeure des hypothèses dans lesquelles la période d'essai semble imposée par le législateur, comme par exemple pour les assistants maternels, CASF, art. L. 423-9.

57. Par ex., v. Cass. soc., 31 mai 2000, n° 98-42.939. L'exigence d'un délai raisonnable d'essai est également imposée par l'article 2§2 de la Convention n° 158 de l'OIT, v. Cass. soc., 4 juin 2009, *JCP* éd. S 2009, 1335, note J. Mouly ; *RDT* 2009, p. 579 et les obs.

58. C. trav., art. L. 1221-21 et L. 1221-23.

59. V. par ex. Cass. soc., 25 janv. 2011, n° 09-42.270. La chambre sociale semble avoir abandonné le contrôle de cette qualification à l'appréciation souveraine des juges du fond, v. Cass. soc., 16 juin 2010, n° 08-43.244.

60. Cass. soc., 25 nov. 2009, *JCP* éd. S, 2010, 1041, note X. Carsin.

de l'employeur, la Cour de cassation interdit clairement aujourd'hui toute rupture qui reposerait sur un motif discriminatoire[61] ou sur un motif non inhérent à la personne du salarié[62]. De la même manière, la rupture de la période d'essai ne peut être prononcée au cours de la suspension du contrat de travail d'un salarié en raison d'un accident du travail[63]. Outre ces limitations sur le fond, la Cour de cassation impose également le respect de la procédure d'autorisation administrative lorsque le salarié ressort d'une des catégories de salariés protégés énoncées par l'article L. 2411-1 du Code du travail[64]. Plus encore, lorsque l'employeur rompt la période d'essai en invoquant une faute du salarié, c'est la procédure disciplinaire des articles L. 1332-1 et suivants du Code du travail qui doit être respectée[65]. A ces évolutions jurisprudentielles est enfin venue s'ajouter, par l'intermédiaire de la loi du 25 juin 2008, une obligation pour chacune des parties de respecter un délai de prévenance dont la durée est établie par les articles L. 1221-25 et L. 1221-26 du Code du travail.

Sans aller jusqu'à imposer une obligation de justification, ni même de motivation de la rupture d'essai, ces différentes évolutions ont sensiblement accru l'encadrement d'une rupture autrefois pleinement potestative. Une autre clause d'essai peut être insérée dans le contrat de travail tout en étant différente de la clause de période d'essai, il s'agit de la clause de période probatoire.

– La période probatoire

A l'occasion de la promotion d'un salarié à des qualifications hiérarchiques supérieures dans l'entreprise, il peut être utile pour l'employeur de se ménager une faculté de retour au cas où le salarié, pleinement apte à ses fonctions actuelles, n'aurait finalement pas les épaules assez larges pour assumer les fonctions nouvelles. Il a ainsi parfois été inséré, par avenant, une clause d'essai en cours d'exécution du contrat de travail à l'occasion d'une telle modification des fonctions du salarié. La qualification de période d'essai était cependant imparfaite, en ce qu'elle menait à un résultat inadapté en cas d'échec du salarié dans ses nouvelles fonctions[66]. Le salarié étant soumis à une période d'essai, l'employeur pouvait rompre celle-ci et tenter, de la sorte, de contourner les règles impératives du licenciement. C'est pour couper court à tout risque de fraude que la chambre sociale de la Cour de cassation a fait émerger, en 2005, une nouvelle hypothèse d'essai, la période probatoire[67].

---

61. Cass. soc., 16 fév. 2005, *JCP* éd. G 2005, II, 10098, note J. Colonna.
62. Cass. soc., 20 nov. 2007, *D.* 2008, p. 196, note J. Mouly.
63. Cass. soc., 12 mai 2004, *Lexbase hebdo*, éd. soc., n° 121, 20 mai 2004, note Ch. Radé. La protection accordée aux salariées enceintes en cas de licenciement n'a, en revanche, pas été étendue à la rupture de la période d'essai, v. Cass. soc., 21 déc. 2006, *JCP* éd. E, 2007, 1424, note F. Duquesne.
64. Pour un conseiller du salarié, par exemple, v. Cass. soc., 22 sept. 2010, n° 09-41.173.
65. Cass. soc., 10 mars 2004, *Dr. soc.* 2004, p. 733, note M. Dubertret.
66. Sur ce procédé, v. N. Bataille-Nevejans, « Caractère probatoire de la période d'essai instituée en cours de contrat », *JCP* éd. G 2005, II, 10083.
67. Cass. soc., 30 mars 2005, *SSL* 2005, n° 1210, p. 5, concl. J. Duplat ; *Dr. soc.* 2005, p. 810, note J. Mouly.

Outre que, contrairement à la période d'essai, la période probatoire intervient en cours de relations contractuelles, elle diffère surtout de la première par son régime. En cas d'inadéquation entre l'emploi occupé et les compétences du salarié, la rupture de l'essai ne mène pas à la rupture du contrat de travail mais au simple retour du salarié dans ses fonctions antérieures[68]. Le retour du salarié dans ses anciennes fonctions constitue un simple changement des conditions de travail qu'il ne peut, par conséquent, pas refuser sous peine de commettre une faute grave[69].

Si le contrat de travail peut ainsi comporter des clauses aménageant le changement de ses fonctions dans l'entreprise, d'autres clauses peuvent également aménager la modification de son lieu de travail.

b. Les clauses relatives au lieu de travail

Il existe principalement trois grandes catégories de clauses relatives au lieu de travail : les clauses déterminant le lieu de travail *stricto sensu*, les clauses de mobilité et, à la marge, les clauses de résidence.

Les clauses relatives au lieu de travail ont longtemps été considérées par la Cour de cassation comme caractéristiques d'un élément du contrat de travail. Le contrat qui stipulait que la prestation de travail s'effectuerait dans tel établissement ou telle localité interdisait, par la suite, aux parties de modifier unilatéralement cet élément contractuel[70]. Les choses ont sensiblement évolué depuis que la chambre sociale a considéré que de telles clauses n'avaient en réalité que la valeur d'une simple information[71]. La clause déterminant le lieu de travail n'a plus véritablement valeur obligatoire entre les parties[72], « *à moins qu'il soit stipulé par une clause claire et précise que le salarié exécutera son travail exclusivement dans ce lieu* »[73].

A côté de ces clauses fixant le lieu de travail, une autre clause très fréquente peut délimiter une zone géographique au sein de laquelle l'employeur pourra unilatéralement modifier le lieu de travail du salarié : la clause de mobilité[74]. Ces clauses sont valables à

---

68. Ch. Varin, « Rupture d'une période probatoire et obligation de réintégration », *JCP* éd. S, 2011, 1055.

69. Cass. soc., 30 sept. 2010, n° 08-43.862 ; Cass. soc., 6 oct. 2010, n° 09-68.325.

70. Sur la modification du contrat de travail, cf. *infra* p. 321 et s.

71. Cass. soc., 3 juin 2003, *Dr. soc.* 2003, p. 884, obs. J. Savatier ; *JCP* éd. G, 2003, II, 10165, note M. Véricel.

72. V. J. Pélissier, « Clauses informatives et clauses contractuelles du contrat », *RJS* 2004, p. 3. D'autres clauses ont, depuis lors, été reconnues comme n'ayant qu'une valeur informative : clause relative à la prévoyance (Cass. soc., 4 juill. 2007, n° 05-45.688) ; clause relative à un congé compensateur (Cass. soc., 18 janv. 2011, n° 07-45.354).

73. Cass. soc., 3 juin 2003, *préc.* La convention collective peut valablement prévoir que les clauses du contrat de travail relatives au lieu de travail n'ont pas valeur informative. V. Cass. soc., 30 nov. 2010, *JCP* éd. S, 2011, 1077, obs. L. Sébille.

74. V. Lacoste-Mary, « La négociation de la mobilité du salarié sous le contrôle du juge », *Dr. ouvrier* 2010, p. 301.

condition, d'abord, de déterminer avec précision la zone géographique dans laquelle la mutation pourra intervenir et[75], ensuite, de ne pas emporter d'autre modification du contrat tel qu'un changement d'employeur[76] ou une modification d'un élément caractéristique du contrat de travail[77]. Outre la validité de la clause, c'est également sa mise en œuvre qui sera encadrée par le juge. La clause sera ainsi mise en œuvre de manière abusive si l'employeur ne ménage pas un délai de prévenance suffisant pour laisser le temps au salarié d'organiser son départ[78]. En outre, la jurisprudence accorde une place croissante au respect de la vie personnelle et familiale du salarié concerné[79].

Une dernière catégorie de clauses comporte, enfin, l'obligation pour le salarié de résider dans un lieu déterminé. Fortement attentatoires à la liberté de choix du domicile protégée, notamment, au titre de l'article 8 de la CESDH, ces clauses sont très strictement encadrées par le juge qui impose leur conformité à la règle énoncée par l'article L. 1121-1 du Code du travail, aux termes duquel « *nul ne peut apporter aux droits des personnes et aux libertés individuelles et collectives de restrictions qui ne seraient pas justifiées par la nature de la tâche à accomplir ni proportionnées au but recherché* »[80].

Les parties peuvent encore négocier des clauses relatives à la concurrence.

c. Les clauses relatives à la concurrence

Si l'on exclut les clauses de non-démarchage de clientèle peu ou prou assimilées par la chambre sociale de la Cour de cassation à des clauses de non-concurrence[81], deux types de clauses peuvent limiter la faculté d'un salarié de s'engager pour un employeur concurrent : la clause de non-concurrence et la clause d'exclusivité.

– La clause de non-concurrence

La clause de non-concurrence est une stipulation par laquelle un salarié s'interdit d'exercer certaines activités salariées ou indépendantes risquant de concurrencer son ancien employeur après la rupture du contrat de travail. Ces clauses sont généralement

75. Cass. soc., 7 juin 2006, *RDT* 2006, p. 313, obs. J. Pélissier ; *Dr. soc.* 2006, p. 926, obs. F. Favennec-Héry.
76. V. Cass. soc., 23 sept. 2009, *RDT* 2009, p. 647, obs. G. Auzero interdisant les clauses de mobilité dont le champ s'étend au-delà de l'entreprise dans le cadre d'un groupe ou d'une unité économique et sociale.
77. Par ex., une clause de mobilité impliquant le passage d'un horaire de nuit à un horaire de jour, v. Cass. soc., 14 oct. 2008, *D.* 2008, 1427, note P. Lokiec ; ou une clause de mobilité ayant pour incidence d'impacter la pérennité d'un élément de rémunération, Cass. soc. 3 mai 2006, *Dr. soc.* 2006, p. 929, obs. Ph. Waquet.
78. Cass. soc., 18 sept. 2002, *RJS* 2002, 1004.
79. Cass. soc., 14 oct. 2008, *RDT* 2008, p. 731, obs. G. Auzero ; *RDC* 2009, p. 175, note Ch. Radé.
80. V. par ex. Cass. soc., 13 avr. 2006, *Dr. soc.* 2005, p. 809, obs. J. Savatier.
81. Cass. soc., 27 oct. 2009, *Lexbase hebdo*, éd. soc., 12 nov. 2009, n° 371, note G. Auzero.

intégrées au contrat de travail, même si la jurisprudence admet, de manière limitée, qu'une clause de non-concurrence puisse être imposée par convention collective[82].

Leur validité est fermement encadrée parce qu'elles portent atteinte à la liberté du travail ou à la liberté d'entreprendre, libertés constitutives de principes à valeur constitutionnelle et protégées par différents textes internationaux[83]. Les conditions de validité de la clause de non-concurrence ont été progressivement façonnées par la jurisprudence et sont fixées depuis 2002[84]. Ces conditions sont cumulatives.

La clause de non-concurrence doit, d'abord, être nécessaire à la protection des intérêts légitimes de l'entreprise. Une telle protection peut être nécessaire lorsque le salarié travaille au contact de la clientèle ou a accès à des secrets de l'entreprise. En revanche, elle ne peut être stipulée pour un magasinier[85] ou un assistant funéraire[86]. La clause doit, ensuite, être limitée dans le temps et dans l'espace, ce qui donne lieu à un véritable contrôle de proportionnalité du domaine de la clause par le juge prud'homal[87]. La clause doit encore tenir compte des spécificités de l'emploi du salarié, condition ayant remplacé l'ancienne exigence que soit ménagée au salarié la possibilité d'exercer l'activité qui lui est propre, sans que cette évolution terminologique n'ait emporté de véritable changement sur le fond de la condition exigée. Il s'agit pour le juge d'apprécier, *in concreto*, si la clause laisse au salarié la possibilité d'exercer une activité professionnelle conforme à sa qualification, à ses diplômes, à ses compétences, à son expérience[88].

Enfin, et c'est la nouveauté principale des arrêts du 10 juillet 2002, la clause doit stipuler une contrepartie financière en faveur du salarié. Cette contrepartie peut indifféremment être servie sous forme de capital ou de rente, mais à condition toutefois de n'être versée qu'après la rupture du contrat de travail[89]. En revanche, le versement de la

82. Cass. soc., 8 janv. 1997, *Les grands arrêts du droit du travail*, Dalloz, 4e éd., 2008, n° 165.

83. Sur ces libertés, cf. *supra* p. 248 et s.

84. Cass. soc., 10 juill. 2002, *D.* 2002, p. 2491, note Y. Serra ; *ibid*, p. 3111, obs. J. Pélissier ; *Dr. soc.* 2002, p. 954, obs. R. Vatinet.

85. Cass. soc., 19 nov. 1996, *Dr. soc.* 1997, p. 95, obs. G. Couturier.

86. Cass. soc., 30 oct. 2000, n° 98-43.756.

87. Pour des illustrations concrètes, v. *Clauses du contrat de travail*, Liaisons sociales, Numéros juridiques, fév. 2010, pp. 66-67.

88. Est par ex. illicite la clause interdisant pendant deux ans à un salarié d'une enseigne de grande distribution de s'intéresser directement ou indirectement à toute entreprise ayant en tout ou partie une activité similaire. V. Cass. soc., 27 nov. 2002, n° 00-45.369.

89. Cela afin d'éviter que le montant de la contrepartie varie selon l'ancienneté du salarié, v. Cass. soc., 7 mars 2007, *D.* 2007, p. 1708, note C. Lefranc-Hamoniaux ; *RDT* 2007, p. 308, obs. G. Auzero. Les sommes versées avant la rupture du contrat de travail seront conservées par le salarié, nonobstant l'annulation de la clause de non-concurrence. V. Cass. soc., 17 nov. 2010, *Lexbase hebdo*, éd. soc., n° 421, 16 déc. 2010, obs. Ch. Radé ; *RDT* 2011, p. 110, obs. L. Bento de Carvalho.

contrepartie ne peut être conditionné à la cause de rupture du contrat de travail[90]. Le montant de la contrepartie ne doit pas être dérisoire auquel cas cela serait assimilé à une absence de contrepartie[91].

Logiquement, la sanction du défaut d'une de ces conditions de validité devrait emporter la nullité de clause. Pourtant, la Cour de cassation emploie parfois d'autres techniques telle que l'inopposabilité[92] ou la réduction du domaine de la clause lorsque son champ géographique ou temporel est trop vaste[93].

L'actualité de la clause de non-concurrence est marquée par la faculté de renonciation dont bénéficie l'employeur. En effet, malgré l'exigence nouvelle d'une contrepartie financière, qui peut pourtant avoir été déterminante de l'acceptation de la clause par le salarié et qui confère à la clause un véritable intérêt pour lui, la Cour de cassation persiste à accepter la renonciation unilatérale de l'employeur à la clause de non-concurrence[94]. Cette renonciation est, cependant, de plus en plus encadrée. La renonciation de l'employeur n'est envisageable qu'à condition que le contrat de travail ait prévu cette faculté de renonciation[95]. En outre, la clause doit prévoir le délai au cours duquel la renonciation pourra intervenir faute de quoi cette faculté ne pourra s'exercer qu'au seul moment de la rupture du contrat[96].

– La clause d'exclusivité

La clause d'exclusivité a un effet plus étendu que la clause de non-concurrence puisqu'elle interdit au salarié de s'engager pour un autre employeur, quel qu'il soit, durant le temps de la relation de travail. Cette clause déroge aux règles de principe en la matière puisque le salarié demeure en principe toujours libre de cumuler plusieurs emplois, sous réserve toutefois du respect de l'obligation de loyauté qui le lie à son employeur et des durées maximales de travail quotidienne et hebdomadaire. La clause d'exclusivité porte ainsi une atteinte encore plus importante que la clause de non-concurrence à la liberté du travail. Elle n'est pourtant pas illicite par principe mais n'est valable que si elle est indispensable à la protection des intérêts légitimes de l'entreprise et si elle est justifiée par la nature de la tâche à accomplir et proportionnée au but recherché[97].

---

90. Nullité d'une clause excluant la contrepartie en cas de faute du salarié : Cass. soc., 28 juin 2006, *RJS* 2006, p. 854 ; nullité d'une clause excluant la contrepartie en cas de démission du salarié : Cass. soc., 31 mai 2006, *Dr. soc.* 2006, p. 927, obs. J. Mouly.
91. Cass. soc., 15 nov. 2006, n° 04-46.721.
92. Cass. soc., 25 mai 2005, *Dr. soc.* 2005, p. 924, obs. Ch. Radé.
93. Cass. soc., 18 sept. 2002, *Dr. soc.* 2002, p. 1007, obs. R. Vatinet.
94. Alors même qu'elle reconnaît que la clause est « *stipulée aussi bien en faveur* [de l'employeur] *qu'en celle du salarié en raison de la contrepartie financière qu'elle* [doit] *nécessairement comporter* », Cass. soc., 22 sept. 2010, n° 09-41.635.
95. Cass. soc., 27 févr. 2007, n° 05-43.600.
96. Cass. soc., 13 juill. 2010, *D.* 2010. Act., p. 1885, obs. L. Perrin ; *Dr. soc.* 2010, p. 1118, obs. J. Mouly.
97. On retrouve ici la formule issue de l'article L. 1121-1 du Code du travail. Sur la validité de ces clauses,

La clause d'exclusivité pose cependant un problème spécifique à l'égard des salariés à temps partiel. En effet, soumis à une telle clause, ces salariés risqueraient de ne pas parvenir à subvenir à leurs besoins, faute d'une rémunération suffisante. Après avoir initialement refusé de prohiber ces clauses par principe[98], la chambre sociale semble désormais s'opposer à ce qu'un salarié soumis à une clause d'exclusivité soit engagé à temps partiel[99].

Une dernière catégorie de clauses doit être étudiée, celle relative à la rupture du contrat de travail.

d. Les clauses relatives à la rupture du contrat de travail

Le contrat de travail peut, d'abord, stipuler une clause de garantie d'emploi dont l'objet est de limiter la faculté de rupture du contrat de travail à l'initiative de l'employeur pendant une certaine durée[100]. Ces clauses ménagent, généralement, la faculté pour l'employeur de rompre le contrat en cas de faute grave ou de faute lourde. Bien que ces clauses impliquent une renonciation de l'employeur, en principe interdite par l'article L. 1231-4 du Code du travail, aux règles relatives à la rupture du contrat de travail, elles demeurent valables, probablement en ce qu'elles relèvent du domaine de l'ordre public social et qu'elles améliorent la situation du salarié.

La sanction de la violation d'une clause de garantie d'emploi est cependant restée mesurée. En effet, cette violation n'implique pas automatiquement l'absence de cause réelle et sérieuse du licenciement et le juge demeure maître de l'appréciation de la cause de la rupture[101]. En revanche, l'employeur est normalement tenu de verser au salarié le solde des salaires restant dû jusqu'à expiration de la durée de garantie d'emploi[102], sauf si une clause pénale a été annexée à la clause[103].

Le contrat de travail peut également comporter une clause de dédit-formation. Par cette clause, un salarié s'engage, en cas de démission avant une durée déterminée par la clause, à verser à l'entreprise une somme forfaitaire pour couvrir les frais de formation que l'employeur a engagés à son profit. Ces clauses ne sont valables qu'à la condition de constituer la contrepartie de l'engagement par l'employeur de frais réels au-delà des dépenses imposées par la loi en matière de formation professionnelle[104]. La clause

---

v. Cass. soc., 11 juill. 2000, *RJS* 2000, p. 767. Ces clauses sont, en outre, valables par principe pour les voyageurs représentants placiers (C. trav., art. L. 7313-6).

98. Cass. soc., 25 févr. 2004, n° 01-43.392.

99. Cass. soc., 11 mai 2005, *JCP* éd. S, 2004, 1005, note J.- F. Césaro.

100. Cass. soc., 23 oct. 2007, n° 06-42.994.

101. Cass. soc., 13 nov. 2008, *D.* 2009, p. 528, note J. Mouly.

102. Cass. soc., 6 mai 2002, n° 00-41.443. Si aucune clause pénale n'a été expressément prévue par le contrat, le juge ne dispose pas du pouvoir de réduire la clause en raison de son caractère excessif. V. Cass. soc., 5 mars 2008, *Dr. soc.* 2009, p. 704, note B. Gauriau.

103. V. par ex. CA Paris, 8 sept. 2010, n° 08/09941, *Juris-data* n° 2010-018496, décision par laquelle la cour d'appel réduit la clause pénale par application de l'article 1152 du Code civil.

104. Cass. soc., 21 mai 2002, *Les grands arrêts du droit du travail*, Dalloz, 4e éd., 2008, n° 85.

doit, en outre, comporter des informations sur le coût réel de la formation pour l'employeur[105] et l'indemnité de dédit doit être proportionnée aux frais qu'il a engagé[106]. Enfin, la Cour de cassation précise que la clause ne doit pas avoir pour effet de priver le salarié de la faculté de démissionner, ce qui implique que sa durée soit limitée. La préservation de la faculté de démissionner demeure cependant grandement illusoire lorsque l'indemnité de dédit correspond à des frais de formation importants.

Un dernier type de clause de rupture a récemment fait son apparition devant les conseils de prud'hommes : la clause de rupture du contrat de travail en raison du changement d'actionnariat de la société. Cette clause, qui peut être comparée aux clauses de conscience des journalistes, permet au salarié de prendre acte de la rupture de son contrat de travail, aux torts de l'employeur, lorsqu'il se produit un changement important dans l'actionnariat de l'entreprise ou dans la composition des organes de direction de celle-ci. Alors même qu'elles impliquent, là encore, renonciation de l'employeur aux règles relatives à la rupture du contrat de travail, la Cour de cassation a jugé que ces clauses étaient valables à condition d'être justifiées par les fonctions du salarié et de ne pas faire échec à la faculté de résiliation unilatérale du contrat par l'une ou l'autre des parties. Cette clause, très favorable au salarié, illustre que le contrat de travail n'est pas toujours un contrat d'adhésion unilatéralement établi par l'employeur[107].

Une fois la négociation achevée, le salarié peut désormais être embauché : c'est le temps de la conclusion du contrat de travail.

C. L'embauchage

L'embauchage implique essentiellement deux questions : le contrat de travail doit-il impérativement faire l'objet d'un écrit ? (1) Quelles formalités doivent être accomplies par les parties à l'occasion de la conclusion du contrat de travail ? (2)

1. UN CONTRAT DE TRAVAIL ÉCRIT ?

Ainsi que l'énonce l'article L. 1221-1 du Code du travail, « *le contrat de travail est soumis aux règles du droit commun. Il peut être constaté dans les formes qu'il convient aux parties contractantes d'adopter* ». Le droit commun des contrats étant imprégné de la règle du consensualisme, le contrat de travail est un contrat dont la forme est libre. Le contrat verbal, conclu par le simple échange des consentements est donc, en principe, valable. Cette règle de principe souffre d'exceptions nombreuses. En effet, les règles relatives aux contrats de travail spéciaux exigent que ces contrats soient

105. Cass. soc., 16 mai 2007, *RDT* 2007, p. 450, obs. G. Auzero.
106. Cass. soc., 21 mai 2002, *préc.*
107. Cass. soc., 26 janv. 2011, *Lexbase hebdo*, éd. soc., n° 427, 10 févr. 2011 et la note.

conclus par écrit, l'écrit étant parfois une formalité *ad validatem*[108], parfois une formalité *ad probationnem*[109].

Quoique l'écrit ne soit pas imposé par principe, l'article L. 1221-3 du Code du travail prévoit tout de même des règles spécifiques lorsqu'une telle formalité est accomplie. Ainsi, le contrat doit être rédigé en français, une traduction du contrat dans sa langue maternelle pouvant être exigée par le salarié étranger. Enfin, il faut bien constater qu'en pratique, la conclusion d'un contrat de travail verbal, fût-il à durée indéterminée et à temps complet, est de plus en plus rare. Cela s'explique notamment par la propension du contrat à accueillir les différentes clauses spécifiques précédemment étudiées.

D'autres formalités doivent cependant être assumées par les parties lors de l'embauche.

2. DES FORMALITÉS D'EMBAUCHE ?

Quel que soit le contrat de travail conclu, la relation de travail nouvelle doit faire l'objet de déclarations diverses, dont la principale est la déclaration préalable à l'embauche imposée par l'article L. 1221-10 du Code du travail[110]. Les différentes déclarations obligatoires sont regroupées en une formalité unique, la déclaration unique d'embauche, laquelle doit être adressée à l'URSSAF[111]. Toute embauche doit en outre être portée au registre unique du personnel, tenu à la disposition des délégués du personnel et de l'inspecteur du travail[112].

L'engagement d'un salarié doit également donner lieu à un examen médical avant l'embauchage ou au plus tard avant expiration de la période d'essai, examen opéré par le médecin du travail[113]. Cet examen a pour but de rechercher si le salarié n'est pas atteint d'une affection dangereuse pour les autres travailleurs et de s'assurer qu'il est médicalement apte au travail envisagé. L'inaptitude constatée autorise le médecin du travail à proposer des adaptations de travail nécessaires ou l'affectation à un autre travail. Il a été récemment jugé que le manquement de l'employeur à l'obligation de faire procéder à une visite médicale d'embauche caractérise un manquement à son obligation de sécurité de résultat[114].

La phase de formation du contrat de travail est achevée. Elle donne lieu à la conclusion d'un contrat de travail. Ce constat, d'apparence simple, masque des situations en réalité bien plus complexes, principalement de par le fait des nombreux types de contrats différents.

---

108. L'écrit est alors une condition de validité du contrat, cf. *infra* p. 274.
109. L'écrit est alors une règle nécessaire pour la preuve du contrat, cf. *infra* p. 284.
110. Sur ces formalités, v. également les articles R. 1221-1 et suivants du Code du travail.
111. Sur le contenu de la déclaration unique d'embauche, v. C. trav., art. R. 1221-14.
112. C. trav., art. L. 1221-13.
113. C. trav., art. R. 4624-10.
114. V. CA Douai, 30 nov. 2010, n° 09/01902.

2 LA TYPOLOGIE DES CONTRATS DE TRAVAIL

« *Le contrat de travail à durée indéterminée est la forme normale et générale de la relation de travail* ». Tels sont les termes adoptés par l'article L. 1221-2 du Code du travail. Pourtant, ce contrat de droit commun n'est, loin s'en faut, pas le seul contrat de travail qui puisse être conclu par un employeur et un salarié. Outre ce contrat à durée indéterminée (A), les parties peuvent conclure différents contrats à terme (B), des contrats à temps partiel (C) ou, encore, des contrats aidés (D).

A. Le contrat à durée indéterminée

Le contrat de travail à durée indéterminée n'est pas seulement le contrat de droit commun sur le plan juridique. C'est aussi le contrat le plus utilisé dans les relations de travail. Au premier semestre 2009, près de 78 % des relations de travail salarié étaient établies sur la base d'un contrat de travail à durée indéterminée[115]. Deux points essentiels doivent être étudiés s'agissant du contrat de travail à durée indéterminée qui, en réalité, servent de trame commune à tous les contrats de travail. La première est la notion même de contrat de travail à durée indéterminée (1). Devront ensuite être présentées les règles relatives à la preuve de l'existence du contrat de travail à durée indéterminée (2).

1. LA NOTION DE CONTRAT DE TRAVAIL

Le contrat de travail à durée indéterminée est un contrat synallagmatique, commutatif et conclu à titre onéreux. Contrairement à la majorité des contrats spéciaux, ce contrat connaît la particularité de n'être pas assorti d'un terme : le contrat perdure tant que l'une des parties ne prend pas l'initiative de rompre la relation de travail. Pour le reste, le contrat de travail à durée indéterminée répond aux caractéristiques plus générales du contrat de travail.

Le contrat de travail peut être défini comme un contrat par lequel une partie, le salarié, s'engage à réaliser un travail subordonné, alors que l'autre partie, l'employeur, s'engage à lui verser en contrepartie une rémunération. L'obligation du salarié est donc constituée par l'obligation de fournir une prestation de travail (a), l'obligation de l'employeur est de fournir au salarié une rémunération pour ce travail (b). Enfin, le contrat de travail fait naître un lien très particulier entre l'employeur et le salarié. Ce lien est l'élément essentiel de la qualification du contrat de travail, on ne le retrouve dans aucun autre contrat. Il s'agit du lien de subordination (c).

---

115. INSEE, statistiques consultables à l'adresse suivante : http://www.insee.fr/fr/themes/tableau.asp ?reg_id=0&ref_id=NATnon03241.

a. La prestation de travail

La prestation de travail peut revêtir des formes très variées. Il peut s'agir, bien sûr, d'une activité physique comme celle d'un ouvrier agricole ou d'un manutentionnaire. Il peut s'agir d'une activité intellectuelle comme celle d'un avocat ou d'un ingénieur. Il peut s'agir, encore, d'une activité artistique ou sportive. Il existe, en réalité, deux conceptions de l'activité qui peut être l'objet d'une prestation de travail.

La première, un peu ancienne peut-être, se raccroche à une vision fordiste de la relation de travail. La prestation de travail demanderait toujours un effort, serait contraignante, se rattacherait à l'étymologie même du terme « labeur »... Cette définition correspond certainement à la grande majorité des situations. Pour autant, elle laisse de côté des situations nouvelles dans lesquelles le travail n'est plus nécessairement une souffrance. La seconde, plus moderne mais aussi plus marginale, fait référence à des nouveaux visages de subordination, des nouvelles formes de travail : on peut travailler chez soi, on peut travailler dans un lieu paradisiaque, on peut aimer son travail au point de le trouver ludique.

Cette dualité conceptuelle a été mise sous les feux des projecteurs à l'occasion de la célèbre affaire dite de « L'île de la tentation ». Par un arrêt rendu le 3 juin 2009, la chambre sociale de la Cour de cassation a confirmé que les contrats conclus entre la société de production Glem et les participants à l'émission « L'île de la tentation » étaient des contrats de travail[116]. Cette décision ne faisait qu'une place secondaire à l'identification de la prestation de travail et c'est vers la décision attaquée, rendue par la cour d'appel de Paris le 12 février 2008, qu'il convient de se tourner pour comprendre les enjeux de cette qualification[117].

La cour d'appel jugea ainsi que « *l'immixtion de caméras dans la vie privée, même consentie, ne relève pas d'un simple divertissement* », qu'elle n'est « *pas exclusive de contraintes, dès lors que l'action consiste à isoler le sujet dans un contexte relationnel de nature à éprouver ses sentiments et partant sa personnalité* ». Cette mise à l'épreuve constituait une « *activité humaine exigeant un effort soutenu qui vise à la modification des éléments naturels, à la création et/ou à la production de nouvelles choses, de nouvelles idées* ». Enfin, les juges ont considéré que « *la prestation de travail est consacrée [...] par le règlement liant les parties* », puisque celui-ci « *impose [...] une disponibilité permanente du participant [...] pendant plusieurs jours et nuits de tournage* ». Au-delà de l'approche classique qui transparaît à travers la recherche du caractère contraignant de l'activité, apparaît également une autre conception, plus économique, de la prestation de travail, conception à laquelle la Cour de cassation semble adhérer[118].

---

116. Cass. soc., 3 juin 2009, n° 08-40.981. Parmi une littérature pléthorique se dégagent les deux tendances. V. notamment Ch. Radé, « La possibilité d'une île », *Dr. soc.* 2009, p. 930 ; P.- Y. Verkindt, « Debout les damnés de la Terre », *JCP* éd. S, 2009, 305.

117. CA Paris, 12 févr. 2008, n° 07/02721, *Lexbase Hebdo*, éd. soc., n° 296, 12 mars 2008 et la note.

118. A ce sujet, v. le communiqué de presse de la Cour de cassation, consultable à l'adresse suivante : http://www.courdecassation.fr/jurisprudence_2/chambre_sociale_576/arret_no_12906.html.

Constituerait une prestation de travail l'activité privée pour le compte et dans l'intérêt d'un tiers en vue de la production d'un bien ayant une valeur économique. Une telle activité, quelle qu'elle soit, est une prestation de travail caractéristique du contrat de travail, peu important qu'elle soit ludique ou exempte de toute pénibilité.

Certaines activités exercées dans une entreprise demeurent cependant exclues de la qualification de prestation de travail. Tel est notamment le cas des activités du stagiaire. N'est pas considérée comme une prestation de travail l'activité du stagiaire en entreprise, dès lors qu'elle intervient dans le cadre d'une formation, même si elle implique « *l'accomplissement de tâches professionnelles sous l'autorité de l'entreprise d'accueil* »[119]. Ainsi encore, une activité d'insertion par le travail, comme celle qu'effectue un compagnon d'Emmaüs, peut ne pas être considérée comme un travail permettant la qualification de salarié[120]. Dans toutes ces espèces, il s'agit en réalité d'une entrée progressive sur le marché du travail. Le stagiaire n'est plus tout à fait un élève ou un étudiant, mais il n'a pas encore accédé à un emploi à part entière. La Cour de cassation, en rejetant la qualification de « contrat de travail », accepte de laisser, par exception, une place à ces situations intermédiaires entre l'emploi et le non-emploi, à la condition que cette situation soit temporaire et strictement encadrée[121].

Un deuxième critère est nécessaire pour que soit reconnue l'existence d'un contrat de travail : l'existence d'une rémunération.

b. La rémunération

Le contrat de travail est un contrat à titre onéreux, si bien que la prestation de travail fournie par le salarié n'est pas une prestation à titre gratuit, elle implique le paiement d'un prix qui la distingue du bénévolat. Ce prix, c'est la rémunération.

D'un point de vue théorique, la rémunération doit être distinguée du salaire. L'article L. 3221-3 du Code du travail définit la rémunération comme « *le salaire ou traitement ordinaire de base ou minimum et tous les autres avantages et accessoires payés, directement ou indirectement, en espèces ou en nature, par l'employeur au salarié en raison de l'emploi de ce dernier* ». Le salaire n'est donc qu'un élément de la rémunération, la somme de base versée au salarié tous les mois en contrepartie de la prestation de travail.

L'existence d'une rémunération est nécessaire pour qualifier le contrat de travail, qu'elle ait été versée ou qu'elle ait été promise. Si le travailleur s'est engagé à travailler bénévolement, il ne peut y avoir de qualification de contrat de travail. En revanche, la

---

119. Cass. soc., 17 oct. 2000, *RJS* 2000, n° 1214.

120. Cass. soc., 9 mai 2001, *D.* 2002, 1705, note E. Alfandari. Les activités d'insertion entrent de plus en plus souvent dans le cadre d'une relation de travail. V. les développements relatifs au contrat unique d'insertion, *infra* p. 288 et s.

121. Si le stage masque une véritable relation de travail, il sera requalifié en contrat de travail, v. Cass. soc., 18 juin 2003, n° 00-46.438.

consistance de la rémunération importe peu. Elle peut, en théorie, être intégralement versée en nature, à condition toutefois que l'évaluation monétaire de ces avantages ne soit pas inférieure au SMIC. Certaines situations font parfois difficulté comme deux exemples peuvent l'illustrer.

D'abord, certains travailleurs prétendument bénévoles sont en réalité des salariés. Ils ne perçoivent pas de salaire à proprement parler, mais sont pourtant placés dans une situation de subordination vis-à-vis de l'organisme pour lequel ils se sont engagés, ils produisent une véritable prestation de travail. La Cour de cassation accepte parfois de requalifier la relation de bénévolat en contrat de travail à condition de trouver un élément qui peut s'apparenter à une rémunération, comme par exemple un défraiement exagéré ou des avantages en nature[122].

Ensuite, la situation des stagiaires fait parfois difficulté. Elle fait difficulté aussi bien s'agissant de la prestation de travail que de la rémunération. En effet, un stagiaire n'est théoriquement pas un salarié car il n'effectue pas une prestation de travail. Il est là pour observer, pour se former, pour apprendre, et non pour produire. Cependant, un certain nombre d'entreprises a recours aux stagiaires comme variable d'ajustement de l'emploi et les font produire un véritable travail sans encadrement. S'il y a parfois une prestation de travail, une autre considération peut influer sur l'éventuelle requalification du stage en contrat de travail. En effet, les articles 9 et 10 de la loi du 31 mars 2006, pour l'égalité des chances, ont institutionnalisé les stages en entreprise[123]. Une convention de stage doit toujours être signée. La législation sur les accidents du travail est désormais pleinement applicable aux stagiaires. Surtout, grande avancée réclamée de longue date par les collectifs de stagiaires, les stagiaires bénéficient à certaines conditions d'une « *gratification* »[124]. Le choix du terme « gratification » plutôt que celui de « rémunération » a été opéré à dessein, afin de maintenir une distinction aussi nette que possible entre salariat et stage.

Reste un troisième et dernier critère qui caractérise le contrat de travail : le lien de subordination.

c. Le lien de subordination

Le lien de subordination est l'élément le plus fondamental du contrat de travail. Il permet de délimiter le travail dépendant du travail indépendant.

Après avoir été tenté, pendant un temps, par l'adoption d'un critère de dépendance économique, le droit du travail a finalement opté pour une approche purement juridique de la subordination : « *la condition juridique d'un travailleur à l'égard de la*

122. Cass. soc., 29 janv. 2002, *Dr. soc.* 2002, p. 494, note J. Savatier.

123. Pour une approche très concrète de la question, v. F. Taquet, « La nouvelle réglementation des stages », *JCP* éd. E, 2008, 1287.

124. D. n° 2008-96 du 31 janv. 2008 relatif à la gratification et au suivi des stages en entreprise, *SSL* 2009, n° 1384, p. 2.

personne pour laquelle il travaille ne saurait être déterminée par la faiblesse ou la dépendance économique dudit travailleur »[125]. Au contraire, « *la qualité de salarié implique nécessairement l'existence d'un lien juridique de subordination du travailleur à la personne qui l'emploie* ».

La conception actuelle de la subordination s'est stabilisée à l'occasion d'un arrêt rendu par la chambre sociale de la Cour de cassation le 13 novembre 1996 : le lien de subordination « *est caractérisé par l'exécution d'un travail sous l'autorité d'un employeur qui a le pouvoir de donner des ordres et des directives, d'en contrôler l'exécution et de sanctionner les manquements de son subordonné* »[126]. Le lien de subordination est donc un lien d'autorité, un lien de pouvoir, un lien d'obéissance établi entre l'employeur et le salarié. Il se caractérise par un pouvoir de direction, un pouvoir de contrôle et un pouvoir de sanction ou disciplinaire.

Le pouvoir de direction permet à l'employeur de donner des ordres – « faites ceci » – et des directives – « faites comme ça ». Le pouvoir de direction est parfois évanescent, notamment lorsque la relation de travail concerne un cadre titulaire d'un haut niveau de responsabilités ou certaines professions empreintes d'indépendance et d'autonomie. Il se caractérise alors par une restriction de la liberté du salarié[127]. Le pouvoir de contrôler permet à l'employeur de surveiller la qualité du travail fourni, d'évaluer la prestation du salarié[128]. Le pouvoir de sanction, enfin, est caractérisé par la faculté dont dispose l'employeur de sanctionner les manquements du salarié à ses obligations professionnelles[129].

Outre ces trois critères, la jurisprudence recourt parfois à des indices complémentaires pour établir l'existence du lien de subordination. Ainsi, l'intégration du salarié dans un service organisé, véritable critère avant 1996, a été rétrogradé au rang de simple indice parfois utilisé par le juge judiciaire[130]. L'intégration dans un service organisé peut être identifiée, notamment, lorsque l'employeur détermine les horaires du salarié ou lorsque le salarié accomplit son travail dans les locaux de l'entreprise. Un autre indice, parfois recherché, tient à l'utilisation de matériel mis à la disposition du salarié par l'entreprise. En effet, à quelques rares exceptions près, le salarié n'est pas propriétaire des outils de travail qui, au contraire, doivent être mis à sa disposition par l'employeur.

---

125. Cass. civ., 6 juill. 1931, *Bardou*, *Les grands arrêts du droit du travail*, Dalloz, 4e éd., 2008, n° 1.
126. Cass. soc., 13 nov. 1996, *Société générale*, *Dr. soc.* 1996, p. 1067, note J.-J. Dupeyroux.
127. Pour l'avocat, par exemple, le pouvoir de direction se caractérise par l'impossibilité d'avoir et de développer une clientèle propre : v. Cass. soc., 14 mai 2009, n° 08-12.966, acceptant la requalification d'un contrat de collaboration en contrat de travail. Pour un médecin, v. Cass. soc., 27 févr. 2003, n° 00-22.376.
128. S. Vernac, « L'évaluation des salariés en droit du travail », *D.* 2005, p. 924.
129. Sur le pouvoir disciplinaire de l'employeur, cf. *supra* p. 185.
130. V. par ex. Cass. soc., 1er déc. 2005, *JCP* éd. S., 2006, 1115, note C. Puigelier.

La réunion d'une prestation de travail, d'une rémunération et d'un lien de subordination permet d'établir l'existence d'un contrat de travail. Reste cependant à s'interroger sur les règles qui gouvernent la preuve de l'existence de ce contrat.

2. LA PREUVE DU CONTRAT DE TRAVAIL

La charge de la preuve de l'existence d'un contrat de travail repose sur les épaules de celui qui se prévaut de son existence, conformément à la règle *actori incumbit probatio*. On serait en outre tenté d'appliquer les règles des articles 1341 et suivants du Code civil imposant la preuve par écrit de tout acte juridique dont le montant excède 1 500 euros. Pourtant, la preuve de l'existence du contrat de travail répond à d'autres considérations.

En effet, depuis un arrêt *Labbane* rendu en 2000, la chambre sociale de la Cour de cassation énonce sans relâche le principe d'indisponibilité de la qualification du contrat de travail auquel s'ajoute ce que le Professeur A. Jeammaud a qualifié de « *principe de réalité* » : « *l'existence d'une relation de travail ne dépend ni de la volonté exprimée par les parties ni de la dénomination qu'elles ont donnée à leur convention mais des conditions de fait dans lesquelles est exercée l'activité des travailleurs* »[131]. Peu importe donc l'écrit conclu entre les parties et, surtout, peu importe la qualification qu'elles ont entendue donner à leur relation. Le contrat d'entreprise[132], de gestion d'hôtel[133], de location de taxi[134] ou, plus récemment, le contrat de règlement de participation à une émission de télé-réalité peuvent[135], en réalité, constituer des contrats de travail si tant est que la matérialité de la relation entre les parties caractérise l'existence d'une prestation de travail, d'une rémunération et d'un lien de subordination. L'écrit pourra jouer néanmoins un rôle important en ce qu'il apportera des éléments démontrant l'existence de ces éléments caractéristiques de la relation de travail[136].

Si la preuve de l'existence du contrat de travail repose donc, en principe, sur l'application de ce principe de réalité, le Code du travail a posé quelques règles exceptionnelles qui permettent tantôt d'exclure la qualification de contrat de travail, tantôt de la présumer.

Au titre des présomptions de non-salariat figurent en particulier les dispositions de l'article L. 8221-6 du Code du travail. Ce texte présume, sauf preuve de l'existence d'un « *lien de subordination juridique permanente* », que les personnes immatriculées à divers registres de professions indépendantes tels que le registre du commerce et des sociétés, le répertoire des métiers ou le registre des agents commerciaux, sont présu-

131. Cass. soc., 19 déc. 2000, *Labbane*, *Dr. soc.* 2001, note A. Jeammaud.

132. Cass. soc., 20 avr. 1972, n° 71-11.062.

133. Cass. soc., 16 janv. 2008, n° 07-40.055.

134. Cass. soc., 19 déc. 2000, *préc.*

135. Cass. soc., 3 juin 2009, *préc.*

136. A cet égard, l'arrêt « Ile de la tentation » est caractéristique, les juges tirant du « règlement de participation » de nombreux éléments de nature à identifier l'existence du lien de subordination.

mées ne pas être liées à leur donneur d'ordre par un contrat de travail. A partir du constat que la Cour de cassation ne semble pas faire grande différence entre le critère de subordination juridique habituellement exigé et le critère de « *subordination juridique permanente* » exigé par le texte pour renverser la présomption, il semble que les effets de cette présomption demeurent relativement modérés[137].

Au titre des présomptions de salariat figure l'ensemble des professions visées par le livre premier de la septième partie du Code du travail. Sont ainsi présumés avoir conclu un contrat de travail avec leur donneur d'ordre les journalistes[138], les artistes du spectacle[139], les mannequins[140], les voyageurs représentants ou placiers (VRP)[141]. La présomption est simple, si bien qu'elle peut être renversée par la preuve de l'absence de lien de subordination[142].

Si le contrat de travail à durée indéterminée et à temps complet constitue donc le contrat de travail de droit commun, de nombreux autres contrats de travail peuvent être conclus, au premier titre desquels figurent les contrats de travail à terme

B. Les contrats de travail à terme

Les contrats de travail à terme se décomposent, pour l'essentiel, en deux catégories : les contrats de travail à durée déterminée (1) et les contrats de mission (2).

1. LES CONTRATS DE TRAVAIL À DURÉE DÉTERMINÉE

Les contrats de travail à durée déterminée sont des contrats d'exception. Ils ne peuvent être conclus, aux termes de l'article L. 1242-1 du Code du travail, en ayant pour objet ou pour effet de « *pourvoir durablement à un emploi lié à l'activité normale et permanente de l'entreprise* ». Ce caractère exceptionnel leur imprime des conditions de validité – ou de qualification – particulières (a). A l'évidence, s'agissant de contrats à terme, ils sont enserrés dans une durée limitée (b). Le manquement aux règles de validité ou de durée de ces contrats est parfois sanctionné de manière très spécifique (c). Enfin, il faudra dire quelques mots de la rupture de la relation de travail à durée déterminée (d).

---

137. V. par ex. le renversement de la présomption pour une personne inscrite au registre du commerce et des sociétés dont on distingue mal en quoi elle diffère d'une subordination « classique », Cass. soc., 22 mars 2006, *JCP* éd. S, 2006, 1423, note C. Puigelier.
138. C. trav., art. L. 7112-1.
139. C. trav., art. L. 7121-3.
140. C. trav., art. L. 7123-3.
141. C. trav., art. L. 7313-1.
142. Pour une joueuse de tennis engagée en qualité de mannequin, v. Cass. soc., 16 janv. 1997, *RJS* 1997, p. 217 ; pour un disc-jockey inscrit au registre du commerce et des sociétés, v. Cass. soc., 14 oct. 2009, *JCP* éd. S, 2009, 1577, obs. T. Lahalle.

a. Les conditions de validité du contrat de travail à durée déterminée

Le contrat de travail à durée déterminée doit répondre à des conditions de forme et à des conditions de fond.

– Les conditions de forme

Contrairement au contrat à durée indéterminée, le contrat de travail à durée déterminée doit impérativement être conclu par écrit[143]. En l'absence d'écrit, le contrat est présumé de manière irréfragable avoir été conclu à durée indéterminée. Le contrat écrit doit être transmis, au plus tard, dans les deux jours ouvrables[144] suivant l'embauche[145]. La transmission tardive de l'écrit équivaut, pour le juge, à une absence d'écrit et emporte les mêmes conséquences[146]. L'écrit doit comporter de nombreuses mentions obligatoires dont la liste est dressée par l'article L. 1242-12 du Code du travail. Parmi les plus importantes figurent le cas de recours au contrat et la mention de la durée du contrat. La sanction du manquement à l'une de ces mentions varie selon l'importance que le juge leur accorde[147].

– Les conditions de fond

Contrairement au contrat de travail à durée indéterminée, qui ne doit pas reposer sur une cause particulière, le contrat à durée déterminée doit être conclu pour une raison spécifique : il doit exister un besoin déterminé qui justifie le recours à ce contrat à terme. Ces causes spécifiques sont appelées les cas de recours au contrat de travail à durée déterminée. Le Code du travail dresse ainsi une liste de cas de recours au contrat de travail à durée déterminée aux articles L. 1242-2 à L. 1242-4 du Code du travail.

Le cas de recours le plus courant est le remplacement d'un salarié absent ou d'un salarié dont le contrat de travail est suspendu. Les congés payés, les arrêts maladie ou maternité sont autant de situations pouvant justifier le recours au contrat de travail à durée déterminée. Le contrat ne sera, dans ce cas, valablement conclu qu'à la condition que soit portée au contrat la mention du nom et de la qualification du salarié remplacé[148]. Le contrat ne peut être conclu que pour remplacer un seul salarié[149]. En revanche, la Cour de cassation accepte ce que l'on appelle les remplacements en cascade[150].

---

143. C. trav., art. L. 1242-12.
144. Ces deux jours ouvrables sont des jours francs, si bien que le jour de l'embauche ne compte pas, v. Cass. soc., 22 oct. 2008, *RJS* 2009, p. 43.
145. C. trav., art. L. 1242-13.
146. Cass. soc., 17 juin 2005, *SSL* 2005, n° 1221, p. 11.
147. Cf. *infra* p. 278.
148. Cass. soc., 1er juin 1999, *Dr. soc.* 1999, p. 838, obs. C. Roy-Loustaunau. Cette exigence pourrait évoluer, une telle mention n'étant pas exigée par le droit de l'Union européenne, v. CJUE, 4e ch., 24 juin 2010, aff. C-98/09.
149. Cass. soc., 28 juin 2005, *Dr. soc.* 2007, p. 640, obs. C. Roy-Loustaunau.
150. Il s'agit de l'hypothèse dans laquelle un salarié absent est remplacé par un autre salarié de l'entreprise, lequel absent de son poste de travail rend nécessaire le recrutement d'un remplaçant. V. par ex. Cass. soc., 30 avr. 2003, *Dr. soc.* 2003, p. 880, note C. Roy-Loustaunau.

Un salarié peut également être recruté par contrat à durée déterminée pour faire face à un accroissement temporaire de l'activité de l'entreprise. L'accroissement d'activité doit être temporaire, à défaut de quoi il s'agit en réalité de pourvoir à un emploi lié à l'activité normale et permanente de l'entreprise[151]. De la même manière, l'accroissement d'activité lié à une volonté de l'employeur qui, par exemple, organise périodiquement des manifestations commerciales, ne peut être rattaché à ce cas de recours[152].

Un contrat de travail à durée déterminée peut ensuite être conclu pour les activités dites saisonnières. Le caractère saisonnier concerne des tâches normalement appelées à se répéter chaque année à des dates à peu près fixes, en fonction du rythme des saisons ou des modes de vie collectifs. Les secteurs concernés sont principalement l'agriculture et le tourisme, quoique la jurisprudence n'exclue pas la reconnaissance du caractère saisonnier à des emplois dans d'autres secteurs d'activité[153].

Le contrat à durée déterminée peut également être conclu dans certains secteurs dans lesquels « *il est d'usage constant de ne pas recourir au contrat de travail à durée déterminée en raison de la nature de l'activité exercée et du caractère par nature temporaire de ces emplois* »[154]. Les secteurs d'activité concernés sont déterminés par convention ou accord collectif étendu ou par décret[155]. L'activité qui doit être prise en compte est l'activité principale de l'entreprise[156]. En cas de succession de plusieurs contrats à durée déterminée dits « d'usage », la Cour de cassation a longtemps considéré que ces contrats avaient en réalité pour objet de pourvoir à un emploi lié à l'activité normale et permanente de l'entreprise[157]. Depuis 2008, une approche différente a été adoptée par la chambre sociale qui juge désormais que l'utilisation de contrats successifs peut être justifiée à condition de reposer sur « *des raisons objectives qui s'entendent de l'existence d'éléments concrets établissant le caractère par nature temporaire de l'emploi* »[158].

Le contrat à durée déterminée peut encore être conclu pour remplacer différents chefs d'entreprise, leurs conjoints ou leurs associés non salariés[159]. Il peut aussi y être recouru

---

151. Ainsi, le surcroît d'activité lié au rachat d'un magasin dont l'employeur entendait estimer, à l'usage, la rentabilité, ne correspond pas à un accroissement temporaire d'activité. V. Cass. soc., 13 janv. 2009, *JCP* éd. S 2009, 1159, obs. F. Bousez.
152. Cass. soc., 10 déc. 2008, *RDT* 2009, p. 161, obs. B. Reynes.
153. Par exemple dans le secteur de l'animation, Cass. soc., 11 janv. 1995, *RJS* 1995, p. 99.
154. C. trav., art. L. 1242-2, 3°.
155. V. la longue liste établie par l'article D. 1242-1 du Code du travail.
156. Cass. soc., 27 sept. 2006, *RDT* 2007, p. 47, obs. S. Nadal.
157. Ce qui emportait requalification du contrat en contrat à durée indéterminée, v. par ex. Cass. soc. 3 mai 2000, *RJS* 2000, n° 637.
158. Cass. soc., 23 janv. 2008, *RDT* 2008, p. 171, note G. Auzero.
159. Pour une illustration, v. Cass. soc., 26 nov. 2008, *RDT* 2009, p. 97, obs. G. Auzero ; *JCP* éd. S 2009, 1161, obs. F. Bousez.

dans le cadre de la politique de l'emploi pour favoriser le retour à l'emploi de certaines catégories de demandeurs d'emploi[160].

Enfin, l'article 6 de la loi du 25 juin 2008 a mis en place, à titre expérimental, un nouveau cas de recours : le contrat de travail à durée déterminée pour la réalisation d'un objet défini. Contrairement aux autres contrats le plus souvent délimités dans le temps par une durée, ce contrat pour la réalisation d'un objet défini est conclu en vue de la participation d'un salarié à un projet spécifique dont la réalisation constitue le terme[161]. Ce contrat est réservé au recrutement d'un cadre ou d'un ingénieur. Sa pérennisation sera envisagée en 2013.

A côté de ces cas de recours autorisés, il existe des cas de recours formellement interdits par les articles L. 1242-5 et L. 1242-6 du Code du travail. Il est, d'abord, interdit de recruter un salarié en contrat à durée déterminée au titre d'un accroissement temporaire d'activité dans les six mois qui suivent un licenciement pour motif économique, l'interdiction étant levée si le contrat n'excède pas une durée de trois mois ou qu'il est conclu en raison d'une importante commande exceptionnelle à l'exportation. Il est, ensuite, impossible de conclure un contrat à durée déterminée pour remplacer un salarié dont le contrat de travail serait suspendu en raison de l'exercice du droit de grève. Enfin, le contrat à durée déterminée est exclu pour effectuer des travaux particulièrement dangereux.

Ces différentes conditions de forme ou de fond peuvent être qualifiées de conditions de qualification plutôt que de conditions de validité. En effet, le non-respect de ces conditions n'emporte pas la nullité du contrat de travail comme ce serait le cas s'il s'agissait de conditions de validité. Au contraire, la relation de travail est maintenue, mais est seulement susceptible d'être requalifiée en contrat à durée indéterminée, ce qui explique que soit retenue la terminologie de conditions de qualification.

Outre ces conditions, il faut nécessairement que le contrat comporte un terme pour constituer un contrat de travail à durée déterminée.

b. Les conditions de durée du contrat de travail à durée déterminée

Conformément à la théorie générale des obligations, le contrat à durée déterminée peut comporter un terme précis ou imprécis, l'essentiel étant que l'événement constitutif du terme soit de réalisation certaine[162]. Si, le plus souvent, le terme est matérialisé par une date butoir ou par une durée exprimée en mois ou en semaines, il est donc possible qu'un événement de réalisation certaine, tel que le retour d'un salarié de

---

160. C. trav., art. L. 1242-3. Parmi les différentes sortes de contrats à durée déterminée de ce type, il faut faire une place particulière au CDD séniors réglementé par l'article D. 1242-2 du Code du travail. V. F. Bousez, « Le retour des seniors dans l'emploi : le CDD seniors », *JCP* éd. S, 2006, 1809.

161. Cela sous réserve de durées maximales, cf. *infra* p. 277.

162. J. Flour, J.- L. Aubert, E. Savaux, *Les obligations – 3. Le rapport d'obligation*, Sirey, 4e éd., 2009, p. 240.

congé maladie, puisse valablement constituer le terme du contrat. Cette possibilité est concrétisée par l'article L. 1242-7 du Code du travail. Cela sera notamment le cas lors du remplacement d'un salarié absent ou dont le contrat est suspendu, du contrat saisonnier et du contrat à durée déterminée d'usage. Si le terme est imprécis, le contrat peut parfois durer très longtemps[163]. En revanche, le contrat doit prévoir une durée minimale d'exécution, faute de quoi il sera requalifié en contrat à durée indéterminée[164].

Dans les autres cas de figure, le terme doit être déterminé avec précision. D'une manière générale, aucune durée minimale n'est imposée aux contrats à durée déterminée[165]. En revanche, des durées maximales sont prévues par le Code du travail. Par principe, un contrat à durée déterminée ne peut dépasser une durée de dix-huit mois, laquelle est portée à vingt-quatre mois dans certaines circonstances telles que l'exécution du contrat à l'étranger ou l'existence de commandes exceptionnelles à l'exportation[166]. A l'inverse, la durée maximale peut être abaissée à neuf mois, par exemple lorsque le contrat est conclu en vue de la réalisation de travaux urgents nécessités par des mesures de sécurité[167].

Le contrat peut faire l'objet d'un renouvellement lorsqu'il a été conclu au titre d'un des cas de recours envisagés par l'article L. 1242-2 du Code du travail et, bien entendu, qu'il comportait un terme précis. Il ne peut être renouvelé qu'une seule fois, à condition d'abord que la durée totale de la relation n'excède pas les maxima établis par l'article L. 1242-8 du code, mais également que le contrat ait, dès l'origine, prévu cette possibilité de renouvellement[168].

Il est également des hypothèses dans lesquelles la relation de travail peut donner lieu à la conclusion de plusieurs contrats de travail successifs avec le même salarié. Cette faculté est ouverte aux parties en cas de remplacement d'un salarié absent ou dont le contrat est suspendu, pour les contrats saisonniers, les contrats d'usage et les contrats de remplacement d'un chef d'entreprise[169]. S'agissant de la succession de contrats, la Cour de cassation a jugé qu'elle pouvait intervenir alors même que le contrat initial comportait un terme précis et que la relation, prise dans son ensemble, excède une durée de dix-huit mois.[170] Cette position incline à faire une nette distinction entre

163. V. par exemple une affaire dans laquelle le contrat pouvait potentiellement durer plus de vingt ans sans que la Cour de cassation y voie un motif de requalification en contrat à durée indéterminée : Cass. soc., 4 févr. 2009, n° 08-40.184, *Lexbase hebdo*, éd. soc., n° 340 et les obs.

164. C. trav., art. L. 1242-7, *in fine*.

165. Il existe cependant quelques exceptions. L'article 6 de la loi du 25 juin 2008 prévoit par exemple que le contrat pour la réalisation d'un objet défini doit comporter une durée minimale de dix-huit mois.

166. C. trav., art. L. 1242-8.

167. *Ibid.*

168. La stipulation du contrat initial envisageant un renouvellement n'oblige pas l'employeur à renouveler le contrat, le refus de renouveler pouvant cependant être illicite, notamment lorsqu'il s'appuie sur un motif discriminatoire (en l'espèce, l'état de grossesse). V. Cass. soc., 29 avr. 2003, n° 00-45.392.

169. C. trav., art. L. 1244-1.

170. V. Cass. soc., 8 févr. 2006, *RJS* 2006, p. 375.

succession et renouvellement de contrats, quoiqu'une durée trop longue pourrait, le cas échéant, tomber sous le coup de l'article L. 1242-1 du Code du travail qui, rappelons-le, interdit qu'il soit recouru au contrat à durée déterminée pour pourvoir un emploi lié à l'activité normale et permanente de l'entreprise[171]. Si, cependant, les contrats successifs sont conclus pour pourvoir un même emploi, les parties pourront être tenues de respecter un délai de carence dont les modalités sont établies par les articles L. 1244-3 et suivants du Code du travail.

En cas de non-respect des conditions de qualification ou des règles de durée imposées par le Code du travail, la sanction adoptée est tout à fait spécifique.

c. Les sanctions du contrat de travail à durée déterminée irrégulier

Plusieurs fois évoquée déjà, la sanction des conditions de qualification ou des conditions de durée du contrat à durée déterminée est très spécifique puisqu'il s'agit de la requalification du contrat en contrat de droit commun, c'est-à-dire en contrat de travail à durée indéterminée. La règle est expressément prévue par l'article L. 1245-1 du Code du travail lequel ne vise cependant pas l'ensemble des irrégularités du contrat[172].

La requalification est un pouvoir accordé au juge, mais qui a été créée dans l'intérêt exclusif du salarié[173]. Par conséquent, la requalification ne peut être demandée par l'employeur, par l'AGS ni même être soulevée d'office par le juge[174]. La requalification emporte plusieurs conséquences indirectes.

D'abord, la rupture du contrat de travail, qu'elle ait été anticipée ou qu'elle se soit produite naturellement par l'échéance du terme, répond aux règles relatives à la rupture du contrat de travail à durée indéterminée : c'est un licenciement. Le salarié bénéficiera, dès lors, des conséquences indemnitaires liées à un licenciement injustifié, cela de manière automatique lorsque le contrat aura perduré au-delà de l'échéance du terme[175]. Ensuite, le salarié va bénéficier d'une indemnité de requalification s'ajoutant aux éventuelles indemnités de rupture. Cette indemnité, dont le montant ne peut être inférieur à un mois de salaire, est elle aussi servie de manière automatique, la requalification causant nécessairement un préjudice au salarié[176]. Elle est cependant exclue dans le cas particulier, prévu par l'article L. 1243-11 du Code du travail, de

171. Par ex., Cass. soc., 11 oct. 2006, *Dr. soc.* 2007, p. 642, obs. C. Roy-Loustaunau.

172. Ainsi, l'oubli de la mention de la convention collective applicable dans le contrat, pourtant exigée par l'article L. 1242-12, 5° du Code du travail, n'emporte pas requalification en contrat à durée indéterminée. V. Cass. soc., 26 oct. 1999, *Dr. soc.* 2000, p. 341, obs. C. Roy-Loustaunau.

173. Par exception, la demande de requalification est dispensée du préalable obligatoire de conciliation prud'homale et doit être présentée directement devant le bureau de jugement, v. C. trav., art. L 1245-2.

174. Cass. soc., 30 sept. 2002, *Dr. soc.* 2003, p. 465, obs. C. Roy-Loustaunau.

175. Cass. soc., 13 déc. 2007, *RDT* 2008, p. 97, obs. G. Auzero.

176. Cass. soc., 19 janv. 1999, *Dr. soc.* 1999, p. 401, obs. J. Savatier.

transformation automatique du contrat en contrat à durée indéterminée par poursuite de la relation au-delà du terme[177].

Une difficulté s'est posée, un temps, lorsque le salarié demandait la requalification de plusieurs – parfois de nombreux – contrats successifs irréguliers en autant de contrats à durée indéterminée. La Cour de cassation a finalement jugé que seul le premier contrat à durée déterminée devait être requalifié en contrat à durée indéterminée, si bien que l'ensemble de la relation ultérieure ne formait qu'une unique relation de travail, peu important le nombre de contrats conclus[178]. Le salarié ne peut prétendre qu'à une seule indemnité de rupture, quand bien même se seraient intercalées entre les différents contrats successifs des périodes sans travail[179].

Pour conclure ces développements consacrés au contrat à durée déterminée, il convient d'aborder la question de la rupture de la relation de travail.

d. La fin du contrat de travail à durée déterminée

Le contrat à durée déterminée prend naturellement fin à l'échéance du terme. Ce terme constitue un délai préfix insusceptible d'interruption ou de suspension[180]. Contrairement à une croyance populaire fortement ancrée, il n'est donc pas possible de « démissionner » ou « d'être licencié » d'un contrat de travail à durée déterminée qui doit s'exécuter jusqu'au terme prévu. Le Code du travail prévoit cependant quatre exceptions à cette règle de principe[181] : l'accord des parties, la force majeure, la faute grave d'une des parties ou le fait pour le salarié d'avoir conclu un contrat à durée indéterminée.

L'accord des parties n'appelle pas d'observations particulières, si ce n'est que la procédure de rupture conventionnelle du contrat de travail ne s'applique pas aux contrats à durée déterminée[182]. La force majeure est très rarement admise[183], y compris dans les hypothèses pourtant fréquemment soutenues d'inaptitude médicale consécutive à un risque non professionnel[184] et de difficultés économiques de l'entreprise[185]. La rupture anticipée du fait du salarié ayant conclu un contrat à durée indéterminée constitue la

---

177. Cass. soc., 22 mars 2006, *RDT* 2006, p. 21, obs. J. Pélissier.
178. Cass. soc., 25 mai 2005, D. 2005, p. 2860, note G. Boucris-Maitral.
179. Cass. soc., 27 févr. 2007, n° 05-43.536.
180. C. trav., art. L. 1243-6.
181. C. trav., art. L. 1243-1 et L. 1243-2.
182. Sur la rupture conventionnelle, cf. *infra* p. 387. La volonté des parties doit cependant être claire et non équivoque, v. Cass. soc., 6 oct. 2004, n° 02-44.323.
183. La jurisprudence est en ce domaine très sévère. L'échec du salarié aux épreuves théoriques du certificat de formation professionnelle de chauffeur routier ne constitue pas un cas de force majeure justifiant la rupture du contrat de qualification à durée déterminée, v. Cass. soc., 29 oct. 2008, *RJS* 2009, p. 69. Il en va de même du décès d'un des acteurs principaux d'un programme télévisé, Cass. soc., 12 févr. 2003, n° 99-42.985.
184. Cass. soc., 19 mai 2010, n° 09-40.633.
185. Cass. soc., 26 mars 2002, *Dr. soc.* 2002, p. 889, obs. C. Roy-Loustaunau.

seule hypothèse de rupture du contrat à durée déterminée précédée d'un préavis dont les règles sont établies par l'article L. 1243-2 du Code du travail. En revanche, la faute grave justifiant la rupture anticipée a donné lieu à de nombreux litiges.

La faute grave du salarié est appréciée de manière indistincte selon qu'elle intervient dans le cadre d'un contrat à durée déterminée ou d'un contrat à durée indéterminée[186]. Lorsque l'employeur reproche une faute grave au salarié, il doit respecter la procédure disciplinaire imposée par l'article L. 1332-2 du Code du travail. Si la faute grave du salarié n'est pas démontrée, l'article L. 1243-4 du Code du travail prévoit une sanction exemplaire puisque l'employeur sera alors tenu au paiement de l'ensemble des salaires que le salarié aurait dû percevoir si le contrat s'était exécuté[187]. Le montant de cette indemnité est forfaitaire et ne peut être réduite par le juge qui estimerait que le salarié a subi un préjudice moindre, par exemple parce qu'il a, entretemps, retrouvé du travail[188].

La faute grave de l'employeur est plus mystérieuse et ne peut être appréhendée que par comparaison avec la faute grave du salarié. Il doit s'agir du manquement de l'employeur à l'une de ses obligations rendant impossible le maintien du contrat de travail. Ce comportement peut se matérialiser, par exemple, par le manquement à l'obligation de fournir du travail au salarié[189], l'absence de versement de salaires[190], la modification unilatérale du contrat de travail[191], le manquement à l'obligation de sécurité[192] ou, encore, à l'obligation de fournir une formation inhérente à certains contrats de travail particuliers[193]. Lorsque le salarié démontre une faute grave de l'employeur, le juge ordonnera là encore le versement des salaires dus jusqu'à l'échéance du terme, sanction qui ne découle pourtant pas naturellement des dispositions des articles L. 1243-2 et suivants du Code du travail.

Il existe une deuxième grande catégorie de contrat à terme : le contrat de mission.

2. LES CONTRATS DE MISSION

Le contrat de mission est le contrat de travail conclu dans le cadre de la relation triangulaire définie par l'article L. 1251-1 du Code du travail et que l'on appelle la relation de travail temporaire. Le contrat de mission lie l'entreprise de travail temporaire au salarié alors que, dans le même temps, un contrat de mise à disposition se noue entre l'entreprise de travail temporaire et une entreprise utilisatrice auprès de laquelle sera

186. Cass. soc., 27 sept. 2007, *RDT* 2007, p. 650, obs. G. Auzero.
187. Jusqu'à la fin de la période minimale en cas de terme imprécis, v. Cass. soc., 13 mai 1992, n° 89-40.044.
188. Cass. soc., 23 janv. 2001, n° 99-41.037.
189. Cass. soc., 14 janv. 2004, *Dr. soc.* 2004, p. 306, obs. Ch. Radé.
190. Cass. soc., 11 mars 2008, n° 06-41.606.
191. Cass. soc., 22 mai 1996, *Dr. soc.* 1996, p. 981, obs. G. Couturier.
192. CA Montpellier, 19 déc. 2007, *Juris-data* n° 2007-357636.
193. Cass. soc., 18 mai 2005, n° 03-41.546.

placé le travailleur temporaire. Outre ce caractère triangulaire, la relation de travail temporaire est atypique par les risques qu'elle fait courir aux salariés qui pourraient être traités, dans les relations entre l'entreprise utilisatrice et l'entreprise de travail temporaire, comme de simples marchandises. Dès lors, le législateur à très strictement encadré le recours au travail temporaire. Ce type de relations n'est autorisé que dans des conditions très précises, quoique le recours croissant au portage salarial remette un peu en cause cette affirmation[194]. En dehors de ces cadres, toute activité ayant pour but exclusif un prêt de main d'œuvre à but lucratif est sévèrement punie puisqu'elle constitue un délit incriminé par l'article L. 8241-1 du Code du travail[195].

La relation de travail temporaire répond à des conditions de forme (a) et à des conditions de fond (b) qui, souvent, sont proches de celles requises en matière de contrat de travail à durée déterminée.

a. Les conditions de forme

Le Code du travail décrit, d'abord, les conditions dans lesquelles doit être conclu le contrat de mise à disposition entre l'entreprise utilisatrice et l'entreprise de travail temporaire.

Le contrat de mise à disposition doit être conclu par écrit dans les deux jours ouvrables suivant la mise à disposition du salarié[196]. A défaut d'écrit, la relation entre le salarié intérimaire et l'entreprise utilisatrice sera requalifiée en contrat de travail à durée indéterminée. Le contrat doit comporter un certain nombre de mentions obligatoires dont la liste est établie par l'article L. 1251-43 du Code du travail, parmi lesquelles figurent le cas de recours au travail temporaire invoqué, le terme de la mission et les caractéristiques essentielles de l'emploi pourvu. Au contraire, certaines clauses sont formellement interdites telle que, par exemple, la stipulation qui interdirait à l'entreprise utilisatrice d'engager le salarié pour son propre compte à l'issue de la mission[197].

Le contrat de mission doit, lui aussi, être conclu par écrit signé par le salarié[198]. Il doit être transmis au travailleur intérimaire au plus tard dans les deux jours ouvrables suivant sa mise à disposition et comporte, par application de l'article L. 1251-16 du Code du travail, de nombreuses mentions obligatoires. A défaut d'écrit, c'est cette fois

---

194. Il faut en réalité mentionner l'existence d'autres relations triangulaires exceptionnelles telles que le portage salarial. Sur le portage salarial, v. L. Cazaux-Labrunée, « Le portage salarial : travail salarié ou travail indépendant », *Dr. soc.* 2007, p. 58 ; A. Fabre, « Accord sur le portage salarial : la fin des incertitudes ? », *SSL* 2010, n° 1454, p. 2. V. également *infra*, Exercices.

195. Qui doit être distingué du délit de marchandage prévu par l'article L. 8231-1 du Code du travail qui constitue lui aussi une fourniture de main d'œuvre à but lucratif ayant pour effet d'occasionner un préjudice au salarié ou d'éluder une disposition légale.

196. C. trav., art. L. 1251-42.

197. C. trav., art. L. 1251-44.

198. L'absence de signature du salarié équivaut à l'absence d'écrit sauf refus frauduleux de signer le contrat, v. Cass. soc., 24 mars 2010, *Lexbase hebdo*, éd. soc., n° 390, 8 avr. 2010, note Ch. Radé.

la relation entre l'entreprise de travail temporaire et le salarié qui sera requalifiée en contrat de travail à durée indéterminée[199].

Outre ces conditions de forme, la relation de travail temporaire répond à des conditions de fond destinées à s'assurer que le travailleur n'est pas recruté pour pourvoir un emploi lié à l'activité normale et permanente de l'entreprise.

b. Les conditions de fond

Comme en matière de contrat à durée déterminée, il existe des cas de recours autorisés au travail temporaire et des cas de recours interdits.

L'article L. 1251-6 du Code du travail prévoit qu'une entreprise utilisatrice peut avoir recours au travail temporaire pour remplacer un salarié absent. Cette absence peut être liée à la suspension du contrat de travail du salarié de l'entreprise utilisatrice. Comme pour le contrat à durée déterminée, l'entreprise utilisatrice peut faire appel à un salarié intérimaire « *dans le cas de départ définitif précédant la suppression d'un poste de travail ayant fait l'objet d'une saisine du comité d'entreprise* » ou « *en cas d'attente de l'entrée en service effective du salarié recruté par un contrat à durée indéterminée appelé à le remplacer* ». En outre, le remplacement en « cascade » y est également permis[200].

Il peut encore être conclu un contrat de mission avec un salarié intérimaire afin de faire face à un accroissement temporaire de l'activité de l'entreprise utilisatrice. La définition de cet accroissement temporaire est exactement identique à celle utilisée pour le contrat à durée déterminée. En outre, l'entreprise utilisatrice peut avoir recours à l'intérim en raison d'un accroissement d'activité résultant d'une commande à l'exportation ou pour l'exécution de travaux urgents nécessités par des mesures de sécurité. Cette dernière hypothèse est contestable car précarité de la relation de travail et dangers de la profession ne font pas bon ménage. Cela explique que des gardes-fous soient prévus en la matière via un certain nombre de cas de recours interdits.

Comme le contrat à durée déterminée, il est loisible à l'employeur de recourir au travail temporaire pour pourvoir des emplois saisonniers ou dans le cas de travaux pour lesquels il n'est pas d'usage de recourir à des salariés en contrat à durée indéterminée.

Enfin, et ce de manière contestable, l'article L. 1251-7 du Code du travail prévoit la possibilité pour une entreprise utilisatrice d'avoir recours à un travailleur intérimaire pour « *assurer un complément de formation professionnelle au salarié* » ou pour « *favoriser le recrutement de personnes sans emploi rencontrant des difficultés sociales et professionnelles particulières* ». Ce cas de recours est, en effet, plus large

---

199. Cass. soc., 17 sept. 2008, *RDT* 2008, p. 661, obs. G. Auzero. En cas d'irrégularité du contrat de mission et du contrat de mise à disposition, le salarié peut introduire deux actions en requalification concurrentes, v. Cass. soc., 20 mai 2009, n° 07-44.755, *Dr. ouvrier* 2009, p. 581, note R. Marié.
200. Cass. soc., 25 févr. 2009, *JCP* éd. S, 2009, 1304, obs. F. Bousez.

que celui permettant de recruter par contrat à durée déterminée un salarié en vue de « *favoriser le recrutement de certaines catégories de personnes sans emploi* ». Les salariés concernés doivent répondre à des conditions particulières de difficultés sociales et professionnelles. Or, il est loin d'être certain que le travail temporaire, par essence précaire et menant le plus souvent à des contrats de travail de très courte durée, soit le moyen le plus adapté pour permettre à des catégories de personnes en difficulté de revenir à l'emploi.

Le législateur a interdit de recourir au contrat de mission dans quelques situations. De manière générale, il est interdit de recourir au travail temporaire pour pourvoir durablement un emploi lié à l'activité normale de l'entreprise utilisatrice[201]. L'employeur ne peut, en outre, recourir au travail intérimaire pour remplacer des salariés grévistes ou pour effectuer des travaux particulièrement dangereux, notamment certains travaux qui font l'objet d'une surveillance médicale spéciale[202]. Enfin, cela sous les mêmes réserves qu'en matière de contrat à durée déterminée, il est interdit de recourir à des travailleurs intérimaires pour accroissement temporaire d'activité si l'entreprise a procédé à un licenciement pour motif économique dans les six mois précédents[203].

Pour conclure, il convient de relever que les règles relatives à la durée du contrat de mission sont globalement les mêmes que celles s'appliquant au contrat à durée déterminée[204].

Une première dérogation au contrat de droit commun consiste donc à stipuler un terme à la relation de travail. Une autre dérogation est envisagée par le Code du travail s'agissant non plus de la durée de la relation mais du temps de travail.

C. Le contrat à temps partiel

Après une brève définition du travail à temps partiel (1), ce sont ses conditions de validité (2) et son régime juridique (3) qui nous intéresseront plus longuement.

1. DÉFINITION ET MISE EN PLACE DU TEMPS PARTIEL

Pratiqué bien longtemps avant d'être encadré par le droit du travail, le travail à temps partiel offre des avantages évidents. Il permet au salarié de combiner une activité rémunérée avec des études ou une formation professionnelle, avec des tâches ménagères ou familiales, d'opérer pour les travailleurs âgés une transition vers la retraite. Pour les entreprises, il apparaît comme l'une des techniques souples permettant notamment d'améliorer la productivité et de lutter contre l'absentéisme. Modifié à de

201. C. trav., art. L. 1251-5.
202. C. trav., art. L. 1251-10.
203. C. trav., art. L. 1251-9.
204. Quelques règles particulières sont cependant établies par les articles L. 1251-29 et suivants du Code du travail.

nombreuses reprises, le régime juridique actuel du travail à temps partiel résulte des deux lois Aubry du 13 juin 1998 et du 19 janvier 2000. Les organisations patronales et syndicales européennes ont pour leur part conclu le 6 juin 1997 un accord-cadre sur le travail à temps partiel qui a pour objet de supprimer les discriminations à l'égard des travailleurs à temps partiel et de faciliter le développement du travail à temps partiel sur une base volontaire.

Sont liés par un contrat à temps partiel les salariés dont la durée hebdomadaire de travail est inférieure à la durée légale ou conventionnelle. Cela est également le cas des salariés dont la durée mensuelle de travail est inférieure à la durée mensuelle légale de travail (151,66 heures) ou à la durée de travail fixée conventionnellement. Enfin, le travail à temps partiel peut être identifié lorsque la durée de travail annuelle est inférieure à la durée légale annuelle de travail (1607 heures) ou à la durée de travail fixée par convention collective de travail[205].

La mise en place d'horaires à temps partiel dans une entreprise ou un établissement ne dépend, en principe, que de la volonté unilatérale du chef d'entreprise. Celui-ci peut recourir au temps partiel alors même qu'aucune convention collective de branche ou d'entreprise ne le prévoit. Il doit cependant solliciter l'avis du comité d'entreprise ou à défaut celui des délégués du personnel pour recourir au temps partiel[206].

2. CONDITIONS DE FORME DU CONTRAT DE TRAVAIL À TEMPS PARTIEL

Par l'effet de l'article L. 3123-14 du Code du travail, le contrat de travail à temps partiel doit être écrit. Cette règle est d'application délicate car elle ne donne pas lieu aux mêmes effets que l'exigence d'écrit imposée pour le contrat de travail à durée déterminée ou le contrat de mission.

En effet, l'écrit ne constitue ni une condition de validité, ni une condition de qualification du contrat de travail à temps partiel. L'écrit ne constitue qu'un mode privilégié de preuve du contrat à temps partiel : en cas d'absence d'écrit, le contrat est présumé être conclu à temps complet, charge incombant à l'employeur de rapporter la preuve, d'une part qu'il s'agissait d'un contrat à temps partiel et, d'autre part, que le salarié n'est pas placé dans l'impossibilité de prévoir le rythme de travail auquel il doit travailler et qu'il n'est pas tenu de se tenir constamment à la disposition de l'employeur[207]. Contrairement aux autres hypothèses de contrat écrit, l'absence d'écrit n'implique donc pas automatiquement la requalification en contrat de travail à temps complet.

L'article L. 3123-14 du Code du travail impose plusieurs mentions qui doivent obligatoirement figurer au contrat de travail à temps partiel. Il doit comporter la qualification

205. C. trav., art. L. 3123-1.

206. C. trav., art. L. 3123-2. Les articles L. 3123-5 et suivants du Code du travail prévoient également les conditions dans lesquelles la mise en place d'un temps partiel peut intervenir à la demande des salariés.

207. V. récemment Cass. soc., 15 sept. 2010, *Lexbase hebdo*, éd. soc., n° 411, 7 oct. 2010, note M. Del Sol ; *JCP* éd. E, 2010, 2144, note P. Pochet.

du salarié, les éléments de la rémunération, la durée hebdomadaire ou mensuelle de travail, la répartition de la durée du travail entre les jours de la semaine ou les semaines du mois ainsi que les limites dans lesquelles peuvent être effectuées des heures complémentaires.

Contrairement au contrat de travail à durée déterminée ou au contrat de mission, le contrat de travail à temps partiel peut être conclu sans qu'il soit nécessaire de répondre à des cas de recours précis. Sous réserve des éventuelles consultations déjà évoquées, l'employeur peut donc toujours avoir recours au temps partiel.

Le contrat de travail à temps partiel comporte un régime assez particulier dont il convient de dire quelques mots.

3. LE RÉGIME DU TRAVAIL À TEMPS PARTIEL

Parmi les mentions obligatoires, le contrat doit préciser les cas dans lesquels une modification éventuelle de la répartition de la durée du travail peut intervenir. L'employeur peut en effet décider de modifier la répartition des horaires du salarié à temps partiel si cela a été prévu au contrat de travail et seulement pour les cas prévus par le contrat.

Dans ce cas cependant, l'employeur doit respecter un délai de prévenance de sept jours, qui peut être réduit à trois jours par une convention de branche dérogatoire : il faut laisser au salarié le temps de s'organiser en fonction de ces changements d'horaires. Si la possibilité de modifier les horaires n'a pas été prévue dans le contrat, l'employeur ne peut imposer un tel changement au salarié qui, s'il le refuse, ne commettra pas de faute. En revanche, si cette possibilité est prévue au contrat, le salarié ne peut théoriquement pas refuser la modification des horaires. L'article L. 3123-24 autorise cependant le salarié à refuser la modification dès lors que ce changement n'est pas compatible avec les obligations familiales impérieuses, avec le suivi d'un enseignement scolaire ou supérieur, avec une période d'activité fixée chez un autre employeur ou avec une activité professionnelle non salariée.

Les salariés à temps partiel doivent jouir des mêmes droits que les salariés à temps plein[208]. L'égalité n'est cependant pas absolue. Elle doit, en principe, être totale lorsqu'il s'agit de droits légaux. La loi précise qu'il doit y avoir égalité en matière de rémunération, d'essai, d'avantages liés à l'ancienneté. La rémunération est proportionnelle à celle du salarié qui, à qualification égale, occupe à temps complet un emploi équivalent dans l'établissement ou l'entreprise ; les périodes d'essai ne peuvent avoir une durée calendaire supérieure à celle des salariés à temps complet ; l'ancienneté est décomptée comme si le salarié avait été occupé à temps complet. La question de l'attribution des jours fériés a parfois posé difficulté : l'attribution d'un jour de congé en raison d'un jour férié dépend-elle du fait que le salarié était ou non censé travailler le

208. C. trav., art. L. 3123-11.

jour dit ? La chambre sociale juge, dans ce cas, que si l'employeur doit accorder au salarié à temps partiel le nombre de jours fériés auquel celui-ci peut prétendre, en revanche, il est fondé à rémunérer ces jours sur la base de la durée théorique journalière de travail du salarié à temps partiel[209].

En revanche, l'égalité n'est plus totalement assurée au regard des droits résultant de l'application de conventions collectives. La loi précise, en effet, que la convention ou l'accord collectif peut prévoir des modalités spécifiques à l'attribution des droits qu'il crée[210]. Ainsi, un accord collectif pourra « proratiser » les droits reconnus aux salariés en fonction de la durée de leur travail. Pour autant, la convention collective ne peut pas écarter de son champ d'application les travailleurs à temps partiel[211].

Autre particularité liée à la conclusion d'un contrat à temps partiel, le salarié qui dépasse la durée de travail contractuellement établie n'effectue pas des heures supplémentaires mais des heures complémentaires. L'employeur ne pourra imposer au salarié des heures complémentaires qu'à condition que le contrat de travail ait prévu la possibilité d'effectuer ces heures. Outre cette prévision contractuelle, le Code du travail pose une double limite à l'utilisation des heures complémentaires. D'abord, leur nombre ne peut être supérieur au dixième de la durée hebdomadaire ou mensuelle de travail prévue au contrat. Toutefois, une convention ou un accord collectif de branche étendu peut porter cette limite au tiers de cette durée[212]. Ensuite, les heures complémentaires ne peuvent avoir pour effet de porter la durée du travail du salarié au niveau de la durée légale ou conventionnelle du travail, faute de quoi la qualification de contrat à temps partiel disparaîtrait de fait[213].

Si le salarié ne peut refuser d'effectuer des heures complémentaires qui ont été prévues par le contrat, son refus d'effectuer des heures complémentaires proposées par l'employeur au-delà des limites fixées par le contrat ne constitue ni une faute ni un motif de licenciement[214]. Il en est de même, à l'intérieur de ces limites, lorsque le salarié est informé moins de trois jours avant la date à laquelle les heures complémentaires sont prévues.

Les heures complémentaires sont rémunérées au taux normal. Toutefois, l'article L. 3123-19 du Code du travail prévoit que, lorsque la limite dans laquelle peuvent être effectuées des heures complémentaires a été portée au-delà du dixième de la durée hebdomadaire ou mensuelle fixée au contrat de travail, chacune des heures complémentaires effectuées au-delà du dixième par le salarié donne lieu à une majoration de salaire de 25 %. Rien n'empêche l'accord de branche étendu de prévoir une majoration supérieure.

209. Cass. soc., 5 juin 2008, *D.* 2008, p. 2282, obs. L. Perrin.
210. C. trav., art. L. 3123-11.
211. Cass. soc., 15 janv. 2002, *RJS* 2002, n° 363.
212. C. trav., art. L. 3123-17 et L. 3123-18.
213. C. trav., art. L. 3123-17, al. 2.
214. C. trav., art. L. 3123-20.

Pour conclure ce panorama des contrats spéciaux de travail, il reste à dire quelques mots rapides sur quelques contrats aidés.

D. Les contrats aidés

Il existe un grand nombre de contrats de travail spéciaux créés dans l'objectif de favoriser l'embauche de demandeurs d'emploi en difficulté et qui ont la particularité de permettre aux entreprises d'obtenir des aides à l'embauche, soit par le biais d'un allègement de cotisations sociales[215], soit par la prise en charge directe d'une partie de la rémunération du salarié engagé[216]. Le système a néanmoins été simplifié puisque, depuis le 1er janvier 2010, le contrat unique d'insertion issu de la loi n° 2008-1249 du 1er décembre 2008, a remplacé divers contrats dits d'accompagnement qui ne peuvent plus être conclus. Ces contrats sont parfois exclusivement conclus à durée déterminée[217]. D'autres contrats peuvent être conclus à durée déterminée ou à durée indéterminée[218]. Ils impliquent toujours la délivrance au salarié d'une formation qui constitue, au moins pour partie, l'une des obligations incombant à l'employeur.

Il serait illusoire de chercher à étudier l'ensemble des contrats aidés dans le cadre de cet ouvrage. En revanche, il peut être utile de dire quelques mots de principaux d'entre eux que sont le contrat de professionnalisation (1), le contrat d'insertion dans la vie sociale (2) et le contrat unique d'insertion (3).

1. LE CONTRAT DE PROFESSIONNALISATION[219]

Le contrat de professionnalisation est encadré par les règles prévues aux articles L. 6325-1 et suivants et D. 6325-1 et suivants du Code du travail. L'objectif de ce contrat est d'assurer une formation en alternance aux fins d'insertion ou de réinsertion professionnelle des jeunes et des adultes demandeurs d'emploi[220]. La faculté de recourir à ces contrats est ouverte à l'ensemble des employeurs, à l'exclusion des établissements publics administratifs.

215. Par exemple, le contrat de professionnalisation donne lieu à un allégement de charges sociales, v. C. trav., art. L. 6325-16 et s.

216. Par exemple, le contrat de travail conclu avec un demandeur d'emploi âgé de cinquante-cinq ans ou plus, institué par la réforme des retraites et figurant aujourd'hui à l'article L. 5133-11 du Code du travail.

217. Le contrat d'insertion dans la vie sociale est conclu pour une durée d'un an, renouvelable une fois, v. C. trav., art. D. 5131-18 ; le contrat unique d'insertion pour une durée minimale de six mois et une durée maximale de deux ans, v. C. trav. art. L. 5134-25 et L. 5134-25-1.

218. Le contrat de professionnalisation peut être conclu en contrat à durée indéterminée ou en contrat à durée déterminée, v. C. trav., art. L. 6325-5.

219. V. Circ. n° 2007/21 du 23 juill. 2007 relative à la mise en œuvre du contrat de professionnalisation.

220. Les mesures spécifiques à l'embauche de jeunes salariés sont variées. V. Ch. Willmann, « De nouvelles aides pour l'embauche des jeunes », *Lexbase hebdo*, éd. soc., n° 357, 2 juill. 2009.

Le contrat, qui doit être impérativement écrit, est conclu pour une durée de six à douze mois en fonction du niveau de formation du salarié et des exigences inhérentes à la qualification visée. Il peut également être conclu sans détermination de durée à condition d'être initié par une période de professionnalisation de six mois.

Son exécution consiste dans une alternance de périodes de formation et de périodes de mise en situation par le travail[221], la rémunération du salarié variant en fonction de son âge[222]. La rupture du contrat de travail répond aux règles de droit commun du contrat à durée déterminée ou, le cas échéant, du contrat de travail à durée indéterminée.

2. LE CONTRAT D'INSERTION DANS LA VIE SOCIALE

Le contrat d'insertion dans la vie sociale a été créé par la loi de cohésion sociale[223], mais il a été substantiellement remodelé quelques jours seulement après l'adoption-abrogation de l'éphémère contrat première embauche[224]. Il s'agit d'un contrat d'accompagnement conclu entre l'État et un jeune de 16 à 25 ans ayant un niveau de qualification insuffisant et rencontrant des difficultés particulières d'insertion sociale et professionnelle[225].

Le jeune travailleur bénéficie d'un accompagnement auprès d'une mission locale pour l'insertion professionnelle et sociale des jeunes afin d'établir avec l'organisme un parcours d'accès à la vie active. Cet organisme propose au jeune travailleur un emploi ou une formation professionnalisante[226] alors que l'État allouera à ce travailleur une allocation pour les périodes durant lesquelles il ne percevra pas de rémunération[227]. L'employeur de ce salarié en cours de formation n'aura donc pas à assumer la charge des périodes de formation.

Le contrat d'insertion dans la vie sociale est un contrat à durée déterminée d'une durée maximale d'un an, renouvelable pour une durée d'un an lorsque l'objectif d'insertion n'a pas été atteint.

3. LE CONTRAT UNIQUE D'INSERTION

Le contrat unique d'insertion a été institué par la loi n° 2008-1249 du 1er décembre 2008, généralisant le revenu de solidarité active et réformant les politiques d'insertion.

---

221. Le manquement de l'employeur à cette obligation de formation peut justifier une prise d'acte de la rupture du contrat de travail par le salarié, v. CA Aix-en-Provence, 8 déc. 2010, 9e ch., sect. B., n° 2010/722.
222. C. trav., art. D. 6325-15 et s.
223. Loi n° 2005-32 du 18 janv. 2005 de programmation pour la cohésion sociale.
224. Loi n° 2006-457 du 21 avr. 2006, sur l'accès des jeunes à la vie active en entreprise.
225. Les caractéristiques des bénéficiaires sont détaillées plus avant par l'article D. 5131-12 du Code du travail.
226. Ou d'autres actions mais qui n'impliquent pas alors l'entrée dans le monde du travail, v. C. trav., art. D. 5131-15.
227. C. trav., art. L. 5131-6.

Il a vocation à se substituer à la kyrielle de contrats d'insertion qui coexistaient jusqu'alors[228].

Il s'agit d'une convention tripartite conclue entre l'employeur, le bénéficiaire et le prescripteur du contrat (le plus souvent Pôle emploi). La conclusion d'une telle convention ouvre droit à une aide financière servie à l'employeur par l'application des articles L. 5134-30 et L. 5134-72 du Code du travail. Le contrat unique (sic) d'insertion se décompose en réalité en deux types de contrats différents : le contrat initiative emploi et le contrat d'accompagnement dans l'emploi.

– Le contrat initiative emploi[229] a pour objectif de favoriser le retour à l'emploi dans le secteur marchand de personnes confrontées à des difficultés d'insertion professionnelle ou sociale (pour des questions d'âge, de diplôme, de situation de chômage de longue durée…). La conclusion d'un tel contrat ouvre droit pour l'employeur à une prise en charge par l'État d'une partie du coût de l'embauche et à des exonérations sociales.

Le contrat initiative emploi est un contrat de droit privé, d'une durée indéterminée ou d'une durée déterminée renouvelable deux fois dans la limite de vingt-quatre mois. La durée hebdomadaire de travail ne peut être inférieure à vingt heures. Lorsque le contrat est conclu pour une durée déterminée, le code prévoit des modes spécifiques de rupture anticipée du contrat[230]. En outre, le contrat peut être valablement suspendu dans différentes situations telle que, par exemple, en vue d'effectuer une période d'essai auprès d'un autre employeur[231].

– Le contrat d'accompagnement dans l'emploi est un contrat symétrique au contrat initiative emploi, mais destiné à être conclu avec des employeurs relevant du secteur non-marchand (collectivités territoriales, personnes morales de droit public, organismes de droit privés à but non lucratif, etc.)[232]. Il s'agit d'un contrat à durée déterminée d'une durée minimale de six mois, renouvelable deux fois dans la limite de vingt-quatre mois. Comme le contrat initiative emploi, il peut être conclu à temps partiel (20h minimum), il peut être suspendu ou rompu pour des causes spécifiques.

La conclusion d'un contrat d'accompagnement dans l'emploi ouvre droit, pour l'employeur, à un financement mensuel de l'État, dont le montant est fixé par arrêté du préfet de région et qui ne peut excéder 95 % du SMIC horaire brut.

228. Ch. Willmann, « Le contrat unique d'insertion », *JCP* éd. S, 2009, 1077.
229. Loi n° 95-881 du 4 août 1995, instituant le contrat initiative emploi.
230. C. trav., L. 5134-70.
231. C. trav., art. L. 5134-71.
232. C. trav., art. L. 5134-20 et s.

LEXIQUE

Clause informative : La clause informative du contrat de travail est une stipulation contractuelle sans force obligatoire. La clause informative ne crée donc aucune dette, aucune créance, pour aucune des parties. Les clauses informatives tendent aujourd'hui à se multiplier : clause relative au lieu de travail ; mention du régime de prévoyance ou de retraite[1] ; clause relative à l'existence d'un repos compensateur[2] ; etc.

Testing : Le *testing* est un procédé probatoire destiné à démontrer l'existence de comportements discriminatoires. Très utilisé dans les années 1990 à l'encontre de discothèques soupçonnées de discrimination raciale, ce procédé est aujourd'hui mis en œuvre pour tester les entreprises suspectées de procéder à des discriminations à l'embauche.

Période probatoire : La période probatoire est une forme particulière de clause d'essai, instituée en cours de relation de travail, à l'occasion d'une promotion du salarié, et destinée à expérimenter la capacité du salarié à assumer les nouvelles fonctions qui lui sont confiées. En cas d'échec de la période probatoire, le contrat de travail n'est pas rompu, le salarié retrouve simplement l'emploi précédemment occupé.

Contrats aidés : Les contrats aidés sont des contrats de travail qui s'appuient sur deux ressorts. L'aide peut, d'abord, être entendue comme la traduction d'une politique volontariste de l'emploi destinée à soutenir au mieux le retour à l'emploi de catégories de demandeurs d'emploi rencontrant des difficultés spécifiques sur le marché du travail. L'aide peut, ensuite, être comprise comme une aide financière, sous forme d'exonération de cotisations sociales ou de prise en charge directe d'une partie du salaire, accordée aux entreprises qui favorisent le recrutement de ces publics en difficulté.

Contrats précaires : La terminologie de « contrat précaire » est parfois utilisée pour englober l'ensemble des contrats spéciaux différents du contrat de travail à durée indéterminée à temps complet. Il s'agirait de constater que ces contrats sont, soit précaires en eux-mêmes, du fait par exemple de leur durée limitée, soit précaires dans les effets qu'ils impliquent sur les conditions de vie du salarié, du fait d'un salaire partiel correspondant à un horaire partiel, ou des difficultés rencontrées sur le marché du logement par un salarié engagé en contrat à durée déterminée. Cette terminologie demeure cependant plus économique et sociologique que véritablement juridique.

---

1. Cass. soc., 4 juill. 2007, n° 05-45.688.
2. Cass. soc., 18 janv. 2011, n° 07-45.354.

▷ EXERCICES

Sujet 1 CAS PRATIQUE :

Alex Cuzbidon et Mélodie Danlgarage sont pacsés depuis 2003 et ont trois enfants. Ils sont très heureux car ils viennent enfin de parvenir à acheter le pavillon de leurs rêves dans la banlieue bordelaise. Seule ombre au tableau, les parents d'Alex sont au plus mal : après avoir consommé un médicament contre le diabète, ils ont tous deux contractés un syndrome neurologique inconnu et sont hospitalisés depuis un mois pour une durée que les médecins ne semblent pas capables de préciser. Les problèmes d'Alex et de Mélodie semblent pourtant ne faire que commencer.

Alex est comptable dans un laboratoire pharmaceutique (la société S.-A.) depuis 2002. Son contrat de travail comporte une clause de mobilité rédigée de la manière suivante « *Vous serez susceptible, par application du présent contrat, de voir votre lieu de travail modifié et d'être affecté dans n'importe quel établissement de la société S.-A. situé dans le secteur SUD* ». Le 14 décembre 2010, le directeur des ressources humaines informe Alex qu'il est muté à Nice et qu'il y prendra ses fonctions le 15 janvier 2011. Alex est effondré et vient vous consulter afin de déterminer les possibilités qui s'ouvrent à lui.

La situation de Mélodie n'évolue pas beaucoup mieux. Mélodie était en effet commerciale chez un pâtissier bordelais réputé pour ses cannelés (la société B.). Son contrat de travail comportait une clause de non-concurrence rédigée de la manière suivante : « *A l'issue de votre contrat de travail, qu'il prenne fin par l'effet d'une démission ou d'un licenciement, vous vous interdirez de faire concurrence à la société B. sur toute la région Aquitaine pour une durée de deux ans. En contrepartie, il vous sera versé, pendant toute la durée d'effet de cette clause, une contrepartie financière d'un montant qui s'élèvera à 65 % du salaire net que vous perceviez au jour de la rupture de votre contrat de travail* ».

Malheureusement, la société B. connaissant des difficultés économiques majeures, Mélodie vient d'être licenciée dans le cadre d'un licenciement pour motif économique collectif. Alors qu'elle commençait à se faire à l'idée que c'était peut être le moment de faire une pause et de reprendre ses études en attendant que le marché de l'emploi reprenne des couleurs, elle apprend une mauvaise nouvelle : le plan de sauvegarde de l'emploi mis en place par l'employeur prévoit la renonciation de celui-ci à toutes les clauses de non-concurrence des salariés concernés par le licenciement. Mélodie vient également vous consulter car elle n'est pas sûre de comprendre : cela signifie-t-il qu'elle ne percevra pas la contrepartie financière ?

En discutant avec Alex et Mélodie, ils vous soumettent enfin une dernière question au sujet de leur fils aîné. Steeve a dix-huit ans, il est étudiant en L2 MPI (Maths Physique

Informatique) et a un petit boulot dans la supérette du quartier. Son job consiste à mettre des produits en rayon. Son contrat à durée indéterminée comporte une durée hebdomadaire de 20h de travail. En vue de préparer les fêtes de fin d'année, Guy Gnôle, le manager de la supérette, a demandé à Steeve de venir travailler 3h supplémentaires par semaine le vendredi. Ces trois heures tombant le jour du cours de mathématiques appliquées, Steeve a d'abord refusé de venir travailler ces trois heures supplémentaires. Cependant, face aux menaces de Guy Gnôle de le sanctionner, Alex et Mélodie préfèrent vous solliciter et vous demander ce que vous en pensez.

I. La clause de mobilité d'Alex

– Les conditions de validité de la clause de mobilité

- La clause de mobilité est valable, d'abord, à condition de « définir de façon précise sa zone géographique d'application » et de ne pas « conférer à l'employeur le pouvoir d'en étendre unilatéralement la portée » (*Cass. soc., 7 juin 2006, n° 04-45.846, D. 2006, p. 3041, note M.-C. Escande-Varniol ; RDT 2006, p. 313, obs. J. Pélissier ; Dr. soc. 2006, p. 926, obs. F. Favennec-Héry*). La clause prévoit une définition précise de sa zone d'effet, il s'agit du secteur SUD de l'entreprise, les secteurs commerciaux d'une entreprise étant généralement établis par la direction de l'entreprise. Compte tenu de l'impossibilité pour l'employeur de se conférer le pouvoir d'étendre unilatéralement la zone géographique concernée, il ne faudra cependant pas que la zone concernée par le secteur SUD soit modifiée après la conclusion de la clause.
- La clause de mobilité est valable, ensuite, à condition de ne pas prévoir une mobilité dans une autre entreprise du groupe ou de l'unité économique et sociale (*Cass. soc., 23 sept. 2009, n° 07-44.200, RDT 2009, p. 647, obs. G. Auzero ; Dr. ouvrier 2010, p. 17, note Chirez*). Ici, la mutation n'intervient pas dans un groupe mais dans un établissement de l'entreprise, la condition de validité est remplie.
- Résultat : la clause de mobilité d'Alex est valable.

– La mise en œuvre de la clause de mobilité

- En principe, si la clause de mobilité est valable, le changement du lieu de travail est assimilé à un changement des conditions de travail et non à une modification du contrat de travail (*Cass. soc., 28 oct. 1998, n° 96-43.855*). Le salarié ne peut s'opposer à sa mise en œuvre sans commettre une faute, qui souvent constitue une faute grave (*Cass. soc., 7 déc. 1999, n° 97-43.033*).
- L'employeur doit, cependant, mettre en œuvre la clause de mobilité de bonne foi et de façon à ce que cette mise en œuvre ne soit pas abusive. La mise en œuvre de la clause doit, dès lors, être nécessaire à la protection des intérêts légitimes de l'entreprise, être assortie d'un délai de prévenance suffisant et, surtout, ne pas porter une atteinte excessive à la vie personnelle et familiale du salarié.
- Sur la protection des intérêts légitimes de l'entreprise, aucun élément du cas ne

permet de penser qu'il s'agit ou non de l'objectif poursuivi. Cependant, conformément au principe général en matière de loyauté, la jurisprudence présume la bonne foi de l'employeur en la matière (*Cass. soc., 23 févr. 2005, n° 03-42.018, Lexbase hebdo, éd. soc., n° 158, 10 mars 2005, note Ch. Radé*).

- Sur le délai de prévenance, aucun texte n'impose de délai minimal. Sauf à démontrer qu'un tel délai soit prévu par convention collective, il faut donc s'en tenir à des considérations générales : la mutation ne doit pas être brusque, le délai de prévenance doit être raisonnable. S'il a été jugé qu'un délai de 48h était insuffisant pour un déplacement de 800 kilomètres (*Cass. soc. 1er dec. 2004, n° 03-40.306*), un délai de 15 jours a été jugé suffisant pour aller de la région Bordelaise à Limoges (*Cass. soc., 28 fév. 2001, n° 97-45.545*). Ici, le délai envisagé est d'un mois pour parcourir environ 800 kilomètres. Sans préjuger de la décision que prendrait un conseil de prud'hommes, il est raisonnable de considérer que le délai est suffisant.
- Sur l'atteinte portée à la vie personnelle et familiale, cette condition est apparue progressivement dans la jurisprudence de la chambre sociale de la Cour de cassation. Une première décision a jugé que la mobilité qui intervient alors qu'un salarié se trouvait dans une situation familiale critique et que le déplacement pouvait être pourvu par d'autres salariés n'était pas appropriée (*Cass. soc., 18 mai 1999, JCP éd. E 2000, p. 40, note C. Puigelier ; D. 2000, p. 84, obs. M.-C. Escande-Varniol*). Depuis cette première décision, la chambre sociale adopte une argumentation plus solennelle. Les juges du fond doivent vérifier que la clause de mobilité ne porte pas atteinte au droit du salarié à une vie personnelle et familiale et si une telle atteinte peut être justifiée par la nature de la tâche à accomplir et est proportionnée au but recherché (*Cass. soc., 14 oct. 2008, JCP éd. S, 2008, 1668, note B. Bossu ; Cass. soc., 13 janv. 2009, Dr. soc. 2010, p. 40, note E. Collomp*).

  Or, la situation familiale d'Alex est délicate : parents malade, achat immobilier récent, compagne licenciée. Il y a alors une sorte de renversement de la charge de la preuve, l'employeur n'est plus présumé être de bonne foi, il doit démontrer que la mise en œuvre de la clause était indispensable.
- Quelles possibilités s'ouvrent à Alex ?

  Il peut d'abord accepter, prendre ses fonctions à Nice, dans ce cas, pas de difficulté.

  Il peut ensuite refuser la mutation mais, dans ce cas, trois conséquences peuvent en découler, selon l'interprétation que fera le juge prud'homal de l'atteinte portée à la vie familiale et personnelle.
  - Soit la mise en œuvre est jugée abusive comme portant atteinte à la vie familiale du salarié, dans ce cas, le salarié qui refuse ne commet pas de faute, si l'employeur le licencie, le licenciement sera dépourvu de cause réelle et sérieuse ;
  - soit la mise en œuvre n'est pas jugée abusive, si le salarié refuse la mutation, il pourra être licencié pour faute, mais compte tenu de l'atteinte portée à sa vie

familiale, ce ne sera pas une faute grave mais une faute sérieuse, il percevra des indemnités de licenciement et de préavis ;
- soit la mise en œuvre n'est pas abusive et ne porte pas atteinte à la vie familiale, ce qui en l'espèce est peu probable, et dans ce cas le refus du salarié sera constitutif d'une faute grave pouvant donner lieu à licenciement sans indemnités.

II. La clause de non-concurrence de Mélodie

– La validité de la clause de non-concurrence

- L'article 7 du Décret d'Allarde du 2-17 mars 1791 (*toujours en vigueur et parfois encore visé par la Cour de cassation, v. par ex. Cass. soc., 22 mars 2000, n° 97-45.872*) pose le principe de la liberté du travail. La clause de non-concurrence porte atteinte à la liberté du travail puisque son objet est d'interdire à un salarié de travailler en concurrence avec son employeur après la rupture du contrat de travail. Elle est par conséquent encadrée par des conditions particulières.
- Les conditions de validité, qui doivent être réunies cumulativement, ont été établies par la chambre sociale de la Cour de cassation en 2002 (*Cass. soc., 10 juill. 2002, D. 2002, p. 2491, note Y. Serra ; ibid, p. 3111, obs. J. Pélissier ; JCP 2003, I, 130, obs. P. Morvan ; Dr. soc. 2002, p. 954, obs. R. Vatinet*) : « une clause de non-concurrence n'est licite que si elle est indispensable à la protection des intérêts légitimes de l'entreprise, limitée dans le temps et dans l'espace, qu'elle tient compte des spécificités de l'emploi du salarié et comporte l'obligation pour l'employeur de verser au salarié une contrepartie financière, ces conditions étant cumulatives ».
- Sur le caractère indispensable à la protection des intérêts de l'entreprise, il faut que le métier exercé rende nécessaire la stipulation d'une clause de non-concurrence. L'accès à des secrets de l'entreprise (*par ex. Cass. soc., 14 févr. 1995, n° 93-43.898*) ou le contact avec la clientèle (*par ex., Cass. soc., 28 juin 2000, n° 98-43.729*) sont les domaines par excellence de la clause de non-concurrence. Mélodie est vendeuse, elle a donc un contact direct avec la clientèle. Réembauchée ailleurs ou créant son entreprise, elle pourrait capter la clientèle qu'elle avait fidélisé chez son ancien employeur. La condition tenant à la protection des intérêts légitimes de l'entreprise paraît donc remplie.
- Sur la limitation dans le temps et dans l'espace, la chambre sociale semble désormais exiger que la clause soit limitée à la fois dans l'un et l'autre de ces champs (*Cass. soc., 31 oct. 2005, n° 04-46.219*). Il n'existe cependant aucun quantum permettant de déterminer si la limitation n'est pas trop vaste. La clause est limitée, dans le cas, à la région Aquitaine pour une durée de deux ans. La jurisprudence est très casuistique et n'est donc que d'un faible secours. Ainsi, a été jugée valable la clause interdisant toute concurrence pendant deux ans sur un département à un conseiller de banque (*Cass. soc., 13 févr. 1996, n° 94-41.256*).

Au contraire, a été jugée nulle une clause interdisant toute concurrence pendant deux ans dans un rayon de 100 kilomètres pour un voyageur représentant placier (*Cass. soc., 7 avr. 1998, n° 95-42.495*). Compte tenu de ces considérations, il est difficile de prévoir si la clause sera jugée ou non valable. Quoiqu'il en soit, il convient de ne pas s'arrêter à cette condition et d'envisager les autres éléments de validité de la clause.

- Sur la prise en compte des spécificités de l'emploi de la salariée, cette condition implique que le salarié ne soit pas empêché de retrouver un emploi. La clause interdit seulement de faire concurrence à la société B, c'est-à-dire à vendre des cannelés. La salariée est une vendeuse, une commerciale, elle pourra vendre d'autres produits, elle ne sera pas empêchée d'exercer son métier.
- Sur la contrepartie financière, celle-ci doit bien sûr exister (*Cass. soc., 10 juill. 2002, préc.*) mais en outre, son montant ne doit pas être dérisoire (*Cass. soc., 15 nov. 2006, n° 04-46.721 : est dérisoire une clause prévoyant le versement de 2 mois et demi de salaire pour une clause de 2 ans s'étendant sur quatre départements*), ce qui n'est manifestement pas le cas. La contrepartie doit être versée après la rupture du contrat, cette condition étant, là encore, remplie (*Cass. soc., 7 mars 2007, D. 2007, p. 1708, note C. Lefranc-Hamoniaux ; RDT 2007, p. 308, obs. G. Auzero*).
- Bilan : sous réserve que l'étendue de la clause ne soit pas jugée excessive, la clause de non-concurrence paraît valable. L'employeur peut-il pour autant y renoncer ?

– La renonciation à la clause de non-concurrence

- Pour pouvoir renoncer à une clause de non-concurrence, la Cour de cassation impose que la faculté de renoncer ait été expressément prévue par le contrat de travail (*Cass. soc., 27 févr. 2007, n° 05-43.600 ; la renonciation peut également être prévue par la convention si la clause est imposée par cette convention*). Or, le texte de la clause fourni par la salariée ne parait pas comporter de dispositions relatives à la renonciation. Sauf à vérifier qu'une telle hypothèse était prévue ailleurs dans le contrat, la renonciation n'est donc pas envisageable.
- Si la renonciation était prévue dans le contrat, il faudrait encore que la volonté de l'employeur de renoncer à la clause s'exerce de manière « claire et non équivoque » (*condition classique et constante, v. Cass. soc., 12 juill. 1989, n° 86-41.668*). La renonciation dans un plan de sauvegarde de l'emploi est-elle claire et non équivoque ? Non, comme l'a jugé la Cour de cassation dans deux arrêts récents (*Cass. soc. 23 sept. 2008, n° 07-41.649, Cass. soc., 21 oct. 2009, n° 08-40.828*).
- Bilan : à condition que la clause soit bien valable et que l'employeur n'en demande pas la nullité, la renonciation ne pourra produire d'effet faute de clause contractuelle prévoyant la renonciation et faute d'expression de volonté claire et non équivoque.

III. Les heures complémentaires de Steeve

– Le contrat de travail à temps partiel et les heures complémentaires

- Contrairement à ce qui se produit lorsque le salarié engagé à temps complet excède la durée légale ou conventionnelle de travail, le salarié à temps partiel qui dépasse l'horaire contractuel de travail n'effectue pas des heures supplémentaires mais des heures complémentaires.
- Le contrat de travail à temps partiel est un contrat spécial pour lequel le Code du travail impose la rédaction d'un écrit et la présence de différentes mentions obligatoires (*C. trav., art. L. 3123-14*). Parmi ces stipulations obligatoires, le code impose que soient déterminées « les limites dans lesquelles peuvent être accomplies des heures complémentaires ». L'employeur n'aura donc la possibilité de faire effectuer des heures complémentaires à Steeve qu'à la condition que le contrat de travail le prévoie. Dans le cas contraire, Steeve pourra légitimement refuser.

– Le régime des heures complémentaires

- L'article L. 3123-17 du Code du travail dispose que « le nombre d'heures complémentaires accomplies par un salarié à temps partiel au cours d'une même semaine ou d'un même mois (...) ne peut être supérieur au dixième de la durée hebdomadaire ou mensuelle de travail prévue dans son contrat. ». La durée hebdomadaire de travail étant fixée à vingt heures dans le cas de Steeve, l'employeur ne peut imposer que deux heures complémentaires au salarié par semaine, à moins qu'une convention collective prévoie une durée supérieure (*cela peut aller jusqu'au tiers de la durée hebdomadaire, C. trav. art. L. 3123-18*).
- En revanche, le salarié n'a pas le droit de refuser d'effectuer ces deux heures complémentaires. Tout refus serait constitutif d'une faute grave justifiant un licenciement. En effet, l'article L. 3123-20 CT prévoit que « le refus d'accomplir les heures complémentaires proposées par l'employeur au-delà des limites fixées par le contrat ne constitue pas une faute ou un motif de licenciement ». *A contrario*, cela signifie que le refus d'exécuter des heures complémentaires dans les limites fixées par le contrat constitue une faute (*par ex., Cass. soc., 2 mai 2000, n° 97-45.650*).
- L'article L. 3123-20 du Code du travail impose cependant à l'employeur de respecter un délai de prévenance de trois jours pour que le salarié puisse effectuer ces heures complémentaires. Même si Steeve ne nous donne aucune date, cela semble ne pas faire difficulté puisque l'employeur a présenté sa demande d'heures complémentaires pour plusieurs vendredis d'affilée.
- Enfin, il convient de préciser que, contrairement aux heures supplémentaires, les heures complémentaires ne font pas l'objet d'une majoration de salaire, à moins qu'elles dépassent les 10 % par semaine et que cela soit prévu par la convention collective (*article L. 3123-19 CT, dans ce cas majoration de 25 %*).
- Bilan : Steeve sera contraint d'accepter (*sauf convention collective dérogeant aux règles légales*) d'effectuer deux des trois heures exigées par son employeur pendant la période des fêtes de fin d'année.

Sujet 2 COMMENTAIRE D'ARRÊT : CASS. SOC., 17 FÉVRIER 2010, N° 08-45.298

LA COUR DE CASSATION, CHAMBRE SOCIALE, a rendu l'arrêt suivant :

Statuant sur le pourvoi formé par M. X., domicilié 4 rue C., 64230 Uzein, contre l'arrêt rendu le 24 janvier 2008 par la cour d'appel de Pau (chambre sociale), dans le litige l'opposant à la société A., société à responsabilité limitée, dont le siège est situé à Toulouse

(...)

Attendu, selon l'arrêt attaqué, que M. X. a fait acte de candidature auprès de la société A. qui exerce l'activité de sélection et mise à disposition de personnel dans le secteur du bâtiment, et a été engagé par elle, dans le cadre d'un portage salarial, à compter du 5 avril 2004 en qualité de maçon aux termes d'un contrat à durée indéterminée auquel était annexée une « charte de collaboration », paraphée par le salarié, qui fixait ses conditions d'emploi, son mode de rémunération ainsi que ses obligations professionnelles ; qu'il a été licencié le 16 juin 2005 ; que M. X. a saisi la juridiction prud'homale de diverses demandes tendant au paiement d'un rappel de salaire et de dommages-intérêts pour licenciement abusif ainsi qu'au remboursement de prélèvements indus ;

Sur les deux premiers moyens réunis :

Vu les articles L. 1221-1 et L. 1211-1 du Code du travail ;

Attendu que le contrat de travail comporte pour l'employeur l'obligation de fournir du travail au salarié ;

Attendu que pour juger que le licenciement de M. X. était fondé sur une cause réelle et sérieuse, le débouter de ses demandes et le condamner à rembourser à la société A. les salaires perçus pour la période de mars à juillet 2005, la cour d'appel a, après avoir mentionné que la charte de collaboration, paraphée et signée par M. X., prévoyait que le collaborateur recherchait ses missions et les exécutait dans le respect des règles en vigueur dans son domaine d'activité, retenu, d'une part, qu'eu égard aux dispositions contractuelles, le fait d'être demeuré sans activité plus de deux mois consécutifs et de ne pas avoir réalisé la somme de 500 euros de marge par mois, fixée dans le dossier d'inscription, caractérisent la non-atteinte de l'objectif ayant motivé le licenciement du 16 juin 2005, d'autre part que M. X n'ayant pas justifié avoir adressé à la société A. une attestation des heures effectuées du 1er au 31 juillet 2004, aucune rémunération n'avait été versée en l'absence de démonstration d'une activité exercée, et que, s'agissant des mois de mars à juin 2005, il ne pouvait recevoir de rémunération dans la mesure où il ne justifiait pas avoir adressé à la société A. les attestations d'heures effectuées ;

Qu'en statuant ainsi par des motifs tirés de ce que M. X n'avait pas travaillé pendant plusieurs périodes faute d'avoir trouvé des missions à effectuer alors que c'était à la société A., en sa qualité d'employeur, de lui fournir du travail, la cour d'appel a violé les textes susvisés ;

(...)

PAR CES MOTIFS :

CASSE ET ANNULE

Introduction

Le constat s'impose avec la force de l'évidence : le travail a bien changé. Outre qu'il porte aujourd'hui sur des activités dont on aurait autrefois douté qu'elles puissent constituer une prestation de travail (*Affaire Île de la tentation, Cass. soc., 3 juin 2009, n° 08-40.981, Dr. soc. 2009, p. 930, note Ch. Radé ; JCP éd. S, 2009, 305, note P.- Y. Verkindt. Adde A. Supiot, « Les nouveaux visages de la subordination », Dr. soc. 2000, p. 131*), il se matérialise désormais par des formes contractuelles variées, telle que le portage salarial, comme l'illustre l'arrêt rendu par la chambre sociale de la Cour de cassation le 17 février 2010 (*Cass. soc., 17 févr. 2010, n° 08-45.298, RDT 2010, p. 292, note J. Pélissier ; D. 2010, p. 799, note J. Mouly ; JCP éd. S 2010, 1147, note P. Morvan ; SSL, n° 1434, p. 3, note H. Gosselin ; Lexbase hebdo, éd. soc., n° 384, 25 févr. 2010, note Ch. Willmann. V. également un autre arrêt du même jour, Cass. soc., 17 févr. 2010, n° 08-40.671*).

Dans cette affaire, un salarié s'était porté candidat pour être recruté par une société dont l'activité consistait à sélectionner et à mettre du personnel à disposition d'entreprises du bâtiment. Il fut engagé par cette société dans le cadre d'un portage salarial en qualité de maçon, par contrat à durée indéterminée auquel était annexée une « charte de collaboration ». Cette charte établissait les conditions d'emploi, de rémunération du salarié ainsi que ses différentes obligations professionnelles. Deux ans après l'embauche, le salarié fut licencié et saisit le juge prud'homal de diverses demandes tenant, pour l'essentiel, à la caractérisation du caractère abusif du licenciement.

La cour d'appel de Pau, saisie de l'affaire, jugea que le licenciement reposait sur une cause réelle et sérieuse. S'appuyant sur la charte de collaboration qui prévoyait que « le collaborateur recherchait ses missions et les exécutait dans le respect des règles en vigueur dans son domaine d'activité », les juges d'appel estimèrent en effet que l'inactivité du salarié pendant deux mois consécutifs et le fait de ne pas avoir atteint les objectifs chiffrés fixés par les parties au contrat caractérisaient la « non-atteinte des objectifs ayant motivé le licenciement ».

La question posée à la Cour de cassation, malgré son aspect technique, est d'une grande importance. Dans le cadre d'un portage salarial, l'inactivité du salarié qui ne trouve pas de mission à effectuer peut-elle lui être imputée comme constituant une faute ? Derrière cette question, c'est en réalité la qualification juridique du portage salarial qui était en cause. Soit le portage salarial n'est pas une relation de travail salarié, auquel cas c'est au travailleur, indépendant et autonome, de trouver des missions à effectuer. Soit, au contraire, le portage salarial est un contrat de travail et implique, alors, l'obligation pour l'employeur de fournir du travail au salarié si bien qu'en cas de manquement à cette obligation, il ne peut être reproché au salarié d'être demeuré inactif.

La chambre sociale de la Cour de cassation casse cette décision au visa des articles L. 1221-1 et L. 1211-1 du Code du travail. Adoptant une formulation très solennelle (*arrêt classé P+B+R+I, argumentation placée dans un chapeau, publication d'un communiqué de presse sur le site internet de la Cour de cassation, généralité des textes visés au soutien de la cassation, etc.*), la Cour de cassation dispose que « le contrat de travail comporte pour l'employeur l'obligation de fournir du travail au salarié ». Par voie de conséquence, en adoptant cette solution par des motifs tirés de ce que M. X. n'avait pas travaillé pendant plusieurs périodes faute d'avoir trouvé des missions à effectuer, alors que c'était à l'employeur de fournir du travail au salarié, la cour d'appel a violé les textes précités.

Sans ambiguïté, alors même que la réglementation du portage salarial demeure à ce jour très parcellaire (*v. tout de même l'accord relatif à l'activité de portage salarial du 24 juin 2010, SSL 2010, n° 1454, note A. Fabre*), la Cour de cassation range cette relation de travail très particulière dans le giron du droit du travail. Cette opération se produit en deux temps, d'abord en jugeant que le portage salarial constitue une relation inscrite dans un contrat de travail (I) et, ensuite, que le portage salarial est une relation soumise au Code du travail (II).

I. Le portage salarial inscrit dans un contrat de travail

Longtemps des doutes ont plané sur la qualification juridique du portage salarial : s'agissait-il d'une relation de travail subordonnée ou d'un travail indépendant ? Implicitement, mais certainement, la chambre sociale répond à cette question en identifiant le portage salarial au contrat de travail (A). Pour parvenir à ce résultat, elle adopte une acception stricte mais cohérente de l'obligation de fournir du travail au salarié porté (B).

A. L'identification du portage salarial au contrat de travail

- Idée générale : alors que la qualification du portage était incertaine, la Cour de cassation juge de manière implicite qu'il relève de la catégorie du contrat de travail.
- Définition du portage salarial : le portage salarial est un ensemble de relations contractuelles organisées par une entreprise de portage, une personne portée et des entreprises clientes comportant pour la personne portée le régime du salariat et la rémunération de sa prestation chez le client par l'entreprise de portage (*C. trav., L. 1251-64, issu de l'article 8 de la loi du 25 juin 2008 portant modernisation du marché du travail. Adde art. 19 de l'ANI du 11 janv. 2008 portant modernisation du marché du travail*).
- Qualification de contrat de travail faisait débat devant les juges du fond (*CA Bordeaux, 13 janv. 2009, n° 08/00398 qui refuse de reconnaître l'existence d'un contrat de travail entre le porté et la société de portage, mais entre le porté et l'entreprise cliente ; CA Lyon, 5ème ch., 13 oct. 2006, n° 04/06602, qui refuse la qualification de contrat de travail aux rapports contractuels noués entre un porté et une société de portage salarial ; TGI Paris, 1ère ch., sect. soc., 18 mars 2008, n° 06/08817, qui reconnaît l'existence d'un contrat de travail entre le travailleur et la société de portage*).
- Qualification très discutée en doctrine (*parmi de nombreux autres, v. L. Casaux-Labrunée, « Le portage salarial : travail salarié ou travail indépendant ? », Dr. soc., 2007, p. 58 ; J.-Y. Kerbourc'h, « Le portage salarial : prestation de service ou prêt de main d'œuvre illicite ? », Dr. soc., 2007, p. 72 ; P. Morvan, « Éloge juridique et épistémologique du portage salarial », Dr. soc., 2007, p. 607 ; J.-J. Dupeyroux, « Le roi est nu-Réponse à P. Morvan », Dr. soc., 2007, p. 616*).
- Prise de position de la chambre sociale de la Cour de cassation par un arrêt (*inédit*) rendu le 16 décembre 2009 (*Cass. soc., 16 déc. 2009, n° 08-17.852*) qui caractérise l'existence d'un lien de subordination entre l'entreprise de portage et le salarié porté.
- Confirmation dans l'arrêt commenté. La confirmation est implicite et s'extrait, pour l'essentiel, du visa de l'article L. 1221-1 du Code du travail qui dispose que « le contrat de travail est soumis aux règles du droit commun ». Si ce texte est visé, c'est bien que le contrat sur lequel porte l'arrêt est un contrat de travail.
- Autre indice : la cour dispose que la société A. avait la « qualité d'employeur », qualification évidemment réservée à une relation de travail salariée.

Quoiqu'implicite, la qualification de contrat de travail de la relation entre l'entreprise de portage et le salarié porté ne fait guère de doute. L'élément clé de la qualification reposait sur l'obligation à la charge de l'employeur de fournir du travail à ses salariés.

B. L'obligation de fournir du travail au salarié porté

- Idée générale : l'obstacle majeur à la qualification de contrat de travail reposait sur l'identification de la personne ayant la charge de trouver du travail au salarié porté. La Cour de cassation lève l'obstacle en décidant que c'est à l'entreprise de portage de fournir du travail au salarié porté.

- Caractériser l'obligation pour l'entreprise portée de fournir du travail n'allait pas de soi, cela pour plusieurs raisons.
- D'abord parce qu'il est de la nature même du portage salarial que de constituer un dispositif accueillant pour un travailleur qui démarche ses propres clients mais qui ne veut pas être soumis aux règles du travail indépendant (*inscription aux différents registres professionnels, soumission aux cotisations sociales à titre indépendant, etc.*).
- Ensuite, parce que l'article L. 1251-64 du Code du travail, seul texte relatif au portage salarial, dispose que le portage salarial « garantit les droits de la personne portée sur son apport de clientèle ». Ce texte pouvait être interprété comme prévoyant que c'est au salarié porté de se constituer sa clientèle, à lui de trouver des missions, bref, à lui de trouver du travail (*en ce sens, v. P. Morvan, JCP éd. S, 2010, 1147*).
- L'obstacle est cependant franchi par la chambre sociale : la société de portage a, en sa qualité d'employeur, l'obligation « de lui fournir du travail ».
- Le raisonnement peut être salué parce que la qualification de contrat de travail est en principe indisponible (*Cass. soc., 19 déc. 2000, Labbane, Dr. soc. 2001, note A. Jeammaud ; Les grands arrêts du droit du travail, Dalloz, 4e éd., 2008, n° 3*). Peu importe que les parties adoptent une autre qualification, si les éléments de faits sont réunis, c'est la qualification de contrat de travail qui prime. Or, il est de la nature même du contrat de travail que, dans ce cadre, c'est l'employeur à qui incombe de fournir du travail au salarié (*en ce sens, v. J. Pélissier, préc. ; J.-J. Dupeyroux, préc. Adde Cass. soc., 3 nov. 2010, JCP éd. S, 2011, 1006, note J.- Y. Frouin ; Lexbase hebdo, éd. soc., n° 417, 18 nov. 2010, note Ch. Radé*).

Si le portage salarial repose, au moins pour ce qui concerne la relation entre l'entreprise de portage et le salarié porté, sur l'existence d'un contrat de travail, la conséquence première de cette qualification est évidemment l'application à cette relation des règles du droit du travail. S'il est donc avéré aujourd'hui que le portage salarial est soumis aux règles du droit du travail, il convient cependant de tenter d'envisager les spécificités qui pourraient découler de son régime.

II. Le portage salarial soumis au droit du travail

Le portage salarial est soumis aux règles du droit du travail, telle est la conséquence de sa qualification de contrat de travail. Si l'on perçoit aisément qu'ainsi, les règles générales du droit du travail soient applicables au portage salarial (A), l'analyse tend à montrer qu'il pourrait certainement s'opérer un rapprochement entre portage salarial et travail temporaire (B).

A. L'application générale des règles du droit du travail

- Idée générale : même si les éléments de régime juridique du portage salarial sont peu développés, tant dans la loi, la négociation collective que dans l'arrêt commenté, la soumission du portage à la qualification de contrat de travail devrait mener à l'application générale du droit du travail.
- Règle générale : l'existence d'un contrat de travail emporte l'application des règles du droit du travail. C'était, déjà, l'idée de Georges Scelle qui voyait dans le contrat de travail un « acte-condition », un acte qui faisait entrer les parties dans le salariat et leur imposait la soumission au droit du travail.
- L'application générale des règles d'ordre public du droit du travail se déduit, là encore, du second texte visé par la chambre sociale, à savoir l'article L. 1211-1 du Code du travail, lequel impose l'application du livre deux de la première partie du Code du travail « aux employeurs de droit privé ainsi qu'à leurs salariés ». Or, précisément, ce livre est consacré au « contrat de travail », si bien que, par ricochet, ce sont l'ensemble des dispositions impératives du droit du travail qui s'appliqueront aux relations de travail porté.
- Cette application générale du droit du travail est heureuse tant dans sa cause que dans ses effets.
- S'agissant de sa cause, il a souvent été relevé que le portage salarial était né d'une volonté de fraude du droit du travail et, insidieusement, du droit de la protection sociale (*J.- J. Dupeyroux, préc.*). Il est heureux que la Cour de cassation dont les mains avaient été laissées libres par la rédaction de l'article L. 1251-64 du Code du travail, jugule toute tentative de fraude à ces règles d'ordre public
- S'agissant de ses effets, le salarié porté n'est pas moins placé dans une situation de dépendance, de subordination, qu'un salarié classique. Il est donc essentiel qu'il puisse lui aussi bénéficier des règles du droit du travail. De la même manière, le régime général de la sécurité sociale ou le bénéfice de l'indemnisation du chômage ne trouvent à s'appliquer qu'au salarié…

Il demeure cependant des incertitudes sur l'étendue de l'application des règles du droit du travail. A l'évidence, le portage salarial demeure une relation de travail particulière. Il paraît probable qu'un rapprochement s'opère avec les règles applicables en matière de travail temporaire.

B. Le rapprochement aux règles du travail temporaire

- Idée générale : l'identification plus fine du régime juridique du portage salarial passe et passera probablement par un rapprochement des règles du portage à celles du travail temporaire.
- Le rapprochement entre travail temporaire et portage salarial est aisé : l'un comme l'autre sont des relations de travail triangulaire (*cf. la définition du travail temporaire établie par l'article L. 1251-1 du Code du travail*). Dans l'un comme

dans l'autre, un salarié est mis à disposition d'une entreprise par une autre entreprise.

- Comme pour le travail temporaire, le portage salarial a fait l'objet d'une exception aux règles relatives au délit de prêt de main d'œuvre illicite (*C. trav., art. L. 8241-1 ; Adde. J.-Y. Kerchbourc'h, « Le portage salarial : prestation de service ou prêt de main-d'œuvre illicite ? », Dr. soc. 2007, p. 72*).
- L'article 19 de l'ANI du 11 janv. 2008 prévoyait que « la branche du travail temporaire organisera, par accord collectif étendu, la relation triangulaire en garantissant au porté, le régime du salariat, la rémunération de sa prestation chez le client ainsi que de son apport de clientèle ». Ce sont donc, probablement, des solutions éprouvées par les partenaires sociaux en matière de travail temporaire qui seront exportées vers le portage salarial. L'accord relatif à l'activité de portage salarial, conclu le 24 juin 2010, a en effet été conclu par le Prisme (*principale organisation patronale de la branche de l'intérim*) et sans que les principales organisations patronales du secteur du portage n'aient participé à cette négociation.
- Parmi les points clés de l'accord, on peut relever que seuls les cadres peuvent être employés dans le cadre d'un portage salarial, que la rémunération du travailleur ne doit pas être inférieure à 2900 euros bruts par mois pour un temps complet, que le travailleur a la charge de prospecter ses clients, disposition qu'il conviendra d'articuler avec la position adoptée par la chambre sociale dans l'arrêt commenté.
- Ainsi, à titre d'exemple, peut-on espérer que, comme le travailleur intérimaire, le salarié porté bénéficie, à l'avenir, d'une double obligation de sécurité à l'égard de l'entreprise portée comme de l'entreprise utilisatrice (*v. pour les travailleurs intérimaires : Cass. soc., 30 nov. 2010, n° 08-70.390*).

2

LA PRÉSERVATION DE L'EMPLOI

La relation de travail n'est pas, loin s'en faut, un long fleuve tranquille. Il peut survenir de nombreux événements, qui ont longtemps bouleversé l'emploi du salarié, avant que le droit du travail s'y intéresse et que soient institués des mécanismes de préservation de l'emploi. Pour autant, la stabilité de la relation de travail est un objectif recherché tant par le salarié que par l'employeur[1]. Le droit du travail a, par conséquent, tenté au maximum de limiter l'influence que peuvent avoir ces événements sur la stabilité de l'emploi.

Certains de ces événements peuvent être imputés au salarié qui peut tomber malade, être enceinte, avoir des enfants, souhaiter suivre une formation, etc. En d'autres termes, le salarié peut parfois avoir l'envie ou le besoin de mettre la relation de travail entre parenthèses. Autrefois, quand le droit du travail n'était que balbutiant, le salarié n'avait aucun droit d'interrompre la relation de travail. S'il était malade, s'il voulait partir en vacances ou faire grève, l'inexécution de ses obligations qui en découlait autorisait l'employeur à rompre le contrat. Afin de préserver l'emploi du salarié, le droit du travail a fait émerger la notion de suspension du contrat de travail, laquelle permet que l'exécution du contrat de travail soit interrompue sans pour autant que le contrat de travail prenne fin.

Certains autres de ces événements peuvent être imputés au salarié ou à l'employeur. L'une comme l'autre des parties peut souhaiter modifier un élément du contrat de travail pour des raisons aussi diverses que variées. Tel salarié ambitionne de diminuer son temps de travail en raison d'obligations familiales ; telle entreprise a besoin de muter un salarié dans un autre établissement pour faire profiter de son expérience à une nouvelle succursale ; tel employeur entend promouvoir un bon élément dans l'entreprise ou, au contraire, rétrograder un salarié qui n'assume pas convenablement ses fonctions. La

1. A. Martinon, *Essai sur la stabilité du contrat de travail à durée indéterminée*, Dalloz, 2005.

difficulté de toutes ces situations, c'est qu'elles impliquent nécessairement une modification du contrat de travail. Or, par l'effet de la force obligatoire inhérente à tout contrat, les parties ne sont obligées que par ce sur quoi elles se sont accordées. Le contrat ne peut pas être modifié unilatéralement, il faudra obtenir l'accord du cocontractant. Entre alors en jeu la théorie de la modification du contrat de travail.

Enfin, certains événements sont eux imputables à l'employeur. Il lui est en effet loisible de décider de vendre son entreprise, de la mettre en location-gérance ou en franchise, de l'agrandir en rachetant un de ses concurrents. Ces circonstances relèvent pour l'essentiel du droit des affaires et l'on pourrait penser qu'elles n'ont pas d'incidence sur le lien d'emploi. C'est cependant là oublier que, si l'entreprise est vendue, le salarié change d'employeur. Or, par l'effet de la théorie de l'effet relatif des contrats, il ne devrait pas être possible d'imposer à un tiers – la personne qui achète l'entreprise par exemple – un contrat qu'il n'a pas lui-même conclu. Pour éviter que ces changements dans la situation juridique de l'employeur n'affectent le lien d'emploi, le droit du travail a élaboré une cession légale de contrat qui constitue l'une des exceptions les plus notables au principe de l'effet relatif des contrats : la théorie du transfert du contrat de travail.

Ainsi, la préservation du lien d'emploi passe, d'abord, par la théorie de la suspension du contrat de travail (I), ensuite par la théorie de la modification du contrat de travail (II) et, enfin, par la théorie du transfert du contrat de travail (III).

1 LA SUSPENSION DU CONTRAT DE TRAVAIL

Après avoir appréhendé la notion de suspension du contrat de travail (A), il sera nécessaire d'étudier les différents cas dans lesquels le contrat de travail est suspendu (B).

A. La notion de suspension du contrat de travail

Si la théorie générale du contrat devait s'appliquer sans atténuation au contrat de travail, l'inexécution par l'une des parties de ses obligations impliquerait presque toujours l'extinction du contrat. L'obligation à la charge du salarié consistant dans une obligation de faire, son exécution forcée ne pourrait être recherchée par l'application de l'article 1142 du Code du travail. Soit l'inexécution serait fautive et le contractant pourrait demander la résolution judiciaire du contrat par application de l'article 1184 du Code civil. Soit l'inexécution ne serait pas fautive et découlerait d'un cas de force majeure, auquel cas le contrat s'éteindrait de lui-même. C'est pour éviter ces conséquences trop brutales qu'a été élaborée la théorie de la suspension du contrat de travail[2].

Jean-Marc Béraud proposa de définir la suspension du contrat de travail comme « *le droit de l'une ou l'autre des parties d'invoquer la disparition du lien de subordination juridique dans le cadre d'un contrat de travail en cours pour obtenir ou justifier l'arrêt du travail* »[3]. Brun et Galland, pour leur part, expliquaient que « *la suspension entraîne seulement une interruption momentanée dans la vie du contrat, lequel reprendra son cours normal après une période plus ou moins longue de mort apparente* »[4]. Ces définitions sont partiellement erronées. La première est imprécise car le lien de subordination ne disparaît pas totalement, à la fois parce que la suspension est le plus souvent temporaire mais, encore, parce que les obligations accessoires nées du lien de subordination demeurent. La seconde est également imparfaite parce que certaines suspensions ne sont pas temporaires et vont aboutir à la rupture du contrat de travail. Elle a, en outre, l'inconvénient d'adopter une conception anthropomorphique du contrat de travail qui n'est ni réaliste, ni toujours très maniable.

Il vaut mieux dans ces conditions, retenir à ce stade une définition plus fonctionnelle de la suspension du contrat de travail. La suspension du contrat de travail correspond à une période pendant laquelle le droit du travail autorise le salarié à ne pas fournir de prestation de travail ou autorise l'employeur à ne pas verser de rémunération, sans que cela n'implique la rupture du contrat de travail. Dit autrement, seules les obligations des parties sont suspendues alors même que le contrat subsiste.

Il convient de remarquer que, pendant la suspension du contrat de travail, seules sont affectées les obligations principales du contrat de travail. En effet, l'obligation principale de payer une rémunération et l'obligation principale de fournir une prestation de travail sont suspendues, alors même qu'en revanche, les obligations accessoires demeurent actives. Ainsi, par exemple, l'obligation de discrétion imposée au salarié en raison du respect du secret professionnel demeure même s'il est en arrêt maladie ou en grève. De la même manière, l'obligation de loyauté des parties est maintenue[5] : le salarié ne saurait, pendant la suspension du contrat de travail, essayer de détourner la clientèle de son employeur[6].

---

2. La théorie de la suspension du contrat de travail n'est, cependant, pas sans lien avec la théorie générale des obligations puisqu'elle trouve peut-être une part de ses fondements dans l'*exceptio non adimpleti contractus*, v. en ce sens. F. Gaudu, R. Vatinet, *Traité des contrats - Les contrats du travail : contrats individuels, conventions collectives et actes unilatéraux*, LGDJ, 2001, n° 344.
3. J.- M. Béraud, *La suspension du contrat de travail. Essai d'une théorie générale*, th. dactyl., Lyon, 1979, pp. 91-92.
4. A. Brun, H. Galland, *Traité de droit du travail*, Sirey, 1977, t. 2, p. 323.
5. Cass. soc., 6 févr. 2001, *Dr. soc.* 2001, p. 439, note B. Gauriau ; Cass. soc., 18 mars 2003, *Dr. soc.* 2003, p. 770.
6. Cass. soc., 9 mai 2006, n° 04-44.929.

Si, en principe, les deux obligations principales sont suspendues, il faut en réalité préciser que, parfois, seule l'obligation de fournir une prestation de travail est effectivement suspendue. Cela est notamment le cas, le plus souvent, lorsque le salarié est malade. Le salarié placé en congé maladie est dispensé de venir travailler, son obligation est suspendue. Cependant, le Code du travail, relayé par de très nombreuses conventions collectives de travail, impose le maintien du salaire durant l'arrêt maladie[7]. Concrètement, l'employeur devra continuer de payer une partie du salaire du salarié malade alors même que celui-ci ne travaille pas. Il en va de même pour les congés payés durant lesquels, par définition, le salarié continue de percevoir une rémunération[8].

Quand le contrat de travail est suspendu, il n'est pas rompu, si bien que le salarié qui ne travaille pas fait toujours partie intégrante de l'entreprise. A ce titre, il demeure comptabilisé dans l'effectif, ce qui explique que son remplaçant ne le soit pas[9]. Il reste également électeur et éligible aux élections professionnelles durant la suspension du contrat. De la même manière, si le salarié dont le contrat est suspendu était titulaire d'un mandat de représentant du personnel, il continue de pouvoir exercer ce mandat[10].

L'inexécution par l'une des parties de ses obligations doit être autorisée par le droit du travail pour que s'applique la théorie de la suspension du contrat de travail. Le salarié qui n'assurerait pas sa prestation de travail sans pouvoir justifier d'un motif légitime serait considéré comme fautif et pourrait, à ce titre, subir une sanction disciplinaire. A l'inverse, l'employeur qui cesse le paiement du salaire sans juste raison pourrait subir une prise d'acte de la rupture du contrat de travail ainsi que, bien sûr, la condamnation à un rappel de salaire.

Enfin, et c'est là une question théorique qui a des retentissements pratiques considérables, que se passe-t-il en cas de concours de cas de suspension du contrat de travail ? Si un salarié en congés annuels tombe malade, faut-il le considérer comme étant en congés ou comme étant malade ? Si un salarié en arrêt maladie entend faire grève, faut-il le considérer comme malade ou comme gréviste ?
La Cour de cassation utilise habituellement un critère chronologique pour régler ces problèmes : c'est la cause de suspension qui est apparue chronologiquement la première qui est retenue comme cause de suspension de la relation de travail. Les évènements qui interviennent après cette première cause de suspension ne pourront être envisagés eux-mêmes comme cause de suspension que lorsque la première cause de suspension aura disparu. Par exemple, si un salarié participe à une grève et s'il tombe malade au cours de la grève, il est considéré comme gréviste jusqu'à la fin de la grève ; le contrat ne sera suspendu du fait de la maladie qu'à partir du premier jour

7. C. trav., art. L. 1226-1.
8. Qualifiée par le Code du travail d'indemnité de congés payés, v. C. trav., art. L. 3141-22.
9. *Cf. supra* p. 87.
10. Par ex., lorsque le contrat est suspendu en raison d'une mise à pied conservatoire, Cass. soc., 2 mars 2004, *RJS* 2004, n° 557.

suivant la fin du mouvement de grève... s'il est toujours malade à ce moment-là. L'intervention de la CJUE dans ce domaine pourrait cependant faire évoluer les positions du juge français. En effet, le juge européen considère que les congés payés ont pour finalité « *de permettre au travailleur de se reposer et de disposer d'une période de détente et de loisirs* » si bien que la survenance d'une maladie durant les congés devrait lui permettre d'obtenir un congé à une autre période[11].

Après avoir présenté ces quelques généralités, l'exposé doit se poursuivre par l'identification des différentes hypothèses de suspension du contrat de travail.

B. Les hypothèses de suspension du contrat de travail

Il existe de nombreuses situations différentes dans lesquelles le contrat de travail peut être suspendu. Certaines d'entre elles ont déjà été étudiées : la mise à pied disciplinaire, sanction infligée par l'employeur et dont l'objet est précisément la suspension légitime et provisoire du contrat de travail[12] ; les heures de délégation du représentant du personnel durant lesquelles seule l'obligation de fournir une prestation de travail est suspendue[13] ; etc. Nous ne reviendrons pas ici sur ces catégories déjà envisagées et nous concentrerons sur quelques grands types de suspension que sont la suspension en raison de l'état de santé (1), la suspension pour congés (2) et la suspension en cas de grève (3).

1. LA SUSPENSION EN RAISON DE L'ÉTAT DE SANTÉ

La survenance d'un risque, au sens du droit de la sécurité sociale[14], impose souvent au salarié de suspendre l'exécution de son travail. Étroitement dépendante de la gravité de l'atteinte à l'état de santé, cette suspension est facultative lorsqu'il s'agit d'un accident ou d'une maladie (a). Elle est en revanche obligatoire lorsque la suspension du contrat intervient en raison de l'état de grossesse d'une salariée (b).

a. L'accident et la maladie[15]

La maladie ou l'accident non professionnel, c'est celle ou celui qui survient sans avoir aucun lien avec le travail. C'est le rhume, la grippe, l'accident de voiture un week-end, sur une route de campagne. La maladie ou l'accident professionnel sont ceux qui surviennent du fait ou à l'occasion du travail. C'est la blessure causée par un outil de

11. Sur le concours entre arrêt maladie et congés payés, v. CJCE 10 septembre 2009, Aff. C-277/08, *RDT* 2009, p. 725, note M. Véricel ; sur la perte de congés payés acquis avant un départ en congé parental, v. CJUE 22 avril 2010, aff. C-486/08, *RDT* 2010, p. 523, note M. Véricel.

12. Cf. *supra* p. 185.

13. Cf. *supra* p. 105 et s.

14. Le risque y est entendu comme un événement ayant pour effet de réduire la capacité de travail et de gain d'une personne telles que la maladie, la maternité, la vieillesse. V. J.- P. Laborde, *Droit de la sécurité sociale*, PUF, 2004, p. 8.

15. S. Bourgeot, M. Blatman, *L'état de santé du salarié*, éd. Liaisons, 2009.

travail, la maladie contractée à force d'être en contact avec un produit nocif, etc. Les différences les plus marquantes entre l'atteinte à l'état de santé d'origine non professionnelle et l'atteinte liée au travail sont l'apanage du droit de la sécurité sociale. Le droit du travail, pour sa part, a progressivement gommé les différences des régimes juridiques applicables à ces deux situations. S'il subsiste des différences, c'est essentiellement au stade de la rupture du contrat de travail qu'elles devront être étudiées[16].

Lorsque le salarié est malade ou subit un accident, son médecin traitant lui délivre un arrêt de travail. Ce document doit être transmis à l'employeur dans les plus brefs délais[17], le retard dans l'information de l'employeur n'étant, en général, pas constitutif d'une faute grave[18]. Pendant toute la durée de l'arrêt de travail fixée par le médecin, le contrat de travail est suspendu, si bien que le salarié ne travaille pas. Les obligations accessoires, telles que l'obligation de loyauté, demeurent néanmoins actives. Il en découle, par exemple, que le salarié qui travaille, pour son compte ou pour celui d'un autre employeur, durant la suspension du contrat, manque à l'obligation de loyauté et peut subir une sanction[19]. Le salarié ne peut, toujours au nom de l'obligation de loyauté, abuser de sa liberté d'expression en tenant en public, au cours de la suspension, des propos injurieux à l'encontre de son employeur[20]. De la même manière, l'obligation de loyauté impose au salarié de ne pas empêcher la poursuite de l'activité de l'entreprise pendant son absence[21].

L'employeur est généralement tenu de continuer à verser une rémunération au salarié en arrêt maladie. Cette obligation découle de l'article L. 1226-1 du Code du travail : si le salarié en arrêt est pris en charge par la sécurité sociale, qu'il a plus d'un an d'ancienneté et qu'il a transmis son arrêt de travail dans les 48 h à son employeur, celui-ci doit lui verser son salaire[22] ou un complément de rémunération destiné à compenser la perte de salaire due à l'insuffisance des indemnités journalières de sécurité sociale. Sous réserve de dispositions conventionnelles plus favorables, cette prise en charge est néanmoins soumise à un délai de carence de dix jours[23], sauf si l'atteinte à l'état de santé a une origine professionnelle[24]. L'employeur dispose de la faculté de contrôler la

16. Cf. *infra* p. 369 et s.

17. Délai de 48h si l'entreprise est couverte par l'ANI sur la mensualisation, v. ANI du 10 déc. 1977 sur la mensualisation, art. 7. Délai ramené à 24h en cas d'accident du travail ou de maladie professionnelle, v. CSS, art. L. 441-1.

18. Par ex. Cass. soc., 29 nov. 2006, n° 04-47.302. La faute grave peut tout de même être retenue lorsque l'employeur a mis en demeure le salarié de justifier son absence, v. Cass. soc., 9 juill. 2008, n° 07-41.483.

19. Cass. soc., 21 oct. 2003, n° 01-43.943.

20. Cass. soc., 10 déc. 2008, *JCP* éd. S, 2009, 1083, note M. Caron.

21. En refusant de communiquer un mot de passe informatique, Cass. soc., 18 mars 2003, n° 01-41.343.

22. L'employeur est alors subrogé dans les droits du salarié à l'égard de la sécurité sociale, Cass. civ. 2, 8 juill. 2004, n° 02-31.225.

23. Contre trois jours pour les indemnités journalières de sécurité sociale.

24. C. trav., art. D. 1226-3.

réalité de l'atteinte à l'état de santé du salarié par l'intermédiaire d'un médecin de son choix[25].

La suspension du contrat de travail prend fin, en principe, à l'occasion de la visite médicale de reprise au cours de laquelle le salarié est déclaré apte à reprendre son emploi[26]. La règle n'est pas pleinement satisfaisante, cela pour au moins deux raisons. D'abord, la visite médicale de reprise n'est obligatoire, aux termes de l'article R. 4624-21 du Code du travail, qu'après une absence pour maladie professionnelle, une absence d'au moins huit jours pour accident du travail, une absence d'au moins vingt-et-un jours pour accident ou maladie professionnelle ou en cas d'absences répétées pour raison de santé. Il est donc envisageable que le salarié reprenne parfois son travail sans subir de visite médicale alors qu'il ne peut être sérieusement soutenu que son contrat de travail est toujours suspendu. Ensuite, l'article R. 4624-23, al. 2, prévoit que la visite de reprise peut avoir lieu « *au plus tard dans un délai de huit jours* » après la reprise du travail. Dans cette situation, le salarié peut alors avoir repris son travail sans avoir encore subi de visite médicale, avoir repris son poste alors que son contrat de travail est encore théoriquement suspendu. Le principe devrait donc être aménagé en ce qu'il paraît trop général.

Lorsque le salarié est jugé apte à reprendre son emploi, l'article L. 1226-8 du Code du travail impose qu'« *il retrouve son emploi ou un emploi similaire assorti d'une rémunération au moins équivalente* ». Constitue un emploi similaire celui qui recouvre « *le même niveau de rémunération, la même qualification et les mêmes perspectives de carrière que l'emploi initial* »[27]. Quoique ce texte ne concerne que les suspensions liées à la survenance d'un risque professionnel, la règle a été étendue à la suspension en raison d'un risque non professionnel[28]. Si le salarié est jugé inapte à reprendre son emploi, d'autres règles seront mobilisées et pourront mener jusqu'à la rupture du contrat de travail[29].

Outre une atteinte à l'état de santé, c'est la grossesse ou la maternité qui peut justifier une suspension du contrat de travail.

b. La maternité

La salariée enceinte ou en couches fait l'objet d'une protection particulière dans le Code du travail. Bien sûr, elle est protégée contre les discriminations, que ce soit au niveau de l'embauche ou au niveau du déroulement de sa carrière[30]. Pourtant la plus

25. Sur les conditions de ce contrôle, v. H. Peschaud, « Contrôles médicaux des arrêts de travail : où en est-on ? », *JCP* éd. S, 2009, 1063.
26. Cass. soc., 19 janv. 2005, *RJS* 2005, p. 201.
27. Cass. soc., 24 mars 2010, *JSL* 2010, n° 279, p. 15, obs. B. Ballouhey.
28. Cass. soc., 10 mars 2004, n° 01-46.577.
29. Elles seront donc étudiées à ce titre, cf. *infra* p. 369 et s.
30. C. trav., art. L. 1225-1 à L. 1225-3. *Adde*, depuis la loi n° 2008-496 du 27 mai 2008 portant diverses

grande partie de la protection est assurée par l'interdiction de licencier une salariée enceinte imposée à l'employeur[31].

Au début de la grossesse, la salariée travaille toujours dans l'entreprise, mais elle peut être dispensée d'exécuter une partie de ses tâches habituelles. De nombreuses conventions collectives prévoient une réduction du temps de travail des femmes enceintes, parfois jusqu'à une heure par jour. Il est également fréquent que la salariée enceinte bénéficie temporairement d'un changement d'activité afin d'être affectée à des tâches moins pénibles[32].

La salariée a le droit de bénéficier d'un congé de maternité pendant une période qui commence six semaines avant la date présumée de l'accouchement et se termine dix semaines après la date de celui-ci[33], sachant que ces durées peuvent être allongées en cas de naissances multiples, de grossesse pathologique, si la salariée a déjà deux enfants, etc[34]. Pendant toute cette durée de congé maternité, le contrat de travail est suspendu, ce qui implique les mêmes conséquences qu'en matière de suspension pour cause de maladie, notamment au regard du maintien de l'obligation de loyauté. Pendant cette période de suspension, la salariée perçoit des indemnités journalières de la sécurité sociale, l'employeur étant par conséquent dispensé de son obligation de verser une rémunération. Comme le salarié malade, la salariée ayant accouché doit être réintégrée à l'issue de la suspension, dans son emploi ou dans un emploi similaire assorti d'une rémunération au moins équivalente[35].

A l'issue du congé maternité, la salariée ou le père de l'enfant peuvent bénéficier d'un congé parental d'éducation à condition d'avoir une ancienneté d'un an dans l'entreprise. Ce congé durera un an, renouvelable deux fois. Il s'agira toujours d'une période de suspension du contrat de travail, mais qui ne donnera plus cette fois lieu à indemnisation comme le congé maternité (le parent sera cependant éligible à des prestations familiales qui compensent en partie la perte de salaire...)[36].

Depuis le 1er janvier 2002, les pères ont également droit à un congé paternité de onze jours, porté à dix-huit jours en cas de naissances multiples[37]. Ce congé peut se cumuler avec les trois jours accordés par la loi en cas de naissance d'un enfant et doit être pris

---

dispositions d'adaptation au droit communautaire dans le domaine de la lutte contre les discriminations, l'ajout à la liste de l'article L. 1132-1 du Code du travail de « l'état de grossesse ».

31. Cf. *infra* p. 385.

32. Ce changement d'affectation est de droit lorsque son état de santé l'exige, lorsqu'elle travaille de nuit ou que son emploi l'expose à des risques particuliers, cf. C. trav., art. L. 1225-7 et s.

33. Ces périodes sont aménageables par la salariée, par exemple en reportant les semaines dont elle n'a pas bénéficié durant la grossesse après l'accouchement.

34. C. trav., art. L. 1225-17 et s.

35. C. trav., art. L. 1225-25.

36. C. trav., art. L. 1225-47 et s.

37. C. trav., art. L. 1225-35 et s.

dans un délai de quatre mois après sa naissance. Durant ce congé, le contrat de travail du père est suspendu et celui-ci perçoit des indemnités de la sécurité sociale comparables à celles servies à la salariée en congé maternité[38].

La suspension du contrat de travail peut également résulter de différents types de congés.

2. LA SUSPENSION DURANT LES CONGÉS

Parmi les différents types de congés, les plus connus restent évidemment les congés payés créés en 1936 par le Front populaire (a). Le salarié bénéficie de nombreux autres types de congés (b).

a. Les congés payés annuels

L'article L. 3111-2 du Code du travail dispose que tout salarié « *a droit chaque année à un congé payé à la charge de l'employeur* ». Pour bénéficier de congés dans une entreprise, le salarié doit avoir travaillé au moins dix jours pour le même employeur[39]. Les congés payés doivent être pris tous les ans. Il n'est en principe pas question qu'un salarié refuse de partir en congés et cumule ses indemnités de congés payés avec son salaire[40]. Cette règle a cependant été assouplie par la Cour de cassation : le salarié pourra bénéficier d'une indemnité de congés payés alors qu'il n'a pas pris ses congés s'il parvient à démontrer qu'il a été privé de la possibilité de prendre ses congés par la faute de l'employeur[41]. Chaque salarié va accumuler un droit à deux jours et demi de congés par mois de travail[42]. Il faut comptabiliser ce qui constitue ou est assimilé à du temps de travail effectif. Est par exemple assimilé à du temps de travail effectif pour le calcul des droits à congé, le temps passé en congés payés, ce qui conduit à gagner des droits à congés pendant que l'on est en congé[43] !

La suspension du contrat de travail commence en même temps que la prise de congé, c'est-à-dire au premier jour qui aurait dû être travaillé si le salarié n'était pas parti en congés. On ne compte donc pas les jours chômés qui peuvent précéder le début du congé, ce qui peut avoir des conséquences sur les règles de cumul des causes de suspension[44].

---

38. Le congé de paternité n'est ouvert qu'au père de l'enfant et est refusé à la partenaire pacsée d'un couple homosexuel, v. Cass. 2e civ., 11 mars 2010, *JCP* éd. S, 2010, 1224, note A. Devers ; *RDSS* 2010, p. 534, note M. Badel.

39. C. trav., art. R. 3141-3. La loi du 20 août 2008 a supprimé l'exigence que ces jours de travail soient intervenus lors d'une période dite de référence qui s'étalait, en principe, du 1er juin de l'année précédente au 31 mai de l'année en cours.

40. Le droit aux congés ne peut, en principe, être compensé par une indemnisation, v. CJCE 6 avr. 2006, *RDT* 2007, p. 43, note M. Véricel.

41. Par ex., Cass. soc., 4 déc. 1996, n° 93-46.408.

42. Sous réserve d'éventuelles majorations dues aux jeunes mères de famille (C. trav., art. L. 3141-6) ou aux salariés disposant d'une certaine ancienneté (C. trav., art. L. 3141-8).

43. Pour l'ensemble des périodes assimilées, v. C. trav., art. L. 3141-5.

44. Le salarié a posé ses congés à partir du lundi. Il ne travaille pas le dimanche, qui n'est pas un jour ouvrable. S'il tombe malade le dimanche et que son médecin lui prescrit un arrêt de travail, la cause

Des évolutions devraient prochainement intervenir s'agissant du cumul entre congés payés et maladie. En effet, la jurisprudence considère traditionnellement que le salarié qui tombe malade durant ses congés n'acquiert pas un droit au report des congés payés, conformément aux règles classiques de concours des cas de suspension[45]. Cependant, la Cour de justice des communautés européennes a rendu un arrêt le 10 septembre 2009 qui adopte une position contraire, ce qui devrait incliner la Cour de cassation à faire évoluer sa propre jurisprudence. L'idée, fort logique, est que le salarié malade ne profite guère de son droit à congé annuel, destiné aux loisirs et non aux soins[46].

Contrairement à une croyance très répandue, c'est l'employeur et non pas le salarié qui décide en principe des dates de départ en congés des salariés. L'employeur doit cependant consulter les délégués du personnel sur cette question pour fixer l'ordre des départs en tenant compte des situations familiales de chacun et de l'ancienneté dans l'entreprise[47]. La loi impose à l'employeur une période du 1er mai au 31 octobre durant laquelle il doit, en théorie, faire bénéficier à tous ses salariés d'un congé d'au moins douze jours ouvrables et, au maximum, de vingt-quatre jours ouvrables. A l'exception des jours correspondant à la cinquième semaine, les jours qui n'ont pas été pris lors de cette large période estivale donnent lieu à une majoration de jours de congés[48].

Durant ses congés, le salarié ne perçoit pas à proprement parler une rémunération mais une indemnité de congés payés dont les modalités de calcul sont établies les articles L. 3141-22 et suivants du Code du travail. De manière un peu schématique, le Code du travail prévoit deux modes de calcul, celui qui présente le caractère le plus favorable au salarié devant être retenu. En principe, l'indemnité est égale au dixième de la rémunération brute perçue par le salarié lors de la période de référence[49]. Par exception, l'indemnité ne peut être inférieure à ce qu'aurait perçu le salarié s'il avait travaillé au lieu d'être en congés. L'indemnité est versée au salarié pendant qu'il est en congés à la place de son salaire et proportionnellement à la durée des congés. Si l'indemnité est, en principe, servie par l'employeur, certaines entreprises sont contraintes de s'affilier à une caisse de congés payés qui versera les indemnités contre recouvrement de cotisations auprès des employeurs du secteur[50].

---

première (chronologiquement) de suspension du contrat de travail sera la maladie. Le point de départ des congés sera reporté à la fin de l'arrêt de travail pour maladie. Si la durée de l'arrêt de travail excède la durée des congés, le salarié devrait pouvoir obtenir le bénéfice de ses congés ultérieurement, l'employeur n'étant pas libéré de son obligation. En ce sens, v. CJCE, 20 janv. 2009, *RDT* 2009, p. 170, note M. Véricel.

45. Par ex., Cass. soc., 8 nov. 1984, n° 82-42.372.

46. CJCE, 10 sept. 2009, *RDT* 2009, p. 725, note M. Véricel.

47. C. trav., art. L. 3141-14.

48. C. trav., art. L. 3141-17 et s.

49. Période de référence qui n'a donc pas disparu pour le calcul de l'indemnité mais seulement pour l'ouverture de droits à congés.

50. V. par ex. dans le domaine du bâtiment et des travaux publics, C. trav., art. D. 3141-12 et s. L'obligation d'affiliation à ces caisses de congés payés n'est pas contraire aux articles 81 et 82 du Traité de l'Union européenne relatifs à la libre concurrence, v. Cass. soc., 21 janv. 2009, n° 07-12.411.

Le Code du travail comporte de nombreux autres droits à congés en faveur du salarié.

b. Les congés spéciaux

Le Code du travail traite de plus d'une trentaine de congés spéciaux, si bien qu'il n'est guère envisageable de tous les aborder ici. Seuls les plus courants feront l'objet d'une présentation sommaire. La plupart de ces congés diffèrent des congés payés sur plusieurs points. D'abord, ils ne sont octroyés au salarié que si celui-ci le demande, l'employeur ne doit pas lui en faire bénéficier automatiquement tous les ans. Ensuite, ces congés ont généralement une finalité : ils ne sont accordés aux salariés que dans un but précis, principe de spécialité qui justifie qu'ils soient qualifiés de congés spéciaux. Enfin, l'indemnisation du temps de congé n'est pas toujours à la charge de l'employeur, le salarié ou la sécurité sociale assumant parfois tout ou partie de celle-ci.

L'un des congés spéciaux les plus fréquents est le congé parental d'éducation déjà évoqué[51]. Parmi les conditions permettant d'ouvrir droit à un tel congé, il est d'abord évidemment nécessaire d'avoir eu un enfant ou en avoir adopté un[52], mais il faut également avoir un an d'ancienneté dans l'entreprise. Ce congé dure un an et peut être renouvelé deux fois. Il est ouvert tant au père qu'à la mère. Le salarié doit informer l'employeur par lettre recommandée avec accusé de réception du point de départ du congé parental[53]. A l'issue du congé, il est réintégré dans son emploi ou dans un emploi équivalent. Le congé parental n'implique aucun versement d'indemnité de la part de l'employeur. Seule la sécurité sociale peut verser, sous conditions de ressources, une prestation d'accueil du jeune enfant.

Le Code du travail prévoit également un certain nombre de congés dits familiaux : quatre jours pour le mariage du salarié, trois jours pour chaque naissance, deux jours pour le décès du conjoint, du partenaire pacsé ou d'un enfant, un jour pour le décès des père et mère, beau-père et belle-mère, frère et sœur[54]. Ces jours de congés sont assimilés à du temps de travail effectif et n'entraînent, par conséquent, aucune diminution de rémunération. La liste de ces congés est souvent améliorée par voie conventionnelle, qu'il s'agisse d'allonger la durée du congé ou de prendre en compte d'autres événements familiaux. A défaut de telles améliorations, la liste du Code du travail paraît en revanche limitative[55].

---

51. C. trav., art. L. 1225-47 et s.
52. Sans préjudice du congé d'adoption prévu par les articles L. 1225-37 et s. du Code du travail.
53. Le congé parental est un droit qui ne peut être refusé par l'employeur, si bien que l'information de celui-ci n'est pas une condition de bénéfice du congé, v. Cass. soc., 12 mars 2002, *Dr. soc.* 2002, p. 558, note J. Mouly.
54. C. trav., art. L. 3142-1 et L. 3142-2.
55. Ainsi, le salarié ne peut s'octroyer un jour de congé pour le mariage de sa sœur, v. CA Agen, 30 juin 2009, *JCP* éd. G, 2009, 495.

Il existe encore ce que le Code du travail dénomme le congé pour reprise ou création d'entreprise. Ce congé n'est pas rémunéré. A l'issue du congé, le salarié est réintégré dans son emploi ou dans un emploi similaire[56]. Ce congé répond à un régime assez proche du congé sabbatique[57] qui est ouvert aux salariés ayant six années d'activité professionnelle et trois ans d'ancienneté dans l'entreprise et dure de six à onze mois. Contrairement aux autres congés, il n'a pas à être motivé par une cause spéciale. L'employeur dispose exceptionnellement du droit de reporter le point de départ du congé d'au maximum six mois, voire du droit de refuser le bénéfice du congé s'il estime que ce congé aura des conséquences préjudiciables à la production et à la marche de l'entreprise[58].

Enfin, il existe un grand nombre de congés spécifiques permettant au salarié de suivre une formation[59].

Si, le plus souvent, la suspension du contrat de travail pour congés est imputable à la volonté du salarié, tel est encore le cas dans l'hypothèse de la suspension pour exercice du droit de grève.

3. LA SUSPENSION EN CAS DE GRÈVE

Après quelques propos généraux sur le droit de grève en France (a), la définition de la grève devra être précisée (b) et ses conséquences sur le contrat de travail délimitées (c).

a. Le droit de grève

La grève fut longtemps interdite dans notre pays. La loi le Chapelier du 14 juin 1791 avait interdit les coalitions, c'est-à-dire toute action collective en vue de peser sur le prix du travail, sur les salaires. Le délit de coalition était sévèrement réprimé par le Code pénal pour les ouvriers comme pour les employeurs[60]. Ce n'est qu'en 1864 que le délit de coalition fut abrogé : la grève devenait licite. Cependant, la licéité de la grève était loin de résoudre tous les problèmes. La théorie de la suspension du contrat de travail n'existait pas et le droit de grève n'était pas protégé, si bien que le salarié gréviste se rendait coupable d'une inexécution de son contrat de travail qui justifiait la rupture à l'initiative de l'employeur.

Le préambule de la Constitution de 1946 et une loi du 11 février 1950 ont enfin donné des garanties aux grévistes. Le premier de ces textes affirme que « *le droit de grève s'exerce dans le cadre des lois qui le réglementent* ». Quant au second, il institue un

---

56. C. trav., art. L. 3142-78.
57. C. trav., art. L. 3142-91 et s.
58. C. trav., art. L. 3142-97.
59. C. trav., art. L. 3142-16 et s.
60. Moins durement pour les employeurs à partir de la loi du 22 germinal an XI : trois mois d'emprisonnement pour toute participation à une coalition ouvrière alors que les coalitions patronales n'étaient réprimées que lorsqu'elles tendaient à provoquer injustement l'abaissement des salaires.

régime extrêmement sommaire du droit de grève sans véritablement le réglementer comme la Constitution l'y invitait. Quoiqu'il en soit, la grève ne rompt plus le contrat de travail, le contrat de travail est désormais suspendu pendant la grève[61]. Depuis lors, le droit de grève a été proclamé par de nombreux textes internationaux. Il est ainsi garanti par la convention n° 87 de l'Organisation internationale du travail, par l'article 8 du Pacte international relatif aux droits économiques, sociaux et culturels de 1966, par la Charte sociale européenne de 1996, par la charte des droits fondamentaux de l'Union européenne annexée au Traité de Lisbonne. La CJCE dans deux arrêts dit Laval et Viking, rendus le 11 et le 18 décembre 2007, a reconnu la grève comme « *un droit fondamental faisant partie intégrante des principes généraux du droit communautaire* »[62].

Le contrat de travail n'est suspendu qu'en cas d'exercice légitime du droit de grève. Lorsqu'un salarié participe à un mouvement collectif qui n'entre pas dans la définition de la grève, il s'agit d'une exécution défectueuse du contrat de travail, de la participation à un mouvement collectif illicite, participation qui justifie que lui soit infligée une sanction.

b. La définition de la grève

La Cour de cassation définit la grève comme « *tout arrêt collectif et concerté du travail en vue d'appuyer des revendications professionnelles* »[63]. Pour être qualifiée de grève, l'action collective doit donc revêtir deux caractéristiques : être un arrêt de travail collectif et concerté d'une part, appuyer des revendications professionnelles d'autre part.

– Un arrêt de travail

L'arrêt du travail, d'abord, doit être total. Une exécution du travail défectueuse, ralentie ou partielle n'est pas considérée par la jurisprudence comme de la grève et sera donc illicite[64]. Ainsi, par exemple, le ralentissement de la cadence de travail à la chaîne n'est pas un arrêt de travail[65] ; le fait que les contrôleurs d'un train soient présents dans le train sans contrôler les billets n'est pas un arrêt de travail[66]. En revanche, la Cour de cassation a récemment réaffirmé que les arrêts de travail pouvaient être de courte durée sans que cela n'entrave la qualification de grève[67]. De la même manière, les grèves tournantes (différentes catégories de personnel se mettant alternativement en

---

61. Les règles issues de la loi de 1950 sont toujours en vigueur et codifiées aux articles L. 2511-1 et s. du Code du travail.

62. CJCE 11 déc. 2007, *Laval* et *Viking*, *RTD eur.*, 2008. 47, note P. Rodière ; *RDT* 2008, p. 80, note S. Robin-Olivier et E. Pataut.

63. Cass. soc., 17 janv. 1968, *Bull. civ.* V, n° 35.

64. Cass. soc., 21 oct. 2009, n° 08-14.490.

65. Il s'agit soit d'une grève perlée (ralentissement volontaire des cadences de travail), soit d'une grève du zèle (ralentissement de la production par l'effet d'une application rigoriste des consignes d'exécution du travail).

66. Cass. soc., 16 mars 1994, n° 91-43.349.

67. Cass. soc., 25 janv. 2011, *Lexbase hebdo*, éd. soc., n° 427, 10 févr. 2011, obs. Ch. Radé.

grève) et les grèves-bouchon (une petite minorité de salariés affectée à des postes clés de l'entreprise sont seuls à faire grève) sont licites.

L'arrêt de travail, ensuite, doit être collectif et concerté. Le droit de grève est un droit individuel d'exercice collectif si bien que, sauf exception, il n'est pas possible d'exercer seul le droit de grève[68]. En principe, les salariés doivent s'être concertés pour que le droit de grève soit valablement exercé, ce qui n'implique cependant pas que la grève ait été déclenchée par un syndicat[69].

– Des revendications professionnelles

L'arrêt de travail doit intervenir au soutien de revendications professionnelles. Toute revendication, même la plus folle, peut faire l'objet d'une grève à la condition d'être de nature professionnelle[70]. Cela peut correspondre à des demandes tenant à l'augmentation des salaires, à l'obtention de meilleures conditions de travail, à contraindre l'employeur à tenir des engagements préalablement pris, à s'opposer aux licenciements collectifs de salariés de l'entreprise, à la défense de l'emploi de manière générale, etc[71]. Peu importe que les revendications aient un objet si vaste que l'employeur ne soit pas en mesure d'y répondre[72], à condition toutefois qu'il ait été informé des revendications soutenues[73].

La jurisprudence refuse généralement la qualification de revendications professionnelles dans trois cas de figure. *Primo*, les grèves d'autosatisfaction ne constituent pas des grèves en vue d'obtenir satisfaction d'une revendication professionnelle : les salariés ne peuvent se mettre en grève tous les samedis avec pour revendication de ne plus travailler le samedi[74]. *Secundo*, les grèves de solidarité interne ne sont admises qu'à la condition de s'opposer à des mesures collectives et non individuelles[75]. Alors que la grève pour contester un projet de licenciement pour motif économique collectif est licite, celle destinée à s'opposer au licenciement disciplinaire d'un salarié ne répond pas à des revendications professionnelles[76]. *Tertio*, les grèves politiques ne sont en

---

68. Deux exceptions cependant, lorsque le gréviste est l'unique salarié de l'entreprise (Cass. soc., 13 nov. 1996, *Dr. soc.* 1996, p. 1108 obs. J.- E. Ray ; *Dr. soc.* 1997, p. 368, obs. Ch. Radé) et lorsque le gréviste s'agrège à un mot d'ordre national de grève (Cass. soc., 29 mars 1995, *RJS* 1995, p. 369).
69. Cass. soc., 19 févr. 1981, *D.* 1981, p. 417.
70. Le juge s'interdit le pouvoir de contrôler le caractère raisonnable des revendications, v. Cass. soc., 2 juin 1992, *Dr. soc.*, 1992, p. 700, rapp. P. Waquet, note J.- E. Ray.
71. Par ex., la demande de remboursement d'heures perdues en raison d'intempéries, Cass. soc., 12 déc. 2000, n° 99-40.265.
72. Cass. soc., 23 oct. 2007, *D.* 2007, p. 2807, obs. B. Ines.
73. Cass. soc., 28 févr. 2007, *D.* 2007, p. 2269, obs. M.- C. Amauger-Lattès.
74. Sur le principe, v. Cass. soc., 23 nov. 1978, *Bardot*, *Les grands arrêts du droit du travail*, Dalloz, 4e éd, 2008, n° 189.
75. La frontière entre revendications individuelles et collectives est cependant parfois bien ténue, v. par ex. Cass. soc., 5 janv. 2011, *Lexbase hebdo*, éd. soc., n° 424, 20 janv. 2011, note Ch. Radé.
76. V. Cass. soc., 16 nov. 1993, *Dr. soc.* 1994, p. 35, rapp. Ph. Waquet, note J.- E. Ray. La grève de solidarité envers un salarié est cependant admise si elle s'ajoute à d'autres revendications qui revêtent la quali-

principe pas permises, quoique la Cour de cassation adopte une position relativement souple des revendications professionnelles en la matière, acceptant que des mots d'ordre tels que la défense de l'emploi ou l'amélioration du pouvoir d'achat ne constituent pas des revendications à caractère politique[77].

c. Les conséquences de la grève sur le contrat de travail

Lorsque les conditions d'exercice du droit de grève sont réunies, le contrat de travail du salarié gréviste est seulement suspendu puisque l'article L. 2511-1 du Code du travail dispose que « *l'exercice du droit de grève ne peut justifier la rupture du contrat de travail, sauf faute lourde imputable au salarié* ». Par l'effet de la suspension du contrat, le salarié continue d'accumuler de l'ancienneté durant la grève[78]. Bien entendu, l'employeur ne peut profiter de la grève pour modifier le contrat de travail du salarié gréviste, par exemple en lui imposant une rétrogradation. En revanche, le contrat de travail se trouvant suspendu, le salarié n'est plus placé sous la subordination de l'employeur et ne bénéficie plus, à ce titre, de la protection contre les accidents du travail[79].

Toujours par l'effet de la suspension du contrat de travail, l'employeur n'est pas tenu de verser une rémunération au salarié gréviste. Cette privation de salaire ne constitue pas une sanction pécuniaire prohibée, comme le répète régulièrement la chambre sociale de la Cour de cassation[80]. La retenue pour salaire doit être strictement proportionnelle à la durée de l'interruption de travail et ne peut donner lieu à aucune discrimination en raison de l'exercice du droit de grève[81]. Il n'existe que de rares exceptions au non-paiement du salaire des grévistes, soit que l'accord de fin de conflit accorde aux grévistes le bénéfice de leurs salaires, soit que la grève ait en réalité été justifiée par une situation contraignante en raison d'un manquement grave et délibéré de l'employeur à ses obligations[82].

La grève peut prendre fin sans gloire, par abandon du conflit, par lassitude, par « pourrissement » comme aiment à l'évoquer les médias. Elle peut également prendre fin par la conclusion d'un accord de fin de conflit qui a la nature d'un accord collectif s'il répond aux conditions de validité d'un tel accord, d'un engagement unilatéral de l'employeur dans le cas contraire. Quoiqu'il en soit, la suspension du contrat de travail prend fin lorsque le salarié reprend le travail.

---

fication de revendications professionnelles, v. Cass. soc., 5 janv. 2011, *Lexbase hebdo*, éd. soc., n° 424, 20 janv. 2011, note Ch. Radé.

77. Cass. soc., 29 mai 1979, *Les grands arrêts du droit du travail, préc.*, n° 464.

78. Par ex., Cass. soc., 9 févr. 2000, *RJS* 2000, p. 207.

79. La décision, quoiqu'ancienne, est probablement toujours d'actualité, v. Cass. soc., 6 juill. 1965, n° 64-11.862.

80. Sur les grèves relatives à la journée de solidarité, Cass. soc., 16 janv. 2008, n° 06-42.327.

81. Sur la question particulière de l'application de cette règle aux salariés en forfait-jours, v. Cass. soc., 13 nov. 2008, *RDT* 2009, p. 117, note M. Grévy ; Cass. soc., 4 mars 2009, *D.* 2009, p. 877, obs. L. Perrin.

82. Cass. soc., 20 févr. 1991, *Les grands arrêts du droit du travail, préc.*, n° 207. *Adde*, Cass. soc., 3 mai 2007, *D.* 2007, p. 1423.

Il existe enfin, de manière marginale, une hypothèse de suspension du contrat de travail liée à un conflit collectif sans pour autant que le salarié concerné soit gréviste : le chômage technique.

L'action collective à l'initiative de l'employeur se dénomme le *lock-out*. Le *lock-out* consiste dans la fermeture de l'entreprise, d'un établissement ou d'un service à l'occasion d'un conflit collectif. La mesure est prise préventivement pour briser une menace de grève ou en réponse à un mouvement de grève partielle. Le but est donc d'exercer une pression sur les grévistes et de ne pas avoir à rémunérer les non-grévistes dont le contrat de travail n'est pas suspendu[83]. En France, le *lock-out* est interdit[84]. Les employeurs n'ont pas le droit de fermer l'entreprise, il s'agit d'une inexécution fautive de leurs obligations contractuelles. Les salaires perdus par les salariés en cas de fermeture de l'entreprise dans une telle situation leur restent dus.

L'inexécution des obligations patronales peut, cependant, être parfois justifiée lorsqu'elle ne résulte pas d'une intention délibérée de l'employeur, mais d'une contrainte qui pèse sur lui d'une telle force qu'il n'est pas en mesure de fournir du travail aux salariés non-grévistes. Cette situation permet à l'employeur de placer les salariés non grévistes en chômage technique. Pour que l'employeur puisse recourir à cette mesure, la Cour de cassation pose des conditions très restrictives : « *l'employeur qui, à la suite d'un mouvement de grève, procède à une fermeture de l'entreprise, doit apporter la preuve d'une situation contraignante de nature à le libérer de son obligation de fournir du travail à ses salariés* »[85]. Il faut donc que l'employeur soit placé dans une situation contraignante. Celle-ci peut se caractériser par l'impossibilité absolue de fournir du travail ou par la nécessité d'assurer l'ordre et la sécurité dans l'entreprise. L'empêchement du travail des non-grévistes doit être absolu, si bien qu'il ne suffit pas qu'il soit simplement plus difficile ou plus onéreux. L'employeur doit démontrer par exemple que les non-grévistes ne peuvent pas être affectés à d'autres travaux dans l'entreprise que ceux auxquels ils sont habituellement employés[86].

Les différentes techniques de suspension du contrat de travail qui viennent d'être étudiées ont toutes pour objectif de maintenir l'existence du contrat malgré un empêchement temporaire, pour l'une ou l'autre des parties, de l'exécuter. C'est encore en vue de sauvegarder le lien contractuel qu'a été élaborée la théorie de la modification du contrat de travail.

---

83. Cass. soc., 4 oct. 2000, *Dr. soc.* 2000, p. 1156, obs. J.- E. Ray
84. V. cependant B. Teyssié, « Lock-out », *J.- Cl. Travail Traité*, fasc. 70-40, 2010.
85. Cass. soc., 7 nov. 1990, *JCP* éd. E, 1991, I, 27, obs. B. Teyssié.
86. Cass. soc. 30 sept. 2005, *D.* 2005, p. 2548.

2 LA MODIFICATION DU CONTRAT DE TRAVAIL

Le contrat de travail est soumis aux règles du droit commun des contrats[87], si bien qu'il tient lieu de loi aux parties qui sont engagées par les obligations qu'il comporte et ne peuvent s'y dérober ni modifier unilatéralement leur consistance. Cette règle de principe et qui paraît d'évidence n'a pourtant pas toujours été appliquée en droit du travail. Avant 1987, le refus par le salarié d'une modification du contrat de travail opérée par l'employeur menait en pratique à la rupture du contrat de travail. La modification du contrat ou, plutôt, la volonté de modifier le contrat de travail ne garantissait pas, dès lors, la stabilité de celui-ci. C'est en réaction à cette situation qu'a été élaborée la théorie de la modification du contrat de travail.

La notion de modification du contrat de travail s'est construite par strates successives qu'il est important de rappeler pour comprendre le fonctionnement actuel de la modification du contrat de travail (A). Il sera ensuite temps d'exposer la distinction aujourd'hui admise entre modification du contrat de travail et changement des conditions de travail (B) pour envisager, enfin, quelques hypothèses de régimes spécifiques de modification du contrat de travail (C).

A. L'élaboration de la notion de modification du contrat de travail

La théorie de la modification du contrat de travail s'est construite en deux grandes étapes.

La première étape fut marquée par le très célèbre arrêt Raquin rendu par la chambre sociale de la Cour de cassation le 8 octobre 1987[88]. Cet arrêt énonce indirectement, mais pour la première fois, le droit pour le salarié de refuser la modification unilatérale par l'employeur du contrat de travail. Avant 1987, l'employeur pouvait en effet imposer au salarié une modification du contrat. La Cour de cassation jugeait inlassablement que le salarié qui continuait à travailler dans l'entreprise aux nouvelles conditions imposées par l'employeur avait accepté tacitement la modification proposée – imposée – par celui-ci. De manière concrète, si l'employeur modifiait la rémunération du salarié, celui-ci n'avait en réalité que deux choix : soit il quittait l'entreprise, manifestant ainsi son refus, soit il continuait à travailler aux nouvelles conditions et le juge en déduisait qu'il avait accepté la modification. Selon une formule désormais célèbre, le salarié avait le choix entre se soumettre ou se démettre[89].

87. C. trav., art. L. 1221-1

88. Cass. soc., 8 oct. 1987, *Raquin*, *Les grands arrêts du droit du travail*, Dalloz, 4e éd., 2008, n° 49.

89. *Les grands arrêts du droit du travail*, *préc.*, p. 267.

L'arrêt *Raquin* marque une rupture très importante avec ce raisonnement et redonne une véritable force obligatoire au contrat de travail. La Cour de cassation décide d'abord, pour la première fois, que le fait que le salarié continue de travailler lorsque l'employeur fait une proposition de modification du contrat ne vaut pas acceptation tacite de la modification. Le contrat n'est donc pas modifié tant que le salarié n'a pas formellement accepté la modification. L'arrêt ajoute que c'est à l'employeur de prendre la responsabilité de la rupture, ce qui signifie qu'en cas de refus du salarié, non seulement le contrat n'est pas modifié, mais si l'employeur ne veut pas renoncer à la modification, il lui incombe de licencier le salarié. Le licenciement ne sera justifié qu'à la condition que la proposition de modification du contrat repose elle-même sur une cause réelle et sérieuse de licenciement. Si l'apport de cet arrêt est donc essentiel en ce qu'il paralyse la rupture du contrat de travail consécutive à un refus de modification de celui-ci, restait encore à savoir ce qui constituait une modification du contrat de travail.

La deuxième étape fut franchie par la Cour de cassation en 1996[90]. Avant 1996, la jurisprudence estimait, de manière d'ailleurs assez surprenante, qu'il existait deux types de modifications du contrat de travail. D'un côté figuraient les modifications substantielles du contrat de travail. Il s'agissait de modifications d'une grande ampleur, d'une grande importance, qui modifiaient sensiblement les engagements initiaux des parties. Lorsque l'employeur entendait modifier le contrat de travail de manière substantielle, il devait obtenir l'acceptation du salarié pour que cette modification intervienne. D'un autre côté figuraient les modifications non substantielles du contrat de travail. Il s'agissait au contraire de modifications de faible ampleur, sans grande importance ni conséquence, qui modifiaient assez peu le contenu du contrat. Lorsque l'employeur entendait modifier le contrat de travail de manière non substantielle, il ne lui était pas imposé de recueillir l'aval du salarié, il pouvait modifier unilatéralement le contrat de travail.

Cette distinction faisait peu de cas de la force obligatoire du contrat : une modification, qu'elle soit de faible ou de grande ampleur, reste une modification. Que la modification soit mineure ou majeure, il n'aurait pas dû être possible de modifier unilatéralement le contrat de travail. En outre, la distinction posait des difficultés insolubles de frontières : comment déterminer si telle modification de la rémunération était ou non substantielle ? L'appréciation était en réalité éminemment subjective et complètement abandonnée au sentiment du juge.

C'est sous l'impulsion du doyen Philippe Waquet, conseiller doyen de la chambre sociale de la Cour de cassation à la fin du XXe siècle, que fut rendue une salve d'arrêts le 10 juillet 1996 qui modifia complètement l'approche[91]. Il ne faut plus désormais

---

90. Cass. soc., 10 juill. 1996, *Dr. soc.* 1996, obs. H. Blaise ; *JCP* éd. G 1997, II, 22768, note Y. Saint-Jours.

91. Ph. Waquet, « Modification du contrat de travail et changement des conditions de travail », *RJS* 1996, p. 791. V. également la critique de J. Pélissier, « Difficultés et dangers de l'élaboration d'une théorie

distinguer entre modification substantielle et non substantielle mais entre modification du contrat de travail et changement des conditions de travail.

B. La distinction entre modification du contrat de travail et changement des conditions de travail

L'abandon de la distinction entre modifications substantielles ou non substantielles ne traduit pas seulement un changement rhétorique. Désormais, on distingue des éléments qui relèvent par nature du contrat de travail d'autres éléments qui ne relèvent pas du contrat de travail mais du pouvoir de direction de l'employeur. Comment déterminer ce qui, dans la relation de travail, relève de la volonté des parties et ce qui, au contraire, découle du pouvoir de direction de l'employeur ? Le premier réflexe incite à rechercher la commune intention des parties. Cela permet, à l'évidence, d'identifier comme appartenant à la catégorie de la modification du contrat de travail, toute modification d'une clause insérée par les parties au contrat.

Si cette règle demeure de principe, il faut bien constater que de nombreuses exceptions sont venues l'altérer. Les clauses du contrat de travail peuvent être simplement informatives, si bien que l'employeur pourra unilatéralement modifier l'élément visé par la stipulation[92]. Certaines clauses peuvent encore être supprimées unilatéralement par l'employeur, comme c'est notamment le cas de la clause de non-concurrence, puisque la Cour de cassation persiste, à certaines conditions, à autoriser l'employeur à y renoncer[93].

Au-delà de ces exceptions ponctuelles, la plus grande difficulté provient du fait que le juge a classé parmi les éléments de nature contractuelle, ne pouvant ainsi être modifiés unilatéralement par les parties, des éléments qui ne figurent pas expressément dans l'*instrumentum*, dans le contrat de travail écrit[94]. Il est ainsi généralement considéré que le contrat de travail recouvre quatre grands domaines.

– Le premier domaine de la relation contractuelle qui ne puisse être modifié sans l'accord des parties est la rémunération du salarié. C'est là, certainement, le domaine le plus absolu du champ contractuel, aucune atteinte unilatérale n'y est tolérée[95]. Il est

---

jurisprudentielle : l'exemple de la distinction entre modification du contrat et les changements des conditions de travail », *Mélanges P. Couvrat*, PUF, 2001.

92. Sur les clauses informatives, cf. *supra* p. 260.

93. Cf. *supra* p. 263.

94. Pour une illustration récente de ces difficultés en matière de détermination des « cadences de travail », v. Cass. soc., 20 oct. 2010, *Lexbase hebdo*, éd. soc., n° 415, 4 nov. 2010, obs. G. Auzero.

95. Ce domaine est si strictement protégé que la Cour de cassation en déduit qu'une modification de la rémunération justifie nécessairement la prise d'acte de la rupture de son contrat par le salarié, v. Cass. soc., 5 mai 2010, *RDT* 2010, p. 435 et les obs.

impossible de modifier la structure de la rémunération[96] comme le montant de celle-ci[97]. Toute modification d'un élément qui, normalement, relèverait d'un changement des conditions de travail, mais qui aurait indirectement une incidence sur la rémunération, est également considérée comme une modification du contrat de travail[98]. La Cour de cassation porte une telle attention à la rémunération contractuelle qu'elle impose, en la matière, que le salarié dispose du pouvoir de vérifier que le calcul de sa rémunération a été effectué conformément aux modalités prévues par le contrat de travail[99].

En principe, la modification d'un élément relevant du statut conventionnel, entendu au sens large, ne constitue pas une modification du contrat de travail, quand bien même cela aurait une influence sur la rémunération du salarié[100]. Le domaine de la rémunération tend cependant à s'élargir puisque des éléments qui ne semblaient pas relever du contrat de travail mais, par exemple, d'un engagement unilatéral ou d'un usage, peuvent être contractualisés lorsqu'ils influent sur la rémunération[101]. Une autre question, révélant le caractère expansif de la rémunération, s'est posée au sujet des primes d'astreintes versées aux salariés ayant accepté une telle sujétion[102]. Après avoir jugé que la perte de primes d'astreintes régulièrement perçues depuis neuf ans constituait une modification du contrat de travail[103], la chambre sociale ne semble plus aussi catégorique et permet la suppression d'astreintes – et des primes y afférentes – lorsque l'astreinte est « *liée à une fonction et que le titulaire de cette fonction n'y est pas systématiquement soumis* »[104].

– Le second domaine relevant par nature du contrat de travail a longtemps été le lieu de travail[105]. Aujourd'hui, ce n'est plus le lieu de travail mentionné au contrat ou le lieu auquel a été initialement affecté le salarié qui constitue un élément intangible sans l'accord des parties, mais la zone géographique dans laquelle se situe le lieu de travail[106]. Le juge tiendra compte de différents éléments pour apprécier la taille de la zone géographique à l'intérieur de laquelle le lieu de travail peut être modifié et, en particulier, de la distance entre les lieux de travail successifs[107] ou les moyens de communica-

96. Peu important qu'il soit prétendu que le nouveau mode de rémunération est plus avantageux pour le salarié, Cass. soc., 28 janv. 1998, *RJS* 1998, p. 172.
97. Aussi minime la modification soit-elle, Cass. soc., 19 mai 1998, *Bull. civ.* V, n° 265.
98. Ainsi, la modification du lieu de travail par le jeu d'une clause de mobilité qui implique une modification de la rémunération du salarié, v. Cass. soc., 14 oct. 2008, n° 07-41.454.
99. Cass. soc., 18 juin 2008, *RJS* 2008 n° 874.
100. Cass. soc., 6 juill. 2005, *JSL* 2005, n° 174-4.
101. Ainsi par exemple, sur des primes de grand déplacement versées au salarié quand bien même celui-ci ne se déplacerait pas, Cass. soc., 10 oct. 2007, n° 06-43.051.
102. Sur les astreintes, cf. *infra* p. 477 et s.
103. Cass. soc., 19 juin 2008, *JCP* éd. S, 2009, 1067, obs. B. Bossu.
104. Cass. soc., 13 juill. 2010, *JCP* éd. S 2010, 1365, note M. Morand.
105. Sur cette question, cf. *supra* p. 260.
106. Cass. soc., 4 mai 1999, *Dr. soc.* 1999, p. 737, note J.- E. Ray.
107. Cass. soc., 18 avr. 2008, n° 06-41.874.

tion et de déplacement entre le domicile et le lieu de travail[108]. En principe, la faculté de modifier le lieu de travail dans cette zone géographique s'apprécie de manière objective, sans égard à la situation personnelle du salarié, sans tenir compte par exemple du lieu de son domicile. Cependant, une tendance récente semble se dessiner en faveur d'une prise en compte accrue de facteurs personnels tels que, notamment, la situation familiale du salarié[109].

Le déplacement du salarié peut être naturellement admis, soit que celui-ci assume des fonctions impliquant une certaine disponibilité géographique[110], soit que le déplacement soit occasionnel, qu'il s'agisse d'une simple mission temporaire[111]. Afin de prévenir tout abus, les conditions d'un tel déplacement occasionnel ont cependant été sensiblement durcies. Pour que l'affectation temporaire ne constitue pas une modification du contrat de travail, la Cour de cassation exige désormais que cette affectation soit motivée par l'intérêt de l'entreprise, justifiée par des circonstances exceptionnelles et que le salarié soit informé préalablement dans un délai raisonnable du caractère temporaire de l'affectation et de sa durée prévisible[112]. Au cas contraire, le déplacement imposé au salarié sera qualifié de modification unilatérale du contrat de travail.

– Le troisième domaine du contrat de travail est la durée du travail. Seul le volume horaire de travail est en principe concerné, la répartition des horaires dans la journée[113] ou dans la semaine[114] relevant du champ des conditions de travail. Cette position de la jurisprudence est cohérente avec les dispositions législatives en matière de temps partiel qui permettent à l'employeur de modifier unilatéralement les horaires d'un salarié à temps partiel, à condition toutefois que cela soit prévu dans le contrat et que le salarié soit informé à l'avance du changement. Ce principe connaît cependant quelques exceptions. Cela est notamment le cas du passage d'un horaire de jour à un horaire de nuit et *vice versa*[115], du passage d'un horaire fixe à un horaire variable[116] ou de la modification des horaires de travail impliquant la privation du repos dominical[117].

– Le quatrième domaine traditionnel du champ du contrat de travail ne pouvant être modifié unilatéralement par l'employeur concerne les qualifications professionnelles du salarié. Cette terminologie est bien mal choisie parce qu'elle est ambiguë. Il ne s'agit pas de protéger la qualification professionnelle comme synonyme de diplômes et

108. Cass. soc., 15 juin 2004, n° 01-44.707.

109. Par ex., Cass. soc., 12 juill. 2010, n° 08-45.516. En faveur d'une inflexion du contrôle prenant mieux en compte la situation du salarié, v. V. Lacoste-Mary, « La négociation de la mobilité du salarié sous contrôle du juge », *Dr. ouvrier* 2010, p. 301.

110. Cass. soc., 4 janv. 2000, n° 97-41.154.

111. Cass. soc., 22 janv. 2003, *JCP* éd. E., 2003, p. 993, note D. Corrignan-Carsin.

112. Cass. soc., 3 févr. 2010, *JCP* éd. S, 2010, 1148, note V. Roulet ; *RDT* 2010, p. 226, note J.- Y. Frouin.

113. Casss. soc., 22 févr. 2000, *JCP* éd. G, 2000, II, 10321, note D. Corrignan-Carsin.

114. Cass. soc., 15 mai 2000, *RJS* 2000, p. 539.

115. Cass. soc., 22 mai 2001, *Dr. soc.* 2001, p. 766, obs. Ch. Radé.

116. Cass. soc., 31 oct. 2000, *RJS* 2001, p. 13.

117. Cass. soc., 2 mars 2011, n° 09-43.223.

d'expérience, ce qui n'aurait aucun sens, mais de garantir au salarié que sa position dans l'entreprise ne sera pas modifiée sans son accord[118]. La difficulté principale tient à la distinction entre la modification des qualifications du salarié et la modification de ses fonctions, la seconde relevant du champ des conditions de travail et pouvant ainsi être modifiée librement par l'employeur.

L'employeur ne peut imposer au salarié des responsabilités supplémentaires[119], le rétrograder à un poste hiérarchiquement inférieur[120] ou lui confier des tâches ne correspondant pas à ses qualifications[121]. En revanche, cela ne constituant qu'un changement des fonctions et non de la qualification, l'employeur peut parfaitement modifier les tâches du salarié à la condition cependant que ces tâches nouvelles correspondent à la qualification professionnelle du salarié[122].

Tout changement imposé par l'employeur en dehors des domaines qui viennent d'être évoqués ne constitue pas une modification du contrat de travail mais un simple changement des conditions de travail. La conséquence essentielle de cette distinction tient à la faculté d'imposer au salarié ce changement, là où l'accord du salarié est exigé en cas de modification du contrat de travail. S'il ne s'agit que d'un changement des conditions de travail, le refus du salarié d'obtempérer s'opposera au pouvoir de direction de l'employeur et pourra, à ce titre, faire l'objet d'une sanction disciplinaire[123].

Une dernière question doit être envisagée, celle du régime applicable à la modification du contrat de travail.

C. Le régime de la modification du contrat de travail

Dans la grande majorité des cas, l'offre de modification du contrat de travail émane de l'employeur. C'est, d'ailleurs, la seule hypothèse qui nécessite quelques précisions, le salarié n'ayant pas les moyens de contraindre l'employeur à accepter une modification – une demande de promotion ou d'augmentation par exemple – qu'il solliciterait.

L'ensemble du système repose sur l'accord du salarié qui doit être exprès. Quoique la novation et la modification constituent des techniques différentes, la règle ici applicable est assez proche de celle énoncée par l'article 1273 du Code civil en matière de novation. Depuis l'arrêt *Raquin*, la seule poursuite du travail dans des conditions

118. Cass. soc., 23 janv. 2001, n° 99-40.129.
119. Cass. soc., 20 nov. 2002, n° 00-44.365.
120. Cass. soc., 28 janv. 2005, *RJS* 2005, p. 341 ; Cass. soc., 18 oct. 2007, n° 06-45.331.
121. Cass. soc., 1er mars 2006, n° 04-43.687.
122. Cass. soc., 18 juill. 2001, *RJS* 2001, p. 923.
123. Cass. soc., 10 juill. 1996, *préc.*

modifiées ne peut s'analyser comme une acceptation tacite de la modification[124]. Comme toujours, la volonté du salarié d'accepter la modification doit être exempte de tout vice[125]. Si le salarié accepte la modification, le contrat est modifié à compter de l'expression de son consentement. Si, au contraire, le salarié refuse la modification, l'employeur doit en principe renoncer à celle-ci et ne peut, en tous les cas, tirer de ce seul refus une cause réelle et sérieuse de licenciement[126]. S'il passe outre ce refus, le salarié pourra obtenir le retour aux conditions antérieures, solliciter la résiliation judiciaire du contrat de travail ou prendre acte de la rupture du contrat aux torts de l'employeur[127].

Ces solutions simples ont cependant été obscurcies par deux régimes particuliers de modification du contrat de travail que sont, d'une part, la modification pour motif disciplinaire (1) et, d'autre part, la modification pour motif économique (2).

1. LA MODIFICATION POUR MOTIF DISCIPLINAIRE

Si le règlement intérieur prévoit l'éventualité d'une telle sanction, l'employeur peut modifier le contrat de travail d'un salarié à titre disciplinaire. Lorsque la modification intervient à titre de sanction, la procédure disciplinaire de l'article L. 1332-2 du Code du travail doit naturellement être respectée. Sont ainsi parfois utilisées à titre de sanction la modification des qualifications – une rétrogradation – ou la modification du lieu de travail – une mobilité géographique.

Cette question a donné lieu à de nombreuses incertitudes car, dans cette hypothèse, deux domaines de la relation de travail s'entrechoquent. D'un côté, le pouvoir disciplinaire, issu du lien de subordination et dont l'employeur est seul titulaire ; de l'autre, le contrat de travail qui ne peut être modifié sans l'accord du salarié. La dimension contractuelle l'a emporté sur le pouvoir disciplinaire depuis un arrêt *Hôtel Le Berry* : « *une modification du contrat de travail, prononcée à titre de sanction disciplinaire contre un salarié, ne peut lui être imposée* »[128]. Il s'agit pourtant d'une victoire à la Pyrrhus puisqu'en conséquence du refus de la sanction par le salarié, l'employeur aura la faculté de prononcer une autre sanction, y compris un licenciement[129]. Dès lors, en réalité, l'arrêt *Hôtel le Berry*, en préservant la construction jurisprudentielle de la modification du contrat de travail, place le salarié devant le choix suivant : soit il accepte la mutation ou la rétrogradation, soit il sera licencié.

D'autres règles spécifiques sont aménagées lorsque la modification proposée répond à des considérations économiques.

---

124. Cass. soc., 25 janv. 2011, n° 09-41.643. Le consentement peut cependant être exprimé verbalement, v. Cass. soc., 21 févr. 2007, n° 05-45.024.
125. Par ex., Cass. soc., 2 juill. 2003, n° 01-40.564.
126. Cass. soc. 14 nov. 2007, *JCP* éd. S, 2008, 1097, note B. Bossu.
127. Sur ces techniques, cf. *infra* p. 394 et s.
128. Cass. soc., 16 juin 1998, *Hôtel Le Berry*, *JCP* éd. G 1998, II, 10161, note D. Corrignan-Carsin ; *TPS* 1998, comm. 276, note P.-Y. Verkindt.
129. Cass. soc., 11 févr. 2009, *D.* 2009, p. 1738, note J. Mouly.

2. LA MODIFICATION POUR MOTIF ÉCONOMIQUE

Lorsque l'entreprise connaît des difficultés économiques, le Code du travail met à disposition de l'employeur la faculté de licencier des salariés[130]. Cependant, cette mesure est lourde de conséquences, principalement pour le salarié qui va perdre son emploi, mais aussi pour l'employeur qui devra se soumettre aux règles nécessairement strictes du droit du licenciement pour motif économique. Dès lors, plutôt que de licencier, l'employeur peut tenter de réduire certains coûts dans l'entreprise en prenant des mesures moins radicales. Il peut notamment proposer à un ou plusieurs de ses salariés des modifications de leurs contrats de travail : abaissement de leur rémunération, diminution de leur temps de travail, mutation dans un autre établissement plus profitable, etc.

Lorsque l'employeur entend proposer une modification du contrat de travail à un salarié pour un motif économique, il doit respecter la procédure décrite par l'article L. 1222-6 du Code du travail. Cette procédure déroge au droit commun puisque, habituellement, l'employeur n'a aucune procédure particulière à respecter lorsqu'il souhaite proposer à un salarié la modification de son contrat de travail. Elle l'est davantage encore au regard de ses modalités.

L'article L. 1222-6 prévoit, en effet, que « *lorsque l'employeur envisage la modification d'un élément essentiel du contrat de travail pour l'un des motifs économiques énoncés à l'article L. 1233-3 du Code du travail, il en fait la proposition au salarié par lettre recommandée avec avis de réception* ». La lettre doit informer le salarié qu'il dispose d'un délai d'un mois pour faire connaître son refus. Ce formalisme poussé s'explique par les conséquences drastiques que la proposition peut emporter. En effet, à rebours de la règle de principe selon laquelle le silence ne peut valoir acceptation d'une offre, le texte poursuit en énonçant qu'« *à défaut de réponse dans le délai d'un mois, le salarié est réputé avoir accepté la modification proposée* ».

Au nom de l'autonomie de la volonté, le salarié a habituellement toujours la possibilité de refuser une modification de son contrat de travail. S'il n'est pas véritablement fait exception à cette règle lorsque la proposition de modification du contrat repose sur un motif économique, les effets liés à l'existence d'un tel motif sont pourtant bien différents. En effet, lorsque la proposition repose bien sur l'un des motifs économiques évoqués par l'article L. 1233-3 du Code du travail, le licenciement sera justifié par une cause réelle et sérieuse. La simple modification du contrat proposée en raison de difficultés économiques ou de mutations technologiques et que le salarié a refusée suffit à démontrer le caractère réel et sérieux du licenciement[131].

Ces dernières illustrations, tenant à la modification pour motif disciplinaire ou à la modification pour motif économique du contrat de travail démontrent le caractère

130. Cf. *infra* p. 373.
131. Cf. *infra* p. 374.

finalement relatif de l'aptitude de la théorie de la modification du contrat de travail à assumer son rôle de préservation du lien d'emploi. Au contraire, cet objectif est nettement mieux assuré par le biais de la théorie du transfert du contrat de travail.

3 LE TRANSFERT DU CONTRAT DE TRAVAIL

Le transfert du contrat de travail, envisagé par les articles L. 1224-1 et suivants du Code du travail, est la conséquence de la modification de la situation juridique de l'employeur, c'est-à-dire de la situation dans laquelle l'entreprise, en tout ou partie, change de main. Un nouvel employeur va se substituer à l'employeur avec lequel les salariés ont conclu leur contrat de travail. Par application du principe de l'effet relatif des contrats, les contrats conclus par le premier employeur ne devraient emporter aucun effet pour celui qui reprend tout ou partie de l'activité de l'entreprise, il ne devrait donc pas être lié avec les salariés par un contrat de travail. Pourtant, le droit du travail a institué une véritable cession légale du contrat de travail dans cette hypothèse : le contrat de travail est transmis de l'ancien employeur au nouvel employeur[132].

La règle existe depuis fort longtemps puisqu'elle a été introduite en droit français par une loi du 19 juillet 1928. Elle ne correspond pas à une quelconque forme d'exception française. Le droit social de l'Union européenne a, ainsi, joué un rôle important dans l'évolution du régime du transfert du contrat de travail[133]. La jurisprudence a largement participé à l'élaboration de ce régime juridique dont l'encadrement légal se limite à cinq articles du Code du travail. Comme nous le verrons, la négociation collective a également interagi avec la théorie du transfert du contrat de travail[134].

La théorie du transfert du contrat de travail est l'archétype de ces techniques qui caractérisent l'ambivalence du droit du travail. La règle est réellement protectrice du salarié qui ne perd pas son emploi du fait du changement de main de l'entreprise, ce à quoi aurait nécessairement mené l'application stricte du principe de l'effet relatif des conventions. Cependant, la règle sert également celui que l'on appelle parfois l'employeur entrant, qui ne pourrait poursuivre l'activité dans de bonnes conditions si les contrats de travail étaient rompus.

---

132. Sur la cession légale de contrat, v. J. Flour, J.- L. Aubert, E. Savaux, *Les obligations – 3. Le rapport d'obligation*, Sirey, 6e éd., 2009, p. 344 et s.
133. Dir. du Conseil n° 77/187/CEE du 14 févr. 1977 ; Dir. n° 98/50/CE du 29 juin 1998 ; Dir. n° 2001/23/CE du Conseil du 12 mars 2001. V. Ph.Waquet, « L'application par le juge français de la directive communautaire du 14 févr. 1977 », *Dr. soc.* 1995, p. 1007.
134. Cf. *infra* p. 334.

Qu'elle soit appréciée par l'un ou l'autre de ces abords, la théorie de la suspension du contrat de travail permet cependant de préserver le lien d'emploi. Encore faut-il, pour cela, que les conditions du transfert du contrat de travail soient réunies. Elles peuvent l'être, par l'effet de la loi ou par l'effet des volontés individuelles ou collectives, ce qui correspond, respectivement, aux hypothèses de transfert légal du contrat de travail (A) et aux hypothèses de transfert volontaire du contrat de travail (B).

A. Le transfert légal du contrat de travail

L'article L. 1224-1 du Code du travail dispose que « *lorsqu'il survient une modification dans la situation juridique de l'employeur, notamment par succession, vente, fusion, transformation de fonds, mise en société de l'entreprise, tous les contrats de travail en cours au jour de la modification subsistent entre le nouvel employeur et le personnel de l'entreprise* ». Cette définition est à la fois précise et laconique.

Elle est précise en ce qu'elle offre une liste de situations dans lesquelles il y a modification de la situation juridique : la succession, la vente, la fusion, la transformation du fonds, la mise en société, etc., mais elle demeure laconique, d'abord en raison de la présence de l'adverbe notamment qui permet au juge d'étendre la liste (mais selon quels critères faut-il étendre cette liste ?). Elle est même lacunaire, ensuite, parce que si le texte vise des actes de transfert d'une entreprise entre deux patrimoines, il n'explique pas ce qu'il faut entendre par « *modification dans la situation juridique de l'employeur* ». Il est par conséquent indispensable de préciser les conditions du transfert du contrat de travail (1) avant d'apprécier les conséquences du transfert du contrat de travail (2).

1. LES CONDITIONS DU TRANSFERT

L'article L. 1224-1 du Code du travail, comme l'article 1er de la directive du 12 mars 2001, visent des opérations variées dans lesquelles s'applique la théorie du transfert du contrat de travail[135]. Pour autant, ils manquent l'un comme l'autre de précision quant à l'objet de ces opérations.

– La nature des opérations de transfert

Vente, cession d'éléments d'actif, fusion, transformation du fonds, mise en société sont autant d'opérations directement visées par le Code du travail et qui, par conséquent, ne font guère difficulté. L'adverbe « *notamment* » utilisé par l'article L. 1224-1 du Code du travail permettait cependant que d'autres situations emportent le maintien du contrat de travail. Ce fut ainsi le cas, par exemple, de la reprise en gestion directe d'une activité qui avait jusqu'alors été concédée à une autre société[136] ou de la reprise

---

135. La directive vise les « *transferts d'entreprise, d'établissements ou de parties d'établissements à un autre chef d'entreprise résultant d'une cession conventionnelle ou d'une fusion* ».
136. Cass. soc., 3 avr. 2002, n° 00-40.299.

d'un fonds de commerce à la suite de la rupture d'un contrat de location-gérance[137]. Le maintien des contrats de travail a également été retenu en cas de reprise par un service public administratif d'une activité jusqu'alors concédée[138].

Deux opérations ont été le centre de nombreuses variations qui paraissent aujourd'hui stabilisées.

La première situation correspond à l'hypothèse de la perte de marché. Une entreprise, par exemple, fait appel à un prestataire extérieur pour l'entretien de ses locaux. Insatisfaite des prestations fournies, elle décide de changer de prestataire, ce qui correspond pour le prestataire initial à une perte de marché. Les salariés du prestataire initial doivent-ils être transférés à la nouvelle entreprise ayant remporté le marché ? Après l'avoir pendant un temps admis, la chambre sociale refuse désormais catégoriquement que la « *seule perte de marché* » justifie l'application de l'article L. 1224-1 du Code du travail[139].

La seconde situation tient au phénomène d'externalisation d'une activité, c'est-à-dire au procédé consistant à confier certaines tâches ou activités de l'entreprise à un prestataire extérieur. Deux arrêts rendus le 18 juillet 2000 par la chambre sociale de la Cour de cassation montrent les incertitudes qui planent sur cette question puisque la Cour, dans un cas, accepte l'application de l'article L. 1224-1 alors qu'elle le refuse dans l'autre[140]. Les arrêts ultérieurs ont maintenu cette hésitation[141]. Le critère décisif en vue de déterminer si l'externalisation constitue ou non un transfert d'entreprise semble demeurer celui de l'existence d'une entité économique autonome dont nous allons voir qu'elle constitue la notion centrale de la théorie du transfert du contrat de travail.

– L'objet des opérations de transfert

Le transfert du contrat de travail intervient assez naturellement lorsque c'est l'entreprise dans son ensemble dont la propriété est transférée, par exemple par l'effet d'une cession. L'article 1er de la directive, comme la jurisprudence la plus classique de la Cour de cassation, incline également à considérer qu'un établissement peut faire l'objet de l'opération[142]. L'appréciation devient plus délicate lorsqu'il s'agit de juger si le trans-

137. Cass. soc., 6 oct. 2004, n° 02-43.750. La solution est également admise en cas de succession de deux preneurs sur un même fonds, v. par ex. Cass. soc., 24 sept. 2002, n° 00-44.939.

138. Cass. soc., 14 janv. 2003, *D.* 2003, p. 1662, note Debord. Il sera alors proposé au salarié transféré un contrat de travail de droit public et son refus constitue une cause réelle et sérieuse de licenciement, Cass. soc., 30 sept. 2009, n° 08-40.846.

139. Cass. AP, 15 nov. 1985, *Dr. soc.* 1986, concl. G. Picca, note G. Couturier. Sur cette question, v. Ph. Waquet, « La reprise d'un marché de prestation de service entraîne-t-elle l'application de l'article L. 122-12, al. 2, du Code du travail ? », *Dr. soc.* 1992, p. 186.

140. Cass. soc., 18 juill. 2000, *Dr. soc.* 2000, p. 850, note G. Couturier.

141. Cass. soc., 13 sept. 2005, *JSL* 2005, n° 177-4 ; Cass. soc., 27 mai 2009, *D.* 2009, p. 1614, obs. L. Perrin ; *JCP* éd. S, 2009, p. 1356, note P. Morvan.

142. Cass. soc., 21 mars 1969, *Bull. civ.* V, n° 176.

fert d'une partie d'établissement constitue bien un transfert d'entreprise emportant maintien des contrats de travail.

La solution retenue par la Cour de cassation, après une longue évolution et de nombreuses hésitations, est de considérer que le contrat de travail des salariés doit être maintenu dès lors qu'intervient un « *transfert d'une entité économique autonome conservant son identité et dont l'activité est poursuivie ou reprise, même en l'absence d'un lien de droit entre les employeurs successifs* »[143], formule elle-même empruntée à la Cour de justice des communautés européennes[144].

L'entité doit être une entité économique, ce que semble recouvrir « *un ensemble organisé de personnes et d'éléments corporels ou incorporels permettant l'exercice d'une activité économique qui poursuit un objectif propre* »[145]. L'ensemble organisé de personnes évoque une communauté de travailleurs, du personnel d'encadrement, peut-être un représentant de la direction. Les éléments corporels ou incorporels sont les biens immobiliers, les outils, les stocks, les locaux pour les premiers, les brevets, les marques, la clientèle pour les seconds, qui seront transférés d'un patrimoine à un autre. La nécessité que l'entité poursuive un objectif propre est probablement redondante avec l'exigence de son caractère autonome. Ce caractère autonome signifie que du personnel spécifique devait être affecté à l'entité cédée ou transférée[146]. Il ne doit pas nécessairement s'agir de l'activité principale de l'entreprise, la cession d'une activité secondaire pouvant emporter l'application de l'article L. 1224-1 du Code du travail lorsque l'ensemble des conditions du maintien est rempli.

L'entité doit conserver son identité, si bien qu'il doit subsister, après le transfert, suffisamment d'éléments de celle-ci qui n'aient pas été modifiés, que l'activité de l'entité absorbée ne se soit pas totalement dissoute dans l'activité de l'entreprise absorbante. Les moyens de faire perdurer l'activité doivent avoir été transférés, ce qui rejoint l'idée du transfert d'un ensemble de personnes, de moyens corporels et incorporels. L'activité dont l'entité économique transférée faisait l'objet doit être poursuivie ou reprise. Elle ne devrait, en principe, pas subir de transformation trop profonde entre l'ancienne et la nouvelle entreprise, quoique la chambre sociale adopte une conception relativement souple de cette poursuite de l'activité[147].

Lorsque ces conditions sont réunies, le transfert de l'entité économique emporte avec lui celui des contrats de travail en cours.

143. Cass AP, 16 mars 1990, *Dr. soc.* 1990, p. 339, concl. H. Dontenwille, note G. Couturier et X. Prétot.
144. CJCE 10 févr. 1988, *Tellrup*, *D.* 1989, p. 174, note P. Pochet ; *Dr. ouvrier* 1989, p. 319, note F. Saramito.
145. Cass. soc., 7 juill. 1998, *Dr. soc.* 1998, note A. Mazeaud.
146. Cass. soc., 23 janv. 2002, *RJS* 2002, n° 533.
147. V. par ex. Cass. soc., 12 juill. 2010, *Lexbase hebdo*, éd. soc., n° 407, 8 sept. 2010 et la note.

2. LES CONSÉQUENCES DU TRANSFERT

Les seuls contrats de travail concernés par le transfert sont ceux « *en cours* » au jour du transfert. Tous les types de contrats de travail sont concernés, y compris d'ailleurs des contrats qui ne sont plus aujourd'hui considérés comme donnant naissance à une relation de travail, comme c'est le cas du contrat d'apprentissage[148].

Le contrat rompu avant le transfert de l'entreprise ne peut logiquement pas être transféré puisqu'il n'existe plus. Pourtant, faisant exception à cette règle de pure logique, la chambre sociale juge depuis 1998 que le licenciement prononcé avant le transfert d'entreprise en vue d'éluder l'application de l'article L. 1224-1 du Code du travail est privé d'effet, ce qui revient à annuler, sans le dire, un licenciement entaché de fraude[149]. Le salarié ainsi licencié pourra opter entre un retour dans l'entreprise d'origine ou une intégration auprès du nouvel employeur[150].

L'obligation de maintien des contrats de travail entre les employeurs successifs est absolue. Le transfert s'opère de manière automatique et, surtout, sans qu'aucune des différentes parties ne puisse s'y opposer. Bien entendu, ce caractère obligatoire s'impose à l'employeur cédant[151] comme à l'employeur cessionnaire[152]. Le transfert s'impose également au salarié : le contrat se poursuit de plein droit et le salarié qui refuse de poursuivre l'exécution du contrat est considéré comme démissionnaire[153], ce qui contrevient nettement à l'exigence habituelle d'une volonté claire et non équivoque de démissionner[154]. Le contrat de travail est maintenu avec le nouvel employeur dans toutes ses composantes, il ne peut subir de modification à l'occasion du changement d'employeur[155]. L'ancienneté du salarié reste acquise[156] et les obligations accessoires au contrat de travail paraissent elles aussi être transmises au nouvel employeur[157]. En revanche, une fois le transfert opéré, le nouvel employeur acquiert l'ensemble des droits liés à l'existence du contrat de travail. Après le transfert, il peut donc proposer une modification du contrat de travail voire, si une cause réelle et sérieuse le justifie, engager une procédure de licenciement contre le salarié transféré.

D'ordre public, la théorie du transfert des contrats de travail ne peut pas être éludée par les parties. En revanche, il demeure toujours possible d'améliorer la situation des salariés ce qui est probablement le cas du transfert volontaire du contrat de travail.

---

148. Cass. soc., 28 mars 1996, *RJS* 1996, p. 367.
149. Cass. soc., 20 janv. 1998, *Dr. soc.* 1998, p. 1019, note M. Henry.
150. Cass. soc., 23 févr. 2005, *RJS* 2005, n° 483.
151. Cass. soc., 15 avr. 2008, n° 06-45.495.
152. Cass. soc., 20 oct. 2004, n° 02-46.655 : le refus de reprise des salariés est qualifié de licenciement sans cause réelle et sérieuse.
153. Cass. soc., 19 oct. 2006 et les obs. critiques de J. Mouly, *D.* 2007, p. 472.
154. Cf. *infra* p. 350.
155. Le changement d'employeur constitue, aux yeux de la chambre sociale, une novation du contrat de travail, v. Cass. soc., 8 avr. 2009, n° 08-41.046.
156. Cass. soc., 10 oct. 2000, n° 98-42.189.
157. Cass. soc., 6 déc. 1994, n° 91-42.173.

B. Le transfert volontaire du contrat de travail

Le transfert volontaire du contrat de travail répond à deux situations légèrement différentes mais qui n'impliquent pas de véritables différences de régime juridique. Si cette qualification doit être retenue, c'est parce que, dans l'un comme dans l'autre des deux cas, le transfert du contrat de travail ne peut s'opérer sans que se soit exprimée la volonté du salarié.

Le transfert volontaire peut, d'abord, résulter d'une clause conventionnelle. Il existe en effet quelques conventions collectives de branche qui prévoient que, dans leur secteur d'activité, certaines situations qui ne sont pas couvertes par l'article L. 1224-1 du Code du travail donneront néanmoins lieu à transfert du contrat de travail. Une telle mesure est, par exemple, applicable dans les entreprises de propreté[158], et permet, à certaines conditions, que la perte de marché emporte le transfert du contrat de travail entre les deux prestataires successifs.

Le transfert volontaire peut, ensuite, résulter d'une disposition contractuelle figurant à l'acte de cession entre le cédant de l'entreprise et le cessionnaire. Alors que les conditions d'application de l'article L. 1224-1 du Code du travail ne sont pas réunies, l'employeur repreneur s'engage à reprendre les salariés de l'entreprise cédée[159].

Les conditions du transfert sont étroitement liées aux modalités déterminées par l'accord collectif ou par l'acte de cession. En revanche, les modalités du transfert sont très différentes du transfert légal. En effet, alors que certaines des conventions collectives envisagées ou, parfois, certains actes de cession, disposent clairement que le transfert des salariés s'opère « de plein droit », la Cour de cassation n'accepte jamais de donner une telle portée aux dispositions conventionnelles ou contractuelles : le transfert n'est jamais obligatoire[160]. Pour justifier techniquement cette solution, la chambre sociale juge que le changement d'employeur constitue une novation qui, en tant que telle, ne se présume point[161]. L'argument est curieux tant l'existence de la notion de novation par changement de débiteur est contestée. Quoiqu'elle soit mal fondée et qu'elle demeure critiquée[162], la position de la Cour de cassation mérite néanmoins l'approbation, principalement parce que le principe de l'effet relatif des contrats retrouve son empire en dehors de l'application de l'article L. 1224-1 du Code du travail et qu'il ne saurait être imposé une cession de contrat au cédé sans son accord.

---

158. Les principales conventions concernées sont : la CCN des entreprises de propreté du 1er juill. 1994 ; la CCN du personnel des entreprises de restauration de collectivité du 20 juin 1983 ; la CCN des entreprises de prévention et de sécurité du 15 fév. 1985.

159. Pour une illustration, v. Cass. soc., 8 avr. 2009, *RDT* 2007, p. 78, note Y. Chagny.

160. Cass. soc., 10 oct. 2006, *Bull. civ.* V, n° 294.

161. Cass. soc., 8 avr. 2009, *préc.*

162. P. Morvan, « Application conventionnelle de l'article L. 122-12 et accord du salarié : plaidoyer pour un revirement », *JCP* éd. S, 2006, p. 1964.

LEXIQUE

Action collective : L'action collective, ou le mouvement collectif, est une action concertée de salariés en vue de soutenir des revendications de nature professionnelle. La seule forme licite d'action collective est la grève. Les autres situations sont qualifiées de mouvements collectifs illicites et ne bénéficient pas, à ce titre, de la protection accordée au gréviste par le Code du travail (ex. : grève perlée, grève politique, piquet de grève illicite, séquestration, etc.).

Piquet de grève : Le piquet de grève est une modalité d'action collective qui consiste, pour les salariés, à entraver l'accès à l'entreprise en prenant place, par exemple, devant son entrée. Licite tant qu'il n'empêche pas l'accès des salariés non-grévistes à l'entreprise, il constitue dans le cas contraire un abus du droit de grève et, donc, un mouvement collectif illicite, en ce qu'il porte atteinte au principe de liberté du travail.

Lock-out : Le *lock-out* est un mouvement d'action collective à l'initiative d'un ou de plusieurs employeur consistant à fermer l'entreprise en prévention d'une grève ou en réaction à une grève. Permis à certaines conditions chez quelques uns de nos voisins européens (au Royaume-uni, en Allemagne), le *lock-out* est interdit en France sauf à entrer dans les conditions très spécifiques de la situation contraignante imposant à l'employeur une fermeture de l'entreprise, laquelle s'apparente davantage à un cas de force majeure.

Chômage technique : Le chômage technique est la conséquence de la survenance d'une situation contraignante imposant à l'employeur la fermeture de l'entreprise. Le chômage technique dispense l'employeur de fournir du travail aux salariés non-grévistes. Il ne doit pas être confondu avec le chômage partiel qui constitue une mesure destinée à réagir à des difficultés économiques.

Perte de marché : La perte de marché est la situation dans laquelle une prestation effectuée par une entreprise est transférée à un nouveau prestataire par le donneur d'ordre. A moins de remplir les conditions d'un transfert d'une entité économique autonome ayant conservé son identité et poursuivi son activité, ce qui sera rarement le cas, la perte de marché n'implique pas le transfert du contrat de travail des salariés du prestataire initial, sauf dans l'hypothèse d'un transfert volontaire ou conventionnel des contrats.

▷ EXERCICES

Sujet 1 DISSERTATION : L'ACCORD DU SALARIÉ ET LA MODIFICATION DE LA RELATION CONTRACTUELLE

Soumis aux règles du droit commun par le jeu de l'article L. 1221-1 du Code du travail, le contrat de travail répond aux exigences de la force obligatoire des contrats et, plus généralement, au concept d'autonomie de la volonté. Si, bien sûr, ce constat emporte ses principales conséquences au stade de la conclusion du contrat de travail, il n'est pas pour autant étranger à sa phase d'exécution. Comme tout contrat, le contrat de travail est en principe intangible (*la stabilité de la relation contractuelle de travail est l'un des objectifs du droit du travail et du droit de l'emploi, sur cette question, v. A. Martinon, Essais sur la stabilité du contrat de travail à durée indéterminée, Dalloz, 2005 ; La tendance à la stabilité des rapports contractuels, ouvr. coll. sous la dir. de P. Durand, LGDJ, 1960, spéc. p. 111 et s.*).

La relation contractuelle peut se définir comme le lien unissant, sur la durée, l'employeur et le salarié qui, soumis au contrat de travail, sont contraints de l'exécuter tant que celui-ci n'est pas rompu par l'une des voies que le droit du travail permet (*la notion de relation de travail a autrefois émergé sous la plume de P. Durand, « Aux frontières du contrat et de l'institution. La relation de travail », JCP 1944, I, 387*). La terminologie de « modification de la relation contractuelle » paraît plus vaste que celle de modification du contrat de travail à laquelle n'est, par exemple, généralement pas rattachée la question du changement d'employeur qui, pourtant, peut constituer une modification de la relation contractuelle (*il s'agit, pour la Cour de cassation, d'une novation et non d'une modification du contrat, v. Cass. soc., 3 mars 2010, n° 08-41.600*). Néanmoins, la modification de la relation contractuelle s'entend seulement du changement d'un élément inhérent au contrat, ce qui exclut que soient envisagées, dans le cadre de cette étude, les questions liées au changement des conditions de travail qui ne relèvent pas du contrat de travail mais du pouvoir de direction de l'employeur (*distinction découlant de l'arrêt Cass. soc., 10 juill. 1996, Dr. soc. 1996, obs. H. Blaise ; JCP éd. G, 1997, II, 22768, note Y. Saint-Jours*).

L'accord du salarié n'a pas toujours été exigé pour qu'intervienne une modification de la relation contractuelle. Avant 1989, en effet, la modification unilatérale d'un élément contractuel par l'employeur se dispensait, de fait, de l'accord du salarié (*arrêt Raquin, Cass. soc., 8 oct. 1987, Les grands arrêts du droit du travail, Dalloz, 4e éd., 2008, n° 49*). L'accord du salarié a, en revanche, de longue date été mieux protégé lorsque la modification était d'une telle importance qu'elle provoquait la substitution d'un nouvel employeur à l'ancien employeur (*loi du 18 juill. 1928*).

Le législateur a, à plusieurs reprises, démontré son attachement à l'expression d'une volonté libre et sincère du salarié en cas de modification d'un élément de la relation contractuelle. Outre que l'accord du salarié pour la conclusion du contrat de travail a été protégé, notamment *via* l'encadrement de la période précontractuelle (*cf. supra* p. 252), c'est plus récemment le consentement du salarié à la rupture du contrat de travail qui a fait l'objet de dispositions spécifiques (*v. en particulier la protection du consentement en matière de rupture conventionnelle, infra* p. 388 et s.). Bien protégé à l'entrée dans la relation contractuelle ou à son issue, l'accord du salarié est-il aussi bien garanti lorsqu'il s'agit de ne modifier qu'un élément d'une relation déjà en cours et destinée à perdurer ?

C'est par l'affirmative qu'il convient de répondre à cette question puisque, par principe, l'accord du salarié est exigé dans la plupart des hypothèses de modification de la relation contractuelle. A la différence de la conclusion ou de la rupture du contrat de travail, ce principe est essentiellement protégé par la jurisprudence de la Cour de cassation alors même que le législateur a plutôt eu tendance à apporter des limitations à ce principe. En effet, l'observation des modalités selon lesquelles l'accord du salarié doit être énoncé démontre l'existence d'atteintes ponctuelles à la réalité de l'accord du salarié en la matière.

Pour ces raisons, il convient d'étudier, d'abord, l'exigence de l'accord du salarié à la modification de la relation contractuelle (I) avant de présenter ensuite les modalités de l'accord du salarié à la modification de la relation contractuelle (II).

I. L'exigence de l'accord du salarié à la modification de la relation contractuelle

Si l'accord du salarié n'est qu'un élément très secondaire en cas de changement d'employeur (A), il est en revanche vigoureusement exigé en cas de modification du contrat de travail (B).

A. L'accord du salarié, élément secondaire en cas de changement d'employeur

- Idée globale : Ce n'est qu'à titre exceptionnel que l'accord du salarié intervient dans le cas d'un changement d'employeur

1. Principe : application de l'article L. 1224-1 du Code du travail en cas de transfert d'une entité économique autonome conservant son identité et dont l'activité est poursuivie ou reprise (*Cass. AP, 16 mars 1990, Dr. soc. 1990, p. 339, concl. H. Dontenwille, note G. Couturier et X. Prétot*).

- L'application de l'article L. 1224-1 est automatique (*le cessionnaire n'a même pas l'obligation d'informer les salariés du transfert, v. Cass. soc., 14 déc. 1999,*

Bull. civ. V, n° 484) et s'opère de plein droit. Non seulement l'accord du salarié n'est donc pas recherché, mais il ne peut pas s'opposer au transfert (*Cass. soc., 14 déc. 2004, n° 03-41.713*).
– Le transfert automatique et de plein droit est justifié par le caractère d'ordre public de l'article L. 1224-1 du Code du travail dont les parties ne peuvent éluder l'application. En outre, la règle est généralement jugée comme protectrice des intérêts des salariés, cet argument devant être relativisé puisque le choix laissé au salarié leur aurait été encore plus favorable.

2. Exception : en cas de transfert volontaire du contrat de travail, l'accord du salarié est recherché

– Il est possible que la convention collective de travail ou l'accord entre les employeurs successifs permettent le transfert du contrat de travail dans des hypothèses dans lesquelles l'article L. 1224-1 du Code du travail ne peut s'appliquer.
– La règle est affirmée clairement par la Cour de cassation en matière de transfert volontaire prévu par l'acte de cession (*Cass. soc., 12 déc. 2001, n° 99-45.921 ; Cass. soc., 8 avr. 2009, RDT 2007, p. 78, note Y. Chagny*). Elle l'est également s'agissant du transfert prévu par une convention collective (*Cass. soc., 12 juill. 2006, RJS 2006, p. 860*).
– A titre exceptionnel, l'accord du salarié peut donc être nécessaire pour changer d'employeur parce que le transfert est qualifié de novation (*Cass. soc., 3 mars 2010, préc.*), la volonté de nover un contrat ne pouvant se présumer (*C. civ., art. 1273*).
– Enfin, dans le même ordre d'idée, il a été jugé que le contrat de travail ne pouvait valablement comporter une clause de mobilité par laquelle l'employeur se réservait le droit de modifier le lieu de travail dans n'importe quelle autre entreprise du groupe ou de l'unité économique et sociale parce qu'une telle clause emporterait changement d'employeur (*Cass. soc., 23 sept. 2009, RDT 2009, p. 647, obs. G. Auzero*). Le salarié ne peut, à l'avance, accepter un changement d'employeur, le changement contractuel étant si profond que seule la loi peut l'imposer.

B. L'accord du salarié, élément fondamental en cas de modification du contrat de travail

– Idée globale : Ici, en revanche, le principe est absolu : toute modification du contrat de travail exige que le salarié ait donné son accord à la modification

1. La règle a été énoncée par l'arrêt *Raquin* qui juge que le maintien du salarié dans son emploi après que l'employeur a imposé une modification de son contrat de travail ne caractérise pas l'acceptation du salarié de cette modification (*Cass. soc., 8 oct. 1987, préc.*). Cette jurisprudence marque la fin de l'acceptation tacite du salarié de la modification du contrat de travail.

– L'accord du salarié intervient à chaque fois qu'est en cause une modification du contrat de travail, c'est-à-dire une modification de la rémunération, de la zone géographique de travail, du volume horaire de travail, de sa qualification ou d'une clause spécifiquement prévue par le contrat de travail.

2. La force de l'accord du salarié se retrouve également quant aux conséquences de son refus.

- Lorsque le salarié refuse la modification, l'employeur ne dispose que de deux options : soit il retire sa proposition de modification, soit il licencie le salarié, mais le refus de la modification ne peut à lui seul justifier un licenciement (*Cass. soc., 14 nov. 2007, JCP éd. S, 2008, 1097, note B. Bossu*).
- Si l'employeur passe outre cette option et force la modification, le salarié peut légitimement prendre acte de la rupture de son contrat de travail (*Cass. soc., 5 mai 2010, n° 07-45.409*).

L'exigence d'un accord du salarié à la modification de la relation contractuelle paraît donc relativement bien assurée. Ces garanties devraient se retrouver s'agissant des modalités devant être respectées en cas de proposition de modification de cette relation ce qui n'est pas finalement toujours le cas.

II. Les modalités de l'accord du salarié à la modification de la relation contractuelle

Des modalités spécifiques sont mises en place pour garantir un accord libre et sincère du salarié (A) même si l'on dénombre de plus en plus d'atteintes à cette exigence (B).

A. Les modalités garantissant la réalité de l'accord du salarié

- Idée globale : Dans l'ensemble, tout est fait pour que le consentement du salarié à la modification de la relation contractuelle soit effectif

1. En principe, le consentement doit être exprès, qu'il s'agisse d'une modification du contrat de travail ou de l'acceptation d'un transfert volontaire de celui-ci. Il est, en outre, dépourvu de toute équivoque.

- S'agissant de la modification du contrat de travail, est par exemple équivoque le consentement manifesté par le salarié par la signature d'un avenant établi par l'employeur et accompagné de la mention « sous réserve de mes droits » (*Cass. soc., 4 févr. 2003, n° 01-40.066*).
- L'accord peut être verbal, ce qui pose davantage de difficulté d'un point de vue probatoire mais n'exclut pas que l'accord soit exprès (*Cass. soc., 21 févr. 2007, n° 05-45.024*).
- L'accord doit être exclusif de tout vice du consentement, ce qui est le cas lorsque le salarié n'a pas obtenu toutes les informations nécessaires à la compréhension des conséquences de la modification (*Cass. soc., 2 juill. 2003, n° 01-40.564*).
- S'agissant du transfert volontaire du contrat de travail, le caractère exprès de

l'acceptation est également nécessaire et ne peut donc résulter de la seule poursuite du contrat de travail avec le nouvel employeur (*Cass. soc., 8 avr. 2009, préc.*).
- Cette position est maintenue par la jurisprudence lorsque le transfert intervient en application d'une convention collective qui prévoie pourtant que le transfert s'opère « de plein droit » (*Cass. soc., 10 oct. 2006, RDT 2007, p. 78, note Y. Chagny, mais certaines juridictions du fond résistent à cette jurisprudence, v. par ex. CA Bordeaux, 30 oct. 2008, Cah. de juris. Aquitaine et Midi-Pyrénées 2009-1, p. 86*).

2. L'accord du salarié peut, parfois, être plus difficile à déceler, comme c'est le cas par exemple s'agissant des clauses de variation du contrat de travail
- Le contrat de travail peut ouvrir, dès le départ, la faculté pour l'employeur de modifier unilatéralement tel ou tel élément relevant du domaine du contrat de travail.
- Parmi les exemples les plus topiques figure la clause de mobilité par laquelle le salarié accepte une éventuelle modification ultérieure de son lieu de travail. La modification du lieu de travail – ou de la zone géographique de travail – n'est pas exemptée d'accord du salarié, mais cet accord peut être donné de manière anticipée (*sur les conditions de validité de la clause de mobilité, cf. supra* p. 260).
- Tel est encore le cas d'une clause du contrat de travail par laquelle le salarié accepte que l'employeur puisse renoncer unilatéralement à une clause de non-concurrence, clause dont la validité est maintenue quoique de plus en plus encadrée (*Cass. soc., 13 juill. 2010, Lexbase hebdo, éd. soc., n° 406, 2 sept. 2010, note Ch. Radé*).
- La position de la jurisprudence n'est cependant pas uniforme en la matière puisque la chambre sociale refuse toute clause permettant à l'employeur de modifier unilatéralement la rémunération contractuelle du salarié (*Cass. soc., 15 juin 2004, Bull. civ. V, n° 166*).
- Ces facultés d'acceptation anticipées témoignent, déjà, d'atténuations à l'importance du consentement du salarié dans la modification de la relation contractuelle. D'autres atteintes sont, elles, beaucoup plus importantes.

B. Les modalités attentatoires à la réalité de l'accord du salarié

- Idée globale : Cependant, d'autres considérations prennent parfois le dessus sur l'exigence d'un consentement véritable du salarié.

1. La première et principale atteinte à l'exigence d'un consentement du salarié à la modification de la relation contractuelle est l'œuvre du législateur et de l'instauration de la procédure spécifique de modification du contrat de travail pour motif économique tirée de l'article L. 1222-6 du Code du travail.
- Rappel de la procédure : l'employeur adresse une lettre recommandée avec accusé de réception, comportant l'information au salarié que celui-ci dispose d'un délai d'un mois pour refuser l'offre de modification.

– Si le salarié demeure silencieux pendant un délai d'un mois, il est réputé avoir accepté la modification du contrat de travail.
– Cette acceptation par le silence s'oppose fortement aux principes généraux du droit des contrats selon lesquels l'acceptation par le silence est extrêmement rare, pour l'essentiel lorsque l'acceptation est dans l'intérêt exclusif de celui dont on présume qu'il accepte ou lorsque les parties étaient en relations d'affaires continues qui laissent finalement supposer que l'acceptant présumé aurait accepté expressément s'il en avait eu l'occasion.

2. La seconde atteinte, plus insidieuse, correspond à la modification du contrat de travail pour motif disciplinaire.
– Rappel du procédé : un employeur prononce, à titre de sanction, une modification du contrat de travail (rétrogradation, mutation, etc.).
– S'agissant d'une modification du contrat de travail, l'accord exprès du salarié à la sanction est exigé. En apparence, l'exigence d'un accord du salarié est maintenue.
– Cependant, face au refus du salarié, l'employeur peut prononcer une autre sanction, y compris un licenciement.
– Le consentement du salarié n'est pas alors véritablement libre puisqu'il a le choix entre accepter la modification ou être licencié ce qui, on en conviendra, ne constitue pas un climat serein pour accepter librement une modification.
– Peut-être aurait-il mieux fallu considérer qu'une sanction disciplinaire ne pouvait se traduire par une modification du contrat de travail car cela revient, peu ou prou, à demander au salarié si celui-ci accepte la sanction qui lui est infligée.

Sujet 2 CAS PRATIQUE :

Jean-Louis est délégué syndical CFDT dans une entreprise de transport spécialisée dans le transport de carburants. Après avoir passé une vingtaine d'années au volant d'un camion de son employeur, Jean-Louis a été promu le 1er février 2011 à un poste de responsabilité supérieure. En effet, compte tenu de son âge et de son expérience, M. Michelin, le dirigeant de la société, a pensé qu'il serait plus utile à un poste d'encadrement et lui a confié l'ensemble de l'organisation horaire des transporteurs de la société. M. Michelin espérait que, par la même occasion, cette promotion calmerait les revendications salariales dans l'entreprise dont Jean-Louis se faisait régulièrement le porte-parole. Jean-Louis a désormais pour fonctions de déterminer les horaires de conduite des chauffeurs, d'anticiper les temps de déchargement, d'articuler l'utilisation des différents camions, etc.

A l'occasion de cette promotion, la société et Jean-Louis ont signé un avenant au contrat de travail qui stipule que les nouvelles fonctions sont confiées au salarié « à l'essai pour six mois » et que, si cet essai n'est pas concluant, Jean-Louis retrouvera ses fonctions de chauffeur. Alors que Jean-Louis n'assume ses nouvelles fonctions que depuis quelques semaines, il commet une erreur dans l'organisation qui aboutit à la paralysie de sept camions pendant trois jours. Fort mécontent, M. Michelin exige que Jean-Louis quitte sur-le-champ les fonctions d'organisation pour reprendre la route. Jean-Louis, qui était heureux d'avoir obtenu cette promotion, refuse de se remettre au volant. M. Michelin veut licencier Jean-Louis. Pensez-vous que cela soit une bonne idée ? Quelles options s'ouvrent à M. Michelin ?

Plusieurs chauffeurs de l'entreprise, apprenant que Jean-Louis va être licencié, protestent avec véhémence contre cette mesure. Tout cela intervient, selon eux, dans un climat délétère car M. Michelin portait, depuis plusieurs mois, des revendications d'augmentation des salaires dans l'entreprise. Afin de protester contre le licenciement projeté de Jean-Louis et d'appuyer les revendications salariales, six chauffeurs décident de se mettre en grève le jour de l'entretien préalable de licenciement de Jean-Louis. Les modalités de la grève sont décidées en accord entre les six chauffeurs : ils décident de faire, pendant toute la journée, une pause d'une demi-heure toutes les heures et s'arrêtent ainsi une dizaine de fois dans la journée sur des aires de repos d'autoroute.

M. Michelin conteste la licéité de la grève et s'apprête à prendre des sanctions contre les grévistes mais il préfère, avant d'agir, vous consulter. M. Michelin vous présente six contrats signés par chacun des salariés grévistes le 2 janvier 2011, contrats par lesquels les salariés se sont engagés à ne pas faire grève pendant toute l'année 2011 en échange d'une prime de 1000 euros. Selon M. Michelin, ces salariés ont violé leur engagement contractuel. M. Michelin doit-il sanctionner ces salariés ?

I. Promotion, modification du contrat de travail et période probatoire

- Il convient de distinguer la période probatoire de la période d'essai. Alors que la période d'essai ne peut intervenir qu'au commencement de la relation de travail, la période probatoire intervient en cours de relations, à l'occasion d'une promotion du salarié, laquelle caractérise une modification acceptée des qualifications, c'est-à-dire une modification du contrat de travail (*sur la distinction entre période d'essai et période probatoire, v. supra* p. 259).
- Or, en principe, la rétrogradation constitue une modification du contrat de travail, une évolution du niveau de responsabilité, du positionnement hiérarchique dans l'entreprise ou de ses fonctions effectives (*Cass. soc., 10 oct. 2000, n° 98-41.358*). Est-il dès lors possible d'imposer au salarié une telle rétrogradation ?
- Si la période probatoire s'avère être un échec, le salarié doit retrouver le poste qui était le sien avant la modification de ses qualifications (*Cass. soc., 30 mars 2005, SSL 2005, n° 1210, p. 5, concl. J. Duplat ; Dr. soc. 2005, p. 810, note J. Mouly*). La modification du contrat de travail est donc en quelque sorte prévue dès la conclusion de la période probatoire.

– Cependant, dans le cas, un élément de complexité s'ajoute puisque Jean-Louis est un salarié protégé. Les représentants du personnel ne sont pas seulement protégés contre le licenciement, ils le sont également contre les modifications qui pourraient être apportées à leur relation de travail : protection contre les modifications du contrat de travail mais également protection contre le simple changement des conditions de travail lesquels relèvent, pourtant, entièrement du pouvoir de direction de l'employeur.
– Ainsi, la chambre sociale de la Cour de cassation juge qu'aucun changement de ses conditions de travail ne peut être imposé à un salarié protégé (*Cass. soc., 12 déc. 1990, n° 87-43.988*). En cas de refus, l'employeur doit poursuivre le contrat de travail aux conditions antérieures ou engager la procédure de licenciement (*Cass. soc., 21 nov. 2006, n° 04-47.068 ; CE, 7 déc. 2009, n° 301563*).
– Il devrait normalement résulter de ces règles que l'employeur ne puisse pas imposer au salarié la rétrogradation, qu'il soit contraint de demander l'autorisation de l'inspecteur du travail. Malgré tout, la jurisprudence a apporté une réponse spécifique à cette hypothèse de la période probatoire : « Les dispositions légales qui assurent une protection exceptionnelle et exorbitante du droit commun à certains salariés, en raison du mandat ou des fonctions qu'ils exercent dans l'intérêt de l'ensemble des travailleurs, s'appliquent à la modification des conditions de travail du salarié à l'initiative de l'employeur pendant une période probatoire » (*Cass. soc., 30 sept. 2010, n° 08-43.862*).
– Conclusion : M. Michelin pourra licencier Jean-Louis pour non respect du pouvoir de direction, mais la protection contre le changement des conditions de travail s'applique, elle ne peut être imposée au salarié : soit M. Michelin devra maintenir le salarié, soit il devra engager une procédure de licenciement et, par conséquent, saisir l'inspecteur du travail.

II. Grève

– Définition : la grève constitue un arrêt collectif et concerté du travail en vue de soutenir des revendications professionnelles (*Cass. soc., 23 oct. 2007, n° 06-17.802*). Pour savoir si M. Michelin peut sanctionner les grévistes, il convient de déterminer si la grève est licite. En effet, l'article L. 2511-1 du Code du travail dispose que « l'exercice du droit de grève ne peut justifier la rupture du contrat de travail, sauf faute lourde imputable au salarié ». Le contrat de travail du gréviste est suspendu et il n'est possible de le licencier ou de le sanctionner qu'à la condition que le gréviste ait commis une faute lourde (*Cass. soc., 16 déc. 1992, Les grands arrêts du droit du travail, Dalloz, 4e éd., 2008, n° 208*).
– Une fois les conditions de la grève étudiées, il conviendra d'envisager la portée de l'engagement contractuel pris par les salariés de ne pas faire grève en échange d'une prime de 1 000 euros.

A. Arrêts collectifs et concertés de travail ?

- Il faut un arrêt de travail et que cet arrêt de travail ne désorganise pas intentionnellement le fonctionnement de l'entreprise.
- Ici, les arrêts de travail sont répétés et de courte durée. Une telle modalité constitue-t-elle un arrêt de travail ? La chambre sociale juge que des arrêts de travail courts et répétés, quelque dommageables qu'ils soient pour la production, ne peuvent, en principe, être considérés comme un exercice illicite du droit de grève (*Cass. soc., 25 janv. 2011, n° 09-69.030*). Il faut tout de même que ces mouvements répétés ne dégénèrent pas en abus du droit de grève (*exemple d'une grève qui « s'était d'abord déroulé normalement, avait par la suite dégénéré et pris la forme de débrayages répétés de courte durée, d'arrêts de travail brefs et inopinés, sans avertissement préalable, le but manifeste étant de désorganiser l'entreprise et de créer un dommage supérieur à celui que crée normalement et nécessairement toute cessation concertée de travail », Cass. soc., 16 février 1989, n° 87-42.572*).
- L'arrêt de travail est manifestement collectif (*six salariés concernés*) et peu importe qu'une minorité de salariés de l'entreprise soient grévistes à partir du moment où ils sont plusieurs (*Cass. soc., 3 oct. 1963, Les grands arrêts du droit du travail, préc., n° 188*).
- Enfin, l'arrêt de travail est concerté puisque les modalités de la grève ont été décidées « en accord » par l'ensemble des six salariés.
- Conclusion : il s'agit bien d'un arrêt de travail caractéristique du droit de grève. Reste à savoir si cet arrêt de travail soutient des revendications professionnelles.

B. Revendications professionnelles ?

- Le mouvement collectif n'est licite qu'à la condition d'être soutenu par des revendications professionnelles (*Cass. soc., 17 déc. 1996, JCP éd. G 1997, II, 22773, rapp. Ph. Waquet*).
- Les salariés présentent bien des revendications : soutien de Jean-Louis qui va être licencié et revendications salariales.
- Les grèves ne peuvent intervenir au soutien de revendications politiques (*ex. grève contre l'arrestation des dirigeants nationaux de la CGT et la politique relative à la Communauté européenne de défense de la France, Cass. soc., 8 janv. 1959*).
- En revanche, les revendications professionnelles peuvent concerner le licenciement de salariés, il peut s'agir d'une grève pour exprimer le malaise des salariés sur la situation sociale au sein de l'entreprise après le licenciement d'autres salariés (*Cass. soc., 12 avr. 1995, n° 93-10.968*). Il s'agit alors d'une grève de solidarité interne.
- Les grèves de solidarité interne ne sont pas toujours valables. On considère généralement que constitue une revendication professionnelle la grève qui intervient concomitamment à l'annonce d'un plan de licenciement pour motif économique

(*Cass. soc., 22 nov. 1995, RJS 1996, p. 43*). Au contraire, la grève pour obtenir la réintégration d'un salarié régulièrement licencié n'ayant pour objet ni un intérêt collectif professionnel, ni la modification ou l'amélioration des conditions de travail, n'a pas le caractère d'une grève licite (*Cass. soc., 16 nov. 1993, Dr. soc. 1994, p. 35, ras Ph. Waquet*).

- La grève de solidarité sera cependant tolérée lorsqu'il s'agira en réalité de revendications mixtes, c'est-à-dire d'une grève de solidarité s'accompagnant de revendications professionnelles : « n'est pas étrangère à des revendications professionnelles qui intéressent l'ensemble du personnel et est une grève, l'action entreprise par les salariés pour soutenir un délégué syndical menacé de licenciement et qui avait établi un document dans lequel il indiquait que se tiendrait le 6 novembre, la première des trois réunions prévues pour la négociation annuelle obligatoire, qu'il demanderait à la direction de faire de réelles propositions en matière de l'amélioration du pouvoir d'achat, que le même jour, il serait à son propre entretien préalable, qu'il était déterminé à défendre le pouvoir d'achat des salariés, et qu'il avait accepté la proposition de l'équipe technique de débrayer l'après-midi pour lui témoigner son soutien et montrer sa détermination » (*Cass. soc., 5 janv. 2011, n° 10-10.685*).
- Il est donc probable que les six salariés n'exercent pas abusivement leur droit de grève et que, par conséquent, M. Michelin ne puisse pas les sanctionner. Reste cependant à s'interroger sur la portée de l'accord conclu entre l'employeur et ces salariés.

C. Primes anti-grève

- Les clauses du contrat de travail ont effet obligatoire pour les parties par l'effet de l'article 1134 du Code civil. Les salariés se sont engagés à ne pas faire grève, ils manquent à leur engagement, cela permet-il à M. Michelin de les sanctionner ?
- Il se pose, au préalable, la question de la licéité de la clause. L'article L. 1121-1 du Code du travail dispose en effet que « nul ne peut apporter aux droits des personnes et aux libertés individuelles et collectives de restrictions qui ne seraient pas justifiées par la nature de la tâche à accomplir ni proportionnées au but recherché ». Or, le droit de grève est un droit fondamental, protégé par l'alinéa 6 du Préambule de la Constitution de 1946. Une telle atteinte ne devrait pas pouvoir être acceptée.
- Plus encore, un raisonnement par analogie peut être opéré à partir d'un arrêt rendu en 1995 par la chambre sociale de la Cour de cassation (*Cass. soc., 7 juin 1995, D. 1996, p. 75, note B. Matthieu*). Dans cet arrêt, la chambre sociale dispose qu'une convention collective ne peut avoir pour effet de limiter ou de règlementer l'exercice du droit de grève constitutionnellement reconnu. Il s'agissait d'une convention collective de travail qui avait tenté d'instaurer un préavis obligatoire avant toute grève. On déduit, généralement, de cet arrêt que le droit de grève appartient au domaine de l'ordre public absolu, si bien qu'il n'est pas possible d'y

déroger par voie de convention collective. Cependant, si le droit de grève ressort de l'ordre public absolu, il n'est alors pas non plus possible d'y déroger par contrat de travail. Dans ces conditions, la clause ne serait pas valable et M. Michelin ne pourrait s'en prévaloir.

- C'est à cette solution qu'est parvenue la chambre sociale de la Cour de cassation dans une affaire proche, mais en adoptant cependant un raisonnement différent fondé sur l'obligation de loyauté de l'employeur : « manque à son obligation de bonne foi l'employeur qui décide pendant un conflit social la mise en place d'une avance permanente aux salariés qui l'accepteraient, en contrepartie de leur engagement, de maintenir la permanence de leur prestation et de tenter, ainsi, de contourner le droit de grève garanti par la Constitution en utilisant des méthodes déloyales pour inciter le personnel à reprendre le travail en générant des tensions entre les salariés qui avaient signé le document et ceux qui l'avaient refusé » (*Cass. soc., 16 février 2011, n° 09-43.532*).
- Conclusion : M. Michelin ne devrait pas prononcer de sanction contre les salariés grévistes, la grève constitue un mouvement collectif licite et les clauses du contrat de travail ne sont pas valables.

3

LA FIN DE L'EMPLOI

Parmi les dispositions du Code civil de 1804 relatives au contrat de louage de services, ancêtre du contrat de travail, figurait l'article 1780, toujours en vigueur, lequel disposait notamment que « *le louage de service, fait sans détermination de durée, peut toujours cesser par la volonté d'une des parties contractantes* ». Fort en symbole, ce texte illustrait d'abord l'importance de la rupture dans le régime du contrat de travail. En effet, le Code civil ne comportait que trois articles relatifs au contrat de louage parmi lesquels l'article 1779 constituant un simple article introductif du louage et l'article 1781 une règle de preuve du paiement du salaire. Il matérialisait, ensuite, une volonté d'éviter que, par le contrat de louage, se produise un retour insidieux au servage, un retour à l'engagement à vie, aux engagements perpétuels[1].

Outre ces facultés de résiliation unilatérale subsistaient bien entendu la rupture d'un commun accord issue de l'article 1134, al. 2, du Code civil ainsi que la résiliation judiciaire pour inexécution tirée de l'article 1184 du même code. Malgré ces différents outils, le droit du travail naissant de la fin du XIXe siècle dut rapidement s'intéresser à la question de la rupture du contrat de travail. En effet, aucune protection n'étant accordée aux parties contre la rupture, celles-ci pouvaient rompre le contrat sans aucune justification, sans aucune formalité, sans aucun préavis, au nom de la prohibition des engagements perpétuels. L'histoire de la rupture du contrat de travail est ainsi marquée par quatre lois importantes dont la dernière – la loi du 25 juin 2008 – marque un profond changement de logique avec les trois précédentes.

---

1. V. F. Rizzo, « Regards sur la prohibition des engagements perpétuels », *Droit et Patrimoine*, janv. 2000, n° 78, p. 60 ; contre l'existence d'un tel principe, v. J. Ghestin, « Existe-t-il en droit positif français un principe général de prohibition des engagements perpétuels ? », *Mélanges D. Tallon*, Soc. lég. comp., 1999, p. 251 et s.

Le législateur intervint, d'abord, par la loi du 27 décembre 1890 qui institua l'obligation de respecter un délai de préavis et permit un recours en dommages-intérêts contre le congédiement abusif[2]. Quoique l'objectif de lutte contre les congédiements abusifs y fût clairement affirmé, ce n'est guère qu'à l'encontre des brusques ruptures que ce texte emporta des effets sensibles. Le plus souvent par référence aux usages professionnels, un délai-congé devait être respecté.

La loi du 19 juillet 1928 tenta d'aller plus loin en donnant au juge un rôle dans le contrôle de la rupture unilatérale du contrat[3]. Le tribunal, pour déterminer s'il existait un abus, pouvait procéder à une enquête et, surtout, devait « *en tout cas, mentionner expressément le motif allégué par la partie qui aura rompu le contrat* ». Malgré la clarté du texte, la Cour de cassation refusa d'admettre l'exigence d'un motif légitime de rupture du contrat de louages de services et persista à n'utiliser que la théorie de l'abus de droit pour lutter contre les congédiements abusifs[4].

L'évolution majeure du droit de la rupture du contrat de travail intervînt en 1973 et substitua le concept de licenciement à l'ancien congédiement[5]. Bien sûr, le changement ne fut pas seulement terminologique, puisque la rupture unilatérale du contrat de travail à l'initiative de l'employeur devenait un « acte causé », un acte qui doit être motivé *ab initio* par une cause réelle et sérieuse[6].

Au milieu des années 1970 est ainsi mis en place un régime de la rupture du contrat de travail reposant, pour l'essentiel, sur la résiliation unilatérale d'une part, sur les autres modes de rupture tirés du droit commun – *mutuus dissensus*, résiliation judiciaire – d'autre part. Cet état des choses va perdurer, non sans quelques évolutions cependant[7], jusqu'à la loi du 25 juin 2008 portant modernisation du marché du travail.

Cette loi institue le mécanisme de la rupture conventionnelle du contrat de travail, sorte d'avatar travailliste du *mutuus dissensus* civiliste. Là encore, les symboles ont leur importance, puisque le texte ne se contente pas d'insérer au Code du travail le

---

2. G. Aubin, J. Bouveresse, *Introduction historique au droit du travail*, PUF, 1995, p. 300.
3. Pour une étude de ces deux lois, v. A. Lecomte, « La résiliation du contrat de travail à durée indéterminée », *RTD civ.* 1930, p. 487 ; A. Rouast, « La rupture abusive du contrat de travail », *DH* 1928, chr., p. 5.
4. J. Guyenot, « La rupture abusive des contrats à durée indéterminée », *in La tendance à la stabilité du rapport contractuel*, ouv. coll. sous la dir. de P. Durand, LGDJ, 1960, p. 242.
5. Loi n° 73-680 du 13 juill. 1973 portant modification du Code du travail en ce qui concerne la résiliation du contrat de travail à durée indéterminée
6. Parmi une littérature pléthorique, v. M.- C. Bonnetête, G. Lyon-Caen, « La réforme du licenciement à travers la loi du 13 juillet 1973 », *Dr. soc.* 1973, p. 493 ; J. Pélissier, *Le nouveau droit du licenciement*, Sirey, 2e éd., 1980.
7. V. not. les évolutions du droit du licenciement sous l'effet de la loi n° 75-5 du 3 janv. 1975 (licenciement pour motif économique), de la loi 86-797 du 3 juill. 1986 (suppression de l'autorisation administrative de licenciement pour motif économique) et de la loi n° 89-549 du 2 août 1989 (relative au licenciement pour motif économique et instituant la règle selon laquelle le doute profite au salarié).

régime de ce nouveau mode de rupture du contrat de travail, il modifie également l'article L. 1231-1 du Code du travail en ajoutant à la liste des modes de rupture de droit commun du contrat de travail la rupture « *d'un commun accord* »[8]. La loi avait pour objectif de sécuriser la rupture du contrat de travail. Elle pourrait, indirectement, avoir pour effet de remettre en cause le bipolarisme de la rupture du contrat de travail[9]. Après deux siècles d'hégémonie juridique de la démission et du licenciement, la rupture conventionnelle bouleverse les équilibres[10].

Les équilibres changent, mais il demeure plus difficile de prévoir quelles seront les futures répartitions des forces que d'analyser celles qui jusqu'ici faisaient référence. Sans occulter ces évolutions, nous prendrons donc le parti de maintenir la distinction entre les modes de rupture à forte capacité d'attraction que sont le licenciement et la démission et les modes de rupture alternatifs qui, pour le moment, demeurent secondaires. Il convient, par conséquent, d'étudier les deux modes principaux de rupture du contrat de travail que sont la démission (I) et le licenciement (II) avant d'envisager les modes alternatifs de rupture (III).

1 LA DÉMISSION

La démission n'est pas définie par le Code du travail. Il s'agit d'un acte juridique unilatéral par lequel le salarié manifeste sa volonté claire et non équivoque de rompre le contrat de travail à durée indéterminée[11]. La démission a longtemps été le mode quasi-exclusif de rupture du contrat de travail par la volonté du salarié. Elle est aujourd'hui concurrencée par la prise d'acte de la rupture du contrat de travail et par la rupture conventionnelle[12].

La démission est un droit du salarié qui est scrupuleusement protégé par le Code du travail et la Cour de cassation (A), sans pour autant que ce droit puisse excessivement

8. C. trav., art. L. 1231-1 : « *Le contrat de travail à durée indéterminée peut être rompu à l'initiative de l'employeur ou du salarié, ou d'un commun accord, dans les conditions prévues par les dispositions du présent titre* ».

9. O. Pujolar, « Rupture conventionnelle : vers la fin de la bipolarisation de la rupture du contrat de travail à durée indéterminée », *in Mélanges M. Vidal*, PUB, 2010, p. 845.

10. Le nombre de ruptures conventionnelles conclues depuis l'entrée en application du texte est considérable. Sur la seule année 2010, plus de 250 000 ruptures conventionnelles ont été conclues (source : DARES).

11. Sur la notion de démission, v. *Les grands arrêts du droit du travail*, Dalloz, 4e éd., 2008, p. 389 et s.

12. Sur ces techniques, cf. *infra* p. 387 et s.

nuire à l'employeur qui dispose aussi de certaines protections quand le salarié démissionne (B).

A. Le droit du salarié de démissionner

Le salarié dispose toujours de la faculté de démissionner d'un contrat à durée indéterminée, conséquence directe du principe de prohibition des engagements perpétuels[13]. La Cour de cassation y veille scrupuleusement, par exemple en matière de clauses de dédit-formation, qui ne peuvent avoir pour objet de dépouiller le salarié de sa liberté de démissionner[14].

Contrairement à l'employeur qui doit motiver précisément le licenciement, la démission n'a pas à être motivée par le salarié. Il peut démissionner quand il le veut et pour les raisons qu'il souhaite, sous réserve tout de même de ne pas user de ce droit de manière abusive. La démission n'est soumise à aucune véritable formalité. Elle peut être verbale comme écrite, l'essentiel étant qu'elle se caractérise par l'émission d'une volonté claire et non équivoque. Comme tout acte juridique cependant, la volonté de démissionner est protégée par les vices du consentement, protégée contre l'erreur, le dol et la violence[15]. Cependant, la jurisprudence de la Cour de cassation applique de préférence ses propres concepts en exigeant que la démission découle de l'expression d'une volonté claire et non équivoque[16].

La volonté du salarié doit d'abord être claire, ce qui signifie que la volonté du salarié de rompre le contrat doit être nettement identifiable : il ne doit exister aucun doute sur sa volonté de démissionner. Lorsque la démission est donnée par écrit, la clarté de sa volonté fait rarement débat. En revanche, d'autres situations sont plus délicates.

Ainsi, lorsque le salarié démissionne verbalement, l'employeur aura intérêt à se ménager des modes particuliers de preuve afin que l'on ne lui reproche pas d'avoir lui-même rompu le contrat[17]. La volonté de démissionner ne peut être déduite d'un comportement insaisissable du salarié. La chambre sociale refuse presque systématiquement les démissions tacites. Par exemple, le salarié qui ne revient pas travailler à l'issue d'un congé n'est pas démissionnaire, l'absence du salarié ne caractérisant pas un comportement exprimant une volonté claire et non équivoque de démissionner[18]. Dans ce cas, l'employeur qui souhaite mettre fin à la relation contractuelle, doit procéder au

13. Il ne peut en revanche pas démissionner d'un contrat à durée déterminée, cf. *supra* p. 279.
14. Cass. soc., 21 mai 2002, *Dr. soc.* 2002, p. 902, note J. Savatier.
15. V. une hypothèse de manœuvres dolosives viciant la démission, Cass. soc., 22 mai 2002, n° 00-41.708.
16. Par ex., Cass. soc., 9 mai 2007, *RDT* 2007, p. 591, obs. G. Auzero.
17. Illustrant les difficultés probatoires, v. CA Aix-en-Provence, 1er mars 2010, *Juris-data* n° 2010-004869.
18. Cass. soc., 30 mai 2000, n° 98-40.265.

licenciement du salarié. La règle souffre cependant quelques exceptions. Par exemple, le salarié qui ne reprend pas le travail suite à un congé maladie alors que l'employeur l'a mis en demeure de reprendre le travail et qu'il est démontré que le salarié s'est, depuis lors, engagé auprès d'un employeur concurrent, a manifesté une volonté claire et non équivoque de démissionner[19]. De la même manière, le salarié qui refuse de travailler pour le nouvel employeur à la suite d'un transfert d'entreprise est considéré comme démissionnaire[20].

La volonté du salarié de démissionner doit encore être éclairée, ce qui implique qu'elle ne soit pas prise dans un mouvement d'impulsion, d'humeur, de colère[21]. Si une telle démission est rapidement rétractée, elle ne constitue pas une démission sérieuse et n'entraîne pas la rupture du contrat de travail. Il existe donc, en quelque sorte, un droit de rétractation de la démission hâtive et irréfléchie compte tenu de la gravité des conséquences d'une démission.

La démission doit, ensuite, découler d'une volonté dépourvue d'équivoque. Cette volonté doit émaner du salarié et ne peut, en principe, faire suite à une demande de l'employeur à laquelle le salarié accèderait[22]. Surtout, et c'est là une hypothèse qui donne lieu à un important contentieux, la volonté du salarié de démissionner ne doit pas avoir été influencée par un comportement de l'employeur. Quoiqu'elles impliquent en pratique les mêmes conséquences, il faut distinguer la démission motivée de la démission concomitante à des manquements de l'employeur à ses obligations.

Dans le premier cas, le salarié démissionne en adressant, par exemple dans sa lettre de démission, un certain nombre de reproches à son employeur. Dans cette situation, la chambre sociale de la Cour de cassation juge que la volonté de démissionner est équivoque[23] et qu'il ne s'agit pas, en réalité, d'une démission mais d'une prise d'acte de la rupture du contrat de travail[24]. Dans le second cas, le salarié démissionne sans invoquer le moindre grief à l'encontre de l'employeur, mais saisit rapidement le juge prud'homal pour contester la validité de la démission et demander sa requalification en prise d'acte de la rupture de son contrat de travail en raison de manquements de l'employeur à ses obligations concomitants à la démission. La Cour de cassation juge que, s'il résulte de circonstances antérieures ou contemporaines de la démission qu'à la date à laquelle elle a été donnée, elle était équivoque, le juge doit l'analyser en une prise d'acte[25]. Il

---

19. Cass. soc., 4 janv. 2000, *RJS* 2000, p. 114.
20. Cass. soc., 19 oct. 2006, *D.* 2007, p. 472, note J. Mouly.
21. Par ex. s'agissant d'une démission donnée par mouvement d'humeur et ainsi exclusive d'une volonté claire et non équivoque, v. Cass. soc., 7 avr. 1999, n° 97-40.689.
22. Le principe cède cependant en cas de départs volontaires dans le cadre de difficultés économiques qui, bien que suggérés par l'employeur, demeurent des actes de volonté unilatéraux et non des ruptures amiables soumises, à ce titre, aux règles du licenciement pour motif économique. V. Cass. soc., 26 oct. 2010, *RDT* 2010 p. 704, note F. Géa.
23. Cass. soc., 15 oct. 2002, n° 00-44.970.
24. Par ex. Cass. soc., 30 oct. 2007, *D.* 2008 p. 442. Sur la prise d'acte, cf. *infra* p. 394.
25. Cass. soc., 9 mai 2007, *RDT* 2007, p. 452, obs. G. Auzero ; *RJS* 2007, p. 603, rapp. H. Gosselin et

semble qu'il soit cependant nécessaire que puisse être établie une sorte de lien de causalité entre les manquements invoqués et la décision de démissionner[26]. En outre, l'action doit être introduite dans un délai bref à défaut de quoi, le caractère clair et non équivoque de la démission ne pourra plus être remis en cause[27].

L'exercice par le salarié de son droit de démissionner entraîne, naturellement, la rupture du contrat de travail. Les effets de cette rupture ne sont pas anodins puisque le salarié ne percevra aucune indemnité de rupture et ne pourra, en principe, pas bénéficier de l'indemnisation du chômage[28]. Le salarié pourra exceptionnellement percevoir des indemnités de préavis si l'employeur le dispense de cette exécution, mais à condition que la dispense ne résulte pas d'un accord entre les parties[29]. Enfin, le salarié pourra toujours bénéficier d'une indemnité de congés payés correspondant aux droits qu'il avait acquis au titre de ces congés.

Le droit de démissionner est un droit quasi discrétionnaire puisque son exercice n'a pas à être motivé par le salarié et n'est encadré que de modalités destinées à protéger le démissionnaire. Malgré tout, l'employeur dispose d'une protection minimale contre les effets de la démission.

B. La protection de l'employeur contre la démission

L'employeur dispose de quelques protections sommaires contre la démission du salarié. En effet, le plus souvent, le salarié doit respecter un délai de préavis. En outre, l'employeur est protégé contre les démissions abusives.

Le Code du travail n'impose pas le respect d'un délai de préavis, l'article L. 1237-1 du Code du travail se contentant de disposer qu'« *en cas de démission, l'existence et la durée du préavis sont fixés par la loi, ou par convention ou accord collectif de travail* ».

La loi ne fixe un délai de préavis que pour certaines professions particulières[30]. Rares sont en revanche les conventions collectives dépourvues de stipulations relatives au délai de préavis de démission. Il n'en demeure pas moins toujours possible qu'une entreprise ne soit pas couverte par une telle convention. Les usages, source principale du préavis au début du XXe siècle, sont pour leur part en voie de disparition.

---

p. 591, note J. Pélissier.

26. Cass. soc. 19 déc. 2007 et les obs. en ce sens de J.- Y. Frouin, *JCP* éd. S, 2008, 1288.

27. Cass. soc., 27 mars 2008, n° 06-45.516

28. Il existe cependant quelques exceptions à cette règle, notamment lorsque le salarié démissionne pour suivre son conjoint muté dans une autre région, v. l'article 2 du règlement annexé à la Convention d'assurance chômage du 19 févr. 2009.

29. Sur le préavis, cf. *infra*.

30. Pour les journalistes, C. trav., art. L. 7112-2 ; pour les salariés agricoles, C. rur., art. 991 ; etc.

La durée de préavis imposée par ces sources doit être respectée, quoique les parties demeurent libres d'y renoncer d'un commun accord et, même, que l'employeur puisse y renoncer unilatéralement à condition de s'acquitter d'une indemnité compensatrice de préavis correspondante à la durée de celui-ci. On peut cependant s'interroger sur la pérennité de cette règle pourtant classique. En effet, dans une affaire jugée par la chambre sociale de la Cour de cassation le 1er juillet 2008, un salarié avait substantiellement allongé la durée du préavis de démission fixé par le contrat. L'employeur, refusant cet allongement, avait fait produire effet à la démission à l'issue du délai initialement convenu. La chambre sociale conforte les juges du fond qui avaient refusé d'indemniser le salarié en jugeant que « *dans le cas de résiliation du contrat de travail à l'initiative du salarié, aucune des deux parties n'est fondée à imposer à l'autre un délai congé différent de celui prévu par la loi, le contrat ou la convention collective ou les usages* »[31]. La généralité de la formule pourrait impliquer que l'employeur ne sera plus libre, tout comme le salarié, d'imposer une durée de préavis différente, quand bien même il prendrait à sa charge les indemnités de préavis. Poussé à l'extrême, le raisonnement pourrait même mener à l'abolition de la faculté de renonciation unilatérale ouverte à l'employeur.

Le Code du travail prévoit également une protection de l'employeur contre les démissions abusives, une telle démission ouvrant droit à dommages et intérêts[32]. Lorsque le salarié ne respecte pas le délai de préavis, il peut être condamné pour brusque rupture du contrat de travail, à condition que soit démontré le caractère abusif de la rupture[33]. L'abus demeure cependant très rarement admis[34].

Acte non causé, faiblement encadré et finalement peu conflictuel, la démission s'oppose, par ces différents caractères, à la faculté de rupture unilatérale octroyée à l'employeur : le licenciement.

2 LE LICENCIEMENT

Le droit du licenciement est un maillon essentiel du droit du travail. Ce n'est qu'en protégeant la perte d'emploi du salarié que l'on peut espérer un minimum d'égalité dans la relation de travail. En effet, en période de fort chômage, un licenciement trop aisé permet à l'employeur d'imposer n'importe quelle condition de travail au salarié en

31. Cass. soc., 1er juill. 2008, *RDT* 2008, p. 592, note obs. J. Pélissier ; *RJS* 2008, p. 810.
32. C. trav., art. L. 1237-2.
33. Cass. soc., 23 oct. 1991, n° 88-41.278.
34. V. par ex. un salarié qui abandonne des travaux en cours et s'engage auprès d'un concurrent de l'employeur, CA Douai, 29 sept. 2006, *Juris-data* n° 2006-323512.

le menaçant, s'il refuse, de le licencier. Si le licenciement est bien encadré, les menaces sont plus difficilement mises à exécution. Il est, pour autant, tout à fait fondamental de maintenir un pouvoir effectif de licencier à l'employeur, tant d'un point de vue théorique par respect de la prohibition des engagements perpétuels que d'un point de vue pratique en vue de permettre une gestion raisonnée de l'effectif de l'entreprise.

Le licenciement peut se définir comme un acte juridique unilatéral de l'employeur destiné à rompre le contrat de travail à durée indéterminée. Comme la démission, le licenciement ne peut mettre un terme au contrat à durée déterminée.

Si cet acte juridique est très encadré par le droit du travail, c'est parce qu'il implique des conséquences potentiellement graves pour le salarié. Le salarié licencié perd son emploi, donc son salaire, son moyen de subsistance. Il est par conséquent indispensable de s'assurer que le licenciement constitue une mesure nécessaire, soit que le salarié soit devenu indésirable dans l'entreprise, soit que l'entreprise mette en jeu sa survie en cas de maintien du salarié dans l'entreprise.

Cela lui est souvent reproché, le droit du licenciement est un droit complexe, mêlant des régimes juridiques différents et sujet à une forte conflictualité, si bien qu'il génère une importante jurisprudence qui doit, en permanence, être rapprochée des dispositions légales en la matière.

Pour tenter de simplifier son traitement, il est nécessaire de schématiser, quoique les distinctions retenues ne soient pas toujours étanches. Assez classiquement, nous envisagerons la procédure de licenciement (A), la cause du licenciement (B) et, enfin, les conséquences du licenciement (C).

A. La procédure de licenciement

Le licenciement est un acte grave, cela à plusieurs égards. D'abord, il prive le salarié de son emploi et, donc, de son moyen de subsistance. Ensuite, la multiplication des licenciements influe sur l'emploi, au sens général cette fois, le nombre de perte d'emploi étant étroitement lié au nombre de demandeurs d'emploi. Compte tenu de la gravité de l'acte et de ses conséquences, un formalisme intense a été institué par le droit du travail. Le licenciement doit répondre à une procédure très précise (1) à laquelle s'ajoutent des éléments spécifiques en cas de licenciement pour motif économique (2).

1. LA PROCÉDURE DE LICENCIEMENT DE DROIT COMMUN

La procédure légale de licenciement qui va être décrite dans les lignes qui suivent s'applique, sauf exception, à l'ensemble des hypothèses de licenciement. Cette procédure peut, cependant, être aménagée par voie conventionnelle ou contractuelle, à condition toutefois que les aménagements mis en place soient plus favorables aux salariés que la loi. Ces dispositions conventionnelles, qui ne peuvent être étudiées, doivent cependant être respectées au même titre que la loi car elles sont sanctionnées très vigoureusement par les juges prud'homaux[35].

La procédure de licenciement s'articule autour de deux moments clés que l'on retrouve dans tout licenciement : l'entretien préalable de licenciement (a) et la rédaction d'une lettre de licenciement (b).

a. L'entretien préalable de licenciement

La nécessité d'organiser un entretien préalable au licenciement répond à l'idée d'une application particulière du principe du contradictoire en droit du travail : l'objectif de l'entretien est, au moins en théorie, de permettre au salarié de s'expliquer quant à la situation qui mène à son licenciement. Cet entretien est nécessairement préalable à la prise de décision de licencier puisque l'article L. 1232-2 du Code du travail dispose explicitement que l'employeur convoque le salarié à cet entretien « *avant toute décision* ». Cet objectif louable est cependant loin d'être toujours rempli par l'entretien préalable, d'abord parce que certains licenciements rendent en pratique inutile toute explication du salarié (le licenciement pour motif économique) et ensuite parce qu'il est trop souvent illusoire de croire que l'employeur n'a pas encore pris sa décision ou qu'il la rétractera.

L'entretien préalable doit être précédé d'une convocation enserrée dans des formes très précises. L'employeur qui envisage un licenciement doit convoquer le salarié à un entretien préalable par lettre recommandée ou par lettre remise en main propre contre décharge[36]. Jusqu'ici interprétées très strictement[37], ces conditions semblent s'assouplir, la Cour de cassation ayant récemment jugé valable la convocation adressée par Chronopost en raison de la certitude des dates d'envoi et de réception de la lettre liée à ce procédé[38].

La lettre doit comporter plusieurs mentions obligatoires. Bien sûr, elle doit préciser le lieu, la date et l'heure de l'entretien préalable. Par principe, l'entretien se déroule sur le lieu d'exécution du travail[39] mais peut, en revanche, se dérouler en dehors des horaires

---

35. Le non-respect d'une procédure conventionnelle emporte l'absence de cause réelle et sérieuse du licenciement prononcé, v. Cass. soc., 22 oct. 2008, *Dr. soc.* 2009, p. 120, obs. J. Savatier.
36. C. trav., art. L. 1232-2. Le décret n° 2011-144 du 2 févr. 2011 relatif à l'envoi d'une lettre recommandée par courrier électronique pour la conclusion ou l'exécution d'un contrat n'envisage pas les formalités de rupture d'un contrat, si bien que la lettre de convocation, tout comme la lettre de licenciement d'ailleurs, ne semble pas pouvoir être dématérialisée.
37. Impossibilité, par exemple, de convoquer un salarié par télécopie, v. Cass. soc., 13 sept. 2006, *RJS* 2006, p. 866.
38. Cass. soc., 8 févr. 2011, *Lexbase hebdo*, éd. soc., n° 429, 24 févr. 2011 et les obs.
39. Sauf raison légitime de choisir un autre lieu, auquel cas le salarié doit être indemnisé de ses frais de déplacement, Cass. soc., 28 janv. 2005, *Dr. soc.* 2005, p. 476, obs. Ch. Radé. L'omission de la mention du lieu de l'entretien, fut-ce dans une entreprise ne comptant qu'un établissement unique, constitue une irrégularité de fond, v. Cass. soc., 13 mai 2009, *D.* 2009, p. 1452, obs. B. Ines.

habituels de travail[40]. La date doit être choisie avec soin puisque le Code du travail impose le respect d'un délai de cinq jours ouvrables entre la première présentation de la lettre recommandée et la tenue de l'entretien[41]. Le but de ce délai est de permettre au salarié de préparer sa défense.

La lettre doit évoquer l'objet de la convocation, c'est-à-dire le projet de licenciement, mais peut se dispenser de l'énoncé des motifs de licenciement envisagés[42]. L'article R. 1232-1, al. 3, du Code du travail ajoute une obligation d'informer le salarié de sa faculté de se faire assister par une personne de son choix ou, en l'absence d'institutions représentatives du personnel, par un conseiller du salarié. L'article L. 1232-4 précise que l'employeur doit mentionner l'adresse des services dans lesquels la liste de ces conseillers est tenue à leur disposition, obligation que la Cour de cassation apprécie très strictement[43].

L'entretien se déroule à la date et au lieu déterminés par la lettre de convocation. Au cours de l'entretien, l'employeur indique les motifs du licenciement envisagé et recueille les explications du salarié[44]. Le salarié n'a pas l'obligation d'assister à l'entretien, mais son absence, même justifiée, n'empêche pas l'employeur de poursuivre la procédure engagée, ce qui entre en parfaite opposition avec les objectifs de l'entretien préalable[45]. L'entretien préalable est individuel si bien qu'il n'est pas envisageable que le salarié soit entendu en même temps qu'un ou plusieurs autres de ses collègues eux aussi menacés d'un licenciement[46]. Comme le prévoyait la lettre de convocation, le salarié peut se faire assister durant l'entretien. Lorsque l'entreprise comporte des représentants du personnel, l'assistance ne peut être assurée que par un salarié de l'entreprise. En revanche, si l'entreprise est dépourvue de tels représentants, le salarié pourra être assisté par un conseiller du salarié. La liste des conseillers du salarié est arrêtée par le Préfet après consultation des organisations syndicales, et est composée de personnes choisies « *en fonction de leur expérience des relations professionnelles et de leurs connaissances du droit social* »[47]. Les conseillers du salarié sont des salariés protégés, au même titre que des délégués syndicaux[48].

40. Cass. soc., 7 avr. 2004, *JCP* éd. E, 2004, 1258, note D. Boulmier.

41. Il s'agit d'un délai de cinq jours francs, le premier jour et le jour de l'entretien ne comptent donc pas, v. Cass. soc., 20 févr. 2008, *RJS* 2008, p. 416.

42. Cass. soc. 4 nov. 1992, *JCP* éd. E, 1993, II, 516, note F. Duquesne.

43. La lettre doit mentionner cumulativement l'adresse de l'inspection du travail et de la mairie où le salarié peut se procurer cette liste, v. Cass. soc., 8 déc. 2004, n° 02-46.293.

44. C. trav., art. L. 1232-3.

45. Cass. soc., 26 mai 2004, n° 02-40.681.

46. Cass. soc., 23 avr. 2003, *RJS* 2003, p. 575.

47. C. trav., art. D. 1232-4.

48. C. trav., art. L. 2411-21. La protection commence à courir au jour où la liste est arrêtée et non au jour de sa publication au registre des actes administratifs du département, v. Cass. soc., 22 sept. 2010, *D.* act., 12 oct. 2010, obs. J. Siro.

L'employeur peut se faire représenter à l'entretien préalable[49] ce qui a fait grande difficulté dans une catégorie particulière de société, les sociétés par actions simplifiées[50]. En effet, l'article L. 227-6 du Code de commerce limite, en principe, la faculté de représentation de la société aux seuls président, directeur général et directeur général délégué. Par conséquent, se posait la question du pouvoir de licencier, en représentation de la société, par un cadre dépositaire d'une délégation de pouvoir. Une chambre mixte réunie le 19 novembre 2010 précise non seulement que les représentants de la société peuvent « *déléguer le pouvoir d'effectuer des actes déterminés tel que celui d'engager ou de licencier les salariés de l'entreprise* » mais ajoute, de surcroît, qu'aucune disposition n'exige que la délégation du pouvoir de licencier soit donnée par écrit, celle-ci pouvant donc être tacite et découler des fonctions du salarié qui conduit la procédure de licenciement[51]. L'employeur peut également se faire assister durant l'entretien, mais uniquement par une personne appartenant au personnel de l'entreprise[52].

A l'issue de l'entretien, l'employeur prend la décision de licencier, mais la lettre de notification du licenciement ne pourra être expédiée avant un délai de réflexion de deux jours ouvrables après la date prévue de l'entretien préalable[53].

b. La notification du licenciement

La notification du licenciement est entourée d'un formalisme très important, à tel point que l'on peut se demander si les conditions exigées ne recouvrent pas, parfois, les caractères de conditions de fond.

L'article L. 1232-6 du Code du travail précise d'abord que le licenciement doit être notifié par lettre recommandée avec avis de réception. Comme en matière de convocation à l'entretien préalable, la Cour de cassation semble cependant faire preuve d'ouverture en la matière puisqu'elle accepte désormais que la notification soit effectuée par lettre remise en main propre contre décharge[54]. La date du licenciement est fixée en étroite corrélation avec cette formalité : l'acte unilatéral est daté au jour de l'envoi de la lettre recommandée, faisant du licenciement un acte juridique non réceptice[55]. Cette position mène à la curieuse conséquence que le salarié peut désormais être licencié sans le savoir…

---

49. A condition qu'il ne s'agisse pas d'une personne étrangère à l'entreprise, cela étant entendu au sens large, v. Cass. soc., 19 janv. 2005, *Dr. soc.* 2005, p. 475, obs. J. Savatier.

50. La question est plus générale et concerne, en réalité, la délégation du pouvoir de licencier, v. sur cette question G. Auzero, « L'exercice du pouvoir de licencier », *Dr. soc.*, 2010, p. 289.

51. Cass. mix., 19 nov. 2010, *RJS* 2011, p. 15, avis D. Allix ; *SSL* 2010, 1469, note P. Henriot ; *JCP* éd. G, 2011, 21, note F. Carsin-Corrignan et D. Corrignan-Carsin.

52. Cass. soc., 29 oct. 2009, *JCP* éd. S 2010, 1129, obs. M. Caron.

53. Délai ramené à un jour franc par l'article L. 1332-2 du Code du travail en cas de licenciement disciplinaire. Délai étendu à sept jours en cas de licenciement pour motif économique individuel (quinze jours si le salarié concerné est un cadre), v. C. trav., art. L. 1233-15.

54. Cass. soc., 16 juin 2009, *RJS* 2009, p. 631.

55. Cass. soc., 11 mai 2005, *D.* 2006, p. 701, note B. Reynès ; *Dr. soc.* 2005, p. 920, obs. J. Mouly.

La lettre doit comporter le ou les motifs invoqués par l'employeur au soutien du licenciement[56], motifs qui doivent être précis, objectifs et matériellement vérifiables[57]. Cette exigence est essentielle au regard des conséquences majeures qu'elle implique. D'abord, la Cour de cassation considère que l'énoncé des motifs dans la lettre de notification «*fixe les limites du litige*»[58], ce qui signifie que l'employeur ne pourra invoquer devant le juge prud'homal des motifs ou des griefs qui ne figuraient pas dans la lettre de licenciement. Ensuite, la Haute juridiction juge que l'absence ou l'imprécision de l'énoncé des motifs ne constitue pas une simple irrégularité de forme mais un manquement qui prive le licenciement de cause réelle et sérieuse, sanction réservée aux licenciements dépourvus de justification et donc, en violation d'une condition de fond[59].

La lettre de licenciement comporte quelques autres mentions obligatoires. Sauf licenciement pour faute lourde, la lettre doit d'abord porter mention des droits acquis au titre du droit individuel à la formation[60]. En cas de licenciement pour motif économique, la lettre doit également informer le salarié de son droit de bénéficier d'une priorité de réembauchage et, le cas échéant, d'un congé de formation[61].

A ces règles de principes peuvent s'ajouter d'autres obligations procédurales spécifiques au licenciement pour motif économique.

2. LA PROCÉDURE DE LICENCIEMENT POUR MOTIF ÉCONOMIQUE

Le licenciement pour motif économique est accompagnée d'autres obligations procédurales faisant intervenir les représentants du personnel (a) et souvent destinées à accompagner la perte d'emploi (b).

a. Le rôle des représentants du personnel

Les représentants du personnel vont être consultés sur différents points en cas de licenciement pour motif économique.

Qu'il s'agisse d'un licenciement pour motif économique individuel ou collectif, l'employeur doit prendre en compte un certain nombre de critères destinés à définir l'ordre des licenciements. Concrètement, ces critères permettront de choisir, parmi les salariés d'une même qualification, ceux qui seront concernés par la mesure de licenciement.

---

56. La lettre de licenciement ne peut, notamment, faire seulement référence aux motifs déjà énoncés dans la lettre de convocation à l'entretien préalable, V. Cass. AP, 27 nov. 1998, *Les grands arrêts du droit du travail*, Dalloz, 4e éd., 2008, n° 100.
57. Cass. soc., 23 mai 2000, *RJS* 2000, p. 549.
58. Cass. soc., 12 nov. 1997, *RJS* 1997, p. 892.
59. Cass. soc., 29 nov. 1990, *D.* 1991, p. 99, note J. Savatier.
60. C. trav., art. L. 6323-19. Le défaut de cette mention cause nécessairement un préjudice au salarié licencié, préjudice qui doit être réparé par l'allocation de dommages et intérêts, v. Cass. soc., 17 févr. 2010, n° 08-45.382.
61. Sur ces mécanismes, cf. *infra* p. 362 et s.

En principe, les règles relatives à l'ordre des licenciements sont déterminées par voie de négociation collective mais, en l'absence de stipulations conventionnelles, l'employeur définit ces critères conformément aux règles posées par l'article L. 1233-5 du Code du travail. Le texte impose la prise en compte obligatoire de quelques critères[62], libre à l'employeur d'en ajouter d'autres et de les hiérarchiser à sa guise[63]. Cette détermination ne peut s'opérer qu'après consultation du comité d'entreprise ou, à défaut, des délégués du personnel. La violation des règles relatives à l'ordre des licenciements constitue une irrégularité de forme et n'implique donc pas l'absence de cause réelle et sérieuse du licenciement[64].

D'autres consultations spécifiques sont obligatoires en cas de licenciement collectif, qu'il s'agisse d'un « petit licenciement » (moins de dix salariés sur une même période de trente jours) ou d'un « grand licenciement » (dix salariés ou plus sur une même période de trente jours).

En cas de « petit licenciement », le projet de licenciement doit être soumis au comité d'entreprise ou, à défaut, aux délégués du personnel de l'entreprise[65]. La consultation doit être précédée par la délivrance de « *tous renseignements utiles* » dont la liste est dressée par l'article L. 1233-10 du Code du travail. En cas de « grand licenciement », des informations devront être délivrées au cours de deux réunions des délégués du personnel pour les entreprises de moins de onze salariés[66], du comité d'entreprise si l'effectif excède ce seuil[67]. Outre les informations utiles délivrées par application de l'article L. 1233-31, le comité d'entreprise sera dans ce cas consulté sur la consistance du plan de sauvegarde de l'emploi que l'employeur doit mettre en œuvre dans cette situation[68].

L'ensemble des règles procédurales du licenciement pour motif économique peuvent être aménagées par voie conventionnelle par l'intermédiaire d'un accord dit « de méthode »[69]. Les aménagements peuvent porter sur les différentes consultations mais peuvent, également, permettre la substitution d'un accord d'entreprise au plan de sauvegarde de l'emploi.

---

62. Les charges de famille, l'ancienneté de service, la situation de salariés présentant des caractéristiques sociales rendant leur réinsertion difficile, les qualités professionnelles.
63. Cass. soc., 2 mars 2004, *D.* 2004, p. 850.
64. Cass. soc., 25 janv. 1999, *Dr. soc.* 1999, p. 530, obs. J. Savatier.
65. C. trav., art. L. 2325-15 et L. 2313-7.
66. C. trav., art. L. 1233-29. Les réunions doivent être espacées d'un délai qui ne peut excéder quatorze jours.
67. Le délai entre les deux réunions varie en fonction de la taille de l'entreprise, v. C. trav., art. L. 1233-30. Cette consultation peut désormais être concomitante à celle prévue par l'article L. 2323-15 du Code du travail, ce qui ne fut pas toujours le cas, v. Cass. soc. 16 avr. 1996, *RJS* 1996, p. 316.
68. Cf. *infra* p. 360.
69. C. trav., art. L. 1233-21 et s. Sur cette question, v. F. Gaudu, « Les accords de méthode », *Dr. soc.* 2008, p. 915.

Les obligations procédurales liées à l'accompagnement des salariés sont autrement plus développées.

b. Les mesures d'accompagnement des salariés licenciés

La principale mesure d'accompagnement des salariés, quoique ne concernant pas tous les licenciements pour motif économique, est l'obligation de mettre en place un plan de sauvegarde de l'emploi. L'employeur sera en outre tenu de proposer au salarié des mesures destinées à faciliter son reclassement et, enfin, devra lui faire bénéficier d'une priorité de réembauchage.

– La mise en place d'un plan de sauvegarde de l'emploi

Aux termes de l'article L. 1233-61 du Code du travail, le licenciement de dix salariés ou plus dans une même période de trente jours doit donner lieu, dans les entreprises de cinquante salariés ou plus, à la mise en place d'un plan de sauvegarde de l'emploi[70]. L'obligation de mettre en place ce plan s'applique en cas de refus, par dix salariés, d'une modification d'un élément substantiel de leur contrat de travail pour motif économique[71]. En revanche, l'employeur n'est pas tenu de mettre en place un plan de sauvegarde de l'emploi pour accompagner un plan de réduction des effectifs au moyen de départs volontaires[72]. Quoiqu'il s'agisse bien d'une procédure d'accompagnement des salariés au cours du licenciement, la sanction radicale de l'absence ou de l'insuffisance du plan de sauvegarde de l'emploi permet d'hésiter sur la qualification d'obligation procédurale[73].

L'objectif du plan de sauvegarde de l'emploi est de tenter de limiter le nombre de licenciement et d'atténuer les conséquences sociales qui peuvent en découler. Il est, en principe, élaboré unilatéralement par l'employeur, après consultation des représentants du personnel prévue par l'article L. 1233-32, al. 2, du Code du travail. L'obligation de consultation est ici plus poussée qu'à l'accoutumée puisque l'employeur doit mettre les propositions des représentants du personnel « *à l'étude* » et leur donner une « *réponse motivée* »[74]. Le projet de plan de sauvegarde de l'emploi, accompagné des procès-verbaux des réunions du comité d'entreprise sur la question, doit également

---

70. L'appréciation de ce seuil d'effectif s'effectue au niveau de l'entreprise ou de l'établissement concernée et non, en principe, au niveau de l'unité économique et sociale (Cass. soc., 28 janv. 2009, *RDT* 2009, p. 233, obs. J.- Y. Frouin), sauf lorsque la décision de licencier a été prise au niveau de la « *direction commune* » de l'UES (Cass. soc., 16 nov. 2010, *Lexbase hebdo*, éd. soc., n° 421, 16 déc. 2010, note G. Auzero). Cependant, les salariés engagés dans un établissement situé à l'étranger ne sont pas comptabilisés pour déterminer si ce seuil est atteint (Cass. soc., 23 sept. 2008, *Dr. soc.* 2008, p. 1265, note J.- Ph. Lhernould).

71. C. trav., art. L. 1233-25. Il n'est plus question, comme cela était le cas par application des arrêts *Framatome* et *Majorette* de mettre en œuvre un plan de sauvegarde tant que les modifications ne sont que proposées sans avoir encore été refusées. V. Cass. soc., 3 déc. 1996, *Les grands arrêts du travail*, *préc.*, n° 109 et Cass. soc. 10 juill. 2001, *RJS* 2001, p. 871.

72. Cass. soc., 26 oct. 2010, *JCP* éd. S, 1483, note G. Loiseau ; *RDT* 2010, p. 704, note F. Géa.

73. Faute de plan de sauvegarde de l'emploi, le licenciement est nul, cf. *infra* p. 384 et s.

74. C. trav., art. L. 1233-33.

être transmis à l'inspection du travail[75]. Le rôle de l'administration du travail est double : sur la forme, l'inspection du travail doit s'assurer que le rôle des représentants du personnel a bien été respecté ; sur le fond, l'inspection du travail s'assure que le plan comporte de véritables mesures tendant à limiter le nombre des licenciements et prévoit des mesures atténuant les effets des licenciements. Si l'inspecteur du travail constate une insuffisance du plan, il dresse un constat de carence qui n'implique pas d'obligation particulière pour l'employeur, mais a pour objet de l'informer des risques qu'il encourt si le licenciement est contesté[76].

A quelles conditions le plan de sauvegarde de l'emploi comporte-t-il des mesures suffisantes ? L'article L. 1233-62 offre une liste indicative des mesures qui peuvent être adoptées. L'objectif premier du plan est de prévenir ou de limiter le nombre de licenciements envisagés par la recherche de mesures alternatives. Ces mesures alternatives peuvent revêtir la forme d'actions de reclassement interne ou externe, de créations d'activités nouvelles dans l'entreprise, de mesures d'aménagement du temps de travail, etc. L'essentiel reste que les mesures envisagées soient suffisamment précises[77] et que les moyens de l'entreprise ou du groupe auquel elle appartient aient été mobilisés[78]. Le second objectif du plan consiste à aménager les conséquences sociales des licenciements retenus afin d'éviter ce que l'on appelle parfois « les licenciements secs ». Actions de formation ou de reconversion, aide à la création d'entreprise seront autant de mesures qui pourront amortir les effets du licenciement et faciliter le reclassement aussi rapide que possible des salariés licenciés.

Les conséquences de l'absence ou de l'insuffisance du plan de sauvegarde de l'emploi sont décrites par les articles L. 1235-10 et L. 1235-11 du Code du travail. La procédure de licenciement est nulle tant que le plan n'a pas été soumis à la consultation des représentants du personnel. C'est encore la nullité de la procédure qui est encourue en cas d'insuffisance des mesures prévues par le plan. Par l'effet de l'article L. 1235-11, la nullité de la procédure emporte avec elle la nullité des licenciements et, par conséquent, la réintégration des salariés illégalement licenciés, « *sauf si cette réintégration est devenue impossible, notamment du fait de la fermeture de l'établissement ou du site ou de l'absence d'emploi disponible* »[79].

Des mesures destinées à faciliter le reclassement font l'objet de procédures distinctes du plan de sauvegarde de l'emploi.

---

75. C. trav., art. L. 1233-52.
76. C. trav., art. L. 1233-52 et s.
77. Cass. soc., 17 mai 1995, *D.* 1995, p. 436, note G. Couturier ; *Dr. soc.* 1995, p. 570, concl. P. Lyon-Caen.
78. C. trav., art. L. 1235-10, al. 2.
79. V. antérieurement Cass. soc., 13 févr. 1997, *La Samaritaine*, *Les grands arrêts du droit du travail*, *préc.* n° 110. Pour de plus amples détails sur les effets de la nullité du licenciement, cf. *infra* p. 384 et s.

– Les dispositifs destinés à faciliter le reclassement

Le premier dispositif ne concerne que les entreprises de plus de mille salariés : il s'agit du congé de reclassement[80]. L'employeur est tenu, dans ces entreprises, de proposer à chaque salarié dont il envisage le licenciement pour motif économique le bénéficie d'un congé de reclassement. Ce congé a pour objet de permettre au salarié de bénéficier d'actions de formation et de prestations d'une cellule d'accompagnement dans les démarches de recherche d'emploi. Le congé est d'une durée maximale de neuf mois et se substitue au préavis. Le salarié perçoit sa rémunération pendant la durée de préavis initialement prévue et bénéficie, au-delà, d'une allocation de conversion.

Le second dispositif s'applique aux salariés qui ne bénéficient pas du droit au congé de reclassement, dans les entreprises de moins de mille salariés. Dans ces entreprises, l'employeur est tenu de proposer aux salariés la conclusion d'une convention de reclassement personnalisé[81]. En acceptant de signer une telle convention, le salarié devient stagiaire de la formation professionnelle et non demandeur d'emploi. Il bénéficiera du service d'allocations nettement plus favorables que celles habituellement servies aux chômeurs et, surtout, de mesures destinées à accélérer son reclassement, cela pendant une période de huit mois[82]. Lorsque le salarié accepte la proposition de convention de reclassement personnalisé, le contrat de travail est considéré comme rompu d'un commun accord par l'article L. 1233-67 du Code du travail. Il s'est alors très vite posé la question de savoir si la signature de cette convention privait le salarié de la faculté de contester la cause d'un licenciement qui, techniquement, n'en était plus un. Par un arrêt rendu le 5 mars 2008, la chambre sociale de la Cour de cassation a jugé que « *si l'adhésion du salarié à une convention de reclassement personnalisé entraîne une rupture qui est réputée intervenir d'un commun accord, elle ne le prive pas de la possibilité d'en contester le motif* »[83].

Enfin, pour conclure, il faut mentionner l'expérimentation dans plusieurs bassins d'emploi d'un nouveau contrat de transition professionnelle destiné, à terme, à remplacer la convention de reclassement personnalisé[84]. Pour l'essentiel, ce contrat de transition professionnelle diffère de la convention de reclassement personnalisé en ce qu'il est conclu directement avec le Pôle emploi et qu'il comporte une durée de douze mois. L'expérimentation, qui devait prendre fin au mois de décembre 2010 n'a, à ce jour, toujours pas été généralisée.

---

80. C. trav., art. L. 1233-71 et s.

81. C. trav., art. L. 1233-65 et s.

82. Ces mesures sont détaillées par l'article L. 1233-65 du Code du travail qui évoque des « *actions de soutien psychologique, d'orientation, d'accompagnement, d'évaluation des compétences professionnelles et de formation destinées à favoriser son reclassement* ».

83. Cass. soc., 5 mars 2008, *Dr. soc.* 2008, p. 650, obs. G. Couturier ; Cass. soc., 27 mai 2009, *JCP* éd. S 2009, 1373, obs. B. Bossu.

84. Ord. n° 2006-433 du 13 avr. 2006 relative au contrat de transition professionnelle.

– La priorité de réembauchage

Pour atténuer les effets d'un licenciement pour motif économique, le Code du travail impose aux employeurs de respecter une priorité de réembauchage au bénéfice des salariés licenciés[85]. Le salarié licencié pour motif économique bénéficie d'une priorité de réembauche durant un délai d'un an à compter de la fin du préavis. Le salarié ne profite de cette priorité qu'à la condition d'en faire la demande au cours de ce même délai. La mention du droit à cette priorité doit être portée sur la lettre de notification du licenciement[86]. Lorsque le salarié exprime sa volonté de bénéficier de la priorité, l'employeur l'informe de tout emploi devenu disponible, compatible avec sa qualification, sans que l'emploi soit nécessairement proposé dans le cadre d'un contrat à durée indéterminée[87]. L'employeur a, enfin, l'obligation d'informer les représentants du personnel des postes disponibles et d'afficher la liste de ces postes.

La procédure de licenciement, en particulier lorsque le licenciement est prononcé pour motif économique, est complexe, cela ne fait pas de doute. Cette complexité est probablement un mal nécessaire tant il est indispensable de protéger le salarié contre la rupture de son contrat de travail. Une autre protection lui est assurée grâce aux conditions de fond encadrant le licenciement à travers l'exigence que le licenciement repose sur une cause réelle et sérieuse.

B. La cause du licenciement

La cause réelle et sérieuse de licenciement n'est pas définie par le Code du travail qui, d'ailleurs, n'en faisait pas expressément une condition générale à tout licenciement avant la recodification intervenue en 2008[88]. Cette définition peut cependant être identifiée par généralisation des exigences de la Cour de cassation en la matière (1), quoique les causes de licenciement pour motif personnel (2) diffèrent nettement des causes de licenciement pour motif économique (3).

1. LA DÉFINITION DE LA CAUSE RÉELLE ET SÉRIEUSE DE LICENCIEMENT

Les caractères de la cause réelle et sérieuse (a) doivent être démontrés selon des règles probatoires spécifiques (b).

---

85. C. trav., art. L. 1233-45.
86. C. trav., art. L. 1233-16, al. 2.
87. Cass. soc., 8 avr. 2009, *JCP* éd. S, 2009, 1340, note D. Corrignan-Carsin.
88. Les articles L. 1232-1 et L. 1233-2 exigent désormais, de manière symétrique, que licenciement pour motif personnel et licenciement pour motif économique soient, tous deux, justifiés par une cause réelle et sérieuse.

a. Les caractères de la cause réelle et sérieuse

– La cause réelle

On considère généralement que la cause du licenciement n'est réelle que si elle est objective, existante et exacte.

L'exigence d'objectivité exclut tout licenciement reposant sur des motifs éminemment subjectifs tels que l'incompatibilité d'humeur[89], la mésentente entre l'employeur et le salarié[90] ou la perte de confiance[91]. Ces motifs subjectifs ne peuvent être utilement invoqués comme cause de licenciement qu'à la condition d'être appuyés par des éléments de fait objectifs. L'existence de la cause implique que la cause invoquée par l'employeur existe et soit matériellement vérifiable. Enfin, la cause doit être exacte, l'employeur ne doit pas tenter d'invoquer une cause différente de celle qui justifie véritablement la mesure. La cause est inexacte, par exemple, lorsque l'employeur invoque un motif personnel – une faute – pour éviter les règles plus contraignantes du licenciement pour motif économique[92] ou, bien sûr pour dissimuler un motif discriminatoire[93].

– La cause sérieuse

La cause doit également revêtir un caractère sérieux. Il s'agit là d'une sorte de contrôle de proportionnalité de la mesure, de rechercher si les faits invoqués au soutien du licenciement étaient suffisamment sérieux ou graves pour justifier un licenciement. L'appréciation du caractère sérieux de la cause de licenciement entre notamment en ligne de compte lorsqu'il s'agit pour le juge de faire le départ entre la faute légère – qui ne peut justifier un licenciement – et la faute sérieuse – qui peut justifier un licenciement[94].

Certaines circonstances entourant le licenciement peuvent également démontrer l'absence de caractère sérieux de la mesure. Tel est par exemple le cas du licenciement prononcé par un employeur qui « *avait considéré au jour du licenciement que la poursuite des relations de travail était envisageable* »[95]. Il est en outre parfois considéré que la cause n'est pas sérieuse lorsqu'elle ne repose pas sur des considérations en relation avec la vie professionnelle, quoiqu'il soit possible de considérer que dans un tel cas, c'est l'existence même de la cause plus que son sérieux qui fait débat[96].

---

89. Cass. soc., 28 oct. 2002, n° 00-41.826.
90. V. cependant Cass. soc., 2 juin 2010, n° 08-44.634 qui accepte que la mésentente puisse constituer une cause réelle et sérieuse de licenciement lorsqu'il est démontré que cette mésentente est imputable au salarié.
91. Cass. soc., 29 mai 2001, *D.* 2002, p. 921, obs. A. Garin
92. Cass. soc., 10 avr. 1996, n° 93-41.755.
93. Cass. soc., 9 juin 1998, n° 96-40.390.
94. Cf. *infra* p. 366.
95. Cass. soc., 23 mai 2000, n° 98-40.634.
96. *Les grands arrêts du droit du travail, préc.*, p. 465.

Enfin, le caractère sérieux d'une cause de licenciement ne peut être prédéterminé, la notion de cause réelle et sérieuse étant d'ordre public[97]. Des règles de preuve spécifiques de la cause réelle et sérieuse ont été instituées par le législateur.

b. La preuve de la cause réelle et sérieuse

Avant 1973, le salarié devait prouver que l'employeur avait commis un abus de droit en usant de son droit de congédiement. La charge et le risque de la preuve pesaient sur le salarié, si bien que seuls les abus les plus flagrants pouvaient être sanctionnés. La loi du 13 juillet 1973 a rompu avec cette logique : le licenciement étant devenu un acte causé, le droit commun de la preuve a été en partie écarté.

En 1973, le législateur est cependant resté assez ambigu sur l'administration de la preuve de l'existence d'une cause réelle et sérieuse de licenciement. Le nouvel article L. 122-14-3 (L. 1235-1 depuis la recodification) prévoyait, certes, qu'en cas de litige, le juge formait sa conviction « *au vu des éléments fournis par les parties et, au besoin, après toutes les mesures d'instruction qu'il estime utiles* ». Le rôle du juge dans la recherche de la vérité était souligné. La Cour de cassation en déduisit qu'en matière de licenciement, la charge de la preuve n'incombait plus ni au salarié, ni à l'employeur[98]. La qualification de la cause réelle et sérieuse incombe désormais aux juges du fond dans l'exercice de leur pouvoir souverain[99]. Pour autant, la loi de 1973 ne prenait pas partie sur le risque de la preuve.

En 1989, le législateur a ajouté une phrase à l'article L. 122-14-3 (L. 1235-1) du Code du travail : « *Si un doute subsiste, il profite au salarié* »[100]. Le risque de la preuve a, depuis lors, été clairement transféré sur les épaules de l'employeur.

Quant aux modes de preuve recevables, la Cour de cassation semble faire application d'un prétendu principe de « *liberté de preuve en matière prud'homale* »[101]. Tous les moyens de preuve seraient donc admissibles, sous réserve toutefois du principe de licéité et de loyauté de la preuve[102]. Ce principe trouve tout particulièrement à s'appliquer en matière de licenciement disciplinaire : la preuve de la faute du salarié ne doit pas procéder, par exemple, d'une atteinte au respect de sa vie privée[103] ou du recours à

97. Par ex., une prédétermination par convention collective, v. Cass. soc., 2 mars 2005, *RJS* 2005, n° 490.
98. Cass. soc., 1er déc. 1998, *RJS* 1999, p. 28.
99. La Cour de cassation exerce un contrôle restreint sur la qualification de cause réelle et sérieuse alors que, dans le même temps, elle exerce pleinement son contrôle sur la qualification de faute grave. V. par ex. Cass. soc., 30 nov. 2010, n° 08-43.499.
100. Loi n° 89-549 du 2 août 1989 relative au licenciement pour motif économique et au droit à la reconversion.
101. D'une manière générale, v. Cass. soc., 2 mars 2011, n° 09-41.622.
102. A. Gardin, « Les procédés d'obtention de la preuve dans le cadre du procès prud'homal », *RJS* 2008, p. 867.
103. Par ex., Cass. soc., 26 nov. 2002, *Dr. soc.* 2003, p. 225, note J. Savatier.

un stratagème destiné à tromper le salarié[104]. C'est particulièrement en matière de nouvelles technologies de l'information et de la communication que la jurisprudence s'est développée à cet égard. L'employeur ne peut, en principe, appuyer son licenciement sur des faits dont il a eu connaissance après consultation des fichiers ou des courriels personnels du salarié, sauf à ce que le salarié soit présent ou, bien sûr, qu'il ait donné son accord à une telle consultation[105].

Au-delà de ces considérations générales, quelques grandes catégories de causes réelle et sérieuse de licenciement ont pu être dégagées, notamment en cas de licenciement pour motif personnel.

2. LES CAUSES DE LICENCIEMENT REPOSANT SUR UN MOTIF PERSONNEL

Il existe trois grands types de cause de licenciement pour motif personnel : le licenciement disciplinaire (a), le licenciement lié à l'état de santé du salarié (b) et le licenciement en raison de l'insuffisante qualité du travail du salarié (c).

a. Le licenciement disciplinaire

Le salarié peut se rendre coupable de différentes fautes en droit du travail. Dans un ordre croissant de gravité, on trouve la faute légère, la faute sérieuse (ou faute simple), la faute grave et la faute lourde.

– La faute légère

La faute légère est la faute bénigne, le comportement du salarié comme ses conséquences étant sans aucune gravité. Depuis 1978, la faute légère ne revêt pas un caractère sérieux et ne peut justifier un licenciement[106].

– La faute sérieuse

La faute sérieuse correspond au comportement du salarié d'une gravité suffisante pour justifier un licenciement mais qui, en revanche, n'est pas assez grave pour être qualifié de faute grave. La différence de qualification est essentielle puisque ce n'est qu'en cas de faute grave que le salarié sera privé d'indemnité de licenciement et d'indemnité de préavis[107].

L'appréciation du caractère sérieux d'une faute relève de l'appréciation des juges du fond, sous le contrôle cependant de la Cour de cassation. La faute sérieuse sera constituée par un manquement du salarié à ses obligations contractuelles, qu'il s'agisse d'une exécution défectueuse de l'obligation principale ou d'une obligation accessoire.

---

104. Sur une preuve obtenue par vidéosurveillance à l'insu du salarié, v. Cass. soc., 20 nov. 1991, *RJS* 1992, n° 1.
105. V. les arrêts *Nikon* (Cass. soc., 2 oct. 2001, *D.*, 2001, Jur., p. 3148, note P.-Y. Gautier ; *RJS* 2001, p. 940, chron. F. Favennec-Héry) et Cathnet sciences, (Cass. soc., 17 mai 2005, *Dr. soc.*, 2005, p. 789, note J.-E. Ray, *LPA*, 23 avr. 2007, n° 81, p. 6 et la note).
106. Les décisions sont rares. V., cependant, Cass. soc., 3 juill. 1986, *Dr. ouvrier*, 1986, p. 453
107. Cf. *infra* p. 378 et s.

– La faute grave

La faute grave n'étant pas définie par le Code du travail, c'est la Cour de cassation qui a assumé la charge d'en caractériser les éléments essentiels. La faute grave résulte « *d'un fait ou d'un ensemble de faits imputables au salarié qui constitue une violation des obligations découlant du contrat de travail ou des relations de travail* »[108]. La définition a été affinée en 2007 : « *la faute grave, qui peut seule justifier une mise à pied conservatoire, est celle qui rend impossible le maintien du salarié dans l'entreprise* »[109].

Comme la faute sérieuse, la faute grave est donc constituée par un manquement du salarié à ses obligations professionnelles principales ou accessoires. Il a longtemps été considéré qu'un fait tiré de la vie personnelle du salarié pouvait parfois, en cas de trouble caractérisé au sein de l'entreprise compte tenu des fonctions du salarié, caractériser l'existence d'une faute grave[110]. Il semble que la cloison entre faute disciplinaire et vie personnelle soit désormais plus étanche, comme en témoigne un arrêt rendu par la chambre sociale en 2009[111]. Dans ce domaine, c'est aujourd'hui l'abus de la liberté d'expression au travers d'une page Facebook qui fait l'actualité, la faute grave ayant été retenue dans plusieurs affaires[112].

Il est rigoureusement impossible de dresser un tableau de ce qu'est une faute grave et de ce qui n'en relève pas, son appréciation demeurant très largement empirique. Il existe cependant un certain nombre d'indices qui atténuent ou, au contraire, intensifient la gravité d'un comportement susceptible d'être qualifié de faute grave.

La répétition d'un comportement peut, d'abord, inciter à la qualification de faute grave. Un retard unique et injustifié de trente minutes constitue certes une faute, mais ne peut que difficilement être qualifié de faute grave. Au contraire, des retards répétés et qui ont déjà fait l'objet de reproches de la part de l'employeur pourront être qualifiés de faute grave[113]. L'ancienneté et l'absence d'antécédents disciplinaires jouent également un rôle modérateur ou aggravant de la qualification de la faute[114]. Il peut, ensuite, être

---

108. Cass. soc., 26 févr. 1991, *D.* 1991, IR, p. 82.

109. Cass. soc., 27 sept. 2007, *RDT* 2007, p. 650, obs. G. Auzero.

110. Cass. soc., 20 nov. 1991, *RJS* 1992, p. 26. Le juge contournait parfois la difficulté en rattachant un comportement visiblement tiré de la vie personnelle du salarié à sa vie professionnelle, v. l'affaire célèbre, Cass. soc., 2 déc. 2003, *JCP* éd. G 2004, II, 10025, note D. Corrignan-Carsin ; *Dr. soc.* 2004, p. 550, note J. Savatier, à propos d'un chauffeur routier licencié pour faute grave à la suite d'un test d'alcoolémie positif durant son temps de repos.

111. Cass. soc., 23 juin 2009, *JCP* éd. G 2009, 243, note D. Corrignan-Carsin. L'arrêt emboîte le pas d'une décision rendue en chambre mixte et qui paraissait faire la distinction entre faute disciplinaire et trouble objectif justifiant le licenciement, v. Cass. ch. mixte, 18 mai 2007, *JCP* éd. G 2007, II, 10129, note G. Loiseau ; *RDT* 2007 p. 527, note T. Aubert-Monpeyssen.

112. V. par ex. Cons. prud'h. Boulogne-Billancourt, 19 nov. 2010, *RDT* 2011, p. 39, note M. Kocher ; *JCP* éd. S 2010, act. 559, obs. P.- Y. Verkindt.

113. Par ex., Cass. soc., 4 févr. 2003, n° 01-40.076.

114. Par ex., un salarié qui avait négligé de porter un équipement de sécurité et qui comptait une ancienneté

parfois tenu compte du niveau de responsabilité et d'autonomie du salarié concerné par la sanction. Globalement, le comportement du salarié sera apprécié avec plus de sévérité lorsque l'employeur n'est pas tenu à un contrôle permanent en raison des responsabilités confiées au salarié[115]. Enfin, il arrive parfois que la jurisprudence prenne en considération le « *contexte particulier* » ou les « *circonstances particulières* » dans le cadre duquel est survenue la faute[116]. Les exemples les plus fréquemment jugés concernent les dépassements de langage de certains salariés, mieux tolérés dans la chaleur des cuisines ou la poussière des chantiers que dans les cloisons feutrées des bureaux[117].

Un dernier élément joue un rôle essentiel dans la définition de la faute grave, celui de l'impossibilité de maintenir le salarié dans l'entreprise. Cette impossibilité est immédiate, ce qui explique la référence à la mise à pied conservatoire faite par la définition prétorienne. Comme l'a récemment rappelé la chambre sociale de la Cour de cassation, l'employeur est tenu d'une véritable obligation de célérité en la matière[118]. Si l'employeur tarde trop à prononcer la sanction, il avoue implicitement que le maintien du salarié dans l'entreprise, au moins pour un temps, n'était pas impossible.

– La faute lourde

Comme la faute grave, la faute lourde rend impossible le maintien du salarié dans l'entreprise. Elle comporte, cependant, un élément de caractérisation supplémentaire, « *une intention de nuire du salarié vis-à-vis de l'employeur ou de l'entreprise* »[119].

Les illustrations les plus fréquentes de fautes lourdes naissent de situations dans lesquelles un salarié aide volontairement un concurrent au détriment de son employeur, à condition que l'intention de nuire soit caractérisée[120]. Il existe également un contentieux important en matière d'abus du droit de grève, ce qui résulte logiquement de la rédaction de l'article L. 2511-1 du Code du travail qui interdit la rupture du contrat de travail du gréviste « *sauf faute lourde imputable au salarié* »[121].

---

de vingt-deux ans dans l'entreprise, Cass. soc., 9 oct. 2002, n° 00-44.297.

115. Par ex., Cass. soc., 6 mars 2007, n° 05-44.968.

116. Cass. soc., 10 déc. 2003, n° 01-44.732.

117. Sur un chantier par ex., v. Cass. soc., 6 mai 1998, n° 96-41.163.

118. « *La mise en œuvre de la rupture du contrat de travail doit intervenir dans un délai restreint après que l'employeur a eu connaissance des faits allégués* », Cass. soc., 24 nov. 2010, *JCP* éd. S 2011, 1081, note F. Dumont. Un délai d'un mois est, par exemple, nettement trop long, v. Cass. soc., 17 mars 2010, n° 08-45.103.

119. Cass. soc. 29 nov. 1990, *D.* 1991, p.190, obs. J. Pélissier. *Adde*, G. Couturier, « La faute lourde du salarié », *Dr. soc.* 1991, p.105.

120. Cass. soc., 6 mai 2009, *Lexbase hebdo*, éd. soc., n° 351, 21 mai 2009, note Ch. Radé.

121. Pour un exemple, parmi de nombreux autres, de faute lourde en cas de séquestration de dirigeants, v. CA Bordeaux, 24 janv. 2008, *Juris-data* n° 2008-356508.

La commission d'une faute lourde est, par exception, la seule hypothèse dans laquelle l'employeur puisse engager la responsabilité civile du salarié pour obtenir réparation des préjudices que celui-ci lui a causés[122].

Parmi les autres motifs tirés de la personne du salarié figurent ceux liés à son état de santé.

b. Le licenciement lié à l'état de santé du salarié

Il est en théorie interdit de prononcer le licenciement d'un salarié en raison de son état de santé, ce qui est considéré comme discriminatoire au sens de l'article L. 1132-1 du Code du travail. Cependant, quelle doit alors être la position de l'employeur face à un salarié malade qui ne pourra définitivement plus assumer sa prestation de travail ? Il était indispensable, pour répondre à cette question, de concilier la prohibition des discriminations liées à l'état de santé et l'impossibilité définitive d'exécuter le contrat de travail. Cette conciliation est opérée par le Code du travail grâce au concept d'inaptitude physique, règles auxquelles sont venues s'ajouter celles de l'impossibilité de maintenir le salarié en raison de la désorganisation de l'entreprise que son absence provoque.

– L'inaptitude physique[123]

A la suite d'une maladie ou d'un accident, le salarié doit le plus souvent subir une visite médicale auprès du médecin du travail avant de pouvoir réintégrer son emploi[124]. Cette visite médicale est essentielle puisqu'elle permet de déterminer si, malgré sa guérison ou la stabilisation de son état, le salarié est apte à reprendre son emploi dans l'entreprise. Au cours de cette visite de reprise ou, d'ailleurs, de n'importe quelle autre visite médicale[125], le médecin du travail peut apprécier l'aptitude physique du salarié « *à reprendre son ancien emploi, la nécessité d'une adaptation des conditions de travail ou d'une réadaptation du salarié ou éventuellement de l'une et de l'autre de ces mesures* »[126]. S'il estime que le salarié n'est pas apte à reprendre son emploi, il devra, sauf exception, lui faire subir une seconde visite distante d'au moins deux semaines de la première qui confirmera l'inaptitude et qui seule enclenchera la procédure pouvant aboutir au licenciement[127].

Les articles L. 1226-2 (risque non professionnel) et L. 1226-10 (risque professionnel) du Code du travail prévoient que si le salarié est déclaré inapte par le médecin du travail à reprendre l'emploi qu'il occupait précédemment, l'employeur lui propose un

122. Cass. soc. 11 avr. 1996, *Bull. civ.* V, n° 152.

123. P.- Y. Verkindt, « Le licenciement pour inaptitude médicale », *Dr. soc.* 2008, p. 941.

124. Cf. *supra* p. 311.

125. Cass. soc., 8 avr. 2010, *RDT* 2010, p. 433, obs. G. Auzero ; *Lexbase hebdo*, éd. soc., n° 396, 27 mai 2010, note M. Del Sol.

126. C. trav., art. R. 4626-22.

127. Sur le principe et l'exception en cas de danger immédiat, v. C. trav., art. R. 4624-31. *Adde.*, Cass. soc., 20 janv. 2010, *JCP* éd. S 2010, 1127, note P.- Y. Verkindt.

autre emploi approprié à ses capacités[128], en tenant compte des préconisations du médecin du travail. Il s'agit d'une véritable obligation de reclassement, l'employeur doit tenter de trouver un nouveau poste adapté à l'inaptitude du salarié. L'employeur doit rechercher un reclassement quand bien même le salarié serait déclaré inapte à tout emploi dans l'entreprise[129], quelle que soit d'ailleurs l'attitude adoptée par le salarié ayant déclaré qu'il ne souhaitait pas être reclassé[130].

Les articles L. 1226-4 et L. 1226-11 du Code du travail disposent, pour leur part, que lorsque, à l'issue d'un délai d'un mois à compter de la date de l'examen médical de reprise du travail, le salarié déclaré inapte n'est pas reclassé dans l'entreprise ou n'est pas licencié, l'employeur lui verse, dès l'expiration de ce délai, le salaire correspondant à l'emploi que celui-ci occupait avant la suspension de son contrat de travail. Dit autrement, l'employeur dispose d'un mois pour reclasser le salarié. Pour satisfaire à son obligation de reclassement, l'employeur est tenu de proposer au salarié un autre emploi approprié à ses capacités, au besoin par la mise en œuvre de transformations de poste de travail ou d'un aménagement du temps de travail. Cela signifie bien sûr que l'employeur doit proposer des postes vacants équivalents dans l'entreprise. Il doit également proposer des postes qui nécessitent une adaptation du salarié, par exemple une formation. Enfin, si aucun autre emploi n'est disponible, l'employeur doit proposer au salarié un poste d'un niveau de responsabilité inférieur à celui qu'assumait le salarié. La recherche de reclassement ne se limite pas à la seule entreprise mais s'étend à l'unité économique et sociale à laquelle elle appartient ou aux entreprises du groupe dont les activités, l'organisation ou le lieu d'exploitation permettent la permutation de personnel[131].

Le salarié dispose d'une grande latitude dans l'acceptation ou le refus du reclassement. S'agissant de l'inaptitude consécutive à un accident de travail ou à une maladie professionnelle, l'article L. 1226-14 du Code du travail prévoit seulement que le refus abusif du salarié d'une proposition de reclassement peut le priver de l'indemnité spéciale de licenciement envisagée par le même texte. S'agissant de l'inaptitude qui n'a pas d'origine professionnelle, aucun texte n'encadre le refus du salarié. La chambre sociale juge cependant que le refus du salarié ne peut jamais, à lui seul, caractériser une cause réelle et sérieuse de licenciement lorsque le reclassement impliquait une modification du contrat de travail ou un changement des conditions de travail[132].

S'il ne parvient pas à reclasser le salarié, l'employeur ne dispose que de deux options : reprendre le paiement des salaires ou prononcer le licenciement du salarié pour inaptitude physique. Le licenciement reposera sur une cause réelle et sérieuse si le salarié a

---

128. Les propositions de reclassement doivent être proposées après avis des délégués du personnel en cas d'inaptitude à la suite d'un accident du travail ou d'une maladie professionnelle.
129. Cass. soc., 9 juill. 2008, *RJS* 2008, p. 805.
130. Cass. soc. 16 sept. 2009, *Dr. ouvrier* 2010, p. 46, note V. Lacoste-Mary.
131. Cass. soc., 24 juin 2009, *RDT* 2009, p. 581, obs. M. Kocher.
132. Cass. soc., 26 janv. 2011, *Lexbase hebdo*, éd. soc., n° 427, 10 févr. 2011, note L. Casaux-Labrunée.

été régulièrement déclaré physiquement inapte et que l'employeur a convenablement assumé son obligation de rechercher un reclassement.

Quoique le salarié n'ait pas été déclaré inapte à son emploi, il peut être licencié lorsque ses absences désorganisent le fonctionnement de l'entreprise.

– La désorganisation de l'entreprise

L'article L. 1133-3 du Code du travail permet que des différences de traitement soient « *fondées sur l'inaptitude constatée par le médecin du travail en raison de l'état de santé ou du handicap* » sans que ces différences ne caractérisent un traitement discriminatoire. L'exception à la règle posée par l'article L. 1132-1 semblait nettement circonscrite. Pourtant, alors que ce motif de rupture n'a pas été envisagé par le Code du travail, la Cour de cassation juge de longue date que le licenciement peut être motivé « *par la situation objective de l'entreprise qui se trouve dans la nécessité de pourvoir au remplacement définitif d'un salarié dont l'absence prolongée ou les absences répétées perturbent son fonctionnement* »[133]. Cet énoncé paraît faire reposer la cause du licenciement sur un motif non inhérent à la personne du salarié, ce qui permet de contourner la prohibition des licenciements discriminatoires, mais qui devrait inciter à classer ce licenciement parmi les licenciements pour motif économique. L'argument ne masque cependant qu'assez difficilement la réalité d'un licenciement prononcé en raison d'absences intimement liées à l'état de santé du salarié[134].

Pour qu'un tel licenciement puisse être prononcé, il convient tout de même que plusieurs conditions soient réunies. D'abord, il faut que le fonctionnement de l'entreprise soit désorganisé par l'absence du salarié[135]. Il faut, ensuite, que l'absence du salarié soit prolongée ou que les absences soient répétées, caractéristique qui dépendra étroitement de l'appréciation des juges du fond et qui demeure, faute de détermination précise, relativement arbitraire. Enfin, et surtout, il faut que l'absence du salarié rende nécessaire son remplacement définitif. L'employeur doit se trouver dans la nécessité de remplacer le salarié absent. Cette nécessité n'est pas caractérisée lorsque l'employeur recrute un intérimaire[136] ou un salarié à temps partiel[137] et l'on peut estimer que seul l'engagement d'un salarié en contrat de travail à durée indéterminée à temps

133. Cass. soc., 16 juill. 1998, *Dr. soc.* 1998, p. 950, obs. A. Mazeaud ; *RJS* 1998, p. 728 ; Cass. soc., 28 oct. 2009, *D.* 2009, p. 2755.

134. La Cour de cassation maintient sa position jusqu'à l'extrême puisque le licenciement prononcé pour ce motif sans que l'une des conditions qui vont être étudiées soit respectée n'est pas nul mais simplement dépourvu de cause réelle et sérieuse… V. Cass. soc., 14 déc. 2005, n° 04-41.787. Cette solution n'est pas clairement remise en cause par un arrêt rendu en 2009, Cass. soc., 16 sept. 2009, *Lexbase hebdo*, éd. soc., n° 365, 1er oct. 2009, note G. Auzero.

135. L'appréciation de ce critère, trop souvent rattaché à la nécessité d'un remplacement définitif, n'est pas toujours appréciée par les juges du fond avec une rigueur suffisante. V. par ex. CA Aix-en-Provence, 20 mars 2007, n° de rôle 06/01996.

136. Cass. soc., 18 oct. 2007, *RDT* 2007, p. 717, obs. J. Savatier.

137. Cass. soc., 6 févr. 2008, *D.* 2008, p. 2310, obs. B. Lardy-Pélissier ; Cass. soc. 26 janv. 2011, n° 09-67.073.

complet est apte à démontrer ce caractère définitif. En tout état de cause, le remplacement doit intervenir à une époque proche du licenciement du salarié absent, un trop grand écart de temps entre le licenciement et le recrutement permettant en effet de douter de la véritable nécessité de remplacer le salarié absent[138].

Dernière catégorie de licenciement pour motif personnel, l'insuffisante qualité du travail du salarié peut parfois être invoquée par l'employeur.

c. Le licenciement en raison de l'insuffisante qualité du travail du salarié

Un salarié peut, parfois, être valablement licencié en raison de son insuffisance professionnelle ou de son insuffisance de résultats.

L'insuffisance professionnelle peut être définie comme l'inaptitude du salarié à exécuter convenablement le travail qui lui a été confié. La Cour de cassation est très attentive à ce que cette inaptitude ne soit pas confondue avec une faute : l'inaptitude ne résulte pas d'un comportement fautif du salarié mais d'une incapacité à assumer les tâches qui lui incombent[139]. L'incapacité doit cependant être uniquement imputable au salarié, ce qui n'est pas le cas, par exemple, si l'employeur lui a confié des tâches exigeant des qualifications que le salarié n'avait pas[140].

L'insuffisance de résultats est une variante de l'insuffisance professionnelle qui s'en détache en ce que, dans cette hypothèse, l'employeur, seul ou en accord avec le salarié[141], a déterminé des objectifs à atteindre, objectifs que le salarié n'a pu remplir[142]. L'insuffisance de résultats du salarié peut caractériser une cause réelle et sérieuse de licenciement, mais le juge procède à un contrôle étroit de cette cause et exige, d'abord, que les objectifs aient été fixés de manière réaliste[143] et, ensuite, que la non-réalisation résulte d'un comportement fautif du salarié[144]. A l'évidence, le salarié ne pourra être licencié si l'insuffisance de résultats découle d'un comportement fautif de l'employeur[145]. Si aucun objectif n'avait été déterminé, l'insuffisance de résultat se confond avec l'insuffisance professionnelle.

Le troisième et dernier type de cause réelle et sérieuse de licenciement est celle qui s'appuie sur un motif économique.

---

138. Cass. soc., 16 sept. 2009, *préc.*
139. Cass. soc., 9 mai 2000, *Dr. soc.* 2000, p. 786, obs. F. Favennec-Héry.
140. Cass. soc., 2 févr. 1999, *RJS* 1999, p. 212.
141. Sur la détermination unilatérale, v. Cass. soc. 22 mai 2001, *Bull. civ.* V, n° 180.
142. S. Brissy, « L'insuffisance des résultats du salarié au regard de la cause réelle et sérieuse de licenciement », *D.* 2006, p. 685.
143. Cass. soc., 3 févr. 1999, *D.* 1999, IR, p. 68.
144. Cass. soc., 2 mars 2005, n° 02-46.534 ; Cass. soc., 23 mai 2007, n° 06-40.964.
145. Cass. soc., 29 mai 2002, n° 00-40.996.

3. LES CAUSES DE LICENCIEMENT REPOSANT SUR UN MOTIF ÉCONOMIQUE

L'article L. 1233-3 du Code du travail définit le licenciement pour motif économique comme celui qui est « *effectué par un employeur pour un ou plusieurs motifs non inhérents à la personne du salarié résultant d'une suppression ou transformation d'emploi ou d'une modification, refusée par le salarié, d'un élément essentiel du contrat de travail, consécutives notamment à des difficultés économiques ou à des mutations technologiques* ». Cette définition comporte, à elle seule, trois éléments caractéristiques du licenciement pour motif économique. D'abord, il s'agit d'un licenciement résultant d'un motif « *non inhérent* » à la personne du salarié, si bien qu'en toute logique, il devrait être considéré que tout licenciement ne reposant pas sur l'un des motifs personnels étudiés est un licenciement pour motif économique. Outre cette qualification par défaut, le licenciement résulte ensuite d'une transformation d'emploi, d'une suppression d'emploi ou d'un refus de modification du contrat de travail. En somme, pour être justifié, le licenciement doit être consécutif à une altération de l'emploi du salarié (a). En outre, le texte exige que cette altération soit consécutive « *notamment* » à des difficultés économiques ou à des mutations technologiques, ce qui caractérise la cause de l'altération de l'emploi du salarié (b)[146]. A ces éléments, il convient enfin d'ajouter les exigences de l'article L. 1233-4 du Code du travail qui impose, pour que le licenciement soit justifié, que tous les efforts d'adaptation et de reclassement aient été entrepris (c).

a. La matérialité de l'altération de l'emploi du salarié

Le licenciement pour motif économique n'est justifié qu'à condition que l'emploi du salarié ait subi une altération dont la liste est déterminée par l'article L. 1233-3 du Code du travail.

L'altération peut être absolue lorsque l'emploi du salarié est purement et simplement supprimé. La réalité de cette disparition s'opère le plus souvent à travers le constat qu'aucun salarié n'a été engagé pour remplacer celui dont le poste a été supprimé[147] et qu'au contraire, les tâches ont été réparties entre les salariés restant dans l'entreprise[148]. L'altération peut n'être que partielle en cas de transformation d'emploi. Sans que l'emploi soit totalement supprimé, il subit une transformation, une mutation, laquelle implique que le salarié dispose d'autres compétences que celles dont il justifiait lors de

146. On présente souvent la causalité du licenciement comme une sorte de double lien de causalité, le licenciement étant causé par l'altération de l'emploi, l'altération étant causé par les difficultés économiques ou les mutations technologiques. Il est parfois délicat de distinguer entre motif économique et cause économique de licenciement. V. sur cette question J. Pélissier, « La cause économique du licenciement », *RJS* 1992, p. 527 et sa distinction entre « cause qualificative » et « cause justificative ». V. également Ph. Waquet, « La cause économique du licenciement », *Dr. soc.* 2000, p. 168 ; D. Baugard, « La qualification de motif économique », *RDT* 2009, p. 510.

147. Il n'y a pas de suppression d'emploi si un salarié de la société mère a été affecté à l'emploi du salarié licencié par la filiale, v. Cass. soc., 15 janv. 2001, *Dr. soc.* 2001, p. 561, obs. J. Mouly. Les tâches peuvent être cependant confiées à un collaborateur bénévole, v. Cass. soc. 20 janv. 1998, *RJS* 1998, 288.

148. Cass. soc., 20 nov. 2002, n° 00-42.760.

son embauche. Les affaires relatives à une transformation d'emploi sont relativement rares[149].

Enfin, l'altération peut être plus légère encore et ne pas concerner les tâches caractéristiques de l'emploi mais les conditions d'emploi : c'est la modification du contrat de travail pour motif économique[150]. Le refus d'une proposition de modification du contrat pour motif économique peut justifier un licenciement à condition que les causes de la proposition correspondent à celles énoncées par l'article L. 1233-3 du Code du travail et que la procédure spécifique ait été respectée[151].

L'altération de l'emploi ne peut résulter que des causes envisagées par le Code du travail.

b. Les causes de l'altération de l'emploi du salarié

La définition du licenciement pour motif économique offerte par l'article L. 1233-3 évoque deux causes de l'altération de l'emploi du salarié : l'existence de difficultés économiques ou de mutations technologiques. A ces deux causes légales se sont ajoutées des causes prétoriennes, ce que permettait l'usage de l'adverbe « *notamment* » dans cette définition.

– Les causes légales

L'entreprise peut, d'abord, avancer des difficultés économiques avérées pour justifier l'altération de l'emploi et le licenciement subséquent. Il doit s'agir d'une dégradation véritable de la santé économique de l'entreprise et non de simples difficultés passagères ou sans grande ampleur. Cette démonstration reposera sur la preuve d'un certain nombre d'indices. Ainsi, les difficultés peuvent, par exemple, être démontrées par une baisse continue du chiffre d'affaire[152], par des difficultés de trésorerie ou un déséquilibre financier[153], aucun de ces indices n'étant en principe déterminant à lui seul. C'est donc, là encore, une appréciation très pragmatique à laquelle se livre le juge.

L'appréciation des difficultés économiques est enserrée dans des limites spatiales et temporelles théoriquement étroites. D'abord, les difficultés économiques doivent être appréciées au moment du licenciement, ce qui exclut notamment que la seule crainte de difficultés économiques, quand bien même cette crainte serait ultérieurement avérée, ne puisse justifier un licenciement pour motif économique[154]. Ensuite,

149. V. tout de même Cass. soc., 9 juill. 1997, *RJS* 1997, n° 959 ; Cass. soc. 16 déc. 1997, *RJS* 1998, n° 155.

150. Les propositions faites par l'employeur ne le dispensent pas, en cas de refus, de la recherche d'un reclassement pour le salarié, v. Cass. soc., 25 nov. 2009, *Lexbase hebdo*, éd. soc., n° 375, 10 déc. 2009, note G. Auzero.

151. Sur laquelle cf. *supra* p. 328.

152. Cass. soc., 7 juill. 2009, n° 07-45.341.

153. Cass. soc., 26 janv. 1994, n° 92-40.252.

154. Par ex., Cass. soc., 29 oct. 1997, n° 95-44.331.

l'appréciation s'opère au niveau de l'entreprise et non de l'établissement[155] ou au niveau du secteur d'activité du groupe auquel l'entreprise appartient[156].

Ces schémas, d'apparence simple, le sont cependant beaucoup moins qu'il n'y parait. Sur le plan temporel, le juge peut prendre en considération des éléments postérieurs pour apprécier la réalité des difficultés au moment du licenciement[157]. Sur le plan spatial surtout, la notion de secteur d'activité du groupe est très fuyante. La chambre sociale a tout de même précisé que « *la spécialisation d'une entreprise au sein d'un groupe ne suffit pas à exclure son rattachement à un secteur d'activité plus étendu* »[158]. Il en va de même de l'implantation d'une société dans un pays différent appartenant au groupe qui ne permet pas de l'exclure du secteur d'activité cadre de l'appréciation[159]. Enfin, la question de l'appréciation des difficultés économiques au sein d'une unité économique et sociale ne paraît s'être encore jamais posée[160].

L'article L. 1233-3 du Code du travail permet ensuite qu'un licenciement pour motif économique intervienne à la suite de mutations technologiques. Les mutations technologiques sont des évolutions liées à l'introduction de nouvelles technologies dans l'entreprise qui exigent une modernisation des méthodes de travail ou de production. Leur particularité tient à ce qu'elles justifient un licenciement pour motif économique sans qu'il soit nécessaire que s'ajoutent des difficultés économiques[161].

– **Les causes prétoriennes**

La Cour de cassation a fait émerger deux causes de licenciement : la cessation d'activité de l'entreprise et la réorganisation nécessaire à la sauvegarde de la compétitivité.

A condition de ne pas être liée à une faute ou à une légèreté blâmable de l'employeur, la cause de l'altération de l'emploi peut reposer sur une cessation d'activité de l'entreprise[162]. Quoiqu'il s'agisse d'un motif autonome de licenciement, les juges du fond peuvent prendre en considération l'existence ou l'absence de difficultés économiques pour apprécier le comportement de l'employeur[163].

Mais la plus grande innovation jurisprudentielle en la matière tient à l'émergence de la réorganisation de l'entreprise nécessaire en vue de sauvegarder sa compétitivité. La chambre sociale de la Cour de cassation énonce clairement que « *la réorganisation, si*

155. Cass. soc., 26 oct. 2005, n° 03-41.972.
156. Cass. soc., 5 avr. 1995, *Vidéocolor*, *D.* 1995. 503, note M. Keller ; *Dr. soc.* 1995, p. 487 note Ph. Waquet et p. 489 note G. Lyon-Caen.
157. Cass. soc., 16 mars 2004, *RJS* 2004, n° 523
158. Cass. soc., 8 juill. 2008, *RJS* 2008, n° 966.
159. Cass. soc., 23 juin 2009, *RJS* 2009, n° 772 ; *JCP* éd. S 2009, 1505, note J. Grangé.
160. J. Daniel, « La cause économique du licenciement à l'épreuve de l'UES », *JCP* éd. S, 2007, 1931.
161. Cass. soc., 9 oct. 2002, *RJS* 2002, p. 1020.
162. Cass. soc., 16 janv. 2001, *Dr. soc.* 2001, p. 413, chr. J. Savatier ; Cass. soc. 28 févr. 2006, *JCP* éd. S 2006, 1474, note P. Morvan.
163. Cass. soc., 1er févr. 2011, *Lexbase hebdo*, éd. soc., n° 428, 17 févr. 2011, note G. Auzero.

elle n'est pas justifiée par des difficultés économiques ou par des mutations technologiques, doit être indispensable à la sauvegarde de la compétitivité de l'entreprise ou du secteur d'activité du groupe auquel elle appartient »[164].

La volonté d'améliorer la compétitivité, de réduire les sur-effectifs, de rationaliser la gestion de l'entreprise ne peuvent être considérés comme des motifs légitimes de licenciement[165]. La cause invoquée est bien plus grave, il faut qu'il existe une véritable menace, un danger palpable pesant sur la compétitivité de l'entreprise. Dans la définition offerte par la chambre sociale, il faut donc retenir le caractère essentiel du terme « indispensable »[166].

Pour apprécier ce caractère indispensable, le juge ne doit-il pas prendre parti sur les choix de gestion de l'entreprise, sur le choix des mesures adoptées ? Ce pouvoir est assurément refusé aux juridictions par l'assemblée plénière de la Cour de cassation, obligeant les magistrats à un véritable numéro d'équilibriste[167]. Rechercher si la réorganisation était « indispensable » ne revient pas à identifier qu'aucun autre moyen ne pouvait être utilisé mais, seulement, que ce moyen était nécessaire sans rechercher si d'autres pouvaient s'y substituer.

La cause réelle et sérieuse de licenciement pour motif économique est enfin soumise à une recherche effective d'adaptation et de reclassement du salarié.

c. Les obligations d'adaptation et de reclassement du salarié[168]

La recherche du reclassement du salarié fait figure de véritable fil d'Ariane du licenciement pour motif économique. Peu ou prou, on la retrouve dans les propositions de modification du contrat pour motif économique, dans les conventions de reclassement personnalisé ou les congés de reclassement, dans le plan de sauvegarde de l'emploi. Ces différentes illustrations particulières de l'importance du reclassement ne doivent cependant pas faire oublier qu'en cas de licenciement pour motif économique, l'employeur est tenu d'une obligation générale de reclassement à laquelle les différentes techniques évoquées ne viennent pas se substituer.

Par l'effet de l'obligation d'exécuter le contrat de travail de bonne foi, l'employeur ne peut procéder au licenciement d'un salarié pour motif économique sans avoir fait tous

164. Cass. soc., 16 déc. 2008, *RDT* 2009, p. 103, obs. J.- Y. Frouin ; *SSL* 2009, n° 1282, p. 12.
165. Par ex., la recherche d'une meilleure organisation et d'un niveau de rentabilité amélioré, v. Cass. soc., 6 mars 2007, *RDT* 2007, p. 312, note Ph. Waquet.
166. Pour une interprétation différente de cet arrêt, selon laquelle tout licenciement pour motif économique, dès lors que l'activité économique se poursuit, impliquerait une réorganisation de l'entreprise, v. L. de Launay, « La tectonique des motifs économiques de licenciement », *Dr. soc.* 2011, p. 570.
167. Cass. AP 8 déc. 2000, *SAT, Les grands arrêts du droit du travail*, Dalloz, 4e éd., 2008, n° 115. Confirmation : Cass. soc., 8 juill. 2009, *RDT* 2009, p. 584, note F. Géa.
168. J. Chauviré, « L'obligation de reclassement dans le licenciement pour motif économique », *SSL* 2011, n° 1477, p. 6.

les efforts possibles pour que le salarié ait pu s'adapter aux évolutions de son emploi[169]. Bien entendu, la jurisprudence adopte une posture réaliste vis-à-vis de cette obligation d'adaptation et ne l'impose que si l'emploi disponible est compatible avec les capacités du salarié menacé de licenciement. L'employeur n'est tenu de fournir qu'une formation assez modeste qui permet seulement de compléter les compétences déjà acquises par le salarié[170]. Le manquement à cette obligation cause au salarié un préjudice distinct de celui résultant de la rupture du contrat de travail, ce qui s'explique fort logiquement par les difficultés de reclassement qu'éprouvera le salarié dont les méthodes de travail datent parfois de plusieurs dizaines d'années et n'ont jamais été actualisées[171].

L'obligation de reclassement est plus générale encore puisqu'elle n'implique pas que le salarié reçoive nécessairement une formation. L'employeur ne peut valablement prononcer un licenciement qu'à la condition que tous les efforts aient été réalisés en faveur du reclassement du salarié[172]. Le champ de cette obligation est très vaste. Ainsi, l'employeur est tenu de rechercher ce reclassement quand bien même des mesures de reclassement auraient déjà été proposées par l'intermédiaire du plan de sauvegarde de l'emploi[173]. Il ne peut limiter les propositions en fonction de la volonté présumée du salarié de les refuser[174]. Contrairement à l'appréciation des difficultés économiques ou à la nécessité de réorganiser l'entreprise, la recherche de reclassement s'étend à l'intégralité du groupe ou de l'unité économique et sociale, y compris à l'étranger[175].

Cette situation particulière a cependant fait l'objet d'une loi du 18 mai 2010 qui ajoute un nouvel article L. 1233-4-1 au Code du travail, texte qui légalise les questionnaires de reclassement permettant à l'employeur de demander au salarié s'il accepterait un reclassement à l'étranger avant de se livrer à la recherche de reclassement proprement dite[176]. L'employeur demande au salarié, avant le licenciement, s'il accepte de recevoir des offres de reclassement à l'étranger et, si tel est le cas, à quelles conditions d'emploi, de localisation et de rémunération. Le salarié dispose d'un délai de six jours pour répondre à l'employeur, délai au-delà duquel son silence est considéré comme un refus. Seuls les salariés qui auront accepté recevront des offres de reclassement à l'étranger. Par la même occasion, la loi a ajouté à l'article L. 1233-4 l'exigence que les emplois

---

169. A l'origine jurisprudentielle (Cass. soc., 25 févr. 1992, *Expovit*, *D.* 1992, p. 294, obs. A. Lyon-Caen ; *Dr. soc.* 1992, p. 379), l'obligation est désormais légale (C. trav., art. L. 1233-4).

170. Cass. soc., 17 mai 2006, *RDT* 2006, p. 101, obs. Ph. Waquet : l'employeur n'est pas tenu de délivrer au salarié une formation nouvelle destinée à accéder à un emploi de catégorie supérieure.

171. Cass. soc., 23 oct. 2007, n° 06-40.950 ; Cass. soc., 23 juin 2010, n° 09-41.912.

172. C. trav., art. L. 1233-4.

173. Cass. soc., 20 oct. 2004, n° 02-42.645.

174. Cass. soc., 24 juin 2008, *RDT* 2008, p. 598, note J.- Y. Frouin ; Cass. soc., 16 sept. 2009, n° 08-42.301.

175. Cass. soc., 7 oct. 1998, *RJS* 1998, n° 1352.

176. La pratique des questionnaires de reclassement était prohibée, la chambre sociale estimant que le salarié ne pouvait renoncer par avance à se prévaloir des règles relatives au licenciement, v. Cass. soc., 4 mars 2009, n° 07-42.381.

proposés dans le cadre d'un reclassement soient assortis « *d'une rémunération équivalente* ».

D'une manière générale, le reclassement du salarié s'effectue en principe sur un emploi relevant de la même catégorie professionnelle que celle occupée par le salarié ou sur un emploi équivalent. A défaut d'un tel emploi disponible dans l'entreprise, et sous réserve de l'accord exprès du salarié, le reclassement s'effectue sur un emploi d'une catégorie inférieure. Enfin, par le jeu de l'obligation d'adaptation, le reclassement doit être recherché sur un poste de qualification supérieure, à condition bien sûr que la formation nécessaire ne soit pas démesurée.

L'article L. 1233-4 du Code du travail précise enfin que les offres de reclassement sont proposées au salarié par écrit et de manière précise, ce qui est régulièrement confirmé par la Cour de cassation. Cette procédure impose à l'employeur de faire des offres de reclassement personnalisées, individualisées. La liste des postes disponibles au reclassement ne peut ainsi pas être seulement diffusée via l'intranet de l'entreprise[177]. Seuls des emplois salariés peuvent être proposés dans le cadre de cette obligation de reclassement, ce qui n'est par exemple pas le cas d'emplois d'agents commerciaux[178].

Les longs développements qui précèdent démontrent que le licenciement, qu'il repose sur un motif personnel ou sur un motif économique, doit respecter de nombreuses conditions de forme et de fond qui conditionnent sa validité. Les conséquences du licenciement varient selon que ces conditions sont ou non respectées.

C. Les conséquences du licenciement

En principe, le premier effet du licenciement est de rompre le contrat de travail. Cette rupture s'accompagne, lorsqu'elle est légitime, d'autres conséquences pour les parties (1). Si une condition de forme (2) ou une condition de fond (3) fait défaut, l'auteur du licenciement pourra être sanctionné de diverses manières. Le licenciement est parfois tout bonnement interdit, auquel cas la rupture du contrat de travail pourra être remise en cause (4).

1. LES CONSÉQUENCES DU LICENCIEMENT LÉGITIME

Lorsque le licenciement est légitime, c'est-à-dire que la procédure a été scrupuleusement respectée et qu'il repose sur une cause réelle et sérieuse, le salarié aura droit à un délai de préavis (a), va généralement bénéficier de différentes indemnités (b) et se verra remettre quelques documents, parfois de manière obligatoire (c).

---

177. Cass. soc., 20 sept. 2006, *Dr. soc.* 2006, p. 1151, note G. Couturier.
178. Cass. soc., 31 mars 2009, *JCP* éd. S 2009, 1309, note F. Dumont.

a. Le respect d'un délai de préavis

En cas de licenciement, le salarié a droit au bénéfice d'un délai de préavis dont l'objectif principal est de lui permettre de préparer la suite de sa carrière professionnelle sans subir immédiatement la privation de sa rémunération.

La première règle, essentielle, prévue par l'article L. 1234-1 du Code du travail est que l'employeur n'a l'obligation de faire respecter un délai de préavis au salarié licencié qu'à condition que le motif de licenciement ne soit pas une faute grave ou, *a fortiori*, une faute lourde.

La deuxième condition inhérente au respect du délai de préavis est liée à l'ancienneté du salarié puisque l'article L. 1234-1, 1°, du Code du travail n'impose pas le respect d'un délai de préavis pour le salarié ayant moins de six mois d'ancienneté à moins que la loi, un usage, une convention collective ou le contrat de travail ait déterminé la durée du préavis[179]. Le calcul de l'ancienneté du salarié obéit aux dispositions de l'article L. 1234-8 du Code du travail qui prévoit que les périodes de suspension du contrat de travail ne rompent pas l'ancienneté acquise quoiqu'elles ne soient pas intégrées dans l'ancienneté pour le calcul de la durée du préavis.

A défaut de clause conventionnelle, d'une stipulation contractuelle ou d'un usage professionnel, la durée du préavis est calculée en fonction des règles prévues par l'article L. 1234-1 du Code du travail. Le salarié bénéficie d'un mois de préavis si son ancienneté est comprise entre six mois et deux ans, de deux mois si son ancienneté est supérieure à deux ans. Il ne devrait pas être permis de raccourcir le délai de préavis, l'interdiction n'étant cependant expressément formulée dans le Code du travail qu'à l'égard du contrat de travail[180]. En effet, le dernier alinéa de l'article L. 1234-1 du Code du travail dispose que les durées légales de préavis ne sont applicables que si « *la loi, la convention ou l'accord collectif de travail, le contrat de travail ou les usages ne prévoient pas un préavis ou une condition d'ancienneté de services plus favorable pour le salarié* ». L'interdiction de raccourcir le préavis par voie contractuelle s'explique ainsi par son caractère moins favorable au salarié, si bien que la règle doit être transposée aux autres sources du droit du travail.

Le délai de préavis est un délai préfix, c'est-à-dire qu'il ne peut être ni interrompu, ni suspendu. La maladie du salarié pendant le délai de préavis, la suspension pour accident du travail ou pour grossesse, la prise de congés payés ne peuvent proroger la date de la fin du contrat de travail[181].

L'exécution du préavis s'impose tant à l'employeur, qui doit en faire bénéficier le salarié, qu'à ce dernier qui est tenu de l'exécuter. Le plus souvent, le préavis est travaillé, ce qui signifie que les parties continuent d'exécuter leurs obligations pendant

---

179. Ce délai de six mois a été jugé conforme à la convention n° 158 de l'OIT, v. Cass. soc., 29 mars 2006, *D.* 2006, p. 2228, note L. Perrin.
180. C. trav., art. L. 1234-2.
181. Cass. soc., 12 juin 1986, *Bull. civ.* V, n° 305.

toute la durée du préavis[182]. Des difficultés ont pu apparaître lorsque le salarié se rend coupable d'une faute grave durant le préavis, faute grave qui, rappelons-le, le prive en principe du bénéfice du préavis. Dans ce cas de figure, l'employeur peut mettre fin au préavis sur-le-champ, le temps qui devait être encore effectué ne donnant pas lieu à indemnisation pour le salarié. En revanche, la commission de la faute grave ne modifie pas rétroactivement le licenciement, si bien que les indemnités de licenciement perçues par le salarié lui restent acquises[183].

Parfois, le préavis peut ne pas être travaillé. Le régime du préavis varie alors selon que la dispense d'exécution du préavis a été décidée d'un commun accord ou unilatéralement par l'employeur. En cas d'accord entre les parties, la relation de travail prend fin au moment du licenciement et le salarié ne pourra revendiquer d'indemnités compensant l'absence d'exécution du préavis. En revanche, si la dispense d'exécution émane de l'employeur, par l'intermédiaire d'une manifestation de volonté claire et non équivoque[184], le salarié bénéficiera d'une indemnité compensatrice de préavis[185].

Outre le respect d'un délai de préavis, l'employeur devra allouer au salarié un certain nombre d'indemnités liées à la rupture du contrat de travail.

b. Les indemnités accompagnant le licenciement légitime

Lorsque l'employeur prononce le licenciement du salarié, il doit d'abord lui servir une indemnité de licenciement. Cette indemnité est prévue par la loi mais ses conditions sont très souvent améliorées par voie conventionnelle. Le calcul de l'indemnité légale de licenciement s'effectue selon les règles établies par l'article L. 1234-9 du Code du travail. Elle ne doit être versée au salarié qu'à deux conditions. D'abord, le salarié ne doit pas avoir commis de faute grave ou de faute lourde, auquel cas il est privé de toute indemnité de licenciement[186]. Ensuite, le salarié n'a droit à une indemnité de licenciement que s'il a plus d'un an d'ancienneté dans l'entreprise.

L'indemnité de licenciement ne constitue pas un salaire mais une indemnité destinée à compenser la perte d'emploi pour le salarié[187]. Si cette explication peut se comprendre puisque les sommes versées ne le sont pas en contrepartie de la prestation de travail, on s'explique alors assez mal pour quelle raison les salariés ayant moins de deux ans

---

182. La durée du préavis sera, d'ailleurs, comptabilisée dans l'ancienneté du salarié pour le calcul de l'indemnité de licenciement alors même qu'en théorie, la rupture du contrat de travail est consommée depuis l'envoi de la lettre recommandée de licenciement. V. Cass. soc., 25 nov. 1997, *Dr. soc.* 1998, p. 84, obs. J. Savatier.

183. Cass. soc., 5 avr. 1990, *D.* 1990, IR, 113. Il en va également ainsi, *a fortiori*, en cas de faute lourde

184. Cass. soc., 22 oct. 2008, *RJS* 2009, n° 5.

185. Cass. soc., 28 janv. 2005, *RJS* 2006, p. 273.

186. L'employeur et le salarié peuvent cependant avoir convenu, par le biais du contrat de travail par exemple, d'un versement de l'indemnité même au cas de faute grave. V. Cass. soc., 31 mars 2009, *JCP* éd. S, 2009, 1296, obs. F. Dumont.

187. Référence incontournable sur le sujet, v. G.-H. Camerlynck, « L'indemnité de licenciement », *JCP* éd. G, 1957, I, 1391.

d'ancienneté ne peuvent en bénéficier. Si l'indemnité de licenciement a une nature indemnitaire, il y a là une entorse à la règle selon laquelle tout préjudice donne droit à réparation. Toujours est-il que l'indemnité n'étant pas un salaire, elle n'est pas soumise à cotisations sociales et qu'elle n'est pas en principe imposable[188].

Le montant de l'indemnité légale est calculé en fonction de la rémunération brute du salarié en incorporant tous les éléments accessoires de sa rémunération : primes, avantages en nature, etc[189]. Le salaire de base utilisé pour effectuer le calcul est la moyenne des salaires sur les douze derniers mois. Le calcul tient ensuite compte de l'ancienneté du salarié. L'indemnité légale de licenciement est égale à un cinquième du montant du salaire de référence par année d'ancienneté auquel s'ajoute deux quinzièmes du salaire de base pour les années d'ancienneté au-delà de dix ans[190].

Lorsque l'employeur a dispensé le salarié d'exécuter son préavis, il devra également lui servir une indemnité compensatrice de préavis, laquelle correspond aux salaires qu'aurait perçu le salarié s'il avait travaillé durant le préavis. L'indemnité de préavis doit prendre en considération toutes les sommes que le salarié aurait dû percevoir, qu'il s'agisse du salaire brut de base ou des avantages accessoires comme des primes ou des avantages en nature (véhicule de fonction, téléphone de fonction, etc.)[191]. Les heures supplémentaires doivent elle aussi être prises en compte, à la condition qu'elles aient constitué pour le salarié un élément stable et constant de la rémunération sur lequel il était en droit de compter[192]. Contrairement à l'indemnité de licenciement, l'indemnité compensatrice de préavis est assimilée à un salaire et en subit donc le régime juridique.

Le salarié pourra, enfin, percevoir une indemnité compensatrice de congés payés dont le régime est établi par l'article L. 3141-26 du Code du travail[193]. Le montant de l'indemnité est calculé au prorata des congés auxquels le salarié avait droit mais dont il n'a pu bénéficier. A titre de sanction, le bénéfice de cette indemnité est retiré au salarié en cas de faute lourde.

Enfin, dernière conséquence classique de la rupture du contrat de travail, l'employeur sera tenu de remettre certains documents au salarié[194].

---

188. CGI, art. 80 duodecies ; CSS, art. L. 242-1. L'exonération est limitée aux sommes versées par application du Code du travail ou d'un accord de branche, professionnel ou interprofessionnel.

189. La chambre sociale de la Cour de cassation a cependant exclu de l'assiette de calcul « *une gratification bénévole dont l'employeur fixe discrétionnairement les montants et les bénéficiaires et qui est attribuée à l'occasion d'un évènement unique* », v. Cass. soc., 14 oct. 2009, *Lexbase hebdo*, éd. soc., n° 369, 29 oct. 2009, obs. G. Auzero.

190. C. trav., art. R. 1234-2.

191. Comme pour l'indemnité de licenciement, les gratifications ponctuelles sont cependant exclues, v. Cass. soc., 14 oct. 2009, *préc.*

192. Cass. soc., 20 avr. 2005, D. 2005, p. 1303.

193. Cf. *supra* p. 314.

194. En réalité, ces obligations ne sont pas limitées au licenciement mais s'imposent pour toute rupture du contrat de travail, y compris par échéance du terme du contrat de travail à durée déterminée.

c. La remise de documents au salarié

L'employeur est tenu en cas de rupture du contrat de travail de remettre au salarié un certificat de travail et une attestation destinée au Pôle emploi.

D'abord, il doit lui remettre un certificat de travail comme l'impose l'article L. 1234-19 du Code du travail. Le certificat de travail contient exclusivement la date d'entrée et de sortie du salarié de l'entreprise, la nature de son emploi ou des emplois successifs. L'employeur ne peut imposer au salarié tout autre mention comme, par exemple, faire mention de la soumission du salarié à une clause de non-concurrence. Fort utile pour le salarié qui justifiera de son expérience professionnelle auprès d'un recruteur grâce à ce document, la remise du certificat peut être ordonnée par la formation de référé du conseil de prud'hommes, si nécessaire sous astreinte.

Il en va exactement de même pour l'attestation destinée au Pôle emploi. Ce document sert à attester de la durée de travail accomplie par le salarié dans l'entreprise et du montant de sa rémunération, en vue de calculer ses droits à l'allocation de retour à l'emploi[195]. L'absence de remise de cette attestation ou le retard dans sa délivrance cause nécessairement un préjudice au salarié qui doit être réparé[196].

De manière facultative, l'employeur peut remettre au salarié un document établissant le « solde de tout compte », c'est-à-dire faisant l'inventaire des sommes versées au salarié à l'occasion de la rupture[197]. En échange de la remise de ce document, le salarié peut accepter de donner reçu pour solde de tout compte, reçu dont les effets libératoires ont été rétablis par la loi du 25 juin 2008[198]. En effet, au-delà de six mois qui suivent la signature du reçu, le salarié n'est plus habilité à contester les sommes qui y sont mentionnées.

Enfin, la loi du 9 novembre 2010 portant réforme des retraites a créé l'obligation de remettre au salarié, lorsqu'il a été exposé à des facteurs risques professionnels au cours de la relation de travail, une fiche d'exposition à des facteurs de pénibilité. Cette obligation, transcrite à l'article L. 4121-3-1 du Code du travail, n'entrera en application qu'au 1er janvier 2012.

L'ensemble des effets qui viennent d'être étudiés s'appliquent à tout licenciement. D'autres règles sont spécialement réservées aux licenciements irréguliers.

---

195. Sur les modalités de cette attestation, v. C. trav., art. R. 1234-9 et s.
196. Cass. soc., 9 avr. 2008, *JCP* éd. S 2008, p. 1377, obs. C. Puigelier ; *D.* 2008, p. 2268, note C. Lefranc-Harmoniaux.
197. C. trav., art. 1234-20.
198. A. Bugada, « Perturbations autour du reçu pour solde de tout compte », *Dr. soc.* 2008, p. 1244.

2. LES CONSÉQUENCES DU LICENCIEMENT IRRÉGULIER

Le licenciement irrégulier est celui qui est prononcé au mépris des règles de procédure prévues par le Code du travail en matière de licenciement. Le licenciement irrégulier est toujours un licenciement justifié, un licenciement reposant sur une cause réelle et sérieuse, à défaut de quoi, le non respect des règles de fond absorberait le non respect des règles de forme[199].

La sanction en cas de licenciement irrégulier est déterminée par l'article L. 1235-2 du Code du travail. Il s'agit en principe d'une double sanction : le juge impose à l'employeur d'accomplir la procédure de manière régulière et accorde au salarié une indemnité qui ne peut être supérieure à un mois de salaire. En pratique, la Cour de cassation juge depuis fort longtemps que la réalisation de la procédure *a posteriori* n'a guère d'intérêt et se contente d'allouer au salarié l'indemnité pour licenciement irrégulier[200].

Dans certaines circonstances, établies par l'article L. 1235-5 du Code du travail, le salarié ne pourra cependant pas bénéficier de cette indemnité. Tel est le cas lorsque le salarié totalise une durée d'ancienneté inférieure à deux ans ou qu'il était employé par une entreprise comptant un effectif de moins de onze salariés. Le dernier alinéa de ce texte rétablit cependant le bénéfice de l'indemnité lorsque l'employeur a méconnu les règles relatives à l'assistance du salarié par un conseiller du salarié.

Contrairement au cas du licenciement injustifié, le Code du travail ne prévoit aucune sanction alternative dans le cas où le salarié ne remplit pas les conditions pour bénéficier de l'indemnité pour licenciement irrégulier. Par une interprétation hardie de l'article L. 1235-5, al. 5 du Code du travail, la Cour de cassation considère néanmoins que le salarié a, dans cette hypothèse, droit à la réparation du préjudice subi[201]. Cette position est cohérente avec l'affirmation selon laquelle le manquement à une règle de procédure cause toujours un préjudice au salarié qui le subit[202].

Les sanctions sont plus vigoureuses lorsque le licenciement est injustifié.

3. LES CONSÉQUENCES DU LICENCIEMENT INJUSTIFIÉ

Le licenciement injustifié est celui qui est dépourvu de cause réelle et sérieuse, que la cause repose sur un motif économique ou sur un motif personnel. Est également assimilé à un licenciement injustifié celui qui est prononcé alors que la lettre de licenciement n'est pas motivée ou est insuffisamment motivée, mais également le licenciement prononcé au mépris d'une procédure conventionnelle de licenciement.

---

199. La règle se déduit logiquement de la rédaction de l'article L. 1235-2 du Code du travail.
200. Cass. soc., 16 mars 1978, *Les grands arrêts du droit du travail*, Dalloz, 4e éd., 2008, n° 98.
201. Cass. soc. 28 janv. 1998, *Bull. civ.* V, n° 44.
202. Cass. soc., 13 mai 2008, *Dr. soc.* 2009, p. 818, obs. F. Favennec-Héry.

Lorsque le licenciement est dépourvu de cause réelle et sérieuse, l'article L. 1235-3 du Code du travail prévoit que le juge peut proposer la réintégration du salarié dans l'entreprise. Cette sanction est très rare, d'abord parce qu'il s'agit d'une simple faculté pour le juge, ensuite parce que les parties peuvent toutes les deux refuser la réintégration[203]. La sanction plus communément prononcée, en cas de licenciement dépourvu de cause réelle et sérieuse, est l'allocation au salarié d'une indemnité compensant l'absence de justification du licenciement. Le montant de cette indemnité ne peut être inférieur au montant des salaires perçus par le salarié les six derniers mois.

Comme en matière d'indemnité pour licenciement irrégulier, le service de cette indemnité pour absence de cause réelle et sérieuse est limité par les mêmes conditions de taille de l'entreprise (11 salariés) et d'ancienneté du salarié (2 ans). Si le salarié ne remplit pas ces conditions, il sera cependant admis à réclamer la réparation du préjudice subi du fait de la rupture[204].

Enfin, l'employeur subit une dernière sanction en cas de licenciement injustifié, sanction qui ne concerne plus l'indemnisation du salarié mais le versement d'une contribution aux organismes en charge de l'indemnisation du chômage, c'est-à-dire au Pôle emploi. Cette indemnité est prévue par l'article L. 1235-4 du Code du travail. Le juge doit ordonner le remboursement par l'employeur de tout ou partie des indemnités de chômage versées au salarié licencié du jour de son licenciement au jour du jugement, dans la limite de six mois d'indemnités de chômage au maximum.

Les sanctions les plus graves interviennent lorsque le licenciement est illicite ou qu'il était interdit.

4. LES CONSÉQUENCES DU LICENCIEMENT ILLICITE OU INTERDIT

Les licenciements peuvent être interdits ou illicites pour différentes raisons, si bien qu'il est nécessaire d'en détailler la nature (a) avant d'en étudier la conséquence principale qu'est la nullité du licenciement (b).

a. La notion de licenciement illicite ou interdit

Le licenciement peut, d'abord, être illicite parce qu'il repose sur un motif sur lequel l'employeur ne pouvait se fonder. Cela est principalement le cas des licenciements discriminatoires, c'est-à-dire des licenciements prononcés pour l'un des motifs illicites établis par l'article L. 1132-1 du Code du travail[205]. Dans le même ordre d'idée, il

---

203. Ce caractère facultatif a été jugé conforme à l'article 6.1 du Pacte international relatif aux droits économiques, sociaux et culturels du 16 déc. 1966 et à l'article 1er du Protocole additionnel n° 1 à la CESDH, v. Cass. soc., 14 avr. 2010, *Lexbase hebdo*, éd. soc., n° 393, 5 mai 2010 et les obs.

204. C. trav., art. L. 1235-5, al. 5.

205. Licenciement du salarié « *en raison de son origine, de son sexe, de ses mœurs, de son orientation sexuelle, de son âge, de sa situation de famille ou de sa grossesse, de ses caractéristiques génétiques, de son appartenance ou de sa non-appartenance, vraie ou supposée, à une ethnie, une nation ou une race,*

ne peut être prononcé de licenciement en raison de l'exercice normal du droit de grève[206] ou pour avoir dénoncé des faits de discrimination[207]. Des mesures similaires sont prévues en cas de licenciement consécutif à un harcèlement moral ou à un harcèlement sexuel, le licenciement d'un salarié victime de harcèlement ou ayant dénoncé des faits de harcèlement étant illicite[208].

Le licenciement peut également être illicite parce qu'il est intervenu au mépris de règles procédurales d'un caractère si fondamental qu'il a été jugé nécessaire de sanctionner très durement le licenciement. Il s'agit principalement ici des hypothèses de licenciement d'un salarié protégé sans autorisation de l'inspection du travail[209] ou d'un grand licenciement pour motif économique, dans une entreprise de plus de cinquante salariés, au mépris des règles relatives au plan de sauvegarde de l'emploi[210].

Enfin, le licenciement peut être interdit parce qu'il intervient à un moment où le salarié bénéficiait d'une protection particulière qui interdisait à l'employeur de le licencier. Tel est le cas, notamment, du licenciement d'un salarié gréviste qui ne se serait pas rendu coupable d'une faute lourde[211]. Ce sera également l'hypothèse du licenciement d'une salarié durant la période s'étalant de la constatation de son état de grossesse jusqu'à quatre semaine après son retour de congé de maternité, sauf à justifier de l'existence d'une faute grave ou de l'impossibilité de maintenir la salariée dans l'entreprise pour des raisons étrangères à la maternité[212]. De la même manière, il est interdit à l'employeur de licencier un salarié durant les périodes de suspension consécutives à la survenance d'un accident ou d'une maladie professionnelle à moins, là encore, de justifier d'une faute grave du salarié ou d'une impossibilité de maintenir le contrat de travail[213].

Dans l'ensemble de ces situations, le licenciement prononcé est illicite ou interdit et la sanction infligée par le juge est exemplaire.

---

de ses opinions politiques, de ses activités syndicales ou mutualistes, de ses convictions religieuses, de son apparence physique, de son nom de famille ou en raison de son état de santé ou de son handicap ».

206. C. trav., art. L. 1132-2.

207. C. trav., art. L. 1132-3.

208. C. trav., art. L. 1152-2 pour le harcèlement moral ; C. trav., art. L. 1153-2 pour le harcèlement sexuel. Sur ces questions, cf. *infra* p. 506 et s.

209. Cf. *supra* p. 109.

210. Cf. *supra* p. 360.

211. C. trav., art. L. 2511-1.

212. C. trav., art. L. 1225-4. Quand bien même la salariée commettrait une faute grave, le licenciement ne peut en aucun cas être prononcé avant la fin de la période de suspension du contrat de travail. L'employeur ne peut même pas prendre des mesures préparatoires durant le congé maternité, v. Cass. soc., 15 sept. 2010, *Lexbase hebdo*, éd. soc., n° 410, 29 sept. 2010, note G. Auzero.

213. C. trav., art. L. 1226-9.

b. La nullité du licenciement illicite ou interdit

L'ensemble des textes interdisant le recours à certains motifs de licenciement, interdisant le licenciement pendant une certaine période ou imposant une procédure spécifique prévoit que si l'employeur prononce malgré tout un tel licenciement, celui-ci sera nul. La nullité du licenciement est une sanction bien plus grave que celle infligée en cas d'absence de cause réelle et sérieuse. Les effets de la nullité vont jouer à plein : la nullité emporte destruction rétroactive de l'acte et remise en état des parties, ce qui se traduira, principalement, par le fait que le salarié licencié illicitement sera réintégré dans son emploi.

Tous les textes qui prévoyaient la nullité du licenciement n'imposaient pas la réintégration du salarié en cas de nullité. Cela est notamment toujours le cas des règles relatives au licenciement de la salariée enceinte qui n'envisagent pas cette conséquence. Après avoir longtemps refusé de réintégrer les salariés lorsque les textes étaient silencieux, la Cour de cassation a posé en 2003 un véritable principe général par application duquel, lorsque le licenciement est nul, le salarié a toujours le droit d'être réintégré[214]. Lorsque le licenciement est nul, le juge n'a pas simplement la faculté de proposer la réintégration au salarié comme c'est le cas en l'absence de cause réelle et sérieuse, il doit impérativement la proposer au salarié, l'employeur ne pouvant s'y opposer. Il existe cependant deux exceptions à ce caractère automatique de la réintégration.

La première exception est le fait du salarié qui demeure toujours libre de refuser d'être réintégré. Si le salarié ne souhaite pas bénéficier d'une telle mesure, ce qui est fréquemment le cas par exemple des victimes de harcèlement, il bénéficiera de plusieurs indemnités. D'abord, lui seront bien sûr servies toutes les indemnités attribuées en cas de licenciement légitime : indemnité de préavis, indemnité de licenciement, indemnité de congés payés. Ensuite, s'ajouteront à ces indemnités une indemnité réparant intégralement le préjudice résultant du caractère illicite du licenciement dont le montant est apprécié souverainement par le juge, mais ne peut être inférieur à six mois de salaire[215]. Enfin, lorsque le licenciement était interdit pendant une certaine période, comme c'est le cas pour le licenciement d'un représentant du personnel au mépris de la procédure spéciale de protection, il viendra s'ajouter à ces sommes une indemnité correspondant au montant des salaires que le salarié aurait dû percevoir jusqu'à l'issue de la période de protection, cette durée semblant devoir être plafonnée à deux années et demi[216].

---

214. Cass. soc., 30 avr. 2003, *Dr. soc.* 2003, p. 827, note B. Gauriau ; *RJS* 2003, p. 557, avis J. Duplat.
215. Cass. soc., 23 nov. 2004, *Bull. civ.* V, n° 296.
216. Cass. soc., 1er juin 2010, *Lexbase hebdo*, éd. soc., n° 408, 15 sept. 2010, note G. Auzero. *Adde*, J. Mouly, « Quelle indemnisation pour les salariés protégés irrégulièrement licenciés ? », *Dr. soc.*, 2009, p. 1204. La Cour de cassation minore cependant cette indemnité au nom de la bonne foi lorsque le conseiller prud'hommes n'avait pas informé son employeur de son statut protecteur, Cass. soc., 16 févr. 2011, *Lexbase hebdo*, éd. soc., n° 431, 10 mars 2011, obs. G. Auzero.

La seconde exception découle de l'article L. 1235-11 du Code du travail qui aménage les conséquences du licenciement dont la nullité est prononcée en raison de l'absence ou de l'insuffisance du plan de sauvegarde de l'emploi. Le texte prévoit la possibilité pour le juge de ne pas ordonner la réintégration « *si cette réintégration est devenue impossible notamment du fait de la fermeture de l'établissement ou du site ou de l'absence d'emploi disponible* ». L'exception est assez large, d'abord en raison de l'adverbe « *notamment* » qui permet au juge de faire émerger de nouvelles causes d'impossibilité de réintégration, ensuite parce que l'absence d'emploi disponible est un motif plutôt souple pour un employeur qui licencie pour motif économique et qui, par définition, ne devrait pas disposer de nombreux emplois disponibles !

La démission et le licenciement ont longtemps été les moyens privilégiés de rompre le contrat de travail à durée indéterminée. Cela n'a jamais empêché la coexistence de modes alternatifs de rupture dont certains semblent promis à un avenir radieux.

3 LES MODES ALTERNATIFS DE RUPTURE

La loi du 25 juin 2008 a introduit dans le Code du travail un nouveau mode de rupture du contrat de travail fondé sur le commun accord de l'employeur et du salarié. Cette rupture conventionnelle du contrat de travail (A) connaît une ascension fulgurante et est de plus en plus utilisée par les employeurs et les salariés. Un autre mode alternatif de rupture, à l'initiative du salarié, a été dégagé par la pratique et avalisé par la chambre sociale de la Cour de cassation, il s'agit de la prise d'acte de la rupture du contrat de travail (B). Enfin, le contrat de travail peut être rompu par résiliation judiciaire (C) ou lorsque le salarié parvient à l'âge de la retraite (D).

A. La rupture conventionnelle

La rupture conventionnelle du contrat de travail a été introduite dans le Code du travail par la loi de modernisation du marché du travail du 25 juin 2008, loi adoptée à la suite de l'ANI du 11 janvier 2008 sur la modernisation du marché du travail[217]. Son objectif est de permettre une rupture plus souple du contrat de travail et surtout une rupture moins conflictuelle[218]. Les règles de la rupture conventionnelle sont très originales.

---

217. F. Favennec-Héry, « La rupture conventionnelle du contrat de travail, mesure phare de l'accord », *Dr. soc.* 2008, p. 311 ; S. Chassagnaard-Pinet, P.- Y. Verkindt, « La rupture conventionnelle du contrat de travail », *JCP* éd. S., 2008, 1365 ; P. Bouaziz, N. Collet-Thiry, « La rupture conventionnelle du contrat de travail à durée indéterminée : mode d'emploi », *Dr. ouvrier* 2010, p. 65.

218. L'objectif est cependant contesté, à juste titre, en ce que la sécurisation était à l'origine entendue dans

Il faut relever que la Cour de cassation acceptait déjà depuis longtemps que la rupture du contrat de travail puisse intervenir par commun accord des parties, sur le fondement de l'article 1134, al. 2 du Code civil. Cette rupture amiable était très peu encadrée, elle pouvait intervenir librement. Il n'existait que de rares restrictions, telle celle posée par les arrêts *Perrier* rendus en 1974 par la Cour de cassation. Par ces décisions, la Cour de cassation interdisait qu'un salarié protégé puisse rompre son contrat de travail par rupture amiable, cela pour éviter que l'employeur contourne l'obligation de demander l'autorisation de licencier ce salarié à l'inspection du travail[219]. La rupture conventionnelle devrait se substituer à cette ancienne rupture amiable. En effet, puisqu'il existe désormais dans le Code du travail une rupture amiable spécifique au droit du travail, la règle *specialia generalibus derogant* devrait écarter la rupture amiable de droit commun[220].

La rupture conventionnelle peut se définir comme une convention conclue entre l'employeur et le salarié et ayant pour objet la rupture du contrat de travail. Voyons quelles sont les modalités de conclusion d'une rupture conventionnelle (1) puis les effets de cette rupture (2).

1. LES MODALITÉS DE CONCLUSION D'UNE RUPTURE CONVENTIONNELLE

La rupture conventionnelle est enserrée dans une procédure très développée, destinée à garantir la liberté de consentement de chacune des parties (a). Elle a, en contrepartie, été ouverte très largement et peut par conséquent être utilisée pour des salariés ou des situations bénéficiant de statuts particuliers (b).

a. La procédure de conclusion

C'est l'un des leitmotiv des dispositions du Code du travail relatives à la rupture conventionnelle : tout doit être fait pour s'assurer du consentement véritable des parties[221]. Ainsi, l'article L. 1237-11 du Code du travail dispose tout d'abord que « *la rupture conventionnelle ne peut être imposée par l'une ou l'autre des parties* » et ajoute ensuite que les dispositions du code relatives à la rupture conventionnelle sont « *destinées à garantir la liberté du consentement des parties* ». Cette affirmation est garantie par trois étapes de la procédure : les entretiens, le droit de rétractation et l'homologation.

---

le sens de « sécurisation des parcours professionnels » et non de sécurisation du contentieux. V. J. Pélissier, « Modernisation de la rupture du contrat de travail », *RJS* 2008, p. 679 ; G. Auzero, « La rupture conventionnelle du contrat de travail : l'illusion de la sécurisation », *RDT* 2008, p. 522.

219. Cass. mix., 21 juin 1974, *Perrier*, *Les grands arrêts du droit du travail*, Dalloz, 4e éd., 2008, n° 151.

220. La rupture amiable devrait cependant conserver une place subsidiaire dans certains cas où le recours à la rupture conventionnelle est impossible, en particulier s'agissant des ruptures d'un commun accord intervenant dans le cadre d'un grand licenciement pour motif économique.

221. A défaut de consentement libre et éclairé, la rupture conventionnelle ne peut être valable, v. CA Riom 18 janv. 2011, *FR* 6/11, n° 14.

– La tenue d'entretiens préalables

D'abord, par application de l'article L. 1237-12 du Code du travail, les parties doivent convenir du principe de la rupture au cours d'un ou plusieurs entretiens calqués sur le modèle de l'entretien préalable de licenciement[222]. La tenue de plusieurs entretiens n'est absolument pas obligatoire. Lors de cet entretien, les parties devront déterminer le contenu de l'acte de rupture conventionnelle. L'article L. 1237-13 n'impose cependant que la détermination de la date effective de la rupture du contrat de travail et le montant de l'indemnité spécifique que percevra le salarié.

Lors du ou des entretiens, le salarié pourra se faire assister. Lorsque l'entreprise est pourvue de représentants du personnel, le salarié peut faire appel à tout salarié de l'entreprise pour l'assister. En revanche, si l'entreprise est dépourvue de représentation du personnel, le salarié pourra faire appel à un conseiller du salarié dont la liste est établie par le Préfet, exactement comme en matière de licenciement.

L'employeur aussi peut être assisté durant l'entretien, mais cette faculté est encadrée, d'abord parce que l'employeur ne peut se faire assister qu'à la condition que le salarié soit lui-même assisté, ensuite, parce qu'il ne pourra être assisté que par une personne de l'entreprise, sauf si l'entreprise comporte moins de cinquante salariés. Dans ce cas, il pourra être assisté par un membre de l'organisation patronale à laquelle il est adhérent ou par un autre employeur du même secteur d'activité.

– L'existence d'un délai de rétractation

Le salarié comme l'employeur bénéficient tous deux d'un droit de rétractation pendant un délai de quinze jours après la conclusion de la convention de rupture. Contrairement aux droits de rétractation qui existent en droit de la consommation, ce droit de rétractation n'est pas unilatéral, il n'est pas réservé à la partie faible du contrat mais bénéficie aux deux parties.

Tant que le délai de rétractation n'est pas écoulé, le contrat de travail n'est pas rompu et les parties ne peuvent passer à l'étape procédurale suivante. Les délais de rétractation ou droits de repentir sont habituellement considérés, en droit de la consommation, comme des mécanismes permettant d'affermir le consentement d'un contractant, de réfléchir à l'acte qu'ils envisagent de conclure. Ils sont, en outre, généralement qualifiés de droits discrétionnaires, si bien qu'en principe, aucun abus ne pourrait limiter la rétractation de l'une ou l'autre des parties[223].

---

222. Cf. *supra* p. 355.

223. Le caractère bilatéral du droit de rétractation en matière de rupture conventionnelle pourrait, cependant, mener à un assouplissement de ce caractère discrétionnaire.

– L'homologation par l'administration du travail

Après l'écoulement du délai de rétractation, « *la partie la plus diligente* »[224] doit adresser à l'administration une demande d'homologation sur un formulaire spécifique établi par arrêté ministériel[225]. L'homologation de l'administration du travail doit s'assurer du « *respect des conditions* » prévues par le Code du travail et « *de la liberté de consentement des parties* ». Cette dernière précision est certainement redondante. En effet, en s'assurant des conditions posées par le Code, l'Administration s'assurera de la condition posée par l'article L. 1237-11, c'est-à-dire que les parties ont librement donné leur consentement[226].

On constate alors que l'intervention de l'administration du travail est relativement limitée. Elle ne concernera que les règles de forme et de consentement de la convention de rupture. En outre, la loi impose à l'administration du travail d'effectuer son contrôle dans un délai de quinze jours, l'absence de réponse à l'issue de ce délai étant considérée comme une décision implicite d'homologation. Compte tenu des moyens humains dont dispose l'administration du travail, de nombreux contrôles risquent d'être purement formels et de ne guère entraver la conclusion de la rupture.

Si l'accord obtient l'homologation, le contrat de travail est rompu.

b. La compatibilité de la rupture avec les statuts particuliers

Deux situations peuvent faire difficulté : la compatibilité avec l'existence de difficultés économiques dans l'entreprise et la compatibilité avec le statut de salarié protégé. Ces deux situations ont été envisagées par le législateur, laissant de côté la compatibilité de la rupture avec l'état d'inaptitude physique du salarié et sa compatibilité avec l'existence d'un litige préalable entre les parties.

– La comptabilité avec l'existence de difficultés économiques[227]

La rupture conventionnelle peut, d'abord, être utilisée pour rompre le contrat de travail en raison de difficultés économiques de l'entreprise. A première vue, cela n'a rien de surprenant, la rupture amiable du contrat de travail ayant toujours été possible dans le

224. Cette expression mystérieuse résulte de la volonté de gommer l'initiative de l'une ou de l'autre des parties dans le processus de la rupture conventionnelle. Cela n'a cependant pas empêché une cour d'appel de condamner un employeur qui avait fait preuve de légèreté blâmable et de lenteur excessive, cela se caractérisant par l'existence de quatre demandes successivement refusées d'homologation auprès de l'administration du travail, v. CA Rouen 27 avr. 2010, n° 09-4792, Le Guen c/ AGISM Hôtel les gens de mer.

225. C. trav., art. L. 1237-14.

226. Sur l'homologation, v. Circ. DGT n° 2008-11 du 22 juill. 2008 relative à l'examen de la demande d'homologation d'une rupture conventionnelle d'un contrat à durée indéterminée. *Adde,* G.- P. Quétant, « L'homologation de la rupture conventionnelle devant le conseil de prud'hommes », *JSL* 2009, n° 247-1.

227. A. Fabre, « Ruptures conventionnelles et suppressions d'emplois pour motif économique : possibilité offerte par la loi ou fraude à la loi ? », *RDT* 2010, p. 369.

cadre d'un plan de licenciement pour motif économique[228]. En outre, le droit du licenciement pour motif économique prévoit qu'en cas de difficultés économiques, l'employeur et le salarié peuvent décider de conclure une convention de reclassement personnalisé qui, rappelons-le, constitue elle aussi un accord de rupture dans le cadre de difficultés économiques[229].

La rupture conventionnelle chamboule néanmoins le droit applicable en matière de licenciement pour motif économique, car le législateur a modifié l'article L. 1233-3, al. 2, du Code du travail. Désormais, les règles relatives au licenciement pour motif économique sont applicables « *à toute rupture du contrat de travail à l'exclusion de la rupture conventionnelle visée aux articles L. 1237-11 et suivants, résultant de l'une des causes énoncées au premier alinéa* ». Le texte, dans sa nouvelle mouture, exclut la rupture conventionnelle. Non seulement il peut être conclu une rupture conventionnelle du contrat en cas de difficultés économiques mais, en outre, il ne semble pas nécessaire dans cette hypothèse que le juge vérifie si l'entreprise connaissait de véritables difficultés, si l'employeur était dans l'impossibilité de reclasser le salarié, etc.

Des gardes-fous ont tout de même été posés par le législateur puisqu'il n'est pas possible de recourir à une rupture conventionnelle du contrat de travail lorsque la rupture du contrat résulte d'un accord de gestion prévisionnelle des emplois et des compétences ou d'un plan de sauvegarde de l'emploi[230]. La chambre sociale de la Cour de cassation a, en outre, précisé que lorsque des ruptures conventionnelles ont une cause économique et s'inscrivent dans un processus de réduction des effectifs dont elles constituent la ou l'une des modalités, elles doivent être prises en compte pour déterminer la procédure d'information et de consultation des représentants du personnel ainsi que les obligations de l'employeur en matière de plan de sauvegarde de l'emploi[231].

– La compatibilité avec le statut de salarié protégé

L'article L. 1237-15 du Code du travail s'intéresse au sort des salariés protégés et à l'éventualité de la rupture conventionnelle de leur contrat de travail. Pour éviter qu'ils ne subissent des pressions, ces salariés ne peuvent être licenciés sans que l'employeur ait obtenu l'autorisation de l'inspection du travail pour les licencier. Une procédure similaire a été instituée en cas de rupture conventionnelle du contrat de travail d'un salarié protégé.

---

228. L'employeur doit cependant appliquer les règles du licenciement pour motif économique à une telle rupture amiable, v. l'article L. 1233-3, al. 2, du Code du travail.

229. Cf. *supra* p. 362.

230. C. trav., art. L. 1237-16. Ce texte est particulièrement mal rédigé puisque la rupture du contrat de travail ne résulte pas d'un plan de sauvegarde de l'emploi destiné, au contraire, à éviter la rupture ou à en aménager les conséquences.

231. Cass. soc., 9 mars 2011, *SSL* 2011, n° 1483 ; *Lexbase hebdo*, éd. soc., n° 433 du 24 mars 2011, note Ch. Willmann.

Le texte prévoit une différence de procédure notable avec la rupture du contrat de travail d'un salarié *lambda* : la procédure d'homologation est remplacée par une procédure d'autorisation, comme pour le licenciement. L'inspecteur du travail devra donc s'assurer que la rupture conventionnelle n'est pas conclue pour un motif discriminatoire.

Le législateur est donc en partie revenu sur la jurisprudence *Perrier* déjà évoquée. Cet élargissement pourrait paraître anodin puisque, finalement, le salarié protégé bénéficie de la même protection qu'à l'occasion de son licenciement. Cependant, contrairement au licenciement, l'inspection du travail ne pourra que difficilement vérifier que le salarié quitte l'entreprise pour un motif valable puisqu'aucun motif n'est nécessaire pour rompre le contrat par rupture conventionnelle. Dès lors, le contrôle de l'inspecteur du travail se limitera, dans les faits, au même contrôle que celui de l'homologation. En permettant une rupture conventionnelle du contrat du salarié protégé, on peut craindre la réapparition de la faculté d'évincer de l'entreprise des salariés gênants en raison de leurs mandats syndicaux.

– Inaptitude physique du salarié

Peut-on conclure une rupture conventionnelle avec un salarié dont l'inaptitude physique a été constatée par le médecin du travail ? A cette question, la loi n'apporte aucune réponse.

La Cour de cassation refusait autrefois la faculté de conclure un accord de rupture amiable lorsque le salarié était inapte[232]. Une circulaire du 17 mars 2009 traite des différentes périodes de suspension du contrat de travail et de leur éventuelle incompatibilité avec une rupture conventionnelle, mais laisse de côté la question de l'inaptitude physique[233].

Malgré tout, les dispositions relatives à la rupture conventionnelle du contrat de travail figurent dans un titre du Code du travail dont les dispositions ne peuvent déroger « *aux dispositions légales assurant une protection particulière à certains salariés* »[234]. C'est probablement ce raisonnement qui a poussé le conseil de prud'hommes des Sables d'Olonne à annuler une rupture conventionnelle conclue avec un salarié dont l'inaptitude physique venait d'être constatée par le médecin du travail[235].

232. Cass. soc., 12 févr. 2002, n° 99-41.698.
233. Circ. DGT n° 2009-04 du 17 mars 2009 relative à la rupture conventionnelle d'un contrat à durée indéterminée.
234. C. trav., art. L. 1231-2.
235. CPH Sables d'Olonne, 25 mai 2010, *SSL* 2010, n° 1459.

– Litige entre les parties

Une question similaire pouvait se poser en cas de litige opposant l'employeur et le salarié : peut-on légitimement conclure une rupture conventionnelle du contrat de travail lorsque l'on est en désaccord ?

Cette question n'est pas tranchée et oppose les juridictions du fond. Ainsi, la cour d'appel de Rouen refuse de faire intégralement application de la jurisprudence applicable à la rupture amiable en la matière[236] et distingue selon qu'existait une situation conflictuelle ou un simple désaccord qui n'empêcherait pas la rupture conventionnelle[237]. Cette solution prend cependant le contrepied d'un jugement rendu par le conseil de prud'hommes de Bobigny qui refuse qu'une rupture conventionnelle puisse être conclue en cas de différend entre les parties[238].

Il convient encore de s'interroger sur les effets de la rupture conventionnelle du contrat de travail.

2. LES EFFETS DE LA RUPTURE CONVENTIONNELLE

A l'exception de l'effet consistant dans la rupture du contrat de travail, les autres effets de la rupture conventionnelle sont relativement originaux, cela sur plusieurs points.

Ils sont d'abord originaux quant aux indemnités qui sont servies au salarié. En effet, l'article L. 1237-13 du Code du travail prévoit qu'une indemnité spécifique doit être stipulée dans la convention dont le montant ne peut être inférieur à celui de l'indemnité légale de licenciement. Nombre de conventions collectives de travail prévoient des règles d'indemnisation du licenciement plus favorables que la loi. L'article L. 1237-13 ne renvoyant cependant qu'à l'indemnité légale de licenciement, fallait-il exclure les indemnités conventionnelles ? La question a été réglée par les partenaires sociaux qui ont conclu un avenant à l'ANI du 11 janvier 2008, avenant étendu par un arrêté du 29 novembre 2009 et qui s'appliquera à toutes les entreprises : le montant de l'indemnité spécifique ne doit pas être inférieur au montant de l'indemnité conventionnelle de licenciement s'il est supérieur à l'indemnité légale de licenciement[239].

Outre ces indemnités de rupture, le salarié bénéficiera du droit à l'indemnisation du chômage, ce qui est tout à fait exceptionnel et explique en partie le succès de la rupture conventionnelle[240].

236. Cass. soc., 31 oct. 2007, n° 06-43.570.

237. CA Rouen 27 avr. 2010, *préc.*

238. CPH Bobigny, 6 avr. 2010 n° 08-4910, Sarl Duo Transaction. *Adde.* CPH Rambouillet, 18 nov. 2010, *JSL* 2011, p. 292.

239. G. Auzero, « Précisions sur l'indemnité de rupture conventionnelle », *RDT* 2010, p. 97.

240. En principe, le salarié doit avoir été involontairement privé d'emploi pour bénéficier d'une indemnisation du chômage, v. C. trav., art. L. 5421-1.

Dernier effet très surprenant de la rupture conventionnelle, l'article L. 1237-14, al. 4 du Code du travail, réduit de manière drastique le délai de prescription pour contester la rupture conventionnelle. En effet, alors que la loi du 17 juin 2008 a ramené la prescription de droit commun à une durée de cinq années, la loi du 25 juin 2008 prévoit que le recours juridictionnel contre la convention ou contre son homologation doit intervenir dans un délai maximal d'un an après l'homologation par l'administration. Il s'agit là d'un délai extrêmement court destiné à fermer la voie de l'accès au juge aux salariés un peu passifs qui n'intenteraient pas une action rapide. Au-delà de ce délai, l'action est irrecevable. Cet élément participe, avec d'autres, à expliquer la faible conflictualité de la rupture conventionnelle du contrat de travail.

L'application des règles qui viennent d'être étudiées demeure incertaine. A ce jour, aucune décision de la Cour de cassation n'a encore concerné les conditions ou les effets d'une rupture conventionnelle et les seules illustrations tirées de juridictions du fond ici référencées démontrent la faible conflictualité de la rupture conventionnelle du contrat de travail. L'objectif de sécurisation du contentieux semble atteint, à défaut que celui de sécurisation du parcours professionnel des salariés ne l'ait été...

Si la Cour de cassation n'a pas encore eu l'occasion de s'intéresser à la rupture conventionnelle, elle est en revanche l'initiatrice de l'apparition de la prise d'acte de la rupture du contrat de travail.

B. La prise d'acte de la rupture

La prise d'acte de la rupture du contrat de travail est un mode de rupture beaucoup plus original que la démission ou le licenciement en ce qu'elle procède à une dissociation de l'initiative et de l'imputabilité de la rupture. Après avoir tenté de définir la prise d'acte de la rupture du contrat de travail (1) il sera nécessaire d'appréhender ses conséquences (2).

1. DÉFINITION DE LA PRISE D'ACTE

La prise d'acte peut se définir comme la rupture du contrat de travail résultant d'une décision du salarié mais prise en raison de fautes reprochées à l'employeur. La prise d'acte de la rupture du contrat de travail correspond à l'hypothèse suivante : un salarié dans l'entreprise prend l'initiative de rompre le contrat de travail, il quitte l'entreprise, ce qui prend l'apparence d'une démission. Cependant, au moment de quitter l'entreprise, il signifie à l'employeur un ensemble de grief et impute la rupture du contrat à une forme de contrainte née des manquements de l'employeur à ses obligations. C'est en cela qu'apparaît la dissociation de l'initiative de la rupture et de son imputabilité, le salarié prenant acte d'une rupture du contrat de travail provoquée par l'employeur[241].

241. F. Géa, H. Gosselin, « Quelle est la nature juridique de la prise d'acte ? », *RDT* 2009, p. 688.

La prise d'acte de la rupture est un mode de rupture réservé au salarié. En effet, la Cour de cassation a très tôt prohibé l'utilisation de la technique de la prise d'acte par l'employeur[242]. En réalité, la prise d'acte par l'employeur est un licenciement. Or, le licenciement prononcé n'ayant pas respecté les règles procédurales et les règles de motivation de l'acte, il est nécessairement dépourvu de cause réelle et sérieuse.

Quels sont les effets de la prise d'acte de la rupture du contrat de travail ?

2. LES EFFETS DE LA PRISE D'ACTE

La prise d'acte de la rupture du contrat de travail n'est soumise à aucun formalisme par le juge. Elle peut trouver son origine dans une démission d'apparence claire et non équivoque[243]. Elle peut être verbale ou écrite.

Le premier effet de la prise d'acte est de rompre le contrat de travail, mais on s'est longtemps interrogé sur la date de cette rupture. Plusieurs dates pouvaient être envisagées : fallait-il retenir la date à laquelle l'employeur avait commis les fautes reprochées ? La date à laquelle le salarié avait signifié à l'employeur qu'il prenait acte ? Fallait-il attendre que le juge se prononce sur les effets de la prise d'acte ? La Cour de cassation a tranché dans un arrêt du 4 juin 2008 en décidant que « *la prise d'acte de la rupture par le salarié en raison de faits qu'il reproche à son employeur entraîne la cessation immédiate du contrat de travail* »[244]. La rupture est non seulement immédiate, mais elle est également définitive, si bien qu'elle ne peut être rétractée par le salarié[245]. Le salarié n'est pas tenu de respecter un délai de préavis, mais la circonstance qu'il s'y astreigne ne permet pas de considérer que les manquements de l'employeur n'étaient pas d'une gravité suffisante[246].

L'élément le plus fondamental de la prise d'acte de la rupture du contrat de travail tient au fait que ses conséquences ne sont pas autonomes. La Cour de cassation décide en effet, depuis 2003, que « *la prise d'acte de la rupture produit les effets soit d'un licenciement sans cause réelle et sérieuse si les faits invoqués la justifiaient, soit, dans le cas contraire, d'une démission* »[247].

En d'autres termes, le salarié qui prend acte de la rupture du contrat de travail devra toujours saisir le juge afin de déterminer les effets de la rupture. En effet, il y a assez

242. Cass. soc., 25 juin 2003, *Les grands arrêts du droit du travail*, Dalloz, 4ᵉ éd., 2008, n° 87 : « *l'employeur qui prend l'initiative de rompre le contrat de travail ou qui le considère comme rompu du fait du salarié doit mettre en œuvre la procédure de licenciement ; à défaut, la rupture s'analyse en un licenciement sans cause réelle et sérieuse* ».
243. Cf. *supra* p. 350.
244. Cass. soc., 4 juin 2008, *Dr. soc.* 2008, p. 1143, obs. G. Couturier ; *JCP* éd. S, 2008, 1438, obs. J.-Y. Frouin.
245. Cass. soc., 14 oct. 2009, *SSL* 2009, n° 1418, note F. Géa.
246. Cass. soc., 20 janv. 2010, *RDT* 2010, p. 228, note M. Barthes ; Cass. soc., 2 juin 2010, *JCP* éd. G 2010, 820, note D. Corrignan-Carsin.
247. Cass. soc., 25 juin 2003, *Les grands arrêts du droit du travail*, *préc.*, n° 86.

peu de chance que l'employeur accepte que la rupture produise les effets d'un licenciement sans cause réelle et sérieuse de lui-même. Le juge appréciera alors si les manquements reprochés à l'employeur justifiaient la prise d'acte ou si, au contraire, les griefs avancés sont infondés ou insuffisants. Contrairement à ce qui se produit en matière de licenciement, le contenu de la lettre de prise d'acte ne fixe pas les limites du litige : le salarié pourra, devant le juge, invoquer de nouveaux griefs qui n'étaient pas mentionnés dans la lettre de rupture[248].

Il est bien évidemment impossible de dresser une liste des griefs qui peuvent justifier qu'une prise d'acte produise les effets d'un licenciement. La Cour de cassation exige traditionnellement que l'employeur ait commis des manquements d'une gravité suffisante[249]. Elle a cependant récemment affermi cette position en exigeant que le manquement de l'employeur rende impossible le maintien du contrat de travail, ce qui rapproche ces manquements d'une gravité suffisante de la qualification de faute grave[250].

Constituent par exemple des faits d'une gravité suffisante les cas dans lesquels l'employeur ne respecte pas la législation anti-tabac[251], se comporte de manière violente ou se rend coupable de faits de harcèlement[252], refuse de verser au salarié des primes qui lui sont normalement dues[253] ou, encore, impose une modification unilatérale du contrat de travail[254]. Dans ces hypothèses, la rupture produira les effets d'un licenciement dépourvu de cause réelle et sérieuse. En revanche, si les faits invoqués contre l'employeur ne justifiaient pas la prise d'acte, les effets seront ceux d'une démission. Ont été jugé d'une gravité insuffisante le retard ou le décalage de quelques jours de certains paiements[255], le non-paiement momentané du salaire résultant de difficultés[256] ou, bien sûr, le reproche de faits de harcèlement alors que le harcèlement n'existait pas.

Proche dans ses effets de la prise d'acte de la rupture, la résiliation judiciaire résulte malgré tout d'un processus différent.

---

248. Cass. soc., 29 juin 2005, *D.* 2005, p. 2723, note P. Lokiec.
249. Par ex. Cass. soc., 25 avr. 2007, n° 05-44.903.
250. Cass. soc., 30 mars 2010, *Lexbase hebdo*, éd. soc., n° 391, 15 avr. 2010, note Ch. Radé.
251. Cass. soc., 29 juin 2005, *JCP* éd. E, 1839, note M. Miné ; *Dr. soc.* 2005, p. 970, obs. J. Savatier.
252. Cass. soc., 30 oct. 2007, n° 06-43.327 ; Cass. soc., 3 févr. 2010, n° 08-40.144 et n° 08-44.019.
253. Cass. soc., 21 janv. 2003, n° 00-44.502 ; Cass. soc., 21 déc. 2006, n° 04-43.886.
254. Cass. soc., 30 juin 2009, n° 08-41935. Lorsque la modification porte sur la rémunération du salarié, la chambre sociale juge que la prise d'acte est automatiquement justifiée, v. Cass. soc., 5 mai 2010, *RDT* 2010, p. 435 et les obs.
255. Cass. soc., 4 nov. 2003, n° 01-44.740.
256. Cass. soc., 16 sept. 2003, n° 01-41.243.

C. La résiliation judiciaire

Dans son principe, la résiliation judiciaire du contrat de travail ne comporte pas de spécificité, il s'y applique les règles tirées de l'article 1184 du Code civil.

La Cour de cassation a cependant limité le champ d'application de ce mode de rupture puisqu'il n'est plus aujourd'hui permis qu'au salarié de demander la résiliation judiciaire de son contrat de travail. Si le salarié ne respecte pas ses obligations contractuelles, il appartient à l'employeur d'user de son pouvoir disciplinaire et, éventuellement, de prononcer le licenciement de l'intéressé[257].

Si la demande de résiliation judiciaire émane d'un salarié qui estime que l'employeur ne respecte pas ses obligations contractuelles, le juge dispose de deux alternatives. Soit les reproches avancés par le salarié contre l'employeur sont avérés et d'une gravité suffisante, auquel cas le juge prononce la rupture du contrat et lui fait produire les effets d'un licenciement dépourvu de cause réelle et sérieuse[258]. Soit, au contraire, les reproches avancés par le salarié sont insuffisants pour justifier la rupture du contrat et, dans ce cas, le contrat de travail poursuit son cours entre les deux parties[259]. La résiliation judiciaire du contrat de travail est donc sensiblement moins risquée pour le salarié que la prise d'acte de la rupture qui produit ses effets sur-le-champ.

La rupture du contrat de travail peut enfin intervenir lorsque le salarié a atteint l'âge de la retraite.

D. Le départ ou la mise à la retraite

Le départ à la retraite est une rupture du contrat de travail à l'initiative du salarié. Celui-ci décide de quitter volontairement son emploi pour faire valoir ses droits à une pension de vieillesse. Cette rupture diffère cependant de la démission, d'une part parce que le salarié devra respecter un délai de préavis généralement plus long qu'en cas de démission, d'autre part parce que le salarié bénéficiera d'une indemnité de départ volontaire à la retraite d'un montant somme toute très modeste[260].

La mise à la retraite, au contraire, est une rupture du contrat de travail à l'initiative de l'employeur. Ce mode de rupture est expressément prévu par l'article L. 1237-5 du Code du travail. Il s'agit d'une *« décision de l'employeur »* qui *« s'entend de la possibilité donnée à l'employeur de rompre le contrat de travail d'un salarié ayant atteint l'âge »* de soixante-cinq ans ou plus. La mise à la retraite est reconnue comme un mode autonome de rupture du contrat de travail à l'initiative de l'employeur. L'employeur

257. Cass. soc., 29 juin 2005, *RJS* 2006, p. 686.
258. Cass. soc., 20 janv. 1998, *Les grands arrêts du droit du travail, préc.*, n° 21.
259. Cass. soc., 26 sept. 2007, *RJS* 2007, p. 1028.
260. Sur les modalités de calcul de cette indemnité, v. C. trav., art. D. 1237-1.

peut mettre à la retraite un salarié âgé de soixante-cinq ans, à condition toutefois de respecter une procédure spécifique.

Entre 65 et 69 ans, l'employeur doit en effet formuler une proposition de mise à la retraite au salarié par écrit, doit l'interroger sur son intention de quitter volontairement l'entreprise pour bénéficier d'une pension de vieillesse, et ce au moins trois mois avant que le salarié ait atteint l'âge de 65 ans. Le salarié doit formuler une réponse dans le mois qui suit la réception de la proposition. En cas de refus ou d'absence de réponse, l'employeur ne peut pas mettre le salarié à la retraite pendant l'année qui suit. En cas d'accord, il peut le mettre à la retraite pendant cette même période. Cette procédure est applicable au titre du 65e anniversaire et au titre des quatre anniversaires suivants.

Finalement, cela signifie que le salarié peut, s'il le souhaite, continuer de travailler jusqu'à ses 70 ans, âge auquel l'employeur retrouvera la possibilité de le mettre à la retraite d'office, sans qu'il puisse s'y opposer.

LEXIQUE

Démission : La démission est un acte juridique unilatéral formé par une volonté claire et non équivoque du salarié de rompre le contrat de travail. La démission n'est encadrée que d'un formalisme minimal et ne doit pas, contrairement au licenciement, reposer sur une cause particulière : sauf abus de droit, elle demeure un droit discrétionnaire.

Licenciement : Le licenciement est un acte juridique unilatéral de l'employeur par lequel celui-ci résilie unilatéralement le contrat de travail à durée indéterminée. La procédure de licenciement est très strictement encadrée. Depuis la loi du 13 juillet 1973, le licenciement est un acte causé, ce qui signifie qu'il ne peut être valable qu'à la condition d'être fondé sur une cause réelle et sérieuse. Il existe deux types de licenciement : les licenciements fondés sur un motif personnel et les licenciements fondés sur un motif économique.

Prise d'acte de la rupture : La prise d'acte de la rupture du contrat de travail est un mode de rupture du contrat exclusivement réservé au salarié et qui se caractérise par une rupture du contrat de travail à l'initiative du salarié, rupture accompagnée de griefs formulés contre l'employeur et qui tendent à lui imputer la charge de la rupture à l'employeur. La prise d'acte de la rupture produit les effets d'un licenciement dépourvu de cause réelle et sérieuse si les faits allégués le justifiaient, d'une démission dans le cas contraire.

Rupture conventionnelle : La rupture conventionnelle du contrat de travail est une forme spécifique au droit du travail de rupture d'un commun accord tel que l'entend l'article 1134 al. 2 du Code civil. A la différence du *mutuus dissensus* de droit commun, la rupture conventionnelle est enserrée dans des règles procédurales très strictes destinées à garantir le consentement libre et éclairé de chacune des parties à l'acte. La rupture conventionnelle a la particularité de produire des effets proches de ceux du licenciement (indemnités, droit au chômage, etc.) alors même qu'elle repose sur une volonté partagée des deux parties. Enfin, comme la démission, la rupture conventionnelle ne repose pas, en principe, sur une cause particulière.

▷ EXERCICES

Sujet 1 DISSERTATION : LE DÉCLIN DES MODES CLASSIQUES DE RUPTURE DU CONTRAT DE TRAVAIL

Introduction

Selon une formule prêtée au Professeur J.- J. Dupeyroux, le droit du travail serait une « énorme toupie ventrue » reposant tout entière sur cette « pointe minuscule » que constitue le droit du licenciement (*G. Couturier, Droit du travail – 1) Les relations individuelles de travail, PUF, 3ème éd., 1996, p. 202*). Cette proposition, qui pouvait en réalité être élargie au binôme que forment le licenciement et la démission, pourrait bien être remise en question dans un avenir très proche (*v. O. Pujolar, « Rupture conventionnelle : vers la fin de la bipolarisation de la rupture du contrat de travail à durée indéterminée », in Mélanges M. Vidal, PUB, 2010, p. 845*). Un tel sentiment est renforcé par la lecture de l'article L. 1231-1 du Code du travail, modifié par la loi du 25 juin 2008 portant modernisation du marché du travail, qui place la rupture d'un commun accord au même niveau que la rupture à l'initiative de l'une ou de l'autre des parties.

Dès les origines, la rupture du contrat de travail a répondu à des modalités variées. A côté de l'article 1780 du Code civil qui dispose, depuis 1804, que « le louage de service, fait sans détermination de durée, peut toujours cesser par la volonté d'une des parties contractantes », il était, sous certaines conditions, accepté que les parties recourent à la résiliation judiciaire du contrat de travail (*à l'initiative du salarié uniquement, v. par ex. Cass. soc., 26 nov. 2002, Dr. soc. 2003, p. 671, obs. J. Mouly*), à la rupture d'un commun accord (*Cass. soc., 21 janv. 2003, Les grands arrêts du droit du travail, Dalloz, 4e éd., 2008, n° 94*) ou, même, à la résiliation résultant d'un cas de force majeure (*Cass. soc., 12 févr. 2003, Dr. soc. 2003, p. 388, note A. Cristau*). Il faudrait encore parler de la rupture du contrat durant la période d'essai ou des ruptures prononcées lorsque celui-ci atteint l'âge de la retraite. Somme toute, la multiplication des modes de rupture n'a jamais véritablement fait d'ombre aux deux principaux, à la démission et au licenciement.

Malgré tout, la démission et le licenciement ne présentent pas seulement des avantages pour chacun des auteurs de ces actes. La démission prive le salarié de toute indemnité, qu'il s'agisse d'une indemnité de rupture du contrat de travail (*sauf indemnité transactionnelle conclue après la démission, v. par ex. Cass. soc., 10 nov. 2009, n° 08-41.671*) ou de l'allocation de retour à l'emploi servie par le Pôle emploi (*allocation versée, seulement, en cas de perte involontaire d'emploi, C. trav., art. L. 5421-1*). La démission ne cause aucun préjudice au salarié dans la seule situation où il quitte son emploi pour en embrasser un nouveau. De la même manière, le licenciement est souvent perçu par les employeurs comme un procédé très complexe, dont les conditions de forme et de fond sont d'une lourdeur excessive. La protection du salarié contre le licenciement est indispensable, mais cette lourdeur a toujours poussé la pratique à tenter, autant que possible, d'en contourner les règles (*v. l'exemple caractéristique de l'arrêt Perrier, Cass. mix., 21 juin 1974, Les grands arrêts du droit du travail, préc., n° 151*). Plus que tout peut-être, les employeurs craignent les litiges qui peuvent naître d'un licenciement, cela expliquant le développement en droit du travail comme nulle part ailleurs de la technique de la transaction pourtant réglementée par les articles 2044 et suivants du Code civil (*Ch. Radé, « Les effets de la transaction » in La transaction dans toutes ses dimensions, Dalloz, 2006, p. 87*).

Il n'est donc guère étonnant que soient apparus de nouveaux modes de rupture du contrat de travail qui semblent, peu à peu, prendre le pas sur les antiques démission et licenciement. Sous l'impulsion de la jurisprudence de la chambre sociale de la Cour de cassation a émergé la prise d'acte de la rupture du contrat de travail qui, dans certains cas, se substitue avantageusement à la démission du salarié. La loi du 25 juin 2008, quant à elle, a introduit un nouveau mode de rupture du contrat de travail, la rupture conventionnelle, qui semble à la fois comporter des avantages pour le salarié et pour l'employeur. Les chiffres sont éloquents : plus de 250 000 ruptures conventionnelles ont été conclues pour la seule année 2010. Les cabinets d'avocat et les conseils de prud'hommes constatent une diminution sensible du nombre d'affaires inscrites au rôle de la juridiction du travail en vue de contester un licenciement. Les modes de rupture classiques seraient en repli.

Le déclin de ces modes de rupture s'explique principalement par l'apparition de nouveaux modes de rupture qui présentent des avantages incontestables pour les parties au contrat de travail. Pour autant, si la démission et le licenciement déclinent, il demeure peu probable qu'ils disparaissent tant ils demeurent, dans certains cas, des modes de rupture sans équivalent du contrat de travail. Finalement, si l'on constate le déclin avéré des modes classiques de rupture du contrat de travail (I), il est probable qu'il ne s'agisse que d'un déclin limité des modes classiques de rupture du contrat de travail (II).

I. Le déclin avéré des modes classiques de rupture du contrat de travail

Le déclin des modes classiques de rupture du contrat de travail s'explique par l'utilité des nouveaux modes de rupture que constituent la prise d'acte de la rupture du contrat de travail (A) et, surtout, de la rupture conventionnelle du contrat de travail (B).

A. La démission concurrencée par la prise d'acte de la rupture du contrat de travail

- Idée générale : la démission présente des inconvénients pour le salarié, en particulier lorsqu'il rompt le contrat de travail en raison de griefs à l'encontre de l'employeur.
- La démission n'apporte aucun avantage au salarié à l'issue de la rupture du contrat, ni indemnités de rupture, ni accompagnement dans la recherche d'un nouvel emploi, ni versement d'une allocation de retour à l'emploi.
- La démission ne couvre qu'une infime partie des ruptures à l'initiative du salarié, celles dans lesquelles le salarié a véritablement le souhait personnel de quitter l'entreprise, soit qu'il ne veuille plus travailler, soit qu'il ait trouvé un emploi dans une autre entreprise.
- En revanche, dans de nombreux cas, la démission est en réalité justifiée par une lassitude de l'emploi, lassitude qui peut avoir été provoquée par des manquements de l'employeur à ses obligations.
- Or, le régime juridique de la démission était inadapté à ces situations de rupture à l'initiative du salarié en raison de griefs reprochés à l'employeur. C'est pour cette raison qu'a émergé la prise d'acte de la rupture du contrat de travail (*dont le régime est stabilisé depuis les arrêts du 25 juin 2003, Cass. soc., 25 juin 2003, Les grands arrêts du droit du travail, préc., n° 86*).
- La prise d'acte de la rupture permet d'imputer la rupture à l'employeur et, si les manquements étaient d'une gravité suffisante, produit les effets d'un licenciement dépourvu de cause réelle et sérieuse.
- La prise d'acte se présente dès lors comme une véritable alternative à la démission, soit qu'elle s'y substitue (*Cass. soc., 25 juin 2003, préc.*), soit que la démission soit requalifiée en prise d'acte de la rupture lorsque le salarié reproche à l'employeur des manquements concomitants à la rupture (*Cass. soc., 9 mai 2007, RDT 2007, p. 452, obs. G. Auzero ; RJS 2007, p. 603, rapp. H. Gosselin*).

B. Les avantages de la rupture conventionnelle du contrat de travail

- Idée générale : la rupture conventionnelle du contrat de travail permet d'atténuer certains inconvénients des ruptures unilatérales du contrat de travail.
- La rupture conventionnelle présente, d'abord, des avantages pour le salarié qui souhaitait démissionner.
- En effet, le salarié percevra une indemnité spécifique de rupture conventionnelle dont le montant ne peut être inférieur à l'indemnité légale ou conventionnelle de licenciement (*C. trav., art. L. 1237-13 ; G. Auzero, « Précisions sur l'indemnité de rupture conventionnelle », RDT 2010, p. 97*).
- Il sera également éligible à l'allocation de retour à l'emploi (*C. trav., art. L. 5421-1*), ce qui est très rarement le cas lors d'une démission (*article 2 au règlement annexé à la Convention d'assurance chômage du 19 févr. 2009*).
- Même dans l'hypothèse où le salarié prétend que l'employeur a manqué à ses

obligations, la rupture conventionnelle peut lui permettre un règlement plus rapide que la prise d'acte de la rupture du contrat de travail qui exige une saisine du conseil de prud'hommes.
- La rupture conventionnelle du contrat de travail présente également des intérêts pour l'employeur.
- D'abord, quoique la procédure de la rupture conventionnelle, destinée à s'assurer de la réalité du consentement des deux parties, soit relativement lourde (*C. trav., art. L. 1237-11 et s.*), elle demeure moins exigeante que la procédure de licenciement, moins conflictuelle aussi.
- Ensuite, bien que la rupture conventionnelle ait un coût pour l'employeur (*indemnité spécifique, cf. supra*), ce coût est bien plus aisément prévisible que celui d'un licenciement qu'une contestation judiciaire peut sérieusement accroître (*notamment en cas d'absence de cause réelle et sérieuse, cf. C. trav., art. L. 1235-4*). C'est d'ailleurs là un grand avantage pour l'employeur de la rupture conventionnelle sur le licenciement, l'employeur n'ayant pas à justifier d'un motif de rupture là où le licenciement doit reposer sur une cause réelle et sérieuse.
- Enfin, point d'orgue de l'intérêt de la rupture conventionnelle pour l'employeur, les contestations judiciaires seront relativement rares, cela pour au moins deux raisons. D'abord parce que le salarié, ayant accepté la rupture, sera généralement enclin à ne pas remettre en cause sa parole ; ensuite parce que le Code du travail enserre l'action en contestation de la rupture conventionnelle dans le délai très court de douze mois (*C. trav., art. L. 1237-14, al. 4*).

De nombreux arguments laissent donc penser que la démission et le licenciement devraient continuer de décliner, concurrencés par la prise d'acte et la rupture conventionnelle. Il demeurera cependant une place irréductible pour ces deux modes classiques de rupture, tant parce que les nouveaux modes de rupture connaissent bien entendu des imperfections que parce que le licenciement et la démission restent des modes de rupture parfaitement adaptés à certaines situations.

II. Le déclin limité des modes classiques de rupture du contrat de travail

Le déclin du licenciement et de la démission ne mènera pas à la disparition de ces modes de rupture en raison des imperfections des nouveaux modes de rupture (A) et de l'utilité préservée, dans certaines situations, des modes classiques de rupture (B).

A. Les insuffisances des nouveaux modes de rupture du contrat de travail

- Idée générale : la prise d'acte de la rupture et la rupture conventionnelle présentent eux aussi des inconvénients majeurs, dont certains ne sont pas encore totalement identifiés.
- La prise d'acte ne peut, d'abord, être un mode de rupture utilisé par l'employeur.

Si l'employeur a des griefs contre le salarié, il doit user de son pouvoir disciplinaire, au besoin par le biais d'un licenciement (*Cass. soc., 25 juin 2003, Les grands arrêts du droit du travail, préc., n° 87*).

- La prise d'acte de la rupture du contrat de travail présente un inconvénient majeur pour le salarié, c'est un mode de rupture risqué. En effet, si le juge estime que les griefs invoqués étaient d'une insuffisante gravité, la prise d'acte produira les effets d'une démission (*Cass. soc., 25 juin 2003, préc.*). Face à un tel risque, les salariés préfèrent parfois demander la résiliation judiciaire de leur contrat de travail, les effets d'une telle demande ayant cependant l'inconvénient d'être repoussés à la date de la décision du conseil de prud'hommes.
- La rupture conventionnelle présente, elle aussi, un certain nombre d'inconvénients.
- Malgré l'apparence selon laquelle la rupture conventionnelle ne doit pas reposer sur une cause particulière, il semble qu'elle ne puisse pas être utilisée dans certains cas de figure.
- Ainsi, l'employeur ne semble pas être en mesure de contourner les règles du licenciement pour motif économique collectif par la conclusion de multiples ruptures conventionnelles (*A. Fabre, « Ruptures conventionnelles et suppressions d'emplois pour motif économique : possibilité offerte par la loi ou fraude à la loi ? », RDT 2010, p. 369*).
- De la même manière, la rupture conventionnelle ne paraît pas pouvoir être conclue avec un salarié dont l'état d'inaptitude physique a été constaté par le médecin du travail (*CPH Sables d'Olonne, 25 mai 2010, SSL 2010, n° 1459*).
- Enfin, de sérieux doutes planent sur la faculté d'utiliser la rupture conventionnelle lorsqu'il existe un litige entre l'employeur et le salarié (*CPH Bobigny, 6 avr. 2010 n° 08-4910, Sarl Duo Transaction. Adde. CPH Rambouillet, 18 nov. 2010, JSL 2011, p. 292*).

B. Les avantages persistants des modes classiques de rupture du contrat de travail

- Idée générale : le licenciement et la démission demeurent des modes de rupture quasiment irremplaçables dans certaines situations spécifiques.
- La démission pure et simple demeure parfois une voie privilégiée de rupture du contrat de travail. Il en va notamment ainsi lorsque le salarié n'a aucun grief à faire valoir à l'encontre de son employeur et que l'employeur n'a aucunement l'intention de voir le salarié quitter l'entreprise. Dans ce cas, d'une part, la prise d'acte de la rupture ne peut intervenir (*ou produira les effets d'une démission...*). D'autre part, l'employeur n'aura aucun intérêt à conclure une rupture conventionnelle alors qu'il souhaitait que le salarié demeure à son service : non seulement il accepterait à contrecœur son départ, mais il devrait, en outre, lui servir des indemnités de rupture.
- Le licenciement demeurera également l'outil privilégié dans différentes hypothèses.

- Tel est d'abord le cas des licenciements économiques collectifs de plus de dix salariés sur une même période de trente jours. En effet, lorsqu'un plan de sauvegarde de l'emploi doit être mis en œuvre, la voie de la rupture conventionnelle n'est pas praticable. Il en va de même lorsque la rupture intervient à la suite de l'application d'un accord de gestion prévisionnelle des emplois et des compétences (*C. trav., art. L. 1237-16*).
- Tel sera probablement ensuite le cas des différentes situations litigieuses dans lesquelles la rupture conventionnelle pourrait être proscrite (*inaptitude physique, litige entre les parties*). Cet argument ne pourra cependant être vérifié qu'à compter du jour où la chambre sociale de la Cour de cassation se sera prononcée à son sujet.
- Enfin, il demeure des cas dans lesquels l'employeur pourrait persister à préférer le licenciement à la rupture conventionnelle, principalement parce que la rupture conventionnelle reste coûteuse alors que certains licenciements n'impliquent que peu de frais. Tel est le cas des licenciements pour faute grave ou pour faute lourde, à la condition toutefois que l'employeur soit sûr des règles procédurales à respecter et se soit ménagé des moyens de preuve du caractère fautif du comportement du salarié. Cependant, même si ces dernières conditions sont respectées, il courra toujours le risque d'un procès prud'homal, presqu'à coup sûr évité en cas de rupture conventionnelle.

Sujet 2 CAS PRATIQUE :

I. Monsieur Lexcuse est salarié d'un petit supermarché Atout'Heure depuis 1999 où il assume un poste aux fonctions variées : mise en rayon, caisse et même parfois quelques remplacements au rayon charcuterie. Si tout s'est bien déroulé pendant les dix premières années de son contrat, rien ne va plus depuis qu'Armelle Petitobout a pris en main la gestion du magasin début 2011.

D'abord, M. Lexcuse a remarqué que la direction avait de plus en plus de retard dans le paiement des salaires. En effet, alors qu'il était jusqu'ici toujours payé le 1er du mois suivant, il arrive désormais que le salaire ne soit versé que le 20 du mois suivant. Ensuite, Mme Petitobout a contraint M. Lexcuse à faire des remplacements au rayon fromage alors que celui-ci, qui déteste le fromage, ne supporte pas de travailler dans ce rayon dont les odeurs l'indisposent.

Excédé, Monsieur Lexcuse a envoyé un courrier à Mme Petitobout en lui signifiant qu'il ne remettrait plus les pieds dans le magasin et en lui reprochant ces retards de salaire et ce travail au rayon fromage. Le lendemain de l'envoi de ce courrier, Monsieur Lexcuse a tenté de s'inscrire comme demandeur d'emploi au Pôle emploi. L'agent du pôle emploi a refusé de l'inscrire au motif qu'il ne détenait pas d'« attestation pôle emploi » justifiant de la rupture du contrat de travail.

1. Comment Monsieur Lexcuse peut-il récupérer cette attestation ?
2. Monsieur Lexcuse peut-il obtenir des indemnités en raison de la rupture du contrat de travail ?

3. Monsieur Lexcuse peut-il revenir sur sa décision et demander à reprendre son poste dans l'entreprise ?

II. Maître A. est notaire associé dans une grande étude parisienne qui comporte une demi-douzaine de salariés. Alors que Franck Z, clerc de l'étude depuis 2002, est absent (il a pris deux jours de congés payés), Maître A. a besoin d'un acte qui a été rédigé par le clerc et qu'il espère trouver sur l'ordinateur que l'étude a mis à sa disposition.
Alors que Maître A recherche dans les dossiers du poste informatique le fichier correspondant à l'acte, il trouve un dossier intitulé « essais » contenant trois fichiers eux-mêmes intitulés « Essais divers », « Essais divers B », « Essais divers restaurés ». A la fois parce qu'il espère que ces essais soient des essais de l'acte qu'il recherche, mais aussi par curiosité, Maître A ouvre ces fichiers. Il s'agit en réalité de brouillons de courriers rédigés par Franck Z, qui semblent destinés à être adressés au Président de la chambre des notaires, à l'URSSAF et à la caisse de retraite complémentaire à laquelle l'étude est affiliée. Ces courriers dénoncent, dans des termes à la limite de l'injure, de soit disant malversations et détournements de cotisations sociales qui seraient pratiquées dans l'étude. Le sang de Maître A ne fait qu'un seul tour !
Lorsque Franck Z revient de son congé, Maître A le convoque à un entretien préalable en vue d'une sanction. Lors de cet entretien, Franck Z se défend en expliquant qu'il s'agissait de courriers personnels et que, si d'aventure Maître A décidait de le licencier, il saisirait sur-le-champ le conseil de prud'hommes.
Maître A vient vous consulter afin de savoir s'il peut licencier Franck Z. Il vous explique qu'il connaît parfaitement la procédure de licenciement et qu'il a surtout besoin de conseils sur le fond.

I. La prise d'acte de la rupture du contrat de travail de M. Lexcuse

1. La délivrance de l'attestation Pôle emploi

L'article R. 1234-9 du CT dispose que « l'employeur délivre au salarié, au moment de l'expiration ou de la rupture du contrat de travail, les attestations et justifications qui lui permettent d'exercer ses droits aux prestations chômage et transmet ces mêmes attestations » au Pôle emploi. Pour que l'employeur délivre l'attestation, il est donc nécessaire que le contrat de travail soit rompu. Est-ce le cas ?

– Y a-t-il rupture du contrat de travail ?

Monsieur Lexcuse a quitté l'entreprise. Lorsque l'initiative de la rupture du contrat de travail est prise par le salarié, il peut s'agir d'un départ à la retraite (*sans objet*), d'une démission ou d'une prise d'acte de la rupture

– Y a-t-il démission claire et non équivoque ?

- Si le Code du travail traite de la démission (*ex. possibilité de rompre le contrat de travail par le salarié, art. L. 1231-1 du Code du travail*), le législateur ne définit pas la démission. Depuis longtemps déjà (*Cass. soc., 21 mai 1980, Bull.*

civ. V, n° 452 ; Adde, Les grands arrêts du droit du travail, préc., p. 389 et s.), c'est la Cour de cassation qui définit la démission : la démission est un acte unilatéral par lequel le salarié manifeste de façon claire et non équivoque sa volonté de rompre le contrat de travail. Une telle volonté a-t-elle été exprimée de manière claire et non équivoque ?

- La rupture résulte-t-elle d'une initiative du salarié ?
  Manifestement, tels que les faits sont relatés, c'est bien le salarié qui a quitté l'entreprise, s'il y a rupture, elle est bien à son initiative, pas de souci sur cette question.
- La rupture résulte-t-elle d'une volonté claire ?
  Il ne peut y avoir démission du salarié que si celui-ci exprime une volonté claire de démissionner. Cela signifie que la démission ne peut être identifiée dans une volonté implicite.
  Ainsi, par exemple, l'absence de reprise du travail par une salariée à la suite d'un différend avec l'employeur sur ses conditions de travail ne caractérise pas de la part de cette dernière une volonté claire de démissionner (*Cass. soc., 24 nov. 2004, n° 02-42.984*). De la même manière, un salarié qui refuse d'exécuter un travail commandé par l'employeur n'exprime pas de volonté claire de démissionner (*Cass. soc., 28 juin 2000, n° 98-42.082*).
- La Cour de cassation exige souvent que le salarié ait clairement dit, par courrier par exemple, qu'il démissionnait, même si la démission peut être verbale. Dans le cas présenté, le salarié dit qu'il « ne remettra plus les pieds dans l'entreprise ». Ces propos paraissent relativement clairs, le salarié semble bien manifester sa volonté de démissionner. La démission doit cependant être également non équivoque.
- La rupture résulte-t-elle d'une volonté non équivoque ?
  La démission, pour être non équivoque, ne doit pas être donnée sur le coup de la colère, de l'émotion : elle doit être réfléchie. Ainsi, par exemple, la démission donnée dans un mouvement d'humeur n'est pas valable (*Cass. soc., 8 nov. 1995, n° 92-40.270*). En outre, la Cour de cassation a pu juger que le refus par un salarié d'un changement des conditions de travail, même s'il est injustifié, n'établit pas le caractère clair et non équivoque de sa démission (*Cass. soc., 22 oct. 2003, n° 01-41.451*).
  Cependant, la chambre sociale a également jugé que manifeste une volonté claire et non équivoque le salarié qui quitte le chantier pour ne plus reparaître malgré les invitations de son employeur à reprendre la travail et qui s'inscrit comme demandeur d'emploi auprès de l'ASSEDIC (*Cass. soc., 10 mars 2004, n° 02-40.652*).

La démission du salarié pourrait donc paraître être claire et non équivoque. En réalité elle ne l'est pas. En effet, la Cour de cassation juge de manière constante depuis le début des années 2000 que la rupture à l'initiative du salarié qui invoque l'inexécution par l'employeur de ses obligations ne constitue pas l'expression claire et non équivoque

de son intention de démissionner (*ex. Cass. soc., 26 sept. 2002, n° 00-45.001*), que les griefs faits à l'employeur soient ou non fondés.
Lorsque le salarié démissionne en invoquant des griefs à l'encontre de l'employeur, la Cour de cassation assimile la démission à une prise d'acte de la rupture du contrat de travail : « *lorsque le salarié démissionne en raison de faits qu'il reproche à son employeur, cette rupture constitue une prise d'acte* » (Cass. soc., 15 mars 2006, n° 03-45.031).

– Conclusion intermédiaire
Il ne s'agit donc pas d'une démission mais d'une prise d'acte de la rupture. Il demeure nécessaire de savoir si le contrat est bien rompu pour déterminer si l'employeur devait remettre l'attestation pôle emploi.

– La rupture par prise d'acte a-t-elle déjà produit ses effets ?
La prise d'acte de la rupture du contrat de travail se définit comme une rupture du contrat de travail à l'initiative du salarié, rupture à l'occasion de laquelle le salarié invoque des manquements de l'employeur à ses obligations.

La Cour de cassation juge que lorsqu'un salarié « prend acte de la rupture de son contrat de travail en raison de faits qu'il reproche à son employeur, cette rupture produit les effets, soit d'un licenciement sans cause réelle et sérieuse si les faits invoqués la justifiaient, soit dans le cas contraire d'une démission » (*Cass. soc., 25 juin 2003, Les grands arrêts du droit du travail, préc., n° 86*). Il demeurait des doutes sur la date exacte de la rupture en cas de prise d'acte. Fallait-il attendre que le juge se prononce sur les effets de la rupture ? La chambre sociale a clarifié sa position en jugeant que la prise d'acte entraîne cessation immédiate du contrat (*Cass. soc., 4 juin 2008, Dr. soc. 2008, p. 1143, obs. G. Couturier ; JCP éd. S, 2008, 1438, obs. J.- Y. Frouin*). Dès lors, face à la volonté claire du salarié de quitter l'entreprise et l'émission de reproches à l'encontre de l'employeur, le contrat de travail est définitivement rompu.

– Conclusion sur la rupture du contrat de travail
Puisque le contrat de travail a été rompu, l'employeur doit fournir au salarié l'attestation Pôle emploi (*Cass. soc., 4 juin 2008, n° 06-45.757*).

– Comment le salarié peut-il se la procurer ?

- Quel est le contenu de l'attestation ?
  L'employeur doit faire figurer sur l'attestation Pôle emploi le motif exact de la rupture du contrat de travail, tel qu'il ressort de la prise d'acte du salarié en raison du non-paiement d'heures supplémentaires, qu'il ne peut requalifier en démission (*Cass. soc., 27 sept. 2006, n° 05-40.414*). Cette précision est très importante pour le salarié car, si la rupture est qualifiée de démission, il ne pourra percevoir d'indemnités chômage puisque ces indemnités ne sont servies qu'aux salariés involontairement privés d'emploi.

- Méthode douce : demander à l'employeur l'attestation
  L'attestation ASSEDIC comme le certificat de travail sont des documents que l'employeur doit remettre au salarié. Cependant, il s'agit de documents dits quérables, c'est-à-dire que ce n'est pas à l'employeur de les adresser au salarié mais au salarié de venir chercher ces documents (*Cass. soc., 5 oct. 2004, n° 02-44.487*). Le salarié peut donc prendre contact avec son employeur pour récupérer l'attestation
- Méthode lourde : le référé prud'homal
  Si l'employeur refuse de remettre l'attestation Pôle emploi au salarié, celui-ci pourra saisir le bureau des référés du conseil de prud'hommes. En effet, « *le refus par l'employeur de remettre pour l'ASSEDIC une attestation rectificative mentionnant les sommes allouées par un arrêt constitue un trouble manifestement illicite qu'il appartient au juge des référés de faire cesser* » (*Cass. soc., 16 nov. 2004, n° 03-41.475*). La non remise par l'employeur de l'attestation ASSEDIC, destinée à bénéficier de l'assurance chômage, cause nécessairement un préjudice au salarié, lui ouvrant droit à des dommages-intérêts (*Cass. soc., 20 déc. 2006, n° 04-47.742*).

2. Le salarié peut-il prétendre à des indemnités de rupture du contrat de travail ?

– Les effets de la prise d'acte

Lorsqu'un salarié « prend acte de la rupture de son contrat de travail en raison de faits qu'il reproche à son employeur, cette rupture produit les effets, soit d'un licenciement sans cause réelle et sérieuse si les faits invoqués la justifiaient, soit dans le cas contraire d'une démission » (*Cass. soc., 25 juin 2003, Les grands arrêts du droit du travail, préc., n° 86*). Il convient donc de déterminer si la prise d'acte produit les effets d'une démission, auquel cas le salarié n'aura droit à aucune indemnité ou si, au contraire, la prise d'acte produit les effets d'un licenciement, auquel cas le salarié aura droit à des indemnités pour licenciement sans cause réelle et sérieuse.

Pour que la prise d'acte produise les effets d'un licenciement sans cause réelle et sérieuse, les faits invoqués par le salarié doivent non seulement être établis, mais constituer des manquements suffisamment graves pour caractériser une rupture imputable à l'employeur (*Cass. soc., 19 janv. 2005, D. 2005, p. 2499, obs. J. Pélissier*).

– Les manquements reprochés à l'employeur sont-ils d'une suffisante gravité ?

- 1er reproche : retard de paiement
  - Règles sur paiement du salaire
    Par application de l'article L. 3242-1 du Code du travail, sous réserve de dispositions spéciales ne s'appliquant pas ici, le salaire doit être payé mensuellement au salarié.
  - Mensualisation, date de paiement
    La seule règle issue du Code du travail déterminant la date de paiement du salaire est issue de l'article R. 3241-1 du Code du travail qui prescrit que le

salaire doit être versé un jour ouvrable... En revanche, le code ne comporte aucun renseignement sur la date exacte à laquelle le salaire doit être versé. La seule certitude, c'est que le salaire doit être versé une fois par mois.

- Jurisprudence sur le retard de salaire

  La Cour de cassation juge que le paiement du salaire avec retard constitue parfois des faits d'une gravité suffisante pour justifier une prise d'acte (*Cass. soc., 30 janv. 2002, n° 00-40.528*) mais il faut que ce retard soit excessif (*Cass. soc., 13 janv. 2009, n° 07-43.916 : un retard d'une dizaine de jours ne constitue pas un manquement d'une suffisante gravité*). Globalement, il faut au moins que l'employeur ait plus d'un mois de retard et que ces retards soient répétés pour que les juges acceptent de voir dans les retards un manquement de l'employeur à ses obligations.

- Conclusion

  Il est peu probable que le juge estime que le retard de paiement du salaire constitue un manquement suffisamment grave de l'employeur, mais dans le doute, les deux possibilités seront envisagées.

• 2e reproche : changement de fonction

- Le fait de contraindre le salarié à travailler au rayon fromage constitue-t-il une faute de l'employeur ? La Cour de cassation juge de manière constante que l'employeur qui impose une modification de son contrat de travail au salarié adopte un comportement d'une gravité suffisante pour justifier une prise d'acte de la rupture (*par ex. pour une modification de la rémunération, Cass. soc., 5 mai 2010, n° 07-45.409*). L'employeur a-t-il procédé à une modification du contrat de travail ?
- Distinction entre modification du contrat et changement des conditions de travail.

  Depuis 1996 (*Cass. soc., 10 juill. 1996, Dr. soc. 1996, obs. H. Blaise ; JCP éd. G 1997, II, 22768, note Y. Saint-Jours*), la Cour de cassation distingue la modification du contrat de travail du simple changement des conditions de travail. Les éléments du contrat de travail ne peuvent être modifiés unilatéralement par l'employeur (*cf. supra* p. 323). Ces éléments sont constitués des clauses particulières du contrat de travail, de la rémunération, dans son montant comme dans sa structure, de la zone géographique de travail du salarié, qui diffère du lieu de travail, de la durée du travail dans son volume, mais pas dans sa répartition et, enfin, de la qualification du salarié.

- Y a-t-il eu modification de la qualification du salarié ?

  La distinction entre qualification et fonctions est délicate à manier. Globalement, il faut retenir que l'employeur n'a pas le droit de modifier le degré de responsabilité du salarié (*rétrogradation ou promotion*) sans modifier le contrat de travail. Il ne peut pas non plus lui demander d'effectuer un travail qui sorte de la qualification pour laquelle il a été recruté. En revanche, si les tâches nouvellement confiées au salarié correspondent à son degré de responsabilité antérieure et à la qualification pour laquelle il a été recruté, il ne s'agit que d'un simple changement des conditions de travail.

Fiche de poste du salarié vaste : on pourra d'abord remarquer que la fiche de poste du salarié est particulièrement vaste puisqu'il peut être à la caisse, à la mise en rayon ou au rayon charcuterie. On remarquera ensuite que le salarié s'est toujours accommodé de son poste au rayon charcuterie dont le travail ne se différencie que très peu du travail à la fromagerie
Conclusion : Il est probable que, malgré l'aversion pour le fromage du salarié, il ne s'agisse en réalité que d'un changement des conditions de travail, si bien qu'il ne peut s'agir d'un manquement de l'employeur à ses obligations suffisamment grave pour justifier une prise d'acte.

– **Conclusion**

- Soit la prise d'acte produit les effets d'une démission. Dans ce cas de figure, le salarié n'a droit à aucune indemnité. En réalité, il percevra tout de même une indemnité de congés payés pour les congés acquis qui n'avaient pas été pris par application de l'article L. 3141-26 du Code du travail.
- Soit la prise d'acte produit les effets d'un licenciement sans cause réelle et sérieuse. Dans ce cas, le salarié percevra une indemnité compensatrice de préavis, une indemnité de licenciement et une indemnité pour absence de cause réelle et sérieuse du licenciement

3. Le salarié peut-il rétracter sa prise d'acte ?

– **Règles générales sur la rétractation du licenciement, de la démission**

La rupture du contrat de travail constitue le plus souvent un acte unilatéral. La Cour de cassation accepte parfois la rétractation de cet acte de rupture.
Ainsi, par exemple, dès lors que le salarié est revenu le jour même sur sa signature, sa volonté de rompre le contrat avant terme est équivoque et la rétractation est acceptée (*Cass. soc., 27 oct. 2009, n° 08-40.958*). La rétractation du licenciement est plus délicate puisque la Cour de cassation exige que le salarié donne son accord à la rétractation (*ex. Cass. soc., 7 juill. 2009, n° 08-40.215*).
Même la nouvelle rupture conventionnelle du contrat de travail peut être rétractée par les deux parties pendant un délai de 15 jours... On pouvait donc penser que la prise d'acte était elle aussi rétractable.

– **Jurisprudence sur la rétractation de la prise d'acte**

La prise d'acte, « qui entraîne la rupture immédiate du contrat de travail, ne peut être rétractée » (*Cass. soc., 10 nov. 2009, n° 08-40.863*).

– **Conclusion**

Le salarié ne pourra pas revenir sur sa décision, la rupture est consommée.

II. Le licenciement de Franck Z

Identification des problèmes :

- Liberté d'expression et licenciement (1)
- Loyauté de la preuve (2)

1. Liberté d'expression

– **Distinction entre droit d'expression et liberté d'expression. Textes**

Le salarié bénéficie dans l'entreprise d'un droit d'expression. En effet, l'article L. 2281-1 du Code du travail prévoit que « les salariés bénéficient d'un droit à l'expression directe et collective sur le contenu, les conditions d'exercice et l'organisation de leur travail ». Ce droit très protégé est cependant limité aux conditions d'exercice et d'organisation du travail. La Cour de cassation distingue clairement ce droit d'expression de la liberté d'expression dont bénéficie également le salarié (*Cass. soc., 16 nov. 1993, RJS 1994, n° 63*). Cependant comme tout citoyen, le salarié bénéficie de sa liberté d'expression, même lorsqu'il est dans l'entreprise. Cette liberté est garantie par de nombreux textes fondamentaux tels que l'article 11 de la DDHC ou l'article 10 de la CEDH.

– **La garantie de la liberté d'expression du salarié : l'arrêt Clavaud**

La Cour de cassation garantit au salarié cette liberté d'expression en jugeant qu'un licenciement prononcé contre un salarié en raison de l'exercice de cette liberté est nul. Il s'agit là de la solution du célèbre arrêt Clavaud (*Cass. soc., 28 avr. 1988, Dr. soc., 1988, p. 428, concl. Ecoutin, note Couturier*). En théorie au moins, l'employeur ne peut donc licencier un salarié pour avoir exercé sa liberté d'expression.

La Cour de cassation a cependant posé des limites à la liberté d'expression du salarié. En effet, si le salarié est protégé, c'est à la condition de ne pas faire dégénérer son droit en abus.

– **Le salarié a-t-il abusé de sa liberté d'expression ?**

- Définition de l'abus

Ainsi, elle a pu décider que les propos injurieux d'un salarié à son supérieur hiérarchique excédaient les limites de la liberté d'expression du salarié (*Cass. soc., 28 avr. 1994, n° 92-43.917*). Tel est, également, le cas d'allégations mensongères envers l'entreprise, caractérisant une véritable intention de nuire (*Cass. soc., 16 nov. 1993, n° 91-45.904*). Il y a encore abus lors de l'envoi d'une « lettre de protestation mettant en cause la direction et l'orientation de la société et tentant ainsi de déstabiliser l'entreprise » adressée aux membres du conseil d'administration d'une entreprise (*Cass. soc., 15 oct. 1996, n° 94-42.911*).

La Cour a parfaitement résumé ce qu'elle entendait par l'abus de la liberté d'expression dans une décision rendue le 30 octobre 2002 (*Cass. soc., 30 oct. 2002, n° 00-40.868)* : « *si le salarié jouit, dans l'entreprise et en dehors de celle-ci, de sa liberté d'expression* [...], *il ne peut abuser de cette liberté par des propos injurieux, diffamatoires ou excessifs* ».

- Existence de l'abus ?

  La dénonciation des faits d'un collègue ou de l'entreprise calomnieuse, diffamatoire, injurieuse ou excessive est habituellement jugée par la Cour de cassation comme constituant une faute grave du salarié (*Cass. soc., 8 nov. 2006, RDT 2007, p. 98, obs. J. Levy-Amsallem pour dénonciation d'un collègue ; Cass. soc., 15 déc. 2009, Lexbase hebdo, éd. soc., n° 378, 13 janv. 2010, et la note pour la dénonciation injurieuse et calomnieuse de pratiques de l'entreprise*).

  Si l'on s'en tient aux propos du notaire, les dénonciations sont diffamatoires et injurieuses. Il est donc probable que le comportement du salarié constitue un abus de la liberté d'expression.

– **Conclusion**

Le comportement du salarié est bien fautif, il s'agit d'un abus de la liberté d'expression. Cependant, il n'est pas certain que le salarié puisse être sanctionné, en raison des moyens par lesquels l'employeur s'est procuré les preuves des faits fautifs.

2. Loyauté de la preuve

– **Principes de la loyauté de la preuve**

La chambre sociale de la Cour de cassation attache beaucoup d'importance au respect du principe dit de la loyauté de la preuve issu de l'article 9 du Code de procédure civile : la preuve dans le procès ne doit pas être obtenue de manière déloyale. Cette disposition est généralement combinée à celles de l'article 8 de la CEDH et de l'article 9 du Code civil : chacun a droit au respect de sa vie privée. La vie privée du salarié s'arrête-t-elle à l'entrée de l'entreprise ?

– **Les règles applicables en matière de consultation des fichiers informatiques du salarié :**

Les règles applicables en matière de consultation des fichiers informatiques du salarié sont le fruit d'une longue évolution jurisprudentielle

- Arrêt Nikon

  Le premier pas de cette évolution a été fait par l'arrêt Nikon (*Cass. soc., 2 oct. 2001, D., 2001, Jur., p. 3148, note P.-Y. Gautier ; RJS 2001, p. 940, chron. F. Favennec-Héry*) : « le salarié a droit, même au temps et au lieu de travail, au respect de l'intimité de sa vie privée ; que celle-ci implique, en particulier, le secret des correspondances ; que l'employeur ne peut, dès lors, sans violation de cette liberté fondamentale prendre connaissance des messages personnels émis par le salarié et reçus par lui grâce à un outil informatique mis à sa disposition pour son travail et ceci même au cas où l'employeur aurait interdit une utilisation non professionnelle de l'ordinateur ». Il se déduisait de cet arrêt que l'employeur

ne pouvait consulter les courriels et, par extension, les fichiers informatiques du salarié à condition toutefois que ces fichiers aient été identifiés comme étant personnels.
Cette jurisprudence a depuis été atténuée par deux décisions.

- Arrêt Cathnet sciences
La première atténuation provient de l'arrêt Cathnet sciences (*Cass. soc., 17 mai 2005, Dr. soc., 2005, p. 789, note J.-E. Ray, LPA, 23 avr. 2007, n° 81, p. 6*). Dans cet arrêt, la Cour de cassation ouvre des brèches puisqu'elle permet à l'employeur de consulter les fichiers du salarié en cas de risque ou événement particulier, mais aussi si le salarié est présent ou a été appelé : « sauf risque ou événement particulier, l'employeur ne peut ouvrir les fichiers identifiés par le salarié comme personnels contenus sur le disque dur de l'ordinateur mis à sa disposition qu'en présence de ce dernier ou celui-ci dûment appelé ».
Dans le cas étudié, il semble que le salarié n'ait pas été contacté et qu'il n'était pas présent. Il est difficile de considérer qu'il y avait un véritable risque pour l'entreprise rendant nécesaire la consultation des fichiers du salarié.
- Arrêt Techni-soft
Enfin, la dernière pierre de l'édifice provient d'un arrêt Techni-soft (*Cass. soc., 18 oct. 2006, RDT, 2006, p. 395, obs. de Quenaudon ; SSL, 2006, n° 1279, p. 10*). Dans cette affaire, la Cour de cassation pose une présomption de caractère professionnel pour les fichiers informatiques du salarié qui n'ont pas été identifiés comme personnels. Dans ce cas, puisqu'il s'agit de fichiers professionnels, l'employeur peut librement les consulter sans que la présence du salarié soit nécessaire.

– Quelle est la nature des fichiers informatiques en cause ?

Il s'agit bien de fichiers informatiques, placés dans l'ordinateur mis à la disposition du salarié par l'entreprise. Ces fichiers n'ont pas été identifiés comme personnels puisqu'ils sont intitulés « essais », ce qui peut aussi bien constituer des essais pour un document personnel que professionnel. Dans ces conditions, l'employeur pouvait consulter les fichiers sans contrevenir au respect dû à la vie privée ni à la loyauté de la preuve.

– Conclusion

En conclusion, le salarié pourra être licencié puisqu'il a commis un abus et que la preuve a loyalement été reconnue. Ces faits ont été jugés par la Cour de cassation dans un arrêt 15 décembre 2009 (*Cass. soc., 15 déc. 2009, préc.*).

II. LE TRAVAIL

Alors que la question de l'emploi intéressait en majeure partie la conclusion, le maintien et la rupture du contrat de travail, celle du travail concerne plus particulièrement l'exécution du contrat de travail et, d'une manière plus générale, le déroulement de la relation individuelle de travail. En quelque sorte, l'emploi est le contenant alors que le travail est le contenu.

Il ne s'agit ici pas d'entendre le travail au sens strict, qui pourrait se réduire à l'étude de la prestation de travail, question qui a déjà été étudiée par ailleurs[1]. Il s'agit, au contraire, d'adopter une approche plus vaste et d'envisager les principaux éléments qui structurent et encadrent cette prestation de travail.

Parmi ces éléments, la question de la rémunération tient une place centrale. Dans une acception volontairement simpliste à ce stade, la rémunération constitue la contrepartie du travail, la cause du travail puisque le contrat de travail est un contrat synallagmatique. En lien étroit avec la rémunération et la prestation de travail figure également la question centrale du temps de travail. Il est en effet crucial d'identifier quels sont les temps durant lesquels le salarié travaille effectivement, ceux durant lesquels il se repose, ceux pendant lesquels il est plus ou moins soumis à l'influence de la relation de travail qui, par certains aspects, peut maintenir son emprise même lorsque le salarié ne travaille pas. Enfin, une dernière question a pris une importance considérable ces dernières décennies, celle de la santé au travail, de nombreux efforts étant aujourd'hui fait sur le plan juridique pour que le travail ne nuise pas à la santé du salarié[2].

---

1. Cf. *supra* p. 268.
2. Une dernière question pourrait légitimement être abordée, celle de la formation professionnelle. Quoiqu'à la frontière entre le droit du travail et le droit de l'emploi, elle imprime en effet de nombreuses spécificités à la relation de travail. Certaines d'entre elles ont été abordées à travers les contrats aidés, les obligations de reclassement ou, encore, les différents congés. La formation professionnelle ne fera pas

Ce sont ainsi, ces trois éléments en liens étroits avec le travail qui seront étudiées : la rémunération du travail (chapitre I), le temps de travail (chapitre II) et la santé au travail (chapitre III).

---

l'objet d'un chapitre spécifique. Sur ce thème, v. N. Maggi-Germain, A. Pelage, *Les évolutions de la formation professionnelle*, La doc. fr., 2003. *Adde*, numéro spécial de la revue Droit social, déc. 2008.

1

LA RÉMUNÉRATION DU TRAVAIL

À l'évidence, il ne saurait exister de relation de travail sans rémunération. D'abord, parce que la rémunération constitue l'un des critères du contrat de travail conclu à titre onéreux. Ensuite parce que la rémunération est le but, la raison même pour laquelle le salarié conclut un contrat de travail. Bien sûr, le travail peut être un moyen d'accomplissement personnel nécessaire, pour certains, à leur épanouissement. Il n'en est pas moins sûr que c'est avant toute chose pour la rémunération qu'il procure que le salarié accepte de se placer sous la subordination d'un employeur.

Gérard Lyon-Caen, auteur essentiel dans l'identification de la notion de rémunération écrivait, avec un sens aiguisé de la formule, que le salaire est « *au cœur du droit des rapports collectifs* », « *au centre du droit des rapports individuels* »[1]. L'histoire du droit du travail ne dément pas cette importance de la rémunération, telle que l'illustre la prohibition des coalitions au XIXe siècle, coalitions dont l'objet était précisément de faire pression sur les salaires. Les pouvoirs publics se sont toujours intéressés à la question du salaire, d'abord par des politiques de blocage des salaires[2], puis de garantie de minima salariaux[3] et, enfin, par une vocation plus récente de favoriser le « pouvoir d'achat », concept plus complexe que celui de rémunération mais qui lui est intimement lié[4].

1. Propos tirés de l'indémodable tome 2 du Traité de droit du travail et rapportés par P. Rodière, « Le salaire dans les écrits de Gérard Lyon-Caen », *Dr. soc.* 2011, p. 6.
2. Blocage des salaires généralement décidé en vue d'endiguer l'inflation, par exemple pendant la Deuxième Guerre mondiale.
3. Loi du 11 févr. 1950 créant le salaire minimum interprofessionnel garanti (SMIG) devenu salaire minimum interprofessionnel de croissance (SMIC) par l'intermédiaire de la loi n°70-7 du 2 janv. 1970 sur le SMIC.
4. Loi n° 2007-1223 du 21 août 2007 en faveur du travail, de l'emploi et du pouvoir d'achat ; loi n° 2008-111 du 8 févr. 2008 pour le pouvoir d'achat.

La difficulté première à l'étude de la rémunération apparaît s'agissant de la notion même de rémunération. Il y a, aujourd'hui, une véritable « *démultiplication de ce qui se paie* »[5]. Il subsiste, en outre, une distinction parfois malaisée entre salaire et rémunération. Par comparaison, le régime juridique de la rémunération est moins sujet à controverses mais est, en contrepartie, un domaine nettement plus technique. Quoiqu'il en soit, il conviendra donc d'étudier d'abord la notion de rémunération (I) et, ensuite, le régime de la rémunération (II).

1 NOTION DE RÉMUNÉRATION

Si la délimitation de la notion de rémunération s'avère délicate, cela tient essentiellement à deux raisons, somme toutes assez classiques. D'abord, il n'est pas toujours facile de distinguer la rémunération du salaire qui paraissent, au moins pour le profane, recouvrir des réalités similaires (A). Ensuite, la définition de la rémunération se dérobe en raison de sa tendance à inclure des éléments ou avantages de plus en plus nombreux et diversifiés, ce qui implique par conséquent d'étudier les éléments de rémunération distincts du salaire (B).

A. Le salaire, composante de la rémunération[6]

Après avoir tenté de distinguer les notions de salaire et de rémunération (1), nous pourrons nous interroger sur les caractéristiques principales de ce que l'on appelle le salaire de base (2).

1. LA DISTINCTION ENTRE SALAIRE ET RÉMUNÉRATION

Selon Gérard Lyon-Caen, à qui on revient irrémédiablement lorsqu'il est question de salaire, deux interprétations du salaire sont possibles. Pour l'une, « *le salaire est le prix payé en contrepartie de la prestation de travail* » et l'autre selon laquelle « *il faut assimiler au salaire toute somme versée en conséquence du contrat liant les parties* »[7]. Cette distinction pourrait tout autant recouvrir celle entre rémunération et salaire, l'un constituant le tout, l'autre la partie.

5. G. Couturier, « De quoi le salaire est-il la contrepartie ? », *Dr. soc.* 2011, p. 10, spéc. p. 17. A dessein, la première édition du traité de G. Lyon-Caen ne s'intitulait pas « Le salaire » mais « Les salaires »...
6. V. le numéro de janv. 2011 de la revue Droit social en grande partie consacrée au salaire.
7. G. Lyon-Caen, *Le salaire*, t. 2, Traité de droit du travail sous la dir. de G.- H. Camerlynck, Dalloz, 2e éd., p. 5.

La distinction est maladroitement matérialisée par l'article L. 3221-3 du Code du travail qui dispose que « *constitue une rémunération au sens du présent chapitre, le salaire ou traitement ordinaire de base ou minimum et tous les autres avantages et accessoires payés, directement ou indirectement, en espèces ou en nature, par l'employeur au salarié en raison de l'emploi de ce dernier* ». Le texte fait clairement le départ entre salaire et autres composantes de la rémunération sans pour autant apporter d'éléments de définition du salaire lui-même. Cette position est confirmée par l'article L. 242-1 du Code de la Sécurité sociale qui soumet à cotisations sociales les sommes, « *considérées comme rémunérations* », qui sont « *versées en contrepartie ou à l'occasion du travail* ».

Cette distinction a ceci de confortable qu'elle paraît permettre de maintenir l'idée selon laquelle le salaire est la contrepartie de la prestation de travail alors que la rémunération recouvrirait l'ensemble des sommes versées à l'occasion du travail. Sous son apparence simple, elle est pourtant d'une redoutable complexité. Ainsi, par exemple, comment expliquer à l'appui de cette théorie que l'employeur soit tenu de verser au salarié son salaire lorsque celui-ci n'a pas travaillé mais s'est tenu à sa disposition[8] ? Comment expliquer qu'un accord de fin de conflit puisse stipuler le paiement du salaire des grévistes qui ont, pourtant, cessé le travail ? On pourrait encore évoquer le paiement de l'indemnité de préavis lorsque le salarié est dispensé de son exécution, le paiement des heures de délégation des représentants du personnel ou, encore, le paiement des congés annuels[9].

Les concepts de salaire et de rémunération tendent, finalement, à se confondre. Il s'agit, peu ou prou, de l'ensemble des sommes et avantages servis aux salariés à l'occasion du contrat de travail. Cette confusion mène à considérer qu'il convient probablement de donner plus d'importance à une distinction entre rémunération et salaire dit « de base ».

2. LE SALAIRE DE BASE

Le salaire de base correspond aux sommes versées périodiquement et ordinairement au salarié en raison de l'existence de la relation de travail. Le montant de ce salaire de base est calculé selon différents critères.

Ce mode de calcul trouve sa source dans le contrat de travail ou dans les conventions collectives de travail qui établissent le plus souvent des classifications professionnelles. Les parties peuvent, d'abord, s'être entendues, au moment de la conclusion du contrat, pour l'établissement d'un montant du salaire qui sera versé au salarié, ce qui paraît entièrement logique puisque, rappelons-le, la rémunération constitue par

---

8. V. par exemple le paiement du salaire pour les périodes d'inactivité entre plusieurs CDD requalifiés en un CDI unique à condition que le salarié se soit tenu à disposition de l'employeur, Cass. soc. 22 sept. 2010, n° 09-42.343 ; Cass. soc., 7 juill. 2010, n° 08-40.893.

9. Cette dernière hypothèse est plus litigieuse puisque le Code du travail prévoit, *stricto sensu*, le versement d'une indemnité de congés payés et non d'un salaire. V. C. trav., art. L. 3141-22 et s.

principe un élément du contrat de travail qui ne peut être modifié unilatéralement par l'une des parties[10].

Les parties peuvent encore être tenues par les classifications conventionnelles. En effet, si la rémunération est régulièrement considérée comme constituant un élément du contrat de travail, elle est le plus souvent déterminée par une corrélation entre la qualification reconnue au salarié et les grilles de classification conventionnelles qui constituent[11], d'ailleurs, des dispositions faisant l'objet d'une obligation de négociation tous les cinq ans au niveau des branches[12]. Il est attribué au salarié un coefficient ou un indice dépendant étroitement de ses diplômes et des fonctions qu'il exerce effectivement dans l'entreprise. Par une sorte d'application du principe de faveur, ces classifications ne semblent tenir l'employeur que dans un sens unique. En effet, l'employeur ne peut verser un salaire qui serait inférieur à la classification à laquelle le salarié appartient[13]. En revanche, la chambre sociale de la Cour de cassation juge parfaitement valable un « surclassement » du salarié, à condition toutefois que ce surclassement résulte d'une volonté claire et non équivoque de l'employeur[14].

Le salaire peut, en principe, être versé en fonction du temps de travail du salarié ou en fonction de son rendement, c'est-à-dire des tâches qu'il assume ou des objectifs qu'il atteint.

Lorsqu'il est calculé en fonction du temps de travail, l'article L. 3242-1 du Code du travail a généralisé la rémunération mensuelle « *indépendante (...) du nombre de jours travaillés dans le mois* ». Le calcul du salaire en fonction du temps de travail a pour conséquence que le salaire est proportionnel au temps travaillé, ce qui est notamment le cas pour les salariés à temps partiel. Les absences du salarié sont, en principe décomptées de leur temps de travail et s'imputent alors sur leur rémunération, sauf dans les hypothèses nombreuses dans lesquelles le Code du travail ou la chambre sociale de la Cour de cassation assimile certains temps à des temps de travail effectif[15]. La réduction du temps de travail n'a, cependant, pas toujours donné lieu à une diminution corrélative de salaire, comme ce fut le cas notamment à l'occasion du passage à une durée légale hebdomadaire de trente-cinq heures de travail[16].

10. Cf. *supra* p. 323.

11. Pour une illustration de cette corrélation, v. Cass. soc., 2 juin 2004, *RJS* 2004, n° 878.

12. C. trav., art. L. 2241-7.

13. V. par ex. Cass. soc., 28 oct. 1998, n° 96-42.876. Ce coefficient conventionnel ne mène qu'à l'établissement d'un minima conventionnel que le contrat de travail peut bien sûr toujours excéder.

14. Cass. soc., 12 janv. 2010, *JSL* 2010, n° 272.

15. Il existe diverses illustrations, v. not. C. trav., art. L. 1431-2, art. L. 3121-3, art. L. 3121-5, art. L. 1442-6, etc. Sur le plan jurisprudentiel, voir par exemple l'assimilation à du temps de travail effectif des temps de trajet entre domicile et lieu de travail dérogeant au temps de trajet habituel, Cass. soc., 12 mars 2009, n° 07-45.715.

16. V. G. Bélier, F. Favennec-Héry, « Accords de réduction du temps de travail et compensation financière », *Dr. soc.* 1998, p. 971.

Le salaire peut également être calculé en fonction des tâches effectuées par le salarié, il s'agit alors d'un salaire aux pièces. Le salaire varie selon la quantité produite par le salarié, voire une équipe de plusieurs salariés. Des exigences qualitatives doivent naturellement être aussi respectées. Le salaire aux pièces comporte toujours un risque d'augmentation des cadences de travail et se concilie relativement mal avec les exigences de sécurité aujourd'hui bien plus fortes que naguère en droit du travail[17]. Le salaire aux pièces demeure le mode quasi-exclusif de rémunération des travailleurs à domicile[18].

Il est enfin possible que la rémunération soit calculée en fonction d'un pourcentage du chiffre d'affaires réalisé par le salarié[19]. Ce système est parfois utilisé dans les métiers du commerce, voire de la restauration. En la matière, le maître mot est la transparence : le salarié doit être en mesure de comprendre les éléments servant de base de calcul à son salaire[20] et l'employeur supporte la charge de la preuve des éléments nécessaires au calcul de la rémunération[21]. Lorsque le salaire de base repose sur un commissionnement, il est par nature variable, ce qui ne pose aucun problème à la Cour de cassation, à condition que le salaire versé ne soit en aucun cas inférieur au SMIC[22]. La chambre sociale accepte d'ailleurs que le salaire soit soumis à une clause de variation, à la condition toutefois que la clause ne soit pas fondée sur la seule volonté de l'employeur mais sur des éléments objectifs[23].

Sans nul doute, le salaire de base est un élément fondamental de la rémunération. Pour autant, il ne constitue pas, loin de là, la seule composante de celle-ci.

B. Les autres éléments de la rémunération

A côté du salaire de base, de nombreuses autres sommes d'argent ou avantages peuvent être attribués au salarié. Ces éléments de rémunération se distinguent par leur caractère bigarré. Parfois versés en nature, parfois en espèces, ils répondent dans certains cas à des hypothèses qui s'éloignent sensiblement du salaire « contrepartie » du travail. Pour l'essentiel, il est important d'envisager les accessoires au salaire de base (1) et les éventuelles participations financières du salarié dans l'entreprise (2).

---

17. Quoiqu'il s'agisse du calcul d'une prime et non du salaire de base, v. par ex. l'interdiction de la « rémunération à la course », c'est-à-dire de l'indexation d'une prime de rendement sur le nombre de kilomètres parcourus par un chauffeur routier, pour des raisons évidemment liées à la sécurité de ces conducteurs, Cass. soc., 24 sept. 2008, *JCP* éd. E, 2008, 2484, obs. M. Babin.
18. C. trav., art. L. 7422-1 et s.
19. Proche de ce système, le versement de « droits voisins » à l'artiste-interprète n'est cependant pas considéré comme des rémunérations par la chambre sociale de la Cour de cassation, v. Cass. soc., 1er juill. 2009, Lexbase hebdo, éd. soc., n° 363, 17 sept. 2009 et les obs.
20. Cass. soc., 18 juin 2008, *D.* 2008, AJ, 1832, obs. B. Ines ; *Dr. ouvrier* 2008, p. 533, obs. F. Deby.
21. Cass. soc., 24 sept. 2008, *JCP* éd. S, 2009, 1090, obs. J.- Ph. Tricoit.
22. Cass. soc., 13 juin 2007, *Dr. soc.* 2007, p. 1174, obs. D. Jourdan et J. Barthélémy.
23. Cass. soc., 2 juill. 2002, *Dr. soc.* 2002, p. 998, obs. Ch. Radé.

1. LES ACCESSOIRES AU SALAIRE DE BASE

Le salarié peut bénéficier de trois types différents d'avantages qui s'ajoutent au salaire de base et constituent bien des éléments de rémunération : les primes (a), les avantages en nature (b) et les pourboires (c).

a. Les primes

Il existe un nombre considérable de primes et il n'est probablement pas possible d'en établir une liste exhaustive tant l'employeur dispose d'une grande latitude dans leur création. On peut, tout de même, tenter d'établir quelques grandes catégories en fonction du but recherché par l'employeur lorsqu'il attribue ces primes.

On trouve, d'abord, des primes qui semblent constituer de véritables libéralités, parfois dénommées « gratifications » par la jurisprudence[24]. Au premier abord, ces primes ne paraissent pas reposer sur une cause particulière ni même être la contrepartie de quoi que ce soit. Ce sont les primes de treizième mois, les primes annuelles et autres primes exceptionnelles. Longtemps, la jurisprudence a exclu l'application du régime juridique de la rémunération à ces primes, par exemple en jugeant qu'elles relevaient du pouvoir discrétionnaire de l'employeur qui pouvait cesser de les verser à sa guise ou en les excluant des différentes assiettes de cotisations auxquelles sont habituellement intégrés les éléments de rémunération[25]. Cependant, l'extension du principe « à travail égal, salaire égal » semble aujourd'hui ne plus épargner ce type de prime non causées si bien qu'il est probable qu'à court terme, elles intègrent la sphère de la rémunération[26].

On trouve, ensuite, des primes destinées à compenser une sujétion particulière imposée au salarié. Il peut s'agir de primes liées à la dureté des conditions climatiques dans le secteur du bâtiment, de primes de pénibilité[27], de primes d'éloignement pour des salariés soumis à une mobilité ou à une expatriation[28]. Le régime de ces primes est, comme souvent en matière de rémunération, relativement complexe, notamment parce que la chambre sociale juge parfois que les sommes versées pour compenser certaines sujétions, telle que celle liée à l'utilisation du domicile du salarié à des fins professionnelles, ont une nature indemnitaire[29].

D'autres primes peuvent, encore, être destinées à récompenser un comportement du salarié, qu'il s'agisse de valoriser ses performances ou de le remercier pour sa fidélité à

24. V. par ex. Cass. soc., 14 oct. 2009, *JCP* éd. S 2010, 1102, note B. Bossu. Cette qualification est ambiguë puisqu'elle est habituellement réservée à des sommes versées à des travailleurs qui ne sont pas des salariés, par exemple aux stagiaires. Sur cette question, cf. *supra* p. 270.
25. Cass. soc., 20 avr. 2005, n° 03-42.721.
26. Cass. soc., 30 avr. 2009, *JCP* éd. E, 2009, 1158, obs. P. Morvan.
27. Par ex. une prime de sujétion pour les cadres des établissements et services pour personnes inadaptées et handicapées, Cass. soc., 27 mars 2008, *JCP* éd. S, 2009, 1522, note A. Martinon.
28. V. les ex. cités par Ph. Coursier, « Mobilité internationale : détachement dans une filiale étrangère », *JCP* éd. S, 2009, 1092, spéc. n° 49 et s.
29. Cass. soc., 7 avr. 2010, *RDT* 2010, p. 517, note B. Bossu.

l'entreprise. On trouve, au titre des premières, les primes de rendement, de production ou de dépassement d'objectif[30]. Au titre des secondes figurent plutôt les primes d'ancienneté et autres primes d'assiduité. Ces primes d'assiduité posent parfois quelques difficultés lorsqu'elles doivent être conciliées avec l'exercice du droit de grève. En effet, le principe de la prime d'assiduité repose sur un calcul au prorata du temps de présence du salarié dans l'entreprise qui est mécaniquement réduit par l'exercice du droit de grève[31].

Certaines primes, enfin, sont liées à la survenance d'un événement particulier, le plus souvent un événement familial (naissance, mariage, etc.) ou, parfois, un événement personnel (déménagement par exemple).

Ces primes sont donc très hétéroclites. Elles sont parfois ponctuelles et occasionnelles, parfois pérennes et régulières. Leur caractère obligatoire dépend étroitement de la source qui les a instituées. Lorsqu'elles ont été prévues par le contrat de travail ou qu'elles résultent d'un avantage individuel acquis, il n'est en aucun cas possible de les supprimer sans l'accord des salariés concernés. Si, au contraire, elles relèvent d'un accord collectif de travail, d'un engagement unilatéral de l'employeur ou d'un usage, les voies de dénonciation classiques de ces normes permettent de remettre en cause l'existence de ces primes.

Parmi les autres accessoires au salaire de base, le salarié peut bénéficier d'avantages en nature.

b. Les avantages en nature

Les avantages en nature sont des prestations offertes par l'employeur qui n'ont pas un caractère monétaire. Il peut s'agir de nourriture, de la fourniture d'un logement, de matériel informatique ou de télécommunication, de la mise à disposition d'un véhicule, etc.

Les avantages en nature ne figurent pas toujours au rang des accessoires au salaire de base puisqu'ils peuvent parfaitement y être intégrés[32]. Ils demeurent tout de même le plus souvent des avantages complémentaires s'ajoutant à celui-ci. Ils tenaient autrefois une place essentielle dans le salaire du travailleur, notamment par le biais des

---

30. Il n'est en revanche plus possible de verser une prime aux salariés non grévistes pour compenser le surcroît de travail assumé durant le conflit collectif, une telle prime revêtant un caractère discriminatoire. V. Cass. soc., 1er juin 2010, *Lexbase hebdo*, éd. soc., n° 399, 17 juin 2010, note Ch. Radé.
31. Sur l'illicéité des primes anti-grève déguisées en primes d'assiduité, v. Cass. soc., 16 févr. 2011, n° 09-43.532.
32. Ce caractère accessoire explique, en partie, la raison pour laquelle la salariée en congé maternité continue de bénéficier de la mise à disposition d'un véhicule de fonction, seul le versement du salaire de base paraissant être suspendu en même temps que le contrat de travail. V. Cass. soc., 24 mars 2010, *SSL* n° 1440, p. 11. De la même manière pour un logement de fonction, v. Cass. soc. 26 janv. 2011, *RJS* 2011, n° 313.

économats, sortes de commerces patronaux où le salarié pouvait se ravitailler en guise de salaire. Les économats sont aujourd'hui interdits, mais la pratique des avantages en nature demeure cependant vivace[33].

Les avantages en nature doivent clairement être distingués de la fourniture de matériel nécessaire à la réalisation du travail. L'exemple le plus significatif est, peut-être, celui de la fourniture d'un véhicule. Alors que, pour certaines professions (taxi, VRP, chauffeur routier ou livreur), la mise à disposition d'un véhicule ne caractérise en aucun cas un élément de rémunération mais la mise à disposition d'un outil de travail, la fourniture d'un véhicule au salarié (un cadre par exemple), véhicule que le salarié est libre d'utiliser à sa guise durant ses repos et qui n'était pas indispensable à sa pratique professionnelle constitue bien un avantage en nature.

L'attribution d'un avantage en nature doit cependant faire l'objet d'une évaluation monétaire, d'abord pour être intégrée à la rémunération du salarié qui doit être comparée aux minima légaux et conventionnels, ensuite parce que cet avantage sera soumis à cotisations sociales, enfin parce que cet élément sera intégré dans l'assiette de calcul de différentes indemnités servies au salarié[34]. Cette évaluation s'opère sur la base de tarifications établies par voie réglementaire ou conventionnelle[35].

Une dernière catégorie très particulière d'avantage accessoire au salaire est constituée par les pourboires éventuellement versés par les clients de l'entreprise.

c. Les pourboires

Illustrant à nouveau la distinction entre salaire de base et autres éléments de la rémunération du salarié, l'article L. 3244-2 du Code du travail dispose que les sommes versées à titre de pourboire « *s'ajoutent au salaire fixe* ». On prétend, parfois, que la pratique des pourboires serait en voie de désuétude. Il suffit, pour se convaincre du contraire, de côtoyer des salariés employés dans le secteur de la restauration pour qui les pourboires constituent parfois un complément substantiel de revenu.

Alors que les sommes sont parfois versées directement au salarié par le client, par une forme de don manuel en quelque sorte, l'employeur s'est progressivement vu conférer un rôle dans cette relation par le droit du travail. En effet, s'il demeure encore fréquent que les pourboires soient individuellement versés au salarié, des processus de mutualisation des pourboires entre les différents salariés de l'entreprise sont devenus plus courants, mutualisation gérée par l'employeur.

---

33. Le plus souvent, le travailleur bénéficiait de jetons qu'il ne pouvait utiliser que dans ces économats. Les économats sont aujourd'hui interdits en raison du risque de retenues indirectes sur les salaires qu'ils impliquent. V. C. trav., art. L. 3254-1.

34. Indemnité de congés payés, indemnité de préavis, indemnité de licenciement, etc.

35. V. par ex. Arrêté du 10 déc. 2002, relatif à l'évaluation des avantages en nature en vue du calcul des cotisations de sécurité sociale. *Adde.* pour une vue détaillée de ces grilles de tarification, *Lamy social,* 2010, n° 5013 et s.

L'employeur a l'obligation de remettre intégralement aux salariés concernés les sommes perçues à titre de pourboires[36]. Les salariés concernés sont uniquement ceux qui sont en contact direct avec la clientèle, si bien qu'une mutualisation des pourboires ne peut concerner d'autres salariés de l'entreprise. En revanche, si mutualisation il y a, celle-ci doit concerner toutes les catégories de personnel en contact avec cette clientèle[37].

Salaire de base et accessoires au salaire font, sans trop de difficulté, partie de la rémunération du travail, de la rémunération servie à l'occasion du contrat de travail. D'autres éléments, plus éloignés de l'idée de contrepartie au travail sont plus rétifs à une telle classification. Cela est en particulier le cas des mécanismes de participation financière du salarié dans l'entreprise.

2. LES PARTICIPATIONS FINANCIÈRES DU SALARIÉ

La figure la plus ancienne des participations financières du salarié dans l'entreprise est constituée de l'intéressement et de la participation (a). Plus récemment, des mécanismes d'actionnariat salarié (b) et d'épargne salariale (c) sont venus compléter ce panel.

a. L'intéressement et la participation aux bénéfices

L'intéressement comme la participation des salariés aux bénéfices reposent sur la même idée selon laquelle les salariés peuvent ou doivent profiter des fruits formés par les performances de leur entreprise. Dans leur dernier état, les règles relatives à ces dispositifs ont été établies par la loi du 30 décembre 2005 sur la participation, l'intéressement, l'actionnariat et le plan d'épargne d'entreprise[38]. Ce qui distingue le plus fondamentalement l'intéressement et la participation, c'est le caractère facultatif du premier et le caractère parfois obligatoire du second.

– L'intéressement

L'intéressement est défini par l'article L. 3312-1 du Code du travail comme ayant pour « *objet d'associer collectivement les salariés aux résultats ou aux performances de l'entreprise* ». Le texte ajoute que l'intéressement est aléatoire et facultatif. Un mécanisme d'intéressement des salariés peut être mis en place par voie d'accord collectif dans l'entreprise[39] ou dans un groupement d'employeurs[40].

---

36. C. trav., art. L. 3244-1.
37. Cass. soc., 9 mai 2000, *Dr. soc.* 2000, p. 773, obs. Ch. Radé ; Cass. soc., 29 sept. 2004, *Dr. soc.* 2004, p. 1142, obs. Ch. Radé.
38. R. Vatinet, « Développement de la participation des salariés », *JCP* éd. S, 2007, 1001 et 1032.
39. Accord dont les modalités spécifiques sont établies par l'article L. 3312-5 du Code du travail. A défaut d'accord, les entreprises sont tenues d'engager une négociation annuelle sur ce thème, C. trav., art. L. 2242-12.
40. C. trav., art. L. 3312-2. V. P. Fadeuilhe, « Groupements d'employeurs et dispositifs d'épargne salariale. - Les apports de l'article 7 de la loi du 3 décembre 2008 », *JCP* éd. S, 2009, 1062.

A condition qu'il demeure aléatoire, le mode de calcul de l'intéressement peut reposer sur des critères divers[41] : durée de présence dans l'entreprise, proportionnalité à la rémunération des salariés, etc. Il est en tous les cas essentiel que l'ensemble des salariés de l'entreprise puisse bénéficier des primes d'intéressement[42]. Contrairement à la participation aux bénéfices, l'intéressement est, par principe, immédiatement disponible.

Il serait très contestable de classer sans réserve les sommes versées au titre de l'intéressement dans la catégorie des rémunérations puisque l'article L. 3312-4 du Code du travail exclut explicitement ce caractère de rémunération, dans l'objectif avoué que ces sommes ne puissent « *se substituer à aucun des éléments de rémunération (...) en vigueur dans l'entreprise* »[43]. La règle n'est cependant pas appliquée avec une rigueur absolue puisque, par exemple, ces créances sont couvertes par l'AGS[44].

– La participation aux bénéfices

Dans une formule relativement proche de celle adoptée pour l'intéressement, l'article L. 3322-1 du Code du travail dispose que « *la participation a pour objet de garantir collectivement aux salariés le droit de participer aux résultats de l'entreprise* ». Le texte ajoute que la participation est obligatoire, renvoyant notamment à l'article L. 3322-2 du code qui impose la mise en place d'un système de participation dans les entreprises ou les unités économiques et sociales comptant plus de cinquante salariés. Là encore, les modalités de calcul de la participation doivent être établies par voie d'accord collectif[45]. Si aucun accord de participation n'est applicable à l'entreprise, des dispositions légales supplétives imposent un système alternatif[46].

La participation aux bénéfices est calculée en fonction d'une formule et de règles complexes établies par les articles L. 3324-1 et suivants du Code du travail, règles là encore supplétives de la volonté des auteurs d'un éventuel accord de participation. Comme pour l'intéressement, la répartition des sommes dégagées au titre de la participation entre les salariés peut s'opérer en fonction de l'ancienneté de ceux-ci ou proportionnellement à leur rémunération[47]. Les droits acquis au titre de la participation n'ont, pendant longtemps, pas été immédiatement exigibles par le salarié et étaient bloqués pendant une durée de cinq ans[48]. Cette règle de principe connaît cependant de

---

41. C. trav., art. L. 3314-1 et s.
42. Cass. soc., 23 nov. 1999, *Dr. soc.* 2000, p. 216, obs. Ch. Radé. A noter que, dans les entreprises de moins de deux cent cinquante salariés, les dirigeants de l'entreprise peuvent bénéficier eux aussi des primes d'intéressement, v. C. trav., art. L. 3312-3.
43. Cass. soc., 17 févr. 2004, *RJS* 2004, n° 583.
44. C. trav., art. L. 3251-10.
45. Modalités proches de celles de l'intéressement, v. C. trav., art. L. 3322-6. Le régime de la participation peut également être établi par accord de branche, C. trav., art. L. 3322-9.
46. C. trav., art. L. 3323-5.
47. Voire par un panachage des deux critères. Il est en revanche exclu de distinguer selon que le travail s'exécute en France ou à l'étranger, v. Cass. soc., 29 oct. 2002, *Dr. soc.* 2003, p. 138, obs. J. Savatier.
48. C. trav., art. L. 3324-10.

si nombreux aménagements permanents[49] ou temporaires[50] qu'il est aujourd'hui difficile de considérer qu'elle constitue encore la règle de principe.

L'intéressement et la participation ne sont pas à proprement parler des éléments de salaire ni, nous l'avons vu pour l'intéressement, en principe des éléments de rémunération. Il subsiste, pourtant, un lien plus ou moins ténu entre les primes d'intéressement ou de participation d'une part et la prestation de travail du salarié d'autre part. C'est en partie grâce à la qualité et à la productivité du travail fourni que ces primes existent et que leur montant est d'autant plus substantiel. Ce lien entre travail et avantage perçu est nettement plus évanescent en matière d'actionnariat salarié.

b. L'actionnariat salarié

L'actionnariat salarié répond à une idée encore plus diffuse de rémunération. Les salariés de l'entreprise peuvent, en effet, se voir attribuer des actions ou des options d'achat d'actions de l'entreprise à titre d'avantage par l'employeur. Pour autant, une telle attribution fait de ces salariés des actionnaires de l'entreprise ce qui, à part dans l'hypothèse très particulière des sociétés coopératives ouvrières de production, pourrait de prime abord sembler bien contradictoire. A moins de considérer que le cours des actions puisse varier en fonction de la productivité des salariés de l'entreprise, facteur qui demeure en grande partie insensible, le lien entre le travail et le bénéfice d'actions est quasi inexistant. Cela n'empêche pas la chambre sociale de la Cour de cassation d'appliquer parfois le régime juridique de la rémunération à ces procédés. Tel fut par exemple le cas en matière de stock-options dont la privation peut constituer une sanction pécuniaire prohibée par le Code du travail, ce qui rapproche sensiblement les stock-options d'un élément de rémunération[51].

La tendance est, pourtant, au développement de l'actionnariat salarié, soit par le biais de stock-options, soit par l'attribution d'actions sous différentes formes[52].

Les stock-options constituent, pour la Cour de cassation, « *une promesse unilatérale faite par la société par actions à certains de ses salariés ou mandataires sociaux de leur vendre sur leur demande un nombre déterminé de ses actions dans un délai et*

---

49. Depuis la loi du 3 déc. 2008 en faveur des revenus du travail, le salarié peut opter, chaque année, pour un versement immédiat ou un blocage pour une durée de cinq ans. Les sommes immédiatement distribuées sont soumises à l'impôt sur le revenu au contraire de celles qui demeurent bloquées, v. C. trav., art. L. 3325-2.

50. Le salarié peut demander le déblocage anticipé quand surviennent un certain nombre d'événements liés à sa vie personnelle, familiale ou professionnelle dont la liste est établie par l'article R. 3324-23 du Code du travail.

51. Le rapprochement n'est pas intégral puisqu'une sanction pécuniaire, telle une amende, ne vient pas nécessairement en compensation du salaire. V. Cass. soc., 21 oct. 2009, *Lexbase hebdo*, éd. soc., n° 370, 5 nov. 2009 et, surtout, *RDT* 2010, p. 28 et les obs. critiques de G. Auzero. V. antérieurement Cass. soc., 20 oct. 2004, *Lexbase Hebdo*, éd. soc., n° 141, 3 nov. 2004, obs. G. Auzero.

52. Loi du 30 déc. 2006 pour le développement de la participation et de l'actionnariat salarié, *JCP* éd. S, 2007, 1032, chr. R. Vatinet.

moyennant un prix définitivement fixés »[53]. Conventions accessoires au contrat de travail, les litiges qui s'élèvent à propos de ces promesses relèvent de la compétence prud'homale[54]. Les contestations les plus fréquentes tiennent à l'application des stipulations de plans d'actions qui prévoient souvent que le salarié perd le droit de lever les options lorsqu'il quitte l'entreprise, parfois en distinguant les causes privatives du droit de lever d'option de celles qui n'y portent pas atteinte. La chambre sociale juge que « *la subordination du maintien des stock-options à la présence du salarié dans l'entreprise n'est pas, en soi, constitutive d'une atteinte aux libertés et droits fondamentaux de celui-ci* »[55], à la condition, toutefois que ces clauses soient opposables au salarié[56]. Enfin, la privation du bénéfice des stock-options dans le seul cas d'un licenciement disciplinaire constitue une sanction pécuniaire prohibée par l'article L. 1331-2 du Code du travail[57].

L'actionnariat salarié peut être plus direct, soit que des actions soient gratuitement délivrées aux salariés de l'entreprise[58], soit qu'une augmentation de capital soit réservée au personnel de l'entreprise *via* l'adhésion à un plan d'épargne d'entreprise[59]. Ces mécanismes relèvent du droit des sociétés et n'ont qu'un lien très ténu avec le droit du travail[60]. Il est probable que l'on soit ici aux confins de la notion de rémunération et même, en réalité, que ces mécanismes n'en relèvent pas.

L'épargne salariale constitue le dernier type d'avantage conféré aux salariés dont l'appartenance au champ de la rémunération est discutée.

c. Les épargnes salariales

Il n'y a pas une épargne salariale mais des épargnes salariales. Les articles L. 3331-1 et suivants du Code du travail comportent en effet différents mécanismes d'épargne salariale que sont le plan d'épargne d'entreprise, le plan d'épargne interentreprises et le plan d'épargne pour la retraite collectif. Dans une certaine mesure, le compte épargne temps que la loi du 20 août 2008 a contribué à monétariser, pourrait également être classé parmi ces types d'épargne salariale.

53. Cass. civ. 2e, 20 sept. 2005, *JCP* éd. S 2005, 1417, note R. Vatinet. Sur les questions soulevées par cette qualification, v. G. Auzero, « Attribution individuelle des stock-options et licenciement injustifié du bénéficiaire : le recours salutaire au droit des obligations », *Bull. Joly Sociétés* 2005, p. 177.
54. Cass. soc., 21 juin 2005, *JCP* éd. S 2005, 1183, note B. Boubli.
55. Cass. soc., 20 oct. 2004, *préc.*
56. Cass. soc., 15 janv. 2002, *Bull. Joly*, 2002, p. 633, note H. Le Nabasque.
57. Cass. soc., 21 oct. 2009, *préc.*
58. C. com., art. L. 225-197-1 et s.
59. C. trav., art. L. 3332-18.
60. Les pactes d'actionnaires, quand bien même ils concerneraient des salariés actionnaires, ne sont pas des accessoires au contrat de travail et ne relèvent par conséquent pas de la compétence prud'homale, v. Cass. soc., 18 oct. 2007, n° 06-45.331.

Le plan d'épargne d'entreprise permet aux salariés de participer, avec l'aide de l'employeur, à la constitution d'un portefeuille de valeurs mobilières[61]. Tous les salariés de l'entreprise doivent pouvoir bénéficier du plan d'épargne d'entreprise, une condition d'ancienneté pouvant cependant être exigée sans excéder trois mois. Il peut être mis en place par accord collectif d'entreprise, par négociation avec les membres élus du comité d'entreprise, par ratification directe du personnel voire même par décision unilatérale de l'employeur[62]. Le plan peut être alimenté par différentes sources : sommes issues de la participation aux résultats, de l'intéressement, versements volontaires des salariés ou de l'entreprise[63]. Comme en matière d'intéressement et de participation, il n'est pas possible d'abonder le plan en substitution d'un élément de rémunération[64]. Les sommes placées sur le plan peuvent être investies dans divers montages de valeur mobilières gérés par l'employeur ou par un organisme spécialisé. Les sommes versées sur le plan sont bloquées pour cinq ans, sauf à faire valoir une des hypothèses de déblocage anticipé visées par l'article L. 3332-25 du Code du travail. Les fruits des valeurs mobilières acquises sont défiscalisés lorsqu'ils sont réinvestis par le salarié.

Le plan interentreprises permet pour l'essentiel de rendre accessible l'épargne salariale aux salariés des petites entreprises[65]. Les sommes placées sur ce plan peuvent elles aussi être consacrées à l'acquisition de différentes valeurs mobilières ou de parts de fonds communs de placement d'entreprise diversifiés.

Le plan d'épargne pour la retraite collectif, enfin, a une vocation plus spécialisée puisqu'il vise à compléter les dispositifs de protection sociale en matière de retraite[66]. Son fonctionnement est très proche de celui du plan d'épargne d'entreprise à ceci près que les sommes investies sont en principe bloquées jusqu'au départ à la retraite du salarié.

Peut-on encore véritablement parler de rémunération alors même que ces sommes ne sont pas versées au salarié mais épargnées pour un temps plus ou moins long ? A l'exception, peut-être, des versements effectués par l'employeur, les autres sources d'alimentation de ces plans sont eux aussi très éloignées du critère habituel de sommes versées à l'occasion du contrat de travail et, plus encore, de sommes servies en contrepartie du travail.

---

61. C. trav., art. L. 3332-1.
62. La mise en place d'un plan d'épargne d'entreprise fait l'objet d'une obligation de négociation annuelle, v. C. trav., art. L. 2242-12 qui concerne, en réalité, l'ensemble des systèmes d'épargne salariale.
63. C. trav., art. L. 3332-10 et s.
64. Cass. soc., 10 mai 2007, *Dr. soc.* 2007, p. 1047, obs. J. Savatier.
65. C. trav., art. L. 3333-1 et s.
66. C. trav., art. L. 3334-1 et s. *Adde*. Ph. Martin, « Epargne salariale et retraite : les avatars de la protection sociale d'entreprise en Europe », *Dr. soc.* 2003, p. 202.

En conclusion, il est douteux que les techniques d'intéressement, de participation, d'actionnariat ou d'épargne relèvent véritablement de la sphère de la rémunération même s'il existe parfois entre elles des traits de ressemblance. A ces éléments ne seront donc pas appliquées les règles spécifiquement établies par le Code du travail s'agissant du régime juridique de la rémunération.

2 RÉGIME DE LA RÉMUNÉRATION

Le régime juridique de la rémunération comporte deux éléments principaux : la question du montant de la rémunération (A) et celle du paiement de la rémunération (B).

A. Le montant de la rémunération

Il n'est plus question ici de déterminer selon quels critères sera fixé le salaire. Comme nous l'avons vu, cela dépend très étroitement du contrat de travail et des classifications conventionnelles, du temps consacré au travail voire, de la productivité du salarié. Ces règles, déjà étudiées, caractérisent un principe de libre détermination du montant du salaire. Ce principe, qui demeure, ne va pas cependant sans connaître d'exceptions, d'abord parce que le législateur exige que la rémunération ne puisse être inférieure à un montant minimal de rémunération (1), ensuite parce que le montant de la rémunération tend à être de plus en plus égalitaire dans l'entreprise (2).

1. LE MONTANT MINIMAL DE LA RÉMUNÉRATION

La loi du 11 février 1950 a créé le salaire minimum interprofessionnel garanti (SMIG) remplacé par la loi du 2 janvier 1970 le salaire minimum interprofessionnel de croissance (SMIC)[67].

Le montant de la rémunération versé au salarié ne peut en aucun cas être inférieur au montant du SMIC, lequel est indexé sur l'indice national des prix à la consommation[68]. Ce montant peut également être relevé ponctuellement par décision gouvernementale[69].

A de très rares exceptions près, tous les salariés sont concernés par le SMIC, qu'ils travaillent en métropole ou dans les collectivités d'outre-mer, à temps plein ou à temps

67. Loi n°70-7 du 2 janv. 1970 sur le SMIC.
68. C. trav., art. L. 3231-5.
69. C. trav., art. L. 3231-6 et s. La dernière revalorisation facultative, parfois appelée « coup de pouce » au SMIC par les médias, date du mois de juillet 2006…

partiel[70]. Le SMIC est un salaire horaire, il peut par conséquent faire varier la rémunération minimale d'un salarié à un autre en fonction de son temps de travail effectif[71].

Le SMIC est un salaire minimal, si bien qu'il convient de comparer la rémunération effectivement versée au salarié avec le montant du SMIC pour savoir si l'employeur assume convenablement son obligation de verser une rémunération au moins égale au minimum légal[72]. Cette comparaison est aussi complexe que la notion de rémunération elle-même. En effet, de nombreux litiges sont survenus afin de déterminer quelles sommes devaient être intégrées ou, au contraire, exclues de l'assiette de rémunération comparée au SMIC. Cette conflictualité s'explique par le fait que les intérêts en jeu sont pleinement contradictoires, les salariés tentant d'exclure tout avantage ou prime afin d'élever le montant de leur rémunération alors qu'au contraire, les employeurs tentent toujours d'élargir cette assiette. Les éléments intégrés à la rémunération devant être comparée sont établis par les articles D. 3231-5 et D. 3231-6 du Code du travail. Les éléments à prendre en compte, pour comparer le salaire horaire, sont ceux qui correspondent « *à une heure de travail effectif, compte tenu des avantages en nature et des majorations diverses ayant le caractère de fait d'un complément de salaire* », ce à l'exception des « *sommes versées à titre de remboursement de frais, les majorations pour heures supplémentaires [...] et la prime de transport* ». De nombreux avantages ou sommes servis au salarié ont ainsi été analysés comme constituant[73] ou non[74] des éléments devant être pris en compte pour déterminer le respect du minimum légal.

La tendance semble cependant être à l'expansion puisque des sommes qui n'ont pas véritablement vocation à être la contrepartie du travail du salarié tendent à être prises en compte dans ce calcul. C'est notamment ce problème qui s'est posé s'agissant de primes de pause intégrées par certains employeurs à la rémunération comparée au

70. Les rares exclusions concernent le secteur de la pêche, les salariés de moins de dix-huit ans, les apprentis et les salariés en contrat de professionnalisation.

71. C. trav., art. L. 3232-3 et s. Le SMIC s'applique également aux salariés dont l'horaire de travail n'est pas déterminé, par exemple pour les salariés payés aux pièces, une évaluation en temps de la réalisation de chaque pièce ou de chaque tâche devant être opérée. V. à propos de distributeurs de prospectus Cass. soc., 25 mai 2005, *RJS* 2005, p. 610 ; *JCP* éd. S 2005, 1033, note S. Darmaisin.

72. Les règles relatives au SMIC sont d'ordre public, si bien que le salarié ne peut naturellement pas y renoncer, V. Cass. soc., 13 oct. 2004, *Dr. soc.* 2004, p. 1141, obs. Ch. Radé.

73. Sont prises en compte, par exemple, pour la vérification de la conformité de la rémunération au SMIC, les primes de rendement (Cass. soc., 30 mars 1994, n° 92-40.531) et de polyvalence (Cass. soc., 29 mars 1995, *Dr. soc.*, 1995, p. 503), les primes de vacances ou de jours fériés (Cass. soc., 26 sept. 2001, n° 00-40.819), les primes de treizième mois (Cass. crim., 29 nov. 1988, n° 86-92.449) ou de fin d'année (Cass. soc., 2 mars 1994, n° 89-45.881), etc.

74. Sont exclues, par exemple, les primes d'ancienneté récompensant la stabilité des salariés (Cass. soc., 19 juin 1996, n° 93-45.941), les primes d'assiduité (Cass. soc., 27 mai 1997, *Dr. soc.* 1997, p. 733, obs. J. Savatier) ou, encore, les primes liées à des sujétions particulières comme les primes de rythme (Cass. soc., 29 mars 1995, *préc.*).

SMIC. La chambre sociale[75] et la chambre criminelle[76] de la Cour de cassation ont jugé, de concert, que ces primes ne pouvaient être prises en compte dans la rémunération devant être comparée au SMIC qu'à la condition que le salarié soit demeuré, pendant ces pauses, à la disposition de l'employeur.

Des questions parallèles et finalement très proches se posent lorsque les conventions collectives se substituent à la loi pour déterminer des minima salariaux conventionnels. Le plus souvent, les conventions collectives déterminent les éléments de la rémunération qui doivent être comparés à ce minimum conventionnel, la Cour de cassation donnant plein effet à de telles clauses[77]. A défaut de précisions conventionnelles, les juges apprécieront eux-mêmes si les sommes doivent être inclues ou exclues de l'assiette par un raisonnement tout à fait comparable à celui adopté en matière de SMIC et, donc, sur le fondement des articles D. 3231-5 et D. 3231-6 du Code du travail[78].

Si le montant de la rémunération servie au salarié ne doit pas être inférieure au minimum légal ou conventionnel, il doit également respecter le principe d'égalité de rémunération entre les salariés.

2. LE PRINCIPE D'ÉGALITÉ DE LA RÉMUNÉRATION[79]

Que le lecteur soit ici rassuré, le droit du travail français n'a pas insidieusement cédé aux sirènes du collectivisme, le principe demeure bien celui de la liberté de détermination de la rémunération. Pour autant, un principe nouveau a progressivement émergé dans la jurisprudence de la chambre sociale de la Cour de cassation, dit principe « à travail égal, salaire égal », principe qui trouve sa source dans différentes règles d'égalité de rémunération imposées par le Code du travail.

De manière hautement symbolique, les premières dispositions substantielles du titre deuxième de la troisième partie du Code du travail sont consacrées à l'égalité de rémunération entre les femmes et les hommes[80]. « *Tout employeur assure, pour un même*

---

75. Cass. soc., 13 juill. 2010, *Lexbase Hebdo*, éd. soc., n° 405, 29 juill. 2010, note Ch. Radé ; *JCP* éd. S, 2010, 1536, note J.-Ph. Tricoit ; *CSBP* 2010, n° 223, p. 299, S 265, obs. F.-J. Pansier. *Adde.* Cass. soc., 26 oct. 2010, n° 09-42.124 qui adopte une motivation plus proche de celle de la chambre criminelle citée ci-après.
76. Cass. crim., 15 févr. 2011, *Lexbase hebdo*, éd. soc., n° 430, 3 mars 2011 et la note.
77. Cass. soc., 14 oct. 2009, n° 07-42.873. L'interprétation de ces clauses est restrictive lorsqu'elles dressent une liste de sommes exclues de l'assiette (Cass. soc., 7 mai 2002, *Dr. soc.*, 2002, p. 776, obs. Ch. Radé) ; elle est au contraire extensive lorsque les clauses dressent une liste des sommes inclues dans l'assiette (Cass. soc., 22 mai 2001, *Dr. soc.*, 2001, p. 766, obs. Ch. Radé).
78. Pour une étude fouillée de la question, v. Ch. Radé, « La Cour de cassation apporte des précisions sur l'assiette des *minima* conventionnels », note sous Cass. soc., 7 avr. 2010, *Lexbase hebdo*, éd. soc., n° 392, 22 avr. 2010.
79. La distinction entre égalité de traitement et non-discrimination est délicate. Lire A. Jeammaud, « Du principe d'égalité de traitement des salariés », *Dr. soc.* 2004, p. 694.
80. La mention de l'égalité entre « *les femmes et les hommes* » plutôt qu'entre « *les hommes et les femmes* » n'est pas moins forte en symbole.

travail ou pour un travail de valeur égale, l'égalité de rémunération entre les femmes et les hommes »[81]. La formule est loin d'être seulement incantatoire et donne lieu à une jurisprudence fournie sous l'influence étroite du droit de l'Union européenne, pionnier en matière d'égalité de rémunération entre les genres[82]. L'égalité entre les femmes et les hommes fait l'objet d'obligations de négociation au niveau des branches d'activité[83] et des entreprises[84].

D'autres dispositions légales sont parsemées dans le Code du travail, par exemple s'agissant de l'égalité de rémunération entre les salariés à temps complet et les salariés à temps partiel[85], entre les salariés sous contrat précaire et les salariés sous contrat à durée indéterminée[86].

C'est surtout l'arrêt *Ponsolle* rendu en 1996 par la chambre sociale de la Cour de cassation qui a donné au principe d'égalité de rémunération une ampleur qu'il n'avait clairement pas jusqu'alors[87]. Cet arrêt marque l'émergence du principe « à travail égal, salaire égal »[88]. Véritable règle dégagée par induction des hypothèses particulières présentes dans le Code du travail[89], le principe implique que l'employeur soit tenu d'assurer l'égalité de rémunération des salariés placés dans une situation identique[90].

La comparaison entre deux salariés exige, d'abord, que ceux-ci soient placés dans une situation identique, qu'ils soient chargés d'un « travail égal ». Une telle identité de

81. C. trav., art. L. 3221-2. Le dernier état des dispositions législatives en la matière tient à la loi du 23 mars 2006 relative à l'égalité salariale entre les femmes et les hommes. V. K. Berthou, « La loi sur l'égalité salariale, loi de la dernière chance ? », *SSL* 2006, n° 1252 et n° 1253 ; M.- T. Lanquetin, « L'égalité des rémunérations entre les femmes et les hommes réalisée dans cinq ans ? », *Dr. soc.* 2006, p. 624.
82. Sur l'égalité entre les femmes et les hommes, d'une manière générale, v. Traité sur le fonctionnement de l'Union européenne, art. 8. Sur l'égalité de rémunération proprement dite, *ibid*, art. 157. *Adde.* Dir. 2006/54 du 5 juill. 2006 relative à la mise en œuvre du principe d'égalité des chances et de l'égalité de traitement entre les hommes et les femmes en matière d'emploi et de travail.
83. C. trav., art. L. 2241-3.
84. C. trav., art. L. 2242-10.
85. C. trav., art. L. 3123-10.
86. C. trav., art. L. 1231-18 et L. 1242-15.
87. Cass. soc., 29 oct. 1996, *Dr. soc.* 1996, p. 1013, note A. Lyon-Caen ; *LPA* 22 nov. 1996, note G. Picca ; *Les grands arrêts du droit du travail*, Dalloz, 4e éd., 2008, n° 71. V. aussi Ph. Waquet, « Retour sur l'arrêt *Ponsolle* », *RDT* 2008, p. 22.
88. A. Lyon-Caen, « A travail égal, salaire égal. Une règle en quête de sens », *RDT* 2006, p. 15 ; T. Aubert-Montpeyssen, « Principe à travail égal, salaire égal et principes de gestion des rémunérations », *Dr. soc.* 2005, p. 18.
89. En ce sens, *Les grands arrêts du droit du travail, préc.*, p. 343.
90. Érigée au rang de principe (Cass. soc., 18 mai 1999, *Dr. soc.* 1999, p. 747, obs. Ch. Radé), la règle « à travail égal, salaire égal » pourrait n'être qu'une déclinaison du principe d'égalité de traitement désormais visé par la chambre sociale de la Cour de cassation (Cass. soc., 1er juill. 2009, *Dr. soc.* 2009, p. 1002, note Ch. Radé). Sur la distinction entre les deux principes, v. Ch. Radé, « Le principe d'égalité de traitement ne doit pas être confondu avec le principe « à travail égal, salaire égal » », Lexbase hebdo, éd. soc., n° 435, 7 avr. 2011.

situation ne peut apparaître lorsque les deux salariés comparés n'ont pas le même employeur. Ainsi, il n'y a pas lieu de tenir compte de ce principe lorsque les salariés travaillent dans deux sociétés distinctes appartenant à la même unité économique et sociale, sauf si la loi ou les conventions collectives l'impose[91]. Au sein de la même entreprise, des différences de traitement peuvent subsister entre établissements distincts lorsque ces établissements appliquent des accords collectifs différents[92]. L'identité de fonctions à longtemps constitué un élément nécessaire de comparaison[93]. Cela ne semble plus être aujourd'hui absolument le cas, notamment dans l'hypothèse où le salarié est seul à exercer les fonctions qui sont les siennes mais que, cependant, d'autres salariés exercent des fonctions proches et relevant de niveaux de responsabilité comparables[94].

La comparaison impose, ensuite, la confrontation entre les rémunérations des deux salariés en cause. D'une manière générale, tout élément doit être pris en compte, ce que l'émergence du principe d'égalité de traitement confirme insidieusement[95]. Ainsi, par exemple, des avantages collectifs tirés d'un accord collectif – en l'espèce, le bénéfice de tickets-restaurant – ne peuvent être réservés qu'à certaines catégories de salariés sans que cela soit justifié par des raisons objectives[96]. De la même manière, l'employeur ne peut se réfugier derrière le caractère prétendument discrétionnaire du paiement d'une prime ou d'une gratification pour l'exclure de l'application du principe « à travail égal, salaire égal »[97]. L'employeur n'est cependant pas privé de tout pouvoir d'individualisation de la rémunération, y compris entre salariés assumant les mêmes fonctions. D'abord, il lui demeure loisible d'accorder des avantages particuliers à certains salariés, à la condition toutefois que tous les salariés puissent bénéficier de cet avantage dont les conditions d'octroi doivent être définies et contrôlables[98]. C'est donc seulement le caractère discrétionnaire d'un avantage qui est repoussé. Ensuite, l'employeur peut justifier de l'existence de « raisons objectives » justifiant la différence de traitement.

L'existence de raisons objectives justifiant une différence de rémunération constitue la limite du principe « à travail égal, salaire égal ». De nombreux arguments peuvent, en effet, être avancés par l'employeur pour justifier d'une différence de traitement. Le principe ne fait donc reculer la règle de l'individualisation des rémunérations que

91. Cass. soc., 1er juin 2005, *D.* 2006, p. 32, obs. M.- C. Escande-Varniol.
92. Cass. soc., 18 janv. 2006, *RDT* 2006, p. 38, obs. H. Tissandier.
93. Cass. soc., 26 juin 2008, *RDT* 2008, p. 747, obs. Laulom.
94. Cass. soc., 6 juill. 2010, *JCP* éd. G 2010, 974, note C. Puigelier. Rendue en matière d'égalité entre femmes et hommes, cette solution devrait avoir une portée plus large.
95. L'arrêt rendu 1er juill 2009, *préc.*, concernait des droits à congés.
96. Cass. soc., 20 févr. 2008, *Dr. soc.* 2008, p. 535, note Ch. Radé ; Cass. soc., 1er juill. 2009, *RJS* 2009, p. 682 ; *JCP* éd. E é009, 2198, note T. Aubert-Monpeyssen.
97. Cass. soc., 30 avr. 2009, *D.* 2009, 1420, obs. L. Perrin ; *RJS* 2009, p. 561, obs. T. Aubert-Monpeyssen.
98. Cass. soc., 27 mars 2007, *RDT* 2006, p. 393, note Aubert-Monpeyssen.

devant l'arbitraire et non devant les différences liées à l'ancienneté[99], au mérite[100] ou aux diplômes[101]. Ces raisons objectives peuvent être également tirées de l'évolution du statut collectif de l'entreprise : le versement d'une indemnité différentielle à des salariés engagés postérieurement à la mise en place d'un accord de réduction du temps de travail[102] ou, encore, le maintien des avantages individuels acquis après dénonciation ou mise en cause d'un accord collectif[103] peuvent justifier des différences de traitement. Enfin, par un important arrêt rendu le 27 février 2009, l'Assemblée plénière de la Cour de cassation a jugé que la différence de statut entre deux agents, l'un étant fonctionnaire, l'autre agent de droit privé, ne permet pas de justifier une différence de rémunération entre ces salariés[104].

Le régime probatoire de l'application du principe « à travail égal, salaire égal » a été sensiblement rapproché de celui applicable en matière de discrimination, cela sous couvert de l'application de l'article 1315 du Code civil[105]. En effet, la chambre sociale juge régulièrement que s'il appartient au salarié de soumettre au juge les éléments de faits susceptibles de caractériser une inégalité de rémunération, il incombe à l'employeur de rapporter la preuve d'éléments objectifs justifiant cette différence[106]. Le juge conserve naturellement la charge de contrôler concrètement la réalité et la pertinence des éléments objectifs apportés par l'employeur[107].

Outre le montant de la rémunération, ce sont également les règles relatives au paiement de celle-ci qui doivent être envisagées.

B. Le paiement de la rémunération

Parmi les grandes questions portant sur le régime juridique applicable à la rémunération figure, d'abord, celle tenant aux modalités de paiement du salaire (1). Il faudra également dire quelques mots des garanties spécifiques dont bénéficie le salarié en matière de rémunération (2).

---

99. Cass. soc., 20 juin 2001, n° 99-43.905.
100. Par ex., sur la base de comptes rendus d'évaluation individuelles des salariés, Cass. soc., 20 févr. 2008, n° 06-40.085.
101. A la condition toutefois que les diplômes des salariés comparés ne soient pas de niveau équivalent, la différence de traitement demeurant justifiée si le diplôme atteste de connaissances particulières utiles à la fonction occupée, Cass. soc., 16 déc. 2008, *RDT* 2009, p. 173, obs. T. Aubert-Monpeyssen ; *Dr. soc.* 2009, p. 361, obs. Ch. Radé.
102. Cass. soc., 24 sept. 2008, *RJS* 2008, p. 896 ; *JCP* éd. S 2009, 1040, obs. J.- F. Cesaro.
103. Cass. soc., 4 déc. 2007, *Dr. soc.* 2008, p. 244, obs. Ch. Radé.
104. Cass. AP, 27 févr. 2009, *RDT* 2009, p. 316, obs. H. Tissandier ; *Dr. soc.* 2009, p. 792, rapp. H. Mas.
105. En ce sens, v. A. Johansson, « La preuve de l'atteinte au principe "à travail égal, salaire égal" et l'article 1315 du Code civil », *RJS* 2005, p. 823.
106. Cass. soc., 28 sept. 2004, *Dr. soc.* 2004, p. 1144, obs. Ch. Radé.
107. Cass. soc., 21 janv. 2009, *RDT* 2009, p. 321, obs. T. Aubert-Monpeyssen.

1. LES MODALITÉS DE PAIEMENT DU SALAIRE

Depuis 1978, le paiement du salaire répond à une périodicité qui s'applique de manière quasi généralisée à l'ensemble du salariat (a). Des règles particulières intéressent, en outre, la preuve du paiement du salaire (b).

a. Périodicité et mode de paiement du salaire

Le salaire doit, en principe, être payé en espèces, par chèque ou par virement bancaire[108], mais là n'est pas l'essentiel.

Les articles L. 3242-1 et suivants du Code du travail reprennent les dispositions issues de la loi n° 78-49 du 19 janvier 1978 sur la mensualisation des salaires qui, elle-même, avaient porté les dispositions d'un accord national interprofessionnel au rang législatif[109]. « *La rémunération des salariés est mensuelle* » et « *le paiement mensuel neutralise les conséquences de la répartition inégale des jours entre les douze mois de l'année* »[110]. Le Code du travail ne va guère plus loin. Certes, le paiement doit intervenir une fois par mois, mais il n'est nulle part précisé la date à laquelle il doit intervenir[111].

Le salaire peut-il faire l'objet d'un paiement par compensation ? L'employeur peut, en effet, être créancier de sommes d'argent dues par le salarié, notamment lorsqu'il lui a consenti des avances de salaire ou, plus généralement, que l'employeur a consenti un prêt au salarié. L'article 1289 du Code civil dispose que « *lorsque deux personnes se trouvent débitrices l'une envers l'autre, il s'opère entre elles une compensation qui éteint les deux dettes* ». Le droit du travail accepte que cette technique soit mise en œuvre mais en limite la portée puisque l'article L. 3251-3 du Code du travail limite les retenues sur salaire en compensation d'avances octroyées à un dixième des salaires dus. En dehors de ces créances de nature salariale, la compensation ne peut pas toujours s'opérer avec des sommes qui ne constituent pas des avances ou des acomptes de salaire. En effet, outre que l'article L. 3251-1 interdit de telles compensations pour des sommes dues par le salarié pour fournitures diverses, quelle qu'en soit la nature, la jurisprudence applique ici les règles de l'article 1293 du Code civil qui limite la compensation à la quotité saisissable des dettes d'aliments, ce que constituent à n'en pas douter les créances salariales[112].

S'il existe un litige relatif au paiement du salaire, la justification du paiement de celui-ci jouera à l'évidence un rôle central.

108. C. trav., art. L. 3241-1.

109. Accord national interprofessionnel sur la mensualisation du 10 déc. 1977.

110. La règle est d'ordre public, un accord ne pouvant modifier cette périodicité, v. Cass. soc., 12 juill. 2005, n° 04-13.342.

111. Le paiement doit cependant intervenir un jour ouvrable, sauf dans le cas d'un règlement par virement, v. C. trav., art. L. 3241-1.

112. Cass. soc., 21 mars 2000, *Dr. soc.* 2000, p. 594, obs. Ch. Radé.

b. La justification du paiement du salaire

La justification du paiement du salaire s'opère en règle générale par le biais du bulletin de paie qui doit impérativement être remis au salarié à l'occasion du paiement[113]. Le bulletin de paie peut, avec l'accord du salarié, être remis par voie électronique[114] mais il comporte de nombreuses mentions obligatoires[115]. Le non-respect de cette obligation est sanctionné pénalement puisqu'il constitue l'un des éléments matériels de la dissimulation d'emploi salarié incriminé par l'article L. 8221-5 du Code du travail.

Si la remise du bulletin de paie est obligatoire, celui-ci ne constitue en aucun cas un moyen de preuve de la libération de l'employeur : le bulletin de paie ne vaut pas quittance, quand bien même il serait signé par le salarié[116]. Le bulletin de paie ne constitue, finalement, qu'un indice parmi d'autres du paiement. La force probatoire du bulletin de salaire est cependant renforcée lorsque le salarié l'invoque à son profit[117].

Une dernière question relative au régime juridique du paiement de la rémunération doit être abordée, celle des garanties dont bénéficie le salarié en la matière.

2. LES GARANTIES DE PAIEMENT DU SALAIRE

Au sens strict, le paiement du salaire est garanti au salarié y compris en cas d'insolvabilité de l'employeur (a), à condition toutefois que la dette de salaire ne soit pas prescrite (b). Dans un sens plus large, une partie du salaire est protégée en raison du caractère alimentaire de celui-ci et ne peut en principe pas être saisi (c).

a. La protection du salaire en cas d'insolvabilité de l'employeur

Lorsque l'entreprise est en difficulté et que la cessation des paiements se profile ou est avérée, le salarié bénéficie de différentes protections lui assurant le versement de son salaire.

D'abord, les salariés sont favorisés par rapport aux autres créanciers de l'entreprise en difficulté puisqu'ils bénéficient de ce que l'on appelle un « superprivilège » en matière de créances salariales. Ce privilège spécial, envisagé aux articles L. 3253-2 et L. 3253-3

---

113. C. trav., art. L. 3243-2. La justification peut cependant s'établir, dans certains cas, par l'intermédiaire de chèques ou de titres simplifiés du travail que sont les chèques emploi service universel (CESU, art. L. 1271-1 et s.), les chèques-emploi associatif (C. trav., art. L. 1272-1 et s.) ou le titre emploi-service entreprise (TESE, C. trav., art. L. 1273-1 et s.)

114. C. trav., art. L. 3243-2.

115. V. la longue liste dressée par l'article R. 3243-1 du Code du travail. Il existe, en outre, des mentions interdites, v. C. trav., art. R. 3243-4.

116. C. trav., art. L. 3243-3. La chambre sociale de la Cour de cassation juge que « *nonobstant la délivrance de fiches de paie, il incombait à l'employeur de rapporter la preuve du paiement du salaire conformément au droit commun* », Cass. soc., 11 janv. 2006, *D.* 2007, p. 1906, obs. Ph. Delebecque ; *JCP* éd. S, 2006, 1134, note P.- Y. Verkindt.

117. Par ex., s'agissant de l'application volontaire d'une convention collective, cf. *supra* p. 218 ; ou encore, s'agissant d'une dette de l'employeur en matière d'indemnités de congés payés, Cass. soc., 27 sept. 2007, *RJS* 2007, n° 1296.

du Code du travail, couvre les « *rémunérations de toute nature dues aux salariés pour les soixante derniers jours de travail* ». Les créances couvertes vont, en réalité, bien au-delà des simples créances salariales[118] mais sont en revanche plafonnées. Pour ces sommes, le salarié prime tout autre créancier, quel que soit la nature de son privilège.

Ensuite, et surtout, le salarié bénéficie d'une véritable assurance des salaires gérée par l'AGS[119]. L'adhésion à l'AGS est obligatoire pour tous les employeurs de droit privé par application de l'article L. 3253-6 du Code du travail[120]. La garantie est due à tout travailleur salarié, y compris aux salariés détachés ou expatriés et, même, aux salariés étrangers employés en situation régulière[121].

Les créances garanties sont de trois ordres.

On trouve, en premier lieu, les sommes dues aux salariés à la date du jugement d'ouverture de la procédure, à condition que ces sommes soient exigibles[122]. Cette catégorie est très vaste puisqu'elle couvre aussi bien les créances salariales *stricto sensu* que de nombreuses créances indemnitaires[123]. Les créances exclues de la garantie sont, en réalité, extrêmement rares[124].

En second lieu figurent parmi les créances couvertes celles résultant de la rupture du contrat de travail notifiée après le jugement d'ouverture. Ce sont, cette fois, toutes les créances liées à la rupture du contrat de travail intervenues durant la période d'observation, dans le mois qui suit le jugement qui arrête le plan de sauvegarde, de redressement ou de liquidation, dans les quinze jours suivant le jugement de liquidation ou pendant le maintien provisoire de l'activité parfois autorisé en cas de liquidation judiciaire. Là encore, la jurisprudence adopte une interprétation extensive des créances admises à la garantie, n'excluant pour l'essentiel que les cas de notification de la rupture au-delà des délais précités.

Sont, en troisième lieu, garanties les créances nées de l'exécution du contrat de travail en cas de liquidation judiciaire telles qu'envisagées par l'article L. 3253-8, 4° du Code

118. Et visent notamment les indemnités de rupture, v. C. trav., art. L. 3253-3, 2°.

119. Association pour la gestion du régime de Garantie des créances des Salariés (AGS).

120. La règle concerne les personnes morales de droit privé gérant un service public, v. par ex. pour France Télécom, Cass. soc., 7 sept. 2004, *Dr. soc.* 2004, p. 1033, obs. Ch. Radé.

121. Sur les salariés travaillant en France pour le compte d'une entreprise ressortissant d'un pays de l'Union européenne, v. Cass. soc., 26 avr. 2006, *Bull. civ.* V, n° 144.

122. Cass. soc., 30 oct. 2002, n° 00-46.779.

123. Notamment une indemnité transactionnelle (Cass. soc., 3 avr. 2001, n° 99-42.183), une indemnité réparant le préjudice subi du fait de la rupture du contrat de travail (Cass. soc., 29 janv. 2003, n° 00-46.048 ; Cass. soc., 28 janv. 2004, n° 01-47.356), les cotisations sociales dues par l'employeur (Cass. soc., 24 oct. 2006, n° 04-46.622) ou, encore, la contrepartie financière de la clause de non-concurrence (Cass. soc., 27 oct. 1999, *Dr. soc.* 2000, p. 123, obs. Ch. Radé).

124. Par ex., pas de garantie des créances nées du paiement d'une astreinte, Cass. soc., 12 mars 2003, n° 01-40.174.

du travail et les créances d'intéressement, de participation et d'arrérages de retraite visés par l'article L. 3253-10 du même code.

Le montant des créances garanties varie en fonction de l'ancienneté du salarié dans l'entreprise selon des règles établies par l'article D. 3253-5 du Code du travail.

Le bénéfice de ces protections ne peut cependant intervenir qu'à la condition que les créances ne soient pas prescrites.

b. La protection du salaire limitée à la durée de la prescription

Par application des règles issues de l'article L. 3245-1 du Code du travail qui renvoient à l'article 2224 du Code civil, l'action en paiement des salaires ou en répétition des salaires se prescrit par cinq ans. La loi du 17 juin 2008 portant réforme de la prescription en matière civile n'a pas modifié ce délai de prescription[125].

La loi de 2008 permet, en théorie, d'aménager les délais de prescription par voie contractuelle, soit qu'il s'agisse de raccourcir ce délai jusqu'à un minimum d'une année, soit de l'allonger jusqu'au maximum dix années. Cette dérogation n'est cependant pas applicable aux salaires puisque le troisième alinéa de l'article 2254 du Code civil prohibe un tel aménagement pour les actions portant sur les rémunérations et les discriminations. La faculté d'aménagement contractuel pourrait, cependant, avoir d'autres conséquences en matière, notamment de rupture du contrat de travail et, par conséquent, à l'égard des indemnités que l'employeur peut avoir à verser au salarié.

La prescription peut être interrompue ou suspendue selon les règles de droit commun applicables à la matière[126].

Enfin, une partie du salaire versé au salarié est protégée contre la saisie.

c. La protection d'une partie du salaire contre la saisie

Les articles L. 3252-1 et suivants du Code du travail protègent une partie du salaire en la rendant insaisissable[127]. Les sommes protégées concernent la rémunération et ses accessoires ainsi que, le cas échéant, la valeur des avantages en nature après déduction des cotisations obligatoires. C'est donc la rémunération, dans un sens encore ici relativement large, qui est en réalité protégée contre la saisie. Outre le salaire de base et les avantages en nature qui en sont l'accessoire, seront également concernées l'indemnité compensatrice de préavis[128] ou l'indemnité compensatrice de congés payés[129]. De la même manière,

125. Loi n° 2008-561 du 17 juin 2008 portant réforme de la prescription en matière civile.
126. J. Flour, J.- L. Aubert, E. Savaux, *Les obligations. 3. Le rapport d'obligation*, Sirey, 6e éd., 2009, p. 407 et s.
127. De manière plus générale, les rémunérations ne peuvent faire l'objet d'une saisie conservatoire, v. C. trav., art. L. 3252-7.
128. Cass. soc., 4 août 1990, *RJS* 1990, n° 919.
129. CA Caen, 1re ch., 27 févr. 2001, *JurisData* n° 2001-141687.

une indemnité de départ à la retraite, qui n'a pas pour objet de compenser un préjudice, constitue une rémunération soumise aux règles de saisie du Code du travail[130].

Sont en revanche exclues de cette protection les sommes servies au salarié à titre indemnitaire telles que l'indemnité de licenciement[131] ou les indemnités transactionnelles[132]. De manière plus surprenante, les sommes dues au titre de la participation ou de l'intéressement sont elles aussi exclues de cette protection et peuvent, notamment, faire l'objet d'une saisie conservatoire[133]. Il convient cependant ici de rappeler que le rattachement de l'intéressement et de la participation à la notion de rémunération est loin d'être toujours évident.

La protection contre la saisie s'applique de manière différente selon les situations. Une première part est totalement insaisissable, elle correspond à ce que l'on juge comme constituant un minimum de subsistance accordé au salarié. Le montant de cette portion garantie varie, conformément à l'idée de minimum vital, en fonction du nombre de personnes à la charge du salarié[134]. Cette portion en principe insaisissable peut cependant le redevenir, à concurrence du terme courant et des six derniers mois impayés d'une créance alimentaire[135]. Enfin, la part restante de la rémunération, au-delà du minimum de subsistance protégé, est totalement saisissable.

Autrefois qualifiée de « saisie-arrêt sur salaires », la saisie des rémunérations constitue aujourd'hui une variante de la saisie-attribution. C'est le juge d'instance qui sera compétent pour connaître de cette saisie[136], selon une procédure décrite aux articles R. 3252-6 et suivants du Code du travail.

130. Cass. soc., 30 janv. 2008, *JCP* éd. S 2008, 1221, note F. Dumont.
131. Cass. civ. 2e, 24 juin 1998, n° 96-17.828.
132. Cass. soc., 27 nov. 1985, *JCP* éd. E 1986, II, 14728, note G. Vachet.
133. Cass. soc., 1er févr. 2005, *RJS* 2005, n° 422.
134. C. trav., art. R. 3252-2.
135. C. trav., art. L. 3252-5.
136. C. trav., art. R. 3252-7.

LEXIQUE

AGS : Parfois maladroitement traduit par « Assurance de garantie des salaires », cet acronyme désigne en réalité l'Association pour la gestion du régime de Garantie des créances des Salariés. Il s'agit d'une association agrée par le ministère du travail créée par le CNPF (actuel MEDEF), la CGPME et la CNMCCA (Confédération nationale de la mutualité, de la coopération et du crédit agricoles). La gestion de ce fond de garantie est assurée par les centres de gestion et d'études AGS (CGEA). L'AGS garantit aux salariés une partie de leurs créances salariales, lorsque l'entreprise n'est plus en mesure de les régler en raison d'une procédure collective.

Avantage en nature : L'avantage en nature est constitué d'un bien ou d'un service que l'employeur fournit gratuitement ou à des conditions privilégiées au salarié à titre d'accessoire de son salaire de base, alors que la charge de ces biens ou services incombe habituellement au salarié. Les avantages en nature les plus courants sont la fourniture d'un repas, d'un logement, d'un véhicule, de matériel informatique ou de télécommunication. Ces avantages sont intégrés à la rémunération du salarié et font l'objet d'une évaluation monétaire pour entrer dans l'assiette de rémunération comparée aux minima légal ou conventionnel de rémunération.

Mensualisation : La mensualisation des salaires, qui résulte pour l'essentiel de l'accord national interprofessionnel sur la mensualisation du 10 décembre 1977, implique le versement mensualisé de la rémunération mais, surtout, l'institution d'une sorte de forfait de rémunération qui ne tient plus compte des variations du nombre de jours en fonction des mois de l'année.

Ponsolle : L'arrêt *Ponsolle* (*Cass. soc., 29 oct. 1996, Les grands arrêts du droit du travail, Dalloz, 4e éd., 2008, n° 71*) rendu en 1996 par la chambre sociale de la Cour de cassation a, pour la première fois, posé le principe de l'égalité de rémunération entre salariés d'une même entreprise exerçant des fonctions identiques. L'employeur ne saurait user de son pouvoir discrétionnaire pour verser une rémunération différente à deux salariés placés dans une situation identique, sauf à démontrer que des éléments objectifs justifient cette différence de rémunération. Le principe posé par l'arrêt *Ponsolle* tend aujourd'hui à s'étendre pour constituer un véritable principe d'égalité de traitement qui va donc au-delà des simples éléments de rémunération.

Stock-options : Les stock-options constituent des offres d'achat ou de souscription d'actions de la société, offres consenties à leurs bénéficiaires (salariés ou mandataires sociaux) à la condition d'être exercées dans un certain délai et à un prix déterminé à l'avance. L'opération permet, concrètement, au salarié qui bénéficie de cette option d'acquérir des actions de l'entreprise à un prix moins élevé que celui du marché et, par une revente rapide, de réaliser une plus-value parfois substantielle. La chambre sociale de la Cour de cassation qualifie les stock-options de promesse unilatérale de contrat.

▷ EXERCICES

Sujet 1 DISSERTATION : LE PRINCIPE D'ÉGALITÉ DES RÉMUNÉRATIONS

Introduction

« Entre non-discrimination, égalité et égalité de traitement, des croisements existent, des confusions aussi » (*Les grands arrêts du droit du travail, Dalloz, 4e éd., 2008, p. 342*). Cette proposition résume relativement bien les difficultés que rencontre celui qui entend s'interroger sur la substance et, même, sur l'application du principe d'égalité des rémunérations.

Probable avatar du principe d'égalité inscrit à l'article 1er de la Déclaration des droits de l'homme et du citoyen (*v. les réflexions d'A. Jeammaud, « Du principe d'égalité de traitement des salariés », Dr. soc. 2004, p. 694*) en droit du travail, le principe d'égalité des rémunérations n'a émergé que tardivement, principalement parce qu'il se heurtait à une autre règle semblant elle aussi disposer de la force d'un principe, celle de l'individualisation des rémunérations. Malgré l'omniprésence de clauses conventionnelles relatives aux rémunérations et, spécialement, aux classifications professionnelles (*cf. supra* p. 419), la rémunération reste en effet l'un des éléments caractéristiques les plus fondamentaux du contrat de travail, si bien qu'elle peut en théorie être négociée librement par les parties au contrat (*sur la rémunération en tant qu'élément contractuel, cf. supra* p. 324). Le pouvoir d'individualisation des salaires laissé à l'employeur lui permettait de « réserver une partie de la masse salariale pour récompenser les performances individuelles » (*G. Couturier, Droit du travail – 1/ Les relations individuelles de travail, 3e éd. mise à jour, PUF, 1996, p. 526*). Il a toujours existé, et il subsiste d'ailleurs dans une certaine mesure, un pouvoir laissé à l'employeur de « gratifier » un salarié en raison de la satisfaction liée à la qualité de son travail, à son rendement, à sa productivité.

Pourtant, un vent d'égalité a soufflé sur le droit du travail et a sensiblement fait reculer ce pouvoir d'individualisation. Il est probable que cette tendance trouve ses origines dans le droit de l'Union européenne qui incita très tôt à l'égalité de traitement des salariés et, en particulier, à l'égalité de traitement en matière de rémunération des femmes et des hommes (*présentes dès l'adoption du Traité de Rome en 1957, ces dispositions figurent aujourd'hui à l'article 157 du Traité sur le fonctionnement de l'Union européenne*). Il est vrai qu'hier comme aujourd'hui, de nombreux efforts devaient être menés en ce domaine (*en moyenne, les femmes françaises gagnaient, en 2008, environ 20 % de moins que les hommes à emploi de catégorie équivalente, v. les tableaux de l'INSEE, http://www.insee.fr/fr/themes/tableau.asp ?reg_id=0&id=38*). Parti de l'égalité entre les genres, le principe d'égalité de rémunération s'est progressivement développé pour concerner, à partir de l'arrêt *Ponsolle* rendu par la chambre sociale de la Cour de cassation en 1996, n'importe quelle catégorie de salarié, pourvu qu'il soit occupé à des fonctions identiques à celles du salarié avec qui il se compare.

Comme en témoigne l'abondante littérature qui y est consacrée (*v. not. T. Aubert-Monpeyssen, « Principe à travail égal, salaire égal et politiques de gestion des rémunérations », Dr. soc. 2005, p. 18 ; du même auteur, « Règles d'égalité salariale : un début d'année constructif et des nouveaux chantiers en perspective », JCP éd. E 2009, 1884 ; J.- M. Gasser, « Les justifications de l'inégalité des rémunérations ou que reste-t-il du principe à travail égal, salaire égal », RJS 2007, p. 687 ; A. Jeammaud, « Du principe d'égalité de traitement entre les salariés », préc ; A. Lyon-Caen, « À travail égal, salaire égal une règle en quête de sens », RDT 2006, p. 6 ; Ch. Radé, « Variation autour de la justification des atteintes au principe « à travail égal, salaire égal » », Dr. soc. 2009, p. 399 ; G. Vachet, « À travail égal, salaire égal », Dr. soc. 2008, p. 1046*), le principe d'égalité des rémunérations est désormais bien ancré dans le droit du travail français. Pourtant, et cela ne va pas sans quelque paradoxe, ce principe reste encore relativement mal délimité puisque, comme nous le signalions en préambule, il se chevauche avec différentes autres règles telles que la prohibition des discriminations ou un principe plus large d'égalité de traitement. De la même manière, le régime juridique du principe semble encore relativement confus, la Cour de cassation ne paraissant pas toujours à même de faire clairement le distinguo entre les différentes conditions qu'exige sa mise en œuvre.

Somme toute, s'il s'agit donc d'un principe aux contours demeurant incertains (I), les modalités d'application du principe demeurent, en outre, parfois difficiles à cerner (II).

I. Un principe aux contours incertains

La notion même de principe d'égalité des rémunérations demeure incertaine. En effet, la règle donne le désagréable sentiment de se chevaucher avec d'autres règles ou principes applicables en droit du travail (A). Ce sentiment est encore renforcé par la grande variété de sources du droit qui reconnaissent l'existence de ce principe (B).

A. La délimitation délicate du principe d'égalité des rémunérations

- Idée générale : la notion de principe d'égalité des rémunérations est délicate à cerner car elle paraît se chevaucher avec d'autres règles applicables en matière d'égalité.
- Il n'est d'abord pas facile de la distinguer de la notion de non-discrimination. En effet, parmi les mesures interdites par l'article L. 1132-1 du Code du travail figure celle d'un traitement discriminatoire du salarié en matière de rémunération.
- Pour certains auteurs, il convient de distinguer la discrimination qui repose sur un motif illicite de l'égalité de rémunération pour laquelle seule la nature de la

mesure mise en œuvre doit être appréciée (*Les grands arrêts du droit du travail, préc., pp. 340-341*). Cette présentation fait cependant difficulté puisque, comme nous le verrons, la justification de la rupture d'égalité peut également entrer en ligne de compte (*cf. infra*). Il paraît dès lors préférable de distinguer selon que le motif du traitement en matière de rémunération repose sur un motif illicite, auquel cas il s'agit d'une discrimination, ou qu'il ne repose sur aucun élément objectif, auquel cas il s'agit d'une atteinte au principe d'égalité.

- Le principe comporte, ensuite, une certaine ambiguïté en ce qu'il a été, à l'origine, dénommé principe « à travail égal, salaire égal ». Or, cette dénomination ne reflète que très partiellement la réalité. En effet, certains arrêts ont montré qu'il pouvait être fait application de cette règle entre deux salariés n'exerçant pas les mêmes fonctions mais des fonctions de niveau hiérarchique équivalente (*Cass. soc., 6 juill. 2010, JCP éd. G 2010, 974, note C. Puigelier*). De la même manière, le terme « salaire » est nettement trop restrictif puisque de nombreux éléments de la rémunération peuvent être pris en compte (*par ex., l'attribution de tickets-restaurant, Cass. soc., 20 févr. 2008, Dr. soc. 2008, p. 535, note Ch. Radé ; Cass. soc., 1er juill. 2009, RJS 2009, p. 682 ; JCP éd. E é009, 2198, note T. Aubert-Monpeyssen*).
- Le principe d'égalité des rémunérations implique encore des difficultés de délimitations en ce qu'il tend progressivement à étendre son influence bien au-delà de la rémunération. En effet, la Cour de cassation semble avoir dégagé un nouveau principe général d'égalité de traitement dont l'égalité des rémunérations pourrait n'être finalement qu'une déclinaison (*Cass. soc., 1er juill. 2009, Dr. soc. 2009, p. 1002, obs. Ch. Radé*). Ce principe d'égalité de traitement semble, lui aussi, avoir été insufflé par le droit de l'Union européenne et, plus particulièrement, par la directive n° 2000/78/CE du 27 novembre 2000 portant création d'un cadre général en faveur de l'égalité de traitement en matière d'emploi et de travail.

B. Les sources variées du principe d'égalité des rémunérations

- Idée générale : malgré l'énoncé d'un principe d'égalité des rémunérations, les sources de ce principe paraissent très variées, ce qui là encore, n'en facilite pas la délimitation.
- C'est, à l'origine, l'article 119 du Traité de Rome et les directives prises en son application qui ont institué le principe d'égalité de traitement entre les femmes et les hommes (*pour une étude récente de la question, v. D. Martin, « Égalité, égalité de traitement et discrimination et droit communautaire », RJS 2009, p. 947*).
- Mais le principe trouve sa source dans de nombreuses autres dispositions.
- On le retrouve, insidieusement, dans l'al. 5 du Préambule de la Constitution de 1946 qui dispose que « Nul ne peut être lésé, dans son travail ou son emploi, en raison de ses origines, de ses opinions ou de ses croyances », à la croisée là encore de l'égalité de traitement et de la prohibition des discriminations.

– Le Code du travail a expressément consacré le principe d'égalité de rémunération entre les salariées et les salariés (*C. trav., art. L. 3221-2*), les salariés à temps complet et les salariés à temps partiel (*C. trav., art. L. 3123-10*), entre les salariés en CDD et les salariés en CDI (*C. trav., art. L. 1242-15*), entre les salariés intérimaires et les salariés permanents de l'entreprise (*C. trav., art. L. 1251-18*).
– Enfin, et surtout, ce sont les juridictions françaises qui ont accueilli ce principe, qu'il s'agisse du Conseil d'Etat qui en fait un principe général (*CE 27 juill. 2001, RJS 2001, n° 1374*) ou, bien sûr, la Cour de cassation à la suite de l'arrêt *Ponsolle* (*préc.*).

Ce foisonnement de sources, additionné aux difficultés de délimitation de la notion d'égalité des rémunérations, rend à n'en pas douter la délimitation du principe très délicate. Ce sentiment n'est, malheureusement, guère atténué par l'étude des modalités d'application du principe d'égalité des rémunérations.

II. Un principe aux modalités complexes

La détermination du champ d'application du principe d'égalité de rémunération est rendue très délicate par le fait que la Cour de cassation ne distingue pas vraiment, comme elle pourrait pourtant le faire, l'analyse de l'identité de situation qui impliquerait l'application du principe (A) et l'analyse des raisons qui justifient ou non la différence de traitement (B).

A. La comparaison de salariés occupant des fonctions identiques

– Idée générale : le principe ne trouve à s'appliquer qu'à la condition que les situations des salariés soient comparables, auquel cas il s'applique de manière étendue.
– En principe, il conviendrait de commencer par identifier si les situations comparées sont identiques.
– La chambre sociale attache en la matière de l'importance aux fonctions exercées par le salarié même si, nous l'avons vu, ce critère n'est pas absolu (*Cass. soc., 6 juill. 2010, préc.*).
– En principe, une telle identité de situation ne peut apparaître lorsque les deux salariés comparés n'ont pas le même employeur. Au sein de la même entreprise, des différences de traitement peuvent cependant subsister entre établissements distincts lorsque ces établissements appliquent des accords collectifs différents (*Cass. soc., 18 janv. 2006, RDT 2006, p. 38, obs. H. Tissandier*). La différence de statut entre établissements pourrait aussi bien constituer un élément objectif justifiant la différence de traitement…
– Une remarque similaire peut enfin être faite à l'égard d'un important arrêt rendu le 27 février 2009 par l'Assemblée plénière de la Cour de cassation à propos de salariés de La Poste. Dans cette affaire, la Cour de cassation a jugé que la diffé-

rence de statut entre deux agents, l'un étant fonctionnaire, l'autre agent de droit privé, ne permet pas de justifier une différence de rémunération entre ces salariés. L'absence de différence tient-elle aux fonctions ou à l'absence de justification objective ? (*Cass. AP, 27 févr. 2009, RDT 2009, p. 316, obs. H. Tissandier ; Dr. soc. 2009, p. 792, rapp. H. Mas*).

Le même sentiment se dégage de l'analyse des justifications qui permettent à l'employeur de maintenir une certaine individualisation des rémunérations.

B. La limitation du principe en cas de justification objective de l'inégalité

- Idée générale : le principe a été délimité pour laisser reparaître le principe d'individualisation des rémunérations lorsqu'il existe une raison objective de traiter différemment deux salariés. Pour autant, il n'est pas toujours facile de faire le départ entre justification objective et différence de situation entre les salariés.
- Il demeure loisible à l'employeur d'accorder des avantages particuliers à certains salariés, à la condition toutefois que tous les salariés puissent bénéficier de cet avantage dont les conditions d'octroi doivent être définies et contrôlables (*Cass. soc., 27 mars 2007, RDT 2006, p. 393, note Aubert-Monpeyssen*). C'est donc seulement le caractère discrétionnaire d'un avantage qui est repoussé.
- Surtout, l'employeur peut justifier de l'existence de « raisons objectives » justifiant la différence de traitement. De nombreux arguments peuvent, en effet, être avancés par l'employeur pour justifier d'une différence de traitement.
- Tel est le cas de l'ancienneté (Cass. soc., 20 juin 2001, n° 99-43.905), du mérite (*par ex., sur la base de comptes rendus d'évaluation individuelles des salariés, Cass. soc., 20 févr. 2008, n° 06-40.085*) ou des diplômes (*Cass. soc., 16 déc. 2008, RDT 2009, p. 173, obs. T. Aubert-Monpeyssen ; Dr. soc. 2009, p. 361, obs. Ch. Radé*) du salarié. Qu'il s'agisse de raisons objectives, cela ne fait aucun doute. Cependant, ces raisons objectives ne caractérisent-elle pas, en réalité, une différence de situation entre les salariés dont la rémunération est comparée ?
- Ces raisons objectives peuvent être également tirées de l'évolution du statut collectif de l'entreprise, par exemple du maintien d'avantages individuels acquis après dénonciation ou mise en cause d'un accord collectif (*Cass. soc., 4 déc. 2007, Dr. soc. 2008, p. 244, obs. Ch. Radé*).
- Au final, on peut se demander s'il ne serait pas judicieux de fusionner purement et simplement ces deux conditions et de se contenter de rechercher, à l'image de la justification du licenciement, si la différence de traitement entre deux salariés, quels qu'ils soient, repose sur une cause objective. La justification pourrait être très simple lorsque les salariés n'exercent pas les mêmes fonctions, plus nuancées lorsqu'à fonctions identiques, des éléments purement objectifs caractérisant une différence de situation viennent s'insinuer dans la relation de travail entre l'employeur et le salarié.

Sujet 2 COMMENTAIRE D'ARRÊT : CASS. CRIM., 15 FÉVRIER 2011, N° 10-87.019, ARRÊT CARREFOUR

LA COUR DE CASSATION, CHAMBRE CRIMINELLE, a rendu l'arrêt suivant :

Statuant sur les pourvois formés par :

- Le syndicat CFDT commerces et services du Rhône,
- L'union départementale CFDT du Rhône,
- La fédération CGT des personnels du commerce de la distribution et des services,
- Le syndicat CGT Carrefour Givors,
- L'union des syndicats CGT des personnels du commerce de la distribution et des services du Rhône, parties civiles, contre l'arrêt n° 366 de la cour d'appel de LYON, 9e chambre, en date du 1er juin 2010, qui les a déboutés de leurs demandes après relaxe de la société Carrefour hypermarchés du chef de paiement de salaires inférieurs au salaire minimum de croissance ;

(...)

Les moyens étant réunis ;

Vu l'article L. 212-4 devenu L. 3121-1 et L. 3121-2 du Code du travail, ensemble les articles D. 141-2, devenu D.3231-5, et D. 141-3 devenu D.3231-6 dudit code et l'article 593 du code de procédure pénale ;

Attendu que, d'une part, il résulte des trois premiers de ces textes que la durée du travail effectif est le temps pendant lequel le salarié est à la disposition de l'employeur et se conforme à ses directives sans pouvoir vaquer à des occupations personnelles ; que l'employeur ne peut inclure dans le calcul des salaires, afin de les porter au niveau du salaire minimum de croissance, la rémunération spécifique, prévue par une convention ou un accord collectif ou par un contrat de travail, dont peuvent faire l'objet les temps consacrés aux pauses, s'ils ne répondent pas à cette définition ;

Attendu que, d'autre part, selon le quatrième de ces textes, tout jugement ou arrêt doit comporter les motifs propres à justifier la décision et répondre aux conclusions des parties ; que l'insuffisance ou la contradiction des motifs équivaut à leur absence ;

Attendu qu'il résulte de l'arrêt attaqué, des pièces de procédure et du procès-verbal de l'inspection du travail, base de la poursuite, qu'à la suite d'un contrôle effectué au sein d'un établissement Carrefour à Givors, la société Carrefour hypermarchés a été poursuivie devant le tribunal de police pour paiement, au cours de l'année 2006, de salaires inférieurs au salaire minimum de croissance (SMIC) sur le fondement de l'article R.154-1 du Code du travail, alors applicable ; qu'il lui était reproché d'avoir intégré dans le calcul du salaire de base de cent soixante-douze salariés la rémunération des temps de pause prévue, à raison de 5 % du temps de travail effectif, par la convention collective étendue du commerce de détail et de gros à prédominance alimentaire, alors que, selon cette convention collective et l'accord conclu dans l'entreprise, les temps de pause permettaient aux salariés de vaquer librement à des occupations personnelles et que les primes les rémunérant ne pouvaient être incluses dans le salaire à comparer au SMIC ; que le tribunal de police ayant déclaré la prévention établie et prononcé sur l'action civile, la prévenue et le ministère public ont relevé appel de la décision ;

Attendu que, pour infirmer le jugement, relaxer la prévenue et débouter les parties civiles de leurs demandes, l'arrêt énonce que la rémunération des temps de pause, consistant en une majoration de 5 % du salaire de base, est directement liée à l'exécution du contrat de travail, et qu'étant versée de manière fixe et permanente, elle constitue une rétribution qui est la contrepartie directe du travail, et non un avantage supplémentaire ;

Mais attendu qu'en se déterminant ainsi, alors qu'elle avait constaté que les salariés n'étaient pas à la disposition de l'employeur pendant les pauses et qu'il en résultait que la prime rémunérant celles-ci, non reconnues comme du temps de travail effectif, était exclue du salaire devant être comparé au SMIC, la cour d'appel, qui, de surcroît, n'a pas répondu aux conclusions des parties civiles invoquant le fait que, pour certains membres du personnel, même en incluant le forfait pause au salaire de base, le salaire horaire restait inférieur au minimum légal, a méconnu les textes susvisés et les principes ci-dessus rappelés ;

D'où il suit que la cassation est encourue ;

Par ces motifs :

CASSE et ANNULE, l'arrêt susvisé de la cour d'appel de Lyon, en date du 1er juin 2010, mais en ses seules dispositions civiles, toutes autres dispositions étant expressément maintenues ;

Et pour qu'il soit à nouveau statué, conformément à la loi, dans les limites de la cassation ainsi prononcée,

RENVOIE la cause et les parties devant la cour d'appel de Dijon, à ce désignée par délibération spéciale prise en chambre du conseil.

Introduction

On pourrait l'appeler l'affaire « Carrefour », tant la question de l'intégration des primes de pause dans le calcul de la rémunération soumise au SMIC, qui constitue la question essentielle à laquelle répond cet arrêt rendu par la chambre criminelle de la Cour de cassation le 15 février 2011, a fait l'objet d'une médiatisation bien au-delà des colonnes des revues juridiques (*Le Monde, « La justice donne raison à des salariés de Carrefour payés en dessous du SMIC », 16 févr. 2011*).

A la suite d'un contrôle effectué au sein d'un établissement Carrefour à Givors, la société Carrefour hypermarchés a été poursuivie devant le tribunal de police pour non-respect des dispositions relatives au SMIC, manquement qui constitue l'élément matériel d'une infraction pénale (*C. trav., art. R. 3233-1*). Il était reproché à la société d'avoir intégré dans le calcul du salaire de base de cent soixante-douze salariés la rémunération des temps de pause prévue, à raison de 5 % du temps de travail effectif, par la convention collective étendue du commerce de détail et de gros à prédominance alimentaire. Pour autant, la convention collective en question prévoyait également que les temps de pause permettaient aux salariés de vaquer librement à des occupations personnelles.

La cour d'appel de Lyon avait relaxé la société Carrefour en considérant, d'abord, que la rémunération du temps de pause était intrinsèquement liée au travail effectif du salarié, notamment en raison de son mode de calcul proportionnel à la durée du travail, de son versement mensuel et du fait que les pauses, imposées par le Code du travail, sont indissociables de l'existence d'un contrat de travail. Elle retenait, ensuite, que la prime n'était pas destinée à compenser une sujétion particulière imposée au salarié et que, partant, elle n'avait pas de caractère indemnitaire ce qui, logiquement, permettait de l'intégrer à la rémunération.

Plusieurs syndicats formèrent pourvoi en cassation contre cette décision. La question posée à la chambre criminelle était en elle-même assez simple : les primes rémunérant le temps de pause doivent-elles être intégrées à l'assiette de rémunération qui doit être comparé au SMIC ?

Par un arrêt important (*degré de publicité le plus important : P+B+R+I*), la chambre criminelle répond par la négative à cette question. Elle prononce, en effet, la cassation de la décision d'appel au visa des articles L. 3121-1, L. 3121-2, D. 3231-5 et D. 3231-6 du Code du travail ainsi que de l'article 593 du Code de procédure pénale. Par un chapeau de tête, qui souligne encore l'importance de cet arrêt, la chambre criminelle énonce en effet « que l'employeur ne peut inclure dans le calcul des salaires, afin de les porter au niveau du salaire minimum de croissance, la rémunération spécifique, prévue par une convention ou un accord collectif ou par un contrat de travail, dont peuvent faire l'objet les temps consacrés aux pauses, s'ils ne répondent pas à cette définition ». Ayant constaté que les salariés pouvaient, durant les pauses, vaquer librement à leurs occupations, la cour d'appel ne pouvait parvenir à la solution rendue sans violer les textes visés.

Cette décision vient, à nouveau, trancher le débat noué autour de l'exclusion ou de l'intégration des primes de pause dans la rémunération devant être comparée au SMIC. Elle s'inscrit, d'une manière plus générale, dans les réflexions renouvelées sur la définition de la rémunération dont le lien avec le travail effectif doit être mis en évidence (*V. le numéro de janv. 2011 de la revue Droit social et les chroniques relatives au salaire*). On peut cependant, à l'analyse de la décision, s'interroger sur les suites qu'il convient de donner à cet arrêt et, ainsi, sur les éventuelles conséquences qu'il implique.

Somme toute, on constatera donc que la présente décision confirme l'exclusion des primes de pause de l'assiette des rémunérations (I), confirmation qui laisse cependant subsister différentes interrogations quant aux conséquences de cette exclusion (II).

I. La confirmation de l'exclusion des primes de pause de l'assiette de la rémunération

Par l'analyse des règles encadrant la détermination des sommes qui doivent être inclues à la rémunération comparée au SMIC (A), la chambre criminelle aboutit à une solution comparable à celle adoptée par la chambre sociale en excluant les sommes qui ne sont pas la contrepartie d'un travail effectif (B).

A. Primes de pause et respect du SMIC

- Idée générale : Présentation des règles qui encadrent la comparaison entre la rémunération versée et le SMIC afin de positionner la question des primes de pause dans cet ensemble.
- Le salaire minimal interprofessionnel de croissance (*SMIC*) vise à garantir à tout salarié un salaire minimum vital, un minimum de subsistance. Aucun salaire ne doit, en principe, être inférieur à ce minimum légal (*sauf exceptions légales, par exemple pour le contrat d'apprentissage, C. trav., art. D. 3211-1 ou le contrat de professionnalisation, C. trav., art. L. 6325-8*).
- Importance de ces règles symbolisée par l'existence d'une contravention de cinquième classe par le fait de verser des salaires inférieurs à ce minimum légal (*C. trav., art. R. 3233-1*).
- Existence de difficultés de détermination des éléments devant être pris en compte dans le calcul de la rémunération soumise au SMIC en raison des intérêts contradictoires des employeurs (*tendance à inclure le maximum d'éléments*) et des salariés (*tendance à exclure un maximum d'éléments*) en la matière.
- Les modalités de calcul des éléments de rémunération intégrés à cette assiette sont établies par les articles D. 3231-5 et D. 3231-6 du Code du travail. Les

éléments à prendre en compte, pour comparer le salaire horaire, sont ceux qui correspondent « *à une heure de travail effectif compte tenu des avantages en nature et des majorations diverses ayant le caractère de fait d'un complément de salaire* », ce à l'exception des « *sommes versées à titre de remboursement de frais, les majorations pour heures supplémentaires (...) et la prime de transport* ». Le critère principal semble donc être le rattachement au temps de travail effectif.

- De nombreuses sommes ou avantages servies au salarié ont ainsi été analysées comme devant être inclues à l'assiette de calcul : les primes de rendement (*Cass. soc., 30 mars 1994, n° 92-40.531*) et de polyvalence (*Cass. soc., 29 mars 1995, Dr. soc. 1995, p. 503*), les primes de vacances ou de jours fériés (*Cass. soc., 26 sept. 2001, n° 00-40.819*), les primes de treizième mois (*Cass. crim., 29 nov. 1988, n° 86-92.449*) ou de fin d'année (*Cass. soc., 2 mars 1994, n° 89-45.881*), etc.
- D'autres ont, au contraire, été exclues de l'assiette : les primes d'ancienneté récompensant la stabilité des salariés (*Cass. soc., 19 juin 1996, n° 93-45.941*), les primes d'assiduité (*Cass. soc., 27 mai 1997, Dr. soc. 1997, p. 733, obs. J. Savatier*) ou, encore, les primes liées à des sujétions particulières comme les primes de rythme (*Cass. soc., 29 mars 1995, n° 93-41.906, préc.*).
- Quant aux primes de pause, elles avaient fait l'objet de plusieurs décisions tant sur le plan civil que sur le plan pénal. Sur le plan civil, d'abord, la chambre sociale les exclut de l'assiette de rémunération devant être comparée au SMIC depuis 2010 (*Cass. soc., 13 juill. 2010, Lexbase hebdo, éd. soc., n° 405, 29 juill. 2010, obs. de Ch. Radé ; JCP éd. S 2010, 1536, note J.- Ph. Tricoit ; CSBP 2010, n° 223, p. 299, S 265, obs. F.-J. Pansier*). Une décision remarquée du Tribunal de police de Lyon avait également statué dans le même sens en matière pénale (*Trib. pol. Lyon, 24 oct. 2008, D. act. 7 nov. 2008, obs. L. Perrin*). L'ensemble de ces décisions pointait, pour l'essentiel, l'importance du rattachement de la rémunération incluse dans l'assiette du SMIC au temps de travail effectif.

B. Primes de pause et temps de travail effectif

- Idée générale : Démonstration du caractère essentiel du rattachement au temps de travail effectif de la prime de pause pour déterminer son exclusion ou son intégration à l'assiette de calcul.
- Reprise de l'argumentation de la chambre criminelle qui commence par rappeler la définition du temps de travail effectif. Lien de corrélation entre le temps de travail effectif et la rémunération des temps de pause exigé par la chambre criminelle pour que les primes de pause puissent être inclues dans l'assiette.
- Les temps de pause connaissent une particularité en droit du travail, ils peuvent en effet, selon les circonstances, constituer du travail effectif ou, au contraire, ne pas s'intégrer dans le temps de travail effectif. Cette dualité ressort de la rédaction de l'article L. 3121-2 du Code du travail qui dispose que « le temps nécessaire à la restauration ainsi que les temps consacrés aux pauses sont considérés

comme du temps de travail effectif lorsque les critères définis à l'article L. 3121-1 sont réunis ». Le texte ajoute que « même s'ils ne sont pas reconnus comme du temps de travail effectif, ces temps peuvent faire l'objet d'une rémunération prévue par une convention ou un accord collectif de travail ou par le contrat de travail », ce qui est particulièrement ambigu puisque dans ce cas, le lien entre « rémunération » et « temps de travail effectif » paraît rompu.

- Malgré cela, la chambre criminelle dresse le constat que la convention collective applicable à l'entreprise prévoyait que durant les temps de pause, les salariés pouvaient vaquer librement à leurs occupations. Le fait de pouvoir vaquer librement à ses occupations caractérise l'exclusion du temps de travail effectif au sens de l'article L. 3121-1 du Code du travail.
- Conclusion du syllogisme : si les pauses ne constituent pas du temps de travail effectif, les primes versées en contrepartie de ces pauses ne constituent pas une rémunération intégrée à ce titre à l'assiette des sommes comparées au SMIC.

A l'exclusion de l'ambiguité textuelle de l'article L. 3121-2 du Code du travail, le raisonnement de la Cour de cassation paraît somme toute fort logique. Il cache cependant une légère divergence entre la chambre sociale et la chambre criminelle dont il faut évaluer les effets.

II. Les conséquences de l'exclusion des primes de pause de l'assiette de la rémunération

A. Les variations jurisprudentielles relatives à l'exclusion des primes de pause

- Idée générale : Exposé de la disharmonie entre la chambre sociale et la chambre criminelle de la Cour de cassation sur la question des primes de pause.
- Comparaison entre la position de la chambre sociale et l'arrêt de la chambre criminelle commenté
- La chambre sociale montre régulièrement son attachement à ce que les primes inclues dans l'assiette de comparaison au SMIC ou au salaire conventionnel soient des sommes versées en contrepartie du travail (*v. par ex. pour des primes compensant la perte de pouvoir d'achat, Cass. soc., 7 avr. 2010, n° 07-45.322*).
- Dans l'arrêt rendu le 13 février 2010, la chambre sociale adopte cependant une position légèrement différente dans une affaire qui concernait pourtant les primes de pause. Si elle s'attache, bien sûr, à la qualification des temps de pause qui ne doivent pas constituer des temps de travail effectif pour que la prime soit exclue de l'assiette, elle ajoutait que le montant de la prime devait être déterminé à partir de « *de facteurs généraux sur lesquels les salariés n'influent pas* ».
- Ce dernier élément signifie que la prime de pause devrait être calculée sans prendre en considération des facteurs personnels, spécifiques à chaque salarié, pour être exclue de l'assiette. Ce caractère n'est nullement repris par la chambre

criminelle qui, au contraire, exclut dans cette affaire des primes de pause qui étaient calculées sur la base de la durée effective de travail de chaque salarié et, donc, à partir d'éléments au moins en partie spécifiques à chacun d'entre eux.
- L'arrêt de la chambre criminelle mène à une exclusion plus large des primes de pause que celui de la chambre sociale. La divergence n'aura cependant pas duré puisque la chambre sociale s'est ralliée à cette interprétation dans un arrêt resté inédit rendu le 26 octobre 2010 (*Cass. soc., 26 oct. 2010, n° 09-42.124*).
- Il reste donc à envisager quelles peuvent être les conséquences de cette définition désormais plus restrictive des primes de pause exclues de l'assiette de calcul de la rémunération devant être comparée au SMIC.

B. Un risque d'exclusion d'autres éléments de rémunération ?

- Idée générale : Démonstration des risques d'extension du champ des exclusions de l'assiette du SMIC en raison de la solution adoptée par la chambre criminelle.
- *A priori*, les conséquences de ce passage de deux critères à un critère unique ne devrait pas avoir de conséquences trop importantes.
- D'abord, il ne sera plus possible de soutenir, comme le faisait la société Carrefour dans cette espèce, que les modalités de calcul devaient avoir une incidence sur la prise en compte des primes de pause : toute véritable pause, sans distinction, qui donnera lieu à rémunération sera exclue du calcul à condition, bien sûr, que le salarié ait véritablement été libre de vaquer à ses occupations.
- Cependant, le critère lié aux modalités de versement d'une prime pouvait, insidieusement, jouer parfois un rôle à l'égard d'autres primes, en particulier pour des primes de jours fériés ou de treizième mois dont le montant était calculé en fonction de la durée de travail du salarié (*sur cette question, v. Ch. Radé, note sous Cass. soc., 13 juill. 2010, préc.*). Faut-il alors craindre une « contagion » à ces différentes primes des nouvelles caractéristiques posées en matière de prime de pause ? Cela demeure peu probable.
- En effet, les unes comme les autres des décisions évoquées spécifient précisément que le critère de prime contrepartie du travail s'applique aux primes de pause, qui plus est aux primes qui compensent des pauses obligatoires.
- Il n'est cependant pas interdit de se demander si, désormais, l'harmonie globale du système de prise en compte de rémunérations annexes dans l'assiette du SMIC, harmonie justement soulignée par les observateurs de l'arrêt du 13 juillet 2010, n'est pas remise en cause.

2

LE TEMPS DE TRAVAIL

Comme le précédent chapitre vient en partie de le montrer, la rémunération du salarié entretient des liens étroits avec la durée de travail, avec ce que l'on appelle le temps de travail effectif.

Historiquement, les questions liées au temps de travail ont joué un rôle tout à fait fondamental dans la construction du droit du travail[1]. Il n'est pas inutile de rappeler, par exemple, que la loi du 22 mars 1841 sur le travail des enfants, généralement considérée comme la première loi sociale du XIXe siècle, portait notamment sur la limitation du temps de travail des enfants de plus de huit ans. Les réformes ayant marqué les mémoires demeurent celles qui ont porté sur le temps de travail : création des congés payés en 1936[2], réduction à quarante[3], trente-neuf[4] puis trente-cinq heures de la durée hebdomadaire de travail[5], etc.

Si la question du temps de travail revêt également une grande importance, c'est qu'elle est intimement liée à la dernière question qui sera abordée par cet ouvrage et qui concernera la santé et la sécurité au travail. Si des temps de repos suffisants ne sont pas

1. D. Cabanis, A. Cabanis, « Histoire de la réduction du temps de travail », *Rev. jurid. des barreaux*, n° 53, juill.-sept. 1998, p. 5.
2. Loi du 20 juin 1936 instituant un congé annuel payé dans l'industrie, le commerce, les professions libérales, les services domestiques et l'agriculture.
3. Loi du 21 juin 1936 instituant la semaine de quarante heures dans les établissements industriels et commerciaux et fixant la durée du travail dans les mines souterraines.
4. Ord. n° 82-41 du 16 janv. 1982 relative a la durée du travail et aux congés payés.
5. Loi n° 98-461 du 13 juin 1998 d'orientation et d'incitation relative à la réduction du temps de travail dite « Loi Aubry I » ; loi n° 2000-37 du 19 janv. 2000 relative à la réduction négociée du temps de travail dite « Loi Aubry II ».

octroyés au salarié, le risque d'accident du travail s'accroît au fur et à mesure que la fatigue s'accumule. De trop faibles plages de temps de récupération altèrent, à la longue, la santé du salarié.

Le temps de travail, on l'aura compris, joue donc un rôle central dans la relation de travail, sentiment renforcé par le fait que la durée du travail du salarié appartient, au moins pour partie, à la sphère du contrat de travail qui ne peut, par conséquent, pas être modifiée sans l'aval des deux parties.

Les dernières années ont vu émerger des considérations tout à fait nouvelles en matière de temps de travail. Alors que les cent-cinquante dernières années écoulées avaient progressivement vu la durée de travail reculer comme un marqueur fort du « progrès social », les lois récentes en la matière semblent, au contraire, répondre à une autre logique. Sous couvert de chercher à remettre en cause les « trente-cinq heures » comme modèle de référence horaire du salariat français, certaines de ces lois comme la loi du 20 août 2008 dans sa partie consacrée au temps de travail ou la loi du 10 août 2009 prétendue réaffirmer le principe du repos dominical, portent de sérieuses atteintes à l'équilibre qui avait été atteint entre temps de travail et temps de repos, l'objectif presque avoué de ces lois étant d'insuffler de la flexibilité dans les horaires de travail[6]. Le domaine du temps de travail connaît aujourd'hui le triste privilège d'être celui dans lequel l'ordre public dérogatoire est le plus développé…[7]

Parler du temps de travail est probablement trop simpliste. Il existe, en effet, des temps de travail dont les caractéristiques peuvent parfois varier selon qu'il s'agit d'un horaire normal ou d'heures supplémentaires, qu'il s'agit d'un horaire de travail individualisé ou, au contraire, collectif. L'étude du temps de travail ne peut s'opérer, par effet de miroir, sans étudier les temps de non-travail, c'est-à-dire les temps de repos dont bénéficie obligatoirement le salarié. Enfin, certains temps demeurent revêches à la qualification ou posent des problèmes tout à fait spécifiques, ce qui permet de les qualifier de temps atypiques. Ainsi, nous étudierons ici les temps de travail (I), les temps de repos (II) et, enfin, les temps atypiques (III).

1 LES TEMPS DE TRAVAIL

Il n'existe pas un mais des temps de travail qui se distinguent principalement par leurs régimes juridiques. En effet, si la définition du temps de travail effectif est commune à

6. Pour un état des lieux, v. M. Grévy, « Où en est le temps de travail ? », *Dr. ouvrier* 2009, p. 193.
7. Sur cette notion, cf. *supra* p. 215.

l'ensemble de ces temps, les durées légales du travail (A) doivent cependant être distinguées des heures supplémentaires (B) et des processus d'aménagement du temps de travail (C).

A. Les durées légales de travail

Depuis les lois Aubry, et ce sous l'influence du droit social de l'Union européenne, le temps de travail est défini par le Code du travail (1). Si cette définition permet de faire le départ entre temps de travail et situations voisines, elle est loin d'avoir ôté tout intérêt à l'approche quantitative du travail qui a longtemps prévalu, le travail étant enserré dans des durées maximales (2).

1. LA DÉFINITION DU TEMPS DE TRAVAIL EFFECTIF

Le temps de travail est défini par une directive de l'Union européenne du 23 novembre 1993 comme « *toute période durant laquelle le travailleur est au travail, à la disposition de l'employeur et dans l'exercice de son activité ou de ses fonctions, conformément aux législations et/ou pratiques nationales* »[8]. Le Code du travail reprend une définition somme toute assez proche de celle-ci puisque l'article L. 3121-1 dispose que « *la durée du travail effectif est le temps pendant lequel le salarié est à la disposition de l'employeur et se conforme à ses directives sans pouvoir vaquer librement à des occupations personnelles* » et dont les origines sont jurisprudentielles[9].

Simple d'apparence, cette définition fait parfois difficulté à l'égard de temps qui se trouvent à la frontière entre temps de travail et temps de repos.

Tel est d'abord le cas des temps de pause et des temps de restauration durant lesquels le salarié reste parfois sur son lieu de travail et qui peuvent recevoir les qualifications de temps de travail ou de temps de repos. En effet, l'article L. 3121-2 du Code du travail dispose que « *le temps nécessaire à la restauration ainsi que les temps consacrés aux pauses sont considérés comme du temps de travail effectif lorsque les critères définis à l'article L. 3121-1 sont réunis* », le second alinéa du texte prévoyant expressément la possibilité que ces temps ne constituent pas un temps de travail effectif[10].

---

8. Directive européenne 93-104 du 23 nov. 1993, JOCE 13 déc. 1993 modifiée par la Directive 2003/88/CE du Parlement Européen et du Conseil du 4 nov. 2003 concernant certains aspects de l'aménagement du temps de travail. Depuis longtemps déjà, un projet de modification de cette directive est à l'étude, mais les travaux ont jusqu'à ce jour échoué. *Adde*, v. O.- L. Bouvier, « La notion de temps de travail effectif : évolutions en droit interne et en droit communautaire », *RJS* 2005, p. 751 ; F. Baron, « La notion de temps de travail en droit communautaire », *Dr. soc.* 2001, p. 1098.

9. V. J. Pélissier, G. Auzero, E. Dockès, *Droit du travail*, Dalloz, 25ᵉ éd., p. 790.

10. Constitue, en revanche, du temps de travail effectif, le temps consacré à un « cocktail dinatoire » au cours duquel le salarié ne pouvait vaquer librement à ses occupations, v. Cass. soc., 5 mai 2010, n° 08-44.895.

Le législateur a également appréhendé les temps d'habillage et de déshabillage que certaines professions imposent. Au vestiaire, le salarié ne travaille pas encore, mais il n'est plus à proprement parler en repos[11]. L'article L. 3121-3 du Code du travail se garde bien de définir directement ce temps comme du temps de travail ou du temps de repos, mais il impose que le temps consacré à changer de vêtements donne lieu à contrepartie sous forme de repos ou sous forme financière[12]. Les accords et conventions collectives, les usages et le contrat de travail peuvent cependant assimiler ces temps à du temps de travail effectif.

A l'inverse, le temps destiné à assister à une action de formation est qualifié de temps de travail effectif par l'article L. 6321-2 du Code du travail. La qualification est ici en partie fictive, quoique la formule employée soit vigoureuse (le temps passé en formation « *constitue* » du temps de travail effectif) et semble davantage répondre à la volonté de rémunérer le salarié durant ces heures de formation[13]. On retrouve, d'ailleurs, de nombreux autres temps ainsi assimilés par le Code du travail à du temps de travail effectif[14].

Le Code du travail s'est encore intéressé aux temps de déplacement professionnel qui ne constituent pas du temps de travail effectif par application de l'article L. 3121-4, lequel prévoit tout de même que lorsqu'il « *dépasse le temps normal de trajet entre le domicile et le lieu habituel de travail* », ce temps de trajet doit donner lieu à compensation en temps ou en argent. En revanche, le temps de trajet entre deux lieux de travail répond aux critères de l'article L. 3121-1 du Code du travail et constitue du temps de travail effectif[15]. De la même manière, le temps de déplacement du salarié de son domicile à son lieu de travail pour intervenir durant une astreinte est qualifié par la chambre sociale de la Cour de cassation de temps de travail effectif[16]. Enfin, et cette question fera l'objet de développements ultérieurs, l'intervention du salarié pendant une astreinte constitue nécessairement du temps de travail effectif[17].

La preuve du temps de travail effectif a fait l'objet d'aménagements par le législateur qui opère une véritable neutralisation de la charge de la preuve en la matière. En effet, « *en cas de litige relatif à l'existence ou au nombre d'heures de travail accomplies,*

---

11. Le temps consacré à la douche, pour les travaux salissants, est rémunéré comme du temps de travail mais n'est pas assimilé à du temps de travail effectif, v. C. trav., art. R. 3121-2.
12. S. Petit, « Temps de travail effectif et temps d'habillage et de déshabillage », *RJS* 2008, p. 398.
13. Cass. soc., 20 juin 2007, n° 05-44.715.
14. V. par ex. C. trav., art. L. 1431-2, temps passé par les membres du Conseil supérieur de la prud'homie à l'exercice de leurs fonctions ; C. trav., art. L. 1442-6, temps passé par le conseiller prud'hommes à l'exercice de ses missions ; C. trav., art. L4614-6, temps passé par le membre du CHSCT aux réunions et autres enquêtes ; etc.
15. Par ex., Cass. soc., 12 janv. 2005, n° 02-47.505. En revanche, le « temps de pointage » s'écoulant entre les vestiaires et la pointeuse ne constitue pas du temps de travail effectif, v. Cass. soc., 31 oct. 2007, JCP éd. S, 2008, 1029, note C. Lefranc-Hamoniaux.
16. Cass. soc., 31 oct. 2007, *JCP* éd. S 2007, 1953, note G. Vachet.
17. C. trav., art. L. 3121-5, al. 2.

l'employeur fournit au juge les éléments de nature à justifier les horaires effectivement réalisés par le salarié. Au vu de ces éléments et de ceux fournis par le salarié à l'appui de sa demande, le juge forme sa conviction après avoir ordonné, en cas de besoin, toutes les mesures d'instruction utiles »[18]. La charge de la preuve est, ainsi, répartie entre le salarié, l'employeur et le juge[19].

Le salarié doit apporter des éléments au soutien de sa prétention, des éléments de nature à étayer sa demande[20]. Le juge n'est en principe pas trop exigeant avec le salarié à cet égard si bien qu'un décompte établi par le salarié peut parfois constituer un élément de débat suffisant[21].

La charge de l'employeur est sensiblement plus importante, cela s'expliquant notamment par l'obligation faite à celui-ci de tenir une comptabilité des horaires de travail[22]. Ces documents obligatoires lui permettront de justifier des horaires effectués par le salarié.

Enfin, le juge pourra ordonner toute mesure d'instruction utile, ce qui est parfois particulièrement nécessaire comme, par exemple, en matière de temps de travail des chauffeurs routiers dont le calcul s'opère par lecture des disques du chronotachygraphe, lecture qui exige souvent qu'une expertise soit diligentée.

Ce temps de travail effectif est enserré dans des durées maximales par le droit du travail.

2. LES DURÉES MAXIMALES DE TRAVAIL

Il existe principalement deux types de limites maximales, sous réserve des différents types de modulations qui permettent, parfois, de calculer le temps de travail selon un autre schéma. Ces deux principales limites sont la durée quotidienne maximale (a) et la durée hebdomadaire maximale (b).

a. La durée quotidienne maximale

L'article L. 3121-34 du Code du travail fixe la durée maximale quotidienne de travail à dix heures. Les articles D. 3121-15 et suivants du même code prévoient cependant diverses exceptions à ce principe en cas de surcroît temporaire d'activité, sous réserve d'une demande d'accord de l'inspecteur du travail qui, en cas d'urgence, peut être adressée *a posteriori*. Dans tous les cas, une convention collective ou un accord de

---

18. C. trav., art. L. 3171-4.
19. La charge de la preuve ne peut être assumée par le salarié seul, v. Cass. soc., 23 sept. 2009, n° 08-41.377.
20. Cass. soc., 25 févr. 2004, *RJS* 2004, p. 373.
21. Doit être pris en copte un décompte élaboré *a posteriori* par les soins du salarié accompagné du témoignage d'un ancien salarié de la société en conflit avec celle-ci, v. Cass. soc., 5 mai 2009, n° 07-44.835.
22. V. les obligations faites par les articles L. 3171-1 et suivants du Code du travail.

branche étendu, ainsi qu'un accord d'entreprise ou d'établissement peuvent allonger la durée maximale quotidienne, à condition toutefois de ne jamais excéder douze heures.

Cette durée maximale n'a plus à proprement parler à être respectée lorsque le salarié et l'employeur concluent une convention de forfait-jours qui annihile en grande partie le calcul du temps de travail par heures[23]. Au contraire, cette durée maximale est limitée à huit heures pour les jeunes travailleurs[24].

Les règles relatives à la durée maximale hebdomadaire sont plus développées.

b. La durée hebdomadaire maximale

Depuis les deux lois Aubry, l'article L. 3121-10 du Code du travail fixe la durée légale de travail effectif à trente-cinq heures par semaine civile. Cette durée ne constitue cependant pas un maximum mais la limite à partir de laquelle doit, en théorie, se déclencher l'obligation de considérer les heures de travail comme des heures supplémentaires.

Le Code du travail détermine néanmoins une durée maximale de travail hebdomadaire. En effet, l'article L. 3121-35 dispose qu'« *au cours d'une même semaine, la durée du travail ne peut dépasser quarante-huit heures* ». C'est également une durée de quarante-huit heures qui a été fixée par la directive du 4 novembre 2003, certains États membres pouvant cependant bénéficier d'une clause d'« opt-out » leur permettant d'ignorer ce maximum[25]. Cette durée maximale de quarante-huit heures est relative à deux égards.

Elle est relative, d'abord, parce que cette durée maximale ne peut être atteinte de manière pérenne. En effet, sur une période de douze semaines consécutives, la durée hebdomadaire ne doit pas en moyenne dépasser quarante-quatre heures, sous réserve de décrets adoptés après conclusion d'un accord de branche portant cette moyenne à quarante-six heures. A titre exceptionnel, il est même possible, dans certains secteurs, régions ou entreprises, de porter cette limite au-delà de quarante-six heures[26].

Elle est relative, ensuite, parce que les articles L. 3121-35 et R. 3121-23 du Code du travail permettent, « *en cas de circonstance exceptionnelle entraînant temporairement un surcroît extraordinaire de travail* », d'excéder cette limite maximale de quarante-huit heures, sous réserve de l'acceptation par le représentant départemental de l'Administration du travail d'une demande de dérogation dûment motivée et accompagnée de l'avis des représentants du personnel. Dans ce cas, la limite maximale

23. Cf. *infra* p. 465.
24. C. trav., art. L. 6622-25 pour les apprentis, C. trav., art. L. 3162-1 pour les travailleurs mineurs.
25. Sur le projet de directive visant, notamment, à encadrer les abus que peuvent générer ces clauses d'« *opt-out* », v. J.- Ph. Lhernould, « Le temps de travail en quête de nouveaux repères », *RJS* 2004, n° 871.
26. C. trav., art. L. 3121-36.

absolue à laquelle il ne pourra jamais être dérogé est de soixante heures par semaine, *maxima* conforme à celui posé par la directive européenne du 4 novembre 2003.

Entre la trente-sixième heure et la quarante-huitième ou, par exception, la soixantième heure de travail, c'est le régime des heures supplémentaires qui est mis en œuvre.

B. Les heures supplémentaires[27]

En principe, toute heure de travail effectuée au-delà de la durée légale ou, le cas échéant, de la durée conventionnelle de travail constitue une heure supplémentaire.

Contrairement à une croyance populaire, le salarié ne peut pas refuser d'effectuer des heures supplémentaires qui constituent un attribut du pouvoir de direction de l'employeur[28]. L'employeur n'a pas besoin de justifier le recours à ces heures supplémentaires par un quelconque motif lié à l'accroissement temporaire de l'activité. Il doit cependant respecter certaines limites et, en particulier, le contingent d'heures supplémentaires auquel il est nécessairement astreint, c'est-à-dire le nombre maximal d'heures supplémentaires qu'il peut demander à un salarié.

En effet, les « *heures supplémentaires peuvent être accomplies dans la limite d'un contingent annuel défini par une convention ou un accord collectif d'entreprise ou d'établissement ou, à défaut, par une convention ou un accord de branche* »[29]. La hiérarchie des textes déterminant le contingent a été modifiée, primauté étant désormais faite à l'accord d'entreprise, la détermination réglementaire devenant pour sa part totalement supplétive[30].

Une fois le contingent épuisé, l'employeur conserve la faculté de faire effectuer des heures supplémentaires, mais selon des modalités différentes. Avant la loi du 20 août 2008, ces heures supplémentaires hors contingent ne pouvaient être travaillées qu'à condition que l'employeur ait obtenu l'autorisation de l'inspecteur du travail. Cette autorisation n'est, désormais, plus nécessaire, l'employeur devant seulement se conformer aux conditions déterminées, à nouveau, par un accord collectif d'entreprise ou d'établissement ou, à défaut, par un accord collectif de branche. Même en l'absence d'accord, l'employeur peut faire travailler ses salariés au-delà du contingent à

27. Le régime des heures supplémentaires a subi deux réformes profondes à l'occasion de la loi n° 2007-1223 du 21 août 2007 dite loi TEPA (F. Favennec-Héry, « Feu vert pour la détaxation des heures supplémentaires et complémentaires », *JCP* éd. S, 2007, 1665 ; F. Champeaux, « Des incertaines vertus du nouveau régime des heures supplémentaires et complémentaires » *RDT* 2007, p. 696) et de la loi n° 2008-789 du 20 août 2008, portant rénovation de la démocratie sociale et réforme du temps de travail, *Lexbase hebdo*, éd. soc., n° 318, 18 sept. 2008 et la note.

28. Le refus du salarié peut constituer une faute grave, v. Cass. soc., 26 nov. 2003, *RJS* 2003, n° 213.

29. C. trav., art. L. 3121-11.

30. C. trav., art. D. 3121-3 : contingent de deux cent vingt heures.

condition de consulter le comité d'entreprise annuellement sur cette question[31]. La détermination du contingent d'heures supplémentaires n'a plus grand intérêt, l'employeur pouvant toujours finalement le dépasser. Les seules différences encore en vigueur tiennent au régime juridique légèrement différent des deux types d'heures supplémentaires.

Toute heure supplémentaire donne lieu à une majoration de salaire de 25 % pour les huit premières heures hebdomadaires, de 50 % au-delà[32]. Il peut être substitué à cette majoration un repos compensateur de remplacement[33]. Avant la loi du 20 août 2008, ce droit à repos compensateur se cumulait avec la majoration salariale. Ce cumul n'intervient plus désormais que pour les heures effectuées au-delà du contingent, selon des modalités déterminées par l'accord collectif établissant le contingent[34].

Enfin, il doit être relevé que la preuve des heures supplémentaires répond aux mêmes règles que celle de la preuve du temps de travail effectif[35].

Le calcul du temps de travail effectif, du respect des durées maximales et du franchissement de la durée légale de travail peut être perturbé par différents mécanismes d'aménagement du temps de travail.

C. Les aménagements du temps de travail

Les règles légales relatives à la question de l'aménagement du temps de travail ont été grandement simplifiées par la loi du 20 août 2008 mais, par la même occasion, ont été rendues plus faciles d'accès. Comme l'esprit de cette loi le voulait, nombre de ces mécanismes doivent être régis par voie conventionnelle, principalement par convention ou accord collectif d'entreprise. Les aménagements du temps de travail peuvent être de nature collective (1) ou individuelle (2). Enfin, il faudra dire quelques mots d'un aménagement très particulier du temps de travail consistant à occuper certains salariés la nuit (3).

31. C. trav., art. L. 3121-11, al. 4.
32. C. trav., art. L. 3121-22. Ces majorations, comme la rémunération normale de l'heure de travail supplémentaire, sont exonérées de charges sociales et fiscales depuis la loi TEPA.
33. Une fois encore, ce repos compensateur de remplacement doit être institué par accord d'entreprise ou, à défaut, par accord de branche. V. C. trav., art. L. 3121-24. A noter, également, que seules les heures supplémentaires peuvent être compensées par un repos, ce qui n'est pas le cas des heures complémentaires effectuées dans le cadre du travail à temps partiel, v. Cass. soc., 17 févr. 2010, n° 08-42.828.
34. C. trav., art. L. 3121-11.
35. Cf. *supra* p. 458.

1. AMÉNAGEMENTS COLLECTIFS : LA RÉPARTITION DES HORAIRES DE TRAVAIL

En principe, les horaires de travail sont répartis sur une semaine civile, du lundi à 0 heure au dimanche à 24 heures.

L'article L. 3122-2 du Code du travail prévoit une première exception à cette règle puisqu'un accord ou une convention collective d'entreprise ou, à défaut, de branche, peuvent « *organiser la répartition de la durée du travail sur une période supérieure à la semaine et au plus égale à l'année* ». L'accord collectif en question doit comporter les conditions dans lesquelles les changements de durée ou d'horaire sont portées à la connaissance des salariés, doit déterminer des délais de prévenance sur ce sujet, doivent fixer les limites pour le décompte des heures supplémentaires et doit s'intéresser à la prise en compte des absences du salarié et des arrivées et départs en cours de période. Si l'entreprise fonctionne en continu, sans interruption, cette organisation peut être planifiée sur plusieurs semaines, c'est ce que l'on appelle le travail par cycle continu[36].

Dans ces cas, le temps de travail moyen sur le cycle ou sur la période de référence substituée à la semaine ne doit pas excéder la durée hebdomadaire légale, auquel cas les heures effectuées au-delà seront soumises au régime des heures supplémentaires.

Par dérogation à cet horaire collectif de travail, les articles L. 3122-23 et suivants du Code du travail prévoient la possibilité d'individualiser les horaires de travail « *pour répondre aux demandes de certains salariés* ». Cette individualisation dérogatoire à l'organisation collective ne peut intervenir qu'à la condition que le comité d'entreprise ou les délégués du personnel ne s'y soit pas opposé, ce qui constitue l'un des très rares cas dans lesquels ces représentants disposent d'un véritable pouvoir décisionnel par le jeu d'un droit de véto. En outre, cette individualisation doit donner lieu à l'information de l'inspecteur du travail. Il s'agit, probablement, du système dans lequel la répartition du temps de travail est la plus libre, puisque l'individualisation peut « *entraîner, dans la limite d'un nombre d'heures fixé par décret, des reports d'heures d'une semaine à une autre* » et que ces heures « *ne sont ni comptées ni rémunérées en heures supplémentaires, pourvu qu'elles résultent d'un libre choix du salarié* ». Cette dernière proposition a de quoi laisser perplexe, le consentement du salarié dans la relation de travail étant loin de constituer une garantie de sa volonté profonde, de son libre choix[37]. Cela explique certainement le rôle important exceptionnellement conféré aux représentants du personnel en la matière.

A côté de ces aménagements collectifs du temps de travail tiennent une place croissante les modes d'aménagements individuels par le jeu des conventions de forfait.

---

36. Par opposition au travail par cycle de travail ou par équipe prévu à l'article R. 3122-1 du Code du travail, v. M. Morand, « Cycle continu ou cycle de travail : la confusion des genres », *SSL* 2008, n° 1354, p. 4.
37. P. Lokiec, « Garantir la liberté du consentement contractuel », *Dr. soc.* 2009, p. 127.

2. AMÉNAGEMENTS INDIVIDUELS : LES CONVENTIONS DE FORFAIT

Au titre des aménagements individuels du temps de travail figure, d'abord, le travail à temps partiel précédemment étudié parce qu'il implique la conclusion d'un contrat de travail spécial. Au contraire, les forfaits de temps de travail font l'objet d'une convention spécifique dénommée convention de forfait[38].

La convention de forfait peut se définir comme un accord entre l'employeur et le salarié visant à rémunérer de manière forfaitaire un temps de travail défini en heures ou, dans certains cas, en jours. Le salarié devra travailler un certain nombre d'heures ou de jours par semaine, par mois ou par an. Cette technique permet d'intégrer dès le départ la rémunération d'heures supplémentaires et, ainsi, par ricochet, d'aménager le temps de travail d'un salarié au-delà de la durée légale ou conventionnelle.

Les conventions de forfait ont été légalisées par la loi Aubry II et leur régime a été sensiblement remodelé par l'effet de la loi du 20 août 2008. Le principal effet de la loi de 2008 est d'ouvrir la faculté de conclusion de conventions de forfait à d'autres salariés qu'aux cadres à qui elles étaient initialement réservées[39]. En effet, l'article L. 3121-38 du Code du travail, qui introduit la section relative aux conventions de forfait, dispose que « *la durée du travail de tout salarié peut être fixée par une convention individuelle de forfait en heures sur la semaine ou sur le mois* ». « *Tous au forfait !* » pourrait-on y lire en filigrane, en forçant le trait.

En réalité, il convient de distinguer les forfaits en heures sur la semaine ou sur le mois qui peuvent être conclus par tout salarié et les forfaits sur l'année (en heures ou en jours) qui, pour leur part, ne concernent que les cadres ou les salariés disposant d'une certaine autonomie.

– Forfait en heures sur la semaine ou sur le mois

Les forfaits en heures sur la semaine ou le mois, d'abord, peuvent être conclus par tout salarié. Fait exceptionnel, et d'ailleurs à contre-courant de l'esprit de la loi de 2008, ces conventions peuvent parfaitement être conclues alors même qu'aucun accord collectif n'encadrerait cette possibilité. Ce sont donc des conventions de forfait de gré à gré qui peuvent être conclues, le contenu de ces conventions n'étant plus limité que par les dispositions relatives aux durées maximales de travail. Rien ne s'oppose, cependant, à ce qu'un accord collectif d'entreprise ou de branche encadre ces forfaits-heures sur la semaine ou le mois.

La conclusion de telles conventions individuelles de forfait est cependant soumise à un certain formalisme puisqu'elles doivent avoir été acceptées par le salarié[40] et avoir

---

38. Sur le temps partiel, cf. *supra* p. 283.
39. P.-H. Antonmattei, « Les cadres et les 35 heures : la règle de trois ! », *Dr. soc.* 1999, p. 996.
40. La jurisprudence a toujours exigé que le salarié ait accepté le forfait, v. not. Cass. soc., 10 mars 2004, n° 01-46.369.

nécessairement été établies par écrit[41]. La rémunération de ce salarié ne peut, bien entendu, être inférieure à la rémunération minimale applicable à l'entreprise ramenée au nombre d'heures prévues par le forfait, rémunération augmentée des majorations pour heures supplémentaires pour les heures du forfait qui excèdent la durée légale de travail[42].

– Forfait en heures ou en jours sur l'année

La faculté de conclure des forfaits-heures et des forfaits-jours sur l'année doit, ensuite, avoir été prévue par un accord collectif d'entreprise ou, à défaut, de branche, comme le prévoit l'article L. 3121-39 du Code du travail. Cet accord a pour but de déterminer les catégories de salariés concernés, la durée annuelle de travail à partir de laquelle le forfait est établi et, enfin les caractéristiques principales de ces conventions. Comme pour les conventions de forfait en heures sur la semaine ou sur le mois, les conventions sur l'année doivent être conclues individuellement par chaque salarié par écrit[43].

La détermination conventionnelle des catégories concernées est cependant encadrée par les articles L. 3121-42 et L. 3121-43 du Code du travail. Le premier de ces textes concerne les conventions de forfait en heures sur l'année qui ne peuvent être conclues que par « *les cadres dont la nature des fonctions ne les conduit pas à suivre l'horaire collective applicable au sein de l'atelier, du service ou de l'équipe auquel ils sont intégrés* » ou par « *les salariés qui disposent d'une réelle autonomie dans l'organisation de leur emploi du temps* ».

Le second texte concerne les conventions de forfait en jours sur l'année[44] qui ne peuvent être conclues que par « *les cadres qui disposent d'une autonomie dans l'organisation de leur emploi du temps et dont la nature des fonctions ne les conduit pas à suivre l'horaire collectif applicable* (...) ». Cela devrait permettre, *de facto*, d'exclure du mécanisme ceux que l'on a parfois pu appeler les « petits cadres » et qui demeurent soumis aux contraintes horaires imposées par leurs supérieurs. Sont également susceptibles d'être soumis à un forfait-jours les « *salariés dont la durée du temps de travail ne peut être prédéterminée et qui disposent d'une réelle autonomie dans l'organisation de leur emploi du temps pour l'exercice des responsabilités qui leurs sont confiées* ». A n'en pas douter, l'accord d'entreprise ou, à défaut, l'accord de branche, ne pourra donc que réduire les catégories de salariés concernés par application de l'article L. 3121-39 du Code du travail.

Au sujet des conventions de forfait-jours, encore, la loi fixe un nombre de jours maximal qui ne peut être dépassé par les accords collectifs qui déterminent la durée

41. C. trav., art. L. 3121-40.
42. C. trav., art. L. 3121-41. Cette règle existait déjà avant la réforme issue de la loi du 20 août 2008.
43. L'article L. 3121-40 est, en effet, rédigé de manière générale et concerne, par conséquent, toutes les conventions de forfait.
44. P.- H. d'Ornano, N. Ismaïl, « La convention de forfait en jours sur l'année après la loi n° 2008-789 du 20 août 2008 », *JCP* éd. S, 2008, 1490.

annuelle des forfaits-jours. L'article L. 3121-44 impose un plafond de 218 jours aux partenaires sociaux. Cette limite correspond à peu près au nombre de jours calendaires d'une année auxquels sont soustraits les congés payés, les samedis et dimanches, les jours fériés et, enfin, une dizaine de jours de récupération. Cette limite constituant un *maxima*, on peut estimer qu'elle est raisonnable. Cependant, là encore, il pèse une véritable responsabilité sur les partenaires sociaux dans l'entreprise car, à défaut d'accord, les règles applicables seront beaucoup moins favorables.

En effet, l'article L. 3121-45 du Code du travail prévoit que les salariés, en accord avec leur employeur, peuvent renoncer à leurs jours de repos, dans la limite fixée par l'accord collectif. Si cette possibilité doit être formalisée par un écrit par les parties, il n'est en revanche pas nécessaire que l'accord collectif en prévoie la possibilité. La rémunération des heures ainsi effectuées doit être majorée d'au moins 10 %, ce taux pouvant être accru par un avenant à la convention de forfait. Si ce taux peut paraître bien modeste, il faut néanmoins constater que l'ancien système ne prévoyait aucun *minima*, cette mission étant déléguée à l'accord collectif.

Même si cette renonciation ne doit plus nécessairement avoir été prévue par accord collectif, l'existence de l'accord fixant la durée maximale demeure néanmoins primordiale. En effet, le texte dispose qu'« *à défaut d'accord, ce nombre maximal est de deux cent trente-cinq jours* ». Dans cette hypothèse, les jours fériés et la dizaine de jours de repos sont exclus du calcul. Il devrait cependant être particulièrement rare que la limite atteigne ces 235 jours puisque l'existence même des conventions de forfait sur l'année dans l'entreprise est soumise par l'article L. 3121-39 à la conclusion d'un accord collectif préalable.

Les salariés au forfait-jours ne sont pas soumis aux durées maximales hebdomadaires ou quotidiennes des articles L. 3121-24 et suivants du Code du travail. La seule limite à cet égard est celle du respect des temps de repos obligatoires : repos quotidien, hebdomadaire, dispositions relatives aux jours fériés-chômés – c'est-à-dire au 1er mai – et respect du droit aux congés payés.

La rémunération des salariés au forfait-jours fait l'objet d'une attention toute particulière[45]. Ainsi, des règles strictes doivent être appliquées en matière de retenue sur salaire pour fait de grève[46]. La durée du forfait ne doit pas être dépassée sous peine que les durées effectuées au-delà du forfait ne s'imputent sur l'année suivante[47]. Les manquements de l'employeur aux règles prévues par l'accord collectif encadrant les

45. Le dépassement de la durée prévue par la convention de forfait donne lieu à indemnisation du salarié, v. Cass. soc., 7 déc. 2010, *D.* act., 11 janv. 2011, obs. L. Perrin.

46. Cass. soc., 13 nov. 2008, *RDT* 2009, p. 117, obs. M. Grévy ; *RJS* 2009, p. 27, avis S. Petit.

47. Cass. soc., 7 déc. 2010, *préc.* Les règles d'administration de la preuve du temps effectué sont les règles habituelles de détermination du temps de travail effectif, v. Cass. soc., 23 sept. 2009, *SSL* 2009, n° 1420, rapp. H. Gosselin.

conventions de forfait peuvent donner lieu à indemnisation pour le salarié qui en est victime[48].

Enfin, l'article L. 3121-46 du Code du travail institue un entretien annuel individuel entre l'employeur et le cadre au forfait-jours. Cet entretien « *porte sur la charge de travail du salarié, l'organisation du travail dans l'entreprise, l'articulation entre l'activité professionnelle et la vie personnelle et familiale, ainsi que sur la rémunération du salarié* ». Il s'agit là d'une sorte de renégociation annuelle de la convention de forfait qui ne dit pas son nom. Si l'idée d'un tel entretien est plutôt bonne, elle aurait pu s'accompagner d'une sanction en cas de réticences des parties à son déroulement.

Reste à étudier un aménagement très particulier du temps de travail : le travail nocturne.

3. LE TRAVAIL NOCTURNE

Selon une étude de l'INSEE déjà relativement ancienne (2002), environ 14,3 % des salariés français seraient occasionnellement ou habituellement occupés par du travail de nuit[49]. Longtemps, le travail de nuit en France n'a intéressé que les travailleurs masculins puisqu'une loi du 2 novembre 1892 avait interdit le travail nocturne des femmes[50]. Cette interdiction du travail nocturne féminin a définitivement disparu depuis la loi du 9 mai 2001 relative à l'égalité professionnelle entre les hommes et les femmes adoptée sur injonction de l'Union européenne[51].

La loi de 2001 ne s'est cependant pas contentée de réduire cette inégalité, elle a également défini et encadré le travail de nuit. Par application de l'article L. 3122-29 du Code du travail, est considéré comme travail de nuit tout travail entre 21 heures et 6 heures. Un accord collectif ou une décision unilatérale de l'employeur sur autorisation de l'inspecteur du travail et après consultation des délégués syndicaux et du comité d'entreprise peut modifier cette plage horaire à condition qu'elle soit au minimum de neuf heures, qu'elle se place entre 21 heures et 7 heures et qu'y soit incluse la période comprise entre 24 heures et 5 heures[52].

Curieusement, un salarié peut effectuer du travail de nuit sans être qualifié par le législateur de « travailleur de nuit ». En effet, cette qualification est réservée par

48. Cass. soc., 13 janv. 2010, n° 08-43.201.

49. V. les statistiques reprises par la DARES, « Travail de nuit et du soir depuis dix ans », *PIPS*, oct. 2005, n° 40.2.

50. Sous réserve néanmoins, et comme toujours en matière de temps de travail, de quelques exceptions comme celles concernant les établissements de soin.

51. La France avait été condamnée pour violation du principe d'égalité de traitement entre les hommes et les femmes, v. CJCE, 13 mars 1997, *RJS* 1997, n° 493 et, antérieurement, CJCE 25 juill. 1991, *Dr. soc.* 1992, p. 174, note M.- A. Moreau.

52. Il existe d'autres plages horaires envisageables pour certaines activités nocturnes telles que la presse, la radiodiffusion ou les discothèques, v. C. trav., art. L. 3122-30.

l'article L. 3122-31 au salarié, soit qui accomplit au moins deux fois par semaine de manière habituelle au moins trois heures de son temps pendant la période de travail de nuit, soit qui accomplit au cours d'une période de douze mois consécutifs un nombre minimal de 270 heures de travail de nuit[53].

Le travail de nuit est exceptionnel si bien que sa mise en place ou son expansion à de nouvelles catégories de salariés est conditionnée à la conclusion d'un accord de branche étendu, d'un accord d'entreprise ou d'un accord d'établissement.

La durée du travail de nuit est enserrée dans plusieurs limites. D'abord, et cela sauf accord dérogatoire ou circonstances exceptionnelles (sur autorisation de l'inspecteur du travail et consultation des représentants du personnel), la durée du travail de nuit ne peut excéder huit heures[54]. Ensuite, la durée hebdomadaire moyenne de travail nocturne sur une même période de douze semaines ne peut excéder quarante heures[55].

Les salariés peuvent, en invoquant des obligations familiales impérieuses, refuser d'être affectés à un emploi de nuit sans que cela ne constitue une faute ou un motif de licenciement[56]. La jurisprudence paraît cependant plus restrictive encore puisqu'elle juge que le passage d'un horaire de jour à un horaire de nuit ou le passage d'un horaire de nuit à un horaire de jour constitue une modification du contrat de travail qui ne peut être imposée unilatéralement au salarié[57]. Quoiqu'il en soit, le salarié qui accepte de travailler la nuit bénéficie de contreparties en temps de repos et, éventuellement, de compensations salariales[58]. Les travailleurs de nuit font l'objet d'une surveillance médicale particulière. Ils bénéficient, enfin, d'une priorité sur les emplois de jour disponibles lorsqu'ils souhaitent cesser de travailler selon des horaires nocturnes[59].

Par effet de contraste, et sous réserve des règles tout à fait particulières en matière d'astreintes, lorsque le salarié ne travaille pas, il est en repos.

---

53. Seuil déterminé par voie réglementaire (C. trav., art. R. 3122-8) à défaut de convention ou accord collectif étendu.
54. C. trav., art. L. 3122-34.
55. Toujours sous réserve de dérogations conventionnelles qui peuvent porter cette durée à quarante-quatre heures, v. C. trav., art. L. 3122-35.
56. C. trav., art. L. 3122-37.
57. Cass. soc., 22 mai 2001, *Dr. soc.* 2001, p. 766, obs. Ch. Radé ; Cass. soc., 18 déc. 2001, *RJS* 2002, p. 131.
58. Ces contreparties sont définies par accord collectif, v. C. trav., art. L. 3122-40. La majoration de salaire est en principe due pour chaque heure de travail de nuit telle que définie par la convention collective (Cass. soc., 21 juin 2006, *RDT* 2006, p. 322, obs. M. Véricel) ou, à défaut, par la loi (Cass. soc., 24 janv. 2007, *RDT* 2007, p. 250, obs. M. Véricel).
59. C. trav., art. L. 3122-43.

2 LES TEMPS DE REPOS

Évoquer les temps de repos peut paraître incongru lorsqu'il est question d'étudier le travail du salarié. Par définition, lorsqu'il se repose, le salarié ne travaille pas. Il est même parfois considéré que durant ces temps de repos, le contrat de travail est purement et simplement suspendu.

Le temps de repos intéresse cependant le droit du travail puisque l'employeur a l'obligation de ménager des temps de repos au salarié. Cette obligation s'explique d'abord par le besoin de récupération de la force de travail qu'implique l'activité salariée : le salarié a besoin de repos, de loisirs, de détente, de profiter de sa vie personnelle et familiale avant de reprendre une phase de travail durant laquelle il sera d'autant plus efficace que le repos aura été réparateur. Cette obligation s'explique, surtout, par la nécessité de protéger la santé du salarié.

Sur le plan notionnel, la délimitation entre temps de travail effectif et temps de repos présente un intérêt majeur depuis la loi du 19 janvier 2000 qui a défini le temps de travail effectif à l'article L. 3121-1 du Code du travail mais s'est abstenue de définir les temps de repos. En principe, tout ce qui n'est pas du temps de travail devrait donc être, par effet de miroir, du temps de repos[60]. La chambre sociale définit pour sa part le temps de repos comme le « *temps pendant lequel le salarié est totalement dispensé d'accomplir pour son employeur une prestation de travail même si elle n'est qu'éventuelle ou occasionnelle* »[61].

Certains congés ont pour objectif de permettre le repos du salarié : tel est en particulier le cas des congés payés et, éventuellement, d'autres congés non-spécialisés tels que le congé sabbatique[62]. Outre ces congés, des temps de repos plus réguliers et plus courts sont également accordés au salarié, soit quotidiennement (A), soit hebdomadairement (B). Le chômage éventuel des jours fériés tient une place à part dans cette organisation (C).

---

60. C'est en tous les cas la position du droit de l'Union européenne. V. Dir (CE) 93/104 du Conseil du 23 nov. 1993 concernant certains aspects de l'aménagement du temps de travail qui définit le temps de repos comme « *toute période qui n'est pas du temps de travail* ».
61. Cass. soc., 10 juill. 2002, *D.* 2002, p. 3110, obs. T. Monpeyssen ; *D.* 2003, p. 935, note G. Vachet. Cette définition, adoptée à propos des temps d'astreinte, a été remise en cause par la loi du 17 janv. 2003, *cf. infra* p. 478.
62. Sur ces congés, cf. *supra* p. 315.

A. Les repos quotidien

Lors d'une journée de travail, le salarié bénéficie de deux types de repos. D'abord, il doit profiter de pauses durant l'exécution du travail (1). A la fin de sa journée de travail, il lui est garanti un temps minimal de repos qui doit s'articuler avec la question de l'amplitude journalière de travail (2).

1. LES PAUSES

L'article L. 3121-2 du Code du travail relatif aux pauses et au temps nécessaire à la restauration ne s'intéresse qu'au régime de ces moments d'interruption du travail. Par principe exclus du temps de travail effectif, ils peuvent y être réintégrés lorsque le salarié remplit les conditions de la qualification de temps de travail effectif posées par l'article L. 3121-1 du même code.

En principe donc, le temps de pause est un temps de repos. Il s'agit d'un arrêt momentané et de courte durée du travail sur le lieu de travail ou à proximité. Au contraire, la pause demeure du temps de travail effectif si le salarié est resté à la disposition de l'employeur, s'il a dû se conformer à ses directives, s'il n'a pu vaquer librement à ses obligations[63]. La brièveté de la pause, l'impossibilité de quitter l'établissement ou le fait d'être tenu de garder les vêtements de travail durant la pause ne caractérise pas, à elle seule, le maintien de la qualification de temps de travail effectif[64].

L'article L. 3121-33 précise que « *dès que le temps de travail quotidien atteint six heures, le salarié bénéficie d'un temps de pause d'une durée minimale de vingt minutes* ». Bien entendu, des dispositions conventionnelles peuvent fixer une durée de pause supérieure[65]. Le temps de pause peut faire l'objet d'une rémunération sans pour autant être qualifié de temps de travail effectif. Ce n'est que lorsque le temps de pause répond aux conditions du temps de travail effectif que les rémunérations versées en contrepartie de ces pauses sont intégrées dans l'assiette comparée au SMIC[66].

En plus de ces courtes interruptions de travail au cours de la journée, les salariés bénéficient d'un temps de repos quotidien obligatoire entre deux journées de travail.

---

63. Par ex., constitue du temps de travail effectif le fait pour des salariés de rester dans un local vitré d'où ils doivent surveiller leurs machines pour répondre et intervenir en cas d'alerte des signaux de leur poste de travail et où aucun roulement n'était mis en place pour leur remplacement, v. Cass. soc., 12 oct. 2004, *Dr. soc.* 2005, p. 102, obs. J. Savatier.
64. Cass. soc., 5 avr. 2006, *JCP* éd. S, 2006, 1425, note F. Dumont ; Cass. soc., 3 nov. 2005, n° 04-10.935 ; Cass. soc., 30 mai 2007, n° 05-44.396.
65. Le temps de pause est également majoré pour les jeunes travailleurs à hauteur de trente minutes toutes les quatre heures et demi, v. C. trav., art. L. 3162-3. V. également les dispositions dérogatoires applicables aux personnels roulants des entreprises de transport routier, ord. n° 2004-1187 du 12 nov. 2004.
66. Cf. *supra* p. 447 et s.

2. LE REPOS QUOTIDIEN MINIMAL ET L'AMPLITUDE JOURNALIÈRE

L'article L. 3131-1 du Code du travail, reprenant les termes de la directive n° 93-104, dispose que « *tout salarié bénéficie d'un repos quotidien d'une durée minimale de onze heures consécutives* »[67]. Ce repos quotidien doit être pris d'un seul tenant dans le cadre de la journée civile, soit de 0h à minuit. Les partenaires sociaux peuvent déroger à cette durée minimale, notamment lorsqu'il est nécessaire d'assurer la continuité du service dans l'entreprise, cette dérogation ne pouvant cependant pas abaisser la durée minimale de repos en deçà de neuf heures consécutives[68]. Durant ce repos, le salarié n'est plus à la disposition de l'employeur et est entièrement libre de vaquer à ses occupations.

Pour que le salarié puisse bénéficier d'un repos quotidien de onze heures consécutives sur la même journée, il importe qu'il ne s'écoule pas plus de treize heures entre le moment où il a commencé à travailler et le moment où le travail s'achève, quand bien même le travail aurait été interrompu plusieurs heures pendant la journée. C'est ce que l'on appelle l'amplitude journalière.

En principe, l'amplitude journalière doit être calculée sur une même journée civile, c'est-à-dire de 0h à minuit. C'est du moins la règle qui semblait découler d'un arrêt rendu en 2001 par la chambre sociale de la Cour de cassation[69]. Cette règle posait cependant difficulté pour les travailleurs de nuit qui, parfois, effectue leur « journée » de travail à cheval sur deux journées civiles. La règle, trop absolue, aurait pu mener à considérer qu'un salarié qui commence son travail le matin à onze heures et l'achève le lendemain à treize heures bénéficie bien d'une amplitude maximale de treize heures par journée civile alors que, potentiellement, il peut avoir travaillé près de vingt-six heures d'affilée[70].

C'est pour cette raison qu'un arrêt rendu le 23 septembre 2009 a pris en compte le particularisme des travailleurs de nuit en jugeant que l'amplitude devait être calculée comme le temps séparant la prise de poste de sa fin. Il n'est pas exclu que ce nouveau cadre de l'amplitude, formulé de manière générale par la chambre sociale, puisse désormais s'appliquer à l'ensemble des travailleurs, de jour comme de nuit[71].

---

67. Cette durée est portée à douze heures pour les travailleurs de moins de dix-huit ans, à quatorze heures pour les travailleurs de moins de seize ans, v. C. trav., art. L. 3164-1.
68. C. trav., art. D. 3131-2 et D. 3131-3. V. également les dérogations exceptionnelles en principe accordées par l'inspecteur du travail en cas de surcroît d'activité ou de nécessité de réalisation de travaux urgents, C. trav., art. D. 3131-4 et D. 3131-5.
69. Cass. soc., 18 déc. 2001, *Dr. soc.* 2002, p. 353, obs. J. Barthélémy.
70. Cette présentation est volontairement caricaturale pour permettre de percevoir la difficulté posée. En réalité, les durées quotidiennes maximales de travail ne peuvent jamais excéder douze heures. Cependant l'amplitude, rappelons-le, doit tenir compte des temps d'interruption, de coupure, durant la journée de travail.
71. Cass. soc., 23 sept. 2009, *RDT* 2010, p. 144, note M. Véricel ; *Lexbase hebdo*, éd. soc., n° 368, 22 oct. 2009 et les obs.

En cas de dépassement de l'amplitude journalière maximale ou de non-respect du temps de repos quotidien minimal, l'employeur s'expose à une contravention de quatrième classe prévue à l'article R. 3124-3 du Code du travail. Sur le plan civil, le salarié est en droit de percevoir une indemnisation en cas de non-respect de ces durées, l'employeur ne pouvant lui opposer les dispositions d'un accord de branche autorisant des dépassements de l'amplitude journalière maximale, ces dispositions conventionnelles étant contraires aux seuils fixés par le droit de l'Union européenne[72].

Le salarié bénéficie également d'un repos hebdomadaire.

B. Le repos hebdomadaire

L'article L. 3132-1 du Code du travail dispose qu'« *il est interdit de faire travailler un même salarié plus de six jours par semaine* »[73]. Cette règle, qui garantit un minimum de repos hebdomadaire au salarié, trouve ses origines dans les différentes religions qui ménagent toutes un jour de repos de repos hebdomadaire consacré au culte. Compte tenu de l'influence du christianisme sur les origines du droit français, ce jour est fixé au dimanche depuis la loi Sarrien du 13 juillet 1906[74]. « *Dans l'intérêt des salariés* », le repos hebdomadaire est en principe donné le dimanche[75]. Il correspond donc à un jour calendaire de repos auquel s'ajoutent les onze heures de repos quotidien qui doivent s'intercaler entre la journée de travail et la journée de repos, si bien que le salarié bénéficie en réalité d'un repos consécutif de trente-cinq heures.

Le principe souffre pourtant de très nombreuses exceptions ou dérogations, lesquelles ont paradoxalement été renforcées par la loi n° 2009-974 du 10 août 2009 pourtant sensée réaffirmer « le principe du repos dominical »[76]. Il convient cependant de distinguer les dérogations, peu nombreuses, à l'exigence d'un jour de repos effectif par semaine et les exceptions, pléthoriques, au principe selon lequel ce repos est attribué le dimanche.

Les dérogations au repos hebdomadaire sont de deux ordres. Elles peuvent être permanentes à l'égard de salariés employés dans certains secteurs d'activité tels que le

72. Cass. soc., 28 sept. 2010, n° 09-41.276.

73. La règle est également garantie par la convention n° 14 de l'OIT sur le repos hebdomadaire dans les établissements industriels, par la convention n° 106 de l'OIT sur le repos hebdomadaire dans les commerces et les bureaux.

74. Le dimanche avait, en réalité, déjà été déterminé comme jour de repos hebdomadaire durant la Restauration. Sur l'histoire du repos dominical, v. R. Beck, *Histoire du dimanche : de 1700 à nos jours,* éd. de l'Atelier, 1997.

75. C. trav., art. L. 3132-3.

76. Loi n° 2009-974 du 10 août 2009 réaffirmant le principe du repos dominical et visant à adapter les dérogations à ce principe dans les communes et zones touristiques et thermales ainsi que dans certaines grandes agglomérations pour les salariés volontaires, *JCP* éd. E, 2009, 1912, M. Morand ; *Dr. ouvrier* 2010, p. 22, M. Poirier ; *RDT* 2009, p. 573, M. Véricel.

nettoyage des locaux industriels et de maintenance[77], le gardiennage[78], les ports, débarcadères et stations[79] ou, encore, les établissements industriels fonctionnant en continu[80]. Dans ces cas de figure, le repos est reporté sous forme de repos compensateur, parfois majoré. Elles peuvent être temporaires, notamment en cas de travaux urgents[81], d'activité saisonnière[82], de traitement de matière périssables ou de surcroît extraordinaire de travail[83].

Les dérogations au repos dominical sont bien plus nombreuses.

– Dérogations légales

Il existe, d'abord, des dérogations légales. Cela est le cas, de manière permanente, pour les entreprises visées par l'article L. 3132-12 du Code du travail et dont l'activité est continue. La très longue liste des activités concernées est établie aux articles R. 3132-5 et suivants du Code du travail. Une autre dérogation permanente profite aux entreprises de commerce de détail alimentaire dans lesquelles le repos hebdomadaire peut être donné le dimanche à partir de treize heures[84].

Parmi les dérogations légales, figure également celle prévue par l'article L. 3132-20 du Code du travail pour les entreprises dans lesquelles le repos dominical simultané de tous les salariés serait préjudiciable au public ou compromettrait le fonctionnement normal de l'entreprise. Cette dérogation ne peut être accordée que par le Préfet. Les salariés bénéficient d'un jour de repos compensateur.

Une autre dérogation légale, qui existait avant la loi du 10 août 2009, a été sensiblement assouplie par cette réforme. En effet, l'article L. 3132-25 du Code du travail prévoit la faculté de déroger au repos dominical dans « *les établissements de vente au détail situés dans les communes d'intérêt touristique ou thermales et dans les zones touristiques d'affluence exceptionnelle ou d'animation culturelle permanente* ». Avant l'adoption de la loi, tous les établissements de vente au détail n'étaient pas concernés, il était exigé que ceux-ci « *mettent à la disposition du public des biens et des services destinés à faciliter son accueil ou des activités de détente ou de loisirs d'ordre sportif, récréatif ou culturel* »[85].

---

77. C. trav., art. L. 3132-8.
78. C. trav., art. L. 3132-11.
79. C. trav., art. L. 3132-6.
80. C. trav., art. L. 3132-10.
81. C. trav., art. L. 3132-4. La dérogation est soumise à l'autorisation de l'inspecteur du travail et donne lieu à repos compensateur.
82. C. trav., art. L. 3132-7. Un repos minimum de deux jours par mois doit être accordé au salarié.
83. C. trav., art. L. 3132-5, sous réserve à nouveau de l'autorisation de l'inspecteur du travail.
84. C. trav., art. L. 3132-13. Avant la réforme de 2009, cette dérogation ne permettait de donner le repos qu'à partir de midi. La privation du repos le dimanche matin donne lieu à repos compensateur.
85. Cette condition avait permis d'annuler un arrêté préfectoral autorisant cette dérogation pour une boutique des Champs-Elysées dont l'activité principale ne relevait pas de tels services aux touristes… V. CE 1° et 6° s-s-r., 11 mars 2009, n° 308874, *Lexbase hebdo*, éd. soc., n° 344, 2 avr. 2009 et les obs. Il

Toujours au titre des dérogations légales, on trouve celle établie par l'article L. 3132-26 qui autorise le maire d'une commune à supprimer cinq dimanches de repos hebdomadaire par an pour les commerces de détail. Cette dérogation est généralement accordée pour les dimanches précédant les fêtes de fin d'année. Cette privation fait l'objet d'un repos compensateur.

Enfin, la loi du 10 août 2009 a créé une nouvelle dérogation au repos dominical dans les « *périmètres d'usage de consommation exceptionnel* » (dits PUCE). Il s'agit de permettre, dans de vastes périmètres urbains, le travail dominical lorsqu'il y existe un usage de consommation exceptionnel « *caractérisé par des habitudes de consommation dominicale* », par « *l'importance de la clientèle concernée » et par « l'éloignement de celle-ci de ce périmètre* ». Cette nouvelle dérogation donne le désagréable sentiment de légaliser des situations d'ouvertures dominicales illicites qui ont justement permis de faire naître cet usage[86].

Les dérogations préfectorales de l'article L. 3132-20 et la dérogation relative aux PUCE de l'article L. 3132-25-1 du Code du travail font l'objet d'un régime juridique qui leur est spécifique. Ainsi, pour l'une comme pour l'autre de ces exceptions, un accord collectif doit fixer les contreparties accordées aux salariés privés du repos dominical, une décision unilatérale de l'employeur sur avis du comité d'entreprise pouvant pallier la carence d'accord, mais dans ce cas, le salarié doit au minimum percevoir une rémunération double lorsqu'il travaille le dimanche. Surtout, l'article L. 3132-25-4, al. 2, du Code du travail, prévoit que « *seuls les salariés volontaires ayant donné leur accord par écrit à leur employeur peuvent travailler le dimanche sur le fondement d'une telle autorisation* ». Le refus d'un salarié de travailler le dimanche ne peut, en théorie, être pris en compte pour refuser de l'embaucher ou pour lui faire subir une mesure discriminatoire[87]. Ces disparités entre les différentes dérogations ont fait l'objet d'une saisine du Conseil constitutionnel qui n'a pas vu là de rupture d'égalité entre les travailleurs du dimanche…[88]

---

est probable, compte tenu de la nouvelle rédaction de l'article L. 3132-25 du Code du travail, qu'un arrêté préfectoral autorisant l'ouverture de cette boutique serait aujourd'hui jugé valable.

86. On se souviendra de l'affaire de la zone commerciale de Plan-de-campagne et de l'ampleur des ouvertures dominicales illicites de cette zone, v. CAA marseille, 2e, 6 janv. 2004, *Dr. soc.* 2004, p. 536, note A. Bugada.

87. La référence faite par ce texte aux discriminations aurait pu être transposée à l'article L. 1132-1 du Code du travail relatif aux discriminations. Si cela n'a pas été le cas, c'est, probablement, parce que seules ces deux situations sont protégées, sans que l'on soit raisonnablement en mesure de donner une explication logique à ce traitement préférentiel…

88. V. Bernaud, « Travail dominical : le Conseil constitutionnel sacrifie la protection du salarié sur l'autel de la consommation », *Dr. soc.* 2009, p. 1081.

– Dérogations conventionnelles

Les articles L. 3132-14 et L. 3132-16 du Code du travail prévoient, pour les industries et les entreprises industrielles, la faculté de conclure un accord ou une convention collective destiné à organiser le travail de façon continue « *pour des raisons économiques* » et d'attribuer ainsi le repos hebdomadaire par roulement ou de mettre en place une « *équipe de suppléance* » destinée à remplacer les autres salariés durant leurs jours de repos.

Les salariés constituant l'équipe de suppléance bénéficient en principe d'un régime favorable. Ainsi, l'accord doit déterminer les moyens de mise en œuvre de la formation professionnelle de ces salariés et envisager les modalités permettant au salarié d'occuper un autre emploi que celui de suppléance. Cependant, à défaut d'accord, l'employeur peut tout de même instituer des équipes de suppléance, à condition d'avoir consulté les délégués syndicaux et le comité d'entreprise[89]. Enfin, les salariés de l'équipe de suppléance bénéficient d'une rémunération majorée d'au moins 50 % par rapport à celle qui serait due pour une durée équivalente effectuée dans des conditions d'horaire normal de travail.

A l'issue de ces développements, il ressort assez nettement que les très nombreuses exceptions au principe du repos dominical finissent par interroger sur la persistance du principe pourtant réaffirmé par la loi de 2009. Le sentiment laissé par cette véritable jungle de dérogations est confirmé par les études statistiques puisqu'une une étude de l'INSEE réalisée en 2008 montrait qu'environ 30 % des salariés français travaillent de manière habituelle ou occasionnelle le dimanche[90]. Les appels répétés à l'assouplissement du principe ont donc peu à peu produit leurs effets[91]. Au-delà de l'argument religieux qui ne peut être avancé de manière générale pour contester ces exceptions, c'est surtout le caractère structurant de la vie personnelle et familiale du dimanche chômé qui aurait dû peser contre les dérogations.

A coté des repos quotidien et hebdomadaire figurent d'autres temps de repos un peu particulier que sont les jours fériés.

---

89. Une telle consultation des délégués syndicaux, fréquente en pratique, n'est que rarement institutionnalisée dans le Code du travail et témoigne, à nouveau, de la confusion des rôles des représentants du personnel dans l'entreprise.

90. « L'enquête emploi en continu 2007 », Insee Résultats, n° 87, oct. 2008, intégrant un tableau statistique sur les actifs occupés le dimanche selon le secteur d'activité.

91. Sur le plan doctrinal, v. F. Favennec-Héry, B. Grassi, « Rigueur et incertitudes du principe du repos dominical », *Dr. soc.* 1993, p. 336. Auprès des pouvoirs publics, v. le *Rapport de la Commission pour la libération de la croissance française : 300 décisions pour changer la France*, dit Rapport Attali, janv. 2008.

C. Les jours fériés

L'article L. 3132-1 du Code du travail dresse une liste de onze jours fériés dans notre calendrier : 1er janvier, lundi de Pâques, 1er mai, 8 mai, Ascension, lundi de Pentecôte, 14 juillet, 15 août, 1er novembre, 11 novembre et 25 décembre[92].

Malgré cette liste et contrairement à une idée préconçue, ces jours fériés ne sont pas par principe des jours de repos à l'exception du 1er mai qui est nécessairement chômé[93]. Cependant, cette règle de principe est sérieusement atténuée par la négociation collective qui prévoit souvent le chômage de tout ou partie des jours fériés prévus par le Code du travail.

Le chômage du 1er mai ne peut être la cause d'une réduction de salaire. Le repos est donc rémunéré comme si le salarié avait travaillé, ce qui exclut par contrepoint la rémunération du 1er mai lorsque celui-ci tombe un jour habituellement chômé (un dimanche par exemple)[94]. Si, en principe, le 1er mai est chômé, le Code du travail prévoit malgré tout des exceptions dans les établissements et les services qui, en raison de la nature de leur activité, ne peuvent interrompre le travail[95]. Dans ce cas, le salarié occupé le 1er mai percevra une rémunération doublée. Cette règle est d'ordre public, si bien que l'employeur ne peut substituer à cette rémunération un repos compensateur[96].

Le chômage des autres jours fériés est étroitement dépendant des dispositions conventionnelles applicables à l'entreprise. Si une telle mesure est en vigueur, le Code du travail interdit la récupération par l'employeur des heures chômées[97] alors qu'en revanche, les heures perdues du fait de l'octroi d'un « pont » peuvent, elles, être récupérées[98]. A l'exception du 1er mai, le salarié qui travaille durant un jour férié non chômé n'a en principe droit à aucune majoration de salaire, quoique, là encore, les dispositions conventionnelles prévoient fréquemment la majoration du taux horaire ou le versement de « primes de férié ».

Une situation un peu particulière, résultant du caractère flottant de certains jours fériés dans notre calendrier, peut apparaître lorsque deux jours fériés coïncident. Cela fut le cas en 1997 pour le 8 mai et l'Ascension ou en 2007 pour le 1er mai et l'Ascension.

---

92. Certaines régions ou professions comportent, par législation spéciale ou usage professionnel, d'autres jours fériés. Tel est le cas, par exemple, de l'Alsace et de la Moselle du vendredi saint et du 26 décembre ou, encore, dans certaines collectivités d'Outre-mer, de jours de commémoration de l'abolition de l'esclavage. S'agissant de règles professionnelles, la métallurgie fait de la Saint-Eloi (1er décembre) un jour férié, tout comme le secteur minier pour la Saint-Barbe (4 décembre).
93. C. trav., art. L. 3133-4.
94. C. trav., art. L. 3133-5.
95. C. trav., art. L. 3133-6.
96. Cass. soc., 30 nov. 2004, *RJS* 2005, p. 121.
97. C. trav., art. L. 3133-2.
98. C. trav., art. L. 3122-27 et R. 3122-4.

A condition que les deux jours fériés qui coïncident soient tous deux des jours chômés, l'Administration du travail[99] comme la chambre sociale de la Cour de cassation[100] exigent que le salarié bénéficie d'un jour de repos compensateur ultérieur pour compenser la perte d'un jour chômé.

En principe, les différents temps du salarié devraient se répartir sur un schéma binaire : temps de travail ou temps de repos. Cependant, certaines dispositions spécifiques du droit de la durée du travail ont introduit des zones grises qui ne sont ni véritablement du temps de travail, ni véritablement du temps de repos : ce sont les temps atypiques.

3 LES TEMPS ATYPIQUES

La principale exception au caractère binaire des temps du salarié est caractérisée par le système des astreintes (A). Une autre technique, utilisée à titre principal en vue d'instituer des forfaits de rémunération du temps de travail remet également en cause, à titre accessoire, la distinction entre temps de travail et temps de repos : il s'agit des horaires d'équivalence (B).

A. Les astreintes[101]

L'astreinte obéit à une logique un peu différente de celle qui gouverne les temps présentés jusqu'ici. Le salarié, durant l'astreinte, adopte une position intermédiaire entre le travail et le repos. A proprement parler, le salarié ne travaille pas, il se tient seulement à la disposition de l'employeur qui peut, à tout moment, requérir son intervention, auquel cas cette intervention sera qualifiée de temps de travail effectif. Si aucune intervention ne lui est demandée, le salarié sera resté au repos, repos perturbé il est vrai par l'expectative dans laquelle le salarié se trouve du fait d'une hypothétique demande d'intervention[102].

La loi du 19 janvier 2000 a introduit une définition légale de l'astreinte dans le Code du travail. Ainsi, l'article L. 3121-5 dispose qu'« *une période d'astreinte s'entend comme une période pendant laquelle le salarié, sans être à la disposition permanente et immédiate de l'employeur, a l'obligation de demeurer à son domicile ou à proximité afin d'être en mesure d'intervenir pour accomplir un travail au service de l'entre-*

99. DGT, note n° 2008-02 du 16 janv. 2008.

100. Cass. soc., 21 juin 2005, n° 03-17.412.

101. J.- E. Ray, « Les astreintes, un temps du troisième type », *Dr. soc.* 1999, p. 250.

102. Cette particularité du droit français reste difficilement compatible avec la vision binaire du temps de travail adoptée par le droit de l'Union européenne, v. not. CJCE 9 sept. 2003, *Jaeger*, aff. C-151/02, *RJS* 2003, p. 942, obs. J.-Ph. Lhernould.

prise ». Le régime juridique de l'astreinte a, pour sa part, été développé par la loi du 17 janvier 2003[103].

Lorsque le temps d'astreinte ne répond pas aux critères du temps de travail effectif établis par l'article L. 3121-1 du Code du travail, l'intégralité du temps passé par le salarié est considéré comme du temps de repos pris en compte, à ce titre, dans le calcul des durées minimales de repos quotidien ou hebdomadaire[104]. Ainsi, la période durant laquelle les salariés restent à leur domicile et peuvent être joints par l'employeur, notamment par le biais de moyens de téléphonie mobile mis à leur disposition pour effectuer une intervention urgente, sont placés dans une situation d'astreinte[105]. De la même manière, l'obligation pour un salarié de demeurer durant la nuit dans son logement de fonction, situé au sein de l'entreprise, afin d'intervenir en cas d'urgence, sans que cela ne l'empêche de vaquer librement à ses occupations, caractérise une situation d'astreinte[106].

Au contraire, diverses situations seront requalifiées en temps de travail effectif lorsque le salarié sera resté à la disposition de l'employeur sans pouvoir vaquer à ses occupations. Tel est le cas, par exemple, du temps de présence de salariés tenus de rester dans les locaux imposés par l'employeur et situés à proximité immédiate de leur lieu de travail afin de répondre sans délai à toute demande d'intervention sans pouvoir vaquer à leurs occupations personnelles[107]. Tel est, encore, le cas du salarié qui assume le soir et la nuit les fonctions attribuées pendant la journée à un autre membre du personnel spécialement affecté à la réception des appels d'urgence[108].

Quoiqu'il en soit, le temps d'intervention et le temps de déplacement pour se rendre du domicile au lieu de travail durant une astreinte constituent du temps de travail effectif[109]. L'intervention d'un salarié durant une astreinte donne lieu, en théorie, à une nouvelle période de repos quotidien de onze heures consécutives[110]. Les astreintes ne peuvent, en principe, être mises en place que par la voie d'un accord collectif étendu ou d'un accord collectif d'entreprise ou d'établissement[111]. A défaut d'accord, l'employeur peut néanmoins instituer des astreintes dans l'entreprise après avoir recueilli l'avis des représentants du personnel. Dans l'un comme dans l'autre de ces deux cas, la soumission du salarié à des astreintes doit faire l'objet d'une compensation sous forme financière ou de repos compensateur. Si le montant de cette contrepartie n'a pas été

---

103. Loi n° 2003-47 du 17 janv. 2003 relative aux salaires, au temps de travail et au développement de l'emploi.
104. C. trav., art. L. 3121-6.
105. Cass. soc., 10 juill. 2002, *D.* 2002, p. 3110, obs. T. Monpeyssen et *D.* 2003, p. 935, note G. Vachet.
106. Cass. soc., 12 mars 2008, n° 06-44.928.
107. Cass. soc., 2 avr. 2003, n° 01-40.032.
108. Cass. soc., 9 nov. 2010, *JCP* éd. S 2010, 1550, obs. T. Lahalle ; *D.* act., 25 nov. 2010, obs. J. Siro.
109. C. trav., art. L. 3121-5, al. 2, pour le temps d'intervention ; Cass. soc., 31 oct. 2007, *Dr. soc.* 2008, p. 248, obs. Ch. Radé pour le temps de déplacement.
110. Circ. DRT n° 06 du 14 avr. 2003, fiches techniques relatives au SMIC et au temps de travail, fiche n° 8.
111. C. trav., art. L. 3121-7.

déterminé par voie conventionnelle, le montant de celle-ci est apprécié souverainement par les juges du fond[112].

Les astreintes font actuellement l'objet d'une jurisprudence pour le moins subtile s'agissant de la question de leur suppression. Un employeur peut-il, unilatéralement, supprimer des astreintes auxquelles les salariés étaient soumis ? *A priori*, les astreintes constituant des sujétions pour les salariés, leur suppression semble leur être favorable si bien que leur accord ne devrait pas être nécessaire. Cependant, l'existence de contreparties obligatoires peut leur apporter un complément substantiel de rémunération. Après avoir jugé en 2008 que la perte de primes d'astreinte régulièrement perçues depuis neuf ans constituait une modification du contrat de travail[113], la chambre sociale de la Cour de cassation semble avoir récemment fait un pas en arrière en jugeant cette fois que lorsqu'une astreinte est une sujétion liée à une fonction et que le titulaire de cette fonction n'y est pas systématiquement soumis, sa suppression par l'employeur ne constitue pas une modification du contrat de travail[114]. Ce débat ne va pas sans rappeler celui qui entoure la renonciation unilatérale de l'employeur au bénéfice d'une clause de non-concurrence[115] et illustre, aux côtés des problèmes de qualification de l'astreinte, les difficultés posées par ce temps atypique.

Un autre temps de travail pose un certain nombre de difficultés quant à sa qualification de temps de travail : les horaires d'équivalence.

B. Les horaires d'équivalence

L'article L. 3121-9 du Code du travail prévoit qu'une durée du travail équivalente à la durée légale peut être instituée dans les professions et pour des emplois déterminés comportant des périodes d'inaction. Le cas le plus topique est probablement celui des chauffeurs routiers[116]. Un décret adopté à la suite d'une convention collective de branche peut en effet assimiler à une durée de trente-cinq heures de travail une durée effective de mise à disposition du salarié plus longue, constituée pour partie de travail effectif (temps de conduite), de temps d'attente (par exemple les temps de déchargement de camions) voire de temps de quasi-repos (temps de pause exigés entre deux périodes de conduite). De cette manière, un salarié qui sera en réalité resté à la disposition de l'employeur une quarantaine d'heures ne sera rémunéré que sur la base de trente-cinq heures de temps de travail effectif.

---

112. Cass. soc., 10 mars 2004, n° 01-46.369.
113. Cass. soc., 19 juin 2008, *JCP* éd. S, 2009, 1067, obs. B. Bossu.
114. Cass. soc., 13 juill. 2010, *Lexbase hebdo*, éd. soc., n° 406, 2 sept. 2010 et les obs. ; *JCP* éd. S 2010, 1365, note M. Morand et le titre évocateur de ses observations : « *Il y a astreinte et astreinte !* »
115. Cf. *supra* p. 263.
116. D. n° 2009-32 du 9 janv. 2009 relatif à la durée du travail dans les entreprises de transport.

Sauf accord ou usage plus favorable, les heures d'équivalence, c'est-à-dire les heures effectuées au-delà de trente-cinq heures mais en deçà de l'horaire d'équivalence, ne donnent pas lieu à rémunération[117]. En outre, le seuil de déclenchement des heures supplémentaires est lui aussi déplacé au niveau de l'horaire d'équivalence et non de la durée légale hebdomadaire.

Cette vision du temps de travail entre à nouveau en conflit avec la qualification binaire préconisée par le droit de l'Union européenne[118], si bien que le droit français a dû s'adapter et comptabiliser l'intégralité des heures effectuées pour s'assurer du respect des durées maximales de temps de travail, des durées minimales de repos[119] et, même, du respect des exigences liées à l'amplitude journalière[120].

117. Sur la « saga » de la rémunération des heures d'équivalence dans le secteur médico-social, v. « Horaires d'équivalence dans le secteur médico-social : épilogue ? », note sous Cass. soc., 5 juin 2008, *Lexbase hebdo*,. éd. soc., n° 309, 19 juin 2008. V. également Ch. Radé, « La Cour de cassation et l'article 1er du protocole additionnel n° 1 à la CESDH : la saga continue dans le secteur des établissements et services sociaux et médico-sociaux à but non lucratif », note sous Cass. soc., 24 nov. 2010, *Lexbase hebdo*, éd. soc., n° 420, 9 déc. 2010.

118. CJCE 1er déc. 2005, *Dellas*, *D.* 2006, p. 1722, note M. Miné.

119. Cass. soc., 26 mars 2008, *RJS* 2008, p. 400, rapp. H. Gosselin ; *JCP* éd. S 2008, 1394, note F. Dumont.

120. Cass. soc., 23 sept. 2009, *RDT* 2010, p. 114, note M. Véricel.

LEXIQUE

Convention de forfait : La convention de forfait peut se définir comme un accord entre l'employeur et le salarié visant à rémunérer de manière forfaitaire un temps de travail défini en heures ou, dans certains cas, en jours. Initialement réservées aux cadres, les conventions de forfait ont été libéralisées par la loi du 20 août 2008 et sont désormais utilisables pour des salariés disposant d'une certaine autonomie. Les conventions de forfait doivent, cependant, être encadrées par la négociation collective d'entreprise.

Heures supplémentaires : Les heures supplémentaires sont des heures de travail effectuées au-delà de la durée légale de travail ou, le cas échéant, au-delà d'un horaire équivalent à cette durée légale. Les heures supplémentaires donnent lieu à une majoration de rémunération défiscalisée et exonérée de cotisations sociales. Elles ne doivent pas être confondues avec les heures complémentaires effectuées par le salarié à temps partiel au-delà de la durée de travail contractuellement convenue.

Horaire d'équivalence : Les horaires d'équivalence sont, en principe, des durées hebdomadaires de travail considérées comme équivalentes à la durée légale et qui intègrent des temps d'inaction du salarié durant lesquels celui-ci n'est pourtant pas libre de vaquer à ses occupations et demeure à la disposition de l'employeur. Les horaires d'équivalence doivent être mis en place par voie réglementaire et les secteurs d'activité concernés sont, notamment, le transport routier, le secteur médico-social ou, encore, l'hôtellerie-restauration.

Temps de travail effectif : Le temps de travail effectif est celui durant lequel le salarié est à la disposition de l'employeur et se conforme à ses directives sans pouvoir vaquer librement à ses occupations personnelles. Le calcul du temps de travail effectif est essentiel pour la détermination du respect des durées maximales de travail et minimales de repos, ainsi que pour établir la rémunération du salarié avec laquelle il est le plus souvent corrélé.

Travailleur de nuit : Est considéré comme travailleur de nuit tout salarié qui travaille au moins deux fois par semaine et de manière habituelle trois heures entre 21h et 6h. Est également considéré comme travailleur de nuit le salarié qui travaille, sur une période de douze mois, au moins 270 heures de nuit.

▷ EXERCICES

Sujet 1 DISSERTATION : QUE RESTE-T-IL DES 35 HEURES ?

Introduction

La durée hebdomadaire de travail, aujourd'hui encore fixée à 35 heures par semaine, a déchaîné les passions politiques dans notre pays. Dès l'annonce par le Gouvernement Jospin, en 1997, de la réduction du temps de travail à 35 heures, se sont opposées deux visions radicalement opposées du temps de travail et de son influence sur l'économie de notre pays (*encore aujourd'hui, v. F. Favennec-Héry, M. Miné, « Faut-il abroger la durée légale du travail ? », RDT 2008, p. 282*).

Ceux qui soutenaient la mesure arguaient principalement de deux arguments. D'abord, la réduction du temps de travail serait une mesure destinée à lutter contre le chômage, selon l'idée simple que la réduction du temps de travail mènerait au partage du travail et, nécessairement, à l'embauche de demandeurs d'emploi. Ensuite, que la réduction du temps de travail constituait une avancée sociale au même titre que la création des congés payés en 1936 ou l'instauration du repos dominical en 1906, avancée qui pourrait être mise à profit pour les loisirs, la culture, la vie familiale.

Ceux qui contestaient la mesure soutenaient pour leur part que la croissance économique d'un pays dépend étroitement de la productivité de ses travailleurs, si bien que la réduction du temps de travail devait nécessairement avoir pour effet d'affaiblir notre économie. A cela s'ajoutait un doute sur la réalité de la création d'emploi et un risque de blocage des salaires dont il ne peut être nié qu'il ait bien eu lieu.

Les « trente-cinq » heures ont été instituées par deux lois dites Aubry I (*loi n° 98-461 du 13 juin 1998 d'orientation et d'incitation relative à la réduction du temps de travail dite « Loi Aubry I »*) et Aubry II (*loi n° 2000-37 du 19 janv. 2000 relative à la réduction négociée du temps de travail dite « Loi Aubry II »*). Au 1er janvier 2002, les entreprises françaises devaient avoir réduit leur durée hebdomadaire de travail de 39 à 35 heures. La réduction du temps de travail est intervenue sur injonction de ces lois mais par le biais d'accords de réduction du temps de travail (*ARTT*).

Dès l'origine, cette durée hebdomadaire de travail n'a constitué qu'un temps de référence, un temps de déclenchement des heures supplémentaires. Il a toujours été permis à un employeur de dépasser ce seuil et d'exiger de ses salariés qu'ils travaillent davantage. Pour autant, les voix ne se sont jamais tues et ont toujours réclamé l'abrogation des trente-cinq heures. De nombreuses réformes se sont succédé en matière de temps de travail, les plus significatives étant probablement la loi Fillon du 17 janvier 2003 (*loi n° 2003-47 du 17 janv. 2003 relative aux salaires, au temps de travail et au développement de l'emploi*), la loi TEPA (*loi n° 2007-1223 du 21 août 2007 en faveur du travail, de l'emploi et du pouvoir d'achat. V. F. Favennec-Héry, « Feu vert pour la détaxation des heures supplémentaires et complémentaires », JCP éd. S, 2007, 1665*) et, en dernier lieu, la loi du 20 août 2008 (*loi n° 2008-789 du 20 août 2008 portant rénovation de la démocratie sociale et réforme du temps de travail*). Chacune à sa manière, ces différentes lois ont assoupli les règles relatives au temps de travail. Ont-elles, pour autant, remis véritablement en cause les trente-cinq heures ?

L'étude des dispositions législatives relatives au temps de travail permet d'apporter à cette question une réponse dépourvue d'ambiguïté : sur le principe, les trente-cinq heures n'ont en aucun cas été remises en cause. Sur le principe… Car il est vrai que les exceptions, véritables ou symboliques, se sont multipliées, si bien qu'il est aujourd'hui quasiment toujours possible pour un employeur de contourner la durée hebdomadaire légale.

C'est pour ces raisons qu'il conviendra d'étudier le maintien du principe de la durée légale hebdomadaire de travail de trente-cinq heures (I) avant d'envisager l'expansion des exceptions à la durée légale hebdomadaire de travail de trente-cinq heures (II).

I. Le maintien du principe de la durée légale hebdomadaire de travail de trente-cinq heures

La durée hebdomadaire de trente-cinq heures instituée par les lois Aubry n'a pas disparu ! Bien au contraire, les trente-cinq heures demeurent la durée de travail de référence par principe (A) et leur effet principal ne tient qu'au déclenchement des heures supplémentaires (B).

A. Trente-cinq heures, durée légale hebdomadaire par principe

- Idée : la durée hebdomadaire de travail de principe est fixée par le Code du travail à 35 heures.
- C. trav., art. L. 3121-10 : « La durée légale du travail effectif des salariés est fixée à trente-cinq heures par semaine civile », c'est-à-dire du lundi 0h au dimanche minuit (*la définition de la semaine peut être modifiée par accord collectif, v. C. trav., art. L. 3122-1*).
- Le passage des entreprises françaises à trente-cinq heures est intervenu en deux temps
- D'abord, les entreprises de plus de vingt salariés étaient tenues de réduire le temps de travail à compter du 1er janvier 2000.
- Ensuite, les PME de moins de vingt salariés bénéficiaient d'un délai supplémentaire et étaient tenues de réduire leur temps de travail à trente-cinq heures au plus tard au 1er janvier 2002.
- Cette durée légale est aujourd'hui généralisée et s'applique à l'ensemble des

employeurs de droit privé, quelle que soit leur forme juridique, ainsi qu'aux établissements publics industriels et commerciaux (*C. trav., art. L. 3111-1*).

B. Trente-cinq heures, seuil de déclenchement des heures supplémentaires

- Idée : Rôle quasi-exclusif des trente-cinq heures : déclenchement des heures supplémentaires
- La durée légale de travail n'a cependant jamais (*ou presque*) constitué une durée infranchissable (*v. A. Jeammaud, « La notion de durée légale du travail », Dr. soc. 1981, p. 441*).
- Le dépassement de la durée légale de trente-cinq heures enclenche l'application des règles relatives aux heures supplémentaires.
- Cette règle est énoncée par l'article L. 3121-15 du Code du travail : « les heures prises en compte pour le calcul du contingent annuel d'heures supplémentaires sont celles accomplies au-delà de la durée légale ».
- Cela explique en outre que, comme la durée légale, les heures supplémentaires soient décomptées, en principe, par semaine civile (*C. trav., art. L. 3121-20*). Un accord d'entreprise ne peut d'ailleurs déroger à cette règle pour calculer les heures supplémentaires sur une période de douze semaines consécutives (*Cass. soc., 5 avr. 2008, JCP éd. S 2006, 1425, note F. Dumont*).
- Y compris dans les entreprises dans lesquelles une durée hebdomadaire supérieure à la durée légale peut être instituée, la rémunération des salariés tient compte de la durée légale pour majorer les heures effectuées au-delà de trente-cinq heures (*C. trav., art. L. 3121-23*).
- La durée légale de trente-cinq heures ne sert pas uniquement à déclencher les heures supplémentaires, elle permet de caractériser le travail à temps partiel : C. trav., art. L. 3123-1 : « est considéré comme salarié à temps partiel le salarié dont la durée du travail est inférieure : 1° A la durée légale du travail (...) ».
- La durée légale sert de limite au nombre d'heures complémentaires qui peuvent être effectuées par un salarié à temps partiel puisqu'en aucun cas « les heures complémentaires ne peuvent avoir pour effet de porter la durée du travail accomplie par un salarié au niveau de la durée légale du travail » (*C. trav., art. L. 3123-17. Adde., Cass. soc., 5 avr. 2006, RDT 2006, p. 22, obs. B. Lardy-Pélissier*).
- Enfin, le non-respect de la durée légale de travail peut être justifié par le régime juridique du chômage partiel, l'employeur pouvant demander à ses salariés de réduire temporairement leur horaire de travail en-deçà de trente-cinq heures sans que cela ne constitue une modification de leur contrat de travail (*Cass. soc., 9 mars 1999, Dr. soc. 1999, p. 630, obs. P.- H. Antonmattei*).

Toutes ces règles sont demeurées inchangées. Les trente-cinq heures demeurent sans conteste la durée hebdomadaire légale permettant de caractériser les heures supplémentaires ou le travail à temps partiel. Pour autant, les nombreuses réformes successives du temps de travail ont chacune porté leur lot d'exceptions à la durée légale hebdomadaire de trente-cinq heures.

II. L'expansion des exceptions à la durée légale hebdomadaire de travail de trente-cinq heures

Les lois successives intervenues en matière de temps de travail n'ont jamais remis en cause le principe de la durée hebdomadaire de trente-cinq heures. Cependant, des exceptions de plus en plus nombreuses se sont développées et ont été libéralisées. S'il existe de véritables exceptions à la durée légale hebdomadaire (A), d'autres exceptions sont sensiblement plus symboliques (B).

A. Les exceptions véritables à la durée légale hebdomadaire de trente-cinq heures

- Idée : Existence de véritables exceptions par le biais de l'aménagement du temps de travail et des conventions de forfait
- L'aménagement du temps de travail et le régime juridique des conventions de forfait ont été sérieusement aménagés par la loi du 20 août 2008.
- S'agissant de l'aménagement du temps de travail, les systèmes de modulation, d'annualisation et de travail par cycle institués par les lois Aubry ont été abrogés.
- Ils ont été remplacés par un système unique d'« aménagement » du temps de travail qui permet la répartition du temps de travail sur une période supérieure à la semaine et au plus égale à l'année (*C. trav., art. L. 3122-1 et s.*).
- De cette manière, la durée légale du travail peut être calculée non plus sur la semaine mais sur le mois ou sur l'année. Les modalités de calcul doivent être déterminées par accord collectif d'entreprise ou d'établissement ou, à défaut, par accord de branche.
- Techniquement, cette mesure permet de faire travailler un salarié plus de trente-cinq heures par semaine sans pour autant que le régime des heures supplémentaires soit déclenché. En effet, le régime des heures supplémentaires ne s'appliquera que si le temps de travail sur la période de référence est dépassé. Malgré tout, la référence à la durée légale n'est pas totalement abandonnée puisque le temps permettant le déclenchement des heures supplémentaires sera calculé, en moyenne, par référence à la durée légale de trente-cinq heures (*C. trav., art. L. 3122-4*).
- De manière nettement plus symbolique, la loi du 20 août 2008 a également abrogé les dispositifs de récupération du temps de travail, les fameux RTT. Le dispositif ne disparaît pas totalement pour autant puisque les entreprises couvertes par un accord de réduction du temps de travail instituant ces repos compensateurs demeurent soumises à de tels accords tant qu'ils n'ont pas été dénoncés (*C. trav., anciens art. L. 3122-19 et s.*).
- Une autre mesure remet en cause la durée légale hebdomadaire de trente-cinq heures : les conventions de forfait.
- L'effet de la loi du 20 août 2008 ne doit cependant pas être exagéré. En effet, à l'origine, les conventions de forfait ont été créées par… la loi Aubry II. Dès le départ, il existait déjà une exception à la durée légale hebdomadaire.

– Les conventions de forfait permettent à l'employeur et au salarié de déterminer, à l'avance, le nombre d'heures ou le nombre de jours qui seront travaillés par le salarié dans la semaine, le mois ou l'année (*sur les conventions de forfait, cf. supra* p. 464 et s.). Principalement dans le cas du forfait en jours, la question de la durée légale hebdomadaire est bel et bien écartée.
– Si la loi du 20 août 2008 n'apporte donc pas à proprement parler d'exception, laquelle existait déjà depuis l'apparition des trente-cinq heures, elle a cependant sensiblement assoupli le régime de ces conventions.
– Ainsi, par exemple, les conventions de forfait ne sont plus désormais réservées aux cadres. Les conventions de forfait en heures sur l'année peuvent être conclues avec « les salariés qui disposent d'une réelle autonomie dans l'organisation de leur emploi du temps » (*C. trav., art. L. 3121-42, 2°*), les conventions de forfait en jours sur l'année peuvent être conclues par « les salariés dont la durée du temps de travail ne peut être prédéterminée et qui disposent d'une réelle autonomie dans l'organisation de leur emploi du temps pour l'exercice des responsabilités qui leur sont confiées » (*C. trav., art. L. 3121-43, 2°*).

Outre ces exceptions véritables à la durée légale hebdomadaire, d'autres exceptions sont plus symboliques.

B. Les exceptions symboliques à la durée légale hebdomadaire de trente-cinq heures

– Existence d'exceptions symboliques par l'incitation aux heures supplémentaires et les horaires d'équivalence
– Nous l'avons vu, il a toujours été possible de dépasser la durée légale de travail par le recours aux heures supplémentaires.
– Cependant, les lois récentes et, en particulier, la loi TEPA du 21 aout 2007 et la loi du 20 août 2008 ont eu pour objectif d'inciter au recours aux heures supplémentaires et, ainsi, à faire *de facto* reculer la durée hebdomadaire légale comme référence commune.
– Discrètement, deux décrets avaient porté les premières estocades en portant successivement le contingent annuel d'heures supplémentaires à 180 heures (*décret n° 2003-258 du 20 mars 2003*) puis à 220 heures (*décret n° 2004-1381 du 21 déc. 2004*) par an. Un employeur qui utilisait l'intégralité du contingent de 220 heures ramenait la durée hebdomadaire effective de travail de ses salariés, en moyenne, à un peu plus de 39 heures.
– La loi TEPA a procédé à la défiscalisation et à l'exonération de cotisations sociales des heures supplémentaires. L'idée défendue par le Gouvernement était celle résultant de la formule « travailler plus pour gagner plus ». L'incitation à l'attribution d'heures supplémentaires a évidemment pour effet d'augmenter indirectement le temps de travail des salariés. La mesure est cependant symbolique puisque le régime des heures supplémentaires continue de se déclencher à partir du moment où la durée légale est dépassée.

- Enfin, la loi du 20 août 2008 a poussé la logique encore plus loin en supprimant le repos compensateur obligatoire pour les heures supplémentaires effectuées à l'intérieur du contingent annuel et en libéralisant le recours aux heures supplémentaires hors contingent qui ne sont plus soumises à l'autorisation de l'inspecteur du travail. Techniquement, tout ce qu'il reste des trente-cinq heures, c'est l'obligation de payer un salaire majoré au-delà de trente-cinq heures de travail hebdomadaire, majoration légale qui, d'ailleurs, peut être minorée par accord collectif de travail (*C. trav., art. L. 3121-22, al. 2*).
- Une dernière exception est, elle aussi, purement symbolique parce qu'elle ne concerne que des secteurs d'activité strictement délimités : les horaires d'équivalence.
- En pratique, les horaires d'équivalence permettent à l'employeur de faire travailler un salarié pendant plus de trente-cinq heures sans que les heures dépassant la durée légale ne soient qualifiées d'heures supplémentaires. L'atteinte semble, *a priori*, être majeure.
- Cependant, les conditions posées par le Code du travail (*C. trav., art. L. 3121-9 : exception instituée par décret, à la suite d'un accord de branche, pour certains secteurs d'activité seulement*) et indirectement imposées par le droit de l'Union européenne (*CJCE 1er déc. 2005, Dellas, D. 2006, p. 1722, note M. Miné : exigence de décompte des durées maximales de travail et des durées minimales de repos des horaires d'équivalence*) font de cette exception une exception réelle mais marginale, donc essentiellement symbolique.

Sujet 2 CAS PRATIQUE :

Monsieur Legrand est propriétaire de deux commerces dans la région marseillaise. Le premier se situe aux abords de la gare Saint-Charles, il s'agit d'un tabac-loto-presse qui fait également sandwicherie. Le second est une simple maison de la presse dont les activités principales sont la vente de journaux, de produits de papeterie et de jeux de loterie et se situe dans la galerie marchande d'un hypermarché de la banlieue nord de marseille.

Il emploie au total dix salariés : trois vendeurs pour la sandwicherie et trois vendeurs pour le tabac-presse de la gare mais également trois vendeurs et un livreur de journaux pour le commerce de la galerie marchande.

Les résultats comptables de son commerce sont de plus en plus décevants et même, de plus en plus inquiétants. La raison de cette baisse d'activité est toute trouvée pour Monsieur Legrand : les gens fument de moins en moins et ils n'achètent plus de journaux, préférant s'informer par internet. Un sujet d'inquiétude supplémentaire se profile puisque la libéralisation des jeux de paris en ligne lui fait craindre une baisse du chiffre d'affaires généré par les jeux de grattage et les loteries. En réalité, la situation du commerce de la gare est bien moins inquiétante que celle de la galerie marchande, cela grâce à l'activité de vente de sandwich qui a progressé depuis que Monsieur Legrand a décidé de se mettre aux « kebabs ».

Mais Monsieur Legrand n'a pas l'intention de se laisser aller et entend bien réagir à cette nouvelle donne économique. Pour cela, il souhaite ouvrir désormais la maison de la presse de la galerie marchande le dimanche puisqu'il a cru comprendre que, prochainement, les magasins de la galerie pourront ouvrir le dimanche. Cette activité dominicale devrait lui permettre de relever la tête, du moins l'espère-t-il. Il souhaiterait, dans ce cadre, pouvoir imposer à au moins deux de ses vendeurs de travailler le dimanche.

Monsieur Legrand vient donc vous consulter pour savoir s'il peut ouvrir sa boutique le dimanche et à quelles conditions il pourra faire travailler ses salariés le dimanche.

I. M. Legrand peut-il faire travailler ses salariés le dimanche ?

Règles générales relatives au travail dominical : art. L. 3132-1 du CT : « Il est interdit de faire travailler un même salarié plus de six jours par semaine » et art. L. 3132-3 : « Dans l'intérêt des salariés, le repos hebdomadaire est donné le dimanche ».

Malgré tout, de nombreuses exceptions sont prévues. Il faut donc voir si M. Legrand peut prétendre à l'une d'entre elles. Partons à la recherche de ces différentes hypothèses pour voir si l'une d'elle peut être utilisée.

- **C. trav., art. L. 3132-12** : Certains établissements dont le fonctionnement ou l'ouverture est rendu nécessaire par les contraintes de la production, de l'activité ou les besoins du public peuvent de droit déroger à la règle du repos dominical en attribuant le repos hebdomadaire par roulement. Un décret détermine les catégories d'établissement intéressées.
- La règle est complétée par l'article R. 3132-5 : industries dans lesquelles sont utilisées les matières susceptibles d'altération très rapide et celles dans lesquelles toute interruption de travail entrainerait la perte ou la dépréciation du produit en cours de fabrication + tableaux d'établissements figurant dans le code. Les tableaux concernent, pour l'essentiel, les industries et le commerce de détail et de gros : ameublement, débits de tabac, distribution de carburant, commerce de la marée et commerce de fleurs naturelles. Cependant, aucune des exceptions ne correspond à l'activité de M. Legrand, sauf la vente de tabac.
- Mais M. Legrand veut ouvrir le dimanche non pas dans l'établissement de la gare où il vend du tabac mais dans l'établissement de la galerie marchande qui est une maison de la presse.
- Il ne pourra pas recourir à cette exception.

- **C. trav., art. L. 3132-13** : Dans le commerce de détail alimentaire, le repos hebdomadaire peut être donné le dimanche à partir de 13h.

• C. trav., art. R. 3132-8 précise que les établissements auxquels s'appliquent ces dispositions sont ceux dont l'activité exclusive ou principale est la vente de denrées alimentaires au détail.
• Peu importe donc si Legrand vend des chewing-gums ou autres confiseries à titre accessoire : son activité principale est la vente de journaux.
• M. Legrand ne pourra recourir à cette exception.

– **C. trav., art. L. 3132-14 et L. 3132-17** : Industries ou entreprises industrielles, une convention ou un accord collectif de travail peut prévoir que le travail se déroulera de façon continue et attribuer le repos hebdomadaire par roulement.
• M. Legrand ne dirige pas une entreprise industrielle.
• Il ne peut recourir à cette exception.

– **C. trav., art. L. 3132-20** : Lorsqu'il est établi que le repos simultané, le dimanche, de tous les salariés d'un établissement serait préjudiciable au public ou compromettrait le fonctionnement normal de cet établissement, le repos peut être autorisé par le préfet, soit toute l'année, soit à certaines époques de l'année seulement suivant l'une des modalités suivantes : 1° Un autre jour que le dimanche ; 2° du dimanche midi au lundi midi ; 3° Le dimanche après-midi avec un repos compensateur d'une journée par quinzaine ; 4° Par roulement à tout ou partie des salariés.
• La fermeture serait-elle préjudiciable au public ? pour le Conseil d'État (*CE, 6 juill. 1984, Gaz. Pal. 1985, 2, Pan., 268*), cela doit être apprécié en fonction de l'activité du commerce… Est-ce que la possibilité de cocher une grille de loto ou celle d'acheter « L'Équipe » suffirait à caractériser une telle importance ? Cela est douteux.
• Autre modalité : la fermeture de l'établissement compromettrait son fonctionnement normal ? Le Conseil d'État adopte une position très stricte de cette modalité (*CE 9 déc. 2005, JCP éd. G, 2006, 1186, note A. Bugada*) : la circonstance selon laquelle la fermeture le dimanche d'un établissement placé dans un centre commercial risquerait d'entraîner des licenciements ou des baisses de rémunération n'est pas à elle seule de nature à justifier la dérogation.
• Au final, il est là encore peu probable que cette exception puisse être utilisée. Quand bien même elle le serait, il faudrait qu'intervienne un arrêté préfectoral autorisant cette dérogation dont on peut craindre qu'il ne soit pas adopté rapidement.

– **C. trav., art. L. 3132-25** : Les établissements de vente au détail situés dans les communes d'intérêt touristique ou thermales et dans les zones touristiques d'affluence exceptionnelle ou d'animation culturelle permanente peuvent, de droit, donner le repos hebdomadaire par roulement pour tout ou partie du personnel.
• Il s'agit bien d'un établissement de vente au détail, cette condition est par conséquent remplie. A titre de rappel, la loi du 20 août 2009 a libéralisé cette condition puisqu'auparavant, cette exception ne concernait que « les établissements de

vente au détail qui mettent à disposition du public des biens et des services destinés à faciliter son accueil ou ses activités de détente ou de loisirs d'ordre sportif, récréatif ou culturel ». Cela avait permis, par exemple, d'écarter le magasin Louis Vuiton des Champs-Elysées de l'application de ce texte (*CE 1° et 6° s-s-r., 11 mars 2009, n° 308874, Lexbase hebdo, éd. soc., n° 344, 2 avr. 2009 et les obs.*).

- La liste des communes concernées est établie par décision du préfet sur proposition du maire.
- Il n'était pas possible d'établir ici avec certitude que la banlieue nord de marseille soit une zone touristique pour le Préfet des Bouches-du-Rhône.
- Cependant, l'article R. 3132-20 du Code du travail dispose que : « pour figurer sur la liste des communes touristiques ou thermales établie par le préfet, les communes doivent accueillir pendant certaines périodes de l'année une population supplémentaire importante en raison de leurs caractéristiques naturelles, artistiques ou historiques ou de l'existence d'installations de loisirs ou thermales à forte fréquentation. Les critères notamment pris en compte sont : 1° Le rapport entre la population permanente et la population saisonnière ; 2° Le nombre d'hôtels ; 3° Le nombre de gîtes ; 4° Le nombre de campings ; 5° Le nombre de lits ; 6° Le nombre de places offertes dans les parcs de stationnement automobile ».
- La banlieue nord de marseille, ce n'est pas Biarritz, Deauville ou Vichy. Il y a peu de chance qu'une telle dérogation ait été accordée. Même si elle l'était, il est probable que le juge administratif se penche sur une telle dérogation pour l'annuler puisque, là encore, il s'agit d'une dérogation accordée par le Préfet.
- M. Legrand ne pourra pas non plus recourir à cette dérogation.

– **C. trav., art. L. 3132-26 :** dans les établissements de commerce de détail où le repos hebdomadaire a lieu habituellement le dimanche, ce repos peut être supprimé les dimanches désignés, pour chaque commerce, par décision du maire, au maximum cinq fois par an.

- M. Legrand pourrait obtenir cette dérogation : demande au maire, commerce de détail.
- Problème : 5 fois par an seulement, pas suffisant pour pérenniser le système.

– **C. trav., art. L. 3132-25-1 nouveau, issu de la loi du 20 août 2009** : « Dans les unités urbaines de plus de 1 million d'habitants, le repos hebdomadaire peut être donné, après autorisation administrative, par roulement, pour tout ou partie du personnel, dans les établissements de vente au détail qui mettent à disposition des biens et des services dans un périmètre d'usage de consommation exceptionnel caractérisé par des habitudes de consommation dominicale, l'importance de la clientèle concernée et l'éloignement de celle-ci de ce périmètre ».

- Est-ce une unité urbaine de plus d'1 million d'habitants ? Est considérée comme une unité urbaine « un ensemble d'une ou plusieurs communes présentant une continuité du tissu bâti *(pas de coupure de plus de 200 mètres entre deux constructions)* et comptant au moins 2000 habitants ». Concrètement, on considère qu'il existe 3 unité urbaines de plus de 1 million d'habitants en France : Paris et sa banlieue, marseille et sa banlieue, Lille et sa banlieue.

- Est-ce que Legrand dispose d'un commerce éligible à la dérogation dominicale ? La définition des commerces concernés est loin d'être claire, elle a d'ailleurs été contestée devant le Conseil constitutionnel comme ne répondant pas à l'objectif à valeur constitutionnelle d'intelligibilité et d'accessibilité de la loi.
  - En réalité, on comprend généralement la condition prévue comme concernant « les lieux où l'on a l'habitude de consommer le samedi et le dimanche, sur les sites où il existe des flux de clientèle importants ces jours-là ». En réalité, puisque l'ouverture le dimanche était jusqu'ici interdite, les commerces concernés vont surtout être ceux qui subissaient une grande fréquentation le samedi.
  - M. Legrand met bien à disposition des biens et des services.
  - Si les magasins de la zone ont ouvert le dimanche, jusqu'ici de manière illégale, il peut s'être créé des habitudes de consommation dominicale. L'hypothèse n'est pas improbable, dans le sud de la France, comme en témoigne l'affaire dite de Plan-de-campagne (*CAA marseille, 2e, 6 janv. 2004, Dr. soc. 2004, p. 536, note A. Bugada*).
  - Il est probable que la clientèle dans un grand centre commercial marseillais soit importante.
  - Il est probable que des personnes viennent de loin pour aller dans ce centre commercial, s'il s'agit d'un très grand espace commercial.
  - Il est donc possible, mais ce n'est pas certain, que M. Legrand puisse recourir à cette exception.
  - C. trav., art. L. 3132-25-6 : si la dérogation est accordée, ce sera seulement pour une durée de 5 ans.

II. A quelles conditions Legrand peut faire travailler ses salariés le dimanche

- **C. trav., art. L. 3132-25-3** : L'autorisation administrative de déroger est accordée par application d'un accord collectif de travail ou d'une décision de l'employeur prise après referendum.

- Il s'agit d'une entreprise de 10 salariés, qui par définition ne comporte ni délégué syndical, ni délégué du personnel pour négocier un accord collectif.
- La négociation pourrait éventuellement intervenir par le biais d'un salarié mandaté ? En effet, l'article L. 2232-24 du Code du travail permet négociation avec un salarié mandaté dans les entreprises ne comportant pas de délégué syndical et lorsqu'un procès verbal de carence établit l'absence de représentant élus… Problème : avec 10 salariés, aucune élection n'a pu intervenir si bien que l'employeur ne peut présenter un procès-verbal de carence.
- Reste une seule possibilité : prendre une décision unilatérale après referendum.
- Qui doit voter ? C. trav., art. L. 3132-25-3 : « referendum organisé auprès des

personnels concernés par cette dérogation ». La dérogation ne peut être instituée que dans un établissement, celui de la galerie marchande. Seuls les salariés de la galerie marchande devront donc se prononcer.

- Même texte : la décision de l'employeur doit être « approuvée ». Si les salariés n'approuvent pas, impossible de déroger.
- Si les salariés approuvent, la décision de M. Legrand « doit fixer les contreparties accordées aux salariés privés du repos dominical » et « chaque salarié privé du repos du dimanche bénéficie d'un repos compensateur et perçoit pour ce jour de travail une rémunération au moins égale au double de la rémunération normalement due ». Si les salariés sont d'accord, le pari de M. Legrand est risqué… Il va devoir doubler la rémunération de ses salariés les dimanches travaillés, ce qui pourrait lui coûter plus cher que le gain de chiffre d'affaire recherché…

– **C. trav., art. L. 3132-25-4** : Seuls les salariés volontaires ayant donné leur accord par écrit peuvent travailler le dimanche. En aucun cas le refus de travailler le dimanche ne permettra à M. Legrand de faire subir à un salarié une mesure discriminatoire ou un licenciement pour ce motif.

- Même texte : chaque année, il devra demander aux salariés qui travaillent le dimanche s'ils souhaitent bénéficier d'une priorité pour occuper ou reprendre un emploi sans travail le dimanche, dans le même établissement ou dans l'ensemble de l'entreprise. L'employeur l'informe de sa possibilité de ne plus travailler le dimanche s'il ne le souhaite plus. Si tel est le cas, le refus du salarié prend effet trois mois après notification écrite.
- Chaque salarié aura faculté de refuser de travailler trois dimanches par an, à condition d'informer l'employeur au moins un mois à l'avance.

3

LA SANTÉ AU TRAVAIL

Nombre de dispositifs du droit du travail destinés à protéger la santé du travailleur ont déjà été étudiés. Les temps de repos du salarié ont pour principale finalité d'éviter l'épuisement au travail[1]. La suspension du contrat de travail pour cause de maladie ou de maternité est destinée à permettre au salarié de cesser de travailler le temps de se soigner[2]. Encore, le licenciement en raison de l'état de santé est en principe prohibé car discriminatoire[3]. Le comité d'hygiène, de sécurité et des conditions de travail a été mis en place, en 1982, pour servir de vigie, pour veiller à la santé et à la sécurité des travailleurs dans l'entreprise[4]. Les exemples pourraient être multipliés.

D'une manière un peu plus générale, on considère aujourd'hui que pèse sur l'employeur une véritable obligation de sécurité de résultat. Pour autant, l'employeur n'est pas le seul à devoir prendre soin de la santé du salarié : le salarié a, lui aussi, l'obligation de prendre soin de lui-même mais, aussi, de ses collègues de travail.

Après une présentation générale de cette obligation de sécurité (I), nous ferons le choix de présenter l'une de ses illustrations qui a le plus marqué les dix dernières années à travers l'émergence d'une protection contre les différentes formes de harcèlement (II).

---

1. V. le chapitre précédent.
2. Cf. *supra* p. 309.
3. Cf. *supra* p. 369.
4. Cf. *supra* p. 122.

1 L'OBLIGATION DE SÉCURITÉ DANS LA RELATION DE TRAVAIL

Le droit du travail s'est en grande partie construit autour de l'idée de protection de la santé des travailleurs. Cette place centrale est entièrement logique dès lors que l'on accepte l'idée que l'objet du contrat de travail n'est pas la force de travail du salarié mise à la disposition de l'employeur mais, plus précisément, le corps du salarié[5]. Le rapport Villermé, quoique guidé par des considérations militaires et économiques, n'avait pas d'autre objectif que de montrer la dégradation de l'état de santé des ouvriers français au milieu du XIXe siècle[6]. De très nombreux textes se sont succédé, à partir du rapport Villermé jusqu'à nos jours, pour protéger la santé des salariés[7].

L'actualité démontre chaque jour que les exigences juridiques en la matière ne sont pas encore optimales : stress et risques psycho-sociaux, suicides au travail, troubles musculo-squelettiques seront probablement les objets de futures réformes législatives ayant pour but de tenter de protéger un peu mieux encore la santé des travailleurs[8].

Quels outils sont à la disposition des parties à la relation de travail pour garantir la santé des travailleurs dans l'entreprise ? L'obligation de sécurité est garantie par l'intermédiaire de trois mécanismes que sont l'obligation de sécurité à la charge de l'employeur (A), l'obligation de sécurité à la charge du salarié (B) et, enfin, les procédures en cas de danger grave et imminent (C).

---

5. A. Supiot, *Critique du droit du travail*, PUF, 2e éd., 2002, p. 67 et s.
6. L.- R. Villermé, *Tableau de l'état physique et moral des ouvriers employés dans les manufactures de coton, de laine et de soie*, 1840.
7. Il est bien entendu impossible ici de prétendre à l'exhaustivité. V. quelques textes importants tels que la loi du 22 mars 1841 sur le travail des enfants, la loi du 9 avr. 1898 sur l'indemnisation des accidents du travail, la loi n°76-1106 du 6 déc. 1976 relative au développement de la prévention des accidents du travail, la loi Auroux n°82-1097 du 23 déc. 1982 relative aux comités d'hygiène, de sécurité et des conditions de travail, la loi n° 91-1414 du 31 déc. 1991 qui introduit l'obligation de sécurité à la charge du salarié, la loi n° 2002-73 du 17 janv. 2002 de modernisation sociale qui prit pour la première fois en compte les questions de santé mentale du travailleur ou, encore, la tentative de prise en compte de la pénibilité au travail par la loi n° 2010-1330 du 9 nov. 2010 portant réforme des retraites et son décret d'application sur la pénibilité, D. n° 2011-353 du 30 mars 2011, etc.
8. V. déjà, sur le stress au travail, l'intervention *a minima* des partenaires sociaux par l'ANI du 2 juill. 2008 sur le stress au travail ayant essentiellement une visée préventive, *JCP* éd. S., 2008, act. 483, obs. P.- Y. Verkindt ; *JCP* éd. S, 2009, 1280, note B. Legros. V. également l'ANI du 26 mars 2010 relatif au harcèlement moral et la violence au travail, *JCP* éd. S, 2010, act. 253, obs. F. Pelletier ; *RDT* 2010, p. 428, note P. Adam.

A. L'obligation de sécurité de l'employeur[9]

La loi du 31 décembre 1991 a mis à la charge de l'employeur une obligation de sécurité, une obligation de prévention de la santé des travailleurs[10] (1). Cependant, l'intensité de cette obligation ne découle pas de la loi elle-même mais de la jurisprudence qui a fait de cette obligation une véritable obligation de résultat (2).

1. NATURE DE L'OBLIGATION : UNE OBLIGATION DE SÉCURITÉ

L'obligation de sécurité à la charge de l'employeur lui impose principalement de prévenir toute atteinte à la santé de ses salariés (a), objectif pour lequel ont été mis à sa disposition un certain nombre de moyens (b).

a. La prévention de la santé et de la sécurité du salarié

L'article L. 4121-1 du Code du travail, issu de la loi de 1991, dispose que « *l'employeur prend les mesures nécessaires pour assurer la sécurité et protéger la santé physique et mentale des travailleurs* ». En vertu de ce texte, ces mesures peuvent être des actions de prévention des risques professionnels, des actions d'information et de formation ou la mise en place d'une organisation et de moyens adaptés.

L'article L. 4121-2 est peut être plus clair encore sur l'objectif assigné à l'employeur : « *l'employeur met en œuvre les mesures prévues à l'article L. 4121-1 sur le fondement des principes généraux de prévention suivants* ». L'employeur doit, d'abord, éviter les risques et les combattre à leur source, évaluer ceux qui ne peuvent être évités. L'évaluation des risques professionnels dans l'entreprise donne lieu à l'établissement de ce que l'on appelle le « document unique » visé par l'article R. 4121-1 du Code du travail.

Il doit, selon une formule marquante, « *adapter le travail à l'homme* » pour ce qui concerne la conception des postes de travail, le choix des équipements ou des méthodes, cela notamment afin de limiter le travail monotone et le travail cadencé. L'employeur doit remplacer les dispositifs dangereux par d'autres qui le sont moins et, pour ce faire, tenir compte des évolutions des techniques. Il doit planifier la prévention en prenant en considération tous les facteurs environnementaux du travail : techniques, organisation du travail, conditions de travail, relations sociales, etc.

---

9. P. Morvan, « *Securitas ominia corrumpit* ou le principe selon lequel il incombe à l'employeur de protéger la santé et la sécurité des travailleurs », *Dr. soc.* 2007, p. 674 ; G. Pignarre, « L'obligation de sécurité patronale entre les incertitudes », *RDT* 2006, p. 150
10. Loi n° 91-1414 du 31 déc. 1991 modifiant le Code du travail et le Code de la santé publique en vue de favoriser la prévention des risques professionnels et portant transposition de directives européennes relatives à la santé et à la sécurité du travail. Cette loi a en grande partie transposé la Directive (CE) 89/391 du Conseil du 12 juin 1989 concernant la mise en œuvre de mesures visant à promouvoir l'amélioration de la sécurité et de la santé des travailleurs au travail.

Il doit préférer les mesures de prévention collectives aux mesures individuelles et, enfin, doit donner des instructions appropriées aux travailleurs[11]. En réalité, ses obligations ne s'arrêtent pas au simple devoir de donner des instructions. L'employeur doit informer ses salariés sur « *les risques pour la santé et la sécurité et les mesures prises pour y remédier* »[12] et doit littéralement former ses salariés à la sécurité comme le prévoit l'article L. 4141-2 du Code du travail. Les manquements à ces obligations de formation peuvent donner lieu à sanction pénale[13].

Outre cette présentation générale de l'obligation de prévention de la santé et de la sécurité des salariés, le Code du travail comporte de très nombreuses dispositions spéciales, qui sont certes adaptées à chaque situation, mais dont il est difficile de rendre compte du fait de leur diversité. Ainsi, les articles L. 4211-1 et suivants et, surtout, les articles R. 4211-1 et suivants comportent de très nombreuses prescriptions en matière d'aération et d'assainissement des locaux de travail, d'éclairage et d'insonorisation, de sécurité des installations électriques, de lutte contre les incendies mais aussi de dispositions relatives à la sécurité des équipements de travail ou aux dispositifs de protection, de prise en compte de l'exposition à des agents chimiques, biologiques ou ionisants, etc.

S'il est rigoureusement impossible de dresser ici la liste de ces prescriptions, nous pouvons cependant en retenir quelques unes pour leur importance symbolique.

Tel est le cas, par exemple, des dispositions du Code du travail relatives aux relations entre alcool et travail. L'article R. 4228-20 dispose qu'« *aucune boisson alcoolisée autre que le vin, la bière, le cidre et le poiré n'est autorisée sur le lieu de travail* ». Les dépositaires de l'autorité dans l'entreprise ont l'interdiction « *de laisser entrer ou séjourner dans les lieux de travail des personnes en état d'ivresse* »[14]. Le salarié peut être sanctionné en raison de son éthylisme ou de son état d'ébriété sur le lieu de travail[15], sans pour autant que cela ne constitue nécessairement une faute grave[16].

Tel est le cas, encore, de l'interdiction de fumer dans les locaux à usage collectif qui, par extension, s'applique aux lieux de travail[17]. L'employeur doit veiller au respect de

11. Il dispose, d'ailleurs, de moyens de veiller au respect de ses instructions par le biais, principalement, de son pouvoir disciplinaire. V. Cass. soc., 23 mars 2005, *RJS* 2005, p. 454 (salarié qui refuse de porter un casque de sécurité) ; Cass. soc., 1er juill. 2008, *JCP* éd. S, 2008, 1509, obs. A. Bugada (salarié qui ne respecte pas l'interdiction de fumer dans les locaux).

12. C. trav., art. L. 4141-1. *Adde* D. n° 2008-1347 du 17 déc. 2008, *RDT* 2009, p. 242, obs. M. Véricel, codifié aux articles R. 4141-2 et s du Code du travail.

13. V. par ex. Cass. crim., 15 mars 2005, n° 04-84913 ; Cass. crim., 15 janv. 2008, *JCP* éd. S, 2008, 1287, obs. J.- F. Cesaro.

14. C. trav., art. R. 4228-21.

15. Cass. soc., 23 sept. 2009, n° 08-42.198.

16. Cass. soc., 16 déc. 2009, n° 08-44.984.

17. C. santé pub., art. L. 3511-7.

ces règles pour préserver les salariés du tabagisme passif[18]. Il dispose, là encore, des moyens de sanctionner un salarié récalcitrant[19].

Tel est, enfin, le cas des équipements de travail et des moyens de protection mis en service ou utilisés dans les entreprises qui doivent être équipés, installés, utilisés, réglés et maintenus de manière à préserver la santé et la sécurité des travailleurs[20].

Désormais, l'obligation de sécurité de l'employeur couvre de nombreux domaines de la relation de travail. Ainsi, manque à son obligation de sécurité l'employeur qui laisse se développer des comportements violents ou de harcèlement dans l'entreprise[21]. De la même manière, l'employeur qui néglige de faire subir au salarié les visites médicales d'embauche, les visites périodiques ou, à plus forte raison, les visites de reprise, manque à son obligation de sécurité[22]. Il en va de même lorsque l'employeur ne se conforme pas aux recommandations faites par le médecin du travail à l'occasion de ces visites en vue du reclassement du salarié[23]. D'une manière plus générale, peut-être, il est tout bonnement interdit à l'employeur « *dans l'exercice de son pouvoir de direction, de prendre des mesures qui auraient pour objet ou pour effet de compromettre la santé et la sécurité des salariés* »[24].

b. Les acteurs de la prévention

C'est principalement l'employeur qui a la charge de veiller à la santé et à la sécurité des salariés même si, nous le verrons, le salarié ne doit pas rester passif. Différents acteurs peuvent intervenir pour l'aider dans cette mission. D'abord, le CHSCT joue un rôle essentiel en la matière puisqu'il est consulté sur les questions relevant de la santé et de la sécurité des travailleurs mais, aussi, parce qu'il dispose d'un droit d'alerte lui permettant d'intervenir plus concrètement en cas d'atteinte ou de risque d'atteinte à la santé physique ou mentale des salariés[25]. A défaut de CHSCT, ses missions peuvent être dévolues aux délégués du personnel[26]. L'inspection du travail joue elle aussi un rôle important en matière de sécurité des travailleurs puisqu'elle dispose de vastes

18. Le salarié victime peut valablement prendre acte de la rupture de son contrat de travail, v. Cass. soc., 29 juin 2005, *Dr. soc.* 2005, p. 970, obs. J. Savatier.
19. Cass. soc., 1er juill. 2008, *préc.* Il n'est pas certain, en revanche, que ce soient des considérations liées à la protection de la santé au travail qui justifient que constitue une faute grave le fait de consommer des substances stupéfiantes sur le lieu de travail, v. Cass. soc., 1er juill. 2008, *JCP* éd. S, 2008, 1509, obs. A. Bugada.
20. C. trav., art. L. 4321-1.
21. Cass. soc., 3 févr. 2010, *préc.*
22. Cass. soc., 28 févr. 2006, *Dr. soc.* 2006, p. 514, note J. Savatier ; *JCP* éd. S 2006, 1278, note P. Sargos.
23. Sur cette question, v. M. Véricel, « L'étendue de l'obligation de sécurité de l'employeur en matière de reclassement des salariés inaptes », *RDT* 2010, p. 30.
24. Cass. soc., 5 mars 2008, *Dr. soc.* 2008, p. 605, obs. P. Chaumette ; *SSL* 2008, n° 1346, p. 6, rapp. P. Bailly.
25. Cf. *supra* p. 122.
26. Sur la mission de suppléance des délégués du personnel, v. C. trav., art. L. 4611-2, L. 2313-16 et L. 4612-9. S'il existe un CHSCT, les délégués du personnel peuvent le saisir de toute question relevant de sa compétence (C. trav., art. L. 4612-13).

pouvoirs en la matière[27] : faculté de mettre en demeure une entreprise de se conformer à ses obligations en matière de sécurité[28], mesures d'arrêts de travaux ou d'activité[29], etc.

L'employeur dispose surtout des ressources des services de santé au travail[30]. Le statut et le fonctionnement des services de santé au travail au sein desquels prend place le médecin du travail sont sur le point d'être réformés[31].

Les services de santé au travail doivent être institués par les entreprises privées[32]. Par application de l'article L. 4622-5 du Code du travail, ils peuvent prendre deux formes différentes dans les entreprises. Ils peuvent être, d'abord, des services de santé autonomes constitués au sein de l'entreprise ou d'une unité économique et sociale. Ils peuvent, aussi, revêtir la forme d'un service de santé au travail interentreprises[33].

Au sein de ce service exercent un ou plusieurs médecins du travail. Si l'article L. 4622-3 du Code du travail offre une définition du rôle « *exclusivement préventif* » du médecin du travail depuis 1973, il reste en revanche silencieux quant aux missions du service de santé lui-même[34]. Ce service de santé est administré et financé par l'employeur sous la surveillance des représentants du personnel. Au sein du service de santé, l'accent a progressivement été mis sur la pluridisciplinarité, au médecin s'ajoutant éventuellement des intervenants en prévention des risques professionnels ou des infirmiers. L'ANI du 11 septembre 2009 et le projet de réforme actuellement discuté visent à accroître encore cette pluridisciplinarité[35].

---

27. X. Prétot, « Les sanctions administratives de l'insécurité au travail », *Dr. soc.* 2007, p. 707.
28. C. trav., art. L. 4721-1 et s.
29. C. trav., art. L. 4731-1 et s.
30. L. Doré, « L'évolution de la médecine du travail », *Dr. soc.* 2004, p. 931 ; M. Babin, « Les perspectives de la médecine du travail », *Dr. soc.* 2005, p. 653.
31. Cette réforme aurait dû intervenir à l'occasion de la loi n° 2010-1330 du 9 nov. 2010 portant réforme des retraites, mais la partie consacrée à la médecine du travail a été jugée contraire à la Constitution par le Conseil constitutionnel comme constituant un cavalier législatif. Une proposition de loi relative à l'organisation de la médecine du travail, reprenant les dispositions invalidées, est actuellement en débat devant le Parlement. V. déjà l'ANI du 11 sept. 2009 sur la modernisation de la médecine du travail, *Lexbase hebdo*, éd. soc., n° 364, 24 sept. 2009 et la note.
32. La médecine du travail a été remplacée par le service de santé au travail sous l'influence de la Directive (CE) 89/391 du Conseil du 12 juin 1989, concernant la mise en œuvre de mesures visant à promouvoir l'amélioration de la sécurité et de la santé des travailleurs au travail.
33. La mise en place d'un service de santé autonome est obligatoire si l'effectif de salariés placés sous surveillance médicale dépasse 2 200 salariés ou si le nombre d'examens médicaux pratiqués atteint 2 133 examens annuels (v. C. trav., art. D. 4622-5). La rédaction et le mode de calcul proposés par ce texte sont d'une grande complexité.
34. L'article 1er de l'accord du 11 sept. 2009 propose de définir dans la loi les missions du service de santé interentreprises.
35. Par ex., la proposition de voir apparaître des infirmiers spécialisés pour les services de santé au travail ou d'un « assistant en santé au travail » dont le rôle n'est pas clairement défini...

Les services de santé au travail interviennent, d'abord, auprès des salariés à l'occasion des différents examens médicaux obligatoires lors de l'embauche, lors des visites dites périodiques ou lors des visites de reprise après une absence liée à l'état de santé du salarié[36]. Le médecin du travail a alors la charge de s'assurer de l'adéquation entre l'état de santé du salarié et son poste de travail.

Le médecin du travail intervient également dans l'entreprise puisqu'il doit consacrer au moins un tiers de son temps à des « *actions sur le milieu de travail* »[37]. Il participe à la formation des salariés en matière de sécurité et peut être consulté à propos de projets d'aménagement ou de modification des équipements dans l'entreprise. Le médecin du travail établit, chaque année, un plan d'activité en milieu de travail qui « *porte sur les risques de l'établissement, les postes et les conditions de travail* » et qui est remis à l'employeur[38]. Il a la charge de la tenue du dossier médical des salariés, lequel a été quelque peu modifié par la loi portant réforme des retraites et « *retrace [...] les informations relatives à l'état de santé du travailleur, aux expositions auxquelles il a été soumis ainsi que les avis et propositions du médecin du travail* »[39]. Enfin, le médecin du travail est membre de droit du CHSCT[40].

L'efficacité des services de santé au travail et, particulièrement, des médecins du travail n'est pas toujours reconnue à sa juste valeur, ces intervenants étant souvent perçus par les salariés comme de simples exécutants de l'employeur. Pourtant, s'il est vrai que les médecins du travail sont bien des salariés de l'entreprise, ils disposent du même statut protecteur que les représentants du personnel afin d'assurer leur indépendance. En outre, ils doivent avoir obtenu un diplôme spécifique pour exercer ces fonctions. La réforme projetée, qui tend à centraliser au maximum les services de santé dans des services interentreprises et qui ouvre davantage encore les services de santé à d'autres professions médicales ou para-médicales, ne devrait pas permettre de redorer l'image de ces intervenants essentiels pour la santé des salariés.

Quoiqu'il en soit, les services de santé au travail jouent un rôle de vigie de l'état de santé et des risques encourus par les salariés dans l'entreprise. Les informations qu'ils transmettent aux employeurs, auxquelles viennent s'ajouter celles remontant du CHSCT, permettent à l'employeur d'assumer son obligation de sécurité. La masse de ces informations est totalement indispensable compte tenu de l'intensité de l'obligation de sécurité qui pèse sur l'employeur.

---

36. C. trav., art. R. 4624-10 et s.
37. C. trav., art. R. 4624-1 et s.
38. C. trav., art. D. 4624-33.
39. Désormais dénommé le « *dossier médical en santé au travail* », C. trav., art. L. 4624-2. Sur ce dossier médical, v. l'étude de la Haute Autorité de Santé, *Le dossier médical en santé au travail*, janv. 2009, consultable sur le site internet de la HAS.
40. C. trav., art R. 4614-2.

2. INTENSITÉ DE L'OBLIGATION : UNE OBLIGATION DE RÉSULTAT

La distinction est connue de longue date en droit des obligations : il faut distinguer les obligations de résultat des obligations de moyens. Les premières imposent au débiteur de s'exécuter sans pouvoir s'exonérer en démontrant l'absence de comportement fautif. Les secondes lui imposent seulement de mettre en œuvre tous les moyens à sa portée pour s'exécuter, la possibilité lui étant cette fois offerte de s'exonérer par la démonstration de l'absence de faute[41]. A laquelle de ces deux caractéristiques faut-il rattacher l'obligation de sécurité de l'employeur ?

La réponse a été apportée par une série d'arrêts importants dits arrêts *Amiante* rendus par la chambre sociale de la Cour de cassation le 28 février 2002[42] : « *en vertu du contrat de travail le liant à son salarié, l'employeur est tenu envers celui-ci d'une obligation de sécurité de résultat (...) ; le manquement à cette obligation a le caractère d'une faute inexcusable, au sens de l'article L. 452-1 du Code de la sécurité sociale, lorsque l'employeur avait ou aurait dû avoir conscience du danger auquel était exposé le salarié, et qu'il n'a pas pris les mesures nécessaires pour l'en préserver* »[43]. Si l'identification de l'intensité de l'obligation paraissait très claire, les conséquences du manquement ne correspondaient pas totalement aux caractéristiques d'une obligation de résultat. En effet, l'employeur pouvait toujours éviter les conséquences d'un manquement - c'est-à-dire la reconnaissance d'une faute inexcusable – en démontrant qu'il n'avait pas conscience du danger auquel le salarié avait été exposé ou qu'il avait pris toutes les mesures pour l'en préserver. L'employeur pouvait alors s'exonérer en démontrant l'absence de toute faute[44].

Cette conception peu orthodoxe de la distinction entre obligation de résultat et obligation de moyens semble pourtant vouée à s'estomper. En effet, par deux arrêts rendus le 3 février 2010, la chambre sociale a ostensiblement écarté l'une des conditions d'exonération jusqu'alors permise à l'employeur : l'employeur, tenu d'une obligation de sécurité de résultat en matière de protection de la santé et de la sécurité des travailleurs, manque à cette obligation lorsqu'un salarié est victime sur le lieu de travail de violences physiques ou morales, de harcèlement moral ou sexuel, exercés par l'un ou l'autre de ses salariés, quand bien même il aurait pris des mesures en vue de faire cesser ces agissements[45].

41. J. Flour, J.- L. Aubert, E. Savaux, *Les obligations. 3. Le rapport d'obligation*, Sirey, 6e éd., 2009, p. 167.
42. Cass. soc., 28 févr. 2002, *Dr. soc.* 2002, p. 445, obs. A. Lyon-Caen ; D. 2002, p. 2696, note X. Prétot ; *JCP* éd. G 2002, II, 10053, concl. A. Benmaklouf, note F. Petit. *Adde*., P. Sargos, « L'évolution du concept de sécurité au travail et ses conséquences en matière de responsabilité », *JCP* éd. G 2003, I, 104.
43. Sur l'incidence de cette obligation de sécurité de résultat en matière d'accident du travail ou de maladies professionnelles, v. J.- P. Chauchard, *Droit de la sécurité sociale*, LGDJ, 5e éd., 2010, p. 485.
44. V. J. Pélissier, G. Auzero, E. Dockès, *Droit du travail*, Dalloz, 25e éd., 2010, p. 756 et s.
45. Cass. soc., 3 févr. 2010, *JCP* éd. G, 2010, 321, note J. Mouly ; *RDT* 2010, p. 303, note M. Véricel ; *Lexbase hebdo*, éd. soc., n° 383, 18 févr. 2010 et la note. *Adde*, Cass. soc., 15 déc. 2010, n° 09-41.099.

Cette position a été implicitement confirmée en matière de prise d'acte de la rupture du contrat de travail résultant d'un manquement de l'employeur à son obligation de sécurité. Alors qu'en principe, c'est le salarié qui supporte la charge de la preuve du manquement suffisamment grave de l'employeur justifiant que la prise d'acte produise les effets d'un licenciement, la chambre sociale renverse la charge de la preuve à son profit lorsque c'est un manquement à l'obligation de sécurité qui est invoqué[46]. C'est l'employeur qui devra « *démontrer que la survenance de cet accident est étrangère à tout manquement à son obligation de sécurité de résultat* ».

Si l'employeur ne peut donc plus démontrer qu'il a pris toutes les mesures nécessaires pour préserver la santé du salarié, il subsiste un doute sur l'autre condition d'exonération, c'est-à-dire sur la preuve de la conscience qu'avait ou qu'aurait dû avoir l'employeur du risque encouru par le salarié[47]. Une confirmation plus nette de la chambre sociale est donc attendue sur ce point.

Quoique l'employeur soit donc l'acteur principal de la sécurité au travail, le salarié est, lui aussi, astreint à une obligation de sécurité même si l'intensité de cette obligation est moindre.

B. L'obligation de sécurité du salarié[48]

Aux termes de l'article L. 4122-1, al. 1er, du Code du travail, « *il incombe à chaque travailleur de prendre soin, en fonction de sa formation et selon ses possibilités, de sa santé et de sa sécurité ainsi que de celles des autres personnes concernées par ses actes ou ses omissions au travail* », le dernier alinéa du texte précisant cependant que « *les dispositions du premier* alinéa *sont sans incidence sur le principe de la responsabilité de l'employeur* ». Ce maintien, *in fine*, de la responsabilité de l'employeur auquel s'adjoint la nature d'obligation de moyens qui semble se déduire de la prise en compte du niveau de formation et des possibilités de chaque salarié donnent à cette obligation une intensité sensiblement moindre que celle qui pèse sur les épaules de l'employeur.

Le manquement du salarié à l'obligation de sécurité, par exemple par non-respect des instructions de l'employeur en matière de sécurité, peut donner lieu à une sanction

---

46. Cass. soc., 12 janv. 2011, *JCP* éd. S 2011, 1168, note M. d'Allende ; *Lexbase hebdo*, éd. soc., n° 425, 27 janv. 2011.
47. Il demeure, également, un doute sur la transposition de cette solution en droit de la sécurité sociale, v. *JCP* éd. G, 2010, 321, note J. Mouly, *préc.*
48. C. André, « L'obligation salariale de sécurité est-elle une obligation de sécurité ? », *JCP* éd. S 2008, 11 ; F. Favennec-Héry, « L'obligation de sécurité du salarié », *Dr. soc.* 2007, p. 687 ; Y. Saint-Jours, « L'obligation de sécurité du salarié : prévention et responsabilité », *Dr. ouvrier* 2007, p. 560 ; H. Kobina Gaba, « Obligation de sécurité pesant sur le salarié : ombre et lumière jurisprudentielles », *Dr. ouvrier 2011*, p. 114.

disciplinaire, un tel comportement étant caractéristique d'une faute grave[49]. L'appréciation de ce comportement semble être plus rigoureuse encore lorsque le salarié était délégataire d'autorité dans l'entreprise[50] et devait, dans ce cadre, veiller à la santé des autres salariés, quasiment comme le ferait l'employeur lui-même[51].

Lorsqu'une atteinte à la santé ou à la sécurité des salariés est identifiée dans l'entreprise, ceux-ci disposent de différents moyens d'alerte et de préservation contre ces dangers : ce sont les procédures de danger grave et imminent.

C. Les procédures de danger grave et imminent

Nous ne reviendrons pas, ici, sur les droits d'alerte dont disposent le CHSCT[52] et les délégués du personnel[53] lorsqu'une atteinte à la santé physique ou mentale des salariés est constatée. Au contraire, ne seront envisagées que les procédures que le salarié peut mettre en œuvre de manière individuelle. Il s'agit pour l'essentiel du droit d'alerte (1) et du droit de retrait (2).

1. LE DROIT D'ALERTE

L'article L. 4131-1, al. 1er, du Code du travail, prévoit que « *le travailleur alerte immédiatement l'employeur de toute situation de travail dont il a un motif raisonnable de penser qu'elle présente un danger grave et imminent pour sa vie et sa santé ainsi que de toute défectuosité qu'il constate dans les systèmes de protection* ». Plus qu'un droit d'alerte[54], il s'agit plutôt d'une obligation d'alerte[55].

Aucune condition de forme ne doit être respectée par le salarié et il n'est, en particulier, pas exigé que l'alerte soit donnée par écrit[56]. Quant aux conditions de fond, elles demeurent relativement diffuses pour deux raisons. D'abord parce que le droit d'alerte n'est exercé que lorsqu'une situation « *présente un danger grave et imminent* » pour la vie ou la santé du salarié ou qu'il existe une défectuosité « *dans les systèmes de protection* ». Ces concepts demeurent relativement vagues et il est difficile de juger si telle ou telle situation constitue un danger grave ou imminent. Ensuite parce que l'appré-

---

49. Cass. soc., 28 mai 2008, n° 06-40.629.
50. Mais un salarié qui ne dispose d'aucune délégation de pouvoir demeure soumis à l'obligation de sécurité, v. Cass. soc., 28 févr. 2002, *BICC* n° 555 du 1er mai 2002, n° 452.
51. Cass. soc., 23 juin 2010, *RJS* 2010, p. 700 ; *Dr. soc.* 2010, p. 954, note F. Duquesne.
52. C. trav., art. L. 4131-2.
53. C. trav., art. L. 2313-2.
54. Pourtant visé par le titre troisième, du livre un de la quatrième partie du Code du travail.
55. V. Cass. soc., 28 mai 2008, *RJS* 2008, p. 717 : « *si les dispositions de l'article L. 231-8 du Code du travail font obligation à tout salarié de signaler immédiatement l'existence d'une situation de travail qu'il estime dangereuse, elles ne l'obligent pas à le faire par écrit* ». *Adde*, Cass. soc., 21 janv. 2009, *JCP* éd. S, 2009, 1184, note D. Everaert-Dumont.
56. *Ibid.*

ciation est nécessairement subjective, l'alerte pouvant reposer sur « *un motif raisonnable de penser* » qu'un tel danger est en cause.

Au-delà de ces quelques éléments, le régime juridique de ce droit d'alerte n'a pas été davantage développé. Ni le Code du travail, ni la jurisprudence, ne se sont prononcés sur les sanctions qui pourraient être infligées au salarié qui manquerait à cette obligation d'alerte ou qui donnerait une alerte illégitime[57]. Il n'est pas plus donné de directives quant aux obligations incombant à l'employeur en cas d'alerte, contrairement à ce qui se produit en cas d'alerte des délégués du personnel ou du CHSCT.

Il est probable, en réalité, que ce droit d'alerte soit difficilement dissociable du droit de retrait qui, le plus souvent, l'accompagne.

2. LE DROIT DE RETRAIT[58]

C'est le même article L. 4131-1 du Code du travail, en son second alinéa, qui prévoit qu'en cas de danger grave ou imminent, le salarié « *peut se retirer d'une telle situation* ». Il ne s'agit plus, cette fois, d'une obligation mais d'une simple faculté offerte au salarié[59].

Le salarié est autorisé à exercer son droit de retrait en cas de situation dont il a un motif raisonnable de penser qu'elle présente un danger grave et imminent. Comme le démontrait un auteur, l'appréciation de cette situation repose à la fois sur un critère objectif et sur un critère subjectif[60]. Si la situation présente objectivement un danger grave et imminent, il ne sera pas nécessaire de rechercher si le salarié avait ou non un motif raisonnable de le croire[61]. Si, en revanche, le péril craint par le salarié ne revêtait pas les caractéristiques de gravité ou d'imminence, il conviendra d'apprécier si le salarié, de manière subjective cette fois, pouvait raisonnablement croire à l'existence d'un tel danger[62]. Si, à l'évidence, le salarié doit être de bonne foi, il semble également qu'il soit nécessaire que son erreur d'appréciation soit en quelque sorte excusable[63].

---

57. Sur ce point cependant, des réponses sont apportées par analogie s'agissant de l'exercice du droit de retrait qui remplit des conditions similaires. Cf. *infra*.
58. J.- M. Gasser, « Le droit de retrait dans le secteur privé », *RJS* 2006, p. 463 ; A. Gardin, « Le droit de retrait du travailleur : Retour sur quelques évolutions marquantes », *RJS* 2009, p. 599.
59. Cass. soc., 9 déc. 2003, n° 02-47.579, *RJS* 2004, n° 216. Le droit de retrait doit être distingué du devoir d'abstention attaché à l'exercice de certaines professions telles que celle de pilote d'avion, l'article 3.1.3 de l'annexe I du Code de l'aviation civile prévoyant ainsi que tout membre de l'équipage doit s'abstenir d'exercer ses fonctions dès qu'il ressent une déficience quelconque de nature à lui faire croire qu'il ne remplit pas les conditions d'aptitude nécessaires à l'exercice de ses fonctions, v. Cass. soc., 16 mars 2010, n° 08-44.564.
60. A. Gardin, « Le droit de retrait du travailleur : Retour sur quelques évolutions marquantes », *préc.* L'appréciation de ces conditions est abandonnée au pouvoir souverain d'appréciation des juges du fond, v. Cass. soc., 28 oct. 2008, n° 07-43.740.
61. Pour un tableau détaillé, v. J.- M. Gasser, « Le droit de retrait dans le secteur privé », *préc.*
62. Le simple constat de l'absence de danger ne peut suffire à rendre illégitime le droit de retrait, v. Cass. soc., 9 mai 2000, *Dr. soc.* 2000, p. 778, obs. G. Couturier ; *Dr. ouvrier* 2001, p. 30, note A. de Senga.
63. A. Gardin, « Le droit de retrait du travailleur : Retour sur quelques évolutions marquantes », *préc.*, spéc. p. 602 et s.

Au-delà de ces conditions de fond, aucune condition de forme ne doit être respectée par le salarié même si l'on peut considérer que, compte tenu de la proximité des critères de ces deux mécanismes, le salarié devra tout de même avoir tenté d'utiliser son droit individuel d'alerte. Pour le reste, le Conseil d'État comme la Cour de cassation prohibent tout aménagement de l'exercice du droit de retrait[64].

L'exercice du droit de retrait ne constitue pas une suspension du contrat de travail comme le serait une grève[65]. Le salarié se retire seulement de la situation dangereuse sans pour autant cesser le travail, ce qui justifie que sa rémunération lui soit maintenue[66]. De la même manière, aucune sanction ne peut être prononcée contre un salarié qui exerce légitimement son droit de retrait[67]. Il aura cependant fallu attendre jusqu'à 2009 pour que la Cour de cassation prenne l'entière mesure de l'interdiction de sanctionner le salarié énoncée par l'article L. 4131-3 du Code du travail. Jusqu'alors, la chambre sociale, appliquant le principe selon lequel il ne peut y avoir de nullité sans texte, refusait d'annuler un licenciement prononcé contre un salarié ayant valablement exercé son droit de retrait. Se fondant sur l'obligation de sécurité de résultat à laquelle l'employeur est tenu et dont il doit assurer l'effectivité, la chambre sociale accepte dorénavant l'annulation d'un tel licenciement[68]. Le prononcé d'une sanction contre un salarié ayant exercé légitimement son droit de retrait constitue l'élément matériel d'une contravention pénale[69].

Si, en revanche, l'exercice du droit de retrait n'était pas justifié, l'employeur pourra légitimement procéder à des retenues sur salaire[70], voire prononcer une sanction contre le salarié, laquelle pourra aller jusqu'au licenciement[71].

La santé du travailleur fait l'objet de toutes les attentions. Pourtant, les atteintes que celui-ci peut subir ont sensiblement évolué ces vingt dernières années. Les risques de blessure sur un chantier ou d'exposition à des produits toxiques tels que l'amiante, qui constituaient autrefois les exemples types d'atteinte à la santé, sont aujourd'hui détrônées par des atteintes plus pernicieuses et difficiles à identifier que sont la souffrance au travail, les risques psychosociaux, le harcèlement moral ou managérial, le stress au

---

64. CE, 4 déc. 1987, *JCP* éd. E 1988, II, 15125, obs. B. Teyssié ; Cass. soc. 28 mai 2008, *RJS* 2008, n° 907.
65. Sur la distinction entre droit de grève et droit de retrait, v. Cass. soc., 26 sept. 1990, *Dr. soc.* 1991, p. 60, rapp. Ph. Waquet. *Adde*., J. Deprez, « Droit de retrait, droit de grève et réintégration du salarié illégalement licencié », *RJS* 1990, p. 619.
66. C. trav., art. L. 4131-3 : « *Aucune sanction, aucune retenue de salaire ne peut être prise à l'encontre d'un travailleur ou d'un groupe de travailleurs qui se sont retirés d'une situation de travail (...)* ».
67. Par ex., l'annulation d'un avertissement prononcé en raison de l'exercice du droit de retrait, Cass. soc. 11 déc. 1986, n° 84-42.209.
68. Cass. soc., 28 janv. 2009, *Lexbase hebdo*, éd. soc., n° 337, 12 févr. 2009 ; *RDT* 2009, p. 167, obs. M. Miné ; *Dr. soc.* 2009, p. 486, obs. P. Chaumette ; *JCP* éd. S 2009, 1226, obs. P.- Y. Verkindt.
69. C. trav., art. L. 4741-1.
70. CA Nancy, 5 mai 1997, *RJS* 1998, n° 46.
71. V. Cass. soc., 20 janv. 1993, *RJS* 1993, n° 285.

travail, bref, les atteintes à la santé mentale du salarié sur lesquelles nous choisissons de faire un focus.

2 LA PROTECTION DE LA SANTÉ MENTALE AU TRAVAIL[72] : LES RÈGLES RELATIVES AUX HARCÈLEMENTS

Contrairement à plusieurs de nos voisins, le droit du travail français ne prend pas directement en considération les risques psychosociaux[73] à tel point que la simple définition de ce concept est relativement délicate[74]. A l'exception de deux accords nationaux interprofessionnels relatifs à la violence au travail[75] et au stress au travail[76], le droit du travail français ne s'est jusqu'ici intéressé qu'aux différentes formes de harcèlement (A) contre lesquelles il tente plus ou moins efficacement de lutter (B).

A. Les différentes formes de harcèlement

La lutte contre les différentes formes de harcèlement répond à deux idées distinctes qui, cependant, tendent à se rejoindre[77] : le harcèlement porte, dans un premier temps, atteinte à la dignité du travailleur ; il risque, dans un second temps, de porter atteinte à sa santé. Pour lutter contre ces atteintes, le droit français s'est intéressé aussi bien au harcèlement sexuel[78] (1) qu'au harcèlement moral[79] (2). Ce n'est cependant que très

72. L. Lerouge, *La reconnaissance d'un droit à la protection de la santé mentale au travail*, LGDJ,. Bibl. de droit social, 2005.
73. *Risques psychosociaux au travail, Étude comparée Espagne, France, Grèce, Italie, Portugal*, ouvr. coll. sous la dir. de L. Lerouge, L'Harmattan, 2009.
74. V. tout de même Ph. Nasse, P. Légeron, *Rapport sur la détermination, la mesure et le suivi des risques psychosociaux au travail*, 2008, consultable sur le site internet du ministère du travail, rubrique « Rapports » ; D. Asquinazi-Bailleux, « Risques psychosociaux et méthodes de gestion de l'entreprise », *JCP* éd. S 2010, 1393 ; P. Adam, « Le droit du travail français à l'épreuve des risques psychosociaux (une perspective contentieuse) », *in Risques psychosociaux au travail*, ouvr. *préc.*, p. 93.
75. F. Pelletier, « L'ANI sur le harcèlement et la violence au travail : de nouvelles obligations pour l'employeur ? », *JCP* éd. S 2010, act. 253.
76. P.-Y. Verkindt, « L'ANI du 2 juillet 2008 sur le stress au travail : entre lumière et ombre », *JCP* éd. S, 2008, act. 483.
77. L. Lerouge, « Les risques psychosociaux reconnus par le droit : le couple "dignité-santé" » *in Risques psychosociaux au travail*, ouvr. *préc.*, p. 9.
78. Loi n° 92-1179 du 2 nov. 1992 relative à l'abus d'autorité en matière sexuelle dans les relations de travail et modifiant le Code du travail et le Code de procédure pénale.
79. Loi n° 2002-73 du 17 janv. 2002 de modernisation sociale, art. 168 et s.

récemment qu'a émergé une nouvelle forme de harcèlement dite « harcèlement managérial » (3).

1. LE HARCÈLEMENT SEXUEL

Il existe aujourd'hui deux définitions du harcèlement sexuel en droit français.

La première est tirée de l'article L. 1153-1 du Code du travail qui prévoit que « *les agissements de harcèlement de toute personne dans le but d'obtenir des faveurs de nature sexuelle à son profit ou au profit d'un tiers sont interdits* »[80]. A vrai dire, cet énoncé ne définit pas véritablement le harcèlement sexuel mais renvoie à la définition du harcèlement qui est mieux connue en matière de harcèlement moral et pour lequel le lien avec l'état de santé est plus explicite. On peut tout de même retenir certains éléments caractéristiques du harcèlement sexuel à partir de ce texte.

Ainsi, d'abord, le texte semble exiger une pluralité d'agissements de harcèlement. Si l'on s'en tient à cette définition, un seul comportement déplacé de l'employeur ou d'un supérieur ne devrait pas suffire à caractériser un harcèlement. Ensuite, les agissements peuvent provenir de « *toute personne* ». Cette précision est très importante car la Cour de cassation a longtemps exigé qu'il existe un lien d'autorité entre le harceleur et la personne harcelée[81]. Enfin, le texte ne comporte aucune restriction sur la victime. Il ne s'agit pas seulement du salarié, il peut s'agir d'un candidat à l'emploi ou d'un stagiaire.

La seconde définition est issue d'une loi du 27 mai 2008[82] qui dispose que « *la discrimination inclut (...) tout agissement à connotation sexuelle, subis par une personne et ayant pour objet ou pour effet de porter atteinte à sa dignité ou de créer un environnement hostile, dégradant, humiliant ou offensant* ». La confusion entre harcèlement et discrimination s'explique par l'absence de distinction en droit de l'Union européenne entre ces deux concepts[83].

Toujours est-il que cette définition diffère de la précédente sur deux points : d'abord en ce qu'un comportement isolé semble suffire à caractériser le harcèlement ; ensuite parce que ce « harcèlement discriminatoire » exige toujours qu'existe un motif illicite

---

80. Cette définition est très proche de celle adoptée en matière pénale, v. C. pén., art. 222-33 : « *Le fait de harceler autrui dans le but d'obtenir des faveurs de nature sexuelle est puni d'un an d'emprisonnement et de 15000 euros d'amende* ».

81. Par application de la définition originellement établie par la loi de 1992. V. Cass. crim., 18 févr. 2004, n° 03-83.302.

82. Loi n° 2008-496 du 27 mai 2008 portant diverses dispositions d'adaptation au droit communautaire dans le domaine de la lutte contre les discriminations, art. 1er.

83. Par ex. la directive n° 2006/54 du 5 juill. 2006 (considérant 6 ; V. aussi art. 2, § 2, a) pose la règle selon laquelle « *le harcèlement et le harcèlement sexuel sont contraires au principe de l'égalité de traitement entre hommes et femmes et constituent une discrimination fondée sur le sexe aux fins de la présente directive* ».

justifiant le harcèlement, comme pour toute discrimination. Les deux définitions couvrent donc des champs distincts, ce qui ne rend pas leur maniement très aisé[84].

Le législateur n'a jamais précisé la nature des agissements pouvant caractériser un harcèlement sexuel. Dans sa première rédaction, l'ancien article L. 122-46 du Code du travail imposait seulement que ces agissements soient accompagnés « *d'ordres, de menaces, de contraintes ou de pressions de toute nature* ». Avec la suppression de cette référence à la menace ou au chantage par loi du 17 janvier 2002, il n'est plus nécessaire de faire la preuve de tels comportements. Le droit de l'Union européen est lui aussi relativement vague, même s'il comporte quelques précisions supplémentaires. C'est notamment le cas d'une directive de 2006 qui dispose que le harcèlement sexuel est caractérisé par un « *comportement à connotation sexuelle s'exprimant physiquement, verbalement ou non verbalement* »[85]. Ce manque de précision ménage une part importante d'appréciation au juge judiciaire.

Si les affaires jugées par la Cour de cassation sont relativement rares[86], l'examen des décisions des juges du fond permet de dresser un tableau des comportements qui peuvent être qualifiés de harcèlement sexuel. Tel est le cas de paroles ou de courriers exprimant menaces, contraintes, avances, propositions de rapport sexuel[87], de remarques ou allusions sur le corps de la victime[88] ou sur la manière de se vêtir[89], de questionnements sur les pratiques ou les orientations sexuelles du salarié[90] ou, encore, de certaines attitudes exhibitionnistes[91].

La définition du harcèlement moral n'est guère plus simple à cerner.

2. LE HARCÈLEMENT MORAL

Le harcèlement moral, dans sa forme la plus classique, est défini par l'article L. 1152-1 du Code du travail : « *aucun salarié ne doit subir les agissements répétés de harcèlement moral qui ont pour objet ou pour effet une dégradation de ses conditions de travail susceptible de porter atteinte à ses droits et à sa dignité, d'altérer sa santé physique ou mentale ou de compromettre son avenir professionnel* »[92]. Cette définition demeure très générale, des attitudes, des comportements extrêmement variés pouvant

---

84. La Cour de cassation n'a pas encore été amenée à juger sur le fondement de cette seconde définition, pas plus d'ailleurs en matière de harcèlement sexuel que, plus généralement, pour les autres types de discriminations.
85. Dir. n° 2006/54 du 5 juill. 2006, art. 1er.
86. V. tout de même une affaire emblématique, Cass. soc., 24 sept. 2008, *D.* 2008. AJ. 2423, obs. L. Perrin.
87. Pour des messages laissés sur la messagerie d'un téléphone dont la teneur ne laisse aucun doute quant à la nature des relations que l'employeur aurait souhaité engager avec sa salariée, CA Toulouse, 14 févr. 2003, n° 2002/01028.
88. CA Metz, 10 nov. 2003, n° 1999/02034.
89. CA Paris, 19 mai 2005, n° 2003/34817 : incitation à porter des jupes courtes.
90. CA Paris, 15 déc. 2010, *RJS* 2011, n° 294.
91. CA Grenoble, 28 juin 2006, n° 2005/00339.
92. V. également en droit pénal l'article 222-33-2 du Code pénal.

être assimilés à du harcèlement. La difficulté tient particulièrement à ce que la notion de harcèlement est extrêmement subjective. D'abord parce que certains comportements peuvent être mal vécus alors qu'il n'y a aucune intention malveillante les ayant motivé. Ensuite parce que nous n'avons pas tous la même résistance face à de tels comportements, certains salariés pouvant supporter beaucoup plus de choses que d'autres. Cela n'est en rien une excuse pour protéger les auteurs de harcèlement mais cela explique seulement qu'il soit parfois difficile de définir convenablement le harcèlement puisque, par définition, son ressenti peut varier d'une personne à une autre.

Une difficulté supplémentaire est apparue à l'occasion de la loi du 27 mai 2008. En effet, cette loi, qui porte principalement sur les discriminations, reprend pourtant une définition du harcèlement avec, à nouveau, la possibilité de reconnaître l'existence d'un harcèlement en présence d'un acte isolé, à condition que le harcèlement soit guidé par un motif discriminatoire.

La Cour de cassation a posé une ébauche de définition du harcèlement moral qui s'inspire incontestablement des critères tirés de l'article L. 1152-1 : le harcèlement serait constitué d'un élément objectif tenant au comportement du harceleur mais aussi d'un élément subjectif lié aux conséquences du harcèlement sur la victime[93]. Ces éléments subjectifs paraissent plus faciles à déterminer puisque le Code du travail vise « *une dégradation de ses conditions de travail susceptible de porter atteinte à ses droits et à sa dignité, d'altérer sa santé physique ou mentale ou de compromettre son avenir professionnel* ».

La chambre sociale en est longtemps restée là, abandonnant au pouvoir souverain des juges du fond la qualification de harcèlement[94]. Cette position suscita de nombreuses interrogations, principalement parce que les solutions des juges du fond variaient sensiblement d'un ressort à un autre. Face aux incertitudes liées à cette instabilité, la Cour de cassation a finalement décidé de reprendre la main et affirme désormais son contrôle sur la qualification de harcèlement moral[95]. Comme la Cour de cassation l'énonçait dans un communiqué publié sur son site internet, elle a décidé de « *renforcer la nature de son contrôle, d'harmoniser les pratiques des différentes cours d'appel et de préciser les règles qui conduisent la charge de la preuve* »[96]. Ce renforcement du contrôle lui a permis, ces trois dernières années, de sensiblement préciser la notion de harcèlement moral.

93. La quasi-totalité des arrêts cherchent à identifier ces deux aspects. V. par ex. Cass. soc., 27 oct. 2004, n° 04-41.008.
94. J.-Y. Frouin, « Sur le contrôle par la Cour de cassation de la qualification juridique de harcèlement moral », *RJS* 2005, p. 671. Pour une illustration emblématique, v. Cass. soc., 13 déc. 2007, n° 06-44.080.
95. Cass. soc., 24 sept. 2008, *D.* 2008, AJ, p. 2423, obs. L. Perrin ; *JCP* éd. S 2008, 1537, avis D. Allix.
96. V. également le rapport annuel de la Cour de cassation pour l'année 2008 et les observations relatives à cet arrêt.

A priori, le harcèlement moral exige toujours, nonobstant la définition apportée par la loi du 27 mai 2008, que plusieurs agissements de harcèlement aient été subis par le salarié[97]. En revanche, et c'est là une précision très importante, les agissements multiples de harcèlement ne doivent pas nécessairement s'être perpétués pendant une longue période : n'étant prévue par aucun texte, la durée n'est pas une condition de qualification du harcèlement moral[98].

Le harcèlement moral doit être personnel ou, plutôt, doit être vécu personnellement. L'élément subjectif, constitué des conséquences vécues par la victime du harcèlement, ne peut être reporté sur un autre salarié. Le caractère personnel du harcèlement ressort en effet avec clarté de l'usage multiple d'adjectifs possessifs à la troisième personne du singulier dans la définition tirée de l'article L. 1152-1 du Code du travail (sa, son, ses) et a été expressément confirmé par la chambre sociale dans une affaire dans laquelle un salarié se prétendait victime de harcèlement en raison des agissements subis par l'un de ses collègues[99].

Enfin, et c'est là certainement la précision la plus porteuse d'évolutions à venir, la chambre sociale s'est prononcée sur l'élément moral du harcèlement. Il était en effet souvent soutenu que le harcèlement moral n'était pas constitué faute pour son auteur d'avoir eu l'intention de faire subir un tel comportement. Il est d'ailleurs probable que, dans un certain nombre de cas, les agissements de harcèlement n'aient pas été commis avec l'intention de nuire à la victime. Là encore, le texte de l'article L. 1152-2 du Code du travail portait en lui la réponse à cette question en visant les agissements de harcèlement qui ont « *pour objet ou pour effet* » une dégradation des conditions de travail[100]. Par un arrêt rendu le 10 novembre 2009, la chambre sociale adopte enfin cette position et juge qu'il n'est pas nécessaire que les agissements du harceleur « *relèvent d'une démarche gratuite, inutile et réfléchie destinée à atteindre* » le salarié[101]. Grâce à cet arrêt, la porte était entr'ouverte au concept de harcèlement managérial.

Il ne se passe quasiment plus une semaine sans que la chambre sociale de la Cour de cassation rende un arrêt relatif au harcèlement moral, si bien qu'il est très difficile d'établir un tableau des comportements qui peuvent caractériser de tels agissements. A titre d'exemple, cependant, peuvent être relevés quelques arrêts anecdotiques. Ainsi, constitue un harcèlement moral le fait pour un employeur d'imposer à une salariée de manière répétée, au mépris des prescriptions du médecin du travail, d'effectuer des tâches de manutention lourde qui avaient provoqué de nombreux arrêts de travail[102], le comportement déplacé d'un chef de service qui s'emportait et devenait violent à l'égard

97. Cass. soc., 9 déc. 2009, *RJS* 2010, p. 123.
98. Cass. soc., 26 mai 2010, *D.* 2010. 1988, note N. Dedessus-le-Moustier ; *JCP* éd. S 2010. 1330, obs. C. Leborgne-Ingelaere.
99. Cass. soc., 20 oct. 2010, *Dr. soc.* 2011, p. 97, obs. Ch. Radé.
100. La Cour de cassation a longtemps obstinément refusé de qualifier des agissements de harcèlement faute d'intention malveillante, v. par ex. Cas. soc., 21 juin 2006, n° 05-43.914.
101. Cass. soc., 10 nov. 2009, *RDT* 2010, p. 39, note F. Géa.
102. Cass. soc., 28 janv. 2010, n° 08-42.616.

de son assistante[103], la succession de procédures de licenciement exercées à l'encontre d'une salariée protégée caractérisant un acharnement de l'employeur à son égard[104] ou, encore, le fait d'envoyer de nombreuses lettres de mise en demeure injustifiées évoquant de manière explicite une rupture du contrat de travail et reprochant ses absences au salarié, en arrêt de maladie prolongé[105].

Si le stress au travail et les risques psychosociaux d'une manière plus générale n'ont pas encore été totalement reconnus par le droit du travail, une avancée sensible dans ce sens a été réalisée par la chambre sociale par la voie de la reconnaissance du harcèlement managérial.

3. L'ÉMERGENCE DU HARCÈLEMENT MANAGÉRIAL

Le harcèlement managérial est parfois présenté comme une autre forme de harcèlement moral. Longtemps ont été tenus des discours sur le « stress normal et stimulant », la pression nécessaire dans la vie de l'entreprise, les conditions de travail « à flux tendu », etc. Quand bien même les salariés vivaient très mal de telles situations de management « musclé », nombreux étaient ceux qui considéraient qu'il ne s'agissait pas là de harcèlement moral mais de l'exercice par l'employeur de son pouvoir de direction[106]. A partir du moment où l'employeur n'adoptait pas une démarche gratuite et méchante, mais se contentait de pousser ses salariés pour remplir les objectifs, il ne s'agissait pas de harcèlement.

Cependant, devant la montée du nombre de dépression, de tentatives de suicide, de vies détruites du fait de l'impossibilité de gérer des stress aussi intenses, des évolutions devaient intervenir. La première réaction fut l'œuvre des partenaires sociaux qui conclurent un accord national interprofessionnel sur le stress au travail le 24 novembre 2008. Cet accord tente de définir le stress au travail. Surtout, il a pour objectif de fournir à tous les acteurs du travail un cadre permettant de détecter, prévenir, éviter et faire face aux problèmes de stress au travail. L'accord reste cependant résolument centré sur le salarié qu'il faut aider à surmonter le stress sans trop prendre en considération les méthodes de management de l'entreprise...

---

103. Cass. soc., 10 févr. 2009, n° 07-44.953.

104. Cass. soc., 19 mai 2009, n° 07-41.084.

105. Cass. soc., 7 juill. 2009, n° 08-40.034.

106. Le stress au travail ne permet toujours pas d'obtenir réparation du préjudice subi par le salarié, v. Cass. soc., 14 sept. 2010, *Procédures* 2010, comm. 378, note A. Bugada : « *Le juge ne peut condamner l'employeur à verser des dommages-intérêts au salarié en énonçant qu'il ne reconnaît pas les agissements de harcèlement moral mais plutôt une situation de stress occasionnée par une charge de travail importante* ». Selon une étude réalisée pour le compte de l'ANACT en juin 2009, 41 % des salariés français se considèrent comme stressés et 13 % comme très stressés. 17 % des salariés déclarent être l'objet de comportements systématiquement hostiles, 6 % de comportements méprisants, 9 % de non reconnaissance de leur travail ou 2 % d'atteintes à leur dignité...

Une seconde pierre fut apportée à l'édifice par l'arrêt rendu le 10 novembre 2009 qui écarta l'exigence que le harcèlement moral ait été commis de manière intentionnelle. Le même jour, un autre arrêt de la chambre sociale adoptait une formule qui ne faisait plus place au doute et qui mérite d'être reproduite *in extenso* : « *peuvent caractériser un harcèlement moral les méthodes de gestion mises en œuvre par un supérieur hiérarchique dès lors qu'elles se manifestent pour un salarié déterminé par des agissements répétés ayant pour objet ou pour effet d'entraîner une dégradation des conditions de travail susceptibles de porter atteinte à ses droits et à sa dignité, d'altérer sa santé physique ou mentale ou de compromettre son avenir professionnel* »[107]. Des méthodes de gestion peuvent caractériser un harcèlement moral, un harcèlement managérial. Il ne s'agit pas d'un arrêt d'espèce puisque la formule a été depuis réutilisée à plusieurs reprises[108].

Cette prise en compte du harcèlement managérial fait donc apparaître une nouvelle forme de harcèlement en ce qu'il ne s'agit plus d'un harcèlement individuel, contre un salarié que l'on cherche à déstabiliser, mais d'une sorte de harcèlement collectif, visant l'ensemble des salariés par des méthodes de management et de gestion du personnel abusives. Cependant, même si ce harcèlement comporte une connotation collective, la Cour de cassation n'a pas exigé que les effets du harcèlement managérial soient eux aussi collectifs[109]. Autrement dit, il n'est pas nécessaire de démontrer que plusieurs salariés de l'entreprise subissent des conséquences sur leur état de santé du fait des méthodes de management. Les troubles d'un seul salarié suffisent.

Après avoir procédé à l'identification des différents types de harcèlement, il est encore nécessaire de décrire les mesures de lutte contre le harcèlement.

B. La lutte contre le harcèlement

Différents moyens ont été déployés par le Code du travail pour prévenir le harcèlement (1), faire la preuve de celui-ci (2) et en sanctionner les auteurs (3).

1. LA PRÉVENTION DU HARCÈLEMENT

Conformément à l'obligation de sécurité mise à sa charge, c'est principalement l'employeur sur qui repose l'exigence de prévention du harcèlement. L'employeur doit prendre toutes dispositions nécessaires en vue de prévenir les agissements de harcèlement moral ou sexuel[110].

Les textes ne comportent cependant guère de précisions sur les mesures qui doivent être prises. L'accord cadre européen sur le harcèlement moral et la violence au travail

---

107. Cass. soc., 10 nov. 2009, n° 07-45.321, *RDT* 2010, p. 39, note F. Géa ; *D.* 2010. Pan. 672, obs. T. Pasquier ; *Dr. ouvrier* 2010, p. 117, note P. Adam.

108. Cass. soc., 3 févr. 2010, n° 08-44.107 ; Cass. soc., 1er mars 2011, n° 09-69.616.

109. Cass. soc., 10 nov. 2009, *préc.*

110. C. trav., art. L. 1152-4 et L. 1153-5.

du 26 avril 2007 insiste sur la sensibilisation et la formation des travailleurs et de leur encadrement[111], ce qui est certainement nécessaire mais paraît tout de même bien insuffisant pour lutter contre les harcèlements.

Quant au harcèlement managérial, seul l'ANI sur le stress au travail du 24 novembre 2008 semble exiger des entreprises la mise en place de processus de prévention du stress au travail. La responsabilité d'identifier les mesures appropriées incombe, selon l'accord, à l'employeur en association avec les institutions représentatives du personnel qui lui apportent leur soutien. La lutte contre les causes et les conséquences du stress peut être menée dans le cadre d'une procédure globale d'évaluation des risques, par une politique distincte en matière de stress, par des mesures spécifiques en cas d'identification d'un facteur de stress.

C'est, finalement, là encore la chambre sociale qui a apporté la plus grande avancée à l'effectivité de cette obligation de prévention en renforçant sensiblement l'intensité de l'obligation de sécurité de l'employeur qui, ne pouvant plus s'exonérer par la preuve de l'absence de faute, devra mettre en œuvre de véritables stratégies de prévention dans l'entreprise[112].

L'employeur peut être épaulé par les représentants du personnel en la matière et, en particulier, par le CHSCT et le comité d'entreprise, le premier parce qu'il lui appartient de veiller à la santé et à la sécurité des salariés dans l'entreprise[113], le second parce qu'il est consulté au moment de l'adoption du règlement intérieur[114] et qu'à cette occasion, il peut légitimement proposer de mettre en place des méthodes d'évaluation ou de prévention du harcèlement dans l'entreprise.

S'il est trop tard, que le harcèlement est déjà survenu, encore faut-il parvenir à en apporter la preuve.

2. LA PREUVE DU HARCÈLEMENT

Comme pour toutes les questions liées à la santé et à la sécurité des travailleurs, le CHSCT et les délégués du personnel disposent d'un droit d'alerte spécifique[115]. A ce droit d'alerte collectif s'ajoute le droit d'alerte individuel prévu par l'article L. 4131-1 et concomitant au droit de retrait.

Le Code du travail a ouvert, implicitement, un autre type d'alerte au harcèlement. En effet, les articles L. 1152-2 et L. 1153-3 du Code du travail prévoient qu'aucun salarié ne peut être sanctionné pour avoir témoigné ou relaté des faits de harcèlement moral

111. Accord cadre contre le harcèlement et la violence sur le lieu de travail du 26 avr. 2007, *Liaisons sociales Europe*, du 4 au 18 mai 2007, n° 175.

112. Cf. *supra* p. 495.

113. V. en particulier, s'agissant du harcèlement, C. trav., art. L. 4612-3.

114. Le règlement intérieur doit impérativement rappeler les règles relatives aux harcèlements moral et sexuel, v. C. trav., art. L. 1321-2.

115. Cf. *supra* p. 122 et p. 112.

ou de harcèlement sexuel. En posant cette immunité du salarié dénonciateur, le Code du travail légitime une sorte de droit à la dénonciation qui paraît très général[116].

Aussi effectives que soient ces alertes, il n'en demeure pas moins que la preuve est le talon d'Achille du régime juridique du harcèlement. Le régime de la preuve du harcèlement est prévu à l'article L. 1154-1 du Code du travail qui régit aussi bien les faits de harcèlement moral que de harcèlement sexuel. Ce régime s'inspire de celui établi par le Code du travail en matière de discrimination[117], lequel découle directement de règles de droit de l'Union européenne[118].

La loi de modernisation sociale du 17 janvier 2002 avait érigé un régime de la preuve relativement favorable au salarié. En effet, celui-ci n'avait qu'à invoquer des éléments de fait « *laissant supposer* » l'existence d'un harcèlement, l'employeur quant à lui devant démontrer que ses agissements étaient étrangers à tout harcèlement et étaient justifiés par des motifs objectifs. La loi Fillon du 3 janvier 2003 (article 4) a réorienté le régime de la preuve du harcèlement en défaveur du salarié. Les salariés doivent établir les faits (et non plus les éléments de fait) qui permettent de présumer (et non plus de laisser supposer) l'existence d'un harcèlement. Il incombe ensuite à la partie défenderesse de prouver que ses agissements ne sont pas constitutifs d'un tel harcèlement et que sa décision est justifiée par des éléments objectifs étrangers à tout harcèlement[119]. Ce changement terminologique n'a cependant pas produit les effets escomptés.

En effet, la chambre sociale n'a eu de cesse de faciliter la preuve du harcèlement, cela par différents moyens. D'abord, elle impose aux juges du fond une marche à suivre particulièrement stricte en la matière : lorsque le salarié établit la matérialité de faits précis et concordants constituant selon lui un harcèlement, les juges du fond doivent apprécier si ces éléments, pris dans leur ensemble, permettent de présumer l'existence d'un harcèlement moral et, dans l'affirmative, il incombe à l'employeur de prouver que ces agissements ne sont pas constitutifs d'un tel harcèlement et que sa décision est justifiée par des éléments objectifs étrangers à tout harcèlement[120]. Ensuite, la chambre sociale a sensiblement assoupli ses exigences en matière de loyauté de la preuve en acceptant, par exemple, que soit apportée la preuve d'un harcèlement par SMS[121].

---

116. Une limite a tout de même été posée, le salarié peut être sanctionné pour avoir dénoncé des faits de harcèlement inexistants de mauvaise foi, v. Cass. soc., 10 mars 2009, n° 07-44.092 et Cass. soc., 31 mars 2010, n° 07-44.675.

117. C. trav., art. L. 1134-1.

118. Dir. n° 97/80/CE du Conseil du 15 déc. 1997 relative à la charge de la preuve dans le cas de discrimination fondée sur le sexe.

119. Pour une illustration d'éléments objectifs, v. Cass. soc., 31 mars 2009, n° 08-40.041.

120. En dernier lieu, v. Cass. soc., 25 janv. 2011, *Lexbase hebdo*, éd. soc., n° 428 du 17 févr. 2011, note Ch. Willmann.

121. Cass. soc. 23 mai 2007, *JCP* éd. S 2007, 1601, note B. Bossu ; *D.* 2007, p. 1598, obs. A. Fabre.

La preuve demeure toujours le point faible du régime juridique du harcèlement. Pour autant, la multiplication des condamnations illustre à elle seule que la Cour de cassation aujourd'hui, les juges du fond demain, a abandonné la position rigide qu'elle avait adoptée en la matière au début des années 2000. Si la preuve d'un harcèlement est apportée, des conséquences spécifiques vont pouvoir en découler.

3. LES SANCTIONS DU HARCÈLEMENT

Outre les sanctions pénales que peut subir personnellement l'auteur du harcèlement, qu'il s'agisse de l'employeur ou de l'un de ses subordonnés, le harcèlement va produire des effets sur la relation de travail du salarié harcelé[122].

Aucun salarié ne peut être sanctionné, licencié ou subir une mesure discriminatoire pour avoir subi ou refusé de subir des agissements de harcèlement moral ou de harcèlement sexuel[123]. Une telle mesure ou un tel acte sera sanctionné par la nullité[124]. Ainsi, par exemple, sera annulé le licenciement prononcé pour inaptitude[125] ou pour désorganisation de l'entreprise ayant rendu nécessaire le remplacement définitif du salarié[126]. La nullité du licenciement produira les effets habituels, la réintégration étant cependant peu fréquente dans les cas de harcèlement.

Si aucune mesure n'a été prise contre le salarié victime, celui-ci peut passer le premier à l'offensive. En effet, l'employeur manque à son obligation de sécurité de résultat lorsqu'un salarié est victime sur le lieu de travail d'agissements de harcèlement moral ou sexuel exercés par l'un ou l'autre de ses salariés, quand bien même il aurait pris des mesures en vue de faire cesser ces agissements[127]. La solution s'impose que l'employeur soit lui-même à l'origine du harcèlement[128] ou qu'il n'ait rien fait pour empêcher le harcèlement d'un de ses cadres[129]. Dans ce dernier cas, l'employeur peut également sanctionner l'auteur du harcèlement puisque l'article L. 1152-5 du Code du travail dispose que « *tout salarié ayant procédé à des agissements de harcèlement moral est passible d'une sanction disciplinaire* »[130].

Si une sanction peut être prononcée contre l'employeur et le salarié auteur du harcèlement, les pouvoirs du juge demeurent cependant limités en la matière. Dans une affaire jugée en 2009, deux salariées d'une association subissaient des faits de harcèlement

---

122. C. pén, art. 222-33 et art 222-33-2.
123. C. trav., art. L. 1152-2 et art. L. 1153-2.
124. C. trav., art. L. 1152-3 et art. L. 1153-4.
125. Cass. soc., 24 juin 2009, n° 07-43.994.
126. Cass. soc., 11 oct. 2006, n° 04-48.314.
127. Cass. soc., 3 févr. 2010, n° 08-44.019.
128. Cass. soc., 22 mars 2007, n° 04-48.308.
129. Cass. soc. 21 févr. 2007, n° 05-41.741.
130. L'utilité de ce texte est douteuse puisque le salarié harceleur pourrait simplement être sanctionné pour manquement à son obligation de sécurité qui lui impose, rappelons-le, de prendre de soin de sa santé mais aussi de celle de ses collègues.

moral de la part de la directrice de leur établissement. Elles avaient saisi le conseil de prud'hommes afin que la directrice soit « *écartée de ses fonctions* ». La Cour de cassation juge que, si par application de l'article L. 1152-4 du Code du travail l'employeur doit prendre toutes dispositions nécessaires en vue de prévenir les agissements de harcèlement moral, il n'entre pas dans les pouvoirs du juge d'ordonner la modification ou la rupture du contrat de travail du salarié auquel sont imputés de tels agissements, à la demande d'autres salariés, tiers à ce contrat[131].

LEXIQUE

Droit de retrait : Faculté offerte au salarié de se retirer d'une situation dont il a un motif raisonnable de penser qu'elle présente un danger grave et imminent pour sa vie ou sa santé. Aucune formalité n'est en principe exigée du salarié même s'il semble qu'il doive tout de même avoir alerté l'employeur du danger compte tenu de la similarité des critères du droit de retrait et du devoir d'alerte.

Harcèlement managérial : Le harcèlement managérial est une forme de harcèlement moral d'essence collective caractérisée par des méthodes de gestion du personnel agressives ayant pour effet de dégrader les conditions de travail du salarié et d'avoir des conséquences sur leur dignité, leur santé ou leur avenir professionnel. Ce concept n'est pas envisagé par le Code du travail mais a émergé dans la jurisprudence de la Cour de cassation en 2009.

Obligation de sécurité : L'obligation de sécurité, qu'elle soit à la charge de l'employeur ou du salarié, impose à son débiteur de prendre soin de la santé des travailleurs dans l'entreprise. Alors que l'obligation de sécurité de l'employeur est une obligation de résultat, celle du salarié semble n'être qu'une obligation de moyens.

Risques psychosociaux : Les risques psychosociaux peuvent être définis comme l'ensemble des troubles ou des risques de troubles de la santé mentale du salarié, troubles dont le lien avec le travail est établi et qui résultent, principalement, d'agissements de harcèlement, de stress, de violences physiques ou verbales, d'épuisement professionnel ou, enfin, d'un sentiment de mal-être au travail.

131. Cass. soc., 1er juill. 2009, n° 07-44.482.

▷ EXERCICES

Sujet 1 COMMENTAIRE D'ARRÊT : CASS. SOC., 3 FÉVR. 2010, N° 08-44.019

LA COUR DE CASSATION, CHAMBRE SOCIALE, a rendu l'arrêt suivant :

Statuant sur le pourvoi formé par Mme Christine X, domiciliée 13 rue ..., 75017 Paris, contre l'arrêt rendu le 17 juin 2008 par la cour d'appel de Versailles (6e chambre), dans le litige l'opposant à la société Z, société anonyme, dont le siège est 20 rue ..., 75016 Paris, défenderesse à la cassation ;

(...)

Sur le moyen unique :

Vu les articles L. 1152-1, L. 1152-4 et L. 4121-1 du Code du travail ;

Attendu, d'abord, que lorsqu'un salarié prend acte de la rupture de son contrat de travail en raison de faits qu'il reproche à son employeur, cette rupture produit les effets, soit d'un licenciement sans cause réelle et sérieuse si les faits invoqués la justifiaient, soit, dans le cas contraire, d'une démission ;

Attendu, ensuite, que l'employeur, tenu d'une obligation de sécurité de résultat en matière de protection de la santé et de la sécurité des travailleurs, manque à cette obligation, lorsqu'un salarié est victime sur le lieu de travail d'agissements de harcèlement moral ou sexuel exercés par l'un ou l'autre de ses salariés, quand bien même il aurait pris des mesures en vue de faire cesser ces agissements ;

Attendu, selon l'arrêt attaqué, que Mme X, engagée par la société Z, le 17 décembre 2002, a pris acte de la rupture de son contrat de travail, le 31 mars 2005, reprochant à l'employeur de n'avoir pas pris ses responsabilités pour la protéger de harcèlements moral puis sexuel qu'elle subissait du fait de M. Y, directeur associé ; qu'elle a saisi la juridiction prud'homale pour voir juger que la rupture produisait les effets d'un licenciement sans cause réelle et sérieuse et demander le paiement de diverses sommes ;

Attendu que pour dire que la rupture du contrat de travail à l'initiative de Mme X devait produire les effets d'une démission et la débouter en conséquence de l'ensemble de ses demandes, l'arrêt retient

que, le 31 mars 2005, la salariée a pris acte de la rupture de son contrat de travail, que, d'une part, la rencontre qui s'est produite le 17 mars 2005 entre Mme X et M. Y au sein de la société Z est purement fortuite, que, d'autre part, dès le moment où l'employeur a eu connaissance de la teneur des écrits adressés par M. Y à Mme X et de la « détresse », selon ses propres expressions qui en résultait pour celle-ci, il a mis en œuvre des mesures conservatrices et protectrices destinées à permettre à la salariée de poursuivre son activité professionnelle au sein de la société en toute sérénité et sécurité, que le reproche fait par la salariée à l'employeur de n'avoir pas sanctionné M. Y au mépris des dispositions de l'article L. 1152-5 du Code du travail ne peut être retenu, M. Y ayant démissionné de lui-même et quitté la société, que les mesures prises par l'employeur étaient adaptées à la situation ;

Qu'en statuant ainsi, la cour d'appel a violé les textes susvisés ;

PAR CES MOTIFS :

CASSE ET ANNULE

Introduction

L'actualité offre chaque jour son lot de malheurs dans l'entreprise : stress au travail, menant parfois au suicide, désastre de l'amiante, spectre des troubles musculo-squelettiques… Pourtant, le travail ne doit pas constituer un danger pour le salarié. Si nos décideurs tardent à réagir face à l'urgence que constituent parfois ces situations, la chambre sociale de la Cour de cassation semble vouloir prendre le problème à bras le corps, comme l'illustre cet arrêt rendu par la chambre sociale de la Cour de cassation le 3 février 2010.

Dans cette affaire, une salariée avait pris acte de la rupture de son contrat de travail en reprochant à son employeur de ne pas avoir « pris ses responsabilités » pour la protéger de harcèlement moral et sexuel qu'un directeur d'établissement lui avait fait subir. La cour d'appel de Versailles, saisie de l'affaire, jugea que la prise d'acte devait produire les effets d'une démission. Selon les juges du fond, aucun manquement de l'employeur à son obligation de sécurité ne pouvait lui être reproché car celui-ci, dès qu'il avait eu connaissance des écrits adressés par M. Y à Mme X et de la détresse de cette salariée, avait mis en œuvre des mesures conservatrices et protectrices pour que la salariée puisse sereinement continuer d'exercer son activité professionnelle. La cour d'appel estimait également qu'il ne pouvait être fait grief à l'employeur de ne pas avoir sanctionné le salarié, le directeur d'établissement ayant démissionné de l'entreprise.

La chambre sociale, saisie par la salariée, n'avalise pas le raisonnement de la cour de Versailles et prononce la cassation de sa décision au visa des articles L. 1152-1, L. 1152-4 et L. 4121-1 du Code du travail. Le degré de publicité de l'arrêt (*P+B+R*) comme l'usage d'un double chapeau de tête illustrent l'importance revêtue par cet arrêt. La chambre sociale commence par rappeler le régime juridique de la prise d'acte de la rupture du contrat de travail qui produit les effets d'un licenciement sans cause réelle et sérieuse si les faits invoqués par le salarié justifiaient la prise d'acte, d'une démission dans le cas contraire. La Cour ajoute ensuite, et c'est là l'essentiel, « que l'employeur, tenu d'une obligation de sécurité de résultat en matière de protection de la santé et de la sécurité des travailleurs, manque à cette obligation, lorsqu'un salarié est victime sur le lieu de travail d'agissements de harcèlement moral ou sexuel exercés par l'un ou l'autre de ses salariés, quand bien même il aurait pris des mesures en vue de faire cesser ces agissements ». En refusant de faire application de cette règle, la cour d'appel de Versailles avait violé les textes portés aux visas.

Cette décision est d'une très grande importance en ce qu'elle modifie substantiellement l'intensité de l'obligation de résultat à laquelle l'employeur est soumis (*à noter qu'un autre arrêt du même jour reprend une solution identique pour un salarié victime de violences physiques et morales, v. Cass. soc., 3 févr. 2010, n° 08-40.144 ; sur ces arrêts, v. JCP éd. G, 2010, 321, note J. Mouly ; RDT 2010, p. 303, note M. Véricel ; Lexbase hebdo, éd. soc., n° 383, 18 févr. 2010 et la note ; Adde. Cass. soc., 15 déc. 2010, n° 09-41.099*). Elle s'inscrit, d'ailleurs, dans un mouvement général de prise en compte accrue de la santé et de la sécurité des salariés au travail et de renforcement des obligations de l'employeur en la matière (*mouvement initié par Cass. soc., 28 févr. 2002, Dr. soc. 2002, p. 445, note A. Lyon-Caen ; RTD Civ., 2002 p. 310, note P. Jourdain ; D. 2002, p. 2696, note X. Prétot ; RJS 2002, chr. p. 495, note P. Morvan*) et, en particulier, l'émergence de la protection de la santé mentale (*sur cette extension, J. Martinez, « Les mouvements d'extension du droit de la santé au travail », JCP éd. S, 2009, 1170 ; P.- Y. Verkindt, « Santé au travail vs pouvoir de direction, un retour de la théorie institutionnelle de l'entreprise ? », Dr. soc., 2008, p. 519*). Elle permet de rappeler, à cette occasion, le lien entre harcèlement et santé du travailleur et d'avaliser la prise d'acte de la rupture du contrat de travail en raison d'un harcèlement moral ou sexuel.

Il convient donc d'envisager, d'abord, le lien entre harcèlement et obligation de sécurité de résultat (I) avant d'étudier, ensuite, l'intensification de l'obligation de sécurité de résultat (II).

I. Le lien entre harcèlement et obligation de sécurité de résultat

L'arrêt sous examen permet de mettre clairement en lumière le lien qui existe entre agissements de harcèlement et atteinte à l'état de santé du salarié. En effet, la lutte contre le harcèlement permet d'assurer la protection de la santé du salarié (A) ce qui, concrètement, se matérialise dans l'obligation de sécurité de résultat à la charge de l'employeur (B).

A. La protection de la santé du salarié par la lutte contre le harcèlement

- Idée générale : L'arrêt commenté fait le trait d'union entre la lutte contre le harcèlement et la protection de la santé des travailleurs
- Cette idée est d'abord matérialisée par les visas de l'arrêt qui mêlent obligation de sécurité (*C. trav., art. L. 4121-1*) et les textes relatifs au harcèlement moral (*C. trav., art. L. 1152-1*).
- Même si l'arrêt ne vise pas les textes relatifs au harcèlement sexuel, la motivation de l'arrêt se réfère directement à ce type de harcèlement. Il faut dire que la définition du harcèlement sexuel (*C. trav., art. L. 1153-1*) ne fait pas directement référence à l'état de santé du salarié alors qu'au contraire, la définition du harcèlement moral s'y réfère expressément.
- Le harcèlement moral et le harcèlement sexuel ne répondent pas exactement aux mêmes logiques, la finalité sexuelle du harcèlement sexuel constituant un mobile discriminatoire là où le harcèlement moral ne repose pas sur une cause entrant dans cette catégorie. Pour autant, les procédés de l'auteur du harcèlement et, surtout, les risques d'atteinte à la santé des salariés sont très proches.
- En effet, le harcèlement moral repose sur un élément objectif (*des agissements de harcèlement*) et sur un élément subjectif (*des conséquences pour le salarié*). Or, parmi ces conséquences est visée la dégradation des conditions de travail ayant une incidence sur la santé physique ou mentale du salarié.
- Il ne s'agit cependant pas d'une grande nouveauté puisque le lien entre harcèlement et obligation de sécurité avait déjà été auparavant établi par la chambre sociale (*Cass. soc., 21 juin 2006, Lexbase hebdo, éd. soc., n° 223, 12 juill. 2006, note Ch. Radé*).
- Le lien avec l'obligation de sécurité de résultat est probablement plus important.

B. Le harcèlement caractéristique d'un manquement à l'obligation de sécurité de l'employeur

- Idée générale : La Cour de cassation rattache directement les agissements de harcèlement à un manquement de l'employeur à son obligation de sécurité de résultat
- La salariée avait pris acte de la rupture de son contrat de travail. Il convenait donc qu'elle démontre un manquement de l'employeur suffisamment grave à l'une de ses obligations (*cf. supra* p. 395)
- En visant l'article L. 4121-1 du Code du travail, la chambre sociale fait expressément référence à l'obligation de sécurité de l'employeur. Ce texte est aujourd'hui le siège légal de cette obligation alors même qu'à l'origine, c'est la chambre sociale qui avait fait émerger cette obligation comme un accessoire au contrat de travail (*Cass. soc., 28 févr. 2002, préc.*). La Cour de cassation rattache désormais expressément l'obligation de sécurité au Code du travail plutôt qu'au contrat de travail (*Cass. soc., 28 févr. 2006, Dr. ouvrier 2006, p. 408, note A. de Senga*).

- L'obligation de sécurité de l'employeur lui impose bien sûr de ne pas se livrer à des agissements de harcèlement mais, également, de protéger les victimes contre les agissements « exercés par l'un ou l'autre de ses salariés » (*v. déjà Cass. soc., 21 juin 2006, n° 05-43.914, préc.*). Cette extension est logique puisque l'employeur dispose des moyens d'empêcher ses salariés de se livrer à du harcèlement (*pouvoir de sanction en particulier, v. C. trav., art. L. 1152-5*).
- En amont, cette obligation de sécurité lui impose également de prendre toutes les mesures nécessaires pour éviter que ne surviennent de tels agissements de harcèlement moral ou sexuel (*C. trav., art. L. 1152-4 et L. 1153-5*).

Les harcèlements caractérisent un manquement de l'employeur à son obligation de sécurité de résultat, nul doute n'est plus permis. Cependant, ce n'est pas là l'apport essentiel de l'arrêt du 3 février 2010. Il semble en effet plus important encore de constater que la chambre sociale intensifie notablement la vigueur de l'obligation de sécurité de l'employeur.

II. L'intensification de l'obligation de sécurité de résultat

La décision de la chambre sociale du 3 février 2010 redonne à l'obligation de sécurité de résultat un régime juridique digne de ce nom. En effet, l'obligation de sécurité retrouve une vigueur, une intensité plus conforme à la nature même d'une telle obligation (A) et se dote d'un système probatoire approprié (B).

A. La vigueur retrouvée de l'obligation de sécurité de résultat

- Idée générale : Alors que l'obligation de sécurité dégagée par la jurisprudence en 2002 s'apparentait davantage à une obligation de moyens renforcée, la chambre sociale paraît aller beaucoup plus loin et tendre vers le régime juridique d'une véritable obligation de résultat.
- Cass. soc., 28 févr. 2002 : la chambre sociale de la Cour de cassation identifie une obligation de sécurité de résultat à la charge de l'employeur. Le manquement à une telle obligation caractérise une faute inexcusable au sens du droit de la sécurité sociale. Mais cette caractérisation est conditionnée à la preuve, par le salarié, que l'employeur « avait ou aurait dû avoir conscience du danger » et qu'il « n'avait pas pris les mesures nécessaires pour l'en préserver » (*position confirmée, v. par ex. Cass. civ. 2, 8 juill. 2004, n° 02-30.984, RCA 2004, comm. 329, note H. Groutel*).
- L'employeur pouvait donc s'exonérer de la prétendue obligation de résultat en démontrant qu'il ne connaissait pas le danger ou qu'il avait pris les mesures nécessaires pour le faire cesser, bref, en démontrant qu'il n'avait commis aucune faute.

- Cette conception répondait davantage à la définition de l'obligation de moyens qu'à celle de l'obligation de résultat (*J. Flour, J.- L. Aubert, E. Savaux, Les obligations. 3. Le rapport d'obligation, Sirey, 6e éd., 2009, p. 167*).
- L'arrêt commenté opère, en la matière, un revirement d'importance. Il n'est pas inutile de relever que la salariée estimait, au soutien de son pourvoi, que « l'absence de faute de [l'employeur] ne [pouvait] l'exonérer de sa responsabilité » (*v. les moyens annexés à l'arrêt*). C'est à cette position que se rallie la chambre sociale.
- En effet, en jugeant que l'employeur manque à son obligation de sécurité « quand bien même il aurait pris des mesures en vue de faire cesser ces agissements », la chambre sociale n'admet plus qu'il puisse s'exonérer en démontrant l'absence de faute.

B. Un système probatoire adapté à l'obligation de sécurité de résultat

- Idée générale : La transformation de l'obligation de sécurité en une véritable obligation de résultat aura pour effet de modifier la charge de la preuve du manquement à l'obligation de sécurité.
- C'est là, en effet, le principe même de l'obligation de résultat : à partir du moment où le salarié a subi une atteinte à son état de santé, l'employeur manque à son obligation de résultat. Nul besoin pour le salarié d'apporter la preuve de l'absence de faute du salarié. De la même manière, l'employeur ne peut plus apporter la démonstration d'une telle absence de faute.
- Cette évolution a été avalisée par la chambre sociale en matière de prise d'acte. En principe, c'est au salarié qu'incombe la preuve du manquement de l'employeur à ses obligations, mais la charge de la preuve est renversée en cas de manquement à l'obligation de sécurité de résultat (*Cass. soc., 12 janv. 2011, JCP éd. S 2011, 1168, note M. d'Allende ; Lexbase hebdo, éd. soc., n° 425, 27 janv. 2011*).
- Il subsiste tout de même un doute sur l'intensité de l'obligation de sécurité : si la possibilité de démontrer que toutes les mesures ont été prises pour lutter contre le danger est désormais exclue, la chambre sociale ne s'est pas prononcée sur la conscience qu'avait ou qu'aurait dû avoir l'employeur du danger. Si la Cour de cassation va jusqu'au bout de sa logique, cette cause d'exonération devrait elle aussi disparaître
- Enfin, on peut relever que cette décision aura pour effet de rendre davantage effective l'obligation de prévention qui pèse sur l'employeur. Ne pouvant plus s'exonérer une fois que l'atteinte à la santé du salarié s'est produite, il devra tout mettre en œuvre pour éviter qu'une telle atteinte intervienne. C'est donc un renforcement significatif de la prévention de la santé des travailleurs qui se profile même si, il faut l'admettre, sa mise en place concrète risque d'être des plus délicates.

Sujet 2 CAS PRATIQUE :

Frédéric travaille depuis une quinzaine d'années en qualité de technicien méthodiste dans un grand groupe industriel spécialisé dans l'aéronautique. L'ambiance de travail qui régnait dans l'entreprise lorsque Frédéric a été engagé a bien changé. Lorsqu'il a été embauché au milieu des années 90, les pauses dans la journée étaient plus fréquentes et moins surveillées. Il n'était pas rare qu'un apéritif soit organisé le vendredi midi pour fêter la fin de semaine. Il arrivait même que des salariés prennent quelques dizaines de minutes sur leur temps de travail pour aller chercher des champignons dans le bois voisin. Bref, l'ambiance était détendue.

Depuis quelques années, cette ambiance bon enfant a disparu. La direction est sans cesse en train de rappeler les objectifs financiers du groupe, la nécessaire rentabilité de l'entreprise et les gains de productivité indispensables. Les pauses se réduisent aujourd'hui au minimum légal. Chaque semaine, les salariés de l'entreprise sont tenus de participer à des séances de *reporting* au cours desquelles leur activité de la semaine est passée au crible. Les cadences se sont sérieusement intensifiées, à tel point que Frédéric est tenu de réaliser un nombre de méthodes mensuelles ayant doublé depuis son embauche. Il lui arrive de recevoir plusieurs dizaines de courriers électroniques quotidiens de son supérieur hiérarchique lui ordonnant telle ou telle mission, lui demandant de rendre compte sur tel ou tel dossier.

Frédéric est très stressé. Après avoir longtemps supporté ces nouvelles conditions de travail, il sent qu'il est en train de perdre pied. Il dort de plus en plus mal, a des périodes d'angoisse. Il finit par se faire arrêter par son médecin traitant qui diagnostique un épisode dépressif. Frédéric vient vous consulter car il estime que cette situation ne peut plus durer. Quelles options s'ouvrent à lui ?

Alors que vous étiez en train de monter un dossier pour défendre Frédéric, les événements s'accélèrent. En effet, Frédéric subit une visite médicale de reprise à la suite de son arrêt maladie d'une durée de deux mois. A l'issue de cette visite, le médecin du travail juge que la santé de Frédéric est en grand danger et qu'il convient de le déclarer inapte à tout emploi dans l'entreprise. L'avis d'inaptitude est rédigé de la manière suivante :

« *Dr. Duschmol, Bordeaux*

A la suite de l'examen de Frédéric X, ce jour, nous constatons un état dépressif profond qui semble découler de conditions de travail que le salarié ne parvient plus à supporter. Face à cette situation et aux risques d'autolyse clairement identifiables, il convient de déclarer M. X inapte à tout emploi dans l'entreprise ».

Après avoir recherché, en vain, à reclasser Frédéric (l'employeur fournit des courriels des différentes sociétés du groupe déclinant toute possibilité de reclassement), l'employeur prononce son licenciement pour inaptitude physique. La procédure de licenciement semble avoir été respectée. Pourtant, comme vous le fait remarquer Frédéric, les délégués du personnel n'ont pas été consultés au sujet de ce licenciement. Ce licenciement est-il valable, tant sur le fond que sur la forme ?

I. Harcèlement managérial

A. Différentes formes de harcèlement

Quelles sont les différentes formes de harcèlement prévues par le Code du travail ?

- C. trav., art. L. 1153-1 : « Les agissements de harcèlement de toute personne dans le but d'obtenir des faveurs de nature sexuelle à son profit ou au profit d'un tiers sont interdits ».
- C. trav., art. L. 1152-1 : « Aucun salarié ne doit subir les agissements répétés de harcèlement moral qui ont pour objet ou pour effet une dégradation de ses conditions de travail susceptible de porter atteinte à ses droits et à sa dignité, d'altérer sa santé physique ou mentale ou de compromettre son avenir professionnel ».

A l'évidence, Frédéric ne semble pas subir de harcèlement sexuel.

Y a-t-il des agissements de harcèlement moral ? Deux éléments doivent être réunis : des agissements répétés de harcèlement moral (élément objectif) et une dégradation des conditions de travail entraînant dégradation état de santé, dignité, avenir professionnel (élément subjectif)

1. Élément objectif ?

L'élément objectif est constitué de comportements destinés à atteindre la personne elle-même. A priori, aucun comportement visant personnellement Frédéric ne semble pouvoir être relevé.

Néanmoins, une nouvelle catégorie de harcèlement a fait son apparition : le harcèlement managérial.

- C. trav., art. L. 1152-1 : constituent des agissements de harcèlement moral les comportements qui « ont pour objet ou pour effet » de dégrader les conditions de travail : pas nécessaire dans le texte qu'il s'agisse de comportements gratuits, méchants, intentionnels.
- Cass. soc., 10 novembre 2009, n° 08-41.497 : « Attendu qu'il résulte du premier de ces textes que le harcèlement moral est constitué, indépendamment de l'intention de son auteur » (*Cass. soc., 10 nov. 2009, n° 07-45.321*).
- Pour la Cour de cassation, caractérisent un harcèlement moral les méthodes de gestion consistant, pour un supérieur hiérarchique, à soumettre ses subordonnés à une pression continuelle, des reproches incessants, des ordres et contre ordres dans

l'intention de diviser l'équipe. « Mais attendu que peuvent caractériser un harcèlement moral les méthodes de gestion mises en œuvre par un supérieur hiérarchique dès lors qu'elles se manifestent pour un salarié déterminé par des agissements répétés ayant pour objet ou pour effet d'entraîner une dégradation des conditions de travail susceptibles de porter atteinte à ses droits et à sa dignité, d'altérer sa santé physique ou mentale ou de compromettre son avenir professionnel ».

- La même formule a été réutilisée dans un arrêt rendu le 3 février 2010 (*Cass. soc., 3 févr. 2010, n° 08-44.107*). Dans cette affaire, l'employeur soumettait les salariés (*des vendeurs*) à un management par objectifs intensifs et à des conditions de travail extrêmement difficiles. Ces méthodes se traduisaient par la mise en cause sans motif de leurs méthodes de travail notamment par des propos insultants et un dénigrement au moins à deux reprises en présence de collègues et ayant entraîné un état de stress majeur nécessitant un traitement et un suivi médical.
- Autre affaire, plus récente (*Cass. soc., 22 sept. 2010, n° 09-41.495*). Un salarié avait été débouté devant une cour d'appel au motif que ses conditions de travail, même à l'origine d'un état dépressif réactionnel diagnostiqué le 12 octobre 2006, ne caractérisaient pas en soi des agissements de harcèlement moral. La Cour de cassation casse cette décision. Elle constate, d'abord, que la salariée avait subi une dégradation de son état de santé consécutive aux conditions de travail, ensuite que l'employeur l'avait obligé à travailler sept jours sur sept, pendant près de deux ans, tout en lui adressant de nombreux mails et jusqu'à trente-trois mails par jour pour l'inviter à accélérer son rythme de travail.

Ici, l'organisation du travail semble bien avoir altéré les conditions de travail : pauses minimales, séances de reporting permanentes, cadences doublées, bombardement de courriels, ordres répétitifs, comptes rendu répétitifs, etc. Il y a bien des méthodes de gestion qui se caractérisent par une dégradation des conditions de travail.

2. Élément subjectif ?

L'élément subjectif du harcèlement est défini par l'article L. 1152-1 : les agissements de harcèlement doivent avoir des conséquences sur le salarié : « une dégradation de ses conditions de travail susceptible de porter atteinte à ses droits et à sa dignité, d'altérer sa santé physique ou mentale ou de compromettre son avenir professionnel ».

- Compromission avenir professionnel ? Difficile à dire, très peu utilisé, trop hypothétique.
- Atteinte à la dignité : peu probable (*illustration affaire jugée par un conseil de prud'hommes : constitue une atteinte à la dignité du salarié le fait de lui attribuer un bureau et une chaise d'écolier placées au milieu du hall d'accueil de l'entreprise*).
- Atteinte à la santé ? Frédéric souffre d'insomnies, d'angoisse, d'un état dépressif. Il a été placé en arrêt maladie et présente des risques d'autolyse. Il a été déclaré inapte à son emploi par le médecin du travail. L'atteinte à son état de santé ne fait aucun doute. Il faudra cependant conseiller à Frédéric de se ménager des preuves.

Rappel : règles probatoires en matière de harcèlement :

C. trav., art. L.1154-1 : « Lorsque survient un litige relatif à l'application des articles L. 1152-1 à L. 1152-3 et L. 1153-1 à L. 1153-4, le candidat à un emploi, à un stage ou à une période de formation en entreprise ou le salarié établit des faits qui permettent de présumer l'existence d'un harcèlement.
Au vu de ces éléments, il incombe à la partie défenderesse de prouver que ces agissements ne sont pas constitutifs d'un tel harcèlement et que sa décision est justifiée par des éléments objectifs étrangers à tout harcèlement.
Le juge forme sa conviction après avoir ordonné, en cas de besoin, toutes les mesures d'instruction qu'il estime utiles ».

B. Conseil et solutions

Comment sortir Frédéric de cette situation ?

1. Prise d'acte de la rupture du contrat de travail

Régime juridique de la prise d'acte :

- Cass. soc., 25 juin 2003, n° 01-42.679 : le salarié rompt le contrat en raison de griefs reprochés à l'employeur. La prise d'acte produit les effets d'un licenciement sans cause réelle et sérieuse si les faits invoqués par le salarié sont d'une gravité suffisante et les effets d'une démission si, au contraire, les faits ne justifiaient pas la prise d'acte.
- Faits justifiant la prise d'acte : Faits d'une gravité suffisante. Précision : Cass. soc., 20 mars 2010, n° 08-44.236 : La prise d'acte permet au salarié de rompre le contrat de travail en cas de manquement suffisamment grave de l'employeur qui empêche la poursuite du contrat de travail.
- Exemple type de faits d'une suffisante gravité : manquement de l'employeur à une de ses obligations. Y a-t-il manquement de l'employeur à une de ses obligations ?

Le harcèlement moral caractérise un manquement de l'employeur à son obligation de sécurité de résultat (*Cass. soc., 3 février 2010, n° 08-40.144*).

Problème de la prise d'acte pour Frédéric : difficulté pour bénéficier des droits au chômage et action qui comporte toujours le risque que le juge fasse produire à la rupture les effets d'une démission.

2. Demande de résiliation judiciaire du contrat de travail

Même raisonnement : demande de résiliation judiciaire aux torts de l'employeur si faits d'une suffisante gravité, manquement à l'obligation de sécurité.

Illustration : Cass. soc., 26 mai 2010, n° 08-43.152 : harcèlement d'un salarié de retour de congé maladie, l'employeur ne lui confie que des tâches subalternes, le dénigre en public, la Cour de cassation estime que la résiliation judiciaire est justifiée.

Avantage pour Frédéric: le contrat de travail n'est pas rompu, la technique est moins risquée… Cependant, les délais seront sensiblement plus longs puisqu'il faudra attendre que le conseil de prud'hommes statue.

II. Inaptitude

A. Visite médicale de reprise

Elle est obligatoire dans les cas prévu par C. trav., art. R. 4624-21 :
« Le salarié bénéficie d'un examen de reprise de travail par le médecin du travail :
1° Après un congé de maternité ;
2° Après une absence pour cause de maladie professionnelle ;
3° Après une absence d'au moins huit jours pour cause d'accident du travail ;
4° Après une absence d'au moins vingt et un jours pour cause de maladie ou d'accident non professionnel ;
5° En cas d'absences répétées pour raisons de santé. »

A quel moment la visite doit-elle intervenir ? C. trav., art. R.4626-22 : « L'examen de reprise a pour objet d'apprécier l'aptitude médicale du salarié à reprendre son ancien emploi, la nécessité d'une adaptation des conditions de travail ou d'une réadaptation du salarié ou éventuellement de l'une et de l'autre de ces mesures.
Cet examen a lieu lors de la reprise du travail et au plus tard dans un délai de huit jours ».

Nécessité de deux examens médicaux, sauf danger immédiat pour la santé du salarié ou celle des tiers. C. trav., art. R. 4624-31 : « Sauf dans le cas où le maintien du salarié à son poste de travail entraîne un danger immédiat pour sa santé ou sa sécurité ou celles des tiers, le médecin du travail ne peut constater l'inaptitude médicale du salarié à son poste de travail qu'après avoir réalisé :
1° Une étude de ce poste ;
2° Une étude des conditions de travail dans l'entreprise ;
3° Deux examens médicaux de l'intéressé espacés de deux semaines, accompagnés, le cas échéant, des examens complémentaires. »

Frédéric n'a subi qu'une seule visite médicale au cours de laquelle le médecin du travail l'a déclaré inapte. Est-ce que l'état d'inaptitude permet alors d'enclencher une procédure de licenciement ?

L'état de danger immédiat ne peut permettre de se dispenser d'une seconde visite que si le médecin du travail précise l'existence d'une situation de danger grave et imminent, qu'il précise qu'une seule visite seulement sera effectuée et qu'il fait référence dans l'avis d'inaptitude à l'article R. 4624-31 : Cass. soc., 20 janv. 2010, n° 08-45.270.

Si un licenciement est prononcé alors que le médecin du travail n'a pas fait procéder à ces deux visites, la sanction est la nullité du licenciement. Souvent jugé, illustration encore avec Cass. soc., 20 janv. 2010, n° 08-45.270. Conséquence : le salarié dont le licenciement est nul peut demander la réintégration. S'il ne le demande pas, il bénéficie, outre les indemnités de rupture, à une indemnité réparant l'intégralité du préjudice résultant du caractère illicite du licenciement et au moins égale à six mois de salaire Cass. soc., 2 juin 2004.

B. Délégués du personnel ?

Y a-t-il irrégularité de forme en plus de la nullité ?

Texte pour inaptitude à la suite d'un accident ou d'une maladie non professionnels : C. trav., art. L. 1226-2 : « Lorsque, à l'issue des périodes de suspension du contrat de travail consécutives à une maladie ou un accident non professionnel, le salarié est déclaré inapte par le médecin du travail à reprendre l'emploi qu'il occupait précédemment, l'employeur lui propose un autre emploi approprié à ses capacités.
Cette proposition prend en compte les conclusions écrites du médecin du travail et les indications qu'il formule sur l'aptitude du salarié à exercer l'une des tâches existantes dans l'entreprise.
L'emploi proposé est aussi comparable que possible à l'emploi précédemment occupé, au besoin par la mise en œuvre de mesures telles que mutations, transformations de postes de travail ou aménagement du temps de travail. »

Texte pour inaptitude à la suite d'un accident du travail ou d'une maladie professionnelle : C. trav., art. L. 1226-10 : « Lorsque, à l'issue des périodes de suspension du contrat de travail consécutives à un accident du travail ou à une maladie professionnelle, le salarié est déclaré inapte par le médecin du travail à reprendre l'emploi qu'il occupait précédemment, l'employeur lui propose un autre emploi approprié à ses capacités.
Cette proposition prend en compte, après avis des délégués du personnel, les conclusions écrites du médecin du travail et les indications qu'il formule sur l'aptitude du salarié à exercer l'une des tâches existant dans l'entreprise.
L'emploi proposé est aussi comparable que possible à l'emploi précédemment occupé, au besoin par la mise en œuvre de mesures telles que mutations, transformations de postes ou aménagement du temps de travail. »

Autrement dit, la solution va varier selon que le salarié a fait une demande de reconnaissance d'accident du travail ou de maladie professionnelle.

Sanction : L. 1226-15 du Code du travail : indemnité spéciale de licenciement, douze mois de salaire. Contrairement à ce qui se produit habituellement pour les indemnités de procédure, il y a cumul avec les autres indemnités.

C. Inaptitude suite à un harcèlement

Un employeur peut-il licencier un salarié dont l'inaptitude découle d'un harcèlement ?

C. trav., art. L. 1152-2 :
« Aucun salarié ne peut être sanctionné, licencié ou faire l'objet d'une mesure discriminatoire, directe ou indirecte, notamment en matière de rémunération, de formation, de reclassement, d'affectation, de qualification, de classification, de promotion professionnelle, de mutation ou de renouvellement de contrat pour avoir subi ou refusé de subir des agissements répétés de harcèlement moral ou pour avoir témoigné de tels agissements ou les avoir relatés ».

Un salarié qui a subi un harcèlement est en dépression, le médecin le déclare inapte à son poste de travail, l'employeur le licencie pour inaptitude. La Cour de cassation juge dans ce cas que le licenciement est nul car ce n'est en réalité pas l'inaptitude qui a causé le licenciement mais le harcèlement (Cass. soc., 24 juin 2009, n° 07-43.994).

QCM de révision

1. **L'inspecteur du travail a pour mission :**
   a. de concilier les parties au contrat de travail en cas de litige.
   b. de former les conseillers prud'hommes en droit du travail.
   c. de contrôler l'application du droit du travail dans les entreprises.
2. **La phase de conciliation préalable devant le conseil de prud'hommes est obligatoire :**
   a. lorsque les parties n'ont pas tenté une conciliation préalable à la saisine du conseil.
   b. lorsque le litige concerne la rupture du contrat de travail.
   c. pour tout litige, exception faite des actions en requalification du contrat de travail.
3. **Parmi ces principes de procédure, n'est exclusivement applicable qu'en matière prud'homale :**
   a. l'obligation de comparution personnelle des parties.
   b. le principe de l'unicité de l'instance.
   c. l'oralité de la procédure.
4. **En droit du travail, le tribunal d'instance intervient :**
   a. pour tous les litiges dont le montant des demandes n'excède pas 10 000 euros.
   b. pour les litiges relatifs à la contestation des élections professionnelles.
   c. par l'effet d'une clause attributive de juridiction instituée par le contrat de travail.
5. **Lorsque l'entreprise est composée d'établissements distincts comptant plus de onze salariés, ne peuvent être institués au niveau de l'entreprise :**
   a. des délégués syndicaux.
   b. des délégués du personnel.
   c. un comité d'hygiène, de sécurité et des conditions de travail.
6. **La reconnaissance de l'existence d'une unité économique et sociale ne peut intervenir :**
   a. à la suite de la conclusion d'une convention ou d'un accord collectif de travail.
   b. par décision de l'inspection du travail.
   c. par décision du tribunal d'instance.
7. **Le licenciement d'un salarié exerçant des fonctions de représentation élue du personnel ne peut intervenir :**
   a. qu'avec l'autorisation de la DIRECCTE.
   b. qu'après saisine d'un conseil de discipline.
   c. qu'après consultation du comité d'entreprise.
8. **Le représentant du personnel doit justifier de l'utilisation de ses heures de délégation :**
   a. jamais, l'usage de ces heures est discrétionnaire.
   b. a priori, l'employeur a le droit de s'assurer que les représentants exercent bien leur mandat.
   c. a posteriori, sauf si le représentant dépasse le nombre d'heures légalement prévu.
9. **Le législateur intervient en droit du travail :**
   a. dans tous les domaines du droit du travail et du droit syndical.
   b. à l'égard des seuls principes fondamentaux du droit du travail.
   c. exclusivement après avoir consulté les partenaires sociaux sur l'objet du projet de réforme.
10. **Le Conseil constitutionnel s'est prononcé, dans le cadre d'une question prioritaire de constitutionnalité, sur la conformité à la Constitution :**
    a. des règles de représentativité des syndicats catégoriels.
    b. du principe selon lequel le repos hebdomadaire est pris le dimanche.
    c. de l'égalité des sexes permettant aux femmes de travailler la nuit au même titre que les hommes.
11. **La recodification du Code du travail a eu pour objet :**
    a. d'alléger le Code du travail dont on dénonçait depuis fort longtemps la complexité et la technicité.
    b. de modifier le plan, la numérotation des articles et d'harmoniser les terminologies utilisées.
    c. d'opérer une réforme d'ampleur destinée à raffermir la légitimité des syndicats français.
12. **L'usage d'entreprise peut disparaître :**
    a. par désuétude.
    b. par la simple volonté de l'employeur d'y mettre fin, sans autre formalité.
    c. par conclusion d'un accord collectif portant sur le même objet.
13. **Une convention collective de travail d'entreprise ne peut jamais être négociée :**
    a. par les délégués du personnel.
    b. par les membres élus du comité d'entreprise.
    c. par un groupe de salarié disposé à conclure un accord avec l'employeur.
14. **Les syndicats et les organisations patronales ont l'obligation de négocier périodiquement auniveau de la branche sur :**
    a. l'égalité professionnelle entre les femmes et les hommes dans la branche d'activité.

b. le recours au travail à temps partiel dans la branche d'activité.
c. les perspectives économiques d'avenir dans la branche d'activité.

15 En cas de dénonciation d'une convention ou d'un accord collectif de travail :
a. les salariés bénéficient toujours des avantages individuels acquis.
b. les syndicats et l'employeur doivent tenter de négocier un accord de substitution.
c. la convention ou l'accord ne disparaîtra qu'après l'écoulement d'un délai de dix-huit mois.

16 Le délégué du personnel peut porter des revendications des salariés :
a. dans tous les domaines, cela fait partie de ses attributions.
b. jamais, ce rôle est réservé aux délégués syndicaux.
c. jamais, en principe, sauf en matière de revendications salariales.

17 Le principe de la liberté de choix par l'employeur de ses collaborateurs est limité :
a. par la nationalité du salarié, des conditions sont exigées pour engager un travailleur étranger.
b. par l'âge du salarié, il est interdit de recruter un salarié de plus de 70 ans.
c. par les diplômes du salarié, il est interdit de recruter un salarié dont le diplôme ne correspond pas au poste envisagé.

18 La période probatoire diffère de la période d'essai parce que :
a. elle est plus longue et permet d'intégrer un stage de formation professionnelle.
b. elle intervient en cours de relation contractuelle à l'occasion d'une promotion.
c. elle précède l'embauche pour tester les capacités du candidat.

19 La requalification du contrat de travail à durée déterminée en contrat à durée indéterminée :
a. peut être demandée par l'employeur lorsque le contrat n'était pas régulier.
b. doit faire l'objet d'une saisine préalable du bureau de conciliation du conseil de prud'hommes.
c. peut intervenir lorsque le contrat ne mentionne pas le cas de recours invoqué par l'employeur.

20 Le contrat de travail à temps partiel :
a. peut donner lieu à exécution d'heures complémentaires rémunérées comme les heures prévues au contrat.
b. peut être accompagné d'une clause d'exclusivité imposée au salarié.
c. doit toujours être conclu par écrit sauf à être requalifié en contrat à temps complet.

21 A la suite d'un arrêt de travail, le salarié doit impérativement subir une visite médicale de reprise :
a. s'il a été arrêté pour un accident du travail, quelle que soit la durée de l'arrêt.
b. s'il a été arrêté pour une maladie non professionnelle, quelle que soit la durée de l'arrêt.
c. s'il a été arrêté pour maladie professionnelle, quelle que soit la durée de l'arrêt.

22 Ne constituent pas un exercice normal du droit de grève et peuvent donner lieu à sanction :
a. les piquets de grève sans blocage de l'entrée de l'entreprise.
b. les grèves perlées par mauvaise exécution de la prestation de travail.
c. les débrayages par arrêts répétés et de courte durée de la prestation de travail.

23 L'employeur peut librement modifier :
a. la répartition de la rémunération entre salaire de base et commissions versées au salarié.
b. le lieu de travail du salarié dans une zone géographique restreinte.
c. la répartition des horaires du salarié à temps partiel dans la semaine ou dans le mois.

24 Le salarié ne peut jamais s'opposer au transfert de son contrat de travail en cas de :
a. transfert volontaire d'entreprise.
b. transfert conventionnel d'entreprise.
c. transfert légal d'entreprise.

25 Le caractère clair et non équivoque de la volonté de démissionner implique :
a. que le salarié ne puisse jamais avoir pris cette décision sous l'influence de l'employeur.
b. que le salarié ne puisse jamais rétracter sa démission.
c. que le salarié ne puisse jamais exprimer cette volonté de manière tacite.

26 Lors de la procédure de licenciement, l'employeur peut convoquer le salarié à l'entretien préalable
a. par courrier électronique.
b. par Chronopost.
c. par télécopie.

27 La rupture conventionnelle du contrat de travail peut être conclue
a. par un salarié protégé en raison de son mandat de représentation du personnel.
b. par un salarié dont l'inaptitude physique vient d'être prononcée par le médecin du travail.
c. par dix salariés parce que l'entreprise connaît des difficultés économiques.

28 La prise d'acte de la rupture du contrat de travail produit les effets d'un licenciement si :

a. les manquements de l'employeur invoqués par le salarié sont d'une gravité suffisante.
b. les manquements de l'employeur invoqués par le salarié caractérisent une faute grave.
c. les manquements de l'employeur invoqués par le salarié caractérisent un abus de droit.

29 Le principe « à travail égal, salaire égal » implique que l'employeur :

a. ne puisse pas rémunérer un salarié différemment d'un salarié exerçant les mêmes fonctions dans une autre entreprise du groupe.
b. ne puisse pas rémunérer un salarié différemment d'un autre salarié dont il pense qu'il le mérite davantage.
c. ne puisse pas rémunérer un salarié différemment d'un autre salarié engagé sous contrat de mission de travail temporaire pour exercer les mêmes fonctions.

30 La comparaison de la rémunération versée au salarié avec le montant du SMIC doit intégrer :

a. les rémunérations de tous types, qu'il s'agisse du salaire de base, des avantages en nature ou des primes.
b. le seul salaire de base qui constitue le minimum de la rémunération.
c. les seules rémunérations versées au travail en contrepartie d'un travail effectif.

31 Lorsque l'entreprise compte plus de cinquante salariés, l'employeur :

a. peut mettre en place un plan d'intéressement ou un plan de participation aux bénéfices.
b. doit impérativement mettre en place un plan de participation aux bénéfices.
c. doit impérativement mettre en place un intéressement des salariés et un plan de participation aux bénéfices.

32 Si l'entreprise est en difficulté et qu'une procédure collective est ouverte, les salariés :

a. verrons le paiement de l'intégralité de leurs salaires garantis par l'AGS.
b. devront déclarer leurs créances salariales auprès des organes de la procédure.
c. bénéficient d'un privilège spécial sur les biens de l'entreprise garantissant leurs salaires.

33 La durée de trente-cinq heures hebdomadaire de travail est :

a. un maximum imposé à toutes les entreprises françaises.
b. un seuil au-delà duquel l'employeur sera tenu de payer des heures supplémentaires.
c. une moyenne sur l'année entre semaines pleines et semaines creuses qui ne doit pas être dépassée.

34 Les conventions de forfait-jours à l'année peuvent être conclues

a. seulement avec les cadres et quelques salariés dont l'autonomie est particulièrement marquée.
b. seulement avec les cadres dirigeants de l'entreprise.
c. avec tout salarié qui donne son consentement clair et non équivoque.

35 Pendant ses temps de repos, le salarié :

a. ne doit jamais travailler, cela constituerait sinon du temps de travail effectif.
b. ne peut jamais se tenir à la disposition de l'employeur, cela constituerait sinon du temps de travail effectif.
c. peut intervenir ponctuellement pour l'employeur à condition que le temps de l'intervention soit court et que les interventions ne soient pas trop fréquentes.

36 Si l'employeur a institué un système d'astreinte dans l'entreprise :

a. il peut imposer à tous les salariés de l'entreprise de se soumettre aux astreintes.
b. il ne peut le supprimer unilatéralement qu'à la condition qu'aucune contrepartie n'ait été prévue pour les salariés soumis aux astreintes.
c. il n'est pas toujours libre de le supprimer unilatéralement puisque les salariés bénéficient d'un salaire pour les temps d'intervention.

37 L'obligation de sécurité à la charge de l'employeur implique :

a. qu'il soit seul responsable d'une atteinte à la santé ou à la sécurité des salariés dans l'entreprise.
b. que les salariés, comme l'employeur, soient responsables des atteintes à la santé dans l'entreprise.
c. que l'employeur puisse s'exonérer de son obligation en démontrant qu'il a pris toutes les mesures pour mettre fin à l'atteinte à la santé ou à la sécurité.

38 En cas de danger grave et imminent pour sa vie ou sa santé, le salarié :

a. peut alerter l'employeur du danger.
b. doit alerter l'employeur du danger.
c. doit exercer son droit de retrait pour se protéger.

39 Dans tous les cas, le harcèlement moral ne peut être caractérisé que si :

a. l'employeur ou le salarié auteur du harcèlement a agi avec intention de nuire au salarié.
b. le harcèlement s'est déroulé sur une période de temps suffisamment longue.
c. le salarié a subi de multiples agissements de harcèlement.

40) En cas de harcèlement dans l'entreprise, il est toujours possible de sanctionner :

a. un salarié qui a dénoncé, par erreur, des faits de harcèlement qui n'existaient pas.

b **b.** un salarié qui a dénoncé, de mauvaise foi, des faits de harcèlement qui n'existaient pas.

c. un salarié qui a raconté, dans les médias, des faits de harcèlement dans l'entreprise.

Réponses :

1) : c
2) : c
3) : b
4) : b
5) : b
6) : b
7) : c
8) : c
9) : b
10) : a
11) : b
12) : c
13) : c
14) : a
15) : b
16) : c
17) : a
18) : c
19) : c
20) : a
21) : c
22) : b
23) : b
24) : c
25) : a
26) : b
27) : a
28) : a
29) : c
30) : c
31) : b
32) : c
33) : b
34) : a
35) : c
36) : c
37) : a
38) : b
39) : c
40) : b

LA MÉTHODOLOGIE DES EXERCICES JURIDIQUES

(Cette méthodologie donnée à titre indicatif peut varier sensiblement d'un enseignant à l'autre)

1 LA MÉTHODOLOGIE DE LA DISSERTATION

Pour réussir une dissertation juridique, il faut d'abord comprendre la nature de l'exercice (I), laquelle commande de respecter une méthodologie relativement stricte (II).

A. La nature de l'exercice

La dissertation juridique n'est pas un devoir de récitation de cours.

Il ne s'agit pas de reproduire des connaissances d'ailleurs plus ou moins bien comprises mais de réfléchir à un sujet, en utilisant certes les connaissances acquises pendant l'année, mais surtout en élaborant une réflexion personnelle et, en ce sens, originale. Dès lors, la dissertation ne fait pas appel à la mémoire, mais à l'intelligence et à la réflexion.

Il est donc vain de tenter de rapprocher le sujet à traiter de tel ou tel chapitre du cours, voire de telle section ou paragraphe. Car l'approche descriptive qui est celle d'un cours diffère sensiblement de l'approche analytique qui est exigée dans une dissertation.

En effet, **la dissertation est une démonstration** : vous devez livrer au correcteur votre approche de la question posée, en la justifiant par des considérations juridiques. Dès lors, un bon devoir ne doit pas se limiter à une explication technique des mécanismes juridiques que vous discutez. Il doit indiquer en outre comment ces mécanismes se rattachent au sujet, et pourquoi tel mécanisme est cité à tel endroit de la démonstration et pas ailleurs.

Tout au long du devoir, il faut suivre « le fil rouge » de sa démonstration et se poser la question de savoir si ce que l'on écrit a ou non une véritable utilité pour cette démonstration (on est sinon dans le hors-sujet ou plus simplement dans ce que les correcteurs appellent le « délayage ou récitation sans intérêt »).

Par ailleurs, **tout développement doit être justifié** par rapport à la problématique et bien sûr argumenté juridiquement.

Il s'agit donc d'un exercice difficile, qui impose le respect d'une méthode adaptée.

B. Les conseils methodologiques

La construction d'une dissertation juridique se décompose en trois étapes : la déconstruction du sujet, l'élaboration du plan et la rédaction.

1. LA DÉCONSTRUCTION DU SUJET

La première étape consiste à définir et à analyser chacun des termes du sujet puis de les confronter, c'est-à-dire d'examiner quelles sont les relations qu'ils entretiennent. Ce travail sur les termes ou le terme du sujet doit permettre de déterminer les différents éléments du sujet et ainsi d'élaborer **une idée générale** (ou problématique) qui, dans la mesure du possible, est le produit d'une réflexion personnelle.

Contrairement à une idée reçue, **la problématique n'est pas une question ni le sujet reformulé sous forme de question ; elle est au contraire la réponse à cette question**, réponse qui correspond donc à une idée sur le sujet qui va être démontrée tout au long de la dissertation.

Il n'y a jamais une et une seule idée générale : la dissertation n'est pas un exercice dogmatique.

> Ex : Si vous avez comme sujet « *La jurisprudence est-elle une source de droit* ? », vous pouvez soutenir que la jurisprudence est une source de droit ou, au contraire, qu'elle ne l'est pas. Ce qui importe vraiment, c'est la solidité de votre argumentation juridique. Ainsi, si vous décidez que la jurisprudence n'est pas une source de droit, vous devrez analyser les arguments en faveur de la jurisprudence, source de droit, et développer ensuite des contre-arguments.

L'idée générale retenue constitue le fil directeur (le socle) de la démonstration qui sera menée dans les développements.

Sans idée générale, il n'y a pas de démonstration et donc pas de dissertation.

2. L'ÉLABORATION DU PLAN

Avec l'élaboration du plan, nous abordons la phase de reconstruction du sujet.

D'abord, le plan doit permettre de défendre de manière rationnelle l'idée générale, il en constitue **l'argumentation**. Autrement dit, un correcteur doit connaître votre position en lisant simplement le plan.

Ce **plan apparent** est le plus souvent en deux parties car une démonstration en deux temps est en général plus claire et donc plus convaincante. **Le plan binaire (deux**

parties et deux sous-parties) doit donc être privilégié d'autant qu'opter pour un plan tripartite peut être très risqué si votre correcteur est attaché au respect des usages universitaires. D'ailleurs, **une démonstration doit être synthétique** : les différents éléments ne doivent pas être examinés les uns indépendamment des autres mais en relation les uns avec les autres. Le plan binaire semble donc le plus opérationnel car il est nécessairement le plus synthétique.

Il peut être **chronologique** (par exemple, pour le sujet « *Dol et contrat* » : I. Le dol et la formation du contrat, II. Le dol et l'exécution du contrat), **de finalité** (par exemple, pour le sujet « *Le Premier ministre sous la Ve République* » : I. Le Premier ministre en qualité de chef politique, II. Le Premier ministre en qualité de chef de Gouvernement), **de comparaison** (par exemple, pour le sujet « *Grâce et amnistie* » : I. L'opposition classique entre les deux formes de pardon, II. La convergence nouvelle des deux formes de pardon) ou **technique** (par exemple, pour le sujet « *La protection de la vie privée* » : I. La protection préventive de la vie privée par le référé, II. La protection curative de la vie privée par l'allocation de dommages-intérêts).

En revanche, il faut éviter autant que possible les plans trop descriptifs qui se prêtent mal à l'argumentation.

Exemple de plan classique (et donc descriptif) pour le sujet « *Les juridictions civiles* » :

I. La détermination des juridictions civiles
- A. Les juridictions du fond
- B. La Cour de cassation

II. L'organisation des juridictions civiles
- A. La hiérarchisation des juridictions civiles
- B. La composition des juridictions civiles

Dans cet exemple, il est difficile de saisir l'idée générale du devoir alors même que la plupart des éléments sont présents. C'est la différence entre un cours (ou un manuel) et une dissertation.

Quoi qu'il en soit, dans un plan cohérent, **les éléments les plus importants de la démonstration sont placés dans le IB et le IIA.**

Les 1) et 2) au sein des sous-parties sont recommandés mais pas obligatoires. Si vous décidez d'en mettre, il faut le faire pour chaque sous-partie.

Enfin, **le plan doit être clair et doit permettre de faire le tour complet du sujet sans répétition**.

Cet objectif de clarté ne peut être atteint que si deux exigences sont respectées.

En premier lieu, il faut privilégier **les intitulés brefs** : pas de verbe conjugué, pas de

conjonction de coordination (et, ou…) car il faut une idée par titre, pas de ponctuation comme pour les dissertations philosophiques (virgule, deux points, trois points de suspension, etc.)…
Les titres doivent commencer par un article (le, la, les, un, une…).

Les titres de chaque partie doivent être cohérents au regard de la formulation du sujet mais aussi les uns par rapport aux autres. Un plan ne saurait comporter plusieurs titres identiques ou similaires. Ainsi, le titre du IA ne doit pas être le même que celui du I auquel il se rattache puisque les A et B d'une partie développent deux aspects distincts du thème abordé dans cette partie.

En second lieu, **les titres sont suivis de chapeaux introductifs** (sous les I et II, IA, IB, IIA et IIB). Ces derniers se composent de deux phrases. La première résume l'idée de votre partie ou sous-partie ; la seconde annonce le plan de manière formelle comme à la fin de l'introduction.

Aux chapeaux introductifs s'ajoutent les transitions, en particulier entre le I et le II. Quelques lignes suffisent pour éviter de « passer du coq à l'âne ». Cela étant, la transition n'est pas le prétexte pour développer des points qui ne trouvent pas leur place au sein de la partie considérée.

Tout plan qui respecte ces codes est un bon plan qu'il reste à découvrir pour chaque sujet parce qu'il n'existe pas de plan préconçu valable pour n'importe quel sujet ou n'importe quel type de sujet.

À noter qu'en principe la dissertation juridique ne comporte **pas de conclusion.**

3. LA RÉDACTION

Cette étape ne doit en aucun cas être négligée puisqu'elle conduit au « produit fini » que va juger et noter le correcteur. Il faut donc savoir gérer le temps imparti à l'épreuve pour pouvoir achever la rédaction du devoir.

a) La gestion du temps (pour une épreuve de 3h, à titre indicatif)

- Lecture attentive du sujet et recherche de sa signification : 15 minutes
- Recherche de la matière et élaboration du plan : 25 minutes
- Rédaction de l'introduction : 30 minutes
- Rédaction de la première partie : 50 minutes
- Rédaction de la seconde partie : 50 minutes
- Relecture : 10 minutes

b. L'introduction

C'est la partie la plus importante du devoir car elle sert à justifier l'idée générale que l'on a choisie de démontrer, idée générale qui doit être posée dès l'introduction et de laquelle se déduit le plan.

L'introduction permet de cadrer le sujet :

• **De quoi va-t-on parler ?** (analyse des termes du sujet)

Il s'agit ici, après une phrase d'accroche (adage, citation…) qui permet d'amener le sujet, de poser **la définition du sujet** (de chacun de ses termes avant de préciser le sujet dans son entier).

De la définition du sujet on peut ensuite déduire la délimitation du sujet. À partir du sens donné au sujet, on va en effet pouvoir délimiter son domaine. On voit donc qu'il s'agit là d'une étape fondamentale puisqu'elle seule permet d'éviter le hors-sujet fatal.

> Ex : si le sujet porte sur « *L'existence des personnes physiques* », il faut écarter en introduction la question des personnes morales.

• **Pourquoi va-t-on en parler ?** (l'intérêt du sujet)

Cet **intérêt** peut être purement théorique, et non des moindres (la question a pu être très débattue, divise toujours la doctrine…), il peut être pratique (par exemple, derrière le droit pénal se profilent toujours les libertés individuelles, la question de l'indemnisation des victimes…). Le sujet peut également être d'actualité (par exemple, la suppression du juge d'instruction ou l'adoption par les couples homosexuels…). Dans tous les cas, il aura des dimensions historiques, sociologiques, politiques… qui permettront d'amplifier son intérêt au-delà de la seule sphère juridique.

• **Comment va-t-on en parler ?** (l'idée générale et le plan qui en constitue l'argumentation)

Enfin, et si possible à partir de l'intérêt du sujet (pour qu'il y ait un fil conducteur dans l'introduction), il faut examiner l'idée générale retenue sur le sujet et annoncer le plan.

L'idée générale vient justifier le plan choisi puisque celui-ci doit démontrer l'idée générale.

Attention ! L'introduction n'est pas un catalogue de banalités que l'on classerait dans un ordre chronologique. Il est nécessaire de bien faire le lien entre la problématique et le plan qui en constitue la réponse démonstrative.

c. Les conseils rédactionnels

N'oubliez pas que vous écrivez pour être lu et surtout pour être compris : la dissertation étant une démonstration, il faut que le lecteur puisse suivre continuellement le cheminement de votre pensée.

À cette fin, on peut donner plusieurs conseils :

- Privilégiez les phrases courtes ;
- Utilisez les mots de liaison pour passer d'une idée à l'autre : cependant, toutefois, néanmoins, de plus, ensuite, pourtant, or, en premier lieu, en deuxième lieu, en dernier lieu, d'une part, d'autre part, en revanche…
- Utilisez les paragraphes : changez de paragraphe lorsque vous avez fini de

traiter l'un des aspects de votre dissertation (une idée = un paragraphe avec un retrait). Cela contribue à la clarté de l'exposé et constitue un guide utile pour le lecteur ;
- Proscrivez les abréviations ;
- Respectez les règles de grammaire et de conjugaison : une majuscule en début de phrase, un point en fin de phrase, accord du participe passé…
- Veillez à votre orthographe : jurisprudence et non juris-prudence, malgré et non malgrés, parmi et non parmis…
- Soignez votre copie : évitez les ratures, soulignez les titres mais pas en rouge (couleur réservée au correcteur), sautez des lignes pour aérer votre copie…
- Adoptez une écriture lisible.

2 LA MÉTHODOLOGIE DU COMMENTAIRE D'ARRÊT

Le commentaire d'arrêt est sans doute l'exercice le plus redouté des étudiants. Pour le réussir, il faut d'abord comprendre la nature de l'exercice (I), laquelle commande de respecter une méthodologie particulière (II).

A. La nature de l'exercice

Le but du commentaire d'arrêt est, comme son nom l'indique, de commenter une décision de justice. **Il s'agit d'expliquer et de discuter la solution dégagée par le juge.**

Cela suppose que l'étudiant possède des connaissances élémentaires sur le droit positif qui constitue le contexte juridique de la décision. Cela suppose également que l'étudiant élabore une réflexion personnelle sur l'arrêt car, d'une certaine manière, le commentaire est une démonstration. En d'autres termes, le correcteur doit connaître votre sentiment sur la décision rendue, sentiment qui doit s'appuyer sur des considérations juridiques.

Dès lors, deux écueils sont à éviter : **la dissertation déguisée** (l'arrêt ne doit pas être le prétexte pour traiter des généralités plus ou moins en relation avec le problème de droit) et **la paraphrase** (redire ce qui est dit dans l'arrêt sous une autre forme, sans apporter de connaissances personnelles). En définitive, il ne faut pas être trop proche ou trop loin de l'arrêt. Le plus simple est de toujours se demander si ce que l'on dit peut être raccroché à l'arrêt.

B. Les conseils méthodologiques

Le commentaire d'arrêt est une épreuve très formaliste dont il convient de respecter toutes les règles de fond et de forme.

1. L'INTRODUCTION DU COMMENTAIRE

L'introduction est la partie la plus importante du devoir. Elle comporte plusieurs étapes qui doivent être scrupuleusement respectées :

- Phrase d'accroche (actualité, contexte juridique, adage, etc.) ;
- Présentation de la décision, objet du commentaire (date, juridiction) ;
- Rappel et qualification des faits pertinents ;
- Exposé de la procédure (parcours de l'affaire) ;
- Détermination des parties (demandeur/défendeur, appelant/intimé, etc.) ;
- Thèses des parties si elles sont exposées (par ex. les moyens du pourvoi) ;
- Problème de droit soulevé par l'arrêt (il s'agit d'une question juridique d'ordre général et non d'une espèce particulière ; en cas de pluralité de problèmes, deux hypothèses sont à envisager. Si des problèmes distincts sont d'égale importance, ils doivent être traités séparément. Si l'un des problèmes soulevés par l'arrêt est plus important que les autres, il ne faudra alors retenir pour le commentaire que le point principal, mais sans oublier de signaler dans l'introduction que les points annexes seront laissés de côté) ;
- Solution de l'arrêt (motifs et dispositif). L'étudiant donne la solution au problème posé précédemment (par ex. : « La Cour de cassation répond par l'affirmative, en décidant que [citation ou paraphrase de la motivation de l'arrêt]». À ce stade, il convient de préciser la nature de l'arrêt (arrêt infirmatif ou confirmatif pour la cour d'appel, arrêt de rejet ou de cassation pour la haute juridiction), les moyens de cassation (violation de la loi, incompétence, excès de pouvoir, etc.) et la qualité de la motivation (précise, lapidaire…) ;
- Sens du commentaire (en quelques lignes, l'étudiant doit porter une première appréciation critique de la solution retenue, livrer les grandes idées qui seront développées) ;
- Annonce de plan (par ex. : « Cet arrêt réaffirme l'interdiction du mariage homosexuel (I) et montre par la même que les juges français sont attachés à une conception classique de l'institution matriarcale (II).

2. LE PLAN DU COMMENTAIRE

Un plan de commentaire comporte deux parties (I / II), elles-mêmes subdivisées en deux sous-parties (A / B). Il n'y a pas de conclusion. **En principe, ce plan découle de la motivation de l'arrêt (il faut « coller à l'arrêt »)**. Ainsi, en présence de deux problèmes juridiques distincts, il est conseillé de consacrer une partie à chacun de ses problèmes. De même si le raisonnement du juge s'effectue en deux étapes bien marquées (« Attendu d'une part […] Mais attendu d'autre part […] »). Lorsqu'il est impossible de procéder de la sorte, le plus simple est d'expliquer la solution dans une première partie, puis de l'apprécier dans une seconde partie.

Comme pour la dissertation, **l'étudiant doit soigner les intitulés, les chapeaux introductifs et les transitions**. Le titre d'une partie ou d'une sous-partie doit refléter clairement son contenu. Dès lors, les titres du style I – Analyse de la décision ; II – Critique de la décision sont à proscrire absolument. À la lecture du plan, le correcteur doit immédiatement saisir le raisonnement de l'étudiant, les idées essentielles soutenues par ce dernier.

3. LES DÉVELOPPEMENTS

Trois éléments essentiels constituent la substance du commentaire et témoignent de la réflexion personnelle de l'étudiant. On les retrouve sous l'expression « **SVP** » (Sens, Valeur, Portée).

- **Sens de la décision** (explication de la solution) : l'étudiant doit expliquer le raisonnement suivi par les juges. Pour ce faire, il doit identifier les concepts juridiques utilisés, s'intéresser aux fondements textuels (visa) ainsi qu'aux règles juridiques sollicitées.
- **Valeur de la décision** (appréciation de la solution) : L'étudiant doit critiquer l'arrêt qui lui est soumis tout en s'affranchissant des positions doctrinales. *La solution est-elle satisfaisante en droit ?* (Les juges ont-ils bien appliqué le droit ? L'interprétation retenue est-elle conforme à la lettre ou à l'esprit du texte tel que la jurisprudence l'a dégagé ? La règle juridique invoquée est-elle appropriée ? Les juges ont-ils correctement motivé leur décision ? Une autre solution devrait-elle être adoptée ? Quelle est la position de la doctrine vis-à-vis du problème tranché par l'arrêt ?). *La solution est-elle satisfaisante en équité ?* (Conforme aux textes, la solution produit-elle des conséquences injustes pour le justiciable ? Est-elle favorable au plaideur ?). *La solution est-elle satisfaisante en opportunité ?* (Satisfait-elle les impératifs de justice, de sécurité juridique et de prévisibilité de la règle de droit ? Tient-elle compte des exigences de la pratique ?). L'histoire du droit et le droit comparé peuvent également être d'un bon secours pour apprécier la valeur de l'arrêt.
- **Portée de la décision** (situation de l'arrêt) : l'étudiant doit déterminer l'impact de la solution sur le droit positif en replaçant l'arrêt dans son contexte juridique (La décision constitue-t-elle un revirement ou s'inscrit-elle au contraire dans une jurisprudence constante ? S'agit-il d'un arrêt d'espèce ou d'un arrêt de principe ? La solution est-elle une application anticipée d'un texte de loi ? Est-elle anachronique ?).

L'agencement de ces trois éléments est parfois source de difficultés. Dès lors, bien qu'il n'y ait pas de plan type, il est conseillé de consacrer une première partie à l'apport de la solution (analyse des textes applicables et du problème d'interprétation, présentation et explication de la solution, etc.) et une seconde partie à la critique de la décision rendue (valeur et portée de la solution).

4. LA GESTION DU TEMPS

- Lecture et compréhension de l'arrêt : 15 minutes
- Recherche de la matière et élaboration du plan : 25 minutes
- Rédaction de l'introduction : 30 minutes
- Rédaction de la première partie : 50 minutes
- Rédaction de la seconde partie : 50 minutes
- Relecture : 10 minutes

3 LA MÉTHODOLOGIE DU CAS PRATIQUE

L'exercice du cas pratique a pour objet d'apprécier l'aptitude du candidat à identifier et à appliquer la règle de droit la plus adaptée à difficulté factuelle soumise à sa sagacité (méthode du syllogisme judiciaire). Le candidat ne doit donc pas réciter purement et simplement son cours ; il doit sélectionner les éléments de droit qui lui permettront d'apporter **une réponse circonstanciée et argumentée** aux questions posées.

A. La démarche intellectuelle

Dans une première étape, **il faut bien lire l'énoncé pour saisir les différents aspects du cas pratique.** Chaque terme peut être déterminant, les examinateurs n'hésitant pas à insérer des « pièges » dans les cas soumis aux étudiants. Un manque d'attention peut avoir des effets dévastateurs, notamment en ce qui concerne les dates (les dates sont importantes pour calculer les délais de prescription, de péremption d'instance, de voies de recours, de dépôt des mémoires ou des conclusions…). L'étudiant doit également prendre en compte certains éléments tels que l'âge des parties (ex : minorité du demandeur à l'action), leur profession (cet élément permet d'apprécier la validité d'une clause attributive de compétence territoriale ou celle d'une clause compromissoire).

Dans une deuxième étape, il **faut trier les faits pour ne retenir que les faits pertinents, les qualifier juridiquement** (Monsieur X. est-il un mandant, un cédant, etc. ? ; Sommes-nous en présence d'un fait ou d'un acte juridique ? Quelle est la nature de l'acte en question ? S'agit-il d'un contrat ou d'un acte juridique unilatéral ? La clause décrite dans le cas est-elle une clause compromissoire ?...). Cette démarche de qualification permet de circonscrire le domaine de l'étude. Mais qui dit qualification dit aussi définition : vous devez toujours définir le vocabulaire juridique employé.

La phase suivante est la plus délicate : **il s'agit d'identifier et d'énoncer le problème juridique**. Un cas pratiques peut donner lieu à un ou plusieurs problèmes juridiques, selon sa complexité. Selon les cas, les problèmes seront distincts ou étroitement liés.

Une fois que le problème est identifié, il faut s'efforcer de le résoudre. Pour ce faire, **il convient d'identifier la règle de droit applicable**. Cette règle doit être explicitée, développée de manière précise (définition, conditions d'application de la règle, exceptions…). **Son fondement juridique doit être précisé** : loi, règlement, décision de jurisprudence (jurisprudence constante ou revirement ?)… Dans cette dernière hypothèse, il convient de retracer l'évolution jurisprudentielle et de citer, s'il y a lieu, l'arrêt majeur de revirement. Le droit n'étant pas une science exacte, il peut arriver qu'un problème juridique ne trouve pas de solution dans la loi ou dans la jurisprudence. Dans ce cas, il faut s'en remettre à la doctrine en évoquant les thèses en présence. Mais l'étudiant doit prendre position, choisir une thèse à la suite d'un raisonnement logique. Cela étant, **l'étudiant doit se limiter à ce qui est strictement utile pour répondre à la question posée.**

Ensuite, **il faut appliquer la règle de droit à l'espèce.** Il s'agit notamment de préciser si les faits de l'espèce relèvent du principe ou de l'exception. En cas de pluralité de mécanismes procéduraux applicables à envisager, il est recommandé d'exclure rapidement ceux qui paraissent d'emblée inapplicables en l'espèce pour se concentrer sur les mécanismes qui se prêtent à l'espèce. L'étudiant doit alors examiner les différentes conditions d'application du mécanisme afin de s'assurer qu'aucune ne fait défaut (le défaut d'une seule condition peut entraîner l'échec de l'action ou, plus généralement, l'inapplication du mécanisme considéré). En cas de conditions cumulatives, il doit évacuer assez rapidement celles qui ne posent pas de difficultés pour se focaliser sur celles qui sont plus délicates.

En somme, l'étudiant commence par rappeler les différentes conditions posées par le texte, puis les reprend les unes après les autres, en ayant défini les termes, précisé l'appréciation jurisprudentielle de ces conditions et en ayant appliqué les conditions à l'espèce. **Toute réponse non justifiée n'a aucune valeur**.

Il termine la résolution du cas par une conclusion, c'est-à-dire la réponse à la question posée.

B. La présentation de la solution

La présentation de la solution se fait en trois temps : introduction, plan, conclusion.

L'introduction est assez courte. Elle comprend le rappel des faits essentiels, classés chronologiquement et qualifiés juridiquement. Elle pose ensuite le ou les problèmes juridiques. Deux situations se présentent alors :

- Des questions sont posées à la fin du cas pratique : il faut simplement répondre aux différentes questions dans l'ordre où elles sont posées.
- En l'absence de questions, c'est à l'étudiant de trouver les bonnes questions.

Enfin, l'introduction s'achève pas l'annonce formelle des différents problèmes posés par le cas (ex : I. La validité de la clause attributive de compétence d'attribution, II. L'action possessoire en complainte).

Le plan : le nombre de parties dépend de la complexité du cas pratiques. En présence d'un seul problème juridique, il faut en étudier les différents aspects dans deux parties distinctes. En cas de pluralité de problèmes juridiques, chaque partie doit être consacrée à un problème particulier. Les titres doivent être soignés, la présentation irréprochable.

La conclusion présente la solution du cas à la fin du devoir. En cas de pluralité de problèmes juridiques, l'étudiant doit conclure partiellement à la fin de chaque partie et donner une conclusion générale à la fin du devoir.

INDEX

Achevé d'imprimer sur rotative
par l'Imprimerie Darantiere à Dijon-Quetigny
en août 2011

Dépôt légal : septembre 2011
N° d'impression : 11-0994

Imprimé en France

8816504/01